Jörg Alt

Globalisierung
Illegale Migration
Armutsbekämpfung

Analyse eines komplexen Phänomens

VON LOEPER LITERATURVERLAG

Bibliographische Information der Deutschen Bibliothek
Die Deutschen Bibliothek verzeichnet diese Publikation in der Deutschen Nationalbibliographie; detaillierte bibliographische Daten sind im Internet unter http://dnb.ddb.de abrufbar.

Gehen Sie uns „ins Netz"!
Besuchen Sie uns im Internet unter
www.vonLoeper.de

Gerne senden wir Ihnen kostenlos ausführliche Informationen zu unserem Verlagsprogramm zu und informieren Sie regelmäßig über wichtige Neuerscheinungen zum Thema. (Adresse siehe unten)

Wichtiger Hinweis:
Ausführliche Zusatzinformationen zu diesem Buch,
Hinweise zum Autor, wichtige Links und weiteres Bonus-Material
finden Sie im Internet unter
www.vonLoeper.de/joerg-alt

Autor und Verlag danken der Deutschen Bischofskonferenz und dem Bischöflichen Hilfswerk MISEREOR für die Gewährung eines Druckkostenzuschusses.

Originalausgabe
1. Auflage 2009

Gesamtherstellung und Vertrieb:
Ariadne Buchdienst,
Daimlerstr. 23 B, 76185 Karlsruhe
Tel. (0721) 464729-029
Fax (0721) 464729-099
E-Mail: Info@vonLoeper.de
Internet: www.vonLoeper.de

ISBN 976-3-86059-524-4

Inhaltsverzeichnis

I am giving you this card because I do not wish to speak to you or have any further contact with you. I choose to exercise my right to remain silent and to refuse to answer your questions. If you arrest me, I will continue to exercise my right to remain silent and to refuse to answer your questions. I want to speak with a lawyer before answering your questions.

Text einer *Migrants Rights Card* aus Los Angeles, die ‚illegale' Migranten bei Kontrollen der Polizei übergeben

Dank

Wie bei den letzten Feldstudien betrete ich auch mit diesem Buch mehr oder weniger unerforschtes Terrain und erneut gilt es, vielen Menschen Dank zu sagen, ohne die dieses Buch nie zustande gekommen wäre. In den USA geht Dank an die Mitarbeiter und Mitglieder der *Jesuit Conference* in Washington, D.C., wo ich während meiner Recherchen im englischen Sprachraum wohnte und einen Arbeitsplatz hatte. Ebenso öffneten mir dortige Mitarbeiter viele Türen zu den in Washington ansässigen Think-Tanks, Universitäten und Non-Governmental Organizations (NGO). In Boston, New York, Washington und Los Angeles danke ich vor allem jenen, die Kontakte zu ‚illegalen' Migranten hatten und mir Zugänge eröffneten, die mir ansonsten verwehrt geblieben wären. Sie wollen alle nicht genannt werden und ich respektiere ihr Bedürfnis nach Anonymität. In Belize verdanke ich vieles den Mitarbeitern staatlicher Behörden und NGOs sowie Lehrkräften am St. Johns College und an der University of Belize. Sie halfen mir, die Gesellschaft von Belize sowie ihre Einbettung in die globalisierte Welt besser zu verstehen. Besonders erwähnen möchte ich die Jesuiten am St. Johns College sowie Dick Perl, Harold Teel, Maurice Murray, Dorla Bowman, Ben und Carmelo Juarez, Telesforo Paquiul, Pedro Chee, Marcello Sho und Madonio Cal. Andere wollen nicht genannt werden, auch dies respektiere ich gerne. In Deutschland danke ich Martin Maier, Andreas Gösele und vor allem Bernhard Emunds für das Gegenlesen meines ersten Manuskriptentwurfs und ihre wertvollen Ratschläge bei der weiteren Ausarbeitung. Sehr genossen habe ich die Unterstützung durch Mitglieder und Mitarbeiter des Instituts für Gesellschaftspolitik an der Hochschule für Philosophie in München während der Schlussphase der Manuskripterstellung sowie die dortigen Arbeitsbedingungen. Danken möchte ich sodann Frau Maria Kern, deren Fürsorge mir einen perfekten Rahmen für die Schlussbearbeitung aller meiner Bücher gab. Schwerstarbeit leistete Peter Leutenstorfer beim Korrekturlesen des Manuskripts ebenso wie mein Lektor Christian Horn, der das Buch wesentlich lesbarer machte als dies zuvor der Fall war. Der Ausländerbehörde München sei gedankt für die arbeitsintensive Zusammenstellung von Zahlenmaterial. Der Verkaufspreis des Buchs wäre ohne einen Druckkostenzuschuss der Deutschen Bischofskonferenz und des Bischöflichen Hilfswerks MISEREOR nicht möglich gewesen. Erneut gilt aber mein größter Dank den ‚illegalen' Migranten und ihren Familien in Belize, den USA und Berlin, mit denen ich zwischen 2005 und 2008 viele vertrauensvolle und offene Gespräche geführt habe und die geholfen haben, jene Leitfragen und Forschungshypothesen zu formulieren, die letztendlich dieser Ausarbeitung zugrunde liegen. Ich hoffe sehr, dass auch dieses Buch dazu beitragen wird, den Problemkomplex illegale Migration mit mehr Sachlichkeit zu diskutieren und angemessenere Umgangsformen dafür zu suchen. Last not least danke ich dem Jesuitenorden dafür, dass er mir ein solch aufregendes Leben an so vielen interessanten Orten und in so vielen spannenden Lebenskontexten ermöglicht, und ich danke Gott, dass er mich an diesen Platz gestellt hat.

Basel, 30. Juni 2009 *Jörg Alt SJ*

Lesehinweis

Wie schon bei meinen früheren Büchern ist es mir ein wichtiges Anliegen, dem deutschen Forschungskontext neue Daten und neues Material zugänglich zu machen. Im Fall des hier vorgelegten Buchs beinhaltet dies eine große Menge an Literatur, die nur auf Englisch vorliegt. Hier wurden bei der Vorbereitung zum Druck folgende Entscheidungen getroffen:

Wichtige Zitate im Haupttext wurden auf Deutsch übersetzt; wer sich für den Originaltext interessiert, findet diesen in der dazu gehörigen Endnote. Englische Zitate in den Endnoten wurden nicht übersetzt.

Angesichts des sehr voluminösen Endnotenapparats soll darauf hingewiesen werden, dass die wesentlichen Informationen und Aussagen im Haupttext enthalten sind. In den Endnoten wird lediglich auf zusätzliche Belege verwiesen, die weiteres Arbeiten ermöglichen sollen. *Ein dauerndes Springen zwischen Haupttext und Endnoten ist deshalb weder sinnvoll noch notwendig.*

Für die Quellenangaben werden folgende Abkürzungen verwendet:

- Literatur, die mit einer Sigel abgekürzt wird (zum Beispiel: „BAGI 2007“), wird im Literaturverzeichnis im Teil „a) Mit Sigel abgekürzte Literatur“ nachgewiesen.
- Literatur, die nach dem Schema „Ackerman 2005“ oder „Auswärtiges Amt 2008“ abgekürzt wird, findet man im Literaturverzeichnis im Teil „b) Weitere Literatur“.

Ergänzend zu den Ausführungen im Text gibt es mehrere Anhänge, wobei der Anhang 1 („Übersicht über die wichtigsten Migrationstheorien“) am Ende dieses Buches zu finden ist. Die Anhänge 2 bis 7 können auf den Internet-Seiten www.vonloeper.de/joerg-alt und www.joergalt.de eingesehen werden.

Der Zugriff auf die in diesem Buch verwendeten Internet-Seiten und Internet-Publikationen wurde letztmals am 30.06.2009 geprüft, dem Abschlusstermin der Arbeit am Manuskript.

Ungenauigkeiten, Einseitigkeiten oder Fehler in diesem Buch, die trotz großer Sorgfalt nicht vermieden werden konnten, sind allein vom Verfasser zu verantworten. Für Hinweise zu deren Richtigstellung bin ich dankbar.

1. Einleitung

1.1. Persönliche methodische Vorbemerkungen

1.1.1. Fragestellungen der empirischen Datensammlung

> „Habe ich in diesem Interview etwas zu fragen vergessen?"
> „Wie?"
> „Na ja, ich meine, was müssen die Menschen in meinem Land wissen, damit sie verstehen, wie du als ‚Illegaler' lebst?"
> „Nun, ihr müsst uns mal besuchen kommen."
> „Wie?"
> „Wenn ihr nicht mal in unsere Länder kommt, versteht ihr nie, warum wir zu euch kommen und als ‚Illegale' bei euch leben und arbeiten."

Diese Aussage des ‚illegalen' Pablo aus El Salvador, den ich im September 2008 in Los Angeles traf, beantwortet eine Frage, die ich schon lange mit mir herumtrug: Meine Arbeit mit ‚Illegalen' in Deutschland in den Jahren 1997 bis 2005 brachte mich immer wieder zu der Frage, was wohl Menschen dazu führt, ihre Heimat zu verlassen, um als ‚Illegale' (mehrheitlich) in einem Dauerzustand aus Angst, Abhängigkeit, Ausbeutung und Armut zu leben – und darüber noch (mehrheitlich) froh und dankbar zu sein, weil dieses Leben immer noch dem Leben im Herkunftsland vorzuziehen ist.

Und so verbrachte ich die vergangenen drei Jahre damit, Antworten darauf zu suchen. Zentral waren dabei zwei Aufenthalte im zentralamerikanischen Belize (2005, 2006-2008), aus dem viele Menschen ‚illegal' in die USA *auswandern*, während Belize selbst Zielland für die illegale *Einwanderung* von Menschen aus noch ärmeren Ländern wie Honduras, Guatemala und El Salvador ist – oder Zwischenstopp auf der *Durchwanderung* auf dem illegalen Weg in die USA.[1] Schließlich kam es auch während drei Aufenthalten in den USA (2005, 2006 und 2008) zu Begegnungen mit ‚Illegalen' aus zentralamerikanischen Ländern, die dort unter vergleichbar elenden Bedingungen leben wie ‚Illegale' in Deutschland. Immer wieder fragte ich: „Warum kommt ihr?"

Aber auch auf andere Fragen suchte ich in den vergangenen drei Jahren eine Antwort. Zum Beispiel auf diese: Relativ schnell wird in der Begegnung mit ‚Illegalen' deutlich, dass es sich bei diesen nicht um die Ärmsten der Armen handelt. ‚Illegale' verfügen in den meisten Fällen über Bildung (Sprachkenntnisse!), über Ersparnisse oder Besitz, der für das Migrationsprojekt verkauft oder verpfändet werden kann, und über Beziehungen: Alles Ressourcen, die ihnen einen Ausweg aus der für sie unbefriedigenden oder gar verzweifelten Lage im Herkunftsland ermöglichen. Welchen Stellenwert hat illegale Migration im Kontext der Armutsbekämpfung? Und darüber hinaus: Was ist mit jenen, die so arm sind, dass sie sich keine illegale Migration leisten können?

Sodann beschäftigt mich seit Jahren die Frage nach jenen Mechanismen der Globalisierung, die (illegale) Migrationsbewegungen verursachen oder erleichtern. Also jene Prozesse, unter denen sich derzeit die Welt zunehmend zu einem ‚globalen Dorf' entwickelt. Ich fragte mich: Wäre es nicht an der Zeit, die Verbindung zwischen Globalisierung, illegaler Migration und Armutsbekämpfung stärker und systematischer im Zusammenhang zu untersuchen als dies bisher geschah? (vgl. Alt 2003: 347-371).

All dies umreißt mein Ausgangsinteresse für dieses Buch.

Vor diesem Hintergrund wurden zunächst Erkenntnisse aus meinen früheren Forschungsfeldern in Leipzig, München und Berlin erneut durchgesehen und neu ausgewertet. Der empirische Teil dieses Buches baut somit auf meiner bisherigen sozialwissenschaftlichen und sozialethischen Arbeit zu illegaler Migration auf. Deren Ergebnisse werden, sofern sie in allgemein zugänglichen Medien wie Büchern, Artikeln oder Internet-Seiten veröffentlicht wurden, hier vorausgesetzt.[2]

Unter dem neuen Forschungsinteresse stand sodann die Datensammlung in den USA und Belize in den Jahren 2005-2008. Beispielsweise interessierte mich in Belize der aktuelle Einfluss von Globalisierungsprozessen auf eine Kultur, die sich seit Jahrhunderten kaum verändert hat, konkreter: Wie lassen diese Einflüsse Gedanken an illegale Migration aufkommen und wie beeinflusst es das Denken und Handeln der Menschen? Dies ließ sich in ‚meiner' Pfarrei im Süden von Belize gut bewerkstelligen. Der Toledo District ist das sprichwörtliche ‚Ende der Welt', wie sein landestypischer Spitzname *The Forgotten District* zutreffend zum Ausdruck bringt.[3] Ebenso interessierte mich, inwiefern sich illegale Migration bzw. politische Steuerung im Migrationssystem Belize/Zentralamerika-USA (konkret: Boston, Washington, Los Angeles) vom migrationssystematischen Geschehen unterscheidet, dem ich zwischen 1997 und 2005 in Deutschland nachgegangen bin.[4]

Bei der Datensammlung in den Jahren 2005-2008 habe ich erneut auf die bei meinen früheren Feldstudien verwendeten Methoden der qualitativen Sozialforschung zurückgegriffen.[5] Betont werden soll erneut, um Missverständnissen vorzubeugen, dass sich die qualitative Sozialforschung vor allem um die Identifikation und Beschreibung typischer Fallkonstellationen bemüht, als dass sie beansprucht, repräsentativ-allgemeingültige Aussagen zu einem bestimmten Sachverhalt zu treffen. Dies bedeutet, dass versucht wird, durch intensives und wiederholtes Detailstudium Biographien oder Haushalte in einem spezifischen Kontext gründlich zu verstehen und Aussagen zu verifizieren, anstatt durch eine oberflächliche Befragung vieler Personen zwar eine gute statistische Grundlage aufweisen zu können, dabei aber zu riskieren, von Allgemeinplätzen und Halbwahrheiten irregeführt zu werden. Während meiner Datenerhebungen in den USA erhielt ich entsprechend eher ‚zufällige Stichproben' (d. h. aufgrund von Kontakten, die sich zufällig ergeben haben) als ‚Zufallsstichproben' (d. h. nach dem Zufallsprinzip aus einer größeren Gruppe ausgewählte Kontakte, auf die sich repräsentative Aussagen gründen lassen). Allerdings: Meine empirische Datensammlung zu illegalem Migrationsverhalten im Toledo District würde ich durchaus als repräsentativ bezeichnen. Die Anzahl von Menschen, die sich – von dort kommend – ‚illegal' in den USA aufhielten oder aufhalten oder sich auf eine Reise dorthin vorbereiten, ist überschaubar. Ich glaube deshalb nicht, dass mir nach meiner zweieinhalbjährigen Arbeit als Pfarrer, mit all der Offenheit und dem Vertrauen, die diesem Berufsstand in dieser Region entgegengebracht wird, wesentliche Einsichten verborgen geblieben sind.[6]

Die empirischen Daten, die im Toledo District für diese Studie erhoben wurden, beruhen auf Kontakten, die über einen längeren Zeitraum zu folgenden Personen bestanden:[7]

- 20 Familien ‚illegaler' Migranten aus den Maya-Dörfern im Grenzgebiet zu Guatemala, fünf Familien ‚illegaler' Migranten in den Dörfern entlang dem Southern Highway (Maya), fünf Familien ehemals ‚illegaler', inzwischen legaler Migranten in Punta Gorda und Barranco (Garifuna), sowie einer kreolischen Familie in Punta Gorda;
- sieben ehemaligen, inzwischen legalisierten ‚Illegalen' (vier Garifuna, ein Kreole, ein East Indian, ein Mestizo);
- sechs ‚scheinlegalen' Saisonarbeitern (Q'eqchi-Maya), die scheinbar legal zur Saisonarbeit in die USA gingen, dort aber gegen arbeits-, aufenthalts- und versicherungsrechtliche Auflagen verstießen;
- drei Personen (Q'eqchi-Maya), die eine eigene illegale Migration vorbereiteten.

Darüber hinaus wurden Informationen gesammelt über 31 weitere ‚Illegale', die sich zum Forschungszeitpunkt in den USA aufhielten.[8] Die meisten davon waren Garifuna und Kreolen, deren Emigration schon länger zurücklag; der Spitzenreiter befand sich seit 26 Jahren in der Illegalität. Ebenso gab es Informationen zu sieben weiteren Personen, bei denen die Migration aus verschiedenen Gründen scheiterte. Zum Verständnis der Hintergründe der Emigration wurden mit 15 Experten Gespräche geführt; ihre Expertise reichte von Lehrern und Dorfbürgermeistern über Beamte der Arbeits- und Einwanderungsbehörden bis zum ehemaligen belizeanischen Botschafter in den USA.

In den USA bestanden Kontakte zu

- 25 ‚Illegalen' aus dem Toledo District, davon 18 Q'eqchi-Maya (alle Väter von Familien, die ich in Toledo besucht und interviewt hatte) und sieben Garifuna und Kreolen (sechs davon inzwischen legalisiert);
- 14 weiteren ‚illegalen' Q'eqchi aus Guatemala, die mit den Q'eqchi aus dem Toledo District verwandt waren;

- 45 weiteren ‚Illegalen‘ aus anderen Ländern Mittel- und Südamerikas (davon 26 aus Mexiko, fünf aus El Salvador, jeweils vier aus Guatemala und Honduras sowie jeweils einer aus Ecuador, Nicaragua und Kolumbien).

Darüber hinaus wurden Gespräche mit 15 Experten geführt, zehn davon waren Sozialarbeiter, die anderen Anwälte, Lehrer und Pfarrer. Natürlich gab es auch zahlreiche Gespräche mit Vertretern der Internationalen Finanzinstitutionen (IFIs), NGOs und Akademikern.

1.1.2. Anmerkungen zur Forschungsliteratur

Da im Zentrum dieses Buches Zusammenhänge zwischen Globalisierung, illegaler Migration und Armutsbekämpfung stehen, wurde zunächst geprüft, inwiefern dieser Komplex schon von der Forschung behandelt wurde. Für die Recherche war es sinnvoll, die genannten Begriffe paarweise zusammenzufassen, nämlich: (1.) Globalisierung *und* illegale Migration, (2.) Illegale Migration *und* Armutsbekämpfung sowie (3.) Globalisierung *und* Armutsbekämpfung.

Globalisierung und illegale Migration

Es fällt auf, dass Migration als eigenständig-bedeutsamer ‚Fluss‘ innerhalb der Globalisierungsprozesse erst allmählich wahrgenommen wird. Selbst heute gibt es noch Enzyklopädien und Grundlagenwerke zur Globalisierung, in denen das Thema Migration fehlt oder entsprechende Ausführungen mit der Lupe gesucht werden müssen.[9] Dort aber, wo Migration vorkommt, wird ihr, anders als bei den ‚Flüssen‘ von Kapital, Waren oder Informationen, keine gleichwertige Beachtung und Behandlung zuteil. Darüber hinaus fällt auf, dass dort, wo überhaupt von ‚Migration‘ die Rede ist, sich dies in der Regel auf legale Migrationsformen (z.B. Tourismus, Arbeitsmigration, Flucht), nicht jedoch auf illegale Migration bezieht. Das interdisziplinäre Standardwerk zur Globalisierung von D. Held und Kollegen (*Global Transformations*, 2001), welches auch in diesem Buch ein wichtiger Bezugspunkt sein wird (siehe dazu Kapitel 2.1.), ist hier ein gutes Beispiel. Es behandelt Migration in einem Hauptkapitel, konzentriert sich dort aber auf legale Migration. Illegale Migration wird im Rahmen dieser Ausführungen mitbehandelt, erhält aber nicht einmal ein eigenes Unterkapitel. Im Stichwortindex fehlt sie bei ‚migration‘ und ist lediglich bei ‚immigration‘ mit acht Verweisen aufgeführt.[10]

Selbst in der Sozialwissenschaft wird das Schwergewicht, wenn überhaupt, auf die Zusammenhänge zwischen Globalisierung und legaler Migration gelegt.[11] Sogar unter aktuellen Publikationen gibt es ‚soziologische Grundlagentexte‘, in denen die gesonderte Behandlung von Fluchtmigration als „völlig neu“ (Treibel 2008: 7) bezeichnet wird und zudem dargelegt wird, warum der Migrationsbegriff heutzutage Arbeits- und Fluchtmigration umfassen sollte, während die illegale Schattenseite dieser Arbeits- und Fluchtmigration fehlt.[12]

Für die Weltbank ist „Migration ... der am wenigsten untersuchte aller globalen Ströme" (zitiert nach Martin u. a. 2006: 48) oder, in den Worten des Weltbankökonomen David Dollar, „der fehlende Strom in der heutigen Globalisierung" (Dollar 2004: 42). Dies ist für jene, die Datenbanken durchforsten, insofern erstaunlich, weil insbesondere migrationsbezogene Abläufe der ‚Untergrund-Globalisierung' (z. B. Schwarzarbeit, Menschenhandel, Schleusung, organisiertes Verbrechen) in der Politik unter sicherheitspolitischen und arbeitsmarktlichen Aspekten zu einer steigenden Quelle von Spannungen und Konflikten führen.[13]

An zwei Publikationen von K. Bade kann man jedoch sehen, wie das Thema an Bedeutung gewinnt. In seinem Buch *Europa in Bewegung* (2000) wird illegale Migration auf den Seiten 401-407 als eigene ‚Großform' zeitgenössischer Migration bezeichnet. Die von Bade mit herausgegebene *Enzyklopädie Migration in Europa* (2007) enthält bereits zehn beispielhafte ‚Gruppenartikel' zur Wanderungsform ‚illegale/irreguläre Migration', in denen die illegale Migrationsgeschichte nach Europa dargestellt wird, differenziert nach Herkunft (Peru, Ägypten, Marokko, China) und sozialen Gruppen (Prostituierte, Arbeitsmigranten). Auch sonst findet illegale Migration immer stärkere Beachtung, sowohl unter etablierten Wissenschaftlern und Forschungsgruppen[14] als auch unter jüngeren Wissenschaftlern.[15]

Ein Problem bei Publikationen zu illegaler Migration ist unverändert die Datengrundlage für die jeweiligen Ausführungen. Selbst bei expliziten Publikationen zum Thema ‚Illegalität' fällt bei genauerem Hinsehen auf, dass deren Grundlage entweder äußerst dünn oder sehr einseitig ist (weil aufbauend auf der Auswertung von Polizeiakten, Behördenstatistiken oder Interviews mit ‚Experten'). In anderen Arbeiten wird nur ‚indirekt' auf die Daten eingegangen, weil Drittstudien zum wiederholten Male ausgewertet und kommentiert werden. Selten kommen ‚Illegale' selbst zu Wort, was natürlich mit der Schwierigkeit des Feldzugangs zusammenhängt. Entsprechend wenige Autoren können auf eine eigene empirische Datenlage zurückgreifen, ganz besonders gilt dies für Kontakte mit ‚Illegalen' in Deutschland.[16] Diese dünne empirische Datenlage ist jedoch verständlich: Die Rahmenbedingungen, unter denen ‚illegale' Migranten ihr Leben führen müssen, tragen nicht dazu bei, dass diese Menschen sich gegenüber einer sozialwissenschaftlichen, statistischen oder gar behördlichen Erforschung kooperativ zeigen. Solange gerade in Deutschland illegaler Grenzübertritt und Aufenthalt immer noch als Straftat gilt und selbst humanitär motivierte Hilfeleistungen immer noch nicht eindeutig vom Straftatbestand der Beihilfe zu unerlaubter Einreise freigestellt sind, wird sich daran nichts ändern. Aber auch in den USA nahm im Zuge der Anti-Terrormaßnahmen nach den Anschlägen vom 11.9.2001 die Abschottung des ‚Illegalenmilieus' zu. Entsprechend dürfte es auch in absehbarer Zeit kaum ein anderes gesellschaftspolitisches Thema geben, welches einerseits hochbrisant und umstritten ist, andererseits aber auf einer vergleichbar dünnen empirischen Grundlage beruht.

Abschließend kann festgestellt werden, dass es kaum ausgewogene (im Sinn von gleichberechtigt aufeinander bezogene, in Wechselwirkung stehende) Behandlungen des Zusammenhangs von Globalisierung und (illegaler) Migration gibt. Entweder werden Fragen offen gelassen, oder Schwerpunkte einseitig auf Globalisierung oder (illegale) Migration gesetzt. Hierzu zwei Beispiele: Bade beschließt sein Buch *Europa in Bewegung* mit Gedanken darüber, dass „der Globalisierungsprozess ... direkt oder indirekt das Wanderungsgeschehen selbst (beeinflusst)" (443) und „zugleich ... weltweit eine immer größere Formenvielfalt" gewinnt (445). Wie aber Globalisierung direkt oder indirekt das Wanderungsgeschehen beeinflusst, bleibt offen. Pries wiederum behandelt ausdrücklich die Zusammenhänge von Globalisierung und Migration (2001: 46ff., 2008), betont aber stellenweise derart deutlich, dass Transnationalisierung gleichsam von unten wächst und vorangetrieben wird von den Entscheidungen vieler Individuen und sozialer Gruppen, dass der Eindruck entstehen könnte, dass ‚große Globalisierungsprozesse' wie Freihandel oder ausländische Direktinvestitionen keine Auswirkung auf illegale Migration haben. Dies ist natürlich nicht der Fall, da diese ‚großen Globalisierungsprozesse' weltweit den Rahmen bilden, innerhalb dessen Individuen überhaupt erst die Notwendigkeit oder Möglichkeit einer (illegalen) Migration wahrnehmen können – ob ihnen das bewusst ist oder nicht.

Illegale Migration und Armutsbekämpfung

Noch dürftiger wird es bei Durchsicht der Fachliteratur hinsichtlich einer systematischen Behandlung des Zusammenhangs zwischen illegaler Migration und Armutsbekämpfung. Dort, wo Migration Teil der Gesamtbetrachtung von Globalisierungsprozessen ist, wird zwar in der Regel auch auf die so genannten Remissen (Geldüberweisungen von Migranten an ihre Verwandten im Herkunftsland) hingewiesen.[17] Aber auch hier gilt, dass vornehmlich die Kontexte legaler Migranten untersucht und analysiert werden, nicht aber, aus den oben dargelegten Gründen, das Verhalten von ‚illegalen' Migranten. Des Weiteren ist die Datenlage hier besonders dünn, weil viele Forscher, denen der Feldzugang zu ‚Illegalen' gelingt, ihre Schwerpunkte auf sozial-menschenrechtliche oder migrations- und ordnungspolitische Fragestellungen legen. Entsprechend gibt es auf diesem Gebiet bestenfalls eine sich entwickelnde Forschung und Diskussion mit „angedeuteten empirischen Erkenntnissen"[18], sodass besonders viel ‚graue Literatur', journalistisch recherchierte Artikel, ‚discussion' oder ‚working paper' auf eine Auswertung und Aufbereitung harren.

Globalisierung und Armutsbekämpfung

Was den Zusammenhang zwischen Globalisierung und Armutsbekämpfung betrifft, so ist hier eine Fülle an Literatur anzutreffen, vor allem deshalb, weil sich dieser Zusammenhang weitgehend theoretisch, losgelöst von empirischen Feldstudien, diskutieren lässt. Je nach ‚Glaubensbekenntnis' reduziert Globalisierung Armut und fördert Entwicklung oder führt zu einem Mehr an Armut und Unterentwicklung. Hier wurde versucht, eine Verstrickung in diese ‚Glaubenskriege' möglichst zu vermeiden und insbesondere Literatur heranzuziehen, die ihre Fragestellungen und Einsichten durch die empirische Feldforschung gewonnen hat.

Der Migrationszusammenhang Belize/USA

Noch ein Wort zur Literaturauswahl für einen geografischen Schwerpunkt dieses Buchs, für den Migrationszusammenhang zwischen Belize und den USA. Zu Belize existiert eine sehr überschaubare Menge an wissenschaftlicher Fachliteratur, wie etwa Pisani 2006 und Sutherland 1998 zum Thema Globalisierung. Dabei bewegt das Thema Flucht und Migration – ganz gleich ob legal oder illegal – die Nation allein schon aufgrund ihrer Geschichte und Zusammensetzung sehr. Öffentlich und politisch gab es einen Durchbruch für das Thema, als die USA Belize 2003 auf den ‚Index' jener Länder setzten, die nach Ansicht des US-Außenministeriums nicht genügend für den Kampf gegen Menschenhandel und Schleusung tun – was das Land und die Regierung nicht auf sich sitzen lassen wollten (vgl. Pisani 2006). Dabei wird Belize von Fachleuten durchaus als sehr interessantes Forschungsgebiet anerkannt.[19] Die Regel ist aber eher, dass Belize in Publikationen zu Zentralamerika als ‚Unterfall' mitbehandelt wird. Feldforschung zu diesem Thema in Belize zu betreiben ist nicht unproblematisch, da in dem kleinen Land große Angst davor besteht, ‚ausspioniert' zu werden: Hartnäckig (und nicht unbegründet) halten sich Gerüchte, dass verdeckte Ermittler von CIA und DEA in Belize unterwegs sind, um Informationen über Drogen- und Menschenhandel zu sammeln.[20]

In den USA hingegen besteht seit Jahrzehnten eine umfassende wissenschaftlich-publizistische Beschäftigung mit dem Thema illegale Migration, ebenso ist es dort seit Jahrzehnten Gegenstand einer enttabuisierten Debatte in Gesellschaft und Politik. Entsprechend gibt es eine sehr große Zahl von Veröffentlichungen im Bereich von Kirche, Politik, Wissenschaft und NGOs. Einen ausdrücklichen Schub erhielt die Diskussion während meines Aufenthalts: In der Folge der von Präsident Bush im Januar 2004 losgetretenen Zuwanderungsgesetz-Reformdebatte kam es in den Jahren 2004-2007 zu einem Boom an Publikationen, in dem nicht nur bisherige Vorgehensweisen und Konzepte einer kritischen Evaluation unterworfen, sondern auch alternative Maßnahmen propagiert wurden.

Bei der Auswahl an Literatur für dieses Buch versuchte ich, eine Mischung widerstreitender Positionen ebenso wie die Vielfalt der in der Diskussion vertretenen Akteure (Regierungen, NGOs, Think-Tanks, akademisch-unabhängige sowie interessengeleitete Auftragsforschung) zu spiegeln. Kriterien waren hierfür:

1. Politikrelevanz:
   Für mich ist stets von besonderem Interesse, welche konkreten und umsetzbaren Politikempfehlungen sich aus Analysen für die Verbesserung der Lebensbedingungen der betroffenen Menschen ergeben. Policy-orientierte Forschung und Literatur zeichnen sich aber oft dadurch aus, dass sie weniger ins Detail gehen, sondern sich auf als besonders wichtig erachtete Parameter konzentrieren.

2. Interdisziplinarität:
   Ergebnissen, die in der Zusammenarbeit von verschiedenen Disziplinen entstanden sind, wurde Vorrang vor solchen gegeben, die lediglich innerhalb einer Wissenschaftsdisziplin gewonnen wurden (zur Vermeidung fachlicher Einseitigkeit oder gar ‚Blindheit').

3. Empirische Erkenntnisse als Basis:
   Einsichten und Schlussfolgerungen, die in Kontakten zu Menschen gründen oder vom realen Verhalten chaotisch-kreativ handelnder Menschen ausgehen, wurden jenen vorgezogen, die eher deduktiv vorgehen (und insofern versuchen, die Realität an Theorien ‚anzupassen') oder vor allem statistisch gewonnen sind (dies gilt insbesondere für Arbeiten, die auf ‚Migrationsströme' fokussieren und deshalb die Makrozusammenhänge überbetonen, während Mikro- und Mesokontexte vernachlässigt werden).

Auf drei Institutionen soll besonders aufmerksam gemacht werden: Das *Migration Policy Institute* in Washington, ein interdisziplinärer Think-Tank, dem nicht nur Akademiker, sondern auch ehemalige Mitglieder von Regierungen und Intergovernmental Organizations angehören; das *Center for Comparative Immigration Studies*, dessen Publikationen sich stets durch solide empirische Untersuchungen auszeichnen; sowie die *Global Commission on International Migration*, deren Arbeit einen bislang einmaligen Versuch darstellt, weltweit vorhandenes interdisziplinäres Wissen im Bereich von Migration zusammenzufassen.

1.1.3. Was dieses Buch leisten kann und was nicht

Dieses Buch versteht sich als ein Beitrag im Bereich der *Emerging Findings*, indem es nach Verbindungen zwischen Globalisierungsprozessen, illegaler Migration und Armutsbekämpfung sucht. Im Vordergrund stehen jene Prozesse innerhalb einer sich globalisierenden Welt, die Menschen zum illegalen Verlassen ihrer Heimat anregen oder zwingen. Dabei vertrete ich Positionen, zu denen es Gegenpositionen geben kann. Beispielsweise bin ich der Ansicht, dass Globalisierungsprozesse Auswanderung verursachen, wo es vorher keine gab; während andere unter Hinweis auf die Weltmarktintegration der asiatischen Tigerstaaten hervorheben, dass Globalisierung Auswanderung verringert.

Aufgrund des thematischen Schwerpunkts werden nicht alle Themen, die im Kontext der Globalisierungsdebatte von Bedeutung sind, angesprochen. Während etwa Verbindungen zwischen Globalisierung und illegaler Migration bei ‚Strukturanpassungsmaßnahmen' oder ‚Freihandel' möglich sind, gibt es andere Bereiche, wo die Migrationsrelevanz von Entwicklungen nicht vergleichbar offensichtlich ist, wie etwa bei der Privatisierung von öffentlichen Gütern, z. B. Wasser.

Weitere Einschränkungen ergeben sich aus den Kontakten, vor allem zu ‚Illegalen', Unterstützern und Experten in den Migrationszusammenhängen Deutschland, Belize und USA, die sich mir in den Jahren 1997-2008 insgesamt eröffnet haben und die meinen Fragestellungen zu Grunde liegen. Anders gesagt: Diese oft zufällig zustande gekommenen Kontakte sind Grundlage der hier vorgelegten Untersuchung, die zeigen will, wie sich Globalisierungsprozesse in unterschiedlichen Kontexten darstellen und welche Auswirkungen diese auf illegale Migration und Armut haben. Diese zufälligen Kontakte sind auch Grundlage für meine Argumentation, die zeigen will, warum bestimmte Maßnahmen oft nicht das erreichen, was sie anzielen, und warum sie häufig unerwünschte Nebenfolgen produzieren. So waren die Begegnungen mit ‚Illegalen' aus El Salvador in Boston Ausgangspunkt für die Frage, warum schlecht betriebene ausländische Direktinvestitionen (ADI) Menschen aus ihrer Heimat vertreiben. Begegnungen mit ‚Illegalen' aus der Demokratischen Republik Kongo in München waren Ausgangspunkt für mein Interesse an der Rohstoffplünderung und Umweltverschmutzung im Kongo. Und Begegnungen mit afghanischen ‚Illegalen' in Leipzig führten schließlich zur Beschäftigung mit der US-Intervention und dem staatlichen Zerfall in Afghanistan.

Entsprechend enthalten Kapitel in Teil 3 dieses Buchs sowohl abstrakte Darlegungen und Analysen als auch konkrete Fallbeispiele, präziser formuliert: *Beispiele und Belege für eine Aussage, nicht aber Beweise für die Allgemeingültigkeit derselben.* Zwar wurde durch die Einbeziehung von Fachliteratur so gut wie möglich geprüft, inwieweit sich aus diesen unterschiedlichen Momentaufnahmen weiterreichende Aussagen treffen lassen und ob diese an andere Erkenntnisse anschlussfähig sind. Dennoch konnten in diesem empirischen Teil keine allgemeingültigen, normativen Aussagen zur ‚Globalisierung' als solcher getroffen werden. Die vorliegende Untersuchung bietet Mosaiksteinchen, die Lücken in einem großen Bild zu verkleinern suchen. Ich hoffe, mit diesem Buch Andere zu weiterer Forschung anzuregen und würde mich freuen, einen konstruktiven Dialog zu diesem Thema in Deutschland anzustoßen.

Movie Tonight
* James Bon Latest
.50¢ each
After mass
If you'll not there, you'll be no where.

2. Definitionen

2.1. Definition und Neuheit von Globalisierung

Der Streit um ‚Globalisierung' beginnt in dem Moment, in dem das Stichwort fällt: Sofort polarisiert es die Gesprächsteilnehmer. Die einen meinen, dass etwas historisch Neues entstanden sei und alle Lebensbereiche revolutioniere, andere halten dagegen, dass es Globalisierung immer schon gegeben habe und derzeit nur ein neuer Schub voran stattfinde. Nachfolgend kann die umfassend zu diesem Punkt existierende Literatur weder referiert noch kommentiert werden. Vielmehr soll der Kontext für den eigenen Standpunkt dargelegt werden.[21]

In der Tat gab und gibt es seit Jahrhunderten Bestrebungen, fernen Weltregionen näher zu kommen und sie verwaltungs- und erlebnismäßig zusammenzuführen. In wahrhaft globalem Ausmaß können hier beispielsweise die Missionsbestrebungen der Katholischen Kirche oder der Kolonialismus angeführt werden. Diese Expansionen wurden teilweise mit militärischen Mitteln durchgesetzt, bereits früh spielten ökonomische Interessen eine wichtige Rolle, etwa die Suche nach Gold während der Conquistá, der Import von versklavten Arbeitskräften und Rohstoffen aus den Kolonien, der Export heimischer Produkte oder die Ausbreitung des Kapitalismus im 19. Jahrhundert. Dabei wurden die Unabhängigkeit von Kapital, seine grenzübergreifenden Bewegungen und sein Einfluss auf politische Macht nicht erst von Marx thematisiert – vielmehr sind diese Themen schon seit dem Mittelalter als problematisch bekannt (vgl. Luhmann 1997: 710ff.). Nicht vergessen werden dürfen sodann die bereits seit Jahrhunderten existierenden, massenhaften, mehr oder weniger freiwilligen Bevölkerungsverschiebungen, etwa jene, die während des Sklavenhandels, durch Hunger (z.B. die irische *Great Famine* 1845-1848), oder die Industrielle Revolution verursacht wurden. Dabei kann gerade die Karibik, die durch Belize in diesem Band vertreten ist, als eines der ersten in die Weltökonomie integrierten Gebiete bezeichnet werden: Importiert wurden im 16. Jahrhundert Sklaven, exportiert tropische Pflanzen, Zuckerrohr und Edelhölzer (Martin u.a. 2006: 151). Selbst im heute so wichtigen Bereich der Kommunikationstechnologie gab es schon früher Einrichtungen, die mit der heutigen E-Mail vergleichbar sind: So konnte der britische Premierminister Asquith beispielsweise mit seiner Geliebten bis zu achtmal täglich Briefe austauschen – zu dieser Zeit wurde eben noch achtmal täglich die Post zugestellt! (Giddens 2001).

Wird vor diesem Hintergrund eine Abgrenzung, Charakterisierung oder gar Definition der heutigen Globalisierung gesucht, so stellt sich das Problem, dass es derart viele Definitionen gibt, die sich aufgrund unterschiedlicher Ausgangspunkte und Prämissen mehr oder weniger drastisch voneinander unterscheiden. So hängt es beispielsweise sehr davon ab, in welcher wissenschaftlichen Fachrichtung man nach einer Definition sucht: Ökonomen definieren Globalisierung anders als Soziologen. Rehbein/Schwengel (2008) weisen entsprechend darauf hin: „Es ist deshalb ratsam, von der Vorstellung vieler Globalisierungen – von den ‚varieties of globalization' – auszugehen" (S. 9), eine Vielheit, in der niemand mehr den Anspruch erhebt, „die einzige und gesamte Wahrheit der Globalisierung zu verkünden" (S. 11). Daher muss jeder eine Wahl dahingehend treffen, wem er sich anschließen will. Für den Verfasser waren bei seiner Wahl drei Kriterien von Bedeutung: Er wollte sich einer Definition anschließen, die (1.) von einer interdisziplinären Wissenschaftlergruppe vertreten wird, die (2.) in all jenen Bereichen anwendbar ist, die der Verfasser vor dem Hintergrund seiner Migrationsarbeit für bedeutsam und relevant hält und auf die (3.) auch andernorts in der wissenschaftlichen Literatur Bezug genommen wird.

Diese Kriterien erfüllt die Definition, die David Held und seine Kollegen ihrem Buch *Global Transformations* zugrunde legen.[22] Sie lautet wie folgt:

> „Globalisierung ist ein Prozess (oder Komplex von Prozessen), der hinsichtlich Ausdehnung, Beschleunigung und Intensität eine Transformation von sozialen Beziehungen und Aktivitäten in räumlicher Hinsicht verkörpert, und infolgedessen Regionen und Kontinente übergreifende Verbindungen und Netzwerke erzeugt, die auf Tätigkeit, Interaktion und Machtausübung zielen." (Held u. a. 2001: 16).[23]

Globalisierung, so definiert, ist von Globalität zu unterscheiden, dem bereits erreichten und nicht mehr rückgängig zu machenden Stand globaler Integration, der sich aber unter dem Einfluss fortgesetzter globaler Prozesse weiter verändert.[24] Der so definierte Globalisierungsprozess ist nach Ansicht von Held und Kollegen durch weitere Charakteristika gekennzeichnet, nämlich durch

- die Ausdehnung von sozialen, politischen und wirtschaftlichen Aktivitäten über politische Grenzen, Regionen und Kontinente hinaus,
- die Ausweitung bzw. Intensivierung der Vernetzung von Handelsströmen, Investitionen, Finanzen, Migrationsbewegungen und Kulturen,
- die Beschleunigung und Intensivierung von weltweiten Interaktionen und Prozessen wie die Entwicklung von weltumspannenden Transport- und Kommunikationssystemen, die zu einer immer schnelleren Durchdringung von Gedankengut, Waren, Informationen, Kapital und Menschen führt,
- die wachsende Ausdehnung, Intensität und Beschleunigung globaler Interaktion, aus der folgt, dass weit entfernte Ereignisse überall bedeutsam sein können, und sogar lokale Entwicklungen enorme weltweite Konsequenzen nach sich ziehen können.[25]

Held und Kollegen diskutieren die Gültigkeit ihrer Definition in Bereichen, die auch nach Auffassung des Verfassers entscheidend für den gegenwärtigen Charakter der Globalisierung sind. Indem sie die Anwendbarkeit dieser Definition in den Gebieten Politik (Governance), (militärisch) organisierte Gewalt, Handel, Finanzen, transnationale Unternehmen, Migration, Kultur und Umwelt überprüfen, arbeiten sie deutlich die Unterschiede der heutigen Globalisierungsprozesse zu früheren ‚Globalisierungsperioden' heraus.[26] Anders gesagt: Aufbauend auf der obigen Definition von Globalisierung und ihrer Charakteristika zeigen Held und Kollegen, dass die Veränderungen in den vorgenannten Untersuchungsbereichen heutzutage tatsächlich eine Qualität besitzen, die rechtfertigt, die derzeitigen Globalisierungsprozesse als etwas Neues, ohne historische Vorbilder, zu bezeichnen. Ihre Schlussfolgerung lautet:

> „Zusammenfassend gilt: Obwohl es wichtige Kontinuitäten zwischen früheren Globalisierungsphasen gibt, so stellen zeitgenössische Globalisierungsmuster eine charakteristische historische Eigenform dar, die ein Produkt eines einzigartigen Zusammenwirkens von sozialen, politischen, ökonomischen und technischen Einflüssen ist." (Held u. a. 2001: 429).[27]

Dabei handelt es sich bei den gegenwärtigen Globalisierungsprozessen keineswegs um eine ‚Einbahnstraße' in dem Sinne, dass Deregulierung und Internationalisierung Entwicklungen in allen Bereichen gleich oder wenigstens vergleichbar prägen. Vielmehr stehen einer Deregulierung und Internationalisierung von Handel zugleich Protektionismus und Subventionen gegenüber. Oder: Den Bestrebungen, Geschäftsreisen und Tourismus zu vereinfachen, stehen verschärfte Regulierungsanstrengungen bei ‚unerwünschter' Migration gegenüber. Oder: Dem Entstehen einer von westlichen Leitbildern geprägten ‚Weltkultur' stehen nationale und ethnische Rückbesinnungen gegenüber. Die gegenwärtige ‚Globalisierung' ist deshalb ein höchst widersprüchlicher Komplex aus verschiedenen Entwicklungssträngen (siehe auch Held 2007).

Im Folgenden soll nun gezeigt werden, dass auch illegale Migration von den gegenwärtigen Globalisierungsprozessen in zweifacher Weise beeinflusst wird: Zum einen, indem bislang ungekannte Möglichkeiten für illegale Migrationsprojekte zur Verfügung gestellt werden, zum anderen, indem Globalisierungsprozesse hinsichtlich illegaler Migrationsprojekte zumindest als mitverantwortlich bezeichnet werden können. Dabei wird auf alle von Held und Kollegen zur Analyse vorgeschlagenen Kategorien Bezug genommen, es werden aber auch andere Bereiche, die dem Verfasser bedeutsam erscheinen, in die Analyse einbezogen oder gesondert betont.

Eine wichtige, in diesem Zusammenhang zu stellende Frage ist, ab wann die aktuell-zeitgenössische Globalisierung beginnt, d. h. wo ein Zeitpunkt ist, an dem man von einem Durchbruch oder der eindeutigen Herausbildung von Neuem sprechen kann, wodurch gegenwärtige Dynamiken und Prozesse von ‚vorherigen' Entwicklungen unterschieden werden können. Diese Frage wird, je nach Bereich der Untersuchung (Wirtschaft oder Migration), wissenschaftlicher Disziplin (Ökonomie oder Soziologie) oder Weltgegend (USA oder EU) unterschiedlich beantwortet. Held und Kollegen sehen die Ansätze bereits Ende des Zweiten Weltkriegs. Andere sehen die Anfänge für die Herausbildung jener ‚Prozesse der Verdichtung', die das derzeitige Globalisierungszeitalter charakterisieren, eher ab Ende der 1960er Jahre. Ökonomen wie D. Dollar verweisen auf den Zusammenbruch des Bretton-Woods-Systems im Jahr 1973; der Soziologe M. Castells sieht die Anfänge der informationellen Netzwerkgesellschaft Mitte der 1970er Jahre und deren Kulmination Mitte der 1990er Jahre.[28] Politikwissenschaftler betonen das Ende der bipolaren Weltordnung, symbolisiert durch den Fall der Mauer 1989, als Wendepunkt (z. B. Martin u. a. 2006, Koslowski 2001, Sachs 1999). Diesem Buch liegt die Auffassung zu Grunde, dass alle diese historischen Ereignisse Momente der fortschreitenden globalen Integrationsprozesse sind, wobei dem Jahr 1989 als politischem Umschlags- und Scheitelpunkt eine besondere Bedeutung zukommt: Mit dem Zusammenbruch des Kommunismus und dem augenscheinlichen ‚Sieg' bzw. der ideologischen Überlegenheit des Kapitalismus bekamen viele Entwicklungen, besonders im Bereich Wirtschaft, Finanzen, Handel und Mobilität von Geschäftsreisenden und Touristen nochmals einen neuen Schub, auch im Bereich der legalen (Asylantragstellungen!) und illegalen Migration sind sehr hohe Steigerungsraten zu verzeichnen.[29]

2.2. Definition und Ausmaß von illegaler Migration

Während menschliche Mobilität alt wie die Menschheit ist, handelt es sich bei illegaler Migration und unerlaubtem Aufenthalt um ein relativ neues Phänomen. Definiert man nämlich illegale Migration als den staatlicherseits nicht erlaubten Grenzübertritt und illegalen Aufenthalt als den staatlicherseits nicht erlaubten Aufenthalt in einem bestimmten Land, so ist zu bedenken, dass Regelungen zu Staatsangehörigkeit und Aufenthalt sowie das damit verbundene Pass- und Visawesen, welches erst eine Kontrolle und Durchsetzung dieser rechtlichen Kategorien ermöglicht, in der Menschheitsgeschichte eher jüngeren Datums ist.[30] Entsprechend haben vor allem im Zuge der nationalstaatlichen Migrationsregelungsversuche die Arten und Weisen zugenommen, auf die ein Mensch ‚illegal' werden kann. Hier liegt auch der Grund für die Beibehaltung des Wortes ‚illegal' durch den Verfasser zur Bezeichnung dieses Migrationsgeschehens: Während legale und illegale Migration durchaus klar beobachtbaren ökonomischen und soziologischen Regeln folgt (insofern wird der sonst verbreitete Ausdruck ‚irregulär' als irreführend erachtet), ist das entscheidende Kriterium zur Unterscheidung von legaler Migration ihre ‚Unerlaubtheit', eben dass diese Migration gegen die geltende Gesetzes- oder Verordnungslage der Aus-, Ein- und Durchwanderungsländer verstößt. Und dies ist ein ganz entscheidender Punkt, der nicht oft genug betont werden kann: Ob Migration legal oder illegal ist, ist nicht Ergebnis eines ‚Naturgesetzes'. Die äußeren Umstände zwingen oder verleiten Menschen dazu, ihre Heimat zu verlassen. Ob sie dies legal oder ‚illegal' tun können, hängt damit zusammen, ob die Regierungen der Welt ihnen nicht nur dieses Verlassen der Heimat erlauben oder nicht,[31] sondern auch Einreise bzw. Aufenthalt in einem Aufnahmestaat. Anders gesagt: Ob Menschen legal oder ‚illegal' aus ihrer Heimat aus- und in ein anderes Land einreisen, hängt davon ab, ob es für Migrationsabsichten legale Kanäle gibt oder nicht (vgl. Alt/Cyrus 2002). Vor diesem Hintergrund sind die typischen ‚Karrieren', die einen illegalen Aufenthaltsstatus nach sich ziehen, folgende:

1. Eine unerlaubte Einreise über die Luft-, Land- oder Seegrenze,
2. Die Verwendung falscher oder manipulierter Papiere,
3. Die Verwendung echter Papiere für eine falsche Identität,
4. Die Verwendung echter Papiere, die unter der Angabe falscher Gründe erteilt wurden (z.B. der Erwerb eines Touristenvisums, obwohl von Anfang an unerlaubte Arbeitsaufnahme angestrebt wurde),
5. Das absichtliche oder unabsichtliche Verstoßen gegen Auflagen, die mit dem Erhalt eines Visums verbunden waren (etwa Arbeitsaufnahme als Besucher),
6. Der Verfall des erlaubten Aufenthalts durch Ablauf der Gültigkeit von Pass oder Visum (*Overstaying*), wobei auch dies bewusst oder unbemerkt geschehen kann.

Es darf nicht vergessen werden, dass die Grenzziehung zwischen ‚Legalen' und ‚Illegalen' manchmal unscharf ist, etwa bei der Frage, ob Migranten mit einer Duldung ‚illegal' sind (weil lediglich ihre Abschiebung ausgesetzt ist) oder eben nicht (weil sie im Besitz eines staatlich ausgestellten Papiers sind). So werden ‚sans papiers' in Frankreich und in der Schweiz als ‚illegal' angesehen, in Deutschland – weil eine Duldung oft auch Sozialleistungen nach sich zieht – jedoch nicht. Hinzu kommt, dass ein und derselbe Mensch aufgrund einer wechselhaften Migrationsgeschichte in verschiedenen Kategorien erfasst werden muss.[32]

Angesichts dessen wird die Aussage nicht verwundern, dass unerlaubte Einreise und illegaler Aufenthalt in großem Ausmaß nicht so neu sind, dass sie automatisch als spezifisches Charakteristikum der aktuellen Globalisierung bezeichnet werden könnten. So verweist Bade 2000 etwa auf die große Anzahl ‚illegaler' Arbeitnehmer zur Zeit des deutschen Kaiserreichs vor dem ersten Weltkrieg, die, von Arbeitgebern und deren Agenten angeworben, von Grenzern bei der Einreise ignoriert, im dünn besiedelten Osten die Erntearbeit erledigten.[33]

Eine Frage ist deshalb vielmehr, ob sich bei illegaler Migration durch die gegenwärtigen Globalisierungsprozesse quantitative und/oder qualitative Veränderungen plausibel machen lassen. Eine quantitative Bestimmung ist aber mit vielen Schwierigkeiten behaftet, liegt es doch in der ‚Natur der Sache', dass illegale Migration sich im Verborgenen abspielt und sich der Beobachtung und Erforschung zu entziehen sucht. Wie schwierig dies ist, zeigt die Diskussion bezüglich der Größenordnung illegaler Migrationsbewegungen. So geht etwa die IOM davon aus, dass ‚illegale' Migranten in statistischen Erhebungen „nicht unbedingt ausgeschlossen" sind (IOM 2005: 379), eine Publikation der ILO, wohl realistischer, stellt fest, dass ‚illegale' Migranten statistisch „nicht, oder zumindest kaum" erfasst werden (Taran/Geronimi 2002: 3).

Es gibt allerdings Anhaltspunkte. Zunächst einmal ist festzustellen, dass die internationale Migration insgesamt seit Jahren eine steigende Tendenz hat.

Schaubild 1: Anstieg internationaler Migration 1970-2050[34]

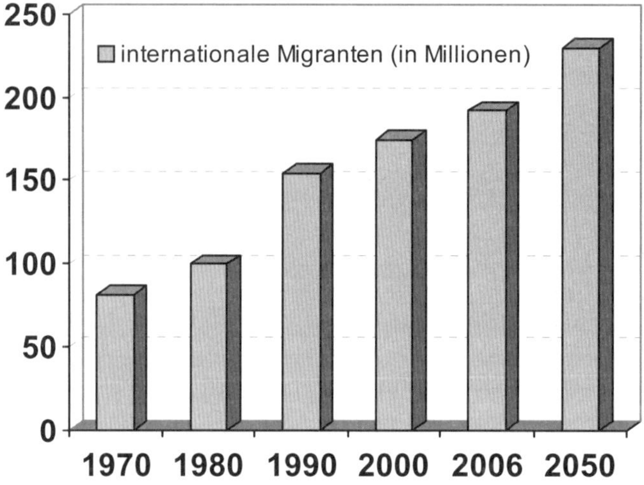

Die im Jahr 2000 bei 175 Millionen liegende Zahl internationaler Migranten betrug lediglich drei Prozent der Weltbevölkerung und lag damit deutlich niedriger als während der großen Migrationswellen im 19. Jahrhundert, als zehn Prozent der Weltbevölkerung ihren Wohnort wechselten. Dennoch stellen diese Menschen eine ‚Einwohnerzahl' dar, die dem sechstgrößten Staat der Erde entsprechen würde (Vasconcelos 2005: 6). Freilich: Zur Zahl der grenzüberschreitenden Migranten käme die auf hohem Niveau stagnierende Anzahl von 20 Millionen Flüchtlingen, vor allem aber die stark anwachsende Binnenmigration, die der erste Schritt auf dem Weg zu einer grenzüberschreitenden Migration sein kann. Hier werden allein für China 150 Millionen Menschen geschätzt.

Dass die illegale Migration von diesem Trend nicht ausgeschlossen ist, legen zunächst Zahlen aus den USA nahe, wo über Volkszählung und (Haushalts-)Forschung recht zuverlässige Schätzungen zur Anzahl ‚illegal' Aufhältiger vorliegen. Auch hier ist ein stetiger Anstieg seit 1960 sowie ein auffällig starker Anstieg während der letzten zehn Jahre festgestellt worden. Am Interessantesten ist allerdings innerhalb des Anstiegs die Relation zwischen den legalen und ‚illegalen' Migranten.

Schaubild 2: Entwicklung der Migration in die USA 1820-2000[35]

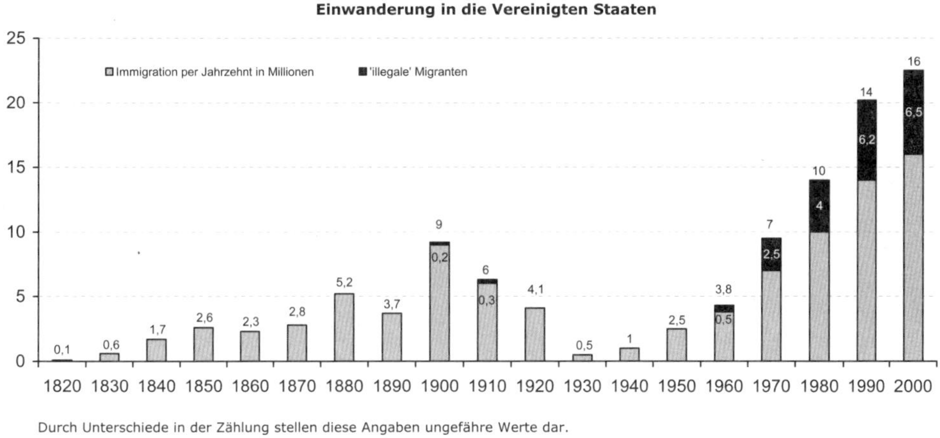

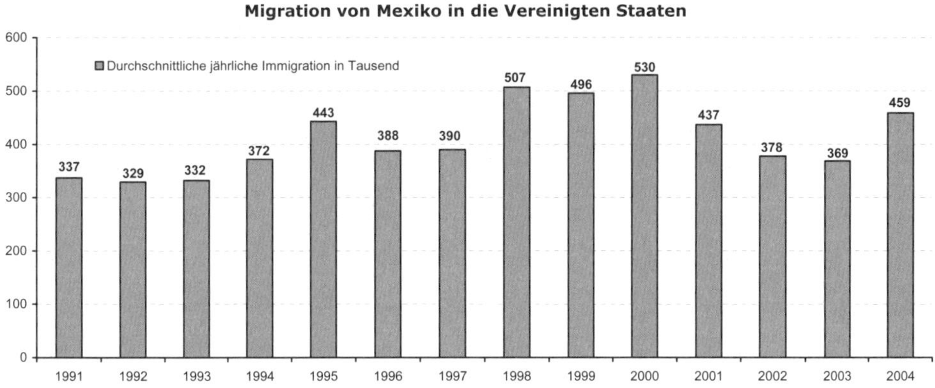

Um die illegale Zuwanderung während der letzten Jahre nochmals präziser zu beleuchten, nachfolgend eine Schätzung aus dem Jahr 2008:

Schaubild 3: Entwicklung der illegalen Einwanderung in die USA 2000-2008[36]

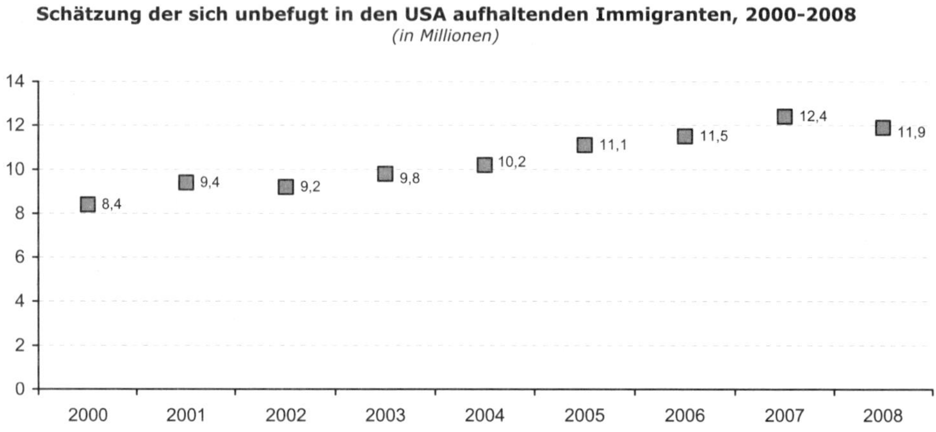

Woran genau das Sinken der Anzahl ‚Illegaler' in den USA in den Jahren 2007/2008 liegt, wird in Kapitel 3.4.7.1. untersucht werden. Los Angeles, wo der Verfasser sich längere Zeit aufhielt, ist dabei besonders interessant: Aufgrund der jahrzehntelangen Zuwanderung hat die Hälfte seiner Arbeitskräfte und ein Drittel seiner Bevölkerung einen Migrationshintergrund. Eine Million der geschätzten elf bis zwölf Millionen ‚Illegalen' in den USA halten sich in Los Angeles auf, eine halbe Million Kinder haben dort mindestens einen ‚illegalen' Elternteil (Fix u. a. 2008: 1, 4ff.).

Weitere Indizien zum Geschehen im Bereich der illegalen Migration ergeben sich aus dem Bereich des Menschenhandels: Hier zeigt die Auswertung von Polizeistatistiken, dass die Aufgriffszahlen weltweit entweder steigend oder auf hohem Niveau stabil sind.[37] Konkrete Schätzungen reichen dabei von einer halben Million (US-Regierung) bis zu vier Millionen (UNHCR) Menschen jährlich; das Internationale Arbeitsamt geht – basierend auf der Auswertung zahlreicher Studien – weltweit von 14,8 Millionen Menschen in Abhängigkeit aus (Zwangsarbeit, Schuldknechtschaft, der Sklaverei ähnelnde Arbeitsverhältnisse). Davon seien 20 Prozent, d. h. 2,5 Millionen Menschen, Opfer von Menschenhandel.[38] Dabei muss aber zweierlei bedacht werden: Zum einen handelt es sich bei Menschenhandel um so genannte Kontrolldelikte, d. h. je mehr kontrolliert wird, desto mehr Missstände werden entdeckt. Zum zweiten ist zu beachten, dass es sich im Bereich des Menschenhandels nur um die Spitze des Eisbergs, d. h. schätzungsweise 30 Prozent des illegalen Migrationsgeschehens, handelt, eben jenen Teil, der im Fokus polizeilicher Ermittlung steht (vgl. Alt 2003: 338ff.). Die Zahl von Menschen, die über andere, unauffällige Wege ‚illegal' die Grenzen überschreiten, dürfte also weit höher sein. Einige, die die vorliegende Datenlage sorgfältig geprüft haben, gehen sogar davon aus, dass es sich bei der Migration ‚Illegaler' um die am stärksten wachsende Migrationsbewegung überhaupt handelt – eine Folge der gleichzeitig weniger werdenden legalen Migrationsmöglichkeiten bei unvermindert bestehenden Wanderungsursachen (Sunderhaus 2006: 7, 14f.).

Auch für Afrika, das aufgrund der Boote und Toten im Mittelmeer immer wieder in die Schlagzeilen rückt, lassen sich steigende Tendenzen im Bereich der illegalen Migration annehmen. Zwischen 1993 und 2002 sind für 27 von 53 afrikanischen Staaten inner- oder zwischenstaatliche Konflikte zu verzeichnen, es gibt weiterhin Hungersnöte, Krankheiten, Armut sowie Missmanagement in Staat und Wirtschaft. Daneben eine zunehmende Anzahl gut ausgebildeter junger Leute, die keine Aussicht auf eine bezahlte Anstellung haben. Die meisten Afrikaner wollen nach Europa, weil dorthin geschichtliche und verwandtschaftliche Beziehungen bestehen – vermutlich leben im Raum der EU bereits sieben bis acht Millionen afrikanische ‚Illegale'. Darunter sind, verglichen mit Migranten aus dem Afrika nördlich der Sahara, Migranten aus dem Afrika südlich der Sahara noch ein kleiner Teil. Aber: Jährlich durchqueren nach Schätzungen der IOM 60.000 bis 80.000 neue Migranten die Sahara und bemühen sich um eine Bootspassage. Allein Marokko verzeichnete zwischen 2000 und 2005 eine Verzehnfachung der über Algerien eingewanderten Migranten aus Ländern des subsaharischen Afrika. „Es gibt gute Gründe zur Annahme, dass diese Tendenz sich beschleunigt, weil das subsaharische Afrika über ein höheres Emigrationspotenzial in die EU verfügt als jede andere Weltregion. Einige Experten vermuten gar, dass sich die Bevölkerungsbewegungen aus Afrika mittel- und langfristig zu einer der größten in der Geschichte entwickeln könnten"[39] – eine Aussicht, die vor dem Hintergrund der Auswirkungen, die die globale Finanz- und Wirtschaftskrise auf das subsaharische Afrika hat, an Brisanz gewinnt (siehe dazu Kapitel 4.7. und 5.5.5.).

In Europa stehen Bemühungen hinsichtlich einer quantitativen Erfassung ‚Illegaler' erst am Anfang. Zwar gibt es Schätzungen, etwa von ‚Eurostat' oder der ‚Database on Irregular Migration' beim Hamburger Weltwirtschaftsarchiv,[40] aber die Zusammenführung von Statistiken aus unterschiedlichen Mitgliedsländern führt bestenfalls zu intelligenten *Guesstimates*. Die Mitarbeiter eines umfangreichen EU-Forschungsprojekts zu Migration im Mittelmeerraum formulieren ihre Skepsis wie folgt:

> „Wie viele Migranten aus Land A leben in Land B? Selbst in einer Welt mit perfekter Statistik gäbe es auf diese Frage bestenfalls eine vieldeutige Antwort. Die Zahl von Migranten variiert, je nachdem, wer gezählt wird, und wer zählt. Es fehlt nicht nur eine allgemein gültige Definition, wer ein Migrant ist und was ihn charakterisiert, sondern ein und dieselbe Definition wird verschiedene Ergebnisse hervorbringen, je nachdem, ob Migranten im Herkunfts- oder Zielland registriert sind. Und noch schlimmer: Statistiken sind unvollkommen, und Migrationsstatistiken haben einen besonders schlechten Ruf." (Fargues 2005: 6).[41]

Hinsichtlich Deutschlands wurde immerhin der 1999 vorgetragenen Behauptung bislang nicht widersprochen, dass der Fall der Mauer 1989, der Kollaps der Sowjetunion 1991 sowie die Reform des Asylgrundrechts 1993 zu einem sprunghaften Anstieg von illegaler Zuwanderung und unerlaubtem Aufenthalt geführt haben, die sich seither auf hohem Niveau halten (Alt 1999: 256f.). Lediglich über die konkrete Zahl der ‚Illegalen' in Deutschland besteht Uneinigkeit.[42] *Dass* sich aber inzwischen mehr ‚Illegale' in der Europäischen Union aufhalten dürften, als man gemeinhin anzunehmen bereit ist, zeigt sich an verschiedenen Anlässen, zum Beispiel:

1. Als im Jahr 1992 über der multiethnisch besiedelten Wohngegend Bijlmermeer in Rotterdam ein Flugzeug auf Wohnhäuser stürzte, stellte sich bei der Bergung und Identifizierung der Leichen sowie den Bemühungen, Ersatzwohnraum zu finden, heraus, dass dort viel mehr Menschen wohnten als angenommen – darunter viele ‚Illegale' (Engbersen 1996: 1).

2. Unter den Opfern der Terroranschläge vom 11.3.2004 in Madrid befanden sich eine Reihe nicht identifizierbarer Personen. Es wurde vermutet, dass es sich um ‚Illegale' handelte. In einem Akt der Großzügigkeit bot die spanische Regierung Angehörigen dieser Toten und Verletzten einen Aufenthaltsstatus an: Bis September 2004 haben 2.278 Migranten dieses Angebot angenommen, davon 1.478 direkte Opfer (Verletzte) und 800 Angehörige. Bei 696 Migranten wurde diesem Antrag entsprochen, davon waren 371 Personen direkte Opfer und 325 Personen Angehörige.[43]

3. Auch in Deutschland gibt es ‚Überraschungen' dieser Art: „Offiziell leben in Hamburg nur ein paar Dutzend Menschen aus Ecuador. Doch spätestens seit März [2003, Anm. d. Verf.], als in einem einzigen Wohnkomplex bei einer Razzia 52 Ecuadorianer ohne gültige Papiere festgenommen wurden, ahnt man, dass die Gemeinde wesentlich größer ist."[44]

Diese kurze Darlegung illustriert den in Kapitel 1.1.3. erwähnten ‚Warnhinweis': Was dieses Buch leisten kann, sind erste Indizienbeweise, vorgelegt in der Hoffnung, dass diese Darlegungen weitere Forschung anregen werden, damit man weitere Mosaiksteinchen zu einer kohärenteren Sicht der Gesamtsituation erhält.

He was trafficked to another country
and forced to work for no pay.
HE CAN'T
REACH OUT
But you can.
Contact IOM for information on Human Trafficking
Zambia Toll Free: 990
Zimbabwe: 04-335-044
Democratic Republic of Congo: 081-032-55-33
Angola: 925-906-225
Mozambique: 21-310-779
South Africa Toll Free: 0800-555-999
IOM | SACTAP
Southern African Counter-Trafficking Assistance Program

3. Globalisierung und illegale Migration

In diesem Kapitel wird die Meinung vertreten, dass aktuelle Globalisierungsprozesse auch ihre Auswirkung auf illegale Migrationsbewegungen haben. Natürlich gab es schon immer legale und illegale Migrationsverbindungen zwischen Ländern und Weltregionen, die sich aus geografischen, historischen, politischen, ökonomischen und ökologischen Gründen z. T. über Jahrhunderte hin entwickelt und zu grenzübergreifenden ‚Migrationssystemen' (Kritz/Zlotnik 1992) oder ‚transnationalen Migrationstopographien' (Bade 2000) verdichteten. Dennoch verändern sich die historisch gewachsenen illegalen Migrationsströme unter dem Einfluss von Globalisierungsprozessen, die darüber hinaus neue Migrationszusammenhänge schaffen, die vorher nicht existierten.[45] Selbst abgelegenste Gebiete werden heute in grenzübergreifende Zusammenhänge einbezogen, die Appadurai mit „Technoscapes, Finanscapes, Mediascapes, Ideoscapes, Ethnoscapes" bezeichnet (zitiert nach Sutherland 1998: 7f.). Technische Voraussetzungen, weltweite Geldflüsse, die grenzüberschreitende Verbreitung von Medien, Ideen und Angehörigen unterschiedlichster Kulturen lassen die Bedeutung des örtlichen Lebenskontexts für Menschen verblassen; Raum und Zeit können zunehmend überbrückt werden; neue Lebenszusammenhänge überspannen Bereiche, die einst unüberwindlich voneinander getrennt waren.

3.1. Voraussetzung für illegale Migration im Zeitalter der Globalisierung

3.1.1. Grundlagen der Globalisierung

Die heutige ‚Globalität' und ihr Fortschreiten wären undenkbar ohne die Entwicklungen der Infrastruktur und Technik während der vergangenen Jahrzehnte. Nachfolgend werden einige dieser Entwicklungen dargelegt, und es wird gefragt, inwieweit diese auch Ressourcen für illegale Migrationsprojekte darstellen.[46]

Schaubild 4: Geschwindigkeit bei der Verbreitung weltweiter Schlüsseltechnologien

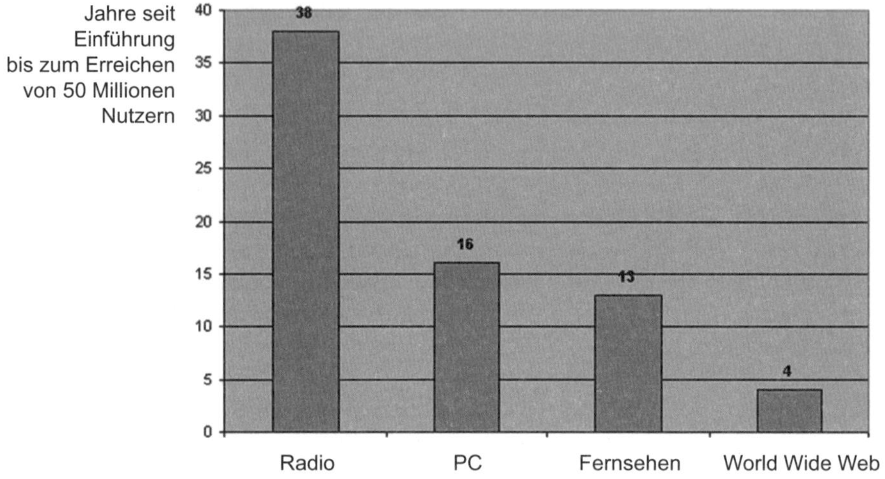

Zunächst ist bemerkenswert, wie schnell die modernste Technologie, das Internet, 50 Millionen Nutzer erreichte, wenn man es mit einem älteren Kommunikationsmittel wie dem Radio vergleicht. Brauchte letzteres 38 Jahre, um 50 Millionen Menschen zugänglich zu sein, so benötigte das Internet hierzu lediglich vier Jahre.

Das Internet ist aus dem Kontext der illegalen Migration nicht wegzudenken. Es taucht auf als Kommunikationsmöglichkeit im Bereich der E-Mail oder Internet-Telefonie und als Informationsmittel. Neben allgemeinen Informationen über die Industrieländer eröffnet das Internet Zugang über ganz konkrete Job-Anzeigen für illegale Beschäftigung. Hier können Nachrichten und Hinweise für bestimmte Schleusungsabschnitte deponiert werden; es ist auch ein Ort ganz konkreter Abwicklungen, wie etwa des Transfers von schwarz verdientem Geld. Das Internet ist leider auch das Medium, mit dem Menschenhändler nach Prostituierten und Zwangsarbeitern suchen, indem sie sich als ‚Partnerschafts-', Heiratsagenturen und Arbeitsvermittlungsfirmen tarnen, über die Menschen in Abhängigkeits- und Ausbeutungsverhältnisse gelockt werden.[47]

Natürlich ist der steile Anstieg in der weltweiten Zugänglichkeit des Internets ungleich verteilt, d. h. die Zugangsmöglichkeiten vergrößern sich in Industriestaaten und Schwellenländern schneller als in den ärmeren und ärmsten Ländern der Erde. Dabei ist aber auch in den ärmeren Ländern eine sich stets verbessernde Verfügbarkeit von Informations- und Kommunikationstechnologien gegeben, vor allem in den Städten. Diese wachsen stetig, auch dies, zusammen mit der Zunahme an Binnenmigration, ein Merkzeichen des gegenwärtigen Globalisierungszeitalters.

Schaubild 5: Anstieg der weltweiten Verstädterung[48]

Verstädterung
In absoluten Zahlen und in Prozent der Weltbevölkerung, weltweit 1950

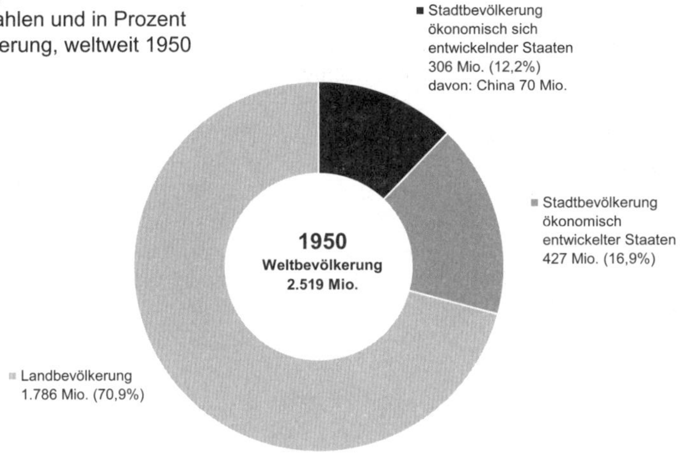

Verstädterung
In absoluten Zahlen und in Prozent der Weltbevölkerung, weltweit 2005

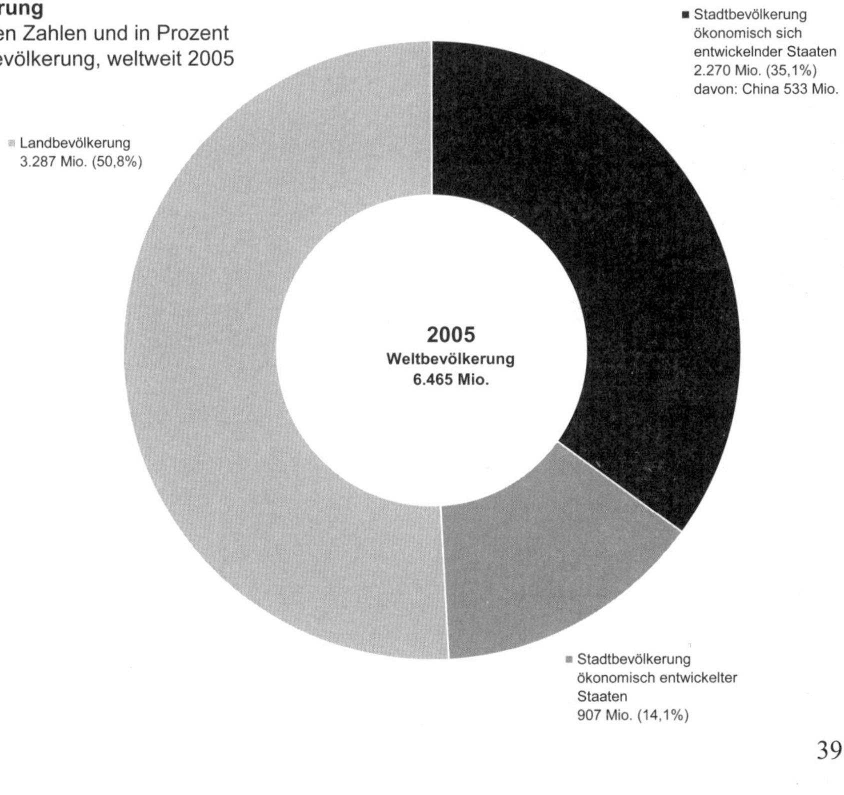

Dabei ist diese Binnenmigration eine Mischung aus Pushfaktoren (Entwurzelung durch Unwirtschaftlichkeit des Ackerbaus, keine Jobs etc.) und Pullfaktoren. Mahler etwa beobachtete im Rahmen ihrer Forschungen, dass Veränderungen wie Straßenbau, Schule und medizinische Versorgung Kinder im ländlichen Raum sehr früh unbewusst erkennen lassen, dass wichtige Ressourcen eher in den Städten als auf dem Land liegen, was zur langsamen Entwurzelung weiter Bevölkerungsgruppen beiträgt:

> „Kurz gesagt: Die Kleinbauern werden zu einer Lebensweise verpflichtet bzw. getrieben, die konstante Mobilität erfordert. Anders als in früheren Generationen besteht ein großer, wenn nicht sogar der größte Teil dieser Mobilität nicht darin, als Arbeiter aufs Feld zu gehen oder Familien in benachbarten Dörfern zu besuchen, sondern in sich wiederholenden Reisen von den ländlichen Weilern in die Städte. Kurzfristig wird dies nicht zu einer Entwurzelung der Bevölkerung führen, aber langfristig wird sich dies – meiner Ansicht nach – zu einem beeinflussenden Faktor entwickeln. Dies trifft vor allem auf Studenten zu, die während des Studiums wochen- oder jahrelang in den Städten leben." (Mahler 2000: 17).[49]

Da nun viele grenzübergreifende Migrationsprojekte in den Entwicklungsländern nicht vom Dorf aus geplant werden, sondern erst nach einer Binnenmigration vom Land in die Städte (vgl. dazu Kapitel 3.3.1.2.), so ist auch in den kommunikationstechnisch vernachlässigten Weltteilen davon auszugehen, dass für potenzielle ‚illegale' Emigranten der Zugang zu Kommunikations- und Informationsmöglichkeiten, etwa über Internetcafés, zunehmend erschwinglich wird.[50] Wie allerdings auch dargelegt werden wird, gibt es inzwischen selbst in isoliertesten Gebieten Internetzugang, falls etwa Schulleiter oder andere über entsprechende Ressourcen verfügen.

Weiter ist von Bedeutung, dass über die letzten Jahre hinweg die Kosten für Computer und Telefon drastisch sanken und so für viele Menschen erschwinglich wurden. Telefonkosten sind insofern ein wichtiges Kalkulationselement, als eine Familie vor einem illegalen Migrationsprojekt versucht, bei Verwandten und Bekannten in Zielländern Informationen über zuverlässige Grenzübertrittshelfer oder die Verfügbarkeit von Arbeit und Wohnraum einzuholen.

Schaubild 6: Sinkende Kosten für die Nutzung von Computer und Telefon[51]

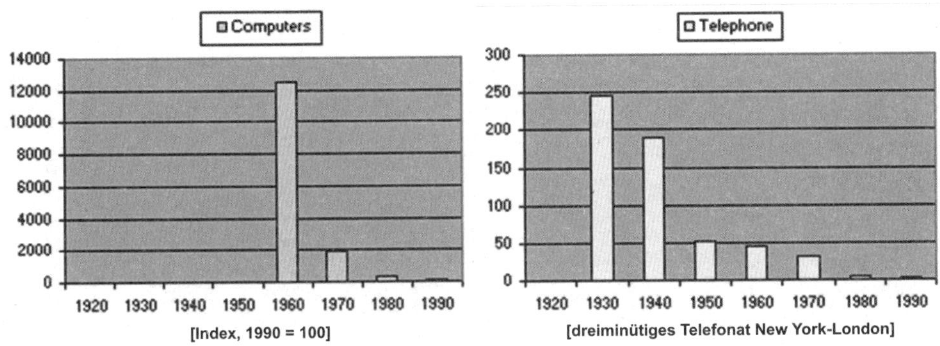

Sodann sind zunehmende Reise- und Transportbewegungen ein wichtiger Faktor bei der Entscheidung für eine illegale Migration.

Schaubild 7: Anstieg von Personenreisen per Flugzeug[52]

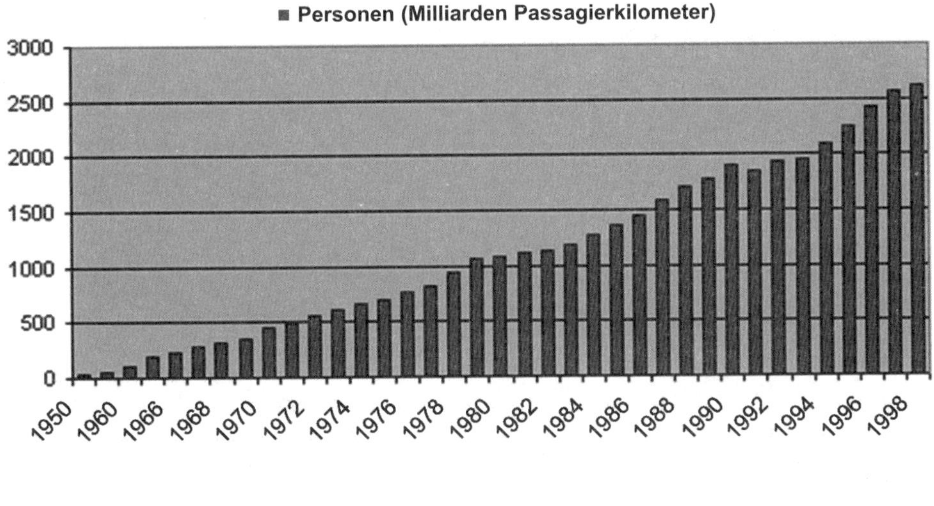

Schaubild 8: Anstieg von Frachtbewegungen per Flugzeug[53]

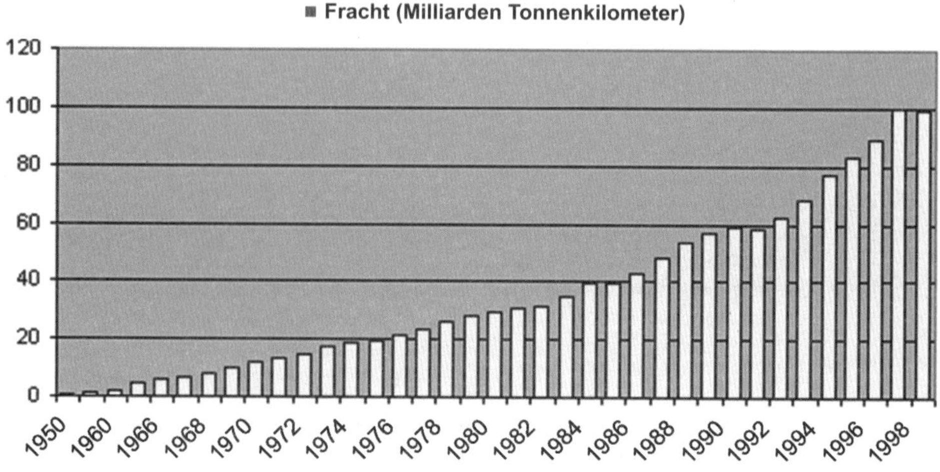

Diese Schaubilder zeigen kontinuierliche Steigerungen im Laufe der Jahre auf allen Gebieten – wobei ein Ende nicht abzusehen ist, da, im Großen und Ganzen, die Reisekosten kontinuierlich sinken.

Schaubild 9: Sinkende Kosten bei Land- und Seereisen[54]

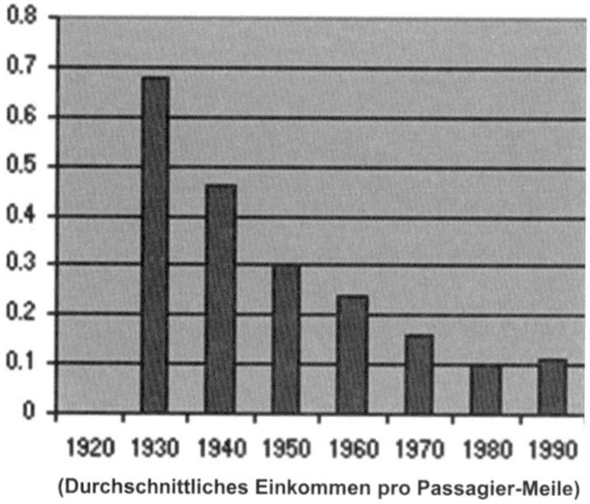

(Durchschnittliches Einkommen pro Passagier-Meile)

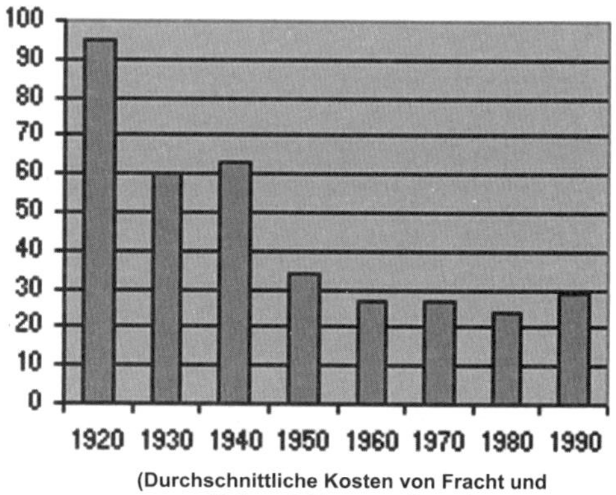

(Durchschnittliche Kosten von Fracht und Hafengebühren pro Tonne)

Dieser Trend setzte sich auch in den vergangenen Jahren, trotz aller Hochs und Tiefs, fort. Sah es etwa Mitte 2008 noch danach aus, dass Reisebewegungen aufgrund von Rohöl-Rekordpreisen für viele unerschwinglich teuer würden, so stürzte der Rohölpreis im Verlauf der Weltfinanzkrise in der zweiten Hälfte von 2008 wieder deutlich ab.[55]

Zunehmender Kontakt mit ‚Ausländern' (Geschäftsleuten oder Touristen) weckt überall auf der Welt Neugier auf andere Länder und die Möglichkeiten, die dort offensichtlich bestehen. Denn sie verkörpern leib-haftig eine fremde Kultur und einen Lebensstil, der für viele Menschen der Welt die Symbolisierung großen Luxus ist – ein neuer Lebensstil, den sie auch für sich attraktiv finden und gerne anstreben würden. Aus einer Bekanntschaft, etwa im Kontext Unterbringung von Touristen, Mitarbeitern von NGOs oder Studenten während der Erledigung eines Forschungsprojekts, kann sich eine Freundschaft ergeben. Dadurch entstehen Verbindungen in potenzielle Migrationsziellländer, verbunden mit der Möglichkeit, eingeladen zu werden, um so mit einem Besucher- oder Touristenvisum Grenzkontrollen zu überwinden.

Es ist offensichtlich, dass Reisekosten für illegale Migration wichtig sind – sowohl für die offene als auch die versteckte (in Containern oder Lastkraftwagen) Reise. Im Kontext der oben geschilderten Entwicklungen (sinkende Ölpreise, Wettbewerb zwischen Transportdienstleistern etc.) ist auch hier ein Sinken der Preise zu verzeichnen, zum Teil derart deutlich, dass man bei geschicktem Preisvergleich sogar gestiegene Schleusungskosten (falsche Papiere, Grenzübertrittshilfe) neutralisieren oder zumindest deutlich reduzieren kann (siehe dazu Kapitel 3.4.4.).

Jede einzelne in diesem Abschnitt geschilderte Entwicklung wäre schon spektakulär und folgenreich genug. Für den Bereich illegale Migration werden sie aber vor allem interessant durch ihr Zusammenwirken:

> „Wir betonen, dass die Erfindung einiger dieser Technologien nicht ausreicht, um ihre Entfaltung, ihren Einsatz und ihr Wachstum zu begründen; aber ihr Beitrag sowohl zum steigenden Umfang als auch zum sich verändernden Charakter der gegenwärtigen Globalisierung kann nicht geleugnet werden … Sie trugen zu sinkenden Stückgutkosten und verringerten Zusatzkosten bei der Überwindung großer Entfernungen bei. In der Folge sind diese Verkehrsnetzwerke für Staaten und Eliten immer schwieriger monopolisierbar oder kontrollierbar und sie sind zugänglicher für größere Bevölkerungsgruppen als in früheren Zeiten: Ein Beleg ist hierfür … die Unfähigkeit der Staaten, Migration umfassend zu kontrollieren oder Drogenhandel über internationale Landgrenzen zu verhindern." (Held u. a. 2001: 428).[56]

Das derzeit schon erreichte Maß an Globalität kann man nicht rückgängig machen. Ebenso wenig sieht es ernsthaft danach aus, dass irgendein Staat der Welt Bestrebungen hätte, sich aus dem Globalisierungsprozess auszuklinken. Entsprechend werden sich auch die Möglichkeiten für ‚illegale' Migranten und ihre Dienstleister, wenn nicht verbessern, so doch auf hohem Niveau stabil erhalten – im Wettlauf mit Staaten, die dagegen Barrieren aufzurichten versuchen. All dies wird nun anhand eines Beispiels verdeutlicht.

3.1.2. Beispiel für ‚Kulturelle Globalisierung': Der Toledo District

Held und Kollegen diskutieren zentrale, durch Globalisierungsprozesse in aller Welt geschehende Veränderungen unter dem Stichwort der ‚Kulturellen Globalisierung': „Kultur ist das Medium, mit dem Individuen und Gruppen ihre Identität in Zeit und Raum organisieren und begrifflich fassen" (Held u. a. 2001: 369).[57] Mit kultureller Globalisierung wird heutzutage spontan das Schlagwort von der ‚Macdonaldisierung' assoziiert (vgl. Pries 2008: 132), wofür etwa die Ausbreitung von Konsum- und Markenartikeln, aggressiver Werbung, westlicher Popkultur und der per Satellit weltweit mögliche Empfang von CNN stehen. Aber kulturelle Globalisierung umfasst noch viel mehr: Auch wenn es den grenzübergreifenden Austausch von Ideen, Normen und Werten immer schon gab, so sind Ausmaß und Intensität des heutigen Austauschs, der von der westlichen Film- und Popkultur sowie westlicher Business-Kommunikation dominiert wird, ohne Vorbild.[58] Dies wiederum hat zur Folge, dass durch den zuvor geschilderten Ausbau in der globalen Infrastruktur auch Ideen und Werte transportiert werden, die Traditionen und Weltbilder ganzer Völker in Frage stellen und verändern. Anders gesagt: Gerade die Dominanz westlicher Elemente im kulturellen Austausch über die marktbeherrschende Dominanz von Kommunikations- und Medienunternehmen bedeutet neben kommerziellen und materiellen Einflüssen auch den Transport des Wertesystems der westlichen Moderne wie Individualismus, Demokratie, Säkularismus, Agnostizismus, Frauen- und Menschenrechte, Privateigentum, Bekleidungsnormen – um nur eine Auswahl zu nennen. Hier und da regt sich Widerstand oder werden über eigene Unterhaltungsindustrien Gegengewichte zur westlichen Dominanz in der Kulturindustrie geschaffen (z. B. Indiens *Bollywood*). In anderen Bereichen der Welt gelingt dies aber nicht, weil Völker und Ethnien keine eigenen Ressourcen haben, um dem Einbruch westlicher Unterhaltungsindustrie etwas Äquivalentes aus dem eigenen Kulturbereich entgegenzusetzen. Dies trifft sicher auf Belize zu, welches als sehr kleines Land übermächtigen US-amerikanischen Einflüssen ausgeliefert ist; es trifft nochmals mehr auf die Maya-Indianer des Toledo Districts zu, die, außer im kirchlichen Bereich (CDs mit religiösen Liedern, eigenen Bibeln und Gebetbüchern o. ä.), keinerlei eigene kulturelle Produkte medial produzieren und vermarkten können.

Belize eignet sich sehr gut für ein Studium der Auswirkungen moderner Globalisierungsprozesse auf Entwicklungsländer. Aldous Huxley sagte einst über die damalige britische Kronkolonie British Honduras: „Wenn die Welt ein Ende hätte, würde British Honduras sicher dazugehören. Es liegt nicht auf dem Weg von irgendwo nach irgendwo. Es hat keinerlei strategischen Wert. Es ist so gut wie unbewohnt." (zitiert nach Sutherland 1998: 1).[59] In der Tat kann gesagt werden, dass Belize in seinen Entwicklungsschritten direkt von einem kolonial geprägten Staat, die Moderne und Industrialisierung überspringend, in der Postmoderne angekommen ist.[60] Allerdings ist die Einbindung von Belize in die globale Ökonomie sehr unterschiedlich: Der Norden etwa über Tourismus, der Stann Creek District über seine Bananen- und Zitrusplantagen. Und dann gibt es noch Toledo, den südlichsten, den *Forgotten District*.

Anhand dieses Distrikts werden nun Entwicklungen geschildert, die Welten zusammenführen, die bis vor kurzem noch räumlich und kulturell getrennt waren. Toledo eignet sich aus mehreren Gründen dafür:

- Aufgrund seiner Randlage ist er eine richtiggehende Sackgasse, alle Straßen enden hier, es gibt nichts, was Belizeaner aus dem Norden oder gar Auswärtige anziehen würde. Wer nicht gezielt in Toledo zu tun hat, sieht in der Regel keinerlei Gründe, dorthin zu reisen. Entsprechend lang wurden die Menschen dort sich selbst überlassen.
- Straßenbau und Elektrifizierung existieren dort noch nicht lange und damit fehlten bis vor kurzem prinzipielle infrastrukturelle Voraussetzungen für die Einbindung in die moderne Welt.
- Der Anteil von Armen ist sehr hoch: Im nationalen Schnitt leben drei Viertel der Bewohner unter der Armutsgrenze, der Anteil der indigenen Bevölkerung ist besonders hoch. Dies bedeutet, dass selbst dort, wo Zugang zu Elektrizität besteht, Menschen kaum Geld für Radios, Fernsehen oder gar Internet haben.

Toledo führt landesweit sowohl quantitativ als auch qualitativ in der Armutsstatistik. Landesweit leben dort die meisten Menschen unter dem nationalen Armutslevel (79 Prozent), landesweit ist aber auch der Abstand zwischen der ‚größten gemessenen Armut' zum landesweiten Durchschnittswert (*Poverty Gap*) am größten: 31,5 Prozent der Bevölkerung gilt als ‚extrem arm'. Wie abgelegen und arm Toledo ist, wird etwa dadurch deutlich, dass selbst das Fernsehen dort immer nur die Nachrichten vom Vortag ausstrahlt: Der einzige Kabel-TV-Anbieter vor Ort ist nicht in der Lage, den nationalen Nachrichtenproduzenten genügend für die aktuellen Nachrichten zu zahlen. Verbilligt werden deshalb Toledo die Nachrichten mit einem Tag Verspätung überlassen. All dies hat sehr konkrete Auswirkungen: Kommt ein Hurrikan oder Sturm auf Toledo zu, erhält man somit die besten Informationen nicht über den eigenen Wetterdienst, sondern über den (illegal bezogenen) US-Weatherchannel oder gleich über CNN.

Nachfolgend soll deutlich werden, dass ‚Kulturrevolutionen' und ‚clashes of culture' in unspektakulären Bereichen der globalen Integration beginnen, die mit dem Stichwort der ‚kulturellen Globalisierung' zunächst nicht assoziiert werden. Konkret wird (immer unter der Prämisse von Migrationsrelevanz) der Einfluss von Straßenbau, auswärtigen Besuchern, der Elektrifizierung, der schulischen und medizinischen Versorgung auf die Maya-Bevölkerung im Toledo District dargestellt. Dies zum einen, weil zum legalen und illegalen Migrationsverhalten der Maya aus Belize noch keine Erkenntnisse gesammelt und festgehalten wurden,[61] während es zum Migrationsverhalten anderer ethnischer Gruppen bereits Studien gibt.[62] Weil es sich zudem bei den Maya um die ethnisch größte Gruppe des Distrikts handelt und weil sich (drittens) die weit reichenden Veränderungen der letzten Jahre bei dieser Gruppe erst allmählich auszuwirken beginnen. Es wird gezeigt, wie eine Jahrhunderte lang weitgehend unveränderte Kultur verändert wird und dadurch Gedanken an illegale Migration entstehen können.[63]

3.1.2.1. Einflüsse durch Straßenbau

Der Straßenbau in Belize begann in den 1980er Jahren.[64] Mit dem Bau des Southern Highway, der Toledo mit dem Rest des Landes verbindet, wurde erst in der zweiten Hälfte der 1990er Jahre begonnen. Er ist die bis dato einzige geteerte Straße im Toledo District, die letzten Abschnitte waren Ende 2008 noch nicht fertig gestellt. Vom Southern Highway gehen feldwegartige Straßen ab (*Dirt Roads*) und verbinden die Dörfer im Landesinneren miteinander (siehe Anhang 6, Bildtafel 1). Allerdings: Diese Straßen enden im Grenzgebiet zu Guatemala, von wo aus bestenfalls Fußwege und Trampelpfade die Grenze queren. Bis heute gibt es Dörfer in Toledo ohne Straßenanschluss, etwa Graham Creek, Machakilha, Palo Grande und andere. Der Anthropologe R. Wilk sieht im Straßenbau, verglichen mit allen anderen auswärtigen Einflüssen, das größte *Vehicle of Change* für Toledo:

> „Die bei weitem größte Auswirkung für den Toledo District rührt von dem kontinuierlichen Ausbau von Straßen her ... Straßen verändern die Grundlage für die wirtschaftlichen Entscheidungen der Bauern und der Kapitalisten. Indem das Hinterland in eine offene und zugängliche Gegend verwandelt wird, verändern Straßen die Beziehung der Menschen zu ihrer natürlichen Umgebung, zu ihrer Gemeinde und Familie, zum Markt und zu der Regierung." (Wilk 1991: 71).[65]

Von Anfang an gab es Widerstand der Maya gegen diese Straße, die eine Zunahme an Verbrechen, eine Aufweichung ihres kulturellen Zusammenhalts, aber auch einen beschleunigten Ausverkauf ihres traditionellen Siedlungsgebiets vor allem an die Holzindustrie befürchteten.[66] Und in der Tat: Weil die Regierung ausländisches Geld brauchte, um angehäufte Schulden zu bezahlen, wurden ab 1995 15 Lizenzen zum Holzfällen im größten noch zusammenhängenden Regenwaldgebiet Toledos erteilt. Elf davon gingen an ausländische, nur vier an einheimische Bieter, die größten Firmen stammten aus Malaysia. Deren Vorgehen, vor allem in der Nähe von Naturschutzgebieten und Reservationen, bedrohte das Leben der Dörfer, etwa durch Wasserverschmutzung und das Vertreiben des jagdbaren Wilds (siehe Anhang 6, Bildtafel 2).[67] Nur mühsam gelang die Organisation von Widerstand gegen den größten Lizenznehmer, der zudem ins Stocken kam, nachdem einer ihrer Anführer, Julian Cho, bei einem ‚merkwürdigen Unfall' ums Leben gekommen war.[68]

Aber es gibt weitere Veränderungen: Bei den Maya dominiert bis heute ein egalitär-kollektives Dorfleben, in dem Privateigentum weitgehend unbekannt ist. Gemeinsam werden die Felder bestellt, es herrscht im Großen und Ganzen eine bargeldlose Tauschwirtschaft. Viele Dörfer sind heute noch relativ isoliert, es gibt den auf zwei Jahren gewählten Bürgermeister, den *Alcalden*, der die Rechtsprechung ausübt und dem die Dorfpolizei untersteht. Wichtige Entscheidungen fällen alle Männer des Dorfes auf Dorfversammlungen.[69] Zentral für den Handel sind bis heute in weiten Bereichen Toledos die *Cobaneros*, guatemaltekische Händler, die Waren auf ihrem Rücken oder bestenfalls mit einem Fahrrad über die Grenze transportieren und zum Kauf anbieten. Kaufen und Verkaufen auf dem

Markt in Punta Gorda war bis vor kurzem selten und jenen vorbehalten, die die langen und beschwerlichen Wege zu machen in der Lage waren.[70] Wie das Beispiel der *Cobaneros* bereits andeutet, verbindet gerade die Q'eqchi-Maya aufgrund ihrer Herkunft und verwandtschaftlichen Bindungen mehr mit den Q'eqchi-Siedlungsgebieten Guatemalas als mit der belizeanischen, von Garifuna, Kreolen, Chinesen und East Indians geprägten Provinzhauptstadt Punta Gorda. Entsprechend ist bis heute ein mindestens ebenso starker Reiseverkehr zu Fuß oder mit dem Pferd zwischen den Grenzdörfern beidseits der Grenze Belize/Guatemala zu verzeichnen wie zwischen den Maya-Dörfern und Punta Gorda. Hierauf nahm niemand Einfluss, da die Dörfer sehr isoliert lagen und sich seitens der belizeanischen Behörden kaum jemand die Mühe machte, dort hinzugehen.

All dies änderte sich durch den Straßenbau. Mit Macht drängt sich die Zentralregierung in den Lebensbereich der Maya. Einige Beispiele:

- Vor dem Straßenbau gab es kaum Grenzpatrouillen durch die belizeanische Armee. Dies ist aber inzwischen eine regelmäßige Erscheinung, die nicht nur Wilderer und Schmuggler abschrecken, sondern auch unerlaubte Ein- und Ausfuhren im Rahmen des ‚kleinen', wenngleich illegalen Grenzverkehrs verhindern soll. Es gibt immer wieder Berichte von Beschlagnahmen, was die Maya überhaupt nicht nachvollziehen können, da sie sich keines Vergehens bewusst sind: Sie erkennen die Grenze nicht an ("This land belongs to all. God gave it to us!") und sie haben für ihre Waren bezahlt! Für die Feinheiten des Steuer- und Zollwesens fehlt ihnen hingegen das Verständnis.
- Vor dem Straßenbau gab es keine Polizeiposten der Zentralregierung im Maya-Gebiet. Nun gibt es Posten entlang der Straße in San Antonio, Pueblo Viejo und Jalacte. Eine Folge davon ist beispielsweise, dass die landesweiten Gesetze bezüglich Feuerwaffen strenger durchgesetzt werden, die erlassen wurden, um Kriminalität in der Hauptstadt Belize City einzudämmen. Nun kommt es aber zur Verhaftung und Inhaftierung von Maya, die unlizenzierte Gewehre für die Jagd benutzen.
- Die Regierung versucht, den Menschen Privateigentum schmackhaft zu machen und dadurch in das System der kollektiven Feldbewirtschaftung einzubrechen. Dabei hat die Regierung zwei Hintergedanken: Zum einen will sie die Mobilität der Maya eindämmen, indem sie an die eigene Scholle gebunden werden sollen.[71] Zum anderen können von Privateigentum Steuern erhoben werden, was bei kollektivem Eigentum so nicht möglich ist.
- Abschließend erlauben die verbesserten Transportmöglichkeiten eine bessere Kontrolle der Regierung über die Dorfverwaltungen durch das traditionelle *Alcalde*-System. Regelmäßig werden die *Alcalden* zu Treffen mit Regierungsvertretern eingeladen. Dabei sind viele von ihnen bei diesen Treffen überfordert, da es immer noch Analphabeten unter ihnen gibt. Neben dem *Alcalde*-System weitete die Regierung sodann ihren Einfluss dadurch aus, dass in den Dörfern eine weitere Verwaltungsstruktur unter dem *Village Chairman* eingeführt wurde, in das Vertreter, die den Landesparteien angehören, gewählt werden. Auch dies ist mit der Hoffnung verbunden, über dieses System früher

oder später die Besteuerung ausweiten zu können. Steuern müssen freilich mit Bargeld bezahlt werden.

Dabei gewinnt das Konzept von Privateigentum auch deshalb an Attraktivität, weil die Haushalte sich auf diesem Weg einen persönlichen Zusatzverdienst erwerben können. Der Transport der Produkte nach Punta Gorda mit dem Bus ist dabei weit weniger beschwerlich, als es zu Fuß oder mit dem Maultier wäre oder heute noch nach Guatemala ist (siehe Anhang 6, Bildtafel 3). Entsprechend bauen die Maya mehr an, als sie zum Leben brauchen, was wiederum zur ökologischen Degradierung des Bodens beiträgt (siehe Kapitel 3.3.5.).

Straßen und das Auto sind bis heute die wichtigsten und zuverlässigsten Kommunikationsmittel in Toledo. Mangels flächendeckender Elektrizitätsversorgung hat nicht jedes Dorf ein solarzellen- oder batteriebetriebenes Dorftelefon. Diese sind oft kaputt und werden schlecht gewartet, außerdem funktionieren jene, die mit Solarzellen operieren, nicht, wenn es regnet und jene, die batteriebetrieben sind, nicht, wenn die Batterie leer ist. Handyempfang endet fünf Kilometer außerhalb von Punta Gorda (ausgenommen die Dörfer an der Grenze zu Guatemala, die von den dortigen Netzen abgedeckt sind). Post kann zwar den Dorfbussen mitgegeben werden, dies ist aber nur alle zwei Tage möglich, und die Ablieferung ist nicht immer zuverlässig.

3.1.2.2. Einflüsse durch auswärtige Besucher

Mit der verkehrsmäßigen Erschließung des Südens von Belize kam es zu einem verstärkten Zustrom Ortsfremder. Investoren der Holzfirmen brachten Mitarbeiter aus anderen Landes- und Weltteilen nach Toledo, ebenso boten Hotels und Lodges Unterkunft für Touristen, die durch die örtlichen Maya-Ruinen, Ökotourismus oder schlicht Neugier bezüglich des Lebens in den Maya-Dörfern angelockt wurden.[72] Selbst ein direktes Mitleben in den Dörfern ist über das *Maya Village Homestay Program* möglich geworden. Kontakte, die auf diesem Wege zustande kommen, etwa zwischen Maya aus San Pedro Columbia und schwedischen Besuchern, werden anschließend über das örtliche Internetcafé fleißig gepflegt: Man hofft auf eine Besuchseinladung nach Schweden. Aber auch sonst wird man als ‚Westler' sehr bald nach der Adresse und Telefonnummer im Herkunftsland gefragt. Dabei spielt es keine Rolle, ob man Tourist, Besucher, Missionar, Peace-Corps-Volunteer, akademischer Forscher, Mitarbeiter einer NGO, Entwicklungshelfer oder schlicht Gast der Pfarrei ist (siehe Anhang 6, Bildtafel 4). Manchmal reicht ein Kontakt am Rande, um eine Einladung zu bekommen: In einem Dorf war beispielsweise der älteste Sohn der Familie Touristenführer. Er organisierte Exkursionen in den Regenwald. Da hierbei meist auch ein Essen für die Besucher bei ‚richtigen' Maya Teil des Programms ist, lernte sein jüngerer Bruder einen Besucher aus Kanada kennen und ist inzwischen mit ihm per E-Mail im Kontakt, um die Hindernisse zu beseitigen, die einem Besuch im Weg stehen. Dabei geht er davon aus, dass er in Kanada Arbeit finden wird. Auch Besucher der Pfarrei, die als ‚Belohnung' für ihre Spenden die Pfarrei besuchen und denen in den Dörfern vorgeführt wird, was mit ihren Geldern getan wird, versteigen sich manchmal zu wohlmeinenden, aber gefährlichen Äußerungen, die Hoffnungen wecken. Intelligente Schüler werden oft mit Staunen und Begeisterung für ihre Leistungen gelobt, woraufhin Zusätze folgen wie: „Wenn du in den USA wärst, könntest du viel mehr mit deiner Begabung anfangen" oder „Schade, dass du nicht bei uns studieren kannst" oder „Wenn ich dir helfen kann, lass es mich wissen!"

Die Zuwanderung von außerhalb des Distrikts verändert die bisherige kulturelle Homogenität der Dörfer und zeigt sich in Schulen und selbst Gottesdiensten am Sonntag: Wo in den Herkunftsdörfern der Migranten bis heute Garinagu, Q'eqchi und Mopan gesprochen wird, setzt sich in den Zuwanderungsdörfern entlang des Southern Highway zunehmend Englisch als lingua franca unter den dort lebenden Menschen unterschiedlicher ethnischer Herkunft durch. Gottesdienste werden oft in drei Sprachen (Q'eqchi, Englisch und Spanisch) gehalten, um jeder Gruppe ‚ihr' Element zuzugestehen.

3.1.2.3. Einflüsse durch Elektrifizierung und Medien

Für eine Verbreitung westlicher Kommunikations- und Popkultur ist die Elektrifizierung eine wichtige Voraussetzung. Hinsichtlich von Belize gilt zunächst zu bedenken, dass die Elektrifizierung insgesamt erst relativ spät begann und bis heute nicht abgeschlossen ist.[73] Der Elektrifizierung folgten Telefon und Rundfunk, um 1975 Fernsehen und um 1995 Internet.[74] Vor allem Video und Fernsehen hatten eine enorme Auswirkung auf das Wertesystem der Bevölkerung und, so örtliche Gesprächspartner, auf die Kriminalitätsentwicklung. Auf einmal standen Konsum- und Berufswünsche im Raum, die zuvor unbekannt waren (vgl. Sutherland 1998: 182). Werbung und Soap-Operas, sowohl aus den USA als auch von Sendern aus den Nachbarländern, führten einen Lebensstil vor Augen, der neue Bedürfnisse, Verhaltensweisen und Zukunftswünsche schuf.

Diese Beobachtung auf Landesebene wiederholt sich heute im Toledo District mit zwanzigjähriger Verspätung: Die Stadt Punta Gorda sowie Dörfer entlang des Southern Highway, die seit längerem über Strom und Fernsehen verfügen, kämpfen quantitativ und qualitativ mit ganz anderen Problemen (Kriminalität, Drogen, Alkoholismus, ‚Konsumismus'[75] und Abwanderung) als Maya-Dörfer in den Bergen, deren Elektrizitätsquellen sich auf (Auto-)Batterien und Solarstrom beschränken, was z. B. eher zum Betrieb von Radios als von Fernsehen genutzt wird und dadurch die ‚Macht der Bilder' reduziert. Ähnlich ist es mit der Verteilung von PCs und Internet bestellt: Über digitales Hochgeschwindigkeits-Internet verfügt nur Punta Gorda mit seinen Schulen. Darüber hinaus verfügen neben der zweiten Highschool des Distrikts, *Julian Cho Technical High*, lediglich die Dörfer Big Falls und San Pedro Columbia über Internet, welches über Satellit bereitgestellt wird und sehr langsam ist.

Freilich: Wo Schulleiter ehrgeizig sind und über die nötigen Ressourcen und Beziehungen verfügen – wozu etwa die Fähigkeit gehört, im Internet nach potenziellen Sponsoren zu recherchieren –, sind Computer und Computerklassen selbst in den entlegensten Dörfern auf dem Vormarsch. So etwa in der Schule von Crique Sarco, welche aus den USA eine Spende von fünf Computern erhielt. Von dieser Spende profitieren nicht nur die Schüler der Grundschule, sondern auch die Schüler der Highschool, die auf diese Weise das in der Schule Gelernte praktizieren können – sofern sie Benzin für den Generator haben, mit dem die Computer betrieben werden (siehe Anhang 6, Bildtafeln 5 und 6).

Natürlich wird diese Ausstattung auch dazu genutzt, sich beim monatlichen Besuch in Punta Gorda eine (raubkopierte) Film-DVD zu besorgen und diese über die auf dem PC vorinstallierten Abspielprogramme Kindern und Jugendlichen vorzuführen: Dirty Harry's Krieg gegen die bösen Buben von Los Angeles erreicht so die hintersten Winkel des Urwalds am Golf von Honduras ebenso wie das Sozialverhalten der Desperate Housewifes. Auch ausländische Besucher bringen regelmäßig DVDs ins Land, vor allem als Geschenk. Zwar verstehen die Maya-Jugendlichen, für die Englisch die erste Fremdsprache ist, die außerhalb der Schule nicht gesprochen wird, in der Regel nur einen Bruchteil des US-amerikanischen Englisch, aber auch hier ist es die ‚Macht der Bilder', die ihnen Welten vor Augen führen, die sie sich in ihren kühnsten Träumen nicht ausmalen könnten. Der Wunsch, so wie ‚die' leben zu wollen, wächst. Zwar kann man dagegen argumentieren und die Jugendlichen darauf verweisen, dass diese glitzernden Bilder eine Schattenseite haben wie Individualismus mit zerbrechenden Sozialgefügen, Materialismus, Kriminalität usw., aber Worte haben nicht den gleichen Überzeugungswert wie Bilder – man will z.B. einfach cool sein wie die Gangs (siehe Anhang 6, Bildtafel 7). Nicht einmal ein ‚Gegenfilm' hätte Chancen, das in den Hollywoodfilmen Gezeigte zu relativieren und diesen jungen Menschen eine realistischere Entscheidungsgrundlage zu verschaffen: Diese Filme wären weit weniger populär. Menschen, die auswandern wollen, glauben, was sie über das Zielland glauben wollen.[76]

3.1.2.4. Einflüsse durch Schule, Bildung und Arbeitsmarkt

Bildung ist etwas sehr Gutes – kein Zweifel daran. Und dank internationaler Vernetzung geht es nicht nur Belize, sondern auch dem Toledo District gut. Es ist vor allem dem Geld von außerhalb zu danken, dass alle Dörfer in Toledo Schulen haben, denn: Hinsichtlich des Baus, des Unterhalts und der Ausstattung von Schulen stehen der *Social Investment Fund* (finanziert unter anderem durch die *Inter-American Development Bank*, IADB) und ausländische Spender (sowohl Privatpersonen als auch NGOs oder Kirchen), was Verlässlichkeit und Großzügigkeit betrifft, vor dem belizeanischen Staat, der allerdings für die Gehälter der Lehrer aufkommt (siehe Anhang 6, Bildtafeln 8 und 9). Die flächendeckende Beschulung von Kindern ist aber aus zwei Gründen verantwortlich für verstärkte illegale Migrationsbestrebungen von Maya aus Belize.

Zunächst wegen der Kosten, die den Eltern entstehen: Zwar ist die Schulbildung in Belize prinzipiell frei, aber es gibt versteckte Nebenkosten. Schon in der Primary School wird eine effiziente Unterrichtung oft dadurch gehemmt, dass Lehrmaterialien fehlen oder ein Erwerb derselben die Subsistenzfarmer vor Probleme stellt. Ein Schul-Übungsheft für ein Fach kostet auf den Dörfern ein BZ-Dollar, unterrichtet werden in der obersten Klassenstufe zehn Fächer. Viele Familien haben mehrere schulpflichtige Kinder. Noch teurer wird ein Besuch auf der Highschool, weil den Familien hier Kosten aus ‚Anmeldegebühren', Schuluniformen, Lehrmaterialien und der Finanzierung einer Unterbringung während der Woche in Schulnähe erwachsen.[77] Da eine Bezahlung in Naturalien ausgeschlossen ist, überlegen Eltern, woher sie das Geld für eine gute Schulausbildung ihrer Kinder bekommen können. Einige versuchen, Lohnarbeit im Inland zu finden (z. B. auf den Zitrusplantagen des Stann-Creek-Districts, oder als Lagerarbeiter in Belize City), andere erfahren über ihre Verwandten in Guatemala von Verdienstmöglichkeiten in den USA.

Darüber hinaus trägt Schulbildung auf Seiten der Schüler zum Entstehen von Migrationsplänen bei, und zwar wegen: a.) der Qualität der Ausbildung, b.) dem veränderten Selbstbewusstsein der Mädchen und c.) dem Mangel an qualifizierten Jobs. Zunächst ist das Ausbildungsniveau in Belize besser als in den Nachbarländern[78] und der Unterricht findet, in Mittelamerika einzigartig, in Englisch statt, da Belize bis 1981 britische Kronkolonie war. Darüber hinaus haben Highschool- und College-Absolventen den großen Vorteil, dass auch der Lehrplan in Belize aufgrund der kolonialen Vergangenheit eng am englisch-amerikanischen System ausgerichtet ist. All dies bedeutet für belizeanische Schüler und Studenten nach Auskunft von Gesprächspartnern in den USA dort hervorragende Startchancen – sowohl als Studenten als auch auf dem (legalen oder illegalen) Arbeitsmarkt.[79]

Die Schule verändert sodann das Rollenverständnis von Frauen: War es bis 2006 noch so, dass Maya-Mädchen schon im Alter von 14 Jahren verheiratet wurden und damit die acht Jahre dauernde Primary School nicht beenden konnten, erhöhte die Regierung das Heiratsalter auf 16 Jahre, um die Chancen für Mädchen, wenigstens die Primary School beenden zu können, zu verbessern. Dadurch entsteht aber ein zunehmend selbstbewusster ‚Mädchentyp', der sich nach Abschluss der Primary School nicht mehr so ohne weiteres verheiraten lässt, sondern auch daran denkt, die Schulbildung im sekundären und tertiären Bereich fortzusetzen.[80] Dies kann auch, weil tatsächlich oder vorgeschoben, kein Geld vorhanden ist, zu einem Zerwürfnis mit der Familie führen, in Einzelfällen sogar zu einem Ausschluss aus dem Familienverband und nachfolgender Ab- oder gar Auswanderung.[81]

Zum vierten gibt es für erfolgreiche Absolventen von Highschool und College nicht genügend Jobs in Toledo. In einem Land mit hohem Jugendanteil[82] und sehr überschaubarem Arbeitsmarkt wird es bei zweistelligen Arbeitslosenziffern[83] zunehmend schwierig, einen gut bezahlten Job zu bekommen. Andererseits ist es für Highschool- oder College-Absolventen unvorstellbar, wieder wie der Vater täglich harte Arbeit auf der Farm zu leisten. Entsprechend findet unter gut qualifizierten Jugendlichen eine Abwanderung in den Norden statt, wo die landesgrößte Stadt Belize City, die Hauptstadt Belmopan und die Touristengebiete liegen. Und wo aber aus denselben Gründen bereits ein Überangebot an gut qualifizierten jungen Menschen aus den dortigen Distrikten vorhanden ist. Meine Gesprächspartner waren allerdings der Ansicht, dass die Jobs gerade in den Touristengebieten eine Art ‚Durchlauf' sind: Man verdient Geld, man knüpft Kontakte, man geht in die USA – vorzugsweise mit Visum, welches man dann überzieht. Deshalb ist die Verweildauer junger Menschen im Hotel- und Gaststättengewerbe des Nordens sehr kurz, d. h. Jobinhaber machen schnell ‚Platz' für ‚Nachrückende'[84].

Die kombinierten Einflüsse von Elektrifizierung, Schulbildung und wachsenden Kontakten mit Touristen führen zu einer Beobachtung von A. Portes: „Dieser Prozess bereitet künftige Migranten auf das vor, was sie in ihrem künftigen Leben im Ausland erwarten können, und er vergrößert gleichzeitig die Bereitschaft auszuwandern durch den sich vergrößernden Graben zwischen lokalen Gegebenheiten und importierten Konsumwünschen." (Portes 1997: 6).[85]

3.1.2.5. Einflüsse durch medizinische Versorgung[86]

Abschließend soll am Beispiel der medizinischen Versorgung gezeigt werden, wie legale und illegale Migrationsbewegungen entstehen können. Mit dem Southern Highway begann im Süden von Belize auch der verstärkte Vormarsch der westlichen Medizin, die nun auf breiter Front in Konkurrenz mit der traditionellen Heilkunde der Maya-Bushdoctors trat – etwa durch schulärztliche Untersuchungen und den Wunsch der Eltern nach einer ‚zweiten Meinung' (siehe Anhang 6, Bildtafeln 10 und 11). Dies wiederum schafft Nachfrage nach Medizinern westlicher Prägung. Diese ist aber für Belize nur schwer zu befriedigen, weil es im Land keine eigene medizinische Fakultät gibt. Viele Belizeaner, die zum Medizinstudium ins Ausland geschickt werden, bleiben dort, weil die Verdienstmöglichkeiten höher sind – wodurch grenzübergreifende soziale Netzwerke und Migrationsbrückenköpfe für Angehörige in Belize entstehen. Es kommen aber auch Ärzte aus der ersten Welt nach Belize, von Kirchen oder NGOs in jene Gegenden geschickt, in denen ein Arzt nicht genügend verdienen kann und sich deshalb auch niemand niederlassen würde. Der Verfasser lernte ein Arztehepaar aus den USA kennen, welches in den Maya Mountains einen ambulanten Gesundheitsdienst unterhielt. Da beide berufstätig waren und zwei Kinder hatten, beschäftigten sie schon in den USA eine ‚illegale' Nanny (Putzkraft und Kindermädchen) aus Honduras. Als letztere vom Plan des Ehepaars erfuhr, nach Punta Gorda zu gehen, bat sie diese darum, dort ihre Schwester aus Honduras zu beschäftigen.[87] Der Hintergedanken der honduranischen ‚Illegalen' in den USA war, dass ihre Schwester später, nach Beendigung des Einsatzes des Ehepaars in Punta Gorda, mit diesem legal in die USA kommen kann, dort einen sicheren Aufenthaltsstatus erhält, und dann als ‚Legale' ihr und anderen Familienmitgliedern helfen kann. Auch gesponserte Operationen können Emigrationswünsche auslösen: Diagnosen, die ursprünglich nur auf Digitalfotos beruhen, die per Internet verschickt wurden, münden schließlich in gesponserte Operationen in den USA, etwa bei einer schwierigen Knochenerkrankung in Machakilha (siehe Anhang 6, Bildtafel 12), einem Dorf, welches bis heute ohne Elektrizität ist, oder bei einer Herzerkrankung in Otoxha. Ein Elternteil durfte jeweils das Kind begleiten. Wenig erstaunlich, waren die Mayas von den Eindrücken dieser ihnen völlig fremden Welt sehr beeindruckt und der Vater des Kindes aus Otoxha trägt sich seit der Rückkehr mit Plänen, in die USA zwecks Arbeitsaufnahme zurückzukehren. Dabei hatte er aufgrund der Kürze des Aufenthalts, der mangelnden Sprachkenntnisse und fehlender Kontakte zum Milieu der ‚Illegalen' keinerlei differenzierten Einblick in die Lage – entsprechend aussichtslos ist sein Wunsch auf Emigration. Er trägt aber unter den jungen Leuten seines Dorfes dazu bei, das Bild der USA als gelobtes Land lebendig zu halten.

3.1.3. Zwischenergebnis

Als der Verfasser während seines ersten Aufenthalts in Punta Gorda (November 2005 bis April 2006) den örtlichen Zoll- und Einwanderungsbeamten fragte, was ihm von illegalen Auswanderungen der Q'eqchi-Maya bekannt sei, lachte dieser nur und meinte: Anders als Garifuna und Kreolen seien Maya viel zu sesshaft, zu arm, zu risikoscheu und zu familienorientiert um auszuwandern. Dieser Beamte war damals schon im Irrtum: Zu diesem Zeitpunkt waren dem Verfasser bereits vier, im Sommer 2008 25 Maya-Familien bekannt, von denen in den letzten vier Jahren ein Angehöriger oder mehrere Angehörige ‚illegal' in den USA leben und arbeiten. Zwei weitere Gesprächspartner planen ihre illegale Emigration, ein Ende der Bewegung ist nicht abzusehen. Diese Auswanderung entzieht sich dem Blick der Behörden: Für den gesamten Toledo District werden für das Jahr 1990 48 Auswanderer angegeben, für das Jahr 2000 immerhin 71. Der Anteil jener, die in den USA leben, stieg laut offizieller Statistik von 45 (1990) auf 58 (2000).[88] Selbst wenn man die Zahlen addiert und dadurch die Gesamtauswanderung aus dem Toledo District im Zeitraum 1980-2000 erhält (120 Personen), so spiegelt dies in keiner Weise die Zahl jener Menschen wider, die sich derzeit tatsächlich legal und vor allem ‚illegal' in den USA aufhalten. Natürlich sind diese Zahlen völlig veraltet, aber die Behörden widmen diesem Thema auch wenig Aufmerksamkeit. Als der Verfasser eines Tages in einem Grenzdorf war, kam ein Regierungsbeamter, um von dem örtlichen Bürgermeister zu erfahren, wo sich die Haushaltsvorstände des Dorfs aufhalten. Der Bürgermeister antwortete wahrheitsgemäß, dass sich u. a. acht von ihnen in den USA aufhalten – wozu sich der Beamte nicht äußerte. Dabei weiß jeder, dass dies auf legalem Weg nicht möglich ist.[89] Bislang galt die Aussage „Jeder in Belize hat mindestens einen ‚illegalen' Verwandten in den USA" nicht für die Maya. Dies ändert sich derzeit.

Dabei gibt es deutliche Unterschiede zwischen der Emigration der Garifuna, Kreol und Mestizo in den 1980er und 1990er Jahren und der heutigen Maya-Emigration: Erstere gelangten in die USA

- als durch die US-Regierung aufgenommene Flüchtlinge, die 1961 vor dem Hurrikan *Hattie* geflohen sind (siehe Kapitel 3.3.5.),
- mit einem Studentenvisum, welches sie überzogen,
- mit einem Touristen- oder Besuchervisum, welches sie überzogen,
- ‚illegal' über die Landgrenze (wobei die wenigen Personen, die sich auf diesen Weg begaben, zu diesen Zeiten noch auf keine nennenswerten Probleme stießen).

Bei der derzeitigen illegalen Auswanderung der Maya gilt es folgende Gruppen zu unterscheiden:

- Eine nennenswerte Anzahl gelangt über Saisonarbeitsvisa in die USA. Sie werden ‚illegal', weil sie gegen die Auflagen verstoßen (siehe Kapitel 3.3.2.2.).
- Andere gehen ‚illegal' über die Landgrenze und zahlen heutzutage viel Geld für Reise und Schleuser (siehe Kapitel 3.3.2.5.).
- Die Wenigen, die ein Besucher- oder Touristenvisum erhalten, werden ‚illegal', weil ihre Inhaber sofort Arbeit aufnehmen.

Diese kurze Darlegung sollte zeigen, dass nicht einmal ein *Forgotten District* heutzutage so abgelegen ist, als dass durch globalisierungsbedingte Vernetzungen und Einflüsse Menschen nicht entwurzelt und/oder aus anderen Gründen zu einem illegalen Migrationsprojekt angeregt werden können.

3.2. Formelle Globalisierung, Schattenglobalisierung, kriminelle Globalisierung

Die gegenwärtige Globalisierung hat eine deutliche Schattenseite, die in der Literatur auch als ‚Schattenglobalisierung' bezeichnet wird (z.B. Kurtenbach/Lock 2004). Bekannter ist in diesem Zusammenhang der populäre Ausdruck der ‚Schattenwirtschaft' oder ‚Schwarzarbeit'. Diese wird in Deutschland, gemäß § 1 Abs. 2 des *Gesetzes zur Bekämpfung von Schwarzarbeit und illegaler Beschäftigung*, wie folgt definiert:

> „Schwarzarbeit leistet, wer Dienst- oder Werkleistungen erbringt oder ausführen lässt und dabei
>
> 1. als Arbeitgeber, Unternehmer oder versicherungspflichtiger Selbstständiger seine sich auf Grund der Dienst- oder Werkleistungen ergebenden sozialversicherungsrechtlichen Melde-, Beitrags- oder Aufzeichnungspflichten nicht erfüllt,
> 2. als Steuerpflichtiger seine sich auf Grund der Dienst- oder Werkleistungen ergebenden steuerlichen Pflichten nicht erfüllt,
> 3. als Empfänger von Sozialleistungen seine sich auf Grund der Dienst- oder Werkleistungen ergebenden Mitteilungspflichten gegenüber Sozialleistungsträgern nicht erfüllt,
> 4. als Erbringer von Dienst- oder Werkleistungen seiner sich daraus ergebenden Verpflichtung

zur Anzeige vom Beginn des selbstständigen Betriebes eines stehenden Gewerbes (§ 14 der Gewerbeordnung) nicht nachgekommen ist oder die erforderliche Reisegewerbekarte (§ 55 der Gewerbeordnung) nicht erworben hat, und
5. ein zulassungspflichtiges Handwerk als stehendes Gewerbe selbstständig betreibt, ohne in der Handwerksrolle eingetragen zu sein (§ 1 der Handwerksordnung)."

Die Spannungen und Verbindungen zwischen den Prozessen der formellen, der informell-irregulären und der kriminellen Globalisierung tangieren, verursachen oder verschärfen nahezu alle Bereiche, die Themen dieses Buches sind. Bei der Frage, wie ‚Schattenglobalisierung' definiert wird, kann die folgende Tabelle hilfreich sein:

Tabelle 1: Sektoren einer Volkswirtschaft

	Offizieller Sektor	**Haushalts-sektor**	**Informeller Sektor**	**Irregulärer Sektor**	**Krimineller Sektor**
Güter und Dienstleistungen	legal	legal	legal	legal	illegal
Ausführung	legal	legal	legal	illegal	illegal
Markttrans-aktionen	ja	nein	ja	ja	ja
VGR-Konventionen (VGR: volkswirtschaftliche Gesamtrechnung)	Brutto-inlands-produkt	Selbstversorgungswirtschaft[1] (legal)		Schattenwirtschaft[1] (illegal)	Untergrundwirtschaft (illegal)
Beispiele	Industrie, Dienst-leistungen	Do-it-yourself, Eigenarbeit beim Hausbau, Reparaturen, Kinderbe-treuung	Nachbarschaftshilfe, Beratungszentren, Selbsthilfe-organisationen, ehrenamtliche Tätigkeiten, Realtausch	*Schwarzarbeit:* Verstoß gegen Gewerbe- und Handwerksordnung, Steuer- und Abgaben-hinterziehung, irreguläre Beschäftigung *Leistungsmissbrauch*	Hehlerei, Drogen, verbotene Glücksspiele, Betrug, Schmuggel, Menschenhandel, Raub, Einbruch

1) teilweise im offiziellen Bruttoinlandsprodukt auf Basis von Schätzungen enthalten

Quelle: Enste/Schneider 2006: 37

Aus dieser Tabelle geht hervor, dass es bei der ‚Schattenwirtschaft' nicht um den offiziellen Sektor oder den Haushaltssektor einer Volkswirtschaft geht. Was die ‚informellen' und ‚irregulären' Sektoren betrifft, so sind diese zwar definitorisch, aber nicht in der Praxis klar voneinander zu unterscheiden. Kern der ‚Schattenwirtschaft' ist aber in jeder Hinsicht der ‚irreguläre' und ‚kriminelle' Sektor der Volkswirtschaft.

Natürlich gab es Schwarzarbeit schon immer. Allerdings gibt es Anzeichen dafür, dass der Anteil irregulär und kriminell erbrachter Leistungen unter den Bedingungen und Einflüssen der Globalisierung nochmals deutlich ansteigt. Dies gilt sowohl für die entwickelten OECD-Länder, aber in noch viel höherem Ausmaß für die Transformationsländer des ehemaligen Ostblocks sowie die Länder der Dritten und Vierten Welt.[90]

Tabelle 2: Bedeutungszuwachs der informellen Ökonomie

Region	**Informeller Sektor bezogen auf das BIP, in Prozent**	
	1990	2003
Subsaharisches Afrika	30	39
Lateinamerika und Karibik	29	38
Europa und Zentralasien	33	37
Ökonomisch sich entwickelnde Staaten ohne China	28	36
Südasien	21	31
Ostasien und Pazifik	18,5	20
Ökonomisch entwickelte Staaten	10	13
Deutschland	12,2	17,4

Quelle: Bundeszentrale für politische Bildung, Enste/Schneider 2006

Was sind die Ursachen für den deutlichen Anstieg von Schwarzarbeit? Die umfangreiche wissenschaftliche Diskussion zum Thema kann an dieser Stelle nicht referiert werden,[91] einige bedeutsame Punkte sollen aber hervorgehoben werden:

Die im Globalisierungszeitalter zunehmende Mobilisierung, Flexibilisierung, Deregulierung, Privatisierung, Strukturanpassung und die weltweite Konkurrenz der Produktionsstandorte schaffen nicht nur Arbeitsplätze, sondern kosten auch Arbeitsplätze – und dies meist in unterschiedlichen Ländern. Anders gesagt: Wenn ein Investor in Land A Arbeitsplätze im offiziellen Sektor der Volkswirtschaft schafft, gehen für Menschen in Land B Arbeitsplätze verloren – oft ersatzlos. Und wenn in Land B keine hinreichende soziale

Abfederung für Arbeitslose existiert, beginnen Menschen (manchmal auch trotz Abfederung), auf eigene Faust und eigene Rechnung diesen Verlust auszugleichen.

Neu geschaffene Arbeitsplätze sind oft schlechter bezahlt, die Arbeitsbedingungen prekär und die Beschäftigungsdauer temporär. Heute geschaffen, können sie bereits morgen in noch billigere Produktionsstandorte verlegt werden; es kann auch dazu kommen, dass ganze Regionen vom globalen Wertschöpfungsprozess abgeschnitten werden.[92] Menschen werden unter solchen Umständen oft gezwungen, sich Geld in der Schattenwirtschaft ‚dazuzuverdienen' – sei es, um bestehende Lebensstandards zu halten, sei es, um überhaupt ein Leben in Würde führen zu können.

Die Globalisierung bringt nicht nur Bewegung in den Finanzsektor und Welthandel. Experten sind sich einig, dass die Mobilisierung von Arbeitskräften ein integraler Bestandteil der systemischen Entwicklung ist – und zwar sowohl am oberen Ende der hoch qualifizierten Experten als auch am unteren Ende der niedrig qualifizierten Arbeitnehmer.[93] Anders aber als bei Geld und Waren, wo Staaten durch Deregulierung versuchen, Mobilität zu fördern (mit den bekannten Einschränkungen gegenüber den Ländern des Südens – siehe dazu Kapitel 3.3.1.2.), wird im Bereich der Arbeitnehmer versucht, die Mobilität zu filtern und zu kontrollieren. Dabei ist festzustellen, dass dies nicht wirklich funktioniert und darüber hinaus hochproblematische Nebenfolgen zeitigt.

Ein wesentliches Merkmal der derzeitigen Globalisierung ist der Wettbewerb um Standortvorteile, und hier das Zurückschneiden von Steuern und Abgaben, um für Investoren ein ‚attraktiveres' Klima zu schaffen. Wo ein Staat aber weniger einnimmt, kann er weniger leisten: An öffentlichen Gütern wie Bildung, Sicherheit durch Polizei, Bereitstellung und Unterhalt von Infrastruktur, Arbeits- und Sozialversicherung muss entsprechend gespart werden. Auch dies zwingt oder verleitet Menschen dazu, im informellen Sektor eine private Risikovorsorge anzustreben, insbesondere, wenn plötzlich bestimmte Leistungen nur noch gegen Bargeld verfügbar sind. Grundsätzlich gilt dabei: Wo der Staat sich aus Bereichen der Gesellschaft zurückzieht und auf die ‚ordnende Hand des Marktes' vertraut wird, ist festzustellen, dass der Markt viele Ordnungsfunktionen nicht in dem vom Staat her gewohnten Ausmaß wahrzunehmen in der Lage ist. Stets wird, wo private, kommerzielle und kriminelle Akteure lukrative Nischen sehen, auch versucht, diese unter Einhaltung der Marktgesetze zur Existenzsicherung, Wohlstandssicherung oder Bereicherung zu nutzen. Dass dies auf Kosten der Allgemeinheit gehen kann, kümmert dabei nicht oder ist, wo die Not groß ist, kein Thema. Ein gesellschaftliches Ordnungsvakuum kann so weit gedeihen, dass private und kriminelle Organisationen für jene, die es sich leisten können, Aufgaben des Staates wahrnehmen. Von solch einem Zustand bis zum Entstehen mafioser Ersatzregierungen ist es dann nur noch ein kleiner Schritt. Wo aber Polizei, Milizen oder mafiose Strukturen gleichermaßen geringes ‚Vertrauen' bei den Menschen genießen, ist Emigration ein nahe liegender Ausweg.

Im Zeitalter der Globalisierung verliert der Staat auf der Makro- und Mikroebene an Einfluss: Sowohl durch die weltweiten Kapitalströme, das Investitionsverhalten der transnationalen Unternehmen und des organisierten Verbrechens, als auch an der Basis, wo Menschen sich aktiv aus dem staatlichen Solidarzusammenhang verabschieden. Herrschaft ist schließlich „nicht nur ein Ergebnis des Regierens ‚von oben', sondern auch der Akzeptanz des ‚Regiert-Werdens' von unten."[94]

Auf drei weitere Punkte soll vorab hingewiesen werden: Zum ersten sind Übergänge zwischen Legalität und Illegalität oftmals graduell. Eine Person oder eine Familie kann gleichzeitig im offiziellen, informellen oder irregulären Bereich tätig sein, wenn etwa das Einkommen aus einer Tätigkeit allein nicht ausreicht. Es kommt gewissermaßen zu einem Lohnmix.

Zum zweiten bedeutet der Ausdruck ‚irregulärer' Sektor nicht, dass es dort keine Regeln, Normen oder gar Ethik gibt. Gerade in der Schattenwirtschaft ist Vertrauen ein sehr hohes Gut.[95] Etwa dahingehend, dass der kommerzielle Grenzübertrittshelfer (‚Schleuser') liefert, wofür man ihn bezahlt, dass die ‚illegale' Putzfrau die Familie nicht bestiehlt, dass der Auftragnehmer den Arbeitgeber und dieser den Arbeitnehmer wie vereinbart bezahlt usw. Dagegen abzugrenzen ist natürlich der kriminelle Sektor, in dem Gewalt und Zwang die Beziehungen untereinander dominieren.

Dies führt – drittens – zur Notwendigkeit, auf den für den Verfasser wichtigen Unterschiede zwischen gesetzwidrig-strafbewehrtem Verhalten einerseits und kriminellem Verhalten andererseits hinzuweisen: Der Verfasser verwendet den Ausdruck ‚kriminell' nur zur Charakterisierung jener Aktionen, Personen und Organisationen, die Menschen aus Profitgier vorsätzlich Schaden zufügen, etwa dort, wo bezahlte Leistungen absichtlich nicht erbracht werden oder wo Menschen getäuscht, unter Druck gesetzt und in Abhängigkeits- und Ausbeutungsverhältnisse gebracht werden. Davon sind Handlungsweisen, Personen und Organisationen zu unterscheiden, die zwar staatliche Gesetze übertreten, in deren ‚Milieu' aber analoge Regeln existieren, Werte geschaffen oder erhalten werden und sich das Handeln am ‚Wohl der Kunden' orientiert. Auch hier kann es durchaus um Profit gehen, das Handeln geschieht aber nach ‚marktüblichen', berechenbar-verlässlichen und transparenten Regeln.[96] Vor diesem Hintergrund sind für den Verfasser die meisten Abläufe im illegalen Migrationsgeschehen – sowohl die Migration als auch den unerlaubten Aufenthalt betreffend – sicherlich ungesetzlich-gesetzwidrige Erscheinungen innerhalb der globalen, aber auch nach kommerziellen Regeln funktionierenden Schattenökonomie, Prozesse also, bei denen ‚marktüblich' Angebote und Nachfragen zusammengeführt werden. Es ist deshalb einerseits begrüßenswert, dass EUROPOL versucht, der hier anzutreffenden Vielfalt von ungesetzlichen Reisebewegungen gerecht zu werden und deshalb den Oberbegriff *Facilitated Illegal Immigration* eingeführt hat, der kommerzielle und kriminelle Aktivitäten gleichermaßen umfasst.[97] Es wäre andererseits wünschenswert, wenn diese Zusammenhänge auch in der Sozialwissenschaft eine stärkere Aufmerksamkeit gewinnen würden, denn wer sich für illegale Migration interessiert, kommt an Geldwäsche, Schutzgelderpressung, Menschenhandel, Auftragsmord, Korruption staatlicher Verwaltungen an den Schnittstellen zur formellen Ökonomie nicht vorbei:

> „Komplexe Finanzpläne und internationale Handelsnetzwerke binden die kriminelle Ökonomie an die formelle Ökonomie an ... Die Wirtschaft und die Politik vieler Länder ... sind ohne die Berücksichtigung der Dynamik der kriminellen Netzwerke nicht zu verstehen, die Teil ihrer alltäglichen Funktionsweise ist ... Die Sozialwissenschaften kümmern sich meist wenig um das Problem, wenn es darum gehen soll, Wirtschaft und Gesellschaft zu verstehen ... Ich nehme an solchen Positionen Anstoß." (Castells 2003b: 176f.).

In den folgenden Kapiteln wird zunehmend deutlich werden, wie die Globalisierungsprozesse Menschen aus dem offiziellen Sektor der Volkswirtschaften in den irregulären und kriminellen Sektor drängen und wie findig, kreativ und mutig viele Menschen dabei sind, sich und ihren Familien unter den gegebenen Umständen, auf die sie weder Einfluss haben noch an ihnen etwas ändern können, ein Leben in Würde zu sichern – sofern sie dazu selbst bestimmt und aus eigener Kraft in der Lage sind.

3.3. Globalisierungsprozesse als (Mit-)Ursache für illegale Migration

3.3.1. Globales Wirtschafts- und Finanzsystem

„Trotz einer höchst vielgestaltigen gesellschaftlichen und kulturellen Landschaft ist der ganze Planet erstmals in der Geschichte um einen weitgehend gemeinsamen Satz von ökonomischen Regeln organisiert." Die heutige Form des Kapitalismus ist neu. „Es ist die Form eines Kapitalismus, der in seinen Zielsetzungen gehärtet, aber in seinen Mitteln unvergleichlich flexibler ist als alle seine Vorgänger. Es ist der informationelle Kapitalismus, der sich auf innovationsbedingte Produktivität und auf globalisierungsorientierte Wettbewerbsfähigkeit stützt, um Reichtum hervorzubringen und ihn selektiv anzueignen. Er ist mehr denn je in Kultur eingebettet und mit Technologie ausgerüstet." (Castells 2003b: 389). Wie kam es dazu?

Ein prägendes Element der globalen Vernetzung im finanziellen Bereich sind die Institutionen des so genannten Bretton-Woods-Systems.[98] Diese wurden 1944 gegründet, um das Weltwährungssystem möglichst stabil zu erhalten. Dreh- und Angelpunkt war dabei die Verpflichtung der US-Zentralbank, US-Dollar in Gold einzulösen, sowie die Verpflichtung anderer Staaten, den Wechselkurs ihrer Währungen an den US-Dollar zu binden. Um Fehlentwicklungen innerhalb dieses Verbunds auszugleichen, wurden der *International Monetary Fund/IMF* (Internationale Währungsfonds/IWF) und die Weltbank gegründet. Das System als solches brach 1973 zusammen, nachdem die USA bereits 1971 ihre Verpflichtung, US-Dollars in Gold einzulösen, aufgekündigt hatten. Internationaler

Währungsfonds und Weltbank blieben jedoch bestehen. Während das Bretton-Woods-System noch keynesianisch geprägt war, wobei die politische Einbettung von Marktprozessen eine zentrale Rolle spielte, wurde diese Ideologie unter dem Eindruck der ‚Neuen Rechten' in den 1980er Jahren über Bord geworfen. In dem von dem US-Ökonom John Williamson geprägten Konzept des *Washington Consensus* spielten auf einmal „wirtschaftspolitische Liberalisierung, Deregulierung und Privatisierung" eine zentrale Rolle und „markieren damit die Umrisse dessen, was heute als Neoliberalismus beschrieben wird" (Kellermann 2006: 12).

> „Der politische Konsens von Washington hat die erklärte Absicht, einfache Wege zur Erreichung von mehr makroökonomischer Stabilität aufzuzeigen ... Darüber hinaus wurde ... die Erwartung geäußert, die Globalisierung und die Reformen würden nicht nur die Erreichung eines hohen wirtschaftlichen Wachstums, sondern auch eine signifikante Reduzierung der Armut und eine Nivellierung der Einkommensverteilung zur Folge haben."[99]

Um dies zu erreichen, wird empfohlen, dass Schuldner zehn Strukturanpassungen vorzunehmen haben:

- Haushaltsdisziplin
- Priorität der öffentlichen Ausgaben auf Bildung, Gesundheit und Infrastruktur, Abbau von Subventionen
- Steuerreform zur Senkung der Steuersätze und Erweiterung der Bemessungsgrundlage
- vom Markt bestimmte positive Zinsraten zur Verhinderung von Kapitalflucht und um ausländisches Kapital heranzuziehen
- kompetitive Wechselkurse, die der Wettbewerbsfähigkeit der Exportwirtschaft zuträglich sind
- Liberalisierung der Handelspolitik, um die inneren Märkte für ausländische Anbieter zu öffnen
- Offenheit und Verbesserung der Konditionen für ausländische Direktinvestitionen
- Privatisierung öffentlicher Unternehmen und Einrichtungen
- Deregulierung, Entbürokratisierung und Abbau staatlicher Einflussnahme
- Schutz des Privateigentums[100]

IWF und Weltbank vergaben weiterhin (günstige) Kredite an Staaten, die in finanziellen Schwierigkeiten waren. Beide Institutionen knüpften aber fortan ihre Kredite an Bedingungen, deren Umsetzung auf eine Angleichung des Wirtschafts-, Finanz- und Gesellschaftssystems Kredit nehmender Länder an die Kriterien des *Washington Consensus* hinauslief. Folgt aber ein Staat (freiwillig oder gezwungenermaßen) diesen Kriterien, so kann dies weit reichende Auswirkungen auf die Beschäftigung im Land haben, mit der Folge eines Anstiegs von Armut und Verelendung, von Arbeitslosigkeit und nachfolgender Abwanderung. Von den Auswirkungen einiger Maßnahmen, die unter dem Einfluss des *Washington Consensus* getroffen wurden, handeln die folgenden Beispiele.

3.3.1.1. Schulden, Kredite und Strukturanpassungsprogramme

Auffällig an den Begegnungen mit ‚illegalen' Migranten in Leipzig, München und Berlin in den Jahren 1997-2006 war die große Anzahl von ukrainischen Migranten. Viele von ihnen waren einst im öffentlichen Dienst (als Lehrer, Ärzte, Krankenschwestern, Polizisten, Ingenieure usw.) oder in ehemals staatlichen Betrieben beschäftigt.[101] Alle Gesprächspartner gaben radikale gesellschaftliche Umwälzungen in der Ukraine nach dem Zusammenbruch der Sowjetunion als Ursache für die Verschlechterung ihrer Situation an:

- Sie hatten oft monatelang keinen Lohn ausgezahlt bekommen oder ihren Job verloren.
- Staatliche Subventionen für Unterkunft und Energieversorgung fielen weg.
- Güter des täglichen Gebrauchs (darunter auch Grundnahrungsmittel) wurden teurer.
- Es gab eine hohe Inflation der Landeswährung, dadurch sank die Kaufkraft.
- Pensionen und Renten verfielen im Wert, wodurch Millionen älterer Menschen plötzlich auf die Hilfe naher Verwandter angewiesen waren.[102]
- Neue, bis dahin ungekannte Ausgaben kamen hinzu, etwa Mehrwertsteuern auf bisher steuerfreie, aber im Alltag kaum verzichtbare Leistungen wie Kosten für Nahverkehr und Heizung oder plötzlich erforderliche Barzahlungen – manchmal sogar in harter Währung – für die Ausbildung von Kindern oder für medizinische Versorgungsleistungen.

Auch Weltbank-Publikationen bestätigen diese Aussagen: Im Jahr 2001 lebten in der Ukraine nahezu 32 Prozent der Bevölkerung unter der nationalen Armutsgrenze.[103] In den Jahren 1993 bis 2003 sollen zwischen zwei und sieben Millionen Ukrainer ihr Land verlassen und sich zur illegalen Arbeitsaufnahme in anderen Ländern niedergelassen haben.[104] Was waren die Hintergründe für diese dramatische Entwicklung?

Eine Ursachenforschung wird zunächst erschwert, weil es für den Zeitraum von 1989 bis Mitte der 1990er Jahre zur Ukraine keine verlässlichen Statistiken gibt: Zu chaotisch waren die Umbrüche, als dass eine zuverlässige Datenerhebung, -aufbereitung und -auswertung hätte erfolgen können.[105] Entsprechend wenig Forschung existiert in diesem Bereich. Mitarbeiter von Internationalen Finanzinstitutionen (IFIs), unabhängigen Think-Tanks und Nicht-Regierungsorganisationen äußerten sich während eines Aufenthalts in Washington folgendermaßen über den Transformationsprozess in der Ukraine:

- Aufgrund des Kollapses in allen Bereichen der Wirtschaft, deren ehemals zentral gelenkte Strukturen im Wettbewerb nicht mithalten konnten, fehlte es an Steuereinnahmen, weshalb auch keine Gehälter gezahlt werden konnten bzw. Entlassungen erfolgten.
- Es gab zwar ausreichend Steuereinnahmen. Aber große Summen wurden weiterhin in die (unwirtschaftliche) Subvention maroder Betriebe gesteckt sowie in Zuschüsse zu Energie, Mietkosten und andere Verbrauchsgüter, um deren Preise niedrig zu halten. Wegen der chaotischen Entwicklungen und wegen fehlender bzw. wenig effizienter

Kontrollen herrschte Korruption in großem Stil, sodass viele Gelder nicht bei den eigentlichen Empfängern ankamen.

- Während internationale Institutionen in anderen Transformationsländern Überbrückungshilfen leisteten, sodass Löhne, Gehälter, Pensionen und staatliche Unterstützungsleistungen ausgezahlt werden konnten, verzögerte sich dieses Eingreifen in der Ukraine um einige Jahre, weil zunächst nach einer Lösung für die Atomwaffen aus den Beständen der ehemaligen Sowjetunion gesucht wurde.
- Insgesamt wurden Verhandlungen jeglicher Art in der Ukraine dadurch erschwert, dass eine politische Konsensfindung innerhalb des zerstrittenen Oligarchen- und Parteiensystems nur schwer vorankam.
- Die Ukraine war aufgrund erhaltener Kredite vertraglich zur terminlich gebundenen Rückzahlung von Schulden an Geldgeber (darunter auch die IFIs) gezwungen und konnte deren Finanzierung nur durch die Einbehaltung von Gehältern absichern.
- Die Jobverluste sind eine Folge der von internationalen Geberorganisationen verlangten Strukturanpassungsprogramme.

Die Punkte 3 und 4 können als typisch für die Ukraine angenommen und deshalb aus der weiteren Diskussion ausgeklammert werden, die Punkte 1 und 2 sind aus den Erbschaften des ehemaligen sowjetischen Imperiums und seiner Planwirtschaft erklärbar. Interessant im Kontext der vorliegenden Fragestellung sind aber die Punkte 5 und 6: Gibt es Belege, dass die Politik der IFIs Mitschuld an der Misere der Ukraine hat und es deshalb zu illegaler Migration gekommen ist?

Laut Gesprächspartnern begann eine intensive Kooperation zwischen der Ukraine und den IFIs erst 1994, das erste umfassende Reformprogramm ist im *Memorandum of Economic Policies* vom 11. August 1998 festgehalten. Dabei handelt es sich um ein „comprehensive and ambitious macroeconomic and structural adjustment program for the period July 1, 1998 - June 30, 2001."[106] In diesem Dokument ist vieles enthalten, was o. g. Punkte 5 und 6 bestätigt:

- Um Steuern senken zu können, werden staatliche Ausgaben im Sozialbereich, bei Subventionen und Löhnen neu geregelt. Der öffentliche Sektor inklusive Gesundheits- und Bildungsbereich wird verkleinert, die meisten Subventionen werden zurückgefahren oder eliminiert. Ein Anstieg von Arbeitslosigkeit wird mittelfristig als wahrscheinlich erkannt (Nr. 7).
- In der Landwirtschaft werden Betriebe privatisiert, Zuschüsse eingestellt, Marktkräften größere Bedeutung zugemessen (Nr. 20, 27 und 41).
- Bisher staatlich bezuschusste Leistungen wie Nahverkehr, Bildung, Miete, Gesundheitsversorgung werden ab sofort eingestellt, gezielter gewährt oder nur bei einem neu definierten, höheren Level von Bedürftigkeit oder nur noch voll kostendeckend angeboten. 300.000 Mitarbeiter des öffentlichen Dienstes werden innerhalb weniger Monate entlassen. *Downsizing*, *Streamlining*, *Deregulation* und

weitere *Reform Programs* auf allen Ebenen des öffentlichen Diensts werden mit Unterstützung der Weltbank geprüft (Nr. 27, 28 und 38).

- Das Pensionssystem wird reformiert, das Pensionsalter angehoben (Nr. 29).
- Deregulierung und Privatisierung ehemals staatlicher Betriebe und landwirtschaftlicher Monopole werden beschleunigt vorangetrieben, das *Competetive Environment* verbessert. Hierbei handelt es sich um nahezu 19.000 Unternehmen aller Größenordnungen (Nr. 38, 39 und 41).
- Um Schulden bedienen zu können, wird das Staatsdefizit gesenkt. Eine Verbesserung bei den Lohnrückständen wird es nur geben, wenn das vorstehende Ziel dadurch nicht gefährdet wird. Sollte es aber höhere Privatisierungsgewinne jenseits der bestehenden Annahmen geben, so könnten diese Gewinne nach Rücksprache mit dem IWF auch zum Abbau der Lohnrückstände verwendet werden.[107]
- Im Energiebereich wird der Gas- und Stromsektor dereguliert, Preise werden ‚liberalisiert', volle Kostendeckung wird angestrebt. Haushalte, die nicht zahlen können, werden von der Versorgung abgeschaltet, unrentable Kohleminen geschlossen (Nr. 43, 44 und 45).
- Importzölle werden gesenkt, Importzollausnahmen abgeschafft. Sollten Maßnahmen zum Schutz einheimischer Produzenten nötig werden, würden neue Zölle nur gemäß WTO-Regeln bzw. nach Absprache mit dem IWF eingeführt (Nr. 46).

Wohl gemerkt: Dabei ging es nicht nur um den Verlust von Arbeitsplätzen, sondern auch um die Veränderung des Finanzierungssystems für wichtige Dienstleistungen. Wo früher der Staat für Erziehung und Gesundheitsfürsorge aufkam, mussten nun jene, die Dienstleistungen wollten, oft für jede einzelne bar, womöglich in Devisen, bezahlen: Operationen, Medikamente, Versorgung im Krankenhaus, Bestechung zum Erwerb eines Studienplatzes, Lehrmaterialien, Tagegeld für Schulessen usw. Dabei ist die Situation nicht mit der im Westen bekannten Trennung von öffentlichem und privatem Schul- und Gesundheitssystem zu vergleichen. Vielmehr müssen aufgrund des Ausbleibens staatlicher Zahlungen zur Ausstattung von Schulen und Krankenhäusern sowie zum Unterhalt von Ärzten, Lehrern und Krankenschwestern die Bürger durch ihre Zahlungen dazu beitragen, Ausfälle aufzufangen und auszugleichen. Entsprechend wurden durch diese Reformen nicht nur Entlassene in Verwaltung, Schule und Gesundheitssystem zur Auswanderung gezwungen, sondern auch jene Bürger, die sich und ihren Angehörigen qualitativ hochwertige Dienstleistungen durch die verbliebenen Mitarbeiter in Verwaltung, Schule und Gesundheitssystem sichern wollten!

Wie bewerteten die IFIs diese Reformen im Rückblick? Rechtfertigend meinte der IWF im Jahr 2000, er sei von Anfang des Transformationsprozesses an dem Argument gefolgt, „dass die Liberalisierung und die makroökonomische Stabilisierung trotz der wirtschaftlichen Not, die dadurch entstehen kann, schnell durchgeführt werden müssen, damit die Marktpreismechanismen funktionieren". Freilich sei rückblickend nicht zu leugnen, dass die „Erfahrung einige Gefahren des schnellen Privatisierungsansatzes gezeigt" habe, wobei allerdings einige Entwicklungen, wie z. B. Kapitalknappheit, wachsende Armut, Ungleichheit und sinkende Pensionen durchaus im Rahmen des zu Erwartenden gelegen hätten. Insgesamt, so der IWF, „scheint“ es aber, dass der Reformprozess „Fuß gefasst“ hat und eventuell von Erfolg gekrönt sein könnte, wenn sich Widerstände dagegen nicht durchsetzen werden.[108] Joseph Stiglitz, zu jener Zeit der Chefökonom der Weltbank, ist skeptischer. Er führt das weit reichende Versagen der Transformation in den Staaten der ehemaligen Sowjetunion unter anderem auf ungenügende Einbeziehung von Faktoren zurück, die durchaus hätten erkannt werden können. Die Entwicklungen könnten zurückgeführt werden

> „auf ein Missverständnis der Grundlagen der Marktwirtschaft wie auch auf das Unvermögen, die Grundlagen von Reformprozessen zu begreifen. Ich werde später darlegen, dass zumindest ein überzogenes Vertrauen in ökonomische Lehrbuch-Modelle ein Teil des Problems gewesen ist. Lehrbuch-Ökonomie mag ja gut sein, um Studenten zu unterrichten, aber nicht um Regierungen zu beraten, die versuchen, von Grund auf eine Marktwirtschaft aufzubauen.“ (Stiglitz 1999: 3).[109]

Nicht überraschend äußern sich unabhängige Forschungsinstitutionen noch kritischer. Das *Center for Economic and Policy Research* kommt nach einer Analyse globaler Entwicklungen zu dem Ergebnis:

> „Während eine unangemessene Wirtschaftspolitik das Wachstum in wenig entwickelten Ländern abrupt verlangsamt und in Ostasien sogar unterbrochen hat, war ihre Auswirkung auf die Übergangsökonomien in der ehemaligen Sowjetunion und in Osteuropa noch viel einschneidender. Diese Länder … müssen zu den schwerwiegendsten langfristigen Fehlschlägen von IWF-Maßnahmen gerechnet werden.“ (CEPR 2000: 13).[110]

Entsprechend kann folgende Schlussfolgerung gezogen werden: Die Politik der IFIs und anderer, die für einen radikalen Transformationsprozess eintraten, hat durchaus einen Anteil an Entwicklungen, die letztlich zu einer illegalen Auswanderung im hohen Ausmaß führten. All dies kann vor dem Hintergrund der Theorie der Neuen Ökonomie der Migration verstanden werden, derzufolge Haushalte durch Migration nicht mehr bewältigbare Risiken ausgleichen wollen (vgl. Anhang 1 sowie Alt 2003: 234). In diesem Zusammenhang wird geschätzt, dass die Geld-Rücküberweisungen der ukrainischen legalen und ‚illegalen‘ Migranten pro Jahr bis zu 4,8 Milliarden US-Dollar betragen.[111]

Zwischenzeitlich ging es der Ukraine wirtschaftlich wieder besser,[112] was auch Auswirkung auf die Anwesenheit ‚illegaler‘ Migranten aus der Ukraine in Deutschland hatte (siehe dazu Kapitel 5.4.6.). Dabei ist fraglich, ob jüngste Verbesserungen die Auswirkungen der globalen Finanzkrise 2008 überstehen: Es gab Einbrüche in der Stahlindustrie, die ukrainischen Aktien hatten zum Stand 26.10.2008 70 Prozent ihres Wertes verloren, ausländische Kapitalreserven waren verbraucht worden, um die Landeswährung zu stützen. Erneut benötigte die Ukraine eine Kapitalhilfe von 16,4 Milliarden US-Dollar vom IWF, erneut ist von schmerzhaften Einschnitten (natürlich zu Gunsten des Finanzsektors) die Rede.[113] Im *Letter of Intent* vom 31.10.2008 schreibt die ukrainische Regierung, was sie im Gegenzug zum Erhalt des IWF-Kredits tun wird. In Punkt 16 heißt es:

> „Wir werden unsere Einkommenspolitik verändern. Unsere kürzlich veranlassten Maßnahmen für Mindestlohn, Mindestrente und Sozialleistungen haben vielen Menschen aus der Armut herausgeholfen, eine wichtige Errungenschaft. Aber: Der Aufschwung der Händlerpreise, der die Finanzierung dieser Ausweitung möglich machte, wird sich jetzt vermutlich umkehren … Unsere Anpassungsstrategie wird deshalb darin bestehen, die Erhöhungen bei Mindestlohn und Mindestrente wie auch bei Durchschnittslohn und Durchschnittsrente sowie bei anderen Sozialleistungen an die prognostizierte Inflation im Jahr 2009 anzupassen. Dies wird folgende Maßnahmen beinhalten: i.) in dem Zeitraum Dezember 2008 bis Januar 2009 werden die Löhne der Angestellten im öffentlichen Sektor konstant bleiben; ii.) die geplante Angleichung des Mindestlohns an das viel höher liegende Existenzminimum wird auf zwei Jahre verschoben; und iii.) rückwirkend werden die Bemessensgrundlagen für verschiedene Sozialleistungen revidiert (und Erhöhungen an prognostizierten Inflationsmaßnahmen ausgerichtet).“ (UKRAINE REG 2008).[114]

3.3.1.2. Freihandel

Als Freihandel bezeichnet man einen deregulierten internationalen Handel (Außenhandel), der nicht durch Handelshemmnisse wie Zölle oder Import-Kontingente eingeschränkt wird. Die meisten Außenhandelstheorien kommen zu dem Ergebnis, dass Freihandel der Wohlfahrt eines Landes mehr dient als Protektionismus. Idealerweise soll er zu einer internationalen Arbeitsteilung und größtmöglichem Wohlstand führen. Freihandelsabkommen zählen gemeinhin zu den wichtigsten Charakteristika der Globalisierung, Kritiker verwiesen aber stets darauf, dass die Gewinne des Freihandels ungleich verteilt sind.[115] Bezüglich der Freihandelsabkommen-Entwicklung gilt es globale und regionale Abkommen zu unterscheiden: Auf der globalen Ebene sind die Entwicklungen innerhalb des *General Agreements on Tariffs and Trade* (GATT), der *Uruguay-Runde* und der *World Trade Organization* (WTO) erwähnenswert;[116] auf der regionalen Ebene führten Abkommen zum Entstehen der *European Free Trade Association* (EFTA, 1960), der *ASEAN Free Trade Area* (AFTA, 1967) oder dem *North American Free Trade Agreement* (NAFTA, 1994).

Der grenzübergreifende Handel nahm während der vergangenen 30 Jahre sowohl innerhalb als auch zwischen diesen regionalen Zusammenschlüssen zu. Die Frage nach illegaler Migration stellte sich dem Verfasser in diesem Kontext angesichts seiner Begegnungen mit ‚illegalen‘ Mexikanern in Los Angeles. Zwei Drittel dieser Befragten gaben an, dass sie einen ländlichen Hintergrund haben.[117] Entsprechend wird im Folgenden am Beispiel der NAFTA dargelegt, wie die Vorbereitung und Durchführung eines Freihandelsabkommens zum Entstehen von illegalen Migrationsbewegungen beitragen kann.

Die Frage eines Zusammenhangs zwischen Freihandelspolitik und illegaler Migration war von Anfang an Thema in den Verhandlungen zur Freihandelszone NAFTA. In den Worten des damaligen US-Außenministers Warren Christopher: „NAFTA bietet die beste Aussicht auf eine langfristige Reduzierung illegaler Zuwanderung ... Wenn NAFTA versagt, wird die Begrenzung illegaler Einwanderung viel, viel schwieriger, wenn nicht gar unmöglich.“[118] Trotz dieses Plans ist es nach dem Inkrafttreten des Freihandelsabkommen NAFTA im Jahr 1994 schon bald zu einem deutlichen Anstieg illegaler Migration in die USA gekommen. Kann ein Zusammenhang hergestellt werden zwischen der Handelsliberalisierung, dem nachfolgenden starken Anstieg von Exporten billiger landwirtschaftlicher Produkte aus den USA nach Mexiko, der nachfolgenden Krise im mexikanischen Agrarbereich, weil Bauern nicht mehr von ihren Erträgen leben konnten, der nachfolgenden Entwurzelung und Binnenmigration sowie der ansteigenden illegalen Migration in die USA?

Nicht überraschend, gehen die Meinungen auseinander: In ein- und derselben Studie zu *NAFTA's Promises and Reality* kommt S. Polaski von der *Carnegie-Stiftung* zum Schluss: „Die Liberalisierung des Handels im Landwirtschaftsbereich im Kontext von NAFTA ist der bedeutendste Faktor bei der Jobvernichtung im mexikanischen Agrarbereich.“ (Polaski 2004a: 20).[119] Neue Jobs für niedrig Qualifizierte, die parallel dazu im *Maquiladora*-Bereich entstanden,[120] hätten diese Verluste nicht auffangen können, insbesondere auch deshalb nicht, da 30 Prozent der dort in den 1990er Jahren geschaffenen Arbeitsplätze mittlerweile wieder verschwunden seien.[121] Dagegen vertritt D. Papademetriou vom *Migration Policy Institute* die Auffassung, dass Landflucht und (illegale) Migration in die USA auch vor NAFTA bereits hoch waren und deshalb das Freihandelsabkommen selbst lediglich eine geringe Rolle gespielt habe (Papademetriou 2004: 52). Freilich: Papademetrious' Sichtweise wird von jenen widersprochen, die seit Jahren das Migrationsverhalten der Mexikaner erforschen: „Vor dem NAFTA-Beitritt gab es illegale Einwanderung aus Mexiko vornehmlich aus vier bis fünf mexikanischen Bundesstaaten und aus einer überschaubaren Anzahl von überwiegend ländlichen Gemeinden. Seit dem NAFTA-Beitritt stammen die Einwanderer aus allen mexikanischen Staaten und aus nahezu allen Gemeinden, aus Großstädten genauso wie aus Kleinstädten und aus Dörfern.“ (Portes 2006: 3).[122]

Aber vielleicht liegt die Wahrheit ja irgendwo in der Mitte, etwa: Dass die Ursache der verstärkten Emigration in die USA nicht in NAFTA selbst, sondern in vorbereitenden Maßnahmen liegt. Schon die 1990er Jahre markieren

> „die Anfänge einer marktwirtschaftlich orientierten Ära, basierend auf der Liberalisierung des Produktions- und Arbeitsmarkts sowie auf der Öffnung der Volkswirtschaft für internationalen Wettbewerb – alles Empfehlungen des Washington Consensus … Globalisierungsmaßnahmen … hatten einen positiven und statistisch nachweisbaren Effekt auf internationale Migration in Gemeinden, die stark von der Produktion von Grundnahrungsmitteln abhingen.“ (Martinez 2007: 3).[123]

Jene Maßnahmen, ebenso wie Deregulierung und Abbau von Subventionen waren also nötig, um Mexiko ‚fit' für den NAFTA-Beitritt zu machen, während die Entwicklungen danach die Arbeitsplatzzerstörung im ländlichen Bereich nicht ausgleichen konnten:

> „Die Kooperation zwischen USA und Mexiko hat bei der Herstellung von Grundnahrungsmitteln und landwirtschaftlichen Exportgütern zugenommen, aber sie verliert an Bedeutung im Vergleich mit der seit kurzem anwachsenden Herstellung vergleichbarer landwirtschaftlicher Erzeugnisse in den USA selbst. Mexikanische Emigration findet am häufigsten in ländlichen Gegenden statt, in denen ungefähr die Hälfte der Gesamtauswandererzahl zu verzeichnen ist und die derzeit rund ein Prozent der Gesamtarbeitnehmerschaft Mexikos verlieren. Eine nachhaltige landwirtschaftliche Entwicklung wird deshalb große Auswirkungen auf den Migrationsdruck und möglicherweise auch auf Migrationsbewegungen haben." (Latapi 2008: 4).[124]

NAFTA hat also eine unter Globalisierungsvorzeichen bereits begonnene Entwicklung beschleunigt. Dies umso mehr, als die US-Ökonomie von NAFTA mehr profitierte als Mexiko und sie mehr Arbeitskräfte benötigte als im Land vorhanden waren (siehe Kapitel 3.3.4.4. sowie Latapi 2008: 3).

Während sich Wissenschaft und Forschung mit klaren Aussagen in diesem Bereich zurückhalten, sind überzeugte Anhänger oder Gegner des Freihandels deutlicher. Dies kann man belegen, wenn man z. B. die Stichwörter „Nafta trade illegal migration" in die Suchmaschine Google eingibt (wobei Gegner die Befürworter deutlich überwiegen). So ist beispielsweise Jeff Faux, Gründer des *Economic Policy Institutes*, in einem Interview vom 31.5.2006 überzeugt: „Beim Anheizen der illegalen Migration in die USA spielte NAFTA eine entscheidende Rolle."[125] Dagegen hält Mark Krikorian, Leiter des *Center for Immigration Study*, den NAFTA-Ansatz unvermindert für richtig, so anlässlich der Verabschiedung des zentralamerikanischen Freihandelsabkommens CAFTA im Juli 2005. Seine Schlussfolgerung: „Der Weg nach vorn ist also klar: Mehr Handel, weniger Einwanderung."[126] Mehr noch: Für Krikorian ist Entwurzelung Teil des durch Freihandel mitverursachten Umstrukturierungsprozesses und ein Erfolgsindikator:

> „Das massive Anwachsen des von Mexiko ausgehenden Einwanderungsdrucks in den 1990er Jahren war kein Versagen von NAFTA, sondern eine unausweichliche Konsequenz ... Es scheint der Logik zu widersprechen, aber ökonomische Entwicklung, insbesondere die Modernisierung im landwirtschaftlichen Bereich, setzt *immer* Menschen in Bewegung, indem kleinere Farmen in größere, produktivere Einheiten konsolidiert werden. Diese beschäftigungslosen Bauern gehen dann in die Städte, wo sie Arbeit in der Produktion oder dem Dienstleistungssektor finden. Aber die Tatsache, dass Entwicklung Bauern auf dem Land freisetzt und sie in die Städte treibt, sagt nichts darüber aus, in *welche* Städte sie ziehen." (Krikorian 2005, Hervorh. i. Orig.).[127]

Entscheidend dafür, dass die entwurzelten Menschen innerhalb ihrer Heimatländer verbleiben, ist für Krikorian deshalb: „Wenn es etwas von NAFTA zu lernen gibt, dann dies: Freihandelsabkommen müssen von robusten Einwanderungskontrollen begleitet werden."[128] Ob dieses mit Überzeugung vorgetragene Lösungsmittel geeignet ist, illegale

Migration zu unterbinden, wird später untersucht (siehe Kapitel 3.4.). Es ist jedoch auffällig, dass Freihandelsbefürworter ganz offen über diese komplementären Maßnahmen sprechen und damit einen Zusammenhang zwischen Freihandel und steigender illegaler Migration zugeben. Das *Migration Policy Institute* sieht den derzeitigen Verlauf der US-mexikanischen Gespräche zum Zusammenhang Migration und Freihandel skeptisch, eben weil Freihandel nur nominell existiert, die Situation durch Protektionismus und Subventionen verzerrt wird und dies weitere negative Folgen hat:

> „Das wichtigste Argument zugunsten einer vernünftigen Lösung all dieser Themen besteht darin, dass verschärfte Einwanderungskontrolle allein die sozialen und ökonomischen Gegebenheiten nicht verändern kann, die Auswanderungsdruck aufbauen. Ebenso wenig kann eine solche Kontrolle Migrationsbewegungen standhalten, die rücksichtslos durch die sozialen Netzwerke vorangetrieben werden, die das US-amerikanisch-mexikanische Migrationssystem dominieren ... Die beiden Regierungen mögen ernsthaft bemüht sein, die ‚Partnerschaft-für-Wohlstand'-Initiative zu verwirklichen, die 2001 in Guanajuato gestartet und in Monterrey im März 2002 unterzeichnet wurde. Allerdings ist unwahrscheinlich, dass die Hauptstoßrichtung dieser Initiative – grenzübergreifende ökonomische Verbindungen schaffen durch Anreize für ausländische und inländische Investitionen in Mexikos marginalisierten Gegenden – den mexikanischen Lebensstandard derart deutlich steigert, dass der Auswanderungsdruck sinkt. Ein grundsätzliches Umdenken ist erforderlich, um offen die Widersprüche jener Migrationspolitiken anzugehen, die durch protektionistische Erwägungen in einer zunehmend globalisierten Welt machtvoll vorangetrieben werden. Die Herausforderung wird darin bestehen, die permanente Wirkung der ökonomischen, sozialen und kommunikationstechnischen Kräfte klar zu verstehen, selbst wenn man das Geschehen durch eine sicherheitspolitische Brille betrachtet. Diese Kräfte werden weiterhin starken Migrationsdruck zwischen miteinander verbundenen Ökonomien erzeugen." (Alba 2004: 6f.).[129]

Die hier untersuchte Konstellation zwischen Mexiko und den USA ist kein Einzelfall. Auch in anderen Weltteilen ‚rechnet' sich Landwirtschaft immer weniger, es kommt zu verstärkter Landflucht, dem ersten Schritt zu permanenter Entwurzelung.[130] Die Vernichtung von Arbeitsplätzen durch fehlende Absatzmärkte, beschleunigt durch Subventionen, Protektionismus der reichen Länder und die damit verbundenen Handelsverzerrungen sind weltweit angesichts der Entwurzelung von Bevölkerungen von größter Brisanz: 1,3 Milliarden Menschen in den Entwicklungsländern sind im landwirtschaftlichen Sektor beschäftigt (GCIM 2005: 13). Deren Arbeit und Produkte werden zum Teil besteuert, während sie kaum Absatzchancen auf dem Weltmarkt gegen die mit Steuergeldern subventionierten Produkte aus den Industrieländern haben. Der Skandal vergrößert sich nochmals, wenn man bedenkt, dass die Gelder, die für Protektion und Subvention ausgegeben werden, ein Vielfaches dessen sind, was für die Entwicklungshilfe ausgegeben wird, mit der dann vielerorts die durch Handelssubventionen verursachten Fehlentwicklungen wieder aufgefangen werden sollen.

Tabelle 3: Relation zwischen Entwicklungshilfe und Landwirtschaftssubventionen

	ODA	Landwirtschaftssubventionen (PSE in Milliarden US-Dollar)	
	2000	1999	1986-1988 (durchschnittliche Jahresausgaben)
DAC/OECD 24	56	252	221
US	10	54	42
EU	28	114	95

ODA Official Development Assistance, öffentliche Entwicklungszusammenarbeit
PSE Producer Support Equivalent, Erzeugerförderungsausgleich (Wert der Überweisungen von Steuerzahlern und Konsumenten (höhere Preise) an Landwirte)
DAC Development Assistance Committee Members of the OECD, Mitglieder der Entwicklungszusammenarbeitskommission der OECD

Quelle: Martin u.a. 2006: 47

Die Tabelle zeigt, dass die Landwirtschaftssubventionen in den 1980er Jahren ein Vierfaches und in den 1990er Jahren ein Fünffaches der Entwicklungshilfe betrugen. Aktuell stiegen sie auf das Sechsfache,[131] im Jahr 2007 lagen sie bei 365 Milliarden US-Dollar. Das Subventionssystem ist absurd: In Deutschland streicht ein halbes Prozent der Agrarbetriebe jährlich über 300.000 Euro Subventionen pro Betrieb ein, während drei Viertel aller Betriebe auf unter 10.000 Euro pro Betrieb kommen. Dabei sanken während der vergangenen Jahre zwar die Produktsubventionen, nicht aber die Subventionsausgaben insgesamt: Statt verkauftem Getreide werden jetzt die Anbauflächen subventioniert – und auch dieses System fördert eher die Großbetriebe als die Familienbetriebe. Die Kehrseite der Medaille ist an der Situation in Afrika ablesbar:

- Im senegalesischen Dakar, dem größten Konsumgütermarkt Westafrikas, ist Obst und Gemüse aus der EU um ein Drittel billiger als vergleichbare Produkte aus einheimischer Produktion. Diese Betriebe können nicht mehr gewinnbringend produzieren und gehen ein.[132]
- Baumwollproduktion: Wären die Warenpreise hier auf dem Niveau von 1980 geblieben, läge heute das Pro-Kopf-Einkommen der afrikanischen Produzenten um 50 Prozent höher. Die Abschaffung der Baumwollsubventionen in den USA und der EU würde das Exporteinkommen der west- und zentralafrikanischen Baumwollexporteure um ca. 250 Millionen US-Dollar pro Jahr steigern (Kohnert 2006: 5).

- Dumping von EU-Billigfleisch zerstörte große Teile der kommerziellen Erzeugung von Hähnchenfleisch in Westafrika. In Kamerun wird das Kilo EU-Hähnchenfleisch noch unter dem europäischen Großhandelspreis angeboten (Kohnert 2006: 6).
- Fischerei: Die EU-subventionierten Hochseefischereiflotten fangen beispielsweise vor der Küste Senegals bis zu 400 Tonnen Fisch pro Tag, eine Menge, für die ein lokaler Kleinfischer zehn Jahre brauchen würde. „Der drohende Ruin hat so manchen Fischer in das Geschäft mit der irregulären Migration nach Europa getrieben." (Kohnert 2006: 4). Oder sie werden zu ‚Piraten' (siehe Kapitel 3.6.).

All dies hat Auswirkungen auf die Lebensmittelversorgung im eigenen Land. Knappheiten im Zuge der Lebensmittelkrise 2008 führten in vielen Ländern zu Aufständen und Unruhen. Es ist nahe liegend, dass derartige Zustände zukünftig mehr Menschen entwurzeln und in (illegale) Migrationsprojekte treiben werden. Ohne durchgreifende Veränderung wird es in den Entwicklungsländern perspektivisch weiter zu enormer Entwurzelung und Landflucht kommen.

3.3.1.3. Ausländische Direktinvestitionen

Ein weiterer Indikator für die Zunahme globaler Vernetzung ist das Anwachsen grenzübergreifender ausländischer Direktinvestitionen, bekannter unter dem englischen Namen *Foreign Direct Investment* (FDI). Dabei handelt es sich um eine Vermögensanlage von privaten oder juristischen (z. B. Firmen, Fonds) Investoren im Ausland. Möglich sind hierbei direkte Firmengründungen vor Ort oder der ‚Einkauf' in eine bestehende Firma, wobei dort – abhängig von der Größe der Investition – Mitsprache in der Geschäftsführung oder sogar deren Kontrolle angestrebt wird. Dies kann dazu führen, dass das Vorgehen und Verhalten einer Firma vor Ort nicht von den Interessen der örtlichen Bevölkerung oder der Mitarbeiter bestimmt wird, sondern von Eigentümern, die in anderen Teilen der Welt sitzen.[133]

Das nachfolgende Beispiel wurde durch Kontakte mit salvadorianischen ‚Illegalen' bekannt, die aus dem Departement Chalatenango nach Boston kamen. Es verdeutlicht, wie ausländische Direktinvestitionen zu illegaler Migration führen können, und wie schwierig es für die örtliche Bevölkerung ist, sich dagegen zur Wehr zu setzen. In Chalatenango sollte ein Investitions-Großvorhaben umgesetzt werden, bei dem das kanadische Minenkonsortium *AuMartinique Silver Inc.* (inzwischen umbenannt in *Aura Silver Resources Inc.*) im Verbund mit *Pacific Rim*, einem Unternehmen der *Intrepid Minerals Inc.* (inzwischen umbenannt in: *Intrepid Mines Inc.*), Vierjahreslizenzen zur ‚Exploration' und ‚Exploitation' von Gold- und Silbervorkommen erworben hat, mit einer Verlängerungsmöglichkeit auf acht Jahre. Aber bereits im Vorfeld kamen Fragen auf: Positiv wurde bewertet, dass zwischen 150 und 300 Einheimische Arbeit in niedrig qualifizierten Jobs für bis zu acht Jahre erhalten könnten (hoch qualifizierte Jobs sollten von auswärtigen Firmenmitarbeitern besetzt werden). Dem stand entgegen, dass durch den Abbau im Tagebauverfahren viele Subsistenzbauern ihre Farm verloren hätten. Den direkt auf dem Abbaugebiet wohnenden Bauern wurden 1.000 US-Dollar für ihr Land angeboten – ein Betrag, der bei weitem zu gering ist, um sich anderswo eine Existenz aufzubauen. Viele andere Bauern wären aber indirekt betroffen gewesen durch die Folgen, etwa von Wasserverbrauch und -verschmutzung, z. B. durch Zyanide. Dadurch wären nicht nur Ackerbau und Fischfang unmöglich geworden, sondern es wären auf Jahrzehnte hin erhebliche Gesundheitsrisiken für bis zu 10.000 Menschen entstanden. Die Investoren rechneten mit einem Ertrag von jährlich bis zu 30 Millionen US-Dollar, während der Gemeinde San Isidro und dem Staat El Salvador aufgrund des salvadorianischen Bergbau-Gesetzes lediglich ein Prozent dieser Summe zugeflossen wäre. Darüber hinaus bestanden in der Bevölkerung Sorgen hinsichtlich der Folgen, die durch den Straßenbau zu erwarten gewesen wären, etwa Zunahme des Straßenverkehrs, Prostitution, Kriminalität, Zuwanderung u. v. m.[134]

Entsprechend unpopulär war und ist das Projekt bei der örtlichen Bevölkerung, die, unterstützt von der katholischen Kirche und Nichtregierungsorganisationen, dagegen protestiert – Vorgänge, die im Ausland kaum wahrgenommen oder sogar verfälscht dargestellt wurden. *AuMartinique Silver* hat vielmehr betont, dass dem Minenbetreiber sehr an einem Einvernehmen mit der lokalen Bevölkerung liege, dass er sich an der Entwicklung der Gemeinden vor Ort beteilige und entsprechende Gespräche stattfinden würden.[135]

Es stellt sich die Frage, warum die Regierung El Salvadors sich nicht stärker zu Gunsten ihrer Bevölkerung engagierte. Die US-amerikanische Umweltorganisation *Sierra Club* meinte hierzu:

> „Während des vergangenen Jahrzehnts war El Salvador der Vorzeigestudent der Entwicklungsstrategien von Weltbank und IWF: Das Land deregulierte seine Industrien und umwarb ausländische Investoren, indem es hervorhob, wie gering die Abgaben seien, die Gemeinden wie San Isidro erheben."[136]

Widerstand der örtlichen Bevölkerung gegen ausländische Investoren war und ist riskant – parallel verlaufende Entwicklungen in anderen Ländern waren nicht gerade ermutigend, insbesondere nach dem Inkrafttreten von NAFTA und CAFTA. Noch einmal der *Sierra Club*:

> „Im Fall einer Goldmine in Kalifornien werden Umweltschutzbestimmungen durch ein Klageverfahren einer kanadischen Abbaufirma unter Beschuss genommen, die sich auf Kapitel 11 des NAFTA-Abkommens beruft. Ein Kapitel, das auch in das CAFTA aufgenommen wurde und Firmen erlaubt, Schadenersatz einzufordern, wenn aufgrund von Regulierungen Profite verloren gehen. Dabei hat die Goldindustrie einen starken Bündnispartner in der Weltbank, die dem Unternehmen Glamis Gold einen Anfangskredit von 45 Millionen Dollar für sein Minenprojekt in Nord-Guatemala gewährt hat. Breiter Protest durch die Gemeinden wurde abgetan als ‚Anti-Entwicklungs-Kampagne'. Als die Polizei im Januar einrückte, um die Proteste vor Ort zu überwachen, und der Anwohner Raul Bocel erschossen wurde, erklärte der guatemaltekische Präsident Oskar Berger: ‚Wir müssen die Investoren beschützen' … Der guatemalteki-

sche Bischof Alvaro Ramazzini aus San Marcos erhielt Todesdrohungen, nachdem er verlangt hatte, dass die Konvention 169 [der *Internationalen Arbeitsorganisation* (ILO), Anm. d. Verf.] respektiert werden müsse und dass Bewohner vor Ort in die Entscheidungen über die Goldvorkommen unter ihren Böden einbezogen werden müssen."[137]

Der Konflikt zwischen den ausländischen Investoren und der Bevölkerung vor Ort dauert an und ist hochkomplex. Im Februar 2007 verkaufte *AuMartinique/Aura Silver* die meisten ihrer Anteile aufgrund der fortdauernd bestehenden „aufgezwungenen sozialen und abbautechnischen Beschränkungen in El Salvador".[138] Der neue Investor, *Tribune Uranium Inc.*, versprach, „umweltrechtliche Erlaubnisverfahren zu beenden und soziale Lizenzangelegenheiten zu lösen".[139] *Intrepid Minerals/Mines* hingegen ist immer noch vor Ort und hofft, die Bohrarbeiten wieder aufnehmen zu können, wobei der Jahresbericht 2007 erstmalig die Frage aufwarf, ob sich weiteres finanzielles Engagement vor Ort überhaupt noch rechnet:

> „Der Aufsichtsrat betrachtet die betreffenden Gegenden in El Salvador als besonders interessant, da diese das Potenzial für zukünftige Goldvorkommen im Weltklasse-Format haben. Während aber dieses Potenzial als hoch betrachtet wird, steht das politische Umfeld in dieser Region in der jüngsten Vergangenheit – auch aufgrund des Drucks durch NGOs – einem Abbau nicht positiv gegenüber, sodass die Zahl abbaubarer Unzen sowie der Wert pro Unze zurückgegangen sind."[140]

Für die lokale Bevölkerung wird jegliches Engagement durch die undurchsichtigen und oft wechselnden Eigentümerverhältnisse erschwert, was es unmöglich macht, zuständige Ansprechpartner für Beschwerden zu finden. Eine neue Stufe erreichte der Widerstand im März 2009, als die salvadorianische katholische Bischofskonferenz die kanadische Bischofskonferenz bat, ihren Kampf gegen die in Kanada ansässigen Minenkonzerne zu unterstützen.[141]

Dennoch kann immer noch nicht ausgeschlossen werden, dass der örtliche Widerstand unterliegt, die Bohrungen weitergehen und irgendwann Metalle geschürft werden. Dies würde bedeuten, dass viele der örtlichen Bewohner ihre Wohnung und ihren Lebensunterhalt verlieren werden und sich ein neues Lebensumfeld suchen müssen. Eine illegale Einwanderung in die USA wird für viele eine Option sein. Denn seit dem Krieg – spätestens seit dem Massaker am Sumpul River im Jahr 1980[142] – existieren Verbindungen zwischen Chalatenango und den USA, etwa nach New Jersey oder den Norden Bostons. Durch dieses Minenprojekt wird die Abwanderung aus der Region einen weiteren Schub erfahren, und weitere Menschen werden ihren Vorgängern auf illegalen Wegen in die genannten Regionen der USA folgen (siehe dazu Kapitel 3.3.3.2.).

Das Beispiel aus El Salvador und die Hinweise auf Guatemala zeigen, dass die Interessen der lokalen Bevölkerung oder Umweltauflagen bei Investitionen weniger bedeutsam sind als die zu erwartenden Vorteile für die Investoren, die keine Rücksicht auf Entwurzelung und Vertreibung nehmen, deren Kosten andere zu tragen haben. Ähnliche Situationen können auch durch Investitionen im Agrarbereich entstehen, verschärft durch zwei Entwicklungen im Jahr 2008: die Lebensmittelkrise und der Beginn der Weltfinanzkrise. Aufgeschreckt durch steigende Lebensmittelpreise und Versorgungsengpässe begannen reiche Länder, sich durch Landerwerb, oft in armen Ländern, eine krisensichere Basis für ihre eigene Lebensmittelversorgung aufzubauen. Golfstaaten versuchen durch den Erwerb riesiger Ländereien in Afrika von schwankenden Märkten und profitorientierten Zwischenhändlern unabhängig zu werden und dort Lebensmittel für den eigenen Verbrauch anzubauen.[143] Die Weltfinanzkrise verschärfte die Situation: Im Verlauf des Jahres 2008 wurde deutlich, dass private Investoren ihr Geld verstärkt in Acker- und Farmland steckten. Die Unsicherheit auf dem Geldmarkt sowie die Aussicht, sich aufgrund der wachsenden Knappheit von fruchtbarem Land und Wasser Profite von bis zu 400 Prozent sichern zu können, führte zu Investitionen in landwirtschaftliche Nutzflächen und gefährdete dadurch die Existenz von Kleinbauern.[144] Ein besonders krasses Beispiel wurde der Weltöffentlichkeit nach dem Putsch in Madagaskar im Frühjahr 2009 bekannt: Der Industriekonzern *Daewoo* wollte ein Drittel (!) der landwirtschaftlichen Nutzfläche Madagaskars für 99 Jahre mieten, um dort Tierfutter und Pflanzen für Agrosprit für den südkoreanischen Markt anzubauen.[145]

Zum Verständnis des in diesem Abschnitt geschilderten Migrationsgeschehens können Erklärungen aus der Weltsystem-Theorie oder der Theorie der Kumulativen Verursachung herangezogen werden (vgl. Anhang 1).

3.3.1.4. Zwischenergebnis Weltwirtschaftskrise

Nach Castells kommt im aktuellen Globalisierungsprozess der finanziellen Integration eine größere Bedeutung als dem Welthandel oder den ausländischen Direktinvestitionen zu. Anders gesagt: Was im Bereich der international vernetzten Finanzmärkte geschieht, hat gravierende Auswirkungen auf Handel und ADI. „Banken werden nicht deshalb gerettet, weil sie viele Menschen beschäftigen, sondern weil sie Teil eines verflochtenen, instabilen Systems sind." Systemrelevante Banken, denen nicht geholfen wird, „reißen einander gegenseitig mit und gefährden den Rest des Systems."[146] Die Krise auf dem Weltfinanzmarkt seit Herbst 2008 und ihre Auswirkung auf die wirtschaftliche Wertschöpfung ist ein Beleg hierfür. Wenig überraschend deshalb, dass Politiker in der Folge dieser Krise auf dem G20-Gipfel am 15.11.2008 in Washington grundlegende Reformen des Weltfinanzsystems vereinbarten, darunter auch Reformen für die IFIs. Eine Arbeitsgruppe zur Reform des IWF wurde eingesetzt, auch der G20-Gipfel am 2.4.2009 in London bekräftigte die Notwendigkeit einer Reform des Weltfinanzsystems.[147] Wird aber aus all der Aufregung tatsächlich eine gerechtere Weltfinanzordnung entstehen? Dies darf bezweifelt werden, und zwar aus einer Reihe von Gründen.

Zunächst ist richtig, dass die Sprache der jüngsten G20-Beschlüsse lobenswert deutlich ist, wenngleich schon bei der Verkündung Merkwürdiges und Widersprüchliches auffiel.[148] Bei den G20-Beschlüssen handelt es sich um rechtlich unverbindliche Absichtserklärungen, die konkrete Umsetzung wird den einzelnen Ländern obliegen.[149] Hinsichtlich dieser Prozesse ist aber zu bedenken, dass Befürworter der überkommenen Ordnung natürlich während der Krise Kritikern wenig Paroli bieten. Sie werden aber ihre Besitzstände hinter den Kulissen mit Zähnen und Klauen verteidigen, auch und vor allem, wenn sich die Situation verbessert. Entsprechend sind sich alle Kommentatoren einig, dass man abwarten müsse, wie die Beschlüsse konkret umgesetzt werden. Und hier ist Vorsicht geboten: Am 12.6.2009 titelte die Basler Zeitung im Wirtschaftsteil: „Die City of London muckt auf" und berichtete vom Widerstand der Banker und Börsianer gegen die geplante EU-Regulierungsbehörde und entsprechendem Druck auf die britische Regierung. Während die meisten EU-Staaten dafür sind, dass diese Behörde notfalls auch nationale Regierungen überstimmen kann, pocht der britische Schatzkanzler auf der „nationalen Souveränität in Steuerangelegenheiten, in die er auch die Finanzaufsicht einbezieht"[150]. Hinzu kommt die wachsende Zahl derjenigen Kritiker, die in dieser Krise lediglich ein weiteres Symptom grundsätzlicher Schwachstellen im globalen Finanzsystem sehen, die, selbst wenn alle angedachten Mittel umgesetzt werden, nicht grundsätzlich behoben werden können. Bestenfalls, so diese Kritiker, könnten auf diese Weise die Abstände zwischen globalen Finanzkrisen verlängert werden.[151]

Selbst hinsichtlich der (für den Kontext dieses Buchs besonders wichtige Bereich der) beschlossenen Hilfen für Schwellenländer und arme Länder ist Vorsicht angebracht. Zunächst einmal ist zu fragen, ob es sich bei den 1,1 Billion US-Dollar tatsächlich um reales und neues Geld handelt oder nur – (zumindest teilweise) – um die Summierung bereits zugesagter Gelder.[152] Vorschläge, die eine nachhaltige Stabilisierung des Finanzsystems und gleichzeitig die Erhebung realer Gelder für die Verwirklichung der Milleniumsziele anstreben – darunter prominent die Einführung einer *Transaction Tax* (vgl. Alt 2009a) –, werden im Kontext der G20 nicht diskutiert. Wirklich radikale Verbesserungsvorschläge wie Freigeld oder Regionalwährungen haben, obwohl es seit langem gut funktionierende Modelle gibt, erst recht keine Chancen.[153]

Skepsis ist aber vor allem angebracht, weil (wieder) der IWF mit der Verwaltung des Löwenanteils der bereit gestellten Gelder betraut wurde.[154] Zwar verkündete die Organisation zeitnah zum G20-Gipfel eine Reform seiner „nonconcessional lending facilities and conditionality", von der Staaten profitieren sollen, die eine ‚vernünftige' Wirtschafts- und Finanzpolitik betreiben.[155] Der G20-Gipfel macht aber in seiner Deklaration deutlich, dass es zumindest bei zwei Drittel der freigegebenen Gelder um die Stärkung der „concessional lending facilities" des IWF geht.[156]

Man scheint also wenig Lehren aus dem Kreditvergabeverhalten des IWF ziehen zu wollen, etwa während der lateinamerikanischen und asiatischen Finanzkrisen Mitte der

1990er Jahre. Dabei wurde nicht nur von Globalisierungskritikern, sondern auch von Ökonomen angeprangert, dass der Fonds

> „durch seine Kreditpakete, die eigentlich den Krisenländern zugute kommen sollten, in erster Linie Liquidität geschaffen habe, die den privaten ausländischen Investoren zugute gekommen sei. Sie seien durch den IWF ‚ausgekauft' worden (*Bail-out*), was wiederum wie eine Versicherung für private Investoren gewirkt hätte. Da für diese Versicherung aber keine Prämie zu zahlen war (der IWF finanziert sich aus den Beiträgen seiner staatlichen Mitglieder), haben die privaten Kapitalanleger den Kritikern zufolge Investitionen getätigt, die sie ansonsten gescheut hätten." (Kellermann 2006: 13).

Reformdiskussionen im Anschluss an eine der vielen Finanzkrisen der letzten Jahrzehnte verblieben bislang ergebnislos oder führten bestenfalls zu kosmetischen, für die internationale Kreditvergabe substanziell bedeutungslosen Folgen:

> „Der Großteil der Änderungen in der IWF-Programmatik [resultierte] in seiner Festschreibung als Strukturanpassungsinstitution ... Zwar wurde angestrebt, die Kreditauflagen zu reduzieren (*Streamlining*) und künftig enger mit den politischen Partnern im jeweiligen Zielland abzusprechen (Prinzip der *Ownership*), allerdings entsprach diese Vorstellung eher einem Idealmodell, das für Krisenzeiten, in denen keine Zeit für solche Abstimmungsprozesse ist, keine Bewandtnis hat. Die Rolle des Währungsfonds als Strukturanpassungsmechanismus wurde auch durch die Schaffung neuer Kreditinstrumente (Fazilitäten) ausgebaut. Unter dem Deckmantel der Armutreduzierung (*Poverty Reduction and Growth Facility*) und des Schuldenerlasses (*Highly Indebted Poor Countries-Initiative*) wurde in Kooperation mit der Weltbank ebenfalls die Strukturpolitik in Entwicklungsländern festgeschrieben." (Kellermann 2006: 270, 275).

Kellermanns Schlussfolgerung: „Die Bearbeitung der krisenhaften Dynamik im globalmonetären Bereich durch den IWF diente am Ende der Reproduktion des *Washington Consensus*." Aber selbst wenn IWF und Weltbank irgendwann einmal tatsächlich reformiert und in ihrem Verhalten demokratisch(er) kontrolliert werden können, wird es sehr lange dauern, bis die Folgen der bisherigen globalen Finanzpolitik, die am *Washington Consensus* orientierte Kreditgewährungspolitik und die gegenwärtige Weltfinanzkrise überwunden sein werden. Schwere Tanker, so die Erfahrung, brauchen sehr viel Zeit für ein Umsteuern. Und so wird vermutlich erst einmal fortzuschreiben sein, was Anderson 2006 angesichts einer Untersuchung von 77 (!) hoch verschuldeten Ländern feststellte:

> „Hochverschuldete Länder geraten unausweichlich in Abhängigkeit von der Weltbank und dem Internationalen Währungsfonds, um mit neuen Anleihen ihre alten Anleihen abzuzahlen oder elementare Ausgaben zu bestreiten ... Diese wiederum verlangen tiefe Einschnitte bei den Ausgaben der Regierungen, damit die Länder mehr Mittel haben, um ihre Schulden zurückzuzahlen. Regelmäßig verlangen Weltbank und IWF von Kredit aufnehmenden Staaten, dass die Bezahlung von Angestellten im öffentlichen Sektor begrenzt wird. Dies bedeutet, dass Jobs im öffentlichen Dienst, die gewöhnlich eine Quelle für ein verlässliches und ausreichendes Einkommen sind, häufig zu Armutsjobs werden. Darüber hinaus verlangen Weltbank und IWF üblicherweise, dass staatliche Betriebe wie Telekommunikations- und Versorgungsbetriebe

oder andere Dienstleister verkauft oder ‚privatisiert' werden, um in kurzer Zeit an Kapital zu kommen und öffentliche Ausgaben einzusparen. Diese Maßnahmen enden meistens in Massenentlassungen, die die Arbeitslosigkeit erhöhen, was wiederum zu einem Absinken der Löhne führt. Und neu geschaffene Arbeitsplätze im privaten Sektor können diese Lücke nicht schließen." (Anderson 2006: 9).[157]

3.3.1.5. Ausweg China?

Als positiv könnte man die Tatsache bewerten, dass es inzwischen für eine Reihe von Staaten eine Alternative zum IWF gibt – nämlich China. Weltweit weitet China durch Verträge, Kredite, Direktinvestitionen, Schuldenerlass, Handel, das Entsenden von Experten (Ärzte, Lehrer, Unternehmer, Berater aller Art) seinen Einfluss aus, um im Gegenzug seinen Hunger nach Rohstoffen und Absatzmärkten für die eigene boomende Volkswirtschaft zu bedienen.

> „Das sino-afrikanische Handelsvolumen hat sich seit dem Jahr 2000 auf 56 Milliarden Dollar verfünffacht, schon im Jahr 2010 werden die Chinesen die 100-Milliarden-Dollar-Marke erreichen und die USA überholen. Soeben kündigte die Industrial and Commercial Bank of China (ICBC) die bislang größte chinesische Investition in Afrika an. Chinas kapitalkräftigste Bank erwirbt für 5,5 Milliarden Dollar 20 Prozent der südafrikanischen Standard Bank – eine Investition, die weit über die Verwaltung von Rohstoffinteressen hinausgeht und auf eine Verflechtung der chinesischen und afrikanischen Volkswirtschaft setzt ... Optimisten sagen, in dieser Süd-Süd-Kooperation zwischen Asien und Afrika entfalte die Globalisierung ihr emanzipatorisches Potenzial."[158]

Auch die zunehmende Schwierigkeit Chinas, die eigene Bevölkerung mit Lebensmitteln zu versorgen, treibt zu Großinvestitionen in Afrika: Über die nächsten 50 Jahre sollen fünf Milliarden US-Dollar in afrikanische Landwirtschaftsprojekte investiert werden (GRAIN 2008a: 3). „In Simbabwe hat sich der chinesische Staat 100.000 Hektar gesichert, um Mais anzupflanzen; ... Kamerun, ... Mosambik, Uganda, Tansania – die Liste der Länder, die Äcker an China verpachtet oder verkauft haben, ist lang."[159]

Während in den Konditionen von IWF und Weltbank auch Demokratie und Menschenrechte eine Rolle spielen (können), ist gerade für Diktatoren und Autokraten die zentrale Bedingung Chinas für Kooperation leichter zu akzeptieren: Keine diplomatische Anerkennung Taiwans.[160] Ansonsten gilt: „Die chinesische Herangehensweise bei auswärtigen Beziehungen wird offiziell als ‚Nichteinmischung in innere Angelegenheiten' bezeichnet ... Sie [die Chinesen] geben afrikanischen Regierungen genau das, was sie wollen: Investitionen und Infrastruktur, an die keine Bedingungen geknüpft werden."[161]

Chinas offen egoistisches Verhalten wird von all jenen kritisiert, die dadurch das Fortdauern von Ausbeutungsregimen und Konflikten gewährleistet sehen. Ebenso wird kritisiert, dass China selten Geld, sondern vor allem Waren oder Dienstleistungen liefert und dazu wieder, etwa bei Infrastruktur- und Entwicklungsprojekten, zu Lasten der lokalen Ökonomien eigene Arbeitskräfte ins Land bringt.[162] Andere wiederum heben die positiven Seiten von Chinas Engagement in Afrika hervor:

- China finanziert durch seine Investitionen Projekte, die nicht nur – gemäß dem chinesischen Interesse – der Erschließung von Rohstoffen dienen, sondern auch der Entwicklung der entsprechenden Region. Zu Investitionen in vergleichbaren Größenordnungen sind andere Länder derzeit nicht in der Lage.[163]
- Anzuerkennen ist, dass die Chinesen ganz offen erklären, dass ihr Engagement auf die Ausbeutung von Rohstoffen und den Zugang zu neuen Absatzmärkten zielt. Andere Kreditgeber – vor allem aus westlichen Ländern – haben ähnliche Erwartungen, verschleiern diese jedoch.[164]
- Die Entwicklungsländer emanzipieren sich von den klassischen Industriestaaten und ihrer Weltwirtschaftsordnung. Hilfe fließt nicht mehr von Nord nach Süd, sondern auch innerhalb des Südens, wobei neben China auch Indien zunehmend eine Rolle spielt (siehe dazu Moyo 2009).

Es ist jedenfalls Vorsicht geboten: Seriöse Studien, die Chinas Engagement in Afrika unter entwicklungspolitisch-wirtschaftlichen Prämissen begrüßen und gar darauf verweisen, dass das Engagement der Chinesen von Afrikanern positiv bewertet wird, lassen außer acht, dass es vor allem afrikanische Eliten sind, die Chinas Engagement begrüßen, während die einfache Bevölkerung demselben wenig Sympathie entgegenbringt.[165] Es kommt bei dieser Diskussion auch zu Manipulationen und einseitigen Stellungnahmen: In ihrem Buch *Dead Aid* preist Dambisa Moyo das chinesische Engagement in Afrika. Als Begründung für ihren Enthusiasmus beruft sie sich auf Ergebnisse, die die Studie *Global Unease with Major World Powers* des *Pew Research Centers* in zehn afrikanischen Staaten südlich der Sahara gewonnen hat (Pew Research Center Project 2007). Der Bericht

> „kommt zu dem Ergebnis, dass die Stimmung gegenüber China *entschieden positiv* ist, was zu einem *großen Ausmaß* die *weit verbreitete Einstellung* widerspiegelt, dass ‚Chinas wachsende wirtschaftliche Macht einen positiven Effekt auf die eigenen Länder der Befragten hat, insbesondere in den Entwicklungsländern.'" (Moyo 2009: 109, Hervorh. d. Verf.).[166]

In dem Bericht steht allerdings auch:

> „Bemerkenswert ist, dass die USA weiterhin äußerst populär in weiten Teilen von Afrika südlich der Sahara bleiben. Mehr als drei Viertel der Befragten in der Elfenbeinküste, Kenia, Ghana, Mali und Äthiopien sagen, dass sie einen sehr oder ziemlich guten Eindruck von den Vereinigten Staaten haben. Tansania ist das einzige afrikanische Land in der Studie, in dem weniger als die Hälfte (46 Prozent) eine positive Meinung von den USA haben." (Pew Research Center Project 2007: 13).[167]

Was den spezifisch ökonomischen Beitrag der USA für Afrika betrifft, so ist das Bild der Studie ebenfalls deutlich differenzierter als das, was Moyo für ihr Buch herauspickt:

„In zehn subsaharischen Ländern, die in die Befragung einbezogen wurden, gab es in acht Staaten eine Mehrheit, die der Meinung ist, dass China und die USA einen großen oder ziemlich großen Einfluss auf den Gang der Dinge in ihren Ländern haben. Äthiopier sehen beide Staaten als besonders einflussreich an: 85 Prozent sagen, dass China zumindest ziemlich großen Einfluss hat, während 88 Prozent dasselbe über die USA sagen ... Eine verbreitete Einstellung von Mehrheiten lautet, dass der Einfluss beider Länder förderlich ist, wobei dies mehr für China als für die USA gilt. Im Senegal sagen 86 Prozent, dass Chinas Engagement in ihrem Land dazu beiträgt, dass sich die Umstände bessern, während 56 Prozent dasselbe über Amerikas Einfluss sagen. Ähnlich ist es in Kenia, wo 91 Prozent der Kenianer meinen, dass China ihr Land zum Guten beeinflusst, während 74 Prozent den Einfluss der USA als positiv bewerten." (Pew Research Center Project 2007: 44f.).[168]

Man darf nicht vergessen, dass diese Umfrage auf dem Höhepunkt der zweiten Amtszeit des bis dato unbeliebtesten Präsidenten der USA gemacht wurde. Auch vor diesem Hintergrund sollte das in dieser Zeit ansteigende Ansehen Chinas gedeutet werden. Jeder, der den Jubel in afrikanischen Städten anlässlich der Amtseinführung von Barack Obama gesehen hat, wird zu dem Schluss kommen, dass Amerika seit Januar 2009 an Popularität und Bedeutung bei den Afrikanern sprunghaft zugenommen haben dürfte.

Es ist also weder eindeutig noch einfach. Bei aller berechtigten Kritik am Engagement des Westens und an den multilateralen Institutionen ist der Verfasser der Meinung, dass man etwas Schlechtes nicht deshalb als ‚gut' bezeichnen soll, weil es kaum schlechter (bestenfalls anders) ist als das schlechte Verhalten von anderen. Chinas Verhalten gehört genauso deutlich kritisiert. Sein Rohstoffhunger zerstört beispielsweise internationale Anstrengungen, den Rohstoffraubbau im Kongo wieder in den Griff zu bekommen (vgl. Kapitel 3.3.3.3.). Dort lehnte China ein Zertifizierungssystem ab, mit dem versucht wurde, einen Herkunftsnachweis für kongolesische Mineralienexporte einzuführen.[169] In ähnlicher Weise verhindern die Chinesen Lösungen der (für die betroffenen Bevölkerungen) katastrophalen Zustände im Sudan, in Zimbabwe, Angola und Nigeria.

Allen Maßnahmen und Investitionen, die Unrecht oder die Ungleichverteilung von Reichtum stabilisieren, und ökologisch und/oder sozial bedenkliche Folgen haben, ist deshalb entgegenzutreten. Ganz gleich, ob hinter ihnen der IWF, die Weltbank, die USA, Russland oder China stehen.

3.3.2. Der Faktor Arbeit

Im vorangegangenen Kapitel war die Rede davon, wie im Rahmen aktueller Globalisierungsprozesse Menschen Arbeit und Beschäftigung verlieren und dadurch zur Migration gezwungen werden können. Nachfolgend wird aus der Perspektive der Migrationszielländer untersucht, wie sich dort unter dem Einfluss der Globalisierung eine Nachfrage nach Arbeitskräften auftut und welche weiteren gesellschaftlichen Veränderungsprozesse dazu beitragen, dass ‚Illegale' dort Beschäftigung finden.

3.3.2.1. Bevölkerungsentwicklung

„Völlig unterschätzt wird das vom Globalisierungsprozess gesteigerte Gefährdungspotenzial, das sich aus der demographischen Entwicklung ergibt." (Klein 2005: 132). Es wird erwartet, dass weltweit zwischen 2001 und 2010 die Zahl der Menschen, die auf den Arbeitsmarkt drängen, in den Entwicklungsländern viermal höher sein wird als in den entwickelten Ländern (Martin u. a. 2006: 15). Für den europäischen Kontext hingegen kann dieses Problem erläutert werden anhand des Gefälles zwischen der (alternden) EU und den (jungen) Staaten Nordafrikas. Nach statistischen Berechnungen und Projektionen ergibt sich für diesen Migrationsraum folgendes Szenario:

> „Von 1995-2025 [wird] die Bevölkerung der nordeuropäischen Länder von 93,5 auf 98,6 Millionen anwachsen ..., die der westeuropäischen Länder bei 180 Millionen stagnieren ... und die südeuropäischen Staaten [werden] einen Rückgang von 143,9 auf 139,3 Millionen zu verzeichnen haben ... Algerien, Marokko und Tunesien aber werden in diesem Zeitraum mit einer Bevölkerungszunahme von 63,8 Millionen auf 99,5 Millionen rechnen müssen."[170]

Noch offensichtlicher wird die Entwicklung, wenn man sich die Altersverteilung ansieht. Hier zeigt sich, dass die Bevölkerung der EU kontinuierlich älter wird. Im *Alterungsbericht 2009* wies EU-Kommissar Spidla darauf hin, dass das Verhältnis von Personen im erwerbsfähigen Alter (bis 65 Jahren) zu Senioren (über 65 Jahren) von 4:1 gegenwärtig auf 2:1 im Jahr 2060 sinken wird. Der stärkste Wandel wird sich zwischen 2015 und 2035 ereignen, wenn die Generation der Baby Boomer abgelöst wurde. Altersbedingte Ausgaben werden entsprechend um vier bis sieben Prozent des Bruttosozialprodukts ansteigen (EUK 2009: 3f.). Daher forderte schon im Jahr 2000 der Bericht der UN-Abteilung für Bevölkerungsfragen für viele Industriestaaten eine ‚Bestandserhaltungsmigration', damit die nötigen Arbeitskräfte für anders nicht zu besetzende Arbeiten und das Weiterfunktionieren der Sozialsysteme und -kassen gesichert ist (UNDESA 2000). In einer aktualisierten Fassung von 2006 geht UNDESA davon aus, dass aus demographischen und arbeitsmarktlichen Gründen von 2005 bis 2010 jährlich weltweit 2,5 Millionen, von 2010 bis 2050 jährlich 2,3 Millionen Migranten zum Ausgleich gebraucht werden (vgl. IOM 2008: 36ff.). Für Deutschland bedeutet dies eine „jährliche Einwanderung von 6.000 Personen pro ein Million Einwohner, um den Anteil von Personen im arbeitsfähigen Alter an der Bevölkerung zu halten."[171] Angesichts dieser Prognosen scheint die Annahme unrealistisch, dass in Deutschlands produzierenden Gewerben in absehbarer Zeit, trotz aller Möglichkeiten zur Automatisierung und Technisierung, ausreichend niedrig und nicht qualifizierte Arbeitnehmer vorhanden sein werden.[172] Dies gilt umso mehr (gerade wegen der demografischen Entwicklung!) für den Bereich der Haushaltshilfe sowie die Alten- und Krankenpflege.[173]

In den nordafrikanischen Staaten hingegen wächst seit Jahren ein Überangebot an jungen Menschen heran, das u. a. auf Emigration angewiesen ist, um überhaupt Beschäftigung zu finden: „Nach einer Bevölkerungsprojektion der Vereinten Nationen sind heute rund 40 Prozent der Bevölkerung in den Maghrebländern unter 14 Jahre alt und über 50 Prozent sind im erwerbsfähigen Alter ... Im Jahre 2025 wird sich der Anteil der Altersgruppe der ganz jungen Leute auf etwa 25 Prozent verringert, derjenige der erwerbsfähigen Personen auf rund 70 Prozent erhöht haben." Ausreichend Arbeitsplätze könnten für diese Personen vor Ort nur geschaffen werden, „wenn in allen Ländern das Wachstum des Sozialprodukts mindestens 5,5 Prozent pro Jahr betrüge." Dies ist „unrealistisch", deshalb wird man „davon ausgehen müssen, dass es im Jahre 2000 ein rechnerisches Defizit von etwa 1,5 Millionen Arbeitsplätzen geben wird." (Körner 1997: 78, 80).

Zwar wird immer wieder betont, dass durch Globalisierungsprozesse – vor allem durch Freihandel und Direktinvestitionen – neue Arbeitsplätze geschaffen werden und sich deshalb Emigration erübrigt. Dies erweist sich aber immer häufiger als problematisch:

- Der Kollaps des ehemaligen Ostblocks mit seiner Vollbeschäftigungspolitik und das Verlassen sozialistischer Beschäftigungspolitiken in China und Indien zu Gunsten von marktgesteuerter Beschäftigung machte schlagartig Millionen von Menschen arbeitslos – es gibt nicht so viel Handel und Kapital, um all diese Verluste in absehbarer Zeit wettzumachen.[174]
- Freihandel und Direktinvestitionen vernichten auch Arbeitsplätze, etwa im Landwirtschaftsbereich oder durch Umweltzerstörung, ohne in gleichem Maße neue und gleichwertige Arbeitsplätze zu schaffen (siehe dazu die Kapitel 3.3.1.2. und 3.3.1.3. sowie Taran/Geronimi 2002).
- Sodann ist festzustellen, dass die zu erwartenden Gewinne für die ärmeren Länder aus der Handelsliberalisierung, die zur Infrastrukturverbesserung und Arbeitsplatzschaffung eingesetzt werden könnten, seit Jahren nach unten korrigiert werden.[175]

Nicht überraschend deshalb, dass sich die Emigration von Arbeitsuchenden aus Ländern mit hohem Geburtenüberschuss messbar beschleunigt:

> „Die Zahl der Marokkaner, die sich weltweit bei ihren Konsulaten registriert haben, hat sich während der vergangenen 12 Jahre verdoppelt: Von 1,549 Millionen in 1993 auf 3,089 Millionen in 2004. Die Verdoppelung in zwölf Jahren beruht auf einer jährlichen Wachstumsrate von 6,3 Prozent (verglichen mit der Wachstumsrate der marokkanischen Bevölkerung von 1,3 Prozent) ... Die marokkanische Migrantenbevölkerung hat nicht nur hohe Zuwachsraten, sondern ihr Wachstum hat sich auch beschleunigt." (Fargues 2005: 15).[176]

Es könnte durchaus sein, dass sich die legale und illegale Zuwanderung aus den Mittelmeer-Anrainerstaaten der EU auch in die nordeuropäischen Staaten beschleunigen wird: Deren historisch-primäre ‚Migranten-Rekrutierungsgebiete' in Mittel- und Osteuropa sind inzwischen der EU beigetreten,[177] entsprechend müssen von dort kommende Arbeitskräfte aufgrund des dort steigenden Lebensstandards immer teurer bezahlt werden. Darüber hinaus ist zu bedenken, dass die meisten Länder des ehemaligen Ostblocks sich demografisch ähnlich entwickeln wie die ‚alten' EU-Staaten und deshalb selbst zunehmend Bedarf an jungen Einwanderern haben werden.

Zwar ist die demographische Entwicklung allein keine Ursache illegaler Migration (Massey 2005a: 5). Dennoch wächst in der Forschung die Erkenntnis, dass die Einbeziehung demografischer und geografischer Perspektiven bei der Suche nach „objektiven Strukturzusammenhängen" von zentraler Bedeutung für das Verständnis von Migration ist (Pries 2001: 28, vgl. Massey u. a. 1998: 282-285).

3.3.2.2. Der Vorteil billiger Arbeitskraft

Im Globalisierungszeitalter ist billige Arbeitskraft ein Standortvorteil für ein Land, in manchen Fällen sogar der einzige, der ihm verbleibt (vgl. Altvater/Mahnkopf 2002: 159). Kann ein Produkt in einem Land billiger produziert werden als am derzeitigen Produktionsstandort, tendiert ein Fabrikbesitzer (oder das Unternehmen kontrollierende Aktionäre und Fondsgesellschaften) dazu, die Produktion dorthin zu verlegen (Outsourcing). Solche Betriebsneugründungen sind aber für die neuen Produktionsstandorte nicht unbedingt ein Segen – von der damit einhergehenden Arbeitsplatzvernichtung war bereits die Rede (siehe Kapitel 3.3.1.2.). Darüber hinaus kommt es in vielen Fällen durch eine mit der Arbeitsaufnahme verbundene Binnenmigration zum Verlust des früheren Wohnorts und zum Wachsen von städtischen Slums; fehlende gewerkschaftliche Vertretung führt zu Dumpinglöhnen; fehlende Arbeitsschutzstandards zu (unversicherten) Unfällen und Krankheiten. Sodann werden Neugründungen schon nach wenigen Jahren in andere, noch billiger produzierende Länder verlegt. Damit wäre Entwurzelung der einheimischen Arbeitnehmer der einzig dauerhafte Effekt dieses ‚Kapitalverwertungsabschnitts'. Der nächste Schritt von der Binnenmigration hin zur grenzüberschreitenden illegalen Migration ist leichter, da der schmerzlichste Verlust für Migranten in der Regel der erste Schritt ist, also der Verlust von Heimat, Familie und Freunden.

Bezüglich der Entwicklungen in den Industriestaaten können in diesem Kontext Erkenntnisse der Theorie des segmentierten Arbeitsmarkts, der *Global-Cities*-Forschung sowie der Kumulativen Verursachung herangezogen werden.[178] Gerade im informellen Sektor des Arbeitsmarkts findet man eine große Anzahl von Jobs, die nicht in Billiglohnländer verlegt werden können, da ihre ‚Produkte' und Dienstleistungen vor Ort erzeugt werden müssen. Dies gilt im gewerblichen Bereich etwa für das Bau-, Reinigungs- und Gastronomiegewerbe, im privaten Bereich für Hausreinigung, Kinder- und Altenpflege. Hier nun bietet die Beschäftigung von einheimischen Schwarzarbeitern und/oder ausländischen ‚Illegalen' gewissermaßen die Herstellung von Billiglohnzonen im Inland an – ‚*Insourcing*'.[179] Was die ‚Qualität' der so entstehenden Beschäftigungsverhältnisse betrifft, so gibt es Parallelen zu den Billiglohnjobs in den Entwicklungsländern: Schlechte Bezahlung, Flexibilisierung der Arbeitszeit, kaum Schutz durch arbeitsrechtliche Standards sowie Zwang zur Mobilität, was diese Jobs in der englischen Umgangssprache als *3-D-Jobs* bekannt gemacht hat: Sie sind *dangerous*, *demanding* und *demeaning*. Dies wiederum macht sie für ‚Legale', die noch am ehesten Lohn- und Arbeitsstandards einfordern und Arbeitgeber zur Einhaltung derselben verklagen können, unattraktiv; ebenso für Arbeitgeber, die genau vor diesem Selbstbewusstsein Angst hätten und deshalb willige, billige und ‚illegale' Arbeitskräfte bevorzugen. Deshalb kommt es trotz hoher Arbeitslosigkeit in den Industrieländern zu Arbeitskräftemangel in bestimmten Arbeitsmarktsektoren, in denen zunehmend ‚Illegale' tätig werden. Dies führt kulturell wiederum dazu, dass diese Jobs grundsätzlich als typische ‚Ausländerjobs' wahrgenommen werden – was weiter zu deren sinkender Attraktivität für ‚Legale' beiträgt und sie somit noch mehr für den Zustrom ‚illegaler' Billigarbeitnehmer öffnet.

Da nun aber der Staat ‚störend' in dieses Marktgeschehen eingreift, indem er illegale Migration zu unterbinden sucht, und sich ‚illegale' Migranten deshalb vor allem im Schutz ethnischer Communitys großer Städte aufhalten, kann die Nachfrage nach ‚illegalen' Billigstarbeitern in ländlichen Gebieten oft nur schwer befriedigt werden. Hier schließen kommerzielle und kriminelle Vermittler die Lücke, indem sie etwa legale Zeitarbeitsmöglichkeiten zur Tarnung illegaler Aktivitäten ausnutzen.

Zwischen einem ländlich-touristischen Bereich des amerikanischen Mittelwestens und dem Toledo District kam auf diese Weise eine rege Arbeitsmigration in Gang: Für das dortige Gastronomie- und Hotelgewerbe standen nicht genügend Billigarbeiter zur Verfügung, was einen findigen örtlichen Unternehmer dazu bewog, in den 1990er Jahren belizeanischen Politikern anzubieten, deren parteipolitischen Anhängern Jobs in den USA zu beschaffen, falls diese wiederum ihn im Papierkrieg mit der US-Botschaft unterstützten. Das Arrangement kam zustande. Vertreter der Firma kamen jährlich nach Punta Gorda, um Bewerbungsgespräche zu führen (allerdings standen die Namen der zukünftigen Arbeiter von vornherein fest). Die Behörden stellten wiederum die nötigen Papiere aus, mit deren Hilfe die Migranten ein befristetes Arbeitsvisum für die USA erhielten. In Belize war der Schein der Legalität gewahrt, in den USA auf den ersten Blick ebenfalls: Die Migranten arbeiteten in den vorgeschriebenen Jobs zu festgelegten Zeiten und bei vereinbarten Löhnen; sie zahlten ihre Steuern und Abgaben und verließen das Land bei Ablauf des Visums. Nicht sichtbar wurden die Bestechungszahlungen an den Unternehmer, die dieser für die Vermittlung von illegalen Zweit- und Drittjobs einstrich, wo die Migranten dann ihr eigentliches Geld verdienen konnten.[180] Inzwischen sind diese Arrangements so populär, dass andere Anbieter aufgetaucht sind, um sich auf diese Weise die Arbeitskraft der Maya zu sichern.

3.3.2.3. Marktgeschehen und Wertewandel

Man muss sich bewusst sein, dass Globalisierung nicht allein die Reichweite von Marktgesetzen ausweitet und verändert, sondern auch Veränderungen im Bereich von Werten, Ideen und Verhaltensnormen bewirkt, die mit anderen Veränderungen einhergehen, sie beeinflussen und dann davon erneut beeinflusst werden. Nachfolgend werden die komplexen Veränderungen und Rückkopplungen geschildert, die die Zunahme und Normalität illegaler Ausländerbeschäftigung im Privathaushalt beeinflussen. Immerhin geht es hier um ein Äquivalent von acht bis neun Millionen Vollzeit-Arbeitsstellen.[181]

Spannung zwischen Werten und Realität sowie Individualisierungsprozesse: Im Zuge der Diskussion um die Gleichberechtigung von Mann und Frau wurde immer wieder die Forderung erhoben, dass Männer und Frauen sich fair und gerecht (bezahlte) Erwerbsarbeit und (unbezahlte) Hausarbeit partnerschaftlich teilen. Dies ist trotz vielleicht bestehender guter Absichten bislang nicht verwirklicht. Da Frauen dennoch danach streben, sich verstärkt in Erwerbsarbeit einzubringen und sie eine sonst glückliche Beziehung nicht dadurch gefährden wollen, dass unwillige Männer in Haushaltsarbeit gezwungen werden, wird dieses „Haushaltsproblem mit einer Exportstrategie" gelöst, „die bei anderen wenig geliebten Arbeiten auch verbreitet ist. Die Arbeit wird auf Personen anderer Nationalitäten übertragen." (Rerrich 2002: 24). Mann/Frau ist heute selbst im Krisenfall nicht mehr ohne weiteres dazu bereit, das Familienleben als solches zu verteidigen, wenn es andere Lösungen für Alleinerziehende mit Kindern gibt. Mann/Frau kann auch als Ein-Eltern-Familie zurecht kommen, wenn eine (meist weibliche) Arbeitskraft hinzugezogen wird und diese dem Elternteil neben seiner Berufstätigkeit „Qualitätsstunden" (Hess 2002: 111) sichert, die auf die Kindererziehung verwendet werden können.

Spannung aufgrund der Wechselwirkung zwischen moderner Arbeitsorganisation und Familienleben: Die *Global-Cities*-Forschung von Sassen (2001) verweist auf den Zusammenhang zwischen der ‚Natur' hoch spezialisierter Arbeit in der modernen globalen Netzwerkgesellschaft und dem daraus resultierenden Bedarf an Haushalts-Dienstleistungen im Niedriglohn-Sektor, der hauptsächlich von Migrantinnen abgedeckt wird. Hierbei sind die Aussagen von Sassen sowohl auf Singles als auch auf Familien und deren Lebensorganisation übertragbar. Gemeinsame Aspekte dieser neuen hoch spezialisierten Professionals sind: eine sehr hohe Arbeitsbelastung mit zum Teil großer Verantwortung, verbunden mit einem hohen Maß an Flexibilisierung und Mobilität. Die moderne Familie besteht aus Eltern, die sich aus ‚Wochenendvätern' (und -müttern) sowie ‚Nachtgästen' zusammensetzt. Haushaltsarbeit wird im Rahmen des „Familiensharings" (Hess 2002: 111) in handhabbare ‚Portionen' aufgeteilt. Gerade Hausfrauen werden immer mehr zu wahren „Organisationstalente[n], die sich flexibel im permanenten Multitasking zwischen Beruf, Kindern, Haushalt, Ehe und Freizeit hin- und herbewegen." (Hess 2002:115). Wobei Ansprüche an den Lebensstandard neue Unruhe bringen: Man bedenke nur, wie viel Organisation dadurch nötig wird, wenn zwei Kinder bestimmte Freizeitangebote wahrnehmen wollen, wie z. B. Musikschule, Sportverein oder Freundes-/ und Hausaufgabengruppen. So verlängert sich für die Hausfrau das ökonomische „Rationalisierungs- und Effizienzgebot ... bis in die Privatsphäre, die sie nun wie eine Managerin verwalten." (Hess 2002: 111). Dieser Mobilität und Flexibilität bei den Arbeitgebern entspricht nun die Mobilität und Flexibilität der ‚Illegalen', denn gerade dies sind die Ressourcen, über die sie im hohen Maße verfügen – für viele Migranten im Übrigen die einzigen Ressourcen, mit denen sie den Einstieg in das illegale Arbeitsleben beginnen.

Spannung zwischen (privat-familialer) Nachfrage und öffentlichem Angebot: Hinzu kommt, dass es zwar öffentliche und marktwirtschaftlich angebotene ‚Entlastungsangebote' für die berufstätige Frau gibt, wie z. B. Kindergarten- und Hortplätze oder ambulante Pflegedienste für Senioren, diese Dienste aber vielfach nicht ausreichend zur Verfügung stehen (vgl. Geissler 2002). Gerade aufgrund der demographischen Entwicklung kann angenommen werden, dass der Bedarf im Pflegebereich in den kommenden Jahren deutlich ansteigen wird, ohne dass absehbar ist, wie dieser Bedarf durch ‚Inländer' abgedeckt werden soll.

Lebenshaltungskosten und Finanzierung von legalen Dienstleistungen: Des Weiteren entstehen in vielen Bereichen der Gesellschaft zunehmend Finanzierungsprobleme für ‚legale' Dienstleistungen. Aufgrund der hohen Mieten und Lebenshaltungskosten sind Familien nicht mehr in der Lage, ‚legale' Dienstleistungen zu finanzieren – selbst dann nicht, wenn beide Eltern zu diesem Zweck berufstätig werden. Zum Teil entsteht gerade durch die doppelte Berufstätigkeit wiederum der Bedarf an haushaltsnahen Dienstleistungen. Dasselbe gilt für Rentner: Nahezu jeder dritte dieser Haushalte beschäftigt heute in Deutschland eine Haushaltshilfe (Rerrich 2006: 41), oft jedoch reichen die Zahlungen aus der Pflegeversicherung für die Finanzierung legaler ambulanter Pflege zu Hause nicht aus. Zu beiden vorhergehenden Absätzen gilt die Beobachtung von Bade/Oltmer, „dass ‚illegale' Arbeitskräfte vielfach eine Systemlücke füllen, die nur durch flexible Systemveränderung verkleinert werden kann – ganz zu schließen ist sie ohnehin nie" (Bade/Oltmer 2004: 127).

Dabei ist im Privathaushalt, analog zum Bausektor, ein Verdrängungswettbewerb nach unten feststellbar, da immer mehr ‚illegale' Frauen Arbeit suchen, der Markt aber eigentlich gesättigt ist (vgl. Alt 2003: 125f.). Also spielt neben Sprachkenntnis, der Kenntnis pflege- oder putztechnischer Standards, die Deutsche einfach erwarten, auch die Frage des Preises zunehmend eine Rolle, ob man Beschäftigung findet oder nicht. Ukrainerinnen berichteten von harten Rivalitäten, die sie mit Polinnen oder Frauen vom Balkan auszustehen hatten.

In diesem Kontext kommt es zunehmend zu Ausformungen der so genannten *Global Care Chain*: Die Familien der in Deutschland arbeitenden ‚Illegalen' ersetzen im Herkunftsland ihre emigrierte Mutter durch eine Migrantin aus anderen ‚Billiglohnländern', d. h. die Familie der Polin oder Ukrainerin, die in München arbeitet, stellt ihrerseits im Herkunftsland mit dem Geld, welches die Mutter überweist, eine Migrantin aus Armenien oder Kasachstan ein. Ähnlich in Belize: Im Toledo District gibt es mehrere Haushalte mit Familienangehörigen, die in den USA ‚illegal' als Alten- und Krankenpfleger Geld verdienen und monatlich Geld überweisen, damit ihre pflegebedürftigen Eltern davon ‚illegale' Haushaltshilfen und Pfleger aus den Nachbarstaaten Guatemala, El Salvador oder Honduras beschäftigen können. Für die wiederum kann eine Beschäftigung in Belize ein Migrationsziel darstellen; es kann für sie aber auch ein Zwischenschritt sein auf dem Weg der Weiterwanderung in das ‚eigentliche' Migrationszielgebiet, die USA oder EU.

Ob es die ‚Illegalen' im Land nun gibt, weil sie durch deutsche Arbeitgeber nachgefragt werden, oder ob sie beschäftigt werden, weil sie nun einmal da sind, kann ebenso wenig beantwortet werden wie die Frage nach dem Huhn und dem Ei. Fakt ist aber, dass in der deutschen Bauindustrie aufgrund des Zwangs zum Wettbewerb auf dem zunehmend deregulierten Arbeitsmarkt ohne die Beschäftigung von ‚Illegalen' noch mehr Menschen arbeitslos wären (vgl. Alt 2003: 354f.). Fakt ist ebenso, dass illegale Ausländerbeschäftigung in Privathaushalten immer ‚normaler' und akzeptierter wird, wo es früher angesichts der ‚Schwarzarbeit' vielleicht noch moralische Bedenken gab. Cyrus etwa stellte bereits 2001 fest:

> „Als Motiv für deviantes Verhalten, das in konventionellen sozialen Situationen der Umgehung der Rechtsordnung nicht auf Missbilligung stößt, wird eine Orientierung an den Steuerungsprinzipien des Marktes bzw. der Lebenswelt genannt … Mit anderen Worten: Das ökonomische Handeln wird im Orientierungshorizont des Teilsystems Wirtschaft und nicht des Rechts bewertet."[182]

3.3.2.4. Die Anwerbung erwünschter und Abwehr unerwünschter Einwanderer

Dieses etablierte und durch Gewohnheiten zunehmend institutionalisierte Marktgeschehen gerät in Konflikt mit dem Staat und seinen ordnungspolitischen Zielsetzungen. Dabei ist der Staat durchaus nicht gegen Zuwanderung als solche: Selbst in Deutschland, wo immer betont wurde, man sei kein ‚Einwanderungsland', wuchs in der zweiten Hälfte der 1990er Jahre die Einsicht, dass hier Änderungen erforderlich sind, vor allem, wenn man im weltweiten Wettbewerb um die klügsten Köpfe nicht abgehängt werden will – was zur Einführung von Green- und Bluecards führte.[183] Dieses Interesse an erwünschten Zuwanderern kollidiert aber mit den Abwehrbestrebungen gegenüber unerwünschten Zuwanderern: Terroristen, Kriminellen oder eben ‚Illegalen'. Die Bundesregierung gibt das Bestehen dieses Konflikts durchaus zu:

> „Bei der Visumerteilung bewegen sich unsere Botschaften und Generalkonsulate in einem Spannungsfeld: Einerseits hat unser Land ein großes Interesse am regelmäßigen persönlichen Austausch mit dem Ausland, sei es aus wirtschaftlichen, kulturellen oder rein persönlichen Gründen. Dieses Interesse kommt auch in den sehr häufigen Schreiben von Mitgliedern aller Fraktionen des Deutschen Bundestages an das Auswärtige Amt (AA) oder deutsche Auslandsvertretungen zum Ausdruck, mit denen Abgeordnete die Anträge einzelner ausländischer Visabewerber unterstützen. Andererseits müssen wir den zahlreichen Versuchen der illegalen Einreise nach Deutschland und Europa effektiv begegnen und insbesondere unserer inneren Sicherheit Rechnung tragen."[184]

Wie sehr handfeste wirtschaftliche und finanzielle Interessen im Bereich der Visumerteilung eine Rolle spielen, veranschaulicht das folgende Beispiel: Allein in München lag im Jahr 2000 der touristisch bedingte Umsatz bei rund 6,4 Milliarden DM, was in München direkt und indirekt rund 68.000 Arbeitsplätze sicherte (Stadt München 2001: 25f.). Noch stärker ist im Zeitalter der Globalisierung das Bedürfnis, gegenüber Geschäftsleuten offen und entgegenkommend zu sein. Gerade hier will man keine Fehler machen, was aber natürlich Risiken beinhaltet: Es gibt „Hinweise auf Visa-Antragstellungen ukrainischer Staatsangehöriger sowie Einladungen verdächtiger Firmen jeweils im sechsstelligen Bereich." (BGS/BKA 2001: 63). Und so war es auch die Ukraine, die bundesweit für breiteste Bevölkerungskreise sichtbar machte, wie folgenreich dieser ‚Interessenkonflikt' sein kann: In der so genannten ‚Kiewer Visakrise' im Jahr 2005 wurde bekannt, dass die großzügige Vergabe von Touristenvisa an ukrainische Staatsangehörige weniger dazu diente, Geld ausgebende Touristen nach Deutschland zu locken, sondern Menschen Türen zu eröffnen, die diese Einreisemöglichkeit zur Schwarzarbeit nutzen wollten.

Wie aus dem vorausgegangenen Kapitel hervorgeht, ist der ‚staatliche Eiertanz' hinsichtlich der Privathaushalte, in denen ‚Illegale' eine allgemein bekannte Versorgungslücke füllen, am heikelsten. Deshalb ist wenig verwunderlich, dass in den Diskussionen zur Bekämpfung von Schwarzarbeit 2003/2004 frühzeitig betont wurde, dass die Privathaushalte für Kontrolleure tabu blieben (vgl. Rerrich 2006: 144ff.). Dies bedeutet aber die stillschweigende Akzeptanz illegaler Ausländerbeschäftigung und stellt damit eine defacto-Deregulierung und -Liberalisierung von Migration dar. Damit verbunden ist der Verzicht auf Durchsetzung der eigenen Ordnungshoheit in einem wichtigen gesellschaftlichen Teilbereich, vermutlich auch aus der Einsicht heraus, dass man nicht Werte gegen eine Bevölkerung durchsetzen kann, die sich längst für eine andere Praxis entschieden hat.

Kaum ein Staat dieser Welt denkt auch nur im Entferntesten daran, sich vom weltweiten Austausch von Personen, Gütern und Dienstleistungen abzukoppeln, im Gegenteil: Es wird viel getan, damit genau dieser wirtschaftliche, kulturelle, sportliche und private Austausch funktioniert:

> „Falls ein Staat sich nicht selbst isoliert, haben alle transnationalen Kontakte (wirtschaftlich, politisch, sozial und kulturell) einige Konsequenzen für die Migration. Alle Versuche, diese Konsequenzen zu leugnen, indem man überkommene staatliche Migrationsansätze konserviert, zwingen Migranten zu unerlaubten Grenzübertritten und Aufenthalten. Globalisierung ist deshalb, ganz gleich wie man sie definiert, ein bedeutsames Migrations-‚Schmiermittel'." (Papademetriou 2005a: 4).[185]

Dieser Punkt ist von größter Bedeutung für das illegale Migrationsgeschehen: Wenn dies zutrifft, muss damit gerechnet werden, dass die hierfür zur Verfügung gestellten Mittel von gewissen Personen und Organisationen in ihrem eigenen Interesse zweckentfremdet werden. Diesen Betrug aber aufzudecken ist bei der Masse und Geschwindigkeit heutiger Reisebewegungen kaum mehr möglich (siehe dazu Kapitel 3.4.5.). Es wird sich bei aller Sorgfalt zukünftig kaum verhindern lassen, dass Migranten legale Eintrittsmöglichkeiten, die ihnen auch weiterhin zugänglich sein werden, in ihrem eigenen Interesse ‚missbrauchen'.[186] Dies sollte auch bedacht werden, wenn man sich der Diskussion um Gefahrenabwehr und Migrationskontrolle zuwendet, unter der im politischen Alltagsdiskurs nicht nur Terroristen, Mafia und organisiertes Verbrechen subsumiert werden, sondern eben auch jene ‚illegalen' Migranten, die in den reichen Ländern in zunehmendem Ausmaß unverzichtbare und unersetzbare Arbeiten verrichten (siehe auch Kapitel 3.3.2.3.).

3.3.2.5. Schuld- und Lohnknechtschaft, Zwangsarbeit und Menschenhandel

Zunehmend wird erkannt, dass Schuld- und Lohnknechtschaft, Zwangsarbeit und Menschenhandel eine „Kehrseite der Globalisierung" (IAO 2005: 75) darstellen, denn ohne Deregulierung und die Nachfrage nach Billigstarbeitern gäbe es viele Situationen nicht, die Menschen in Abhängigkeitsverhältnisse bringen oder darin festhalten. Die *Internationale Arbeitsorganisation* (IAO) schreibt in ihrem Bericht zu Zwangsarbeit:

> „Man weiß heute, daß sich Wettbewerbsdruck negativ auf die Beschäftigungsbedingungen auswirken und im Extremfall zu Zwangsarbeit führen kann. Weil die Arbeitgeber weltweit unter Druck stehen, die Kosten durch jedes verfügbare Mittel zu senken, können Händler und Zwischenhändler den intensiven Wettbewerb zwischen Lieferanten nutzen, um Gewinne aus ihnen herauszuholen. Vielen Lieferanten zahlt man Produktpreise, die kaum die Kosten decken. Wenn sie Gewinne machen wollen, müssen sie die Arbeitskosten noch weiter senken. Lieferanten mit knapp unterdurchschnittlicher Kosteneffizienz laufen bereits Gefahr, zahlungsunfähig zu werden, und eine geringe Absenkung der Arbeitskosten kann einen großen Effekt auf die Realisierung von Gewinnen haben …
>
> In vielen Ländern ging dieser Kostendruck mit zwei anderen Trends einher, die zu Zwangsarbeit beigetragen haben: dem stärkeren Zustrom von Arbeitsmigranten und der Deregulierung der Arbeitsmärkte, die die Grenzen zwischen der formellen und der informellen Wirtschaft verwischen kann. Arbeitsmigranten können für Zwangsarbeit einfach deshalb anfällig sein, weil sie und ihre Familien wenig zu gewinnen, aber viel zu verlieren haben, wenn sie solche Situationen bei den Behörden zur Anzeige bringen. Außerdem kann der große Druck zur Deregulierung von Arbeitsmärkten und zum Personalabbau bei den Arbeitsinspektoren zu der starken Zunahme nicht registrierter Agenturen beigetragen haben, die jenseits der Reichweite staatlicher Kontrollen arbeiten …
>
> *Die orthodoxe ökonomische Theorie fordert einen fortschreitenden Abbau von Arbeitsbestimmungen mit dem Ziel, eine reibungslosere und flexiblere Funktionsweise der Arbeitsmärkte zu gewährleisten. Paradoxerweise ist es genau diese Deregulierung, die zu einer der schlimmsten Formen des Versagens von Arbeitsmärkten führt. Bei streng ökonomischer Betrachtung ist Zwangsarbeit ein Versagen des Arbeitsmarktes, weil sie gegen grundlegende Voraussetzungen für die effiziente Funktionsweise von Arbeitsmärkten verstößt, und zwar gegen die Freiheit von Arbeitnehmern, ihr Recht auf Wahl des Arbeitsplatzes wahrzunehmen und für eine frei gewählte Beschäftigung angemessen entlohnt zu werden.* Das Recht auf Wahlfreiheit ist genauso eine Voraussetzung für effiziente Arbeitsmärkte, wie Eigentumsrechte eine Voraussetzung für effiziente Produktrechte sind." (IAO 2005: 75f., Hervorh. d. Verf.).

Auch die IOM sieht einen Zusammenhang zwischen Globalisierung, der Nachfrage nach Billigstarbeitern und den Dienstleistern, die Angebot und Nachfrage dort zusammenbringen, wo keine legalen Kanäle angeboten werden:

> „Irreguläre Migration und insbesondere Menschenhandel in all seinen ausbeuterischen Erscheinungsformen können nicht isoliert vom Prozess der Globalisierung und von der dynamischen Entwicklung zu einer globalisierten Wirtschaft betrachtet werden. Neue Arbeitsmarktstrategien entwickeln sich, die weltweit neue Beschäftigungsangebote für gut ausgebildete wie ungelernte Arbeitnehmer hervorbringen, für Männer wie für Frauen. Aber das wirtschaftliche Wachstum ging nicht einher mit der Entwicklung von sicheren, humanen und regelgerechten Migrationskanälen, die die Nachfrage nach Arbeit unterstützen und befriedigen. Die Spannung zwischen dem wachsenden Bedarf an Arbeit und Diensten einerseits und den zu geringen regulären Migrationsgelegenheiten andererseits schafft Nischen, in denen sich Mittelsleute einnisten und Gewinne machen können." (IOM 2008: 204).[187]

Es gibt eine Fülle von Abhängigkeitsverhältnissen im ‚Illegalenmilieu', gegen die sich die Migranten und deren Angehörige nicht zur Wehr setzen können. Unter Schuldknechtschaft wird dabei verstanden, dass Menschen über Kredite in Abhängigkeit geraten und, falls sie ihre Raten nicht abzahlen können, irgendwann gezwungen werden können, nur noch für einen bestimmten Arbeitgeber oder eine bestimmte Organisation unentgeltlich zu arbeiten. Zu Zwangsarbeitsverhältnissen kann es auch in anderen Abhängigkeitsverhältnissen kommen, wenn z. B. Frauen Internetangeboten von Partnerschaftsagenturen auf den Leim gehen und plötzlich nicht als Gesellschafterin arbeiten, sondern als Sex- und Putzsklavin eines ganz normalen Bürgers, von dem sie sich, weil ihr Peiniger ihren Pass eingezogen hat, nicht befreien können (vgl. Alt 2003: 91). Lohnknechtschaft werden jene Abhängigkeiten genannt, bei denen Arbeitern der ihnen zustehende Lohn nicht gezahlt wird, sondern lediglich ‚Vorschüsse', die in keinem Verhältnis zu dem stehen, was ihnen seitens des Arbeitgebers geschuldet wird. Wegen der wachsenden Summe geschuldeten Gelds verbleiben die Arbeiter wiederum beim Arbeitgeber, weil sie hoffen, dass sie irgendwann ihren Lohn gezahlt bekommen (und deshalb suchen sie keine neue Stelle), um dann feststellen zu müssen, dass ihr Arbeitgeber mit dem ausstehenden Lohn verschwunden ist. Von Menschenhandel spricht man, wenn Menschen aus Profitgründen gezielt und absichtlich in Abhängigkeitsverhältnisse gelockt und darin gehalten werden.[188]

Im Rahmen der Leipziger und Münchener Feldstudie konnte eine Anzahl von kriminellen Praktiken und Abhängigkeitsverhältnissen etwa in der Baubranche festgestellt werden.[189] Aber auch im Kontext der jüngsten Feldforschung gibt es Anhaltspunkte, allerdings nicht in den Berichten der Kreolen, Mestizo und Garifuna, die zwischen 1975 und 2000 ‚illegal' emigrierten. Zu dieser Zeit war die Einreise in die USA noch leicht möglich. Wohl aber gibt es beispielhafte Fälle in den Erzählungen der Maya, deren Migrationsprojekte um 2005 beginnen, d. h. bereits von den Folgen der zunehmenden Grenzbefestigungen durch die USA geprägt sind (siehe dazu Kapitel 3.4.4.). Alle Q'eqchi-Gesprächspartner aus dem Toledo District und eine Reihe von deren Angehörigen aus Guatemala waren auf Schleuser angewiesen, um in die USA zu gelangen. In ihren Schilderungen werden die Bandbreite und die fließenden Übergänge zwischen marktüblich-kommerziellen und kriminellen Praktiken deutlich:[190]

> Jede der Familien akzeptierte für ihre Kredite einen Satz von zehn bis zwölf Prozent Zins und Zinseszins, d.h. der Zins gilt nicht nur für den geliehenen Betrag, sondern wird, wenn der Betrag durch Nicht-Rückzahlung und Zinsen wächst, nochmals mit zehn bis zwölf Prozent verzinst.[191] Oft wurde den Kreditnehmern von ihren ‚Reisebüros' die Besorgung eines Jobs nach der Einreise versprochen, ein Versprechen, das nicht gehalten wurde. Und die Zinsen werden natürlich vom ersten Tag der Laufzeit an berechnet, unabhängig davon, ob ein Familienmitglied in den USA einen Job findet oder nicht. Keiner der zu Hause Bleibenden kann bei der Abzahlung helfen, da sie alles, was angebaut wird, selbst zum Leben brauchen. Einige der Gesprächspartner sind seit drei Jahren dabei, ihre Schleusungsschulden abzutragen, und haben kaum Geld für ihre Familien übrig. Andere gehen realistisch davon aus, dass sie sechs Jahre lang Schulden abtragen müssen, bevor sie ans Geldverdienen für ihre Familie bzw. an das Sparen für einen Hausbau oder eine Geschäftsgründung denken können. In einem Fall wurde dem Gesprächspartner bereits gedroht, dass er, falls er bis zu einem bestimmten Stichtag nicht wenigstens die Hälfte der Schulden abgezahlt hätte, ‚Eigentum' des Schleusers und seiner Firma werde würde, wenn er Repressionen gegen seine Familie vermeiden wollte. In einem weiteren Fall hat die Familie Angst vor Repressionen seitens des (guatemaltekischen) Geldverleihers und seiner Schläger, falls sie ihre Schulden nicht bezahlen können. Ihnen sei die Zerstörung ihres Eigentums oder Gewalt gegen ihr Leben angedroht worden.[192] In keinem der genannten Beispiele erhoffen sich Gesprächspartner oder Angehörige Hilfe von Seiten der Behörden (siehe dazu auch Kapitel 3.3.3.5.).

Das Beispiel des kommerziellen und kriminellen Schleuserbusiness kann schließlich veranschaulichen, wie weit sich illegale Migration inzwischen – folgend der Sozialkapitaltheorie der Migration (vgl. Anhang 1) – quasi verselbständigt hat. Aus einem ursprünglich von Individuen und kleinen Gruppen getragenen Geschehen ist ein weltumfassendes, hochprofitables Business geworden, welches eine Eigendynamik entwickelt. War früher die Nachfrage der Migranten nach Schleusungsdienstleistungen an erster Stelle und ‚erzeugte' dadurch das Angebot der Schleuser, so wird nun seitens der Schleuserorganisationen eine Nachfrage nach Migrationsprojekten auch dort erzeugt, wo Menschen zögerlich sind, ob sie ein Migrationsprojekt wagen sollen oder nicht. Ein Grund dafür ist, dass ein *Coyote*, der sein Business gelernt hat, wenig Neigung hat, sich ein anderes Betätigungsfeld zu suchen und, etwa im Fall von Belize und Guatemala, sich bei ‚nachlassender Konjunktur', wieder landwirtschaftlicher Arbeit zuzuwenden. In vier Fällen der befragten Maya war es so, dass deren Verwandte in den USA sie aufgrund der schlechten konjunkturellen Lage von einer Migration abhalten wollten. Die Migranten aber fielen den Überredungskünsten der *Coyotes* zum Opfer, die versprachen, ihnen neben der Einreise auch Unterkunft und Job zu besorgen – gegen einen kleinen Aufpreis natürlich. Nicht immer war dies aber der Fall, und der Job endete wieder nach kürzester Zeit (weiteres im Kapitel 3.3.3.5.).

3.3.3. Governance

Unter dem Einfluss der Globalisierung verändert sich auch die herkömmliche Form des Regierens durch die nationalstaatliche Ordnung, d. h. die hierarchisch klare Form von Gewaltenteilung und -ausübung (*Government*). Der klassische Nationalstaat als Zentrum von Regierungshandeln verliert zunehmend an Einfluss. Selbst die letzte verbliebene ‚Hypermacht', die USA, die als einzige in der Lage sind, global und mehr oder weniger unverhüllt Macht auszuüben, suchen Verbündete für ihre Aktivitäten.

> „‚Governance' ist nicht gleichzusetzen mit ‚Regierung'. Beides verweist auf zweckmäßiges Handeln und zielgerichtete Aktivitäten, auf Regelwerke. ‚Regierung' erweckt allerdings die Vorstellung von Aktivitäten, die gedeckt sind durch formale Autorität, durch Polizeikräfte, die die Durchsetzung der ordnungsgemäß verabschiedeten politischen Grundsätze absichern. ‚Governance' hingegen bezieht sich auf Aktivitäten, die auf gemeinsamen Zielen basieren, die von legalen und formal vorgeschriebenen Zuständigkeiten abgeleitet werden können (oder auch nicht) und die sich nicht notwendigerweise auf Polizeikräfte verlassen können, um deren Missachtung zu sanktionieren bzw. deren Beachtung durchzusetzen. Anders gesagt: Governance ist ein umfassenderes Phänomen als Regierung." (J. Rosenau, zitiert nach Reder 2006: 83).[193]

Der Rückzug des Staates als Ordnungsmacht zu Gunsten der ‚ordnenden Hand des Marktes' hat eine Reihe von Folgen. Zum einen bedeutet Deregulierung, dass dadurch in Gang kommende Entwicklungen durch den Staat nicht mehr effektiv gesteuert oder gar kontrolliert werden können, wie in Kapitel 3.2. anhand des Wachsens der Schattenwirtschaft dargelegt wurde. Sodann sinken die Steuereinnahmen, weswegen bestimmte öffentliche Güter nicht mehr in dem Maße bereitgestellt werden können, wie dies noch in den 1970er Jahren, auf der Höhe des Wohlfahrtsstaates, möglich gewesen ist. Eine weitere Folge ist der Rückzug des Staates aus wichtigen Bereichen des gesellschaftlichen Lebens, indem er ehemals hoheitliche Aufgaben privatisiert. So entsteht schrittweise ein Vakuum, welches sich andere Akteure für ihre Zwecke zunutze machen können. Nachfolgend wird zunächst auf die direkten weltweiten Einflussnahmen der USA eingegangen, gefolgt von Beispielen, bei denen ausländische staatliche und wirtschaftliche Akteure vorhandenes Chaos in ihrem Sinne ausbeuten. Es wird schließlich auf jene Konstellationen eingegangen, bei denen *Governance* durch organisierte Kriminalität oder ‚Kriminellendumping' beeinträchtigt wird.

3.3.3.1. ‚Organized Violence' – ‚US-Imperialismus' – ‚Empire'

Held und Kollegen widmen ein Kapitel ihres Buchs der „Ausweitung organisierter Gewalt" bzw. der „militärischen Globalisierung" als einer Form von *Geogovernance*:

> „Militärische Globalisierung kann verstanden werden ... als ein Prozess, der die wachsende Ausdehnung und Verdichtung militärischer Beziehungen zwischen den politischen Einheiten des Weltsystems zum Ausdruck bringt ... In diesem Sinn spiegelt sie sowohl das wachsende

Netzwerk weltweiter militärischer Verbindungen und Beziehungen als auch die Auswirkung von Innovationen in militärischen Schlüsseltechnologien wider … auf diese Weise wurde die ganze Welt über einen längeren Zeitraum hinweg in einen einzigen geostrategischen Raum verwandelt." (Held u. a. 2001: 88).[194]

Bei der Analyse der drei entscheidenden Merkmale militärischer Globalisierung fokussieren Held und Kollegen auf die globale Reichweite des Kriegssystems, auf die weltweite *Arms Dynamic* (Entwicklung und Handel mit Waffen) sowie auf die Ausweitung von *Geogovernance*, und zwar hinsichtlich Interventionen und Kontrollregime. Vor diesem Hintergrund ist festzustellen, dass die dominanteste Macht auf diesem Gebiet immer noch die USA sind, die nach wie vor bereit sind, Militär zur Absicherung ihrer Interessen einzusetzen: „Das unverhohlene Streben der Vereinigten Staaten nach unangefochtener Überlegenheit und uneingeschränkter Handlungsfreiheit ist eine Katastrophe und wird zu einer der größten Risiken für die weltweite Stabilität." (Sachs 2005: 440). Der Einfluss der USA auf allen Gebieten ist derart dominant, dass einige Politologen von den USA als dem neuen *Empire* sprechen.[195]

Mehr oder weniger unverhüllt stehen dabei hinter dem militärischen Engagement wirtschaftliche Interessen: Selbst Granden der Politik, wie Altkanzler Helmut Schmidt, betonen die Abhängigkeit der USA von Ölimporten für die „Funktionsfähigkeit und den Lebensstandard der amerikanischen Gesellschaft. Deshalb wird die Sicherstellung des Ölimports noch auf Jahrzehnte eine hohe Priorität in der amerikanischen Strategie und Außenpolitik behalten." (Schmidt 2004: 94). Ideologisch vorangetrieben und abgesichert wird dieses Vorgehen durch zahllose neoliberale und neokonservative Think-Tanks. Insbesondere die neokonservativen Politologen und Politikberater forderten während der Regierung von George W. Bush eine Neuordnung des Nahen und Mittleren Ostens, der „so letztlich zu einer ‚normalisierten' Region werden [könne], die unter der wohlwollenden Vorherrschaft der USA nach dem Beispiel Europas, des pazifischen Asiens und Lateinamerikas in den Prozess der Globalisierung eingebunden sei."[196] Wenig erstaunlich, gab es in diesen Kreisen schon Mitte der neunziger Jahre Experten, die ein militärisches Engagement im Mittleren Osten und zentralasiatischen Raum aktiv befürworteten.[197]

Die Anschläge des 11.9. ermöglichten die Formulierung einer nationalen Sicherheitsstrategie, deren zentrales Element der *Preemptive Strike* ist: Danach dürfen die USA überall dort intervenieren, wo sie ihre Interessen bedroht vermuten, wobei offen bleibt, wer letztlich definiert, welche ‚Interessen' welche Art der Intervention rechtfertigen. Zwar wird, um den Eindruck von Machtinteressen zu verschleiern, nach Verbündeten in diesen militärischen Interventionen gesucht, aber am Entschluss, diese Intervention notwendigerweise auch ohne eine ‚Koalition der Willigen' durchzuführen, wurde von vornherein kein Zweifel gelassen. Erster Einsatz dieser neuen Doktrin war Afghanistan, obwohl die dortigen Missstände durch längere verdeckte US-Präsenz mitverschuldet war. Etwa durch die Förderung von Osama bin-Ladens Gruppe und anderer Islamisten vor 1989, weil es sich zu dieser Zeit noch um den ‚Freiheitskampf' gegen kommunistische Besetzung handelte – und weil Afghanistan geopolitisch von Bedeutung ist, da afghanisches Territorium eine wichtige Option für die Verlegung von Pipelines zwischen den zentralasiatischen Öl- und Gasfeldern und dem Indischen Ozean ist, was wiederum die USA in der Energieversorgung vom Mittleren Osten unabhängiger machen würde. Entsprechend rege waren stets die Verbindungen zwischen dem offiziell (hin und wieder) recht lau kritisierten Taliban-Regime und amerikanischen Ölfirmen, eine Mesalliance, die selbst dann noch geduldet wurde, als klar war, dass der in Afghanistan lebende und von den Taliban gedeckte Osama bin-Laden hinter den Anschlägen auf die US-Botschaften in Nairobi und Daressalam steckte.[198]

Aber bereits kurz nach dem 11.9. begannen die Vorbereitungen für das eigentliche Kriegsziel: Irak.[199] Es ist weitgehend bekannt, wie sehr die US-Regierung national und international trickste und Druck ausübte, um ihren ‚Wunschkrieg' führen zu können[200] – mit fatalen Folgen bis heute: Zum einen, was die Stärkung des Terrors,[201] zum anderen, was weltweite illegale Migrationsbewegungen betrifft. Im Jahresbericht 2002 des für die Grenzsicherung zuständigen Polizeipräsidiums Niederbayern-Oberpfalz heißt es rückblickend auf 2001, das Jahr, in dem die USA in Afghanistan intervenierten: „Als Folge der angespannten Lage in Afghanistan erreichen Flüchtlingsbewegungen aus dieser Region nach Europa, natürlich etwas zeitversetzt, Rekordhöhen. Auch in Deutschland wurden viele illegale Afghanen aufgegriffen …“[202]

Viel weiter verbreitet als die offene militärische Einflussnahme ist allem Anschein nach die verdeckte Einflussnahme von US-Interessengruppen auf für sie wichtige Länder. Nick Perkins spricht darüber in seinem Buch *Bekenntnisse eines Economic Hit Man*, in dem er auch darlegt, dass dabei vor Mordanschlägen gegen politische Repräsentanten nicht zurückgeschreckt wird, die nicht auf der Seite von US-Firmen, sondern auf Seiten ihres Volkes stehen.[203]

Die ‚Obamania' dürfte größtenteils mit der Erleichterung zu erklären sein, dass eine der schlechtesten US-Regierungen aller Zeiten endlich aus dem Amt geschieden ist. Auf der anderen Seite sollte man sich nicht zur Annahme verführen lassen, dass das amerikanische Streben nach globaler Dominanz nun beendet sei: Geschichtliche Rückblicke zeigen, dass gerade das Prinzip *America First* eine der Grundkonstanten amerikanischer Geostrategie ist und auch ein Präsident Obama zuerst und zunächst Sachwalter der US-amerikanischen Interessen sein wird – wie einige Zitate anlässlich der Vorstellung seines außenpolitischen Teams belegen:

> „Ohne Umschweife sagte [Obama], Amerikas Streitkräfte hätten die stärksten des Planeten zu sein, doch sei dieser Machtfaktor mit der Weisheit und der Kraft der Diplomatie zu kombinieren.“ Auch die designierte Außenministerin Hillary Clinton sagte „ihr Land sei gewillt, seine Interessen um jeden Preis zu verteidigen … [Obama] und die Mitglieder seines künftigen Kabinetts vermittelten am Montag die einheitliche Botschaft, dass Amerika globale Vormacht

beansprucht und dass niemand vermehrten Rückgriff auf Diplomatie und erhöhte Gesprächsbereitschaft als Zeichen der Schwäche missverstehen sollte."[204]

3.3.3.2. Folgen militärisch-politischer Interventionen und ‚Kriminellendumping'

Illegale Migrationsbewegungen, die durch eine länger zurückliegende militärisch-politische Intervention in Gang kamen, haben bis heute Auswirkungen. Anders gesagt: Von den Spuren, die frühere Migranten gelegt haben, profitieren heutige Migranten ebenso wie von den globalisierungsbedingt gesunkenen Kommunikations- und Transportkosten (siehe Kapitel 3.1.1.), was den aktuellen Migrationsbewegungen eine neue Dynamik verleiht. Dies soll an zwei Beispielen erläutert werden, die beide auf die Folgen der US-amerikanischen Verwicklungen in die mittelamerikanischen Bürgerkriege des späten 20. Jahrhunderts zurückgehen.

Zunächst zu dem Migrationssystem der Q'eqchi-Maya zwischen Guatemala, Belize und den USA: In Guatemala konnten von den USA unterstützte Diktaturen über 35 Jahre lang ungehindert gewaltsam gegen Maya-Indianer vorgehen – etwa unter dem Vorwand, ihre Dörfer würden linke Guerillas unterstützen.[205] Nachdem deren Lebensgrundlagen weitgehend zerstört waren und durch die Verdrängung in unwirtschaftliche Bergregionen der Peten-Provinz zum Lebensunterhalt Benötigtes nicht mehr erwirtschaftet werden konnte, begann deren legale und illegale Migration sowohl in das benachbarte Ausland als auch in die USA. So kamen etwa seit den 1980er Jahren eine Anzahl von Q'eqchi-Maya in das benachbarte Belize, was insofern naheliegend war, als sich das Siedlungsgebiet der Q'eqchi-Maya traditionell beidseitig der guatemaltekisch-belizeanischen Grenze befand und die Maya aufgrund ihrer Annahme eines traditionell durch Gewohnheitsrecht begründeten Siedlungsanspruchs die bestehende Grenze ohnehin ignorierten. Die neuen Siedler waren dem belizeanischen Staat nicht willkommen, was in einem Fall zu einem Militäreinsatz führte, mit dem eine Dorfgründung der ‚illegalen' Siedler unterbunden und eine gewaltsame Rückschiebung eingeleitet werden sollte.[206] Interessanter unter aktueller Rücksicht sind aber die migrationssystematischen Verbindungen, die aus der Zeit der Verdrängung in die Peten-Provinz und der sich anschließenden Migration in die USA reichen. Dort fanden die damaligen Bürgerkriegsflüchtlinge Arbeit auf dem Bau, in der Landwirtschaft Kaliforniens und Floridas und in den Schlachthöfen Chicagos. Über die grenzübergreifenden Verwandtschaftsnetzwerke gelangten Informationen über die Lebens- und Beschäftigungssituation in den USA in den Peten, und von dort in den belizeanischen Toledo District. Wie in Kapitel 3.1.2.4. dargelegt, kommen dort Maya zunehmend in Bedrängnis, weil sie aufgrund der Subsistenzwirtschaft nicht das nötige Geld für den Schulbesuch ihrer Kinder haben. Entsprechend sind auch sie zunehmend empfänglich für die Idee einer illegalen Migration in die USA, und in der Tat werden alle illegalen Migrationsprojekte der Maya aus dem Toledo District über die Netzwerke abgewickelt, die von ihren Verwandten im Peten eröffnet wurden und die sich über die vergangenen Jahrzehnte als zuverlässig und bewährt erwiesen haben.

Das zweite Beispiel geht zurück auf Kontakte mit ‚Illegalen' aus El Salvador: Illegale Migrationsbewegungen zwischen El Salvador und den USA ergaben sich als Folge von Unterdrückung, wurden fortgesetzt aus ökonomischen Gründen und bestehen heute aufgrund der Verfolgung durch Kriminelle. Auch dieser Migrationszusammenhang geht zurück in die Jahre der direkten und indirekten Verwicklung der USA in den salvadorianischen Bürgerkrieg zwischen Regierung, Paramilitärs und der linksgerichteten FMLN. Dieser Konflikt war der Anlass für eine erste Flüchtlingswelle in die USA, wo viele Menschen Asyl bekamen und auch nach Ende des Konflikts dort blieben. Da u. a. Auslandsverschuldung die wirtschaftliche Entwicklung des Landes hemmte und die Löhne niedrig hielt, setzte sich die legale und illegale Migration fort, oft zunächst von Familienvätern oder -müttern, die sich zuerst in den USA etablierten und dann ihre Kinder nachholen wollten.[207] Die Kinder allerdings, die entweder in El Salvador bei Großeltern aufwuchsen, die keine Autorität über sie hatten, oder in den USA aufgrund der Tatsache, dass die Eltern zum Teil bis zu vier Jobs abdecken mussten, sich selbst überlassen waren, bildeten Banden, die für sie Familienersatz waren. Diese Banden entwickelten sich zu ungemein einflussreichen und gefährlichen Größen – am bekanntesten (und größten) ist wohl die in Los Angeles entstandene *Mara Salvatrucha 13*, abgekürzt ‚MS'.[208] Das Gleiche ist an der US-Ostküste festzustellen: Nach Auskunft von Sozialarbeitern in Washington, D.C., gibt es dort und im Umfeld der Stadt kaum eine salvadorianische Familie, die von diesem Phänomen nicht betroffen ist – zum Teil werden Kinder schon im Grundschulalter Mitglied dieser Banden.[209]

Bandenmitgliedschaft aber führt zur Begehung von Straftaten mit nachfolgenden Verhaftungen und dies zur Abschiebung Tausender junger Männer nach El Salvador. Dies hat dann zur Folge, dass Banden, die in den USA entstanden waren, sich nun auch in El Salvador betätigen und sich zu transnationalen Verbrechenssyndikaten entwickeln. Das Bandenwesen in El Salvador führt inzwischen zu neuen Fluchtbewegungen, z. B. von jungen Männern und Frauen, die Schutzgelderpressung und/oder einer Zwangsrekrutierung entkommen wollen. Der folgende Ausschnitt aus einem Gespräch mit einem ‚Illegalen' in Los Angeles ist typisch für eine solche Biographie:

> Ich musste das Land verlassen wegen der Bandenkriminalität. Es gibt viele verschiedene Gangs in San Salvador und sie wollen Geld von jedem. Ich hatte einen guten Job als Techniker für Nähmaschinen. Die Gangs kamen alle zwei Wochen zu mir um abzukassieren. Manchmal warteten sie auf mich, wenn ich Zahltag hatte und den Gehaltsscheck nach Hause brachte. Einmal war mein Kind krank und ich konnte deshalb kein Geld zahlen. Sie sagten mir: „Für dieses Mal ist es okay. Aber wir kommen wieder." Als sie wieder auftauchten, hatte ich immer noch kein Geld – schließlich musste ich für dieses und das letzte Mal zahlen. Sie sagten: „Du musst nicht zahlen, wenn du unserer Gang beitrittst. Denk mal drüber nach. Wir geben dir zwei Wochen Zeit!" Beim nächsten Mal erklärte ich, dass ich keiner Gang beitreten wollte. Sie nahmen ein

großes Messer, schnitten in meine Hand zwischen Daumen und Zeigefinger und sagten, dass sie mir beim nächsten Mal den Daumen abschneiden würden. Ich ging zu meinem Vater und fragte ihn, was ich tun sollte. Ich musste das Land verlassen. Es gab keine Alternative, zum Beispiel aufs Land gehen: Die Kleiderfabriken hatten sich inzwischen alle in der Stadt angesiedelt. So kamen wir überein, dass ich es in den USA versuchen sollte.[210]

Wie hoch die Bedrohung durch die Gangs seitens der US-Behörden eingeschätzt wird, kommt dadurch zum Ausdruck, dass einem Flüchtling mit einer vergleichbaren Fluchtgeschichte bereits Asyl gewährt wurde.[211] Auch in solchen Fällen kann angenommen werden, dass die illegalen Reisebewegungen sich fortsetzen werden, denn seitens der USA ist nicht erkennbar, dass sie an ihrer Abschiebungspolitik und ihrem ‚Kriminellendumping' etwas ändern wollen.[212] Andererseits sind die Regierungen der mittelamerikanischen Länder unfähig, ihrer Bevölkerung trotz aller Anstrengungen den nötigen Schutz zu gewährleisten; was auch daran liegt, dass es zwischen Regierungsstellen und diesen Banden vielfältige Verbindungen gibt. Ähnliche Entwicklungen hinsichtlich eines Kriminalitätsanstiegs durch die Abschiebung krimineller Bandenmitglieder mit nachfolgender Überforderung von Behörden und interner Destabilisierung werden auch aus Belize, Guatemala und Honduras berichtet.[213] Studien kommen zu dem Schluss:

„Auch wenn Abschiebungen nur einen untergeordneten Aspekt der sich ändernden Einwanderungspolitiken in den 1990er Jahren darstellen, so spielten sie eine Schlüsselrolle bei der Entwicklung von transnationalen Gangs. Trotz Strafverfolgung, Verhaftung und anschließender Abschiebung gelang es nicht, die Gang-Population dauerhaft zu beseitigen, deren Mitglieder, obwohl ausländischer Herkunft, prinzipiell in den USA aufgewachsen sind. Darüber hinaus hat diese Politik eine gewalttätige Bevölkerungsgruppe in einige der verletztlichsten Gemeinschaften Mittelamerikas verpflanzt. Anstatt die Bedrohung, die Gangs darstellen, einzudämmen, haben Abschiebungen dazu beigetragen, dass Gangmitglieder Beziehungen zwischen Mittelamerika und den USA herstellen, verstärken und ausweiten konnten." (Johnson 2006).[214]

3.3.3.3. Einfluss transnationaler Unternehmen

Mehr oder weniger verhüllte Einflussnahme in die Angelegenheiten unterentwickelter oder armer Länder ist bei wirtschaftlichen Interessengruppen und ihren Handlangern zu verzeichnen. Hier wird das Beispiel der Demokratischen Republik Kongo (DRC), ehemals Zaire, gewählt, aus dem der Verfasser ‚illegale' Gesprächspartner während seiner Zeit in München antraf und zu dem es seit mehreren Jahrzehnten eine Fülle gut dokumentierter Beispielfälle gibt.

Von der belgischen Kolonialherrschaft über Mobutu Sese Seko bis zum heutigen Tag diente der Kongo als Selbstbedienungsladen für viele, die sehr schnell sehr reich werden wollten. Dies geht im Kongo leicht, auf dessen Gebiet viele der für den weltweiten Produktionsprozess benötigten Rohstoffe lagern und auf Abbau warten. Die dabei möglichen Profite führen zu einem Konglomerat staatlicher, parastaatlicher, außerstaatlicher, ethnischer, politischer usw. Splittergruppen, die um Einfluss oder Unabhängigkeit ringen und die Unterstützung jeglicher Art von außen gerne mit Konzessionen und Lizenzen für ihr Herrschaftsgebiet zu entlohnen bereit sind. Dabei kommt es zu weiteren Komplikationen: Einige ausländische Firmen bringen ihre ‚privaten Sicherheitsunternehmen' (ein Euphemismus für Söldner) mit ins Land, um so ihre Aktivitäten vor Chaos und Kämpfen schützen zu können. Andere Firmen werden mit ihren Ressourcen in die Kampfhandlungen verwickelt und müssen Fahrzeuge oder Flugzeuge an diese oder jene Konfliktpartei ‚ausleihen' (vgl. Deibert 2008).

Die Situation im Kongo war so verfahren, dass sie selbst der UN-Sicherheitsrat nicht mehr ignorieren konnte. Dies führte im Juni 2000 erstmals zur Einsetzung einer Expertengruppe, die diese Missstände überprüfen und dokumentieren sollte. Im ersten Bericht dieser Expertengruppe heißt es deutlich, dass die Kriege im Kongo von einer Allianz aus korrupten Regierungsbeamten und konkurrierenden Söldnern (die aber, je nach Opportunität, auch Allianzen schmieden sowie kriminellen Kartelle und globalen Business betreiben[215]) geführt werden – eine Analyse, die in den Folgeberichten an den UN-Sicherheitsrat weiter ausgeführt und vertieft wurde.[216] In einem bislang einmaligen Schritt wurden im Anhangteil des Berichts vom Oktober 2002 29 ausländische bzw. transnationale Unternehmen (TNU) und 54 Einzelpersonen namentlich aufgeführt, die aus Sicht der Experten an der Plünderung des Kongos maßgeblich beteiligt waren. Gegen sie wurden finanzielle Sanktionen und Reisesperren empfohlen; weitere 85 Firmen wurden des Verstoßes gegen die Normen des OECD-Verhaltenskodex für TNUs bezichtigt. Natürlich wurde gegen diese Auflistung heftig protestiert. Das Expertengremium wurde aufgefordert, sich mit den Firmen wegen dieser Anschuldigung auseinanderzusetzen. Überraschend schnell herrschte wieder Frieden – das Expertengremium wurde aufgelöst. Human Rights Watch hat dafür folgende Erklärung:

> „Ihrem Abschlussbericht vom Oktober 2003 hat die Gruppe von UN-Experten einen Anhang von Firmen angeheftet, der danach gegliedert war, ob die gegen sie erhobenen Anschuldigungen zur Zufriedenheit der Experten geklärt wurden oder nicht. In diesem Abschlussbericht wird behauptet, dass die Anschuldigungen im Fall von 41 Firmen nun ‚gelöst' seien, auch wenn keine Informationen darüber gegeben werden, wie man zu dieser Entscheidung gekommen ist. Um die Angelegenheit weiter zu komplizieren, fügte die Gruppe einen wichtigen Vorbehalt hinzu, indem sie sagte, dass die Kategorie ‚Fall gelöst' nicht so verstanden werden darf, als ob die früheren Ergebnisse ungültig wären … Dieser Bericht weckte Erwartungen, dass UN-Mitgliedstaaten nun jene Firmen zur Rechenschaft ziehen würden – aber diese Hoffnungen erwiesen sich als falsch. Nach der Veröffentlichung des Abschlussberichts 2003 war das Mandat dieser Expertengruppe beendet und die Informationen, die sie zusammengetragen haben, wurden für 25 Jahre archiviert. Die Weigerung der UN, den Empfehlungen der Gruppe nachzugehen, war ein schwerer Schlag hinsichtlich jedes weiteren Fortschritts auf dem Gebiet der kritischen Verbindung zwischen Konflikten und natürlichen Bodenschätzen sowohl in der Demokratischen Republik Kongo als auch anderswo." (HRW 2005: 120).[217]

Der Kongo kommt nicht zur Ruhe. Zwar gab es weitere UN-Sicherheitsrats-Resolutionen, die zu einem Ende der Kampfhandlung, der Entwaffnung der Milizen, zu einer Zurückhaltung der Länder Uganda, Ruanda und Burundi im dortigen Konflikt usw. aufrufen, und es gab weitere Expertengruppen, die lediglich die weitgehende Wirkungslosigkeit dieser Resolutionen berichten können.[218] Der UN-Sicherheitsrat beschloss dann, mit seiner weltweit größten und teuersten Mission MONUC (*Mission de l'Organisation des Nations Unies en République Démocratique du Congo*) im Ostkongo Präsenz zu zeigen. Der Frieden kommt aber dennoch nicht, etwa aufgrund der Unfähigkeit der MONUC, die Kampfparteien auseinander zu halten oder gar zu entwaffnen.[219] Während dieses Buch entstand, brachen im Osten die Kämpfe erneut aus zwischen der Regierung und ihren Truppen, dem rebellischen (und per internationalem Haftbefehl aufgrund von Kriegsverbrechen gesuchten) Armeegeneral Laurent Nkunda und anderen Milizen, die von Uganda und Ruanda unterstützt werden, die ihrerseits ein Interesse am Fortbestehen des Chaos haben, weil es auch ihrer Bereicherung durch die Kontrolle von Bodenschatzabbau und Handelsrouten zu Gute kommt (vgl. Mwanasali 2000).

Wen wundert vor dem Hintergrund hunderttausender Fliehender und Entwurzelter im Kongo, dass überall dort, wo kongolesische Beamte von der Zentralregierung nicht bezahlt werden und deshalb einen schwunghaften Handel mit Pässen und anderen Identitätspapieren betreiben, diese sich vor Antragstellern gar nicht retten können – und so dazu beitragen, dass ein illegales oder scheinlegales Migrationsprojekt gestartet werden kann, welches Menschen nach München führt (vgl. Alt 2003: 94f.). Dabei ist der Kongo bei weitem kein Einzelfall:

> „Die Europäische Union und ihre Mitgliedstaaten teilen eine schwere ... Verantwortung für den fortdauernden Migrationsdruck, ... weil sie über Jahrzehnte hinweg korrupte und autokratische Regime wie das des togolesischen Präsidenten Eyadema oder verschiedene Militärdiktatoren in Nigeria genährt haben, unter schwerer Missachtung sämtlicher Prinzipien der ‚good governance'. Nachwirkungen dieser Regime sind noch heute zu spüren und sie sind ein konstitutiver Faktor für politisch motivierte Migration." (Kohnert 2007: 19).[220]

3.3.3.4. Konflikte, Kriegsökonomien, Kontrollversagen

Zunächst die gute Nachricht: Die Anzahl weltweiter Kriege und Konflikte sinkt laut den Statistiken des renommierten Stockholmer Friedensforschungsinstituts SIPRI. Gab es im Jahr 1989 noch 32 größere bewaffnete Konflikte auf allen Kontinenten (inklusive Europa), so sank die Zahl größerer bewaffneter Konflikte im Jahr 1997 auf 15 größere bewaffnete Konflikte in 14 Regionen, und im Jahr 2007 auf 14 größere bewaffnete Konflikte in 13 Regionen.[221] Dabei werden sowohl zwischenstaatliche als auch innerstaatliche Konflikte abgedeckt. Freilich gibt es noch eine Ergänzung:

> „Obwohl größere bewaffnete Konflikte die intensivsten sind und zur höchsten Zahl der Todesopfer durch direkte Kampfhandlung führen, bilden sie nur ca. die Hälfte aller Konflikte mit

staatlichen Akteuren und nur ca. ein Viertel aller bewaffneten Konflikte zwischen nichtstaatlichen Akteuren, die meisten davon in Afrika und Asien." (SIPRI 2008: 5).

Und das ist die schlechte Nachricht: Faktisch haben wir es aktuell mit über 50 bewaffneten Konflikten weltweit zu tun, in denen Menschen umkommen und/oder in Situationen leben, die sie zum Verlassen ihrer Heimat drängen. Und eine weitere schlechte Nachricht: Eine zunehmende Anzahl von Konflikten erweist sich als so lang andauernd, dass nur noch sehr optimistische Menschen an eine effektive Lösung derselben glauben. In Afghanistan wird seit den 1970er Jahren gekämpft, ebenso in vielen Ländern Zentralafrikas. Woran liegt das?

Kriege (in denen mindestens eine Konfliktpartei ein Staat ist) oder bewaffnete Konflikte (in denen nichtstaatliche Akteure sich bekämpfen) werden zunehmend zum ‚Selbstzweck'. Während früher Kriege um eines klaren und erklärten Zieles willen geführt wurden (z. B. um zu erobern, um von innenpolitischen Problemen abzulenken oder Ungerechtigkeit zu beseitigen) und danach beendet wurden, liegt der Nutzen für viele Akteure heute eher im Krieg selbst, weil man, um ihn betreiben zu können, treffliche Geschäfte machen oder Rohstoffe plündern kann, ohne durch den ‚Ausnahmezustand' gezwungen zu sein, sich Kontrollen zu unterwerfen. Solche Kriege wären nicht möglich ohne die Ausnutzung von Strukturen, die im Zuge der gegenwärtigen Globalisierung gewachsen sind. Dies bedeutet nicht, dass die ‚neuen Kriege' von der Globalisierung verursacht werden – sie könnten ohne die gegenwärtig herrschenden Strukturen allerdings nicht am Laufen gehalten werden.

Viele der heute geführten Konflikte waren und sind „der mit der Waffe erzwungene Aufstieg der gesellschaftlich Ausgegrenzten" (Münkler 2003: 140). Die Wurzeln für diese Ausgrenzung gehen oft zurück bis in die Kolonialzeit: Damals wurden vorhandene, mehr oder weniger gut funktionierende gesellschaftliche Ordnungs- und Rechtsstrukturen zerstört, Völker unterschiedlicher Sprache, Kultur und Tradition in künstlichen Staatsgebilden zusammengefügt und durch Elitenförderung ethnische Gruppen bewusst gegeneinander ausgespielt.[222] Diese Spannungen und Spaltungen wurden während des Kalten Krieges von den Supermächten und ihren Vasallen durch Waffenlieferungen gezielt vertieft und zu ‚Stellvertreterkriegen' ausgebaut.

Das Ende des Kalten Kriegs bedeutete für viele Konfliktparteien weltweit, dass der Nachschub an Waffen und Geld zum Erliegen kam. Da sich aber an den Konfliktursachen (Ausbeutung oder Dominanz von Minderheiten, Rache und Vergeltung, ethnische Säuberung und Diskriminierung) nichts geändert hatte, mussten die Konfliktparteien nun plötzlich selbst auf dem Weltmarkt Ausschau halten, wie sie ihre Kriege und Kämpfe fortsetzen und finanzieren könnten. Münkler beschreibt diesen Prozess als den Übergang von der formellen (geschlossenen) zur informellen (offenen) Kriegsökonomie. Eine zentrale Figur in diesen Ökonomien ist der *Warlord*, eine

„Verbindung unternehmerischer, politischer und militärischer Logiken in einer Person … Der Krieg ist für die Warlords eine wirtschaftlich attraktive Unternehmung geworden, weil sie selbst über die Verteilung seiner Kosten, die Privatisierung der in ihm gemachten Gewinne und die Sozialisierung der durch ihn verursachten Verluste entscheidet. Außer den Regeln der globalen Ökonomie gibt es keine Rahmenbedingungen, an die sie sich zu halten haben." (Münkler 2003: 161f.).

Durch den Warlord kommt ein Element in die bewaffneten Konflikte, welches bis dahin in dieser Deutlichkeit nicht prägend war: Zunehmen werden, so die Analysten, ideologische Rechtfertigungen bürgerkriegsähnlicher Kampfhandlungen, wie z. B. ‚Befreiung von Unterdrückung', ‚Durchsetzung von gleichen Rechten', ‚Beseitigung von Elend und Ausbeutung', eher vorgeschobene Gründe für staatliche und nichtstaatliche Konfliktparteien, um gegenüber der eigenen Bevölkerungen oder der Weltöffentlichkeit ihre eigentliche Triebkraft, nämlich Gier, zu verhüllen.[223] Diese Gier lässt sich in solchen Situationen auf vielerlei Weise befriedigen: Durch den Verkauf von Bodenschätzen oder Lizenzen zu deren Ausbeutung, durch den Anbau von Drogen und, wo dies nicht geht, durch Menschenhandel, was alles ermöglicht wird durch jene Netzwerke, die informelle und kriminelle Globalisierungsprozesse bereitstellen.[224] Ebenso kann auf diesem Weg der Notwendigkeit Rechnung getragen werden, sich Waffen und Munition für die Fortsetzung der Kampfhandlungen zu besorgen.

Dazu kam, dass sich die Waffen exportierenden Industrie- und Transformationsstaaten spätestens nach dem Ende des Kalten Krieges in einer neuen Situation befanden.[225] Zum einen sind die Waffen produzierenden Staaten, deren Militärhaushalte deutlich gesunken sind, auf Exporte angewiesen, um ihre eigene Verteidigungsindustrie halbwegs rentabel zu halten. Zum anderen eröffnet der Lizenzhandel, der ‚Rüstungskomponentenhandel', die Auflockerung von Exportbeschränkungen für so genannte *Dual-Use*-Güter, ein zunehmend diversifiziertes System an Zwischenhändlern sowie ein zunehmend unkontrollierbares Geschäft mit Endverbraucherzertifikaten usw. zahlreiche Wege, auf denen sich Händler und Kunden der Kontrolle von Regierungen und Öffentlichkeit entziehen können.[226]

Und so bringt auch hier der Markt Angebot und Nachfrage zusammen: "Weapons will always find a way to reach a client who can pay." (Gamba/Cornwell 2000: 157). Noch nie war es so einfach wie heute, an Waffen aller Art heranzukommen, teils zu Dumpingpreisen. Zum einen werden immer noch Lagerbestände des Kalten Kriegs geräumt, zum anderen gibt es eine beachtliche Menge an Waffen, die in Regionen ‚vorhanden sind' und je nach Konfliktherd dorthin ‚wandern', wo für sie bezahlt wird. Sodann stehen heutzutage über 40 Waffen verkaufende Staaten im scharfen Wettbewerb um vorhandene ‚Märkte'.[227] Diese Netzwerke haben viele Akteure und Profiteure: *Warlords*, Kriminelle, mafiose Organisationen und Institutionen schwacher, ethnozentrischer oder fundamentalistischer Verwaltungen, *Offshore*-Banken, aber natürlich auch respektable Repräsentanten ehemaliger Kolonialmächte und/oder der Industriestaaten. In welche ‚Ränge' solche

Verbindungen reichen, veranschaulicht *Angolagate* in Frankreich: Dort stehen seit dem 6. Oktober 2008 42 Angeklagte vor Gericht, darunter Jean-Christophe Mitterand, Sohn und von 1986 bis 1992 Afrika-Berater von Staatspräsident François Mitterand, Präsidentenberater Jacques Attali, Ex-Innenminister Charles Pasqua, der russische Milliardär und Bürgermeisterkandidat für Jerusalem Arkadi Gaydamak sowie der Geschäftsmann Pierre Falcone. Die Anklage: Mit dem Wissen höchster französischer Stellen, die dadurch ihre Mitsprache bei der Ausbeutung angolanischer Ölvorkommen sichern wollten, wurden Panzer, Granaten, Kriegsschiffe, Minen und Hubschrauber russischer Herkunft im Wert von 790 Millionen US-Dollar an die (marxistisch geprägte) angolanische Regierung verschoben, um diese im Kampf gegen die von den USA unterstützte UNITA zu stärken. Die Gewinnmargen waren hoch, allein Jean-Christoph Mitterand soll 2,6 Millionen US-Dollar kassiert haben.[228]

Wo derart viele Akteure derart riesige Profite realisieren können, sollte die Schlussfolgerung von Analysten nicht erstaunen, dass in vielen Fällen ein Ende von Kampfhandlungen weder erstrebenswert ist noch angestrebt wird: Dies würde ein Ende der unkontrollierten und unkontrollierbaren Bereicherung bedeuten.[229] Es wird aber auch seitens der Länder der Ersten Welt nicht genug getan, um diesen Zuständen einen Riegel vorzuschieben. Dies liegt zum einen an dem grundsätzlichen Kontrolldefizit, welches Staaten gegenüber Vorgängen der globalen informellen und kriminellen Ökonomie haben, aber auch an fehlendem Willen bzw. dem Überwiegen anderer Interessen:

- Rüstungsexportkontrollmaßnahmen enden in der Regel an der Grenze des eigenen Landes. Was diejenigen, die per Endverbraucherzertifikat Empfänger von Lieferungen sind, mit diesen letztendlich machen, ist kaum nachvollziehbar.
- Die Rüstungsexportbestimmungen der Europäischen Union können so streng sein wie sie wollen: Käufer, die von der EU abgelehnt werden, können ihren Bedarf bei all jenen Firmen in den Transformationsländern oder anderswo abdecken, die mit Rüstungsexport mehr verdienen als mit Rüstungskonversion.
- Limitiert sind auch die Selbstkontrollmechanismen der Rüstungsindustrie. Zum einen weigern sich viele dieser Firmen, Standards jenseits dessen zu übernehmen, was ihnen durch nationale Gesetzgebung vorgeschrieben wird. Zum anderen eröffnet sich auch diesen über ein Geflecht von Zwischenhändlern vielfach die Gelegenheit, eigene Zuständigkeiten zu verschleiern.[230]

Wenn den entwickelten Ländern wirklich an effizienter Rüstungsexportkontrolle gelegen wäre, so ist zu fragen, warum die Internationale Handelskammer, die OECD und WTO es immer noch ablehnen, verbindliche und nachprüfbare Regeln für Wirtschaftsunternehmen zu verabschieden (vgl. Gamba/Cornwell 2000: 169).

> „Regierungen ist zweifellos bewusst, wie sich der Handel verändert. Das US-Verteidigungsministerium veröffentlichte 1999 seine erste größere Studie darüber, wie man auf die ‚Globalisierung der Rüstungsindustrie' reagieren müsse. Aber nach vielen Jahren … fortgesetzter

Globalisierungsprozesse … haben Staaten immer noch keine weltweit verbindlichen Standards entwickelt, um den internationalen Waffenhandel zu regulieren. 2006 gab es weltweite Verträge, die den Handel von Kaffee, Kakao, Holz, Drogen, Menschen und gefährdeten Spezies aus dem Tier- und Pflanzenreich regeln. Aber bis heute fehlt ein weltweiter Vertrag bezüglich konventioneller Waffen, Waffenteile und Munition.“ (Control Arms 2006: 24).[231]

Vieles bleibt also an den Nichtregierungsorganisationen und der Öffentlichkeit hängen, die mit so genannten *Name-and-Shame*-Kampagnen Firmen in die Abwägung zwingen, ob Gewinne aus Rüstungsexporten oder Verluste in anderen Bereichen (aufgrund solcher Kampagnen) schwerer wiegen. Dabei kann davon ausgegangen werden, dass in absehbarer Zukunft auch weiterhin Konflikte auf dem Rücken von Bevölkerungen ausgetragen werden, deren einzige *Exit-Option* die legale oder illegale Abwanderung ist – sofern sie es sich leisten können.

3.3.3.5. Kriminalität, organisiertes Verbrechen und mafiose Verbindungen

Unter Experten besteht unumstritten ein Zusammenhang zwischen Globalisierungsprozessen, internationaler Migration und Formen der internationalen Kriminalität:

> „Die sich schnell entwickelnden Informations-, Kommunikations- und Transporttechnologien, die die ökonomische Globalisierung vorantreiben, sind auch Antriebskraft für internationale Migration und Nährboden für transnationales Verbrechen … Dabei teilen sich zunehmende internationale Migration und anwachsendes transnationales Verbrechen nicht nur die gemeinsame Beschleunigungsgrundlage mit ökonomischer Globalisierung und technischem Wandel. Der Prozess der Globalisierung selbst hat die sehr reale Schnittstelle zwischen diesen beiden Phänomenen intensiviert.“ (Koslowski 2001: 337, 339).[232]

Der Verfasser schließt sich dem an, hält aber, ähnlich wie Staats- und Sicherheitsdienste, den prozentualen Anteil des organisierten Verbrechens im Schleusungsbusiness in vielen Diskussionen für überbewertet.[233] Oft handelt es sich selbst bei komplexeren Abwicklungen über weite Entfernungen, etwa bei ‚Schleusungs-Paketreisen‘ und ‚Garantieschleusungen‘ von der Haustüre bis an den Arbeitsplatz, nicht um die Leistung einer einzelnen, zentral gesteuerten Organisation mit verschiedenen ‚Filialen‘, sondern um die Leistungen eines gut eingespielten, aufeinander abgestimmten und arbeitsteiligen Netzwerks verschiedener, auf eigene Rechnung tätiger selbstständiger Unternehmer. Zum Beispiel:

> Im Fall der zentralamerikanischen Gesprächspartner in Los Angeles (d. h. nicht nur der 15 Maya aus Belize und Guatemala) waren bei längeren Schleusungspaketen in der Regel zwei bis drei Organisationen an einer längeren Schleusung beteiligt: Eine war ein reguläres Reisebüro, spezialisiert auf billige Fahrten vom Herkunftsland zum Grenzgebiet zwischen Mexiko und den USA. Dort wurden sie an die Organisation übergeben, die den Grenzübertritt durchführte. Auf US-amerikanischer Seite stand das dritte ‚Unternehmen‘ bereit, um den Transport nach Los Angeles durchzuführen. Gezahlt wurde in der Regel nach Erbringung der Dienstleistung,

entweder bar durch den Migranten, durch die Familie an einen Vertrauensmann oder durch die Freigabe eines deponierten Betrags auf einem Konto.[234]

Andererseits gibt es auch Fälle von eindeutig kriminellem Verhalten, bei denen – folgend der oben gegebenen Kriminalitätsdefinition – einseitige Bereicherung und Täuschung im Vordergrund stehen, etwa die folgenden:

Fünf Familienoberhäupter aus dem Toledo District saßen Betrügern auf, die ihnen eine problemlose Einreise in die USA samt Arbeitserlaubnis mithilfe eines Visums versprachen. Die Männer wurden gebeten, mit jeweils 2.000 BZ-Dollar in ein Hotel nach Belize City zu kommen, wo ein Kontaktmann für sie mit diesem Geld die ‚Bearbeitungsgebühren' für das Visum regeln sollte. Die Leute reisten ein, trafen den Mann, gaben ihm das Geld und sahen ihn nie wieder.

In zwei anderen Fällen wurden die Familien von Geschleusten während des Schleusungsvorgangs angerufen und es wurde gedroht, den Vater in der Wüste sich selbst zu überlassen, wenn nicht innerhalb von 24 Stunden weitere 1.000 US-Dollar auf ein bestimmtes Konto überwiesen würden. Da die Familien keinerlei Überprüfungsmöglichkeiten für die Wahrheit dieser Drohung hatten, aber auch kein Risiko eingehen wollten, nahmen sie weitere Schulden auf sich.

In den vorstehenden Fällen handelt es sich aber nach Auffassung des Verfassers nicht um mafiose Organisationen,[235] sondern um kleinere, auf eigene Rechnung und nicht im Auftrag größerer Gruppen handelnde kriminelle Banden.

Dabei wird natürlich nicht geleugnet, dass es transnationale Verbrechensorganisationen von großer Gefährlichkeit gibt, die Menschenhandel, vor allem die systematische Ausbeutung von sexuellen Dienstleistungen (Zwangsprostitution) und Arbeitskraft (Zwangsarbeit), in großem Stil betreiben. Von besonderer Bedeutung sind dabei mafiose Organisationen, bei denen es sich per Definition um solche handelt, die entweder ‚gute Verbindungen' zu staatlichen Stellen und Mitarbeiter solcher Stellen auf ihrer Lohnliste haben[236] oder quasi-staatliche Funktionen ausüben, weil der Staat jene Funktionen (z. B. wegen mangelnden Geldes, um Beamte zu bezahlen) nicht wahrnehmen kann. So können ‚Originalpapiere' ebenso besorgt werden wie sich das Verfolgungsrisiko durch Polizei- und Sicherheitsorgane auf ein kalkulierbares Maß beschränken lässt.

Während seiner jüngsten Feldstudien war der Verfasser erstmals mit der Präsenz von Drogenkartellen und -schiebern konfrontiert, insbesondere in Los Angeles. Ein Gesprächspartner aus Kolumbien gab die Situation in seinem Herkunftsland (allgemeine Gewalt, korrupte Verwaltung aufgrund von Schmiergeldern) als Grund für seine illegale Migration in die USA an, mehrere Gesprächspartner sprachen offen über die Notwendigkeit, mit Drogentransport und -dealen Geld zu verdienen:

„Weißt du, du willst auswandern und benötigst Geld. Aber du hast nichts. Und dann ist da jemand, der dir anbietet, die Reise zu zahlen, wenn du im Gegenzug ein kleines Päckchen mitnimmst. Du weißt natürlich, was in diesem Päckchen ist. Und dann bist du in den USA und findest keinen normalen Job. Und dann ist da wieder jemand, der dir vorschlägt, für ihn zu dealen. Und du erkennst: Da ist eine Menge leicht zu verdienendes Geld. Zu Hause hast du Frau und Kinder, für die du sorgen willst. Nun, da denke ich mir: Hier kannst du Geld verdienen. Deshalb bin ich schließlich hier. Und ich sage mir: Ich tu es nur, bis ich was anderes gefunden habe. Aber, weißt du, manchmal kommt man da nicht mehr raus."[237]

Gesprächspartner wie der Zitierte sind natürlich keine ‚Mitglieder' dieser Gewaltkartelle. Allerdings könnten die ‚Kernorganisationen' ohne die Verfügbarkeit billiger und williger Arbeitskräfte und ‚Transportameisen' ihre grenzübergreifenden Operationen nicht mit den derzeitigen Gewinnspannen betreiben. Aus der Abhängigkeit von diesen Organisationen kann man sich oft aus drei Gründen kaum befreien: Zum einen, weil das eigene Leben oder das von Angehörigen bedroht werden kann, etwa wenn die Organisation damit rechnet, dass ein Aussteiger ihre Struktur der Polizei verraten könnte. Zum zweiten, falls man, etwa über Anwerber oder aufgrund von Verschuldung, mit seinem Migrationsprojekt in die Hände solcher Organisationen fiel; und zum dritten besteht die Gefahr, dass der Stress eines Lebens in der Illegalität dazu verführt, selbst zum Drogenkonsumenten zu werden.

Vor allem aufgrund der Hilflosigkeit und Ausweglosigkeit der Opfer kommt es im Kontext des organisierten Verbrechens zu enormen Gewinnspannen. Allein im Bereich des Menschenhandels (Zwangsprostitution und Zwangsarbeit) sprechen Schätzungen von ca. 800.000 bis 2,4 Millionen Opfern weltweit und von Profiten bis zu 42 Milliarden US-Dollar.[238] Laut Naim rechnet das FBI damit, dass auf diesem Gebiet allein zwischen China und den USA jährlich ein bis drei Milliarden US-Dollar, zwischen Mexiko und den USA jährlich sechs bis neun Milliarden US-Dollar umgesetzt werden. Dabei gilt für Naim: „Noch ist der Menschenhandel nicht das profitabelste Geschäft, diese Ehre gebührt dem Drogenhandel, aber er ist vermutlich das am schnellsten wachsende." Und er stellt folgenden Vergleich mit der Zeit eines früheren weltweiten Menschenhandels an: „Es dauerte 400 Jahre, zwölf Millionen afrikanische Sklaven über den Atlantik in die neue Welt zu importieren … In unserer Zeit jedoch wurden allein in Südostasien 30 Millionen Frauen und Kinder verkauft, und zwar in den letzten zehn Jahren!" (Naim 2005: 114f.).

Es sind nicht nur die Tarnmöglichkeiten, die finanziellen Ressourcen (und, auf diesem Weg, Einflussmöglichkeit durch Korruption) oder die Möglichkeit zur Einschüchterung durch Erpressung und *Hitmen*, die diese Organisationen nahezu unantastbar und unangreifbar machen. Das organisierte Verbrechen ist unter den Bedingungen der Globalisierung auch strukturell eher in der Lage, sein Business zu betreiben als Regierungen, dies zu unterbinden:

„Eine der bedeutendsten Folgen illegaler Migration kann in der Tat von der zunehmenden Stärke von Schleuser- und Menschenhandelssyndikaten herrühren … Aufgrund ihres bürokratischen Aufbaus sind Regierungsstellen nicht gut ausgestattet, um agile, transnationale und relativ kleine Schleusungsnetzwerke zu bekämpfen. Aus diesem Grund sind Regierungen nicht gut aufgestellt, um den ‚Krieg‘ gegen illegale Einwanderung zu gewinnen. Regierungsstellen sind zudem durch drei weitere Merkmale beeinträchtigt. Erstens: Regierungen sind immer dann besonders erfolglos, wenn sie grenzübergreifend handeln und effektiv mit anderen Nationalstaaten kooperieren müssen. Zweitens sind Regierungsstellen – was Ausrüstung und Zugang zu Technologien angeht – ihren Gegnern hoffnungslos unterlegen. Schließlich müssen sich Regierungen an Regeln halten, die ihre Fähigkeit behindern, ohne Rücksicht auf Gesetz und Recht vorzugehen, Regeln, die für die Syndikate, die hinter den Schleusungsnetzwerken stecken, bedeutungslos sind. Was aber die Regierungen am meisten benachteiligt ist die Tatsache, dass sie sich Marktkräften entgegenstellen. Sie müssen in einen Krieg ziehen, in dem ihnen die Interessen von wichtigen Wählergruppen in ihren eigenen Ländern gegenüberstehen. Darunter fallen ökonomische Interessen; immer schlechter durchsetzbare arbeitsmarkt- und sozialversicherungsrelevante Standards; Menschenfreunde, die die Ansicht vertreten, dass der Schutz von Flüchtlingen höchste Priorität und Verpflichtung … reicher, liberaler und demokratischer Gesellschaften ist; und viele andere regierungsinterne und gesellschaftliche Kräfte, die sich der Offenheit mehr verpflichtet fühlen als es sich die Politik heutzutage erlauben darf.“ (Papademetriou 2005a: 5).[239]

Selbst in Belize sind derartige Organisationen vor Ort anzutreffen. Zum einen, weil Belize als Transitland für Drogen- und Menschenhändler auf dem Weg in die USA dient und Unterkünfte benötigt werden. Zum zweiten, weil es relativ leicht möglich ist, zu Originalpapieren zu kommen, aber auch, weil Belize einen eigenen Markt für Zwangsprostitution hat. Gerade weil Belize so klein ist und (fast) jeder jeden kennt, sind ‚importierte‘ Prostituierte sehr populär: Man vermeidet dadurch, an einen Sexpartner zu geraten, der einen kennt und der dieses Wissen selbst oder durch einen Zuhälter erpresserisch ausnutzen könnte oder durch den man Opfer von Klatsch und Tratsch in der Nachbarschaft werden könnte.[240]

Vor dem Hintergrund der Einblicke, die der Verfasser in seinen früheren Studien in mafiose Strukturen in Osteuropa gewinnen konnte, fallen ihm gewisse Parallelen zwischen diesen und der Struktur und Funktion ‚islamistischer Terrorgruppen‘ auf. Auch im islamistischen Umfeld gibt es ‚Alternativregierungen‘, d. h. Strukturen, die aufgrund ihrer Unterstützungsleistungen für arme Menschen von einer lokalen Bevölkerung eher als Schutz- und Ordnungsmacht angesehen werden als die offizielle Regierung ihres Landes. Als Beispiele hierfür können etwa die radikalislamischen Gruppen der Hisbollah oder Lashkar-e-Toiba dienen, die sich einer großen Popularität und, damit verbunden, eines hohen Rückhalts in der Zivilbevölkerung erfreuen. Hisbollah hat im Südlibanon die faktische Staatshoheit, und selbst die Angriffe der Israeli im Sommer 2006 konnten daran nichts ändern.[241] Lashkar-e-Toiba organisierte in Pakistan humanitäre Hilfe für Erdbebenopfer, steht aber auch im Verdacht, Drahtzieher der Terroranschläge in Mumbai vom 11.7.2006 und 26./27.11.2008 zu sein.[242] Und wie bei der kurdischen PKK, die eigene illegale Migrationsnetzwerke unterhält,[243] kann man davon ausgehen, dass die ressourcenmäßig ungleich besser ausgestatteten islamistischen Terrornetzwerke über vergleichbare Strukturen für ihre Mitglieder, Sympathisanten und ‚Kunden‘ verfügen.

3.3.3.6. Zwischenergebnis

Die Darlegungen im Kapitel *Governance* zeigen, dass viele Zwangsmigranten produzierende Konflikte und Kriege dieser Welt vielleicht nicht durch die gegenwärtigen Globalisierungsprozesse verursacht sind, sich durch die Möglichkeiten aber, die jene Prozesse bereitstellen, fortsetzen oder gar verschärfen können. Die Ausführungen zeigten sodann, dass aufgrund der durch die Globalisierungsprozesse geschaffenen Infrastruktur sowie die gewachsenen Ressourcen innerhalb transnationaler sozialer Netzwerke illegale Migrationsprojekte mit größerer Leichtigkeit und Schnelligkeit möglich sind, als dies noch vor 20 bis 30 Jahren der Fall war. Dies wurde anhand der Verbindungen El Salvador/ Guatemala/Belize/USA gezeigt, es gilt aber auch für Konfliktgebiete in der ehemaligen Sowjetunion oder auf dem Balkan. So hätten etwa tschetschenische Flüchtlinge, die ‚illegal' in Berlin angetroffen wurden, dem Krisengebiet kaum so schnell und billig entkommen können, wenn nicht parallel zu diesem Krieg Tschetschenien in die globale Ökonomie eingebunden worden wäre, was sich etwa am wachsenden Reise- und Güterverkehr mit Zug und vor allem LKW zwischen Gebieten der ehemaligen Sowjetunion und der Europäischen Union zeigt.

Die Darlegungen dieses Kapitels zeigen schließlich, dass sich kein Land der Welt von den Folgen weltweiter Konflikte abschotten kann. Auch in Deutschland sind legal und ‚illegal' eingereiste bzw. legal und ‚illegal' lebende Flüchtlinge als Repräsentanten der weltweit stattfindenden bewaffneten Konflikte vertreten.

Allerdings dürfen zwei Dinge nicht vergessen werden: Zum einen, dass ein Großteil der zivilen Opfer der weltweiten globalen Konflikte aus dem Krisengebiet nie herauskommen, weil ihnen die Mittel für ein Migrationsprojekt fehlen. Nur ein Bruchteil verfügt über die nötigen Ressourcen wie Besitz, der verkauft oder verpfändet werden kann, über Verwandte im Ausland, die finanzielle Mittel für Bestechungsgelder bereitstellen können, über Beziehungen zu Beamten oder sonst einflussreichen Personen, die einem ‚Gefälligkeiten' erweisen können, oder über einen Zugang zu informell oder kriminell agierenden Organisationen, denen man sich oder wenigstens seine Kinder, selbst um den Preis der Leibeigenschaft, andient mit der Bitte, sie doch aus einer Gefahrenzone zu bringen. Das zweite, an das gedacht werden muss, ist, dass die internationale Gemeinschaft diese Krisen kaum durch noch mehr UN-Missionen in den Griff bekommen wird, solange die Ursachen des Geschehens nicht angetastet werden und solange man die Akteure nicht wirklich und direkt anzugehen wagt. Solange den Kriegsökonomien nicht der Nachschub an Waffen abgegraben wird, solange den Kriegsprofiteuren und Zwischenhändlern nicht durch wirksame Kontrollen die Möglichkeit zur Plünderung und Schieberei genommen wird, solange man in diesem Bereich immense Summen verdienen kann – so lange wird alles andere weitgehend vergeblich und bestenfalls das eigene Gewissen beruhigende Kosmetik bleiben.

Leider ist auf Seiten der Staaten eher eine andere Dynamik zu beobachten: Schaut man genauer, wo Staaten mit Diplomatie, Geld und Personal aktiv sind, so scheinen sie dort am engagiertesten zu sein, wo es um die Sicherung der eigenen Rohstoffversorgung und Märkte geht, ganz gleich, ob es sich um das Eingreifen der USA in Afghanistan oder dem Irak, um die Subventionen der EU für ihre landwirtschaftlichen Produkte oder um Chinas und Russlands Engagement in Afrika handelt. Groß- und Schwellenmächte bauen ihren Einfluss, ihre *Geogovernance* in der Welt aus. Die Bestrebungen der Staaten erinnern dabei, vor allem unter Rücksicht des Rohstoffbedarfs, fatal an die Situation am Ende der ersten Globalisierung Ende des 19. Jahrhunderts – deren Resultat globale Instabilität mit zwei Weltkriegen und gigantischen Flüchtlingsströmen war.

3.3.4. Die fortschreitende Polarisierung von Arm und Reich

3.3.4.1. Zahlen und Definitionen

Dass der Abstand zwischen den Reichen und Armen dieser Welt seit einigen Jahren zunimmt, wird immer weniger bestritten:

> „Der Graben zwischen dem Lebensstand reicher und armer Teile des Globus wächst unaufhaltsam: 1975 war das Pro-Kopf-Bruttoinlandsprodukt (BIP) der Länder mit hohem Einkommen 41 Mal größer als das der Länder mit niedrigem Einkommen und acht Mal größer als das der Länder mit mittlerem Einkommen. Heutzutage haben Länder mit hohem Einkommen ein Pro-Kopf-BIP, das 66 Mal größer ist als das von Ländern mit niedrigem Einkommen und 14 Mal größer ist als das von Ländern mit mittlerem Einkommen." (GCIM 2005: 12).[244]

Hat aber wenigstens die Zahl der Armen quantitativ abgenommen? Freilich: Hier müsste zunächst geklärt werden, was solche Menschen im Unterschied zu anderen charakterisiert. Dass hier die Meinungen auseinander gehen, würde nicht verwundern, wenn es sich um Experten unterschiedlicher Fachrichtungen, etwa Ökonomen oder Soziologen, handelte. Aber selbst Ökonomen finden hier keine übereinstimmende Antwort. Der Weltbankökonom David Dollar kommt zu dem Schluss: „Die Zahl armer Menschen in der Welt hat sich bedeutend verringert – um 375 Millionen seit 1981, der erste derartige Rückgang in der Geschichte. Der Anteil jener Bevölkerung in der sich entwickelnden Welt, die von weniger als einem US-Dollar pro Tag lebt, hat sich seit 1981 halbiert." (Dollar 2004: 16ff.).[245] Andere, wie der ehemalige Weltbank-Chefökonom und Wirtschaftsnobelpreisträger Joseph Stiglitz, behaupten das Gegenteil: „Trotz wiederholter Versprechen in den neunziger Jahren, die weltweite Armut zu verringern, hat die Zahl der Menschen, die in Armut leben, tatsächlich um fast 100 Millionen zugenommen. Im gleichen Zeitraum ist das gesamte Welteinkommen im Schnitt um 2,5 Prozent jährlich gestiegen." (Stiglitz 2004: 20).

Diese unterschiedlichen Einschätzungen haben viele Ursachen. Zunächst ist die Frage, ob die Zahl von armen Menschen abnimmt oder nicht, eine Frage der Definition von ‚Armut'. Reicht es dabei, Armut monetär zu quantifizieren („weniger als ein US-Dollar pro Tag"), um die Lebensrealität von Menschen adäquat zu erfassen? Oder muss man auch nicht-quantifizierbare Rahmenbedingungen wie eine prinzipiell mögliche Versorgung mit Trinkwasser, sauberer Luft, Wohnraum sowie Gesundheits- und Bildungsdienstleistungen mit einbeziehen – was etwa das UN-Entwicklungsprogramm anstrebt? Dagegen wird eingewendet, dass deren Weltentwicklungsbericht „regional und gruppenspezifisch nicht detailliert genug ist und nationale Durchschnittswerte angibt, die ein falsches Bild vermitteln."[246] Darüber hinaus ist zu fragen: Welche Bedeutung haben sozio-kulturelle Aspekte wie soziale Ausgrenzung, Diskriminierung, Chancenverweigerung bei Entstehung, Wachstum und Verfestigung von Armut? (Müller, J. 2006) Und schließlich geht es um das generelle Problem repräsentativer Datenerhebung in Entwicklungsländern, in denen Bevölkerungen nicht annähernd so gut erfasst sind wie in entwickelten Ländern oder – zum Beispiel – eine Erfassung als solche durch nomadischen Lebensstil oder aufgrund des Dahinvegetierens in den Slums großer Städte unmöglich ist (vgl. Schmidt, W. 2005: 346).

Nach diesen Vorbemerkungen nun zur Frage nach der quantitativen Bemessung weltweiter Armut. Hier gilt es drei Ansätze zu unterscheiden, die je nach Autor und ‚Ideologie' verwendet werden:[247] Der erste Ansatz berechnet Unterschiede im Pro-Kopf-Einkommen der Menschen in bestimmten Ländern, d. h. er sagt aus, ob Durchschnittseinkommen zwischen Ländern auseinanderdriften oder sich annähern. Mit dieser Rechenmethode arbeiten oft jene, die einen weltweiten Anstieg von Armut feststellen. Der zweite Ansatz berechnet Unterschiede im Pro-Kopf-Einkommen, gewichtet aber den statistischen Wert für jedes Land nach der Größe seiner Bevölkerung. Der Grund: Wenn die Wirtschaft in einem kleinen Land wächst, nützt dies weniger Menschen und trägt weniger zur globalen Wohlfahrt bei als wenn die Wirtschaft eines bevölkerungsreichen Landes zunimmt. Mit dieser Rechenmethode arbeiten oft jene, die eine weltweite Verringerung von Armut feststellen. Der Schwachpunkt beider Ansätze ist aber deren Annahme, dass jeder Bewohner weltweit auch tatsächlich ein statistisches Durchschnittseinkommen erhält. Anders gesagt: Beide Ansätze berücksichtigen nicht Ungleichheit innerhalb der jeweiligen Länder. Dabei kann die Situation von Armen in einem Land nicht aufgrund statistischer Indikatoren allein als ‚gut' oder ‚sich verbessernd' bezeichnet werden, wenn sich nicht auch an der faktischen Lebensrealität vieler Menschen spürbar etwas ändert. Inklusion und Exklusion sind Größen, denen man sich nicht statistisch, sondern lebensweltlich nähern muss. Folgende Beispiele können diese Position veranschaulichen:

> Beispiel 1: In Lusaka, der Hauptstadt von Sambia, einem der ärmsten Länder der Welt, verwies ein Mitarbeiter der Weltbank stolz darauf, dass aufgrund des Wettbewerbs unter Anbietern von Brot jemand, der die Anbieterpreise vergleicht, Brot sogar weit unter dem Durchschnittspreis erwerben kann. Dies stimmt zwar, übersieht aber zunächst, dass Arme in Slums keine Gelegenheit haben, Preise in verschiedenen Stadtteilen zu vergleichen. Aber selbst wenn sie dies könnten, würde ihnen eine Transportgelegenheit zu jenen Plätzen fehlen, auf denen dieses Brot

verkauft wird. Also sind sie auf jene Anbieter verwiesen, die in ihren Slums Getreide zu überdurchschnittlich hohen Preisen verkaufen.[248]

Beispiel 2: Dem alten und kranken Großelternpaar, welches im belizeanischen Otoxha zwei Kinder ihres verstorbenen Sohnes aufzieht, stehen rein rechnerisch pro Tag sechs US-Dollar zu, folgt man der Statistik, nach der Menschen im Süden von Belize von ca. 1,50 US-Dollar am Tag leben (MAYA 1997). Ihre Armut ist so offensichtlich, sodass sie die kostenlose Lebensmittelausgabe in Anspruch nehmen können, mit der die katholische Gemeinde Arme in ihrem Pfarreigebiet unterstützt. Leider existieren diese rechnerischen Dollar nicht, da es in Otoxha mit seiner Subsistenzwirtschaft keine Geldwirtschaft gibt und die Felder des Großvaters ohnehin kaum genug zum Überleben der vierköpfigen Familie hergeben, geschweige denn zum Verkauf. Die Unterbringung des ältesten (14-jährigen) Enkels als Lohnarbeiter in einer anderen Familie scheiterte daran, dass er bereits gebraucht wird, um die Felder des Großvaters zu bestellen (weshalb er bereits die Schule abbrechen musste). Eine Hin- und Rückfahrt mit dem Bus in die Distrikthauptstadt kostet aber reale 2,50 US-Dollar pro Person – mit der Folge, dass diese Menschen nicht in der Lage sind, sich ihre kostenlosen Lebensmittel abzuholen.

Dass die beiden kritisierten Ansätze dennoch so populär sind, liegt daran, dass man relativ wenig Daten braucht, um ein Pro-Kopf-Einkommen zu errechnen und damit zu argumentieren. Ein dritter Ansatz versucht nun, den eingangs erwähnten Kriterien und vorgestellten Einwänden weitestgehend gerecht zu werden: Er kombiniert statistische Daten mit den Ergebnissen qualitativer Haushaltsbefragungen und kommt deshalb auch zu Aussagen über die realen Lebensumstände der Bewohner eines Landes.[249]

Wie auch immer: Selbst nach dem optimistischsten Ansatz, etwa vertreten von D. Dollar, dass all jene arm sind, die von durchschnittlich weniger als einem US-Dollar pro Tag leben müssen, umfasst diese Gruppe immer noch ca. 1,15 Milliarden Menschen.[250] Folgt man dem dritten Ansatz, so ergibt sich ein ungleich düstereres Bild: Nach dieser Betrachtungsweise verringert sich Armut und Ungleichheit weltweit nicht, sondern vergrößert und verfestigt sich zusehends. Die weltweite Ungleichheit liegt nach Weltbankökonom Milanovic bei 65 Gini-Punkten,[251] d. h. die Ungleichheit weltweit übertrifft die größte Ungleichheit, die innerhalb eines einzelnen Landes existiert. Teilt man nun die Länder der Welt in vier Kategorien ein (wobei der Pro-Kopf-Anteil am Bruttoinlandsprodukt der Maßstab ist),[252] so ist in den vergangenen Jahren die Chance der Länder, ihr ‚Ranking' innerhalb der Einteilung Erste, Zweite, Dritte und Vierte Welt zu verbessern, zunehmend gesunken, die Trennlinie zwischen den Kategorien wird zunehmend undurchlässig. Zwischen 1960 und 1978 lag die Häufigkeit, dass ein Land der Vierten, Dritten oder Zweiten Welt sich verbesserte, bei vier Prozent, die Häufigkeit hingegen, dass ein Land der Ersten, Zweiten oder Dritten Welt in die niedrigere Kategorie absank, bei 24 Prozent, für den Zeitraum 1978-2000 lagen die Daten für *Upward Mobility* bei drei Prozent, und für *Downward Mobility* bei 29 Prozent. In absoluten Zahlen: Gehörten 1960 25 Länder in die ärmste Kategorie der Vierten Welt, so lag die Zahl 1978 bei 43 und im Jahr 2000 bei 71.

Vor diesem Hintergrund muss auch beachtet werden, dass sich Armut während der vergangenen Jahre regional unterschiedlich verringert oder verfestigt hat. Erfolge sind nachweisbar in Asien, während andere Regionen der Welt, vor allem Afrika und Teile Lateinamerikas, zunehmend ‚abgekoppelt' werden: Gehört ein Land erst einmal zur Kategorie der Ärmsten, ist es ihm so gut wie unmöglich, sich wieder nach oben zu arbeiten. Entsprechend gehört derzeit kein Land Afrikas (ausgenommen Mauritius), Lateinamerikas und der Karibik (ausgenommen die Bahamas) zu den reichen Staaten dieser Welt, und es besteht nach dem derzeitigen Gang der Entwicklungen auch kaum Aussicht, dass sich daran etwas ändern wird (vgl. Milanovic 2005: 65-78). Konkret bedeutet dies:

> „Die reichsten fünf Prozent weltweit beziehen etwa ein Drittel des globalen Einkommens, die reichsten zehn Prozent die Hälfte. Das heißt die restlichen 90 Prozent bekommen die restliche Hälfte des globalen Einkommens. Die untersten fünf bzw. zehn Prozent erhalten 0,2 bzw. 0,7 Prozent des Einkommens. Das bedeutet, dass das Verhältnis zwischen den reichsten fünf Prozent und den ärmsten fünf Prozent der Menschen 165 zu 1 beträgt. Die reichsten fünf Prozent der Bevölkerung verdienen in etwa 48 Stunden so viel wie das ärmste fünf Prozent im ganzen Jahr." (Milanovic 2008: 15).

3.3.4.2. Globalisierung als Ausweg aus der globalen Armut?

Betrachtet man die Gründe, die nach Auffassung einiger Autoren zu einem Sinken von weltweiter Armut beitragen, so kann man einen Zusammenhang zwischen Armutsverringerung und Freihandel herstellen – einem wichtigen Element der heutigen Globalisierung. Vergleicht man die 40 ärmsten Länder 1960 mit den 40 ärmsten Ländern 2000, so fällt auf, dass jene Länder, die die Gruppe der ‚40 ärmsten Länder' verlassen konnten, jene sind, die intensiv am Welthandel teilhaben (Klasen 2006: 7). Ähnlich sieht es im Bereich der Kapitalmarktderegulierung aus: Von IWF und der Weltbank durchgesetzt, sollten dadurch bessere Rahmenbedingungen für Investoren geschaffen werden. Aber auch diese Globalisierung der Kapitalmärkte ging an den armen Entwicklungsländern vorbei und konnte dort keine Wirkung entfalten. Dies liegt an internen beeinflussbaren Faktoren (Infrastruktur, Bildungsstand, Bevölkerungswachstum, schlechte *Governance*), an externen beeinflussbaren Faktoren (Schuldendienst, Handelsschranken für Exportgüter, externe Unterstützung schlechter *Governance*), aber auch an menschlich nicht beeinflussbaren Faktoren wie z. B. Klima oder geografische Lage.[253] Fakt ist: Es gibt eine Reihe von Staaten, „wo der Wille zur Teilnahme an der Globalisierung nicht ausreicht" und die nicht nur faktisch, sondern sogar „vom potenziellen Nutzen der Globalisierung bisher weitgehend ausgeschlossen sind" (Klasen 2006: 8).

Die Beteiligung an bzw. das Profitieren von Globalisierungsprozessen ist weltweit regional sehr unterschiedlich. Die Unterschiede gehen aus der folgenden Tabelle hervor, die die Attraktivität verschiedener Regionen für ausländische Direktinvestitionen und das Vorhandensein von Kapital für ausländische Direktinvestitionen zeigt:

Tabelle 4: Regionale Zu- und Abflüsse ausländischer Direktinvestitionen

Region	Zufluss				Abfluss			
	1978-1980	1988-1990	1998-2000	2003-2005	1978-1980	1988-1990	1998-2000	2003-2005
entwickelte Ökonomien	79.7	82.5	77.3	59.4	97.0	93.1	90.4	85.8
EU	39.1	40.3	46.0	40.7	44.8	50.6	64.4	54.6
Japan	0.4	0.04	0.8	0.8	4.9	19.7	2.6	4.9
USA	23.8	31.5	24.0	24.0	39.7	39.7	15.9	15.7
Entwicklungsländer	20.3	17.5	21.7	35.9	3.0	6.9	9.4	12.3
Afrika	2.0	1.9	1.0	3.0	1.0	0.4	0.2	0.2
Lateinamerika und Karibik	13.0	5.0	9.7	11.5	1.1	1.0	4.1	3.5
Süd-, Ost- und Südostasien	6.7	10.0	10.7	18.4	0.6	5.1	5.0	7.7
Asien und Ozeanien	5.3	10.5	11.0	21.4	0.9	5.6	5.1	8.6
Westasien	-1.6	0.3	0.3	3.0	0.3	0.5	0.1	1.0
Südosteuropa und CIS	0.02	0.02	0.9	4.7	n.a.	0.01	0.2	1.8

Quelle: UNCTAD 2006a: 7

Die Tabelle zeigt, dass der Anteil Afrikas an ausländischen Direktinvestitionen der geringste aller sich entwickelnden Ökonomien ist, das Wachstum ist dort am geringsten. Dabei muss in dieser Tabelle beachtet werden, dass die Kategorie ‚Afrika' die nordafrikanischen Ökonomien sowie Südafrika enthält, also Länder, die nicht als *Least Developed Countries* (LDC) gelten und deshalb deutlich attraktiver für Anleger sind als die subsaharischen Ökonomien (UNCTAD 2006b). Wie wenig gerade Afrika der Welt zu bieten hat, geht auch aus der folgenden Exportstatistik hervor:

Tabelle 5: Regionale Veränderungsraten bei den Warenexporten

Jährliche Durchschnittsveränderung in Prozent, die Angaben der Exporte 2002 in Millionen US-Dollar

Regionen	1960-1970	1970-1980	1980-1990	1990-2000	1960-2002	2002
Alle Staaten	9.2	20.5	6.0	6.7	10.7	6414058
Entwicklungsländer	6.7	26.0	3.1	9,1	11,6	2031937
Afrika	8,6	21,6	-1,7	3,1	7,7	134881
Nordafrika	13,9	23,7	-3,9	205	8,4	45237
Subsaharisches Afrika	6,7	20,5	-0,5	3,4	7,4	89644
Subsaharisches Afrika ohne Südafrika	7,2	20,2	-1,2	3,9	7,3	59921
Amerika	5,6	20,9	1,7	10,3	9,7	344074
Zentralamerika und Karibik	5,1	23,2	0,8	14,1	10,9	183281
Südamerika	5,8	19,6	2,3	7,1	8,9	160793
Asien	6,3	30,2	4,7	9,7	13,4	1549566
Westasien	8,6	36,0	-6,0	6,1	10,5	247734
Zentralasien	--	--	--	--	--	18 726
Süd-, Ost- und Südostasien	5,2	25,3	11,1	10,3	14,5	1283105
Süd-, Ost- und Südostasien ohne China	6,1	26,1	10,9	9,5	14,5	957514
Ozeanien	11,2	13,5	4,3	2,9	8,4	3416
Staaten in Mittel- und Osteuropa	8,5	18,1	2,2	8,2	7,4	311501
Entwickelte Staaten	10,1	19,0	7,6	5,7	10,7	4070620
Nordamerika	9,0	17,5	6,0	7,5	10,1	946254
Europa	10,1	19,4	8,0	5,2	10,7	2598730

Quelle: UNCTAD 2004: 51

Bei dieser Tabelle muss man zudem bedenken, dass es sich noch um vergleichbar ‚gute' Jahre handelt, vor der großen Krise. Gerade jene Länder, die ohnehin schon eine schwache Stellung haben, sind von den Auswirkungen dieser Krise nochmals besonders hart getroffen (siehe dazu die Kapitel 3.7. und 5.5.)

Gibt es eine Lösung gegen dieses Auseinanderdriften? Erneut besteht Uneinigkeit, selbst unter Ökonomen. Als Beispiel soll das *Institute for International Economics* dienen, ein angesehener ökonomisch ausgerichteter Think-Tank in Washington. Dort vermutete der Harvard-Ökonom Dani Rodrik schon 1997 in seinem Buch *Has Globalization gone too far?*, dass der bisherige, ungesteuerte Gang der Globalisierung national und international Gefahren für den gesellschaftlichen Zusammenhalt und die Stabilität in sich birgt. Denn die Tatsache der ‚Polarisierung' besagt ja gerade per definitionem, dass sich die oberen und unteren Enden der Einkommens- und Reichtumsskala auseinander entwickeln, während die ausgleichende gesellschaftliche Mitte schrumpft (vgl. Castells 2003b: 74). Dies wird zu einer Zunahme von inner- und zwischenstaatlichen Konflikten führen und allen Schaden zufügen: „Dies ist keine erfreuliche Aussicht, selbst für jene Individuen, die auf der Gewinnerseite leben und wenig Mitleid für die auf der anderen Seite haben. Sozialer Zerfall ist kein Sport mit Zuschauern – die an der Seitenlinie werden ebenfalls mit Matsch bespritzt. Im Endeffekt können die sich vertiefenden sozialen Risse alle verletzen." (Rodrik 1997: 7).[254] Seine Schlussfolgerung: „Die Spannungen zwischen Globalisierung und sozialem Zusammenhalt sind real und es ist unwahrscheinlich, dass sie von selbst verschwinden … Anders als viele Ökonomen annehmen, fehlt uns ein volles Verständnis davon, wie Globalisierung funktioniert." (Rodrik 1997: 85).[255]

Auf der anderen Seite stehen Mitglieder desselben Instituts, die staatliche Interventionen dafür verantwortlich machen, dass Globalisierung ihre ‚Pro-Poor-Effekte' nicht entfalten können. S. Bhalla, Direktor eines ökonomischen Think-Tanks in Indien und langjähriger Mitarbeiter bei der Weltbank, zieht im letzten Abschnitt seiner Studie mit dem bezeichnenden Titel *Imagine there's no country* die folgende Bilanz:

> „Reicht Wachstum für die Verringerung von Armut aus? Allerdings. Wenn man über Einkommensarmut diskutiert, dann können gemäß Definition nur zwei Faktoren das Pro-Kopf-Verhältnis beeinflussen: Leistungssteigerung und Veränderung der Einkommensverteilung. Geht man davon aus, dass Veränderungen der Einkommensverteilung tendenziell Ungerechtigkeit hervorrufen, folgt aus dieser Definition, dass Wachstum mehr als ausreichend ist, um Armut zu verringern. In diesem wichtigen Punkt unterscheidet sich die Schlussfolgerung von der konventionellen Weisheit, derzufolge ‚Armutsbekämpfung Aktionen jenseits der ökonomischen Einflusssphäre erfordert' (Weltbank). Solche Aktionen sind nicht notwendig. Wachstum reicht aus. Punktum!" (Bhalla 2002: 206).[256]

Vor diesem Hintergrund und angesichts des Wissens, dass dem Wachstum ökologische und ressourcenmäßige Grenzen gesetzt sind und selbst die optimistischste Wachstumserwartung nicht genügend Arbeitsplätze für alle Arbeitssuchenden schaffen würde (siehe dazu auch Kapitel 3.2.2.1.), kann angenommen werden, dass die bisherigen Trends zu Entwurzelung, Armutszunahme und -verfestigung sowie zum Verfall sozialer Kohäsion anhalten werden.

3.3.4.3. Fragmentarische Integration und Exklusion

Die Zementierung von Ausgrenzung oder Ausschließung bestimmter Gruppen und (Welt-)Regionen ist zumindest Teil der (Eigen-)Dynamik des gegenwärtigen Weltparadigmas, ein Sachverhalt, den der Soziologe M. Castells als Ergebnis einer umfangreichen Analyse der globalen Netzwerkgesellschaft ebenso festhält wie der Ökonom Jeffrey Sachs. Castells definiert dabei Exklusion als Prozess

> „durch den bestimmten Individuen und Gruppen systematisch der Zugang zu Positionen verstellt wird, die sie zu einem autonomen Auskommen innerhalb der gesellschaftlichen Standards befähigen würden, die in einem bestimmten Kontext durch Institutionen und Werte abgesteckt werden. Unter normalen Bedingungen ist im informationellen Kapitalismus eine solche Position gewöhnlich mit der Möglichkeit des Zugangs zu relativ regelmäßiger, bezahlter Arbeit für mindestens ein Mitglied eines stabilen Haushaltes verbunden." (Castells 2003b: 76, vgl. Castells 2003a: 142f., 533-535).

Ähnlich stellt Jeffrey Sachs in seinem Buch *Das Ende der Armut* die Frage, „warum manche Länder kein Wirtschaftswachstum erzielen", und kommt zu dem Schluss, dass die „gängigste Erklärung", nämlich der „Hinweis auf korrupte Regierungen und rückschrittliche Kulturen" nicht ausreicht. „Das Hauptproblem der ärmsten Länder besteht darin, dass die Armut selbst zu einer Falle werden kann. Ist die Armut extrem, haben die Armen keine Möglichkeit, sich aus eigener Kraft zu befreien." (Sachs 2005: 74f.).

Die Situation armer Länder ist besonders dramatisch, weil viele von ihnen seit 1980 hoch verschuldet sind.[257] Geld, das sie erwirtschaften, wird zur Begleichung von Schulden benötigt und kann nicht für Verbesserungen im Landesinneren eingesetzt werden. Auch Entschuldungskampagnen können diese Situation nicht entscheidend verändern, weil die globalen Spielregeln, etwa im Handel, unverändert unfair sind: Solange reiche Länder ihre Märkte durch protektionistische Maßnahmen schützen, ihren Produkten aber durch Subventionen Marktvorteile verschaffen, können arme Länder keinen Ausweg aus der Schuldenfalle finden.

Wie im vorigen Kapitel schon angedeutet, gilt dies insbesondere für Afrika südlich der Sahara, wobei ein näherer Blick verdeutlicht, dass die heutige Exklusion dieses Weltteils Ergebnis einer Verkettung von verfehlten Politiken und Krisen ist, die über Jahrzehnte hinweg zu einer mehr oder weniger hoffnungslosen Situation geführt haben:

> „Während der 1960er Jahre trug die auf landwirtschaftliche Exporte und autarke Industrialisierung ausgerichtete Politik zur Zerstörung der lokalen Bauernwirtschaften und eines Großteils der Subsistenzgrundlagen der Bevölkerung bei … Während der 1970er Jahre brach im Zusammenhang mit der Krise und Neustrukturierung des Weltkapitalismus sein Entwicklungsmodell zusammen, und am Ende des Jahrzehnts musste es aus dem Griff der internationalen Gläubiger und internationalen Institutionen ausgelöst werden. Während der 1980er Jahre führte die Last der Schulden und der Strukturanpassungsprogramme, die Afrika als Bedingung für internationale Anleihen aufgezwungen wurden, dazu, dass Volkswirtschaften sich auflösten, die Gesellschaften verarmten und die Staaten sich destabilisierten. Das löste in den 1990er Jahren die Eingliederung einiger winziger Sektoren einiger Länder in den globalen Kapitalismus sowie die chaotische Abkoppelung der meisten Menschen und der meisten Territorien von der globalen Ökonomie aus … Am Ende war Afrika Mitte der 1990er Jahre nicht nur zunehmend von der global/informationellen Ökonomie marginalisiert, sondern in einem großen Teil des Kontinents waren die Nationalstaaten dabei, sich aufzulösen, und die Menschen, entwurzelt und gehetzt wie sie waren, gruppierten sich neu in Kommunen, die unter verschiedenen Etiketten je nach dem Geschmack der Anthropologen, ums Überleben kämpften."[258]

Der Einschätzung des Soziologen Castells stimmt die Ökonomin Moyo zu: „Der Trend in Afrika geht nicht nur nach unten: Afrika ist (negativ) losgekoppelt vom Fortschritt, den der Rest der Welt verzeichnet." (Moyo 2009: 6).[259] Diese Abkopplung von den modernen Globalisierungsprozessen spiegelt sich in Zahlen wider – für die Länder südlich der Sahara mit ihren 500 Millionen Bewohnern gilt für die 1990er Jahre:[260]

- Die Exporte liegen um die Hälfte niedriger als die von Hongkong.
- Die Wirtschaft in den Bereichen Landwirtschaft, Industrie und Dienstleistungen wuchs seit 1973 langsamer als anderswo.
- Diese Länder erhalten weniger als ein Prozent der weltweiten ausländischen Direktinvestitionen.
- Dort gibt es weniger Telefonleitungen als in Manhattan oder Tokyo.
- Zwar gab es 1996 Internetanschluss in 22 Hauptstädten, aber nur in einem Land (Senegal) war es möglich, auch außerhalb der Hauptstadt ins Netz zu gehen.

Aber auch in den ersten Jahren des 21. Jahrhunderts hat sich dies nicht wesentlich geändert. Dies wird deutlich, wenn man einige Infrastruktur-Parameter (von entscheidender Bedeutung für jegliche wirtschaftliche Entwicklung) von Niedriglohnländern im Afrika südlich der Sahara mit anderen Niedriglohnländern vergleicht:

Tabelle 6: Niedriglohnländer in Afrika südlich der Sahara – Infrastruktur im Vergleich

Kategorie und Maßeinheiten	Subsahara-Afrika (LIC)	Andere (LIC)	Subsahara-Afrika (MIC)	Andere (MIC)
Dichte der asphaltierten Straßen (km je km^2)	31	134	94	141
Gesamte Straßendichte (km je km^2)	137	211	215	343
Hauptverbindungsdichte (Eisenbahn, km je km^2)	10	78	106	131
Mobile Dichte (Verbindungen je 1000 Menschen)	55	76	201	298
Internetdichte (Verbindungen je 1000 Menschen)	2	3	5	8
Energieerzeugungsleistung (Megawatt je eine Million Menschen)	37	326	256	434
Elektrizitätsversorgung (Prozentsatz der Bevölkerung)	16	41	35	80
Verbesserte Wasserqualität (Prozentsatz der Bevölkerung)	60	72	75	86
Verbesserte sanitäre Einrichtungen (Prozentsatz der Bevölkerung)	34	51	48	74

LIC Low Income Countries, Länder mit niedrigem Einkommen
MIC Middle Income Countries, Länder mit mittlerem Einkommen

Quelle: CFMCBG 2009, Appendix Table A1: "Africa's Infrastructure lags other developing countries and gap widening over time. Source: Preliminary results of the Africa Infrastructure Country Diagnostic Study (2008)"

Dabei sind selbst Länder in Afrika südlich der Sahara von den Globalisierungsprozessen nicht komplett ausgeschlossen, wie etwa Ausführungen zu den informellen Kriegsökonomien zeigten (siehe Kapitel 3.3.3.4.): Sowohl im Bereich des Rohstoffexports und Waffenimports existieren vielfältige, nur im Kontext der globalisierungsbedingten Vernetzung mögliche Verbindungen zwischen den reichen Ländern und Teilen Afrikas. Auch sind nicht alle Bewohner Afrikas von Reichtum ausgeschlossen: Warlords und Funktionäre von Schatten- oder Räuberstaaten können auch als Globalisierungsprofiteure gelten. Deren Reichtum steht in umso deutlicherem Kontrast zur Lebenssituation der Bevölkerungsmehrheit. Da sich eine derart fragmentarische Integration in den Weltmarkt über Rohstoffplünderung oder Export orientierte *Cash-Crops*-Monokulturen nicht an den Bedürfnissen einer nachhaltigen Entwicklung des Landes, in dem sie stattfinden, orientiert, sondern an der Nachfrage der entwickelten Länder und Gesellschaften, kommt durch diese Art des Wirtschaftens keine nachhaltige, sich selbst tragende Entwicklung zustande, die allein Wohlstand für die gesamte Bevölkerung bedeuten würde. Es sind die hier möglichen Profite für die Wenigen, die die hoffnungslose Lage für die Mehrheit zementieren, die deshalb in einem Zustand der Exklusion und Verelendung verbleiben. Elend „bezieht sich auf das, was in der Sozialstatistik als extreme Armut bezeichnet wird, also das unterste Niveau der Verteilung von Einkommen und Vermögen, oder was manche Experten als Deprivation bezeichnen, wodurch ein breiteres Spektrum sozialer und wirtschaftlicher Benachteiligung berücksichtigt wird.“ (Castells 2003b: 74f.). Im Hinblick auf die Situation weiter Teile Afrikas meint Castells:

> „Dieses pervertierte politische System ist historisch von den europäischen/amerikanischen Mächten und durch die fragmentarische Einbeziehung Afrikas in die globalen kapitalistischen Netzwerke geschaffen worden und wird weiter von ihnen aufrechterhalten. Es ist genau diese selektive Anbindung von Eliten und wertvollen Ressourcen zusammen mit der sozialen Exklusion der meisten Menschen und der wirtschaftlichen Entwertung der meisten natürlichen Ressourcen, was das Spezifische an der jüngsten Ausdrucksform der afrikanischen Tragödie ausmacht.“ (Castells 2003b: 131).

Wer Glück hat, findet Zugang zu den Flüchtlings- und Auffanglagern, in denen einige von der ‚Weltgemeinschaft‘ mit Nahrung versorgt werden und in den Genuss von rudimentären Gesundheits- und Bildungsdienstleistungen kommen. Wer Pech hat, ist sogar von diesen ‚Segnungen‘ ausgeschlossen und fristet in Slums, vor den Lagern oder in deren Umfeld ein kümmerliches Dasein.

3.3.4.4. Globale Armut und individuelle Auswege

Die Bilanz der Globalisierung bei der weltweiten Schaffung und Verteilung von Wohlstand ist also bestenfalls zwiespältig und „es ist klar, dass Globalisierung als Programm für die ärmsten Länder nicht genug getan hat, um sie an den potenziellen Vorteilen teilhaben zu lassen.“ (Klasen 2006: 14). Dies wiederum hat steigende Migrationsrelevanz: Sicherlich gab es das Auseinanderklaffen von Reich und Arm immer schon. Aber aufgrund der Mittel, die die gegenwärtige Globalisierung den Menschen an Informationen und (relativ) günstigen Reisemöglichkeiten zur Verfügung stellt, sind immer weniger Menschen dazu bereit, ihre Lebensumstände als ‚hinnehmbar' zu akzeptieren.[261] Anders gesagt: Wer Vertrauen in die Ordnungsmacht von Markt und/oder Regierungen verliert, wird sich zunehmend aus dem gesellschaftlichen Gesamtzusammenhang ausklinken und auf individuelle Ausstiegs- und Verbesserungsstrategien sinnen, wobei Migration seit Menschengedenken eine sehr populäre Perspektive ist.

Dies gilt insbesondere für jene Teile der Welt, wo die Kontraste zwischen Arm und Reich regional unmittelbar aufeinanderprallen: Mexiko/USA, Europäische Union/Osteuropa, Europäische Union/Nordafrika, Malaysia/Indonesien. Es sei unrealistisch anzunehmen, so Milanovic, dass große Einkommensunterschiede zwischen Ländern weiter bestehen können, ohne dass sich auf Seiten der Benachteiligten der Anreiz zu legaler oder illegaler Migration erhöhen würde: „Die Regierungen der reichen Länder kämpfen, trotz ihrer Festungsmentalität, auf verlorenem Posten, weil die ökonomischen Anreize auf Seiten der Emigranten und jene, die sie in den reichen Ländern beschäftigen können, gegen sie arbeiten." (Milanovic 2005: 156, vgl. 154-157).[262] Und hier muss, entgegen der Hoffnung vieler ‚Wachstumsoptimisten', darauf hingewiesen werden, dass ein Anreiz, durch Migration das individuelle Schicksal bzw. das der Familie zu verbessern, selbst dann weiter bestehen wird, wenn weltweit Reichtum gleichmäßig wachsen würde, ohne dass sich die derzeitige weltweite Ungleichheit von 65 Gini verringern würde. Denn zum einen würde diese Ungleichheit immer noch als ungerecht empfunden, zum anderen gibt gerade steigender Reichtum mehr Menschen als zuvor Ressourcen, um eine Migration in Erwägung zu ziehen. Dies legen Untersuchungen zum Migrationskontext Mexiko-USA nahe.

Das Lohngefälle zwischen den USA und Mexiko war stets beachtlich und ist es auch 15 Jahre nach NAFTA immer noch. Vor diesem Hintergrund ist es erstaunlich, dass nicht viel mehr Menschen in die USA migriert sind. Die Vermutung liegt nahe, dass dies mit den ‚Nebenkosten' eines illegalen Migrationsprojekts zu tun hat, wie etwa Verlassen der Familie, Angst vor der gefährlichen Wanderung, vor Verhaftung oder den Unsicherheiten, die ein Leben im Untergrund mit sich bringen (vgl. Hanson 2006: 35). Wenn Armut und Bedürftigkeit eine bestimmte ‚Schmerzgrenze' überstiegen haben, scheinen sie derartige Ängste jedoch zu relativieren:

> „Festnahmen an der Grenze scheinen mit den Veränderungen von Löhnen in Mexiko zu korrespondieren. Eine 10-prozentige Senkung mexikanischer Löhne ist verbunden mit einem 6- bis 8-prozentigen Anstieg von Festnahmen an der Grenze. Darüber hinaus kommt es zu diesem Effekt meistens drei Monate nach einer Lohnveränderung, was nahe legt, dass sich Schocks innerhalb der mexikanischen Ökonomie rasch als Veränderungen bei versuchter illegaler Migration auswirken. Während drei Zeitabschnitten sank in den vergangenen 30 Jahren das mexikanische Pro-Kopf-BIP um fünf Punkte oder mehr (verglichen mit den USA) innerhalb eines Zeitraums von drei Jahren. Auf jede dieser Perioden folgte ein Anstieg der Festnahmen an der Grenze. Zahlreiche Forschungsarbeiten über die interregionale Migration in den USA und anderen Län-

dern kommen zu dem Ergebnis, dass es anscheinend die Löhne in den Zielländern (und nicht in den Entsenderegionen) sind, die Migrationsbewegungen antreiben ... Allerdings scheint dies nicht auf Mexiko zuzutreffen, wo Schwankungen bei den Löhnen ein starker Push-Faktor für illegale Migration zu sein scheint." (Hanson 2006: 21, vgl. 36f.).[263]

Vor dem Hintergrund dieser Push-Faktoren gewinnt der Pull-Faktor des US-amerikanischen Arbeitsmarkts eine zunehmende Bedeutung, weil sich mexikanischer und US-amerikanischer Arbeitsmarkt ‚komplementär' zueinander verhalten:

„Die Migration zwischen Mexiko und den USA ist als solche der wichtigste Beleg dafür, dass der mexikanische und US-Arbeitsmarkt komplementär zueinander sind und beide voneinander profitieren können. Während der vergangenen fünf Jahre sind ungefähr 500.000 Mexikaner pro Jahr aus Mexiko in die Vereinigten Staaten gekommen. Zwei Drittel von ihnen haben dort Jobs gefunden, die ihnen, ihren Familien und ihren Arbeitgebern nutzen ... Der Beschäftigungsanstieg in den USA überstieg das Wachstum der eigenen Bevölkerung im arbeitsfähigen Alter, was eine beispiellose Nachfrage nach Arbeitsmigranten nach sich zog. Mexiko besitzt eine solche Arbeitnehmer-Reserve als Folge des schleppenden Wirtschaftswachstums in den 1980er und frühen 1990er Jahren und der 1989 begonnenen Restrukturierung der Landwirtschaft: All dies führte zu einem bezeichnenden Anstieg der Migrationsströme. Nachfrage wurde zu einem bedeutsamen Antrieb der Migration." (Latapi 2008: 2f.).[264]

Und last not least sinken Hemmschwellen für Emigrationsentscheidungen angesichts der transnationalen sozialen Verbindungen, die sukzessive entstehen und aufeinander aufbauen. Individuelle potenzielle Risiken sinken, weil ein zunehmend belastbares ‚soziales Netz' zur Abfederung derselben besteht:

„Netzwerke entstehen als Antwort auf versteckte Migrationskosten, die mit der Arbeitssuche und Niederlassung im Ausland verbunden sind. Carrington ... entwickelte ein Modell regionaler Arbeitsmigration. Demzufolge leiten Migrationsnetzwerke die Wanderungsströme zunächst, wenn die Migrantenpopulation noch klein ist, träge durch, nach einiger Zeit aber schneller, wenn die Migrationskosten im Vergleich zu früher systemimmanent gesunken sind." (Hanson 2006: 25).[265]

Und so verselbständigen sich Migrationsbewegungen, die vielleicht ursprünglich aufgrund von Lohndifferenzen bzw. Arbeitskräfteüberschuss und -mangel in Gang gekommen sind, vor allem aufgrund der wachsenden Vernetzung (siehe hierzu Kapitel 3.5.). An der zunehmenden Vernetzung wird eine Grenzabschottung nichts ändern können. Auch die Darlegungen in Kapitel 3.3.4. zeigen, dass Globalisierungsprozesse Gutes und Schlechtes bewirken könn(t)en, aber, weil vieles eher unreguliert passiert als gestaltend genutzt wird, nutzen sie eher jenen, die bereits viel haben, als jenen, die nichts besitzen. Letztere sind nach wie vor sich selbst und ihrer eigenen Kreativität überlassen. Zusammenfassend und perspektivisch wird deshalb folgender Analyse der UNCTAD zugestimmt:

„Die Globalisierung von Produktion und Finanzen könnte dazu beitragen, aus der Armutsfalle auszubrechen, wenn sie gering entwickelten Ländern helfen würde, von diesen Zugängen zu Wachstum und Armutsverminderung zu profitieren. Globalisierung ist ein höchst ungleichmäßiger Prozess, sowohl in geografischer als auch in funktionaler Hinsicht. Angesichts der fortgesetzten Beschränkungen internationaler Migration, insbesondere für gering qualifizierte Arbeitskräfte, bleibt Individuen, die sich für Auswanderung entscheiden, um der Armut zu entkommen, größtenteils nur die Wahl zwischen Armut zu Hause und sozialer Ausgrenzung – als illegaler Immigrant oder Bürger zweiter Klasse – im Ausland." (UNCTAD 2002: 157).[266]

3.3.5. Ökologische Katastrophen und Niedergang

„Ecological Globalization – Catastrophe in the Making" nennen Held und Kollegen ihr Kapitel zur ‚ökologischen Globalisierung'. Im Gegensatz zu anderen Globalisierungsprozessen kann man feststellen, dass das Bewusstsein von der ökologischen Globalisierung weit verbreitet ist. Expertengremien wie das mit dem Nobelpreis ausgezeichnete *Intergovernmental Panel on Climate Change* (IPCC), politische Parteien wie die Grünen, Bestseller wie Al Gores *Eine unbequeme Wahrheit* oder Jared Diamonds *Kollaps* haben ein breites populäres Wissen zum Thema geschaffen. Dies trifft auf ein ‚gefühltes Unwohlsein', selbst in den von den Auswirkungen klimatischer Veränderungen noch relativ verschonten Industrieländern: Die Zunahme von Stürmen der Kategorie 5 in der Karibik, orkanartige Winterstürme in Deutschland mit heftigen Frühjahrs-Hochwassern, steigende Schneefallgrenzen und schrumpfende Gletscher vermitteln das Wissen, dass „etwas geschieht, das es früher so nicht gab".

Dabei liegen auch hier die Anfänge der heutigen Misere weit vor dem Beginn der Globalisierungsepoche. Die Verfeuerung fossiler Brennstoffe etwa, eine Ursache für den Treibhauseffekt, gibt es in großem Stil seit der Industriellen Revolution, entsprechend gilt, dass der Klimawandel durch Entwicklungen in jüngster Zeit bestenfalls beschleunigt wird (vgl. Held u. a. 2001: 391). Dennoch ist weitgehend unumstritten, dass das heutige Ausmaß ökologischer Probleme zusammen gesehen werden muss mit der Expansion des westlichen ökonomischen Modells (*Economical Globalization*): „Dies vergrößerte die geografische Reichweite von Verschmutzung, während gleichzeitig die weltweiten Kapazitäten für den Ressourcenverbrauch insgesamt anstiegen." (Held u. a. 2001: 409).[267] Gerade weil Staaten wie Indien, China und andere Schwellenländer endlich den Anschluss an den Lebens-, Produktions- und Konsumstandard der Industriestaaten erreichen wollen (die so genannte nachholende Entwicklung) und ungesteuertes und ungebremstes Wachstum nach wie vor als Königsweg dorthin angesehen wird, sind sie noch weniger zum Umdenken und zu Abstrichen bereit als die reichen Länder.

Dabei liegt im Bereich ökologischer Veränderungen schon heute die größte Ursache von internen und grenzübergreifenden Migrationsbewegungen, wenngleich hier ein besonders komplexes Ineinanderwirken von Einzelfaktoren berücksichtigt werden muss (Wöhlke 1992). Mehr oder weniger fundierte Berichte über den Anstieg von Meeresspiegeln, die Zunahme von Stürmen und die Ausbreitung von Wüsten gibt es regelmäßig, etwa allgemein im *Human Development Report 2007/2008* (UNDP 2007a) oder spezifischer bei Klimakonferenzen, etwa im Oktober 2008 von der internationalen Konferenz *Environment, Forced Migration and Social Vulnerability*.[268] An dieser Stelle sollen wieder Beispiele aus Belize gebracht werden, wo es in der Nationalhymne zwar immer noch zu recht heißt "Nature has blessed you with wealth untold", wo aber auch gespürt wird, dass dieser Reichtum bedroht ist. Folgende Ursachenkomplexe binden dort ökologische Entwicklungen und (illegale) Migration zusammen:

- Aktuelle Katastrophen mit sofortiger Fluchtbewegung bzw. dadurch später eröffnete Migrationszusammenhänge
- Graduelle Degradierung/Verschlechterung der Lebensbedingungen durch staatlich-wirtschaftliche Einflüsse
- Graduelle Degradierung/Verschlechterung der Lebensbedingungen durch klimatische Veränderungen
- Ökologische Degradierung durch Überbevölkerung
- Vertreibung von Menschen aus Gründen des ‚Umweltschutzes'

Aktuelle Katastrophen: Am 31.10.1961 zerstörte Hurrikan *Hattie* Belize City und die nördlichen Teile von Belize. Je nach Schätzung kamen zwischen 275 und 400 Menschen ums Leben, es war die größte Naturkatastrophe, die Belize je getroffen hat. Unter der Hilfe, die die USA Belize in der Folge gewährten, war auch die Aufnahme von Flüchtlingen durch erleichterte Erteilung von Einreise-, Niederlassungs- und Arbeitserlaubnissen. Nach deren Niederlassung begann eine rege Besuchstätigkeit zwischen ihren Wohnorten in den USA und den nördlichen Landesteilen von Belize; die so entstandenen Netzwerke wurden und werden von vielen Verwandten und Bekannten der ehemaligen ‚Umweltflüchtlinge' auch zur dauerhaften legalen und illegalen Niederlassung in den USA genutzt. Eine dem Verfasser bekannte Familie aus dem Corozal District war ursprünglich nicht von *Hattie* betroffen. Als es aber bei ihnen Mitte der 1970er Jahre zu einer wirtschaftlichen Krise durch den Zusammenbruch der Zuckerrohrindustrie kam, nutzten Familienangehörige Kontakte in den USA, um die eigene illegale Migration dorthin zu betreiben. Im Endeffekt zogen drei von zehn Geschwistern auf diesem Weg nach Chicago und holten später, ebenso ‚illegal', ihre Familien nach. Dasselbe machte eine ‚größere Anzahl' von Cousins und Cousinen. Die so in die USA zustande gekommenen Kontakte hatten im Hinblick auf spätere Katastrophen auch Gutes: Als es 2001 im Toledo District zu schweren Zerstörungen durch den Hurrikan *Iris* kam, organisierten legale und ‚illegale' Angehörige in den USA einen großen Lastwagen mit Hilfsgütern, den sie in ihre Heimat schickten. Auch in den Nachbarstaaten von Belize dienen gewachsene Migrationsverbindungen in die USA als Ventil in Katastrophenfällen: Als es in Honduras, Guatemala und El Salvador 1998 durch Hurrikan *Mitch* zu Verwüstungen durch Regenfälle und Schlammlawinen (z. T. mitverursacht durch Abholzung!) und 2001 zu Zerstörungen durch Erdbeben kam, erwogen anschließend eine Reihe von Menschen, ‚illegal' in die USA zu ihren Verwandten zu gehen anstatt ihre zerstörten Häuser und Dörfer wieder aufzubauen. Der finanzielle Aufwand war in beiden Fällen (neues Haus oder Schleusungsgebühr) in etwa gleich.[269]

Drohende Abwanderung durch Verschlechterung der Lebensgrundlage aufgrund staatlich-wirtschaftlicher Einflüsse: Drei Beispiele veranschaulichen den schleichenden Einfluss ökonomischer Interessen auf die Lebensgrundlagen im Toledo District. Bereits erwähnt wurden die Folgen des Lizenzverkaufs für die Holzindustrie, die zu Verschmutzung von Wasser und zur Vertreibung des jagdbaren Wilds führte; ebenso wurde bereits eingegangen auf die Folge von Privatisierung und die Notwendigkeit, aus Zwecken der Steuerzahlung und Schulfinanzierung mehr anzubauen als der eigene Lebensbedarf erfordert (siehe Kapitel 3.1.2.). Risiken entstehen aufgrund der verstärkten Nachfrage nach Bio-Kakao auf dem Weltmarkt. Agenten von Genossenschaften und Firmen versuchen zunehmend, auch Maya-Dörfer für den Anbau von Kakao-Bäumen zu gewinnen. Unklug durchgeführt, würde dies aber zum einen die kollektiv organisierte Subsistenzwirtschaft gefährden und kapitalistische Elemente und damit soziale Unterschiede in das Dorf einführen, hätte aber auch Auswirkungen auf die ökologische Sicherheit der Dörfer. Im Dolores Village wurde den Bewohnern viel Geld für den Anbau auf bestimmten, für Kakao sehr geeigneten Berghängen geboten, was von der Dorfgemeinschaft nach einer kontrovers geführten Dorfversammlung abgelehnt wurde: Die Gefahr von Bodenerosion und Erdrutschen erschien unverhältnismäßig groß.

Drohende Abwanderung durch Verschlechterung der Lebensgrundlage aufgrund klimatischer Veränderung: Bei der Betrachtung von klimabedingten Veränderungen darf nicht nur auf die Extreme, z. B. Hurrikane, geachtet werden, sondern auch auf die weniger spektakulären, dafür aber häufigeren Vorkommnisse. Hier ist aus Sicht der Ältesten für den Toledo District festzustellen, dass im zeitlichen Rückblick die Trockenzeiten generell immer heißer und länger, die Regenfälle während der Regenzeit jedoch heftiger werden, und es deshalb leichter zu Überschwemmungen kommt.[270] 2007 schrammte der Toledo District zwar knapp an zwei Hurrikanen vorbei, die den Norden des Landes und Honduras verwüsteten. Sowohl 2007 als auch 2008 kam es jedoch zu äußerst heftigen Regenfällen und Überschwemmungen. Konkret zu 2008: Der tropische Sturm *Arthur*[271] verwüstete Toledo am 1.6.2008. In 36 Stunden fielen stellenweise bis zu 25 Zentimeter Niederschlag, die landesweit angerichteten Schäden wurden von der Regierung mit 77 Millionen BZ-Dollar angegeben.[272] Der Temash River überflutete dabei das Dorf Crique Sarco und alle Felder, die zwei Kilometer entfernt vom Flussbett lagen. Erneut brachen Regenfälle im Oktober alle Rekorde vorhandener Wetteraufzeichnungen. Die Schäden waren bei Beendigung der Arbeiten zu diesem Buch noch nicht absehbar.[273] Aufgrund von Regenfällen in anderen Landesteilen wurde Toledo, wegen Zerstörung der einzigen Verbindungsstraße, mehrfach vom Rest des Landes abgeschnitten, die Versorgung mit Lebensmitteln, Treibstoff und Baumaterialien kam ins Stocken. Die heftigen Regenfälle der vergangenen zwei Jahre verursachten in flussnah gelegenen Dörfern bereits drei ausgefallene bzw. deutlich verminderte Ernten. Die Diskussion beginnt, ob die Dörfer aufgegeben werden sollen.

Ökologische Degradierung durch Überbevölkerung: Da die Maya kein öffentliches Sozialversicherungs- und Rentensystem kennen, haben sie viele Kinder in der Hoffnung, dass diese später die Altersversorgung der Eltern absichern werden. Zusätzlich zu den oben genannten Gründen für die Erhöhung landwirtschaftlicher Produktion führt auch dies zur Ausweitung der so genannten *Slash-and-Burn*-Methode zur Bewirtschaftung der Felder (siehe Anhang 6, Bildtafel 14). Diese Art der Feldbestellung strebt zwar an, durch periodisches Brachliegen der Natur Zeit zur Regeneration zu geben, lässt sich aber aufgrund der benötigten Ackerbaufläche nicht mehr konsequent durchhalten. Entsprechend wird zunehmend Regenwald zerstört und in landwirtschaftlich genutzte Fläche umgewandelt. Landesweit nahm die Waldfläche von Belize in den Jahren 1990-2000 um 20,9 Prozent ab.[274]

Vertreibung von Menschen aus Gründen des ‚Umweltschutzes‘: Ca. 40 Prozent des Territoriums von Belize steht aus ökologischen Gründen unter Schutz, eine Folge des Einflusses von transnationalen Umwelt-NGOs aus aller Welt auf die Regierung von Belize. Und so kam es bei der Einrichtung des Jaguar-Reservats in Bladen zur Umsiedlung der traditionell dort ansässigen Maya, ebenso soll der oben erwähnte Militäreinsatz gegen das Dorf Hicatee auf eine Anzeige von Umweltaktivisten zurückgehen.

> „Die nahezu vollständige Ignorierung der Interessen der belizeanischen Bevölkerung, ausgenommen dort, wo deren Interessen mit den ökologischen Prioritäten zusammenfiel, ließ sich nicht verbergen. Einwände gegen ein solches Vorgehen zwangen die Umweltaktivisten, zumindest ein Lippenbekenntnis für einen Ansatz abzugeben, der das Leben und die Bedürfnisse der Bewohner in die Gesamtgleichung einbezieht. Aber die Sensibilität für die Interessen der Einwohner ist nicht groß … Es sind schließlich diese Leute, die die Umwelt zerstören und vor denen die Umwelt geschützt werden muss.“ (Sutherland 1998: 140).[275]

Ein solcher *Ecocolonialism* ist allerdings nicht auf Belize beschränkt. Sutherland sieht ähnliche Vorgänge, bei denen Tieren und Pflanzen ein höherer Stellenwert zugemessen wird als Menschen, in Afrika: „Westler, … die Elefanten von Ferne beobachten, haben keine Vorstellung von den Kosten, die die örtliche Bevölkerung zahlen muss für den Verlust an Entwicklung und für Einbußen an Ernten, Häusern und Leben – um Elefanten zu erhalten.“ (Sutherland 1998: 142).[276]

Das Vorgesagte ist, isoliert betrachtet und für sich genommen, nicht wirklich dramatisch. Dramatisch wird es aber, wenn an einem Ort mehrere Faktoren zusammenkommen, etwa wenn Verlust von Regenwald durch Holzschlag, Ackerbau und das Anlegen von Viehweiden kombiniert wird mit tropischem Starkregen, in dessen Folge sich das Wasser schneller und gewalttätiger denn je seinen Weg bahnt (siehe Anhang 6, Bildtafel 15).

Nach Einschätzung der Experten der UN-Universität anlässlich der Klimakonferenz in Accra 2008 wird es im Jahr 2050 200 Millionen ‚Umweltmigranten‘ geben (d. h. drei Prozent der Weltbevölkerung),[277] viele davon ‚illegal‘. Dabei handelt es sich um Migrationsbewegungen, die aus ökologischen Gründen ausgelöst werden, meist (noch) um Binnenmigration bzw. um Migration über die Grenze des Nachbarstaates. Dies liegt in der Natur der Sache: Durch den Verlust der ökonomischen Lebensgrundlage haben jene Menschen keinerlei Ressourcen, die ihnen bei einer illegalen Migration über große Distanzen hinweg helfen könnten. Konkret: Während tschetschenische Migranten durch den Verkauf ihres Lands und ihres Viehs sowie die Aufnahme einer Hypothek auf das elterliche Haus ihre illegale Einwanderung in die EU bewerkstelligen können, verlieren Umweltflüchtlinge ihre Felder und Tiere, und die Häuser sind, wenn der Ort selbst unbewohnbar wird, wertlos.

Aber selbst dann ist nicht ausgeschlossen, dass auch solche Menschen sich irgendwann in die reichen Länder aufmachen, wenngleich über mehrere Zwischenstationen, zunächst in die Metropolen des eigenen Landes, dann etappenweise in Richtung der reichen Länder des Nordens.

> „Ein weiterer Faktor, der Migration vom Land in die Stadt beeinflusst, ist die ökologische Degradierung. Die Abholzung von Wald, der Verlust fruchtbaren Bodens, die Vergiftung von Grundwasser durch Dünger sowie andere Umweltprobleme gefährden Subsistenz-Ackerbau. Verschlechterungen bei den kleinen Bauernhöfen sind ein Anreiz, ländliche Gegenden in Richtung der Städte, vor allem der Hauptstädte, zu verlassen. Die Forschung hat gezeigt: Wenn diese Binnenmigranten erst einmal in einer städtischen Umgebung sind, weisen sie eine höhere Bereitschaft zur grenzüberschreitenden Emigration auf. Dieser Prozess wird als ‚Stufenmigration' bezeichnet." (Mahler/Ugrina 2006: 3f.).[278]

Werden dann aber solche Migranten in Feldstudien ‚erforscht', ist die Versuchung groß, sie als ‚ökonomische Migranten' zu kategorisieren, weil sie ja ‚nur' der Armut elender Slums zu entkommen suchen – nicht aber als ‚ökologische Migranten', deren Lebensgrundlage auch aufgrund des westlich inspirierten und durch Globalisierungsprozesse universalisierten Produktions- und Konsumstils zerstört wurde.

3.3.6. ‚Globalisierung' der Menschenrechte

Eine letzte für unseren Kontext wichtige Entwicklung im Zeitalter der Globalisierung ist der enorme Bedeutungsgewinn der Menschenrechtsidee als Priorität und Grundlage des menschlichen Zusammenlebens vor allen ordnungsrechtlichen Ambitionen. In der Rechtswissenschaft wächst die Ansicht, dass der Staat zunächst zur effektiven Gewährung von Menschenrechten verpflichtet ist, während das Recht auf Aufenthaltsregulierung eine nachgeordnete Verpflichtung ist.

> „Der menschenrechtliche Universalismus verlangt keineswegs den Abbau staatlicher Grenzen; er zielt auch nicht auf eine Politik der totalen Grenzöffnung ab. Vielmehr haben Staatsgrenzen auch in Zeiten der Globalisierung ihre Funktion. In ihrem konkreten historischen Verlauf uneinholbar kontingent, dienen sie dazu, staatliche Verantwortungsbereiche zu klären und zu koordinieren, und erleichtern auf diese Weise die administrative Gewährleistung von Rechtsstaatlichkeit und Sozialstaatlichkeit. Von dorther gewinnt das staatliche Grenzregime auch aus

menschenrechtlicher Perspektive seine – allerdings von vornherein *bedingte* – Legitimität. Anders als Carl Schmitt und seine Jünger behaupten, die das Grenzregime zum eigentlichen ‚Testfall' staatlicher Souveränität stilisieren, handelt es sich um eine *funktionale und insofern sekundäre Legitimität*, deren *primären Grund die in arbeitsteiliger Kooperation der Staaten zu verwirklichenden Menschenrechte* bilden. Insofern müssen die Menschenrechte als kritischer Maßstab auch für den politischen Umgang mit staatlichen Grenzen sowie mit grenzüberschreitenden Kommunikations-, Handels- und Wanderungsprozessen zur Geltung kommen."[279]

Auch hier sind es die Medien, das Internet sowie der internationale Reiseverkehr, die zur Verbreitung der Menschenrechtsideen beitragen, ebenso Nichtregierungsorganisationen, die sich seit 1989 explosionsartig auf der ganzen Welt verbreitet haben.[280]

Leider ist die Sicht der Rechtswissenschaft bisher kaum in praktische Politik und praktisches Recht umgesetzt. Aber: Staaten, die diese Priorität verletzen, geraten zunehmend unter Druck, von innen und von außen: Druck von außen umfasst das Spektrum von Briefaktionen, die von *Amnesty International* initiierten wurden, bis zu militärischen Interventionen. Sodann riskieren Staaten dort, wo sie Menschenrechte vorenthalten, dass sie von Gerichten zur Beachtung derselben verpflichtet werden. Dabei ist nicht nur von der Rechtsprechung nationaler (Verfassungs-)Gerichte die Rede oder von solchen Gerichten, die global und regional per internationalem Abkommen eingerichtet wurden (z. B. der *Internationale Strafgerichtshof* oder der *Europäische Gerichtshof*). Vielmehr wächst auch die Autorität von ‚Vertragskörperschaften' (*Treaty Bodies*), die über die Einhaltung bestimmter Menschenrechtsinstrumente wachen und die über ihre Arbeit öffentlich Rechenschaft geben, z. B. die *UN-Menschenrechtskommission* oder die *Inter-American Commission on Human Rights.* Letztere war es, die 2005 erstmalig den Anspruch der Mayas aus Toledo auf ein *Homeland* bestätigte und den belizeanischen Staat aufforderte, deren traditionelles Siedlungsgebiet zu respektieren. Bislang eine folgenlose Empfehlung. Auch der Erfolg der Maya in gleicher Angelegenheit vor dem Obersten Gerichtshof von Belize wird bislang von der Regierung ignoriert, weitere Rechtskonflikte sind anhängig.[281]

Staaten geraten im Fall von Rechtsverletzungen auch von innen unter Druck durch das Engagement von Bürgern, die Unrecht anprangern und menschengerechtere Lebensbedingungen herzustellen suchen. Was Unrechtstaaten und Diktaturen betrifft, so riskieren diese Individuen und Gruppen dadurch Verfolgung. Sollten sie deshalb fliehen müssen, gibt es für sie heute zwar einen gewissen menschenrechtlichen Schutz durch das Asylrecht. Wie aber bereits andernorts dargelegt,[282] gibt es eine Reihe von Mängeln in diesem ‚Schutzregime': Es beginnt damit, dass die *Allgemeine Erklärung der Menschenrechte* zwar das Recht der Menschen verbrieft, „jedes Land, einschließlich seines eigenen, zu verlassen" (Art. 13,2) und in anderen Ländern „vor Verfolgung Asyl zu suchen und zu genießen" (Art. 14,1). Diesem individuellen Recht steht aber keine Verpflichtung der Staaten gegenüber, diesen Schutz auch zu gewähren. Hier sollte die *Genfer Flüchtlingskonvention* Abhilfe schaffen, aber auch deren Signatarstaaten tun einiges, um sich vor der Gewährleistung des Flüchtlingsschutzes zu schützen. ‚Sichere Drittstaaten' und ‚sichere Herkunftsländer' wurden eingeführt; die EU errichtete Außenposten und finanzierte Lager und Rückschiebungsprogramme in den Ländern vor ihren Toren (selbst wenn kooperierende Staaten wie etwa Libyen nicht einmal die Genfer Flüchtlingskonvention unterzeichnet haben); in der Rechtsprechung wird das Konzept des ‚Konventionsflüchtlings' und des ‚politisch Verfolgten' immer enger und kleinlicher definiert usw. Viele Flüchtlinge verzichten auf einen Asylantrag, weil sie darin ohnehin keine Aussicht auf Erfolg sehen und deshalb lieber durch ‚Verstecken' in der Illegalität einer Entdeckung und nachfolgender Abschiebung ausweichen wollen. All dies wiederum führt zu einer beachtlichen Anzahl von De-facto-Flüchtlingen unter den ‚Illegalen', eine Personengruppe mit besonderen Bedürfnissen.

Aber auch anderswo bestehen innerhalb der so genannten entwickelten Länder immer noch Spannungen zwischen dem deklaratorischen ‚Zuerkennen von Rechten' und dem faktischen ‚Gewähren von Rechten'. Für ‚Illegale' sind zentrale Grundrechte, die für Staatsbürger selbstverständlich sind (z. B. Recht auf körperliche Unversehrtheit, Bildung, Schutz vor Ausbeutung und Verbrechen) nicht wirklich zugänglich (siehe Kapitel 5.2. und 5.3.). Aber auch in diesen Fällen müssen Behörden und Regierungen in Industriestaaten inzwischen damit rechnen, vor Gericht gezogen und dort zur Gewährung von Menschenrechten verpflichtet zu werden.[283]

Freilich: All dies sind langwierige Prozesse, und viele Menschen sind nicht bereit oder, mangels Zeit und Ressourcen, nicht in der Lage, auf einen Richterspruch zu warten. Entsprechend greifen sie zur Selbsthilfe: Im Grenzbereich sind deshalb nicht nur kommerzielle und kriminelle Dienstleister tätig, sondern auch Gruppen, die aus menschenrechtlichen, ethischen oder religiösen Gründen Migranten helfen, die Grenze trotz staatlicher Abschottungsbemühungen zu überwinden. Dabei kann es zu ungewöhnlichen Kooperationen kommen; denn Menschenrechte sind in diesem Kontext ein Bezugsrahmen, der linksautonomen Gruppen zur Rechtfertigung ihrer Handlungen ebenso dient wie religiös motivierten Gemeinschaften. In den USA wird ein solches Handeln staatlicherseits sogar toleriert: Von Kalifornien bis Arizona gibt es entlang der Grenze Kirchengemeinden, die nicht nur kostenlose Unterkünfte, medizinische Versorgung und Jobbörsen für ‚Illegale' bereitstellen, sondern unter den Augen der Grenzschützer und mit deren Tolerierung im Grenzbereich deponierte Wasservorräte regelmäßig auffüllen, die ‚illegale' Einwanderer vor dem Verdursten retten.

Auch im Inneren der Staaten kommt es zu vergleichbar gesetzwidrigen, verdeckten Kooperationen aus menschenrechtlichen Motivationen und Erwägungen heraus, an denen viele beteiligt sind. Beamte und andere öffentliche Angestellte, weil sie verstehen, warum die faktische Gewährung eher im öffentlichen Interesse ist als eine sture Repressivität, Nichtregierungsorganisationen und Kirchen, weil es ihrem Ethos entspricht, und individuelle Bürger, für die Mitleid und Menschenrechte eine zunehmende Motivation und Rechtfertigung für ein Engagement sind, welches bewusst den Bruch positivrechtlicher staatlicher Gesetze in Kauf nimmt. Solche Menschen müssen „vor allem … das tun, was zuvörderst Aufgabe der Staaten wäre, was diese aber aus fehlgeleitetem Interesse häufig versäumen, sogar bewusst unterlassen, nämlich den Menschen zu sagen, dass sie Rechte haben.“[284]

Mit anderen Worten: Sowohl zwischen Staaten als auch innerhalb der Staaten kommt es heutzutage dort, wo (Menschen-)Rechte verletzt werden, zunehmend zu Handlungsstrukturen, welche die Rechte auch ‚Illegaler‘ faktisch gegen das staatliche Handeln in Schutz nehmen und diese durchsetzen oder gewähren, selbst wenn dabei geltende Gesetze gebrochen werden. Gerade in Deutschland wird ein solches Engagement für die Rechte ‚Illegaler‘ unverändert misstrauisch beäugt – zum Teil durch Datenabgleiche, zum Teil durch aktive Überwachung.[285] Das offensichtlichste Zeichen des staatlichen Misstrauens ist dabei bis heute, dass humanitär motivierte Hilfe für ‚Illegale‘ immer noch nicht ausdrücklich vom Verdacht der Beihilfe zu unerlaubtem Aufenthalt ausgenommen ist.

Trotz alledem kommt es unaufhaltsam zu faktisch existierenden, menschenrechtlich legitimierten grenzübergreifenden Schutz-, Rechts- und Normenräumen, die in offener Spannung zu geltendem nationalem Recht stehen. Die deutsche Kirchenasyl- und die US-*Sanctuary*-Bewegungen sind in diesem Zusammenhang die bekanntesten, aber bei weitem nicht die einzigen solcher ‚weltanschaulicher Netzwerke‘.[286]

Abschließend ist zu vermuten, dass neben dem organisierten Verbrechen, Paria-Regierungen und Warlords es wohl immer noch die transnationalen Unternehmen sind, die weltweit am großzügigsten menschenrechtliche Schutzverpflichtungen und vor allem arbeitsrechtliche Standards ignorieren, umso mehr, als Staaten sich scheuen, wirkungsvoller als bisher auf deren Einhaltung zu achten.[287] Es wird für sie also bis auf weiteres bei Selbstverpflichtungen im Rahmen des von den Vereinten Nationen initiierten, freiwilligen *Global Compact* bleiben, deren Umsetzung allerdings weder von neutralen Stellen überprüft noch im Falle von Verletzungen von außen eingefordert und durchgesetzt werden kann. Inwieweit hier Nichtregierungsorganisationen oder das Kaufverhalten beeinflussende *Name-and-Shame*-Kampagnen Ersatz sein können, muss abgewartet werden.

3.4. Migrationskontrollpolitik im Globalisierungszeitalter: Beispiel USA

3.4.1. Einleitung

Ein Dauerbrenner in der Diskussion jeglicher Migrationspolitik im Zeitalter der Globalisierung ist der Widerspruch zwischen dem Deregulieren von Finanz- und Warenflüssen bei der gleichzeitigen Beschränkung von Migrationsbewegungen. Das ist eine der großen Inkonsequenzen des derzeitigen Paradigmas, wenngleich es immer wieder Wirtschafts-

und Rechtswissenschaftler gibt, die, konsequent innerhalb ihrer (neo-)liberalen Prämissen, auch eine Deregulierung der Migration fordern (siehe Kapitel 5.4.4.). Dies ist jedoch weder in der Öffentlichkeit noch bei deren politischen Repräsentanten durchsetzbar – dort setzt man weiterhin auf Kontrolle bzw. Selektion.

Das Problem illegaler Zuwanderung in den USA stellt sich seit langem, und oft wurde dabei versucht, dem Problem mit einer Kombination von Legalisierungsprogrammen und Verschärfungen bei der Grenzsicherung beizukommen.[288] Dies gilt umso mehr, als es immer wieder Einsichtige gab, die betonten, dass man die hohe Anzahl ‚illegal' im Land befindlicher Menschen nicht (mehr) über Abschiebungen verringern kann.[289] Die letzte große Einwanderungsrechtsreform, die Gesetzeskraft erlangte, war die *Immigration Reform and Control Act* (IRCA) aus dem Jahr 1986.[290] Sie enthielt eine Stichtagslösung für ‚Illegale', nach der (vereinfacht gesagt) jeder, der nachweisen konnte, dass er sich bereits seit 1982 in den USA aufhielt, einen Antrag auf Legalisierung stellen konnte.[291]

Mit enthalten in dem Gesetzespaket waren aber auch strafrechtliche Verschärfungen für jene, die ‚Illegale' beschäftigen, die Festlegung von Geldstrafen und, als Begleitmaßnahme, eine Erhöhung der Ausgaben für Kontrollen an der Außengrenze und im Inland. Im Jahr 1993 startete Präsident Bill Clinton das Programm *Prevention Through Deterrence*, mit den bekannt gewordenen Grenzoperationen *Hold the Line* und *Rio Grande* in Texas, *Gatekeeper* in San Diego (Kalifornien) sowie *Safeguard Arizona*: In diesen vier Gebieten begannen der Bau von Zaun, Beton-Autopollern und die Installation von Überwachungstechnik (Cornelius u. a. 2007: 91f.).

Die Ausgaben zur Grenzsicherung in den USA verdoppelten sich zwischen 1985 und 1995 und verdreifachten sich zwischen 1995 und 2001.[292] Die Ergebnisse waren nicht die erhofften: Empirische Forschung ergab, dass etwa die Wahrscheinlichkeit eines Aufgriffs von 33 Prozent in den 1970er und 1980er Jahren auf fünf Prozent im Jahr 2002 sank, die Kosten pro Aufgriff hingegen von 100 US-Dollar im Jahr 1986 auf 1.700 US-Dollar stiegen (Massey 2005b: 7). Entsprechend stieg die Zahl ‚illegaler' Zuwanderer (erneut) kontinuierlich, aber seit Mitte der 1990er Jahre besonders stark:[293] Im Jahr 2004, 16 Jahre nach IRCA, pendelte sie schätzungsweise um die zehn Millionen Menschen.

Dies nahm Präsident George W. Bush zum Anlass, mit seinem Vorschlag eines zeitlich begrenzten Gastarbeiterprogramms im Januar 2004[294] eine öffentliche Debatte zur erneuten umfassenden Reform der Zuwanderungsgesetzgebung anzustoßen. Die Debatte wurde über drei Jahre engagiert, zum Teil aber auch heftig und polemisch geführt und endete mit der endgültigen Niederlage des *Secure Borders, Economic Opportunity and Immigration Reform Act* im Senat im Juni 2007. Die Geschichte dieser Debatte wird erst geschrieben werden müssen, da die zahlreichen Vorlagen, Stellungnahmen und Gegenstellungnahmen das in diesem Kontext Handhabbare bei weitem übersteigen.[295] Eine umfassende Darstellung dieser Debatte ist aber auch nicht nötig, da zentrale Elemente nun doch kein Gesetz geworden sind. Entsprechend werden in diesem Kapitel und an anderer Stelle dieses Buchs primär jene Maßnahmen präsentiert und diskutiert, die im tatsächlichen Alltag des Jahres 2008 relevant waren und es aller Voraussicht nach auch weiter sein werden.

Von Relevanz in diesem Zusammenhang sind last not least die Terroranschläge des 11.9.2001: Die Tatsache, dass Terroristen vorhandene Grenzkontrollen überlisten konnten, wurde ausgeweitet zur Behauptung, dass neben Terroristen auch ‚Illegale' bekämpft werden müssen, da auch diese die Grenzkontrollen überlisten und somit, wie die Terroristen, eine Bedrohung der nationalen Sicherheit darstellen. Die Frage stellt sich jedoch, ob diese Schlussfolgerung berechtigt ist.

3.4.2. Bekämpfung von Terroristen und ‚Illegalen'

In der Tat wurde die Gleichsetzung von Terroristen und ‚Illegalen' von Anfang an kritisiert: Keiner der Terroristen des 11.9. reiste ‚illegal' ein – alle waren sie im Besitz schwer enttarnbarer, gut gefälschter Pässe und Visa oder gar im Besitz echter Papiere (z. B. Studentenvisa) und machten sich ‚nur' eines Verstoßes gegen die Auflagen schuldig, weil ihre Absicht in den USA alles andere als die eines Studiums war (Koslowski 2004: 2f.). Eine umfassende Studie zum Zusammenhang von Terrorismus und illegaler Zuwanderung lieferte hierfür weitere Belege: Es „ist zu erkennen, dass die illegale Einwanderung, der die westlichen Behörden so viel Aufmerksamkeit schenken, für Terroristen kaum eine Rolle spielt. Nur sechs Prozent der betrachteten Personen kam ‚illegal' in das Gastland."[296] Darüber hinaus lassen auch andere Daten die Frage aufkommen, ob Grenzsicherung die Antwort auf eine terroristische Bedrohung ist: So sind bis heute arabische und muslimische ‚Illegale', die an der US-mexikanischen Grenze aufgegriffen werden, eine extrem kleine Anzahl.[297] Es dominieren Migranten aus Honduras, El Salvador, Guatemala und Brasilien, die – und das bestreitet niemand ernsthaft – vor Arbeitslosigkeit, Naturkatastrophen, schlechter *Governance* fliehen, nicht aber als terroristische Bedrohung gelten.[298]

Gegen alle Fakten wurde jedoch von Politikern, oft mit Berufung auf ‚geheime' Erkenntnisquellen, die Behauptung aufrechterhalten, dass man illegale Zuwanderung bekämpfen müsse um die terroristische Bedrohung abzuwehren.[299] Und so wurden viele der Maßnahmen, die nachfolgend diskutiert werden, im Hinblick auf Terroristen und ‚Illegale' gleichermaßen entwickelt und implementiert. Dabei besteht unter Experten Einigkeit dahingehend, dass, selbst wenn die neuen Maßnahmen implementiert gewesen wären, die Terroristen des 11.9. durch dieselben nicht von ihrer Tat abgehalten worden wären.

> „Das Problem besteht darin, dass eine selektive Migrationsstrategie – wie beispielsweise: die Vermögenden und gut Ausgebildeten einladen und gleichzeitig die Armen auf Distanz halten – nicht notwendigerweise die inländische Sicherheit verbessert, ganz gleich wie perfekt die zum Einsatz kommende Grenzkontrolltechnik ist. Selbst wenn die Informationstechnologie,

die in der Smart Border Initiative skizziert wurde, am 11.9.2001 komplett einsatzfähig gewesen wäre, ist es unwahrscheinlich, dass sie die Flugzeugentführer hätte stoppen können. Das Ausschlusskriterium lautete: Wird ein Einreisender ohne Genehmigung arbeiten oder illegal in den Vereinigten Staaten bleiben, nachdem sein Visum abgelaufen ist? Fünfzehn der neunzehn Entführer waren saudische Staatsangehörige, und die überwältigende Mehrheit saudischer Staatsangehöriger, die vor dem 11.9. ein US-Visum beantragten, wurden nicht befragt, weil diese üblicherweise über ausreichende finanzielle Mittel verfügen und deshalb kein hohes Risiko darstellen – bezogen auf die Gefahr, illegal in den USA zu bleiben oder zu arbeiten. Das Problem ist aber, dass die Reichen gefährlich sein können. Deshalb befindet sich die selektive Migrationsstrategie, die auf Kriterien wie Reichtum und berufliche Qualifikation beruht, in einem Konflikt mit sicherheitspolitischen Erfordernissen, die idealerweise auf geheimdienstlichen Erkenntnissen beruhen sollten, tatsächlich jedoch auf Kriterien wie nationale Herkunft, Religionszugehörigkeit oder politischen Aktivitäten basieren." (Koslowski 2004: 5f.).[300]

Könnte es also sein, dass die Anschläge des 11.9. nur zum Anlass dienten, die Grenzen gegen ‚unerwünschte' Zuwanderer besser abzusichern? Zu solchen Schlüssen verleitet auch die Praxis der US-Visavergabepolitik. Auch dort nähren Statistiken den Verdacht, dass diese nicht primär zur Terrorismusbekämpfung eingesetzt wird:

„Visa werden Antragstellern vor allem verweigert, weil sie als Einwandungs- und nicht als Sicherheitsrisiko gesehen werden. Die Kriterien, Migranten auszuschließen, weil sie ein Risiko hinsichtlich Arbeit und Aufenthalt in den USA darstellen, bleiben im Rahmen des Visa Waiver Program in Kraft. Die Bedeutung wirtschaftlicher Kriterien für den Ausschluss wurde deutlich, als die USA Argentinien während der argentinischen Wirtschaftskrise vom Visa Waiver Program ausschlossen. Dafür war die Befürchtung ausschlaggebend, dass argentinische Bürger zur Arbeitssuche in die USA kommen würden." (Koslowski 2004: 28).[301]

Am bedenklichsten ist, dass durch die seit dem 11.9. ergriffenen Maßnahmen vermutlich genau das befördert wird, was eigentlich bekämpft werden soll, etwa dadurch, dass die Schwierigkeit zunimmt, terroristische Zuwanderung zu enttarnen. Indem illegale Grenzübertritte immer schwieriger und damit teurer werden, erhöht sich die Attraktivität dieses Business für Schleuserorganisationen, die nun ihrerseits viel Kreativität und Hightech auf diesem Gebiet investieren.

„Ironischerweise haben die Bemühungen der US-Regierung, die illegale Einwanderung durch die Befestigung der US-mexikanischen Grenze einzudämmen, die Profitmargen von Menschen schmuggelnden Organisationen erhöht und das Entstehen raffinierterer Schleusungsnetzwerke begünstigt, mit denen auch ausländische Terroristen das Land betreten könnten." (Ewing 2006: 1, vgl. 5-8).[302]

3.4.3. Behinderung legaler Zuwanderung

Seit Jahren ist eine wichtige Strategie der USA hinsichtlich jener Staaten, aus denen viele ‚illegale' Migranten kommen, unerwünschte Zuwanderung durch hohe Gebühren bei der Visabeantragung sowie lange Wartezeiten zu unterbinden. Auch hier dienten die Anschläge des 11.9. als Vorwand, die Gebühren für die Beantragung eines Visums kräftig anzuheben. In Belize etwa von 20 auf 100 US-Dollar. Hierbei muss bedacht werden, dass dieser Betrag unabhängig davon gezahlt werden muss, ob ein Visum erteilt wird oder nicht – und es ist auffällig, dass junge Menschen im besten erwerbsfähigen Alter, aber ohne ‚Beziehungen', in der Regel keine Chance mehr haben, ein Touristen- oder Besuchervisum zu erhalten. Entsprechend wächst die Bereitschaft, diesen Betrag gleich in illegale Projekte zu investieren.

Es gibt allerdings auch Bereiche, wo man seitens der Migranten (zunächst jedenfalls) Hemmungen hat, Angehörigen – vor allem Ehefrauen und Kindern – die Belastungen eines illegalen Migrationsprojekts zuzumuten, und wo man seitens der USA aufgrund rechtlicher Bestimmungen nicht in der Lage ist, ein Einreisegesuch abzulehnen. Ein *Lawful Permanent Resident* etwa kann den Nachzug von Frau und minderjährigen Kindern beantragen. Hier kommt es aber aufgrund völlig unzureichender gesetzlicher und administrativer Instrumentarien zu Verzögerungen, weil (beispielsweise) pro Jahr aufgrund bestehender Quoten nur 20.000 mexikanische Familienangehörige legal einreisen dürfen. Dies bedeutet: Angehörige müssen sich in die Warteschlange ‚stellen', bis sie an der Reihe sind – was viele Jahre dauert. Es ist nachvollziehbar, dass den Wartenden irgendwann die Geduld ausgeht und dass sie eine illegale Familienzusammenführung versuchen.[303]

3.4.4. Abschottung der Landgrenze

Am offensichtlichsten sind allerdings die Maßnahmen zur Sicherung der Landesgrenze, vor allem zwischen den USA und Mexiko. Für die 2005 initiierte *Secure Border Initiative*, mit der bis 2008 Personal- und Hightech-Ausstattung an der US-mexikanischen Grenze erhöht werden sollte, stellte der Kongress 2,7 Milliarden US-Dollar zur Verfügung, für das Finanzjahr 2009 beantragte Präsident Bush dafür weitere 775 Millionen US-Dollar (GAO 2008a). Im Mai 2006 veranlasste Präsident Bush eine Aufstockung der Grenztruppen um weitere 6.000 Mann, im Oktober 2006 kam auf Beschluss des Kongresses der *Secure Fence Act* zustande, mit dem 1,2 Milliarden US-Dollar auf die Befestigung von 700 Meilen der Grenze durch einen Zaun verwendet werden sollen.[304] Ein teures Unterfangen: Im Jahr 2008 stiegen die ursprünglich projektierten Kosten von vier Millionen US-Dollar pro Meile auf 7,2 Millionen US-Dollar. Im Sommer 2008 waren 341 Meilen Zaun errichtet, aber zur Fertigstellung werden 440 Millionen US-Dollar mehr benötigt, die aus anderen Budgets des *Department for Homeland Security* ‚umgewidmet' werden müssten – wo sie aber dringend benötigt werden, etwa, weil auch die Kosten für die elektronischen Komponenten der Grenzbefestigung (Kameras, Sensoren etc.) ausufern.[305]

Rechtfertigt der Aufwand den Nutzen? Auf den ersten Blick ja, denn die Aufgriffszahlen sind beeindruckend:

Tabelle 7: Geschätzte illegale Einreisen, Festnahmen und Todesfälle an der Grenze Mexiko/USA

Jahr	Geschätzte illegale Grenzübertritte	davon Mexikaner	Festnahmen an der südwestlichen Grenze	Todesfälle an der südwestlichen Grenze
1998	668 000	507 000	1 516 680	254
1999	656 000	496 000	1 537 000	241
2000	667 000	530 000	1 643 679	372
2001	549 000	437 000	1 235 717	328
2002	450 000	378 000	929 809	322
2003	451 000	369 000	905 065	334
2004	562 000	459 000	1 139 282	328
Veränderung in Prozent 1998-2004	-15,9%	-9,5%	-24,9%	+29,1%

Quelle: GAO 2006b: 42 / GAO analysis of Border Safety Initiative (BSI) Data

Allerdings: „Die Zahl von Festnahmen sind ein schwacher Indikator für die aktuelle Höhe der illegalen Zuwanderung … Innerhalb eines einzigen Monats kann eine Person mehrfach festgenommen werden. Diejenigen, die aufgegriffen werden und einer freiwilligen Rückschiebung zustimmen, werden von den US-Justizbehörden nicht registriert." (Hanson 2006: 16).[306] Vor diesem Hintergrund ist es wenig überraschend, dass 95 Prozent der Aufgegriffenen einer ‚freiwilligen Abschiebung' zustimmen, was bei Mexikanern, die die Mehrzahl der Aufgegriffenen ausmachen, lediglich eine Fahrt zurück über die Grenze bedeutet.

> Dabei wird natürlich auch getrickst. Ein Gesprächspartner aus El Salvador wurde nach seinem ersten illegalen Grenzübertritt verhaftet und, da er seine Nationalität zugab, nach El Salvador abgeschoben. Beim zweiten Mal verbrachte er einige Zeit in der Nähe von Chihuahua, lernte das lokal gesprochene Spanisch und versuchte erneut den illegalen Grenzübertritt. Als er zum zweiten Mal verhaftet wurde, verwendete er den Chihuahua-Dialekt im Gespräch mit den US-Grenzbeamten, die er davon überzeugen konnte, dass er Mexikaner sei, sodass er nur über die Grenze zurückgeschoben wurde. Im dritten Anlauf gelang ihm dann die illegale Einreise in die USA.

Das *Center for Comparative Immigration Studies* (CCIS) in San Diego fand in einer Feldstudie über mexikanische Migranten heraus, dass 97 Prozent aller Befragten die Einreise in die USA schließlich doch gelingt: Zwar nicht beim ersten Mal, aber nach einem wiederholten Versuch.[307] Und in einer anderen Feldstudie kommt das CCIS zum Ergebnis, dass die sinkenden Aufgriffszahlen auch die Anpassungs- und Lernfähigkeit von Migranten und Schleusern spiegeln.[308]

Diese Beobachtung konnte durch die eigenen Feldstudien bestätigt werden. Sowohl die Familien illegaler Migranten in Toledo als auch aus Toledo stammende Gesprächspartner in den USA bestätigten folgenden Sachverhalt, und zwar unabhängig davon, ob die unerlaubte Einreise in den 1970er Jahren oder 2008 versucht wurde: Wer aufbrach,[309] dem gelang früher oder später die Einreise in die USA. Lediglich in einem Fall wurde bereits nach der ersten Verhaftung und Abschiebung das Migrationsprojekt komplett beendet, weil kein Geld für einen zweiten Versuch mehr vorhanden war. Darüber hinaus waren nach Auskunft der ‚illegalen' Gesprächspartner in Los Angeles auch im Jahr 2008 noch Grenzübertritte ohne Schleuser möglich, vor allem für jene aus Mexiko, die in Grenznähe wohnten oder jene aus anderen Ländern, die zwischen den USA und ihrem Herkunftsland öfters pendelten und ihre ‚persönliche' Erfolgsroute hatten.

Auch Phil Martin und Kollegen zweifeln an der Aussagekraft der Aufgriffsstatistik: Den Überblick zu behalten sei gerade wegen der Verlagerung der illegalen Grenzübertritte von den Grenzübergängen ins unübersichtliche Landesinnere schwierig. Dieses Ausweichen verschleiert auch den Sachverhalt, dass Menschen über die Grenze nicht nur ein-, sondern auch ausreisen: „Eine große, wenngleich unbekannte Anzahl von Menschen – schätzungsweise mehrere hunderttausend – entwischen den Grenzschutzbeamten … obwohl anzunehmen ist, dass eine gewisse Anzahl (auch wiederum unbekannt) dieser illegalen Ausländer nach einigen Monaten wieder zurückkehrt." (Martin u. a. 2006: 184f.).[310]

Hinreichende Erfahrungen mit der neuen und ausgeweiteten Grenzbefestigung müssen erst gesammelt werden. Es kann aber davon ausgegangen werden, dass sich Tendenzen fortsetzen, die sich empirisch bereits angesichts jener Grenzbefestigungen feststellen ließen, die nach der IRCA-Reform vorgenommen wurden.

Zunehmende Abhängigkeit von Schleusern bei der Ersteinreise. Nach Reyes und Kollegen ist zunächst bemerkenswert, dass die Zahl der Menschen, die auf Schleuser angewiesen sind, zugenommen hat: Von 1972 bis 1986 benötigten ca. 70 Prozent einen Schleuser, ab 1997 bereits 89 Prozent (Reyes u. a. 2002: 61-64). Hierbei ist zu beachten, dass es sich bei Schleusern nicht immer um kommerzielle oder kriminelle Dienstleister handeln muss, die hier gegen Bezahlung aktiv sind, sondern es kann sich auch um Verwandte und Bekannte handeln, die selbst über Grenzübertrittserfahrung verfügen, zur ‚Abholung' nach Mexiko kommen und den Übertritt kostenlos durchführen. Die Notwendigkeit, einen kommerziellen *Coyotes* zu engagieren, steigt, wenn es keine grenzübergreifende soziale Netzwerke gibt (Cornelius u. a. 2007: 99f.). Allerdings: Hat eine Person einen Grenzübertritt erfolgreich absolviert, kommt es durchaus vor, dass sie sich die Strecke merkt und bei der Ausreise bzw. Wiedereinreise keinen *Coyote* mehr benötigt.

Die Schleusungspreise steigen, die Gesamtreisekosten nicht unbedingt. Natürlich steigen auf dem allgemeinen Markt die Kosten für Grenzübertrittshilfen: Bei Personen, die einen Grenzübertritt bereits von zu Hause organisieren, stieg der Preis von 500 US-Dollar (1993) auf 1.000 US-Dollar (1998). Jene, die auf eigenen Kosten anreisen und sich im Grenzbereich direkt um das Anheuern einer Grenzübertrittshilfe kümmern, zahlten 1993 in der Regel 200 US-Dollar und im Jahr 1998 um die 700 US-Dollar. ‚Paketreisen', bei denen die komplette Reise samt Grenzübertritt enthalten waren, stiegen von 1.500 US-Dollar (1993) auf bis zu 5.500 US-Dollar (1998) (Reyes u. a. 2002: 61-64, vgl. Massey 2005b: 8). Nach Cornelius und Kollegen vervierfachten sich die Preise, die Yucatec-Maya für ihre *Coyotes* zahlten, zwischen 1993 (400 US-Dollar) und 2000 (1.600 US-Dollar), blieben aber dann, trotz der seit 2004 nochmals verschärften Grenzsicherungsmaßnahmen, konstant (Cornelius u.a. 2007: 102ff.).

Im Zuge der eigenen Feldforschung konnten folgende Preise ermittelt werden: Bei den ‚illegalen' Gesprächspartnern aus dem Toledo District lagen die Schleusungskosten von Belize in die USA mit einem Übertritt über die US-mexikanische Grenze zwischen 3.000 Quetzales (ca. 500 US-Dollar) und 20.000 Quetzales (ca. 3.500 US-Dollar) – je nachdem, welche Wegstrecke man selbst bewältigen konnte und für welche Abschnitte man die Dienste von Grenzübertrittshelfern brauchte. In einem Fall wurden aber auch 40.000 Quetzales (ca. 5.250 US-Dollar) gezahlt. Dabei handelte es sich um eine ‚Garantieschleusung', d. h. ein ‚Leistungspaket', das im Fall einer Verhaftung und Abschiebung bis zu drei weitere Grenzübertrittsversuche zusicherte. Bei ‚illegalen' Gesprächspartnern aus anderen Ländern wurden selbst für das Jahr 2008 noch wesentlich niedrigere Preise angegeben, etwa 150-200 US-Dollar. Dies hängt damit zusammen, dass diese Migranten bereits wiederholte Grenzübertritte durchgeführt haben und von ihrem bevorzugten Schleuser inzwischen Rabatte bekommen, andere können, da sie (im Gegensatz zu den belizeanischen Maya) des Spanischen mächtig sind, im Grenzbereich besser die vorhandenen Angebote am Markt untersuchen oder mit den *Coyotes* den Preis nach unten verhandeln, was etwa in flauen Zeiten leichter möglich ist als in Zeiten, wo Grenzübertritts-Hochkonjunktur herrscht.

Wichtig ist an dieser Stelle, dass selbst für jene mit deutlich gestiegenen Schleusungskosten die Reisekosten insgesamt nicht steigen müssen. Dies hängt mit den sich verringernden internationalen Reisekosen zusammen (siehe Kapitel 3.1.1.), aber auch mit der Fähigkeit und Bereitschaft von Migranten, sich über weite Strecken hinweg auf eigene Faust, etwa per Anhalter oder zu Fuß, durchzuschlagen. Kein Problem also, wenn man über viel Zeit verfügt und deshalb auch immer mal wieder einen Etappenstopp einlegt, um sich für den nächsten Reiseabschnitt durch Gelegenheitsarbeit die erforderlichen Geldmittel zu verdienen.

Längere Reisezeit: Dies leitet über zu einer Beobachtung, die auch von anderen empirischen Feldstudien bestätigt wird. Immer öfter beansprucht ein illegales Migrationsprojekt unter den heutigen Umständen mehr Zeit als in früheren Jahren, etwa wegen der Notwendigkeit, Patrouillenbewegungen im Grenzgebiet zu sondieren. Auch die Kontaktaufnahme zu Schleusern ist heute zeitaufwändiger (vgl. Cornelius u. a. 2007: 110).

Längere Aufenthaltsdauer, Abnahme von Pendelmigration: Studien ergaben, dass sich durch die Grenzbefestigung die Aufenthaltsdauer von ‚Illegalen' im Land verlängert und Pendelmigration abnimmt. Insbesondere Migranten, die kein Geld haben, nicht sonderlich risikofreudig sind oder sich eine längere Abwesenheit von ihrer Arbeitsstelle nicht leisten können (vor allem, weil in Zeiten schlechter Konjunktur solche Stellen sofort mit anderen ‚Illegalen' besetzt werden), bleiben lieber im Land als periodische Besuche zu Hause abzustatten, etwa zum Muttertag oder zu Weihnachten. Dasselbe gilt, wenn Migranten keine Arbeit finden: War es früher einfach, nach Hause zu gehen, zwingen die derzeitigen Kosten eines illegalen Grenzübertritts viele Migranten zu einem Daueraufenthalt, selbst wenn sie dies nicht wollen.

> „Obwohl die Militarisierung der Grenze nur geringe Auswirkungen auf die illegale Einwanderung von Mexikanern hatte, so hat sie doch die Wahrscheinlichkeit gesenkt, dass sie wieder in ihr Heimatland zurückkehren. Amerikas härteres Vorgehen hat die durchschnittlichen Kosten für einen illegalen Grenzübertritt ungefähr verdreifacht. Entsprechend steigt die Wahrscheinlichkeit, dass Mexikaner, die diesen Spießrutenlauf an der Grenze mitgemacht haben, sich verstecken und in den Vereinigten Staaten bleiben. Meine Studie hat belegt, dass in den frühen 1980er Jahre ungefähr die Hälfte aller ‚Illegalen' innerhalb von 12 Monaten nach ihrer Einreise nach Hause zurückgekehrt sind. Im Jahr 2000 jedoch lag die Rückkehrerrate bei gerade einmal 25 Prozent. Die USA sind nun Teil eines perversen Kreislaufs, in dem zusätzliche Grenzsicherheit die Rückkehrerrate senkt, was wiederum das Anwachsen der ‚Illegalen' im Land beschleunigt, was wiederum den Ruf nach einem härteren Durchgreifen nach sich zieht. Das einzige, das wir nach zwei Jahrzehnten Grenzmilitarisierung vorzuweisen haben, ist eine größere Illegalenpopulation, eine steigende Anzahl von Mexikanern, die beim Versuch, die Grenze zu überqueren, sterben, und eine steigende Belastung des Steuerzahlers durch eine Grenzsicherung, die kontraproduktiv ist." (Massey 2006).[311]

Mehr Tote. Eine weitere Folge der Grenzbefestigung ist, wie die Tabelle 7 zeigt, das Ansteigen von Todesfällen im Kontext von Grenzübertritten, da viele Einreiserouten in weniger kontrolliertes Terrain ausweichen oder Migranten, die glauben, es ohne einen Schleuser riskieren zu können, sich verirren. Es ist anzunehmen, dass die Anzahl der Todesfälle höher ist, da eine Reihe von Toten in dem unwegsamen Wüstengelände kaum gefunden werden dürften.

Entsprechend wächst die Skepsis bei Forschung, Praktikern und Regierungsstellen, ob die Abschottung ihr Geld wert ist und ob Aufwand und Wirkung in vertretbarer Relation stehen. Für die Forschung bilanziert das renommierte *Migration Policy Institute*:

> „Die US-Grenzsicherungsstrategie wurde charakterisiert als ein politisch erfolgreiches Versagen von Politikmaßnahmen. Das bedeutet, dass eine Illusion von Grenzkontrolle geschaffen wurde trotz eines fortgesetzten Zustroms von illegalen Migranten in die USA. Die Schlussfolgerung ist: ‚Anstatt illegalen Grenzübertritt zu vereiteln wurde die Südwestgrenze schlicht zu einem teuren Hindernis, welches hunderttausende Migranten jedes Jahr erfolgreich überwinden.'" (Meyers 2005: 22).[312]

Für die Praktiker soll ein Grenzschützer zu Wort kommen, der in Yuma, Arizona, einem entlegenen Platz an der US-mexikanischen Grenze, tätig ist. Chris van Wagenen meint im Hinblick auf den von ihm bewachten Abschnitt: „Mit diesem Zaun haben wir ein Loch gestopft. Es gibt aber immer irgendwo ein Loch."[313]

Selbst in den Publikationen des *US Government Accountability Office* mehren sich die Bedenken, ob Aufwand und Wirkung der Grenzsicherung noch in einem vertretbaren Verhältnis stehen. Das Ziel der *Customs and Border Protection Agency* ist laut *Secure Border Strategic Plan*

> „‚einen optimalen Mix aus Personal, Infrastruktur, Technologie und Kapazitäten zu entwickeln und zu implementieren, mit dessen Hilfe Grenzverletzer identifiziert, klassifiziert und aufgehalten werden können.' Allerdings: Jenseits dieser Behauptung kann der Ausgabenplan nicht darlegen, wie spezifische Aktivitäten der CBP sich zu diesem Ziel verhalten … Mehr noch: Während der Plan feststellt, dass ‚CBP die Erfordernisse nach Prioritäten ordnet und Mittel den höchsten Prioritäten zuweist', werden keine Details zur Verfügung gestellt, um diese Feststellung zu untermauern … Entsprechend ist der Plan nicht geeignet, den Kongress hinreichend zu versichern, dass die Mittel für die höchsten Prioritäten verwendet werden." (GAO 2008a: 42, vgl. GAO 2006b).[314]

Natürlich geht man in den USA auch der Frage nach, ob eine lückenlos abgeschottete Grenze überhaupt möglich ist. Dabei wird immer wieder der Vergleich mit der Berliner Mauer oder der Demarkationslinie zwischen Nord- und Südkorea gezogen (z. B. Spener 2001: 157). Dieser Vergleich übersieht aber, dass diese Abschottung nur deshalb funktionierte, da beiderseits der Berliner Mauer oder der Grenze zwischen Nord- und Südkorea kein Interesse an einem Austausch von Waren und Dienstleistungen bestand, während genau dies das ‚Herzblut' des Globalisierungszeitalters (und der US-amerikanischen Wirtschaft) ist. Selbst wenn in einer idealen Welt jeglicher grenzüberschreitende Verkehr über Grenzübergänge gelenkt werden könnte, gälte es dann eine weitere Frage zu beantworten: Wie lückenlos können Grenzübergänge abgesichert werden, um die Einreise von Terroristen und ‚Illegalen' zu verhindern?

3.4.5. ‚Smart-Border of the Future'

Eine Abschottung der Landgrenze durch die geschilderten Maßnahmen erhöht für ‚Illegale' die Attraktivität jener Orte, durch die Güter- und Personenverkehr gelenkt werden. Cornelius und Kollegen stellten fest, dass ‚Illegale', wenn sie vor der Wahl stehen, eher für häufigere Aufgriffe mit Abschiebung optieren als für die Risiken einer Wüstendurchquerung (Cornelius u. a. 2007: 95). Nun haben die USA an den Grenzübergängen nach dem 11.09.2001 ganz besondere Anstrengungen unternommen, verbesserte Kontrolltechniken einzuführen. Besonders prominent darunter: die Einbeziehung biometrischer Merkmale in Pässe und Visa.[315] Aber auch hier regt sich Skepsis, ob durch solche Mittel Terroristen und ‚Illegale' wirksam von einer unerlaubten Einreise abgehalten werden können. Nach Rey Koslowski wird der erhoffte Kontrollgrad durch die Massen an Grenzüberschreitungen erschwert, die jährlich an den Übergängen registriert werden:

> „Ungefähr 40 Prozent aller illegalen Einwanderer betreten die USA legal, überziehen dann aber ihre Visa. Es gibt aber nur ungefähre Schätzungen für die Anzahl jener ‚Visa-Überzieher', weil die US-Einwanderungsbehörden nicht all jene registrieren und zählen, die die USA wieder verlassen. All jenen auf der Spur zu bleiben, die in die USA einreisen und sie wieder verlassen, ist eine einschüchternde Aufgabe." (Koslowski 2004: 16).[316]

Wie einschüchternd und ernüchternd die Aufgabe in der Tat ist, belegen die zwei folgenden Beispiele: Die US-Grenzschutzbehörde skizziert die typische tägliche Arbeitsbelastung landesweit wie folgt:

> „An einem durchschnittlichen Tag werden über 1,1 Millionen Passagiere und Fußgänger, davon 630.000 Ausländer, über 235.000 Flugpassagiere, über 333.000 Privatfahrzeuge und über 79.000 Güterladungen an den Landesgrenzen abgewickelt ... Übergänge an den Landgrenzen bearbeiten die überwiegende Mehrheit aller Personen, ca. 74 Prozent aller Grenzübertritte." (CBP 2006: 8).[317]

Insgesamt gibt es 325 Grenzübergänge, die Landgrenzen passierten allein im Finanzjahr 2005 319 Millionen Personen, durch die Häfen rollten elf Millionen Frachtcontainer (CBP 2006: 9, 11, 12).

Als nächstes einige Zahlen für den größten (und laut ‚illegalen' Gesprächspartnern für sie populärsten) Grenzübergang: Tijuana-San Diego. Diesen passieren pro Jahr 50 Millionen Menschen. Pro Tag bedeutet dies 45.000 Autos mit einem oder zwei Insassen sowie 20.000 bis 30.000 Fußgänger. Alle müssen zwar eine Form von Identifikation zeigen, aber zum einen gibt es hier aufgrund der vielen verliehenen oder gekauften *Border Crossing Cards* eine Reihe von Betrugsmöglichkeiten, zum anderen bedeutet jede genauere Inspektion von Papieren lange Wartezeiten, gegen die sich Protest erhebt.[318]

Mit der *Western Hemisphere Travel Initiative* wird versucht, seit Sommer 2009 die biometrischen Daten von allen Reisenden zwischen den USA, Kanada, Mexiko und 17 Staaten der Karibik zu kontrollieren.[319] Aber auch diese Initiative wird von ‚Illegalen' und ihren Schleusern gelassen gesehen, da die ‚Familienähnlichkeit' zwischen Angehörigen, Ungenauigkeiten bei der Bemessung, Probleme, die sich aus der Masse von zu kontrollierenden Personen und der hierzu benötigten Zeit ergeben, das Risiko, mit geliehenen oder verfälschten Papieren aufzufallen, immer noch kalkulierbar machen.[320]

Darüber hinaus ist vieles eine Frage des Timings, so steigen die Erfolgsaussichten, wenn der unerlaubte Grenzübergang zu einer Reise-Spitzenzeit versucht wird, etwa an Festen, die beidseitig der Grenze gefeiert werden (z. B. Muttertag, *Cinque de Mayo* oder der mexikanische Nationalfeiertag). Die ungewöhnlichste Schleusungsvariante an diesem Übergang wurde während eines lokalen Fußballderbys zwischen Tijuana und San Diego verzeichnet: Migranten wurden als Fans getarnt, bekamen Fahnen und studierten ‚Schlachtrufe' ein. In der Regel werden solche Autos durchgewunken. Der Preis: Das gesamte Gepäck der so Geschleusten musste zurückgelassen werden.

Eine lückenlose Kontrolle scheitert nicht nur an den Protesten der Reisenden wegen langer Wartezeiten. Einflussreiche Gruppen an der US-kanadischen Grenze sehen durch den Versuch einer lückenlosen Kontrolle bereits die Just-in-Time-Autoproduktion gefährdet:

> „Selbst mit der ausgefeiltesten Smart-Card-Technologie würde es immer noch einige Minuten dauern, um jede Person, die aus Kanada in die USA einreist, zu registrieren. Dies würde den Verkehr an der Grenze auf Stunden hin stauen, insbesondere am Übergangspunkt Detroit-Windsor. Jährlich überqueren bis zu zehn Millionen Fahrzeuge die Ambassador-Brücke zwischen Windsor (Ontario) und Detroit (Michigan), zusammen mit 27 Prozent des US-kanadischen Handelsaufkommens. Dies ist ein besonders heikler Punkt für die drei großen Autoproduzenten, deren Just-in-Time-Produktion grenzübergreifend organisiert ist." (Koslowski 2004: 17).[321]

Ohne eine unvorstellbar große Aufstockung von Grenzübergängen und deren Ausstattung mit Hightech und Personal ist deshalb in absehbarer Zeit an den Landübergängen bestenfalls eine stichpunktartige Kontrolle möglich (Koslowski 2004: 19). Hinsichtlich der Kontrollierbarkeit illegaler Migration an Grenzübergängen ist zudem zu bedenken, dass auf dem Schwarzen Markt Millionen gestohlener echter Pässe gehandelt werden, die selbst bei einer stichpunktartigen Kontrolle gute Aussicht auf ‚Schutz' bieten. Hinzu kommen scheinbar legale Papiere, die über korrupte Beamte organisiert werden können.[322]

In anderen Kontexten der *Ports of Entry* sieht es ähnlich aus: „Nur etwa fünf Prozent der … Frachtcontainer …, die jährlich in den USA ankommen", werden inspiziert (Naim 2005: 344). In der Tat: Jene Gesprächspartner in Los Angeles, die ihre unerlaubte Einreise in die USA per Lastwagen-Container versuchten, waren beim ersten Anlauf erfolgreich. Sie berichten:

> „Es war unglaublich unbequem. Wir [vier Personen, Anm. d. Verf.] konnten in unserem kleinen abgetrennten Verschlag nicht aufrecht stehen, gerade ein kleines Loch in der Außenwand ermöglichte uns den Blick nach außen. Für drei Tage hatten wir nichts als Wasser zur Verfügung und stets mussten wir, wenn das Auto stand, uns absolut still verhalten. Es war heiß und stickig, manchmal kam richtig Panik auf. Aber wir beruhigten uns gegenseitig. Wir hatten Glück, dass wir uns kannten und gut miteinander auskamen."

Seitens der USA wird versucht, die Grenzübergänge durch eine Verlagerung der Kontrollen in die Herkunftsländer der Migranten zu entlasten, wo sie, etwa bei der Visa-Antragstellung, durch die Angestellten von US-Botschaften ausgeübt werden soll. Aber auch hier regt sich Protest:

„Die politischen Spannungen zwischen schärferen Grenzkontrollen und ökonomischen Erwägungen wurden während der parlamentarischen Anhörung im Herbst 2003 öffentlich, als Heimatschutz- und Außenministerium dem Kongress zu versichern suchten, dass die neuen Sicherheitsmaßnahmen Geschäftsreisen und Tourismus nicht übermäßig behindern würden. Zugleich hörte der Kongress Stellungnahmen, in denen Geschäftsleute sich über monatelange Wartezeiten für die Visa ihrer koreanischen Geschäftspartner beklagten, wonach es zu einem Einbruch von 45 Prozent bei brasilianischen Touristen und zu einem Einbruch bei ausländischen Studenten kam – mit 12 Milliarden US-Dollar ein bedeutender US-Export." (Koslowski 2004: 28).[323]

Abschließend vier weitere prinzipielle Argumente gegen die Ansicht, Hightech-Visa seien die Antwort auf alle Probleme der Sicherheit und Migrationskontrolle:

- Zum ersten die Tatsache, dass nicht alle Ein- und Ausreisen erfasst werden, d. h. unklar ist, wer sich tatsächlich wo im Land befindet.
- Zum zweiten kann eine biometrische Vorfelderfassung, sollte sie denn gründlich durchgeführt werden, nur jene enttarnen, die erfasst werden dürfen oder die bereits als verdächtig im Computersystem enthalten sind.[324]
- Zum dritten das Problem wachsender Korruption unter den Grenzbeamten: Die Zahl von Ermittlungsverfahren stieg von 31 im Jahr 2003 auf 79 im Jahr 2007, insgesamt wurde im Jahr 2008 in 200 Fällen ermittelt.[325] Auch im Rahmen dieser Feldstudien wurde berichtet, dass die unerlaubte Einreise über San Diego in die USA gelang, weil ein belizeanischer Landsmann als Grenzpolizist Dienst hatte.
- Zum vierten: Betrachtet man die Attentäter des 11.9. genauer, so handelte es sich in erster Linie um *High-Potentials*, d. h. jene (hoch-)begabten Studenten, die jedes Land gerne anwirbt und ins Land lässt. Solche Personen werden auch weiterhin mit ganz legalen Pässen und Visa einreisen können.

3.4.6. Nach dem Scheitern der Einwanderungsgesetz-Reform

Nach dem endgültigen Scheitern der umfassenden Reform des US-Einwanderungsgesetzes auf Bundesebene versuchten zunächst einzelne Bundesstaaten und Kommunen, die aus ihrer Sicht bestehenden Regelungsdefizite auf ihre Weise auszufüllen.

> „2007 kam es bis Juli zu 1.400 Gesetzesinitiativen in 50 Parlamenten. Noch mehr Initiativen gab es auf der Ebene der Gemeinden. Viele dieser auf illegale Einwanderer zielenden Gesetzesinitiativen waren straforientiert, aber ein Drittel der kommunalen Erlasse des Jahres 2006 waren immigrantenfreundlich." (NIF 2007: 4).[326]

All dies führte zu einem Flickenteppich unterschiedlicher staatlicher und kommunaler Praktiken: An einem Ende des Spektrums gibt es Kommunen, die sich als ‚illegalenfreundlich' profilieren wie z. B. New Haven in Connecticut. Die Gemeinde gab eine

Ausweiskarte an jene ‚Illegalen' aus, die einen längeren Aufenthalt am Ort nachweisen konnten. Mit dieser Karte können kommunale Dienste wie z. B. Büchereien und Bäder in Anspruch genommen werden, sie ist aber auch als *Debit-Card* verwendbar, welche ‚Illegalen' ermöglicht, ihr Geld bei einer Bank zu hinterlegen – ein Stück Sicherheit vor Raub und Ausplünderung. Begründet wurde dieser Schritt unter anderem damit, dass man die Migranten stärker mit der Gemeinde identifizieren und zur Kooperation mit der Polizei zur Verbrechensbekämpfung motivieren wolle.[327] Großstädte wie New York und San Francisco erwägen, diesem Beispiel zu folgen. Ein entgegengesetztes Beispiel ist Hazleton in Pennsylvania, wo die Gemeinde versuchte, die Beschäftigung und Beherbergung ‚illegaler' Migranten unter Strafe zu stellen. Dies wurde allerdings durch ein bundesgerichtliches Grundsatzurteil als ‚verfassungswidrig' bezeichnet und wieder aufgehoben.[328] Zur verwirrenden Vielfalt trägt bei, dass Kommunen in den USA unterschiedlich auf ein und dasselbe Phänomen reagieren, etwa den ‚Arbeitsstrich': Vor großen Baumärkten versammeln sich täglich ‚Illegale', um Arbeit zu finden. Einige Städte verbieten solche ‚Ansammlungen', andere errichten mit öffentlichen Geldern formelle Arbeitsvermittlungsstellen samt Duschen und Ruheräumen, andere Kommunen verpflichten wiederum die Baumärkte zur Errichtung solcher Einrichtungen.[329] Und schließlich gibt es weit reichende Unterschiede hinsichtlich der Leistungen und Sicherheit für ‚Illegale': Los Angeles ermöglicht ihnen Zugang zu Englisch-Sprachkursen und bezahlt für ihre Übernachtungen in Obdachlosenunterkünften, ebenso ist das *Los Angeles Police Department* nach übereinstimmender Meinung aller Gesprächspartner relativ lax im Umgang mit offensichtlich ‚illegalen' Ausländern. Aber bereits jenseits der Stadtgrenze von Los Angeles, im Orange County, herrschen wesentlich restriktivere Bestimmungen, was Migranten zwingt, sich genauestens über den Verlauf der Gemeindegrenzen zu informieren. Wie Papademetriou/Terrazas in ihrer Studie von 2009 zeigen, passen sich vor allem ‚illegale' Migranten, die über wenig Eigentum und keine Bindungen an einen Ort verfügen, sehr schnell solch unterschiedlichen Rahmenbedingungen an.

Neben dieser Vielfalt im öffentlichen Bereich gibt es in den USA eine Vielzahl gesellschaftlicher Initiativen und Akteure, die unerlaubte Zuwanderung und Verbleib in den USA sicherstellen wollen, wobei die Motive von humanitären über finanzielle bis zu staatskritischen Beweggründen reichen. Allerdings kommt es, neben den oben erwähnten kirchlichen ‚Grenzübertrittshelfern' (siehe Kapitel 3.3.6.) auch zu entsprechenden Gegenreaktionen aufgrund des Eindrucks vieler US-Bürger, dass der Staat gegenüber den grenzüberschreitenden Migrationsbewegungen (relativ) machtlos ist. Auch hier greifen Bürger zur ‚Selbsthilfe': Ein bekannt gewordenes Beispiel sind die *Minutemen* in Arizona, die in der Tradition bewaffneter Bürgerwehr-Milizen ohne staatlichen Auftrag an Abschnitten der US-mexikanischen Grenze patrouillieren. Auch im Internet wird immer offener über effektivere Wege der Abwehr ‚illegaler' Migranten nachgedacht.[330]

Als entscheidend für eine erfolgreiche grenzüberschreitende Migration auch unter den gegenwärtigen Bedingungen sind erneut jene transnationalen Netzwerke hervorzuheben, die Familien und Verwandte zwischen USA und Herkunftsland verbinden und die auch zukünftig dazu beitragen werden, Kontrollbemühungen auszutricksen und zu unterlaufen. Sobald ein ‚Illegaler' es in eine US-Großstadt geschafft hat, ist er bei gesetzestreuem Verhalten vor Aufgriffen sicher:[331] Er kann in die *Ethnic Communities* eintauchen. Die Gefahr von Zufallskontrollen ist in diesem Fall relativ gering, umso mehr, da bei einem Anteil legaler und ‚illegaler' Einwohner mit Migrationshintergrund von bis zu 50-60 Prozent kein Bürgermeister und kein Polizeichef, deren Jobs auch von den Stimmen legaler Migranten abhängen, es sich mit den *Foreign Born Aliens* verderben möchte. Außerhalb der Großstädte ist es wiederum die schiere Größe der USA, die die Aufgriffswahrscheinlichkeit relativ gering sein lässt. Zwar gibt es immer wieder ‚erfolgreiche' Razzien durch die *Immigration and Customs Enforcement Agency*, aber deren breite Publizierung darf nicht darüber hinwegtäuschen, dass es sich dabei lediglich um einen Tropfen auf den heißen Stein handelt (siehe dazu Kapitel 5.3.2.).

Im Übrigen ist davon auszugehen, dass die Wahl von Barack Obama weitere Menschen dazu bewegen wird, sich ‚illegal' in die USA zu begeben: In vielen Gesprächen wurde die Hoffnung geäußert, dass Präsident Obama, der trotz seiner Geburt als US-Staatsbürger von vielen als ‚Immigrant' angesehen wird, endlich für eine Einwanderungsgesetz-Reform sorgen wird, die diesen Namen auch verdient: eine neue Legalisierungskampagne eingeschlossen. Viele wollen sich deshalb auf den Weg machen, um im Land zu sein, wenn es so weit ist. Die Überarbeitung der ‚Immigration-Website' des Weißen Haus im April 2009 deutet an, dass Präsident Obama die Idee einer umfassenden Einwanderungsreform von seiner Administration neu aufrollen lässt. Angestrebt werden:

- Verstärkte Grenzkontrollen (weswegen auch 400 Millionen US-Dollar aus dem Konjunkturprogramm in den Ausbau von Grenzübergängen investiert werden),
- Verbesserungen des Einwanderungssystems, sodass vor allem Familienbindungen besser berücksichtigt werden können,
- Arbeitgebersanktionen, die den Anreiz unerlaubter Einreise und unerlaubter Beschäftigung senken,
- Legalierungsmöglichkeiten für ‚Illegale',
- Verbesserungen in der zwischenstaatlichen Zusammenarbeit mit Mexiko zur Senkung des Migrationsdrucks.

Die neu bearbeitete Website wurde unmittelbar kommentiert von den Gewerkschafts-Dachverbänden AFL-CIO und *Change to Win*,[332] diversen befürwortenden und warnenden hochrangiger Politiker[333] und dem *Committee on the Judiciary Subcommittee on Immigration, Border Security and Citizenship* des US-Senats am 30. April 2009 zum Thema „Comprehensive Immigration Reform in 2009, Can We Do It and How?"[334] Zu einem sondierenden Gespräch hat Präsident Obama prominente Kongressabgeordnete am 17.6.2009 ins Weiße Haus eingeladen. Insofern kann man sagen: Nach der gescheiterten Einwanderungsgesetz-Reform ist vor der Einwanderungsgesetz-Reform.

3.4.7. Zwischenergebnis

Sind die USA auf dem richtigen Weg? Sind die ergriffenen Politikmaßnahmen, wenn schon nicht momentan, so doch wenigstens in absehbarer Zeit, in der Lage, die Zuwanderung von Terroristen und ‚Illegalen' zu unterbinden?

3.4.7.1. Problemangemessenes Vorgehen?

Es scheint, dass sich das Wissen um die Komplexität von Migrationsbewegungen im Bereich von Politik und Öffentlichkeit noch nicht herumgesprochen hat. Immer noch spielen die vereinfachenden Vorstellungen von *Push-* und *Pull*-Faktoren eine große Rolle.[335] Solche Sichtweisen haben als Hintergrund die neoklassische ökonomische Makrotheorie mit ihrer Lehre von Einkommensdifferentialen als Migrationsursache (vgl. Anhang 1), und sie ist für gewisse Bereiche auch erklärungskräftig (siehe Kapitel 3.3.4.4.). Allerdings wird diese Theorie dem komplexen Netzwerkcharakter des Migrationsgeschehens nicht gerecht. Wo aber Maßnahmen nicht auf Ursachen zugeschnitten sind, werden sie nicht die gewünschten Erfolge zeigen.

> „Wirtschaftliche Ungleichheit und andere fundamentale Faktoren, die illegaler Migration, Drogenhandel und terroristischer Bedrohung zugrunde liegen, wurden oft zu Gunsten einer überwältigenden Konzentrierung auf das Abfangen von illegalen Immigranten und Drogen an der Landgrenze übersehen. Letztere sind die Symptome und nicht die Ursachen der tiefer liegenden Probleme." (Meyers 2005: 20).[336]

In der Tat sind, wie gezeigt, die ergriffenen Maßnahmen an der US-Grenze von zweifelhafter Effizienz und zeitigen darüber hinaus Nebenfolgen, an denen niemand interessiert sein dürfte. Dazu gehören neben steigenden Einfluss- und Verdienstmöglichkeiten für kommerzielle und kriminelle Grenzübertritts-Dienstleister und neben der Zunahme von Toten und Verletzten bei Grenzübertritten auch die sich verschlechternden Beziehungen zwischen den USA und ihren Nachbarn. Für den guatemaltekischen Präsidenten Eduardo Stein ist die Grenzbefestigung

> „ein Affront gegenüber Lateinamerika, begangen von einer Regierung, die behauptet, unser Partner zu sein, die aber offensichtlich lediglich unser Geld und unsere Waren will und unsere Menschen als eine Epidemie betrachtet." (Christian Science Monitor, 27.3.2006).[337]

Auch in den USA selbst ist man sich der verheerenden Signalwirkung bewusst:

> „‚Zu einem Zeitpunkt, an dem die Beziehungen zwischen den USA und Lateinamerika auf den niedrigsten Punkt seit dem Ende des Kalten Kriegs gesunken sind, ist der Vorschlag eines Zauns ein schrecklicher Affront', sagt Michael Shifter, Vizepräsident des Interamerikanische Dialogs, eines Washingtoner Think-Tanks. ‚Es ist schwer, sich ein anderes Symbol vorzustellen, das das Bild des ‚hässlichen Amerikaners' mehr verstärkt und das in einem größeren Kontrast zu unserem Konzept des ‚Guten Nachbarn' steht." (Christian Science Monitor, 27.3.2006).[338]

Zwei große Vorteile sind verantwortlich dafür, dass sich diese simplen Modelle so hartnäckig im öffentlichen Diskurs und in der Rechtfertigung von Politikmaßnahmen am Leben erhalten. Zum einen bietet sich für eine solche Analyse eine einfache Lösung an: Gegen Migrationsströme zwischen Land A und Land B kann man Abhilfe schaffen, indem man eine Mauer baut, was dann Migration durch steigende Schleuserpreise unwirtschaftlich machen wird. Zum anderen lässt sich sowohl die Problemanalyse als auch Problemlösung einfach und eingängig gegenüber den Medien und der Bevölkerung darstellen – ein großer Vorteil im Zeitalter der medialen ‚Informationshäppchen', das selbst bei komplexesten Zusammenhängen lediglich wenige Minuten Sendezeit vorsieht.[339]

Entsprechend werden Entwicklungen seitens der Politik eher in solch simplen Zusammenhängen interpretiert, als dass nach tiefer liegenden, aber zutreffenderen Ursachen geforscht würde. So besteht beispielsweise derzeit eine seltene Einigkeit unter Politikern und Forschern, dass sowohl die Zuwanderung in die USA als auch die Anzahl von ‚Illegalen' in den USA vom Höchststand im Jahr 2007 (12 Millionen) auf 11,5 Millionen oder weniger Ende 2008 gesunken ist (Passel/Cohn 2008). Während dies seitens der Politik als Erfolg der Grenzbefestigung gesehen wird, führen Wirtschafts- und Migrationsexperten ökonomische Gründe zur Erklärung an: Dieser Rückgang an unerlaubter Zuwanderung und unerlaubtem Aufenthalt fällt schließlich in eine der schlimmsten Krisen der US-Bauwirtschaft, in der viele ‚Illegale', vor allem aus dem benachbarten Mexiko, beschäftigt sind.

Schaubild 10: Weniger ‚Illegale': Folge der Konjunktur oder der Grenzkontrollen?[340]

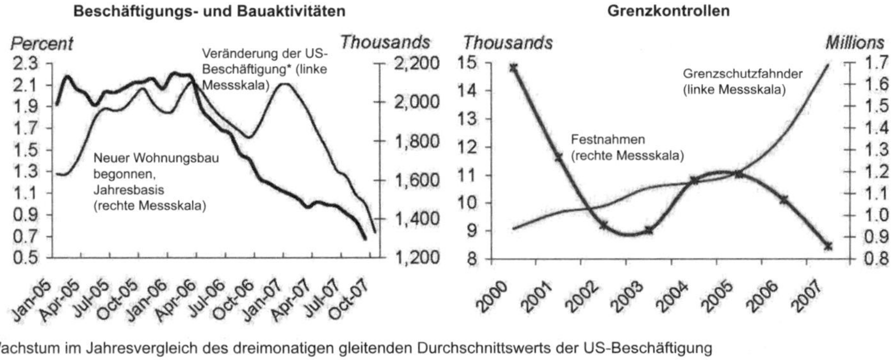

* Wachstum im Jahresvergleich des dreimonatigen gleitenden Durchschnittswerts der US-Beschäftigung

Angesichts dieser Krise ist es nahe liegend für die mexikanischen ‚Illegalen', sich auf den kurzen Nachhauseweg zu machen und dort abzuwarten, wie sich die wirtschaftliche Entwicklung in den USA fortsetzen wird. Anders als bei Migranten, die von weiter her kommen, ist eine solche kurzfristig-flexible Rückkehr für Mexikaner nach wie vor eine Option – und entsprechend sinkt sowohl Zuwanderung als auch Anzahl der ‚Illegalen' insgesamt. Allerdings ist selbst dies wiederum nur ein Teil des Gesamtbilds: Wie andere Studien zeigen, sind Mexikaner von Entlassungen in der Bauindustrie weniger betroffen als andere Gruppen:

Tabelle 8: Entlassungen in der US-Bauindustrie nach Gruppen in Millionen

	2006	2007	2008	Veränderung 2006-2007	Veränderung 2007-2008
Alle Arbeiter	11.10	11.61	10.91	0.51	-0.70
Nicht-Hispanoamerikaner	8.43	8.64	8.18	0.21	-0,46
Gebürtige Hispano-amerikaner	0.62	0.71	0.69	0.09	-0.03
Im Ausland geborene Hispanoamerikaner	2.06	2.26	2.04	0.20	-0.22
Gebürtige Mexikaner	1.43	1.64	1.49	0.21	-0.15

Quelle: World Bank 2008b: 4

Dies wiederum legt nahe, dass ‚Illegale' insgesamt nicht so stark von der Krise und von Entlassungen betroffen sind wie andere Arbeitskräfte. Was auf den ersten Blick merkwürdig scheint, ist durchaus folgerichtig: In Krisenzeiten wird zuerst an den teuren Arbeitskräften gespart, d. h. jenen, die den vollen Lohn und sämtliche Sozialbezüge gezahlt bekommen, nicht aber bei jenen, die billig sind und dennoch die gleiche Leistung bringen.

Dass aber konjunkturelle Entwicklungen eine starke Auswirkung auf die Zu- und Abwanderung ‚Illegaler' haben, bestätigt sich auch andernorts: Cornelius und Kollegen etwa fanden in ihrer Studie über die Yucatec-Maya heraus, dass niemand über die Art der Grenzbefestigung informiert war und deshalb in seiner Entscheidung, ‚illegal' in die USA zu gehen, beeinflusst wurde. Wohl aber waren sie gut über die örtliche Verfügbarkeit von Arbeit und Unterkunft informiert (Cornelius u. a. 2007: Kapitel 3 und 5).

Die in den USA ergriffenen repressiven Maßnahmen, ihre Ineffizienz und ihre Nebenfolgen bieten deprimierende Parallelen zu den Schlussfolgerungen aus den Feldstudien, die der Verfasser hinsichtlich der Situation an der deutschen Ostgrenze sowie der EU-Außengrenze gezogen hat (v.a. Alt 2003: 412ff.). Leider hat sich auch in Deutschland die Situation nicht verbessert: Im Gegenteil. Zwar gibt es Anzeichen, dass man seitens der Behörden von den bislang simplen Analysen in *Push-* und *Pull-*Kategorien abrückt. Das Vorwort zum Bundesgrenzschutz-Jahresbericht 2003 enthält eine Migrationsbewegungs-Analyse von bislang ungekannter Komplexität. Dort heißt es: Migration ist „nicht als statisches Gebilde beschreibbar, sondern unterliegt in Art und Umfang einem stetigen Wandel, der von unterschiedlichen Faktoren beeinflusst, einen wellenförmigen Verlauf, mit Amplituden hohen Migrationsdruckes gefolgt von Phasen mit geringen Migrationspotentialen, beschreibt." (BGSB 2004: 3). Nur: Die darauf aufbauenden Politikmaßnahmen sind unverändert einseitig und entlang des Bildes ‚Mauerbau gegen die Flut' ausgerichtet. Hier hinein passt der Vorschlag des ehemaligen Bundesinnenministers Schily, in Nordafrika Auffanglager für ‚illegale' Migranten zu errichten[341] ebenso wie Äußerungen zur ‚Verbrechensbekämpfung' etwa anlässlich der Eröffnung des Gemeinsamen Analyse- und Strategiezentrums illegale Migration (GASIM). Dort erklärte Staatssekretär Dr. August Hanning:

> „Die illegale Migration mit ihren Auswirkungen auf die Kriminalitätslage, den Arbeitsmarkt und die Sozialsysteme in Deutschland ist eine der gegenwärtig größten Herausforderungen für unsere Gesellschaft. Sie muss umfassend und wirkungsvoll verhindert werden ... Mit dem Zentrum wird der ganzheitliche Bekämpfungsansatz weiter ausgebaut. Entscheidende Voraussetzungen für eine effektive Aufklärung und Bekämpfung der illegalen Migration und der mit ihr verbundenen Kriminalitätsformen sind der schnelle Austausch und die umfassende Analyse der verfügbaren und relevanten Informationen sowie die Fähigkeit, bedrohliche Entwicklungen frühzeitig zu erkennen, um ihnen operativ und mit strategisch ausgerichteten und konzeptionell fundierten Maßnahmen wirksam entgegenzutreten." (Pressemeldung vom 17.7.2006).

Man fragt sich, warum man die neue millionenschwere Einrichtung nicht „Gemeinsames Analyse- und Strategiezentrum Schwerverbrechen", „organisierte Kriminalität", „Mafia" oder „Terrorismus" genannt hat, sicherlich eine größere Bedrohung des Gemeinwesen als jene durch Menschen, die in Deutschland den Lebensunterhalt für sich und ihre Familien verdienen wollen. Allerdings ist hier eine Parallele zu den USA offenkundig: Die wortgewaltig-dramatische Publikation dieses Zentrums belegt, dass auch Deutschland die Politikstrategie fährt, eher ‚illegale' Migranten statt Terroristen zu jagen und zu bekämpfen.[342]

Dabei gibt man in Deutschland, anders als in den USA, sogar an höchster Regierungsstelle zu, dass die Grenze nicht lückenlos kontrollierbar ist und Gefahren nicht allein auf diesem Weg gebannt werden können. Drei Beispiele:

- Die Pressesprecherin des Bundesinnenministeriums, Gabi Holtrup, räumte ein, „dass trotz intensivierter grenzübergreifender Kooperation und mehr Geld für Personal und technische Ausrüstung eine lückenlose Kontrolle unmöglich ist ... Natürlich wird nicht jedes Auto an einer Schengengrenze kontrolliert, sonst würde der Verkehr zusammenbrechen."[343]

- Der einstige Bundesinnenminister Otto Schily gab bei der Vorstellung des neuen biometrischen Passes verschämt zu Protokoll: Die neu gespeicherten Daten „ermöglichen die automatisierte Erkennung des Passinhabers als *Ergänzung* zur herkömmlichen Kontrolle durch die Augen der Grenzbeamten"[344] – will heißen: Nur bei ‚Anfangsverdacht' durch Augenkontrolle erfolgt eine gründliche Kontrolle des biometrischen Hightech-Erzeugnisses!
- Innenminister Schäuble warb für die Fortsetzung des Kampfes gegen die ‚Schleuserbanden': „Es existiere durchaus auch die Gefahr, dass islamistische Terroristen durch Schleuser nach Deutschland gebracht würden. Er räumte allerdings ein, dass Personen, die Attentatspläne hegten, auch legal einreisen könnten." (Frankfurter Rundschau, 14.11.2006: „Schäuble warnt vor Schleusern").[345]

‚Illegale' Migranten und ihre ‚Dienstleister' sind anpassungsfähig: Als der Weg über die Grüne Grenze zu riskant wurde, nahm die Variante über die Zweckentfremdung legaler Papiere oder gleich der Erwerb scheinbar legaler oder gut gefälschter Papiere zu. Als diese Papiere für eine Familie zu teuer wurden, um schichtweise bzw. arbeitsteilig Arbeitsstellen in Deutschland zu bedienen, wurde entschieden, wer von der Familie permanent nach Deutschland ziehen soll. Der Trend zum Erwerb scheinbar legaler oder gut gefälschter Papiere ist bis heute ungebrochen. Illegale Zuwanderung in westliche Staaten wird sich auch weiterhin um Unsichtbarkeit bemühen und sich zur *Embedded Migration* weiterentwickeln, d.h. die Migranten ‚verstecken' sich in der Masse der erwünschten legalen Migranten wie Touristen oder Geschäftsleute und vertrauen darauf, dass sie von der prinzipiellen Unmöglichkeit, alle grenzüberschreitenden Personen- und Güterbewegungen kontrollieren zu können, profitieren werden.[346]

Dennoch wird sich wohl in Deutschland auf absehbare Zeit ebenso wenig im Bereich der Grenzsicherungs- und Migrationspolitik ändern wie in den USA, und auch hier wird der Kampf gegen ‚Terroristen und Illegale' weiterhin einen hohen Stellenwert in Politik und Medien haben. Dass dem so ist und bleiben wird, dafür gibt es neben dem bereits genannten Grund der ‚einfachen Verständlichkeit und Vermittelbarkeit' noch einen anderen: Die Notwendigkeit von Feindbildern und Sündenböcken im politischen Alltag.

3.4.7.2. Symbolpolitik: Kampf gegen ‚Terroristen und Illegale'

Es ist unbestritten, dass seit den Terroranschlägen in New York und Washington 2001, Madrid 2004 und London 2005 eine starke Verunsicherung in den Bevölkerungen der westlichen Staaten gewachsen ist. Dabei ist weniger die Behauptung korrekt, dass der 11.9. die Welt veränderte, sondern jene, dass dieser Tag offen legte, in welchem Maße sich die Welt bereits verändert hat (vgl. Naim 2005: 15). Der Soziologe Zygmunt Bauman weist darauf hin, dass die eigentliche Grundverunsicherung wesentlich älter ist: Sie begann damit, dass die Verlässlichkeit und Sicherheit, die lange Zeit mit dem Leben in einem westlichen Wohlfahrtsstaat verbunden war, durch Unsicherheit ersetzt wurde. Im

Zeitalter der Globalisierung kann die eigene Firma sehr schnell den Arbeitsplatz kündigen und in ein Billiglohnland verlagern; auf Druck des Kapitals müssen Steuern und Abgaben gesenkt werden, um Investoren anzulocken, was eine Streichung öffentlicher Leistungen und sozialer Sicherung bedeutet. Deshalb: Gegen die Bedrohungen von Arbeitslosigkeit und Deklassierung kann der Staat den Bürger nicht mehr wie früher schützen – und der Bürger weiß bzw. ahnt das. Gegen dieses Gefühl der Unsicherheit kann der Staat angehen, indem er angesichts anderer Bedrohungen Handlungsfähigkeit demonstriert: Der Staat, so Bauman, kämpft auf zwei Ebenen:

> „Auf der einen Seite versuchen wir dieses neue Element, genannt Globalisierung, zu zähmen, dessen Kraftzentren aber in einem Bereich liegen, den kein Staat mehr kontrollieren kann. Die uns zur Verfügung stehenden Instrumente sind zu schwach um sich den Kräften zu widersetzen, die ihnen entgegenstehen. Auf der anderen Seite gibt es die verzweifelte Suche nach einer politischen Ersatz-Formel, einer Ersatz-Legitimierung, die verwendet werden könnte trotz der Tatsache, dass staatliche Macht reduziert worden ist. Diese Suche richtet sich auf eine Sphäre, in der der Staat seinen Bürgern unvermindert demonstrieren kann, dass er fähig ist, etwas zu tun.“ (Bauman 2005: 3).[347]

Hier zahlen sich sowohl bei Politikern als auch bei Bürgern jene Kampagnen aus, die die Bedrohung durch Terroristen und ‚Illegale‘ in eins gesetzt haben. Während niemand die Gefährlichkeit von Terroristen bezweifeln dürfte, ist eine solche Aussage über ‚Illegale‘ empirisch schlicht unhaltbar. ‚Illegale‘ sind, betrachtet man nüchtern die polizeiliche Kriminalstatistik, die unauffälligste und harmloseste Ausländergruppe überhaupt.[348] Entsprechend wird hier eine Gefährlichkeit behauptet, die in der Sache nicht gerechtfertigt ist, erst recht nicht in der Relation zu Terroristen. Ähnlich ist es, wenn ‚Illegale‘ für wirtschaftliche Fehlentwicklungen verantwortlich gemacht werden („Die nehmen den Deutschen Jobs weg!“): Auch dies ist bei näherer Hinsicht nicht belegbar, da Illegalität nur ein Aspekt von viel grundlegenderen Problemkomplexen ist (vgl. Kapitel 3.3.2.). Aber auch dies lenkt von dem Unwillen oder der Unfähigkeit der Politik ab, sich den strukturellen Ursachen zuzuwenden. Das Zitat von Staatssekretär Hanning anlässlich der Gründung des GASIM im vorigen Abschnitt veranschaulicht beide Punkte aufs Schönste: Ein Vorgehen gegen ‚illegale‘ Migranten ist einfacher zu bewerkstelligen als gegen Terroristen oder organisiertes Verbrechen bzw. als die strukturelle Reform des Arbeitsmarkts oder Sozialsystems. Es ist leicht, durch Verhaftungen ‚Illegaler‘ beim Grenzübertritt statistisch belegbare Erfolge vorzuzeigen, um so dem sich bedroht fühlenden Bürger Handlungsfähigkeit zu demonstrieren.

> „Es lohnt sich, sich bewusst zu machen, dass Grenzkontrollen eher Angelegenheit von Symbolen als von Resultaten sind. Grenzen habe stets eine psychologische Bedeutung in der Herausbildung nationaler Identitäten und Autorität gehabt … und Regierungen müssen ihren Bürgern vermitteln, dass sie die Tore kontrollieren.“ (Pécoud/Guchteneire 2005: 5).[349]

Sündenböcke sind aber nicht nur für die Politik, sondern auch für die Mitglieder der Gesellschaft von wachsender Bedeutung. Zum einen, weil die Ursachen vieler Probleme weder einfach analysierbar noch einfach lösbar sind – umso nötiger sind dann zur Rettung des Wohlbefindens einfache Erklärungen, eben Sündenböcke, über die man an Stammtischen herziehen kann. Zum anderen aber erleichtert die Komplexität heutiger globaler Problemlagen die Ignorierung von Problemursachen und die Bekämpfung von Symptomen: Mit-Ursache vieler Ungerechtigkeiten und Spannungen in der Welt ist schließlich das Verhalten der reichen Länder; die Auswirkungen davon sind Kriege, Arbeitslosigkeit, Armut und Hunger; die Symptome dieser Auswirkungen sind unter anderem ‚Illegale'. Die aber kann man dann entschieden bekämpfen oder (durch Ausbeutung im gewerblichen oder privaten Bereich) ausnutzen – je nach Opportunität.

Das, was vorstehend innenpolitisch betrachtet wurde, kann auch im internationalen Kontext beobachtet werden: Die weltweite Nützlichkeit der Sündenböcke Terroristen und ‚Illegale' (und neuerdings ‚Piraten') zur Verschleierung anderer Absichten. Der Vorsitzende der UN-Generalversammlung, Miguel d'Escoto, wird mit folgender Aussage zitiert:

> „Terrorismus ist nicht wirklich ein ‚Ismus'… Es besteht keine Verbindung zwischen den Guerillas, die gegen die Contras kämpften, und Al Qaida, oder der kolumbianischen FARC und somalischen Piraten. Das ist nur ein bequemer Weg für (Regierungen), die Welt davon zu überzeugen, dass es da draußen einen weiteren feindlichen ‚Ismus' gibt, wie es der Kommunismus einst gewesen ist."[350]

So ist endlich wieder möglich, dem politischen Geschehen nach dem Zusammenbruch des Kommunismus eine klare Struktur und Mission zu geben: Galt es vor 1989 die ‚freie Welt' gegen den Kommunismus zu verteidigen, so muss heute die ‚freie Welt' gegen ‚Terrorismus', ‚Piraterie', ‚Ausländerkriminalität', ‚illegale Zuwanderung' und ähnliche Bedrohungen verteidigt werden. Es werden „neue ‚eiserne Vorhänge'" (DBK-WA 2005: 3) gebaut, Armeen in Gang gesetzt, Stellvertreterkriege geführt, Polizei- und Sicherheitskräfte aufgerüstet und Überwachungsprogramme verabschiedet; es wird offen und verdeckt getötet und gemordet bzw. Tod und Leid, etwa durch Abschiebungs- und Abschottungspolitik, in Kauf genommen. 11.105 Todesfälle sind im Fall des EU-Grenzregimes für den Zeitraum zwischen 1993 und Mai 2008 belegt.[351] Dabei ist, im Gegensatz zu der übersichtlichen Zweiteilung USA-UdSSR mit ihren Vasallen und Stellvertretern, die neue Polarisierung zwischen Globalisierungsgewinnern und Globalisierungsverlierern bzw. Globalisierungsgegnern um einiges komplexer – eben weil die neue Grenze sowohl zwischen den Nationen und Kulturen als auch innerhalb derselben verläuft. Selbst ehemalige Gegner finden wieder zusammen: Als am 31.3.2009 zwischen 200 und 400 ‚illegale' Emigranten vor der libyschen Küste ertranken, fragte die Öffentlichkeit entsetzt, was Migranten zu dieser stürmischen Jahreszeit überhaupt dazu bringt, die Überquerung nach Italien zu versuchen. Als wahrscheinliche Antwort gilt der zum 15.5.2009 in Kraft tretende libysch-italienische ‚Freundschaftsvertrag', der gemeinsame Seepatrouillen vereinbart, um das ‚Problem' der illegalen Einwanderung endgültig zu lösen. Der Preis für Gaddafis Kooperation: Italien verpflichtet sich, Libyen während der nächsten 20 Jahre jährlich 250 Millionen Euro zu zahlen – als Wiedergutmachung für Unrecht während der italienischen

Kolonialzeit. Um der befürchteten Schließung eines weiteren Zugangswegs zur Europäischen Union zuvorzukommen, riskieren Menschen dann eben ihr Leben.[352] Zu Recht, denn die Rückführung von Flüchtlingen begann schon vor dem 15.05.2009: Trotz aller Proteste von Menschenrechtsgruppen gegen das rechtlich fragwürdige Vorgehen wurden bis zum 14.5.2009 von italienischen Behörden über 500 zwischen Libyen und Sizilien aufgegriffene Flüchtlinge an die libyschen Behörden überstellt. Der vermutete Grund für das voreilige Vorgehen: Der Europawahlkampf in Italien, bei dem Silvio Berlusconi mit solchen ‚historischen Wenden' in der Flüchtlingspolitik punkten wollte.[353]

3.5. Theoretische Einbindung

Illegale Migrationsbewegungen, nicht nur im Globalisierungszeitalter, sind grundsätzlich schwer zugänglich und entsprechend schwer zu erforschen, zu analysieren und theoretisch zu erfassen. Aber auch in der Migrationsforschung, die sich mit legaler Migration befasst, gibt es eine Fülle von Ansätzen, die sich teilweise widersprechen. Zum Vergleich zwei Aussagen, zunächst aus der ‚Makroperspektive':

> „Migration ist die Antwort auf Unterschiede. Zunehmende Unterschiede bei demographischen, ökonomischen und sicherheitspolitischen Entwicklungen – plus Umwälzungen in der Kommunikation, im Transportwesen und in den Rechtskulturen, die grenzübergreifende Bewegungen ermöglichen – haben Netzwerke geschaffen, die Grenzen überbrücken und den Menschen erlauben, sie zu überqueren." (Martin u. a. 2006: 11).[354]

Dem wird aus der ‚Mikroperspektive' entgegengehalten, dass Menschen keine statistisch berechenbare Größen, ‚Flüsse' oder ‚Ströme' sind. Sie sind auch „nicht einfach ‚Kunden' oder ‚Arbeiter', sondern Individuen, die fähig sind, kreativ auf neue Situationen zu reagieren, in denen sie sich befinden." (Portes 1997: 19).[355] Natürlich entstehen ausweglose Grabenkämpfe, wenn die eine oder andere Position absolut gesetzt wird: Es gilt, Analysen der Makro-, Meso- und Mikroebene situationsbezogen-komplementär zu erstellen und zu bewerten.

3.5.1. Kompatibilität mit migrationstheoretischer Forschung

Das größte Problem in der heutigen Beschäftigung mit illegaler Migration ist, dass es so wenig empirisch belastbare und theoretisch anschlussfähige Forschungserkenntnisse gibt. Ein notgedrungener, aber auch zulässiger Ausweg ist hier der Nachweis, dass vorhandene Erkenntnisse aus der ‚illegalen' Feldforschung kompatibel sind mit Erkenntnissen aus der Erforschung legaler Migrationsbewegungen. Entsprechend versuchte der Verfasser bereits früher den Nachweis, dass Abläufe in diesem Bereich auch auf das illegale Migrationsgeschehen übertragen werden können (vgl. Alt 2003: Kapitel VI und VII.4). Auch hinsichtlich der in diesem Buch dargelegten Beispiele können Anknüpfungspunkte gefunden werden zu den migrationstheoretischen Standardmodellen (vgl. hierzu Anhang 1):

- Die illegale Auswanderung aus der Ukraine (siehe Kapitel 3.3.1.1.) oder dem Toledo District kann verstanden werden vor dem Hintergrund der Theorie der Neuen Ökonomie der Migration, derzufolge Haushalte durch Migration Risiken ausgleichen und Kapital ansammeln, was im Land selbst nicht möglich ist.
- Zum Verständnis eines durch Freihandel oder rücksichtslose ADI verursachten Migrationsgeschehens (siehe Kapitel 3.3.1.2. und 3.3.1.3.) und des Versagens von *Governance* (siehe Kapitel 3.3.3.2.) kann auf Erklärungen und Prognosen der Historisch-Strukturellen Theorie bzw. der *World-Systems-Theorie* zurückgegriffen werden.
- Neoklassische ökonomische Theorien sind hilfreich bei der Analyse des Migrationsgeschehens zwischen hoch und niedrig entwickelten Ländern, etwa Mexiko und den USA (siehe Kapitel 3.3.4.4.).
- Mit den Hintergründen von Entwicklungen in den Industriestaaten, etwa der Nachfrage nach ‚illegalen' Billigstarbeitern (siehe Kapitel 3.3.2.2.), beschäftigen sich die Theorie vom segmentierten Arbeitsmarkt und die *Global-Cities*-Forschung.
- Und schließlich ist überall dort, wo illegale Migration sich fortsetzt, verstärkt oder neu erzeugt wird (siehe Kapitel 3.3.2.5.), trotz der aufwändigen Anstrengungen der Staaten, sie zu unterbinden, die Sozialkapital-Theorie sowie die Theorie von der kumulativen Verursachung hilfreich bei der Erklärung dieser scheinbaren Unmöglichkeit.

Auch für den Bereich der illegalen Migration gilt: Es gibt nicht *die* Theorie, in die alle wesentlichen Faktoren eingepasst werden können, sodass sie sowohl zur Analyse als auch zur Vorhersage erfolgreich herangezogen werden könnte. Gerade weil sich das Migrationsgeschehen so flexibel an äußere Veränderungen anpasst – und dadurch diese äußeren Rahmenbedingungen wiederum verändert – muss stets sehr genau untersucht werden, welche ‚Erscheinung' man mit welchem Modell am besten analysieren, verstehen und behandeln kann. In den Worten des renommierten Migrationsforschers D. Massey:

> „Angesichts ihrer logischen Kompatibilität war der einzige Weg, zwischen ihnen zu unterscheiden, der empirische: Welche theoretischen Voraussetzungen waren am ehesten vereinbar mit den angesammelten empirischen Belegen und welche ist am besten geeignet, Trends und Muster weltweiter internationaler Migration zu erklären?" (Massey u. a. 1998: 276).[356]

Daraus folgt:

> „Alle Theorien spielen eine gewisse Rolle, um weltweite internationale Migration zu erklären, obwohl verschiedene Modelle verschiedene Phasen des Migrationsprozesses dominieren und verschiedene Erklärungen unterschiedliches Gewicht in verschiedenen Regionen haben, je nach den örtlichen Gegebenheiten von Geschichte, Politik und Geografie." (Massey u. a. 1998: 281).[357]

Eine (vorsichtige) Zusammenschau von legaler und illegaler Migration ist auch deshalb gerechtfertigt, weil illegale Migration eine Folge von und eine Dimension ‚unter' legalen Migrationsbewegungen ist. Anders gesagt: Zum Verständnis und der Beurteilung illegaler Migration ist ein Verständnis von deren Vermischung mit legaler Migration von herausragender Bedeutung – was z. B. auch Gegenstand der Sozialkapitaltheorie sowie der Theorie der kumulativen Verursachung ist. Als Faustregel kann hier gelten: Je länger eine Migrationsgeschichte zwischen zwei Staaten ist und je größer legale Migrationsbewegungen zwischen verschiedenen Ländern sind, desto höher ist die Wahrscheinlichkeit von nachfolgender oder paralleler, erfolgreicher illegaler Migration. Als ‚erfolgreich' gilt illegale Migration nach Ansicht des Verfassers dann, wenn die Niederlassung und Arbeitsaufnahme im neuen Kontext gelingt, während bei herkömmlichen ‚Schleusungspaketen' der Leistungskatalog i. d. R. mit dem erfolgreichen Grenzübertritt erschöpft ist, was aber zu einer schnellen Verhaftung desorientierter ‚Illegaler' mit nachfolgender Abschiebung führen kann (vgl. Alt 2003: 315-329). Hierbei spielt natürlich auch eine Rolle, dass das Anwachsen von ethnischen Enklaven und Migranten-Stadtteilen das Ein- und Untertauchen von ‚Illegalen' vereinfacht, eine Entwicklung, die in den Staaten der Europäischen Union, aber auch anderen OECD-Staaten seit Ende des Zweiten Weltkriegs dramatische Ausmaße annimmt und sich angesichts der geschilderten Entwicklungen fortsetzen wird (vgl. Held u. a. 2001: 297ff.).

Unter den Prämissen des Migrationssystem-Ansatzes (Kritz/Zlotnik 1992) spielen geografische, historische, wirtschaftliche, politische und andere Faktoren bei der Erklärung eine Rolle, warum sich gerade jene Migranten in einer bestimmten Region oder gar Stadt niederlassen. Dies wurde vom Verfasser 2003 und 2005 für Leipzig, München und Berlin dargelegt[358] und in diesem Buch anhand der Migrationszusammenhänge zwischen Zentralamerika/Belize und (Städten in) den USA untersucht. In allen Fällen gab und gibt es eine Reihe von Varianten, die aber alle auf dasselbe Schema hinauslaufen: Sobald eine aus einem ‚unterentwickelten' Staat kommende Person in einen ‚höher entwickelten' Staat legal oder ‚illegal' eingereist ist und sich dort permanent niedergelassen hat, wird diese früher oder später von Verwandten, Freunden und Bekannten aus dem Herkunftsland kontaktiert, um bei der Einwanderung und nachfolgender Arbeitssuche und Niederlassung zu helfen. Entsprechend kann diese Person früher oder später zu einem Brückenkopf für ‚illegale' Migranten werden, die wiederum von Verwandten und Freunden kontaktiert werden oder den Daheimgebliebenen helfen wollen, wodurch sich ein Migrationsnetzwerk bildet. Solche Netzwerke sind zum einen Auslöser illegaler Migration, auf alle Fälle aber senken sie die Schwelle für ein illegales Migrationsprojekt und bestimmen die Richtung von Migrationsbewegungen. Dabei kann es sein, dass die Ursachen für die jeweiligen Wanderungen völlig verschieden sind, es kann auch sein, dass Migrationsbewegungen entweder legal oder illegal bzw. sowohl legal als auch illegal sind. Die während dieser Perioden angesammelten Ressourcen an Human- und Sozialkapital kumulieren jedoch und erleichtern die Migration derjenigen, die sie später oder aktuell nutzen wollen oder müssen. Zwei Beispiele:

- Im Fall von El Salvador begann die Migration in die USA zu Zeiten des Bürgerkriegs (legale und illegale Flucht- und Asylmigration), verstärkte sich in Zeiten wirtschaftlicher Not (illegale Armutsmigration) und die so gewachsenen Verbindungen helfen aktuell Menschen, sich legal oder ‚illegal' der Repression durch kriminelle Gangs zu entziehen (vgl. Alt 2003: 335-337).
- Im Fall von Belize begann die Migration in die USA nach Hurrikan *Hattie* im Jahr 1961 (legale Aufnahme von Umweltflüchtlingen). Diese ‚Migrationsbrückenköpfe' wurden nachfolgend von Verwandten und Bekannten genutzt, die aus wirtschaftlichen Gründen Belize entkommen wollten (scheinbar legale Migration durch *Visa-Overstayer*, illegale Einwanderung *through the backdoor*).

Der Unterschied zwischen legalen und illegalen Migrationsbewegungen ist deshalb, betrachtet man die Motivation und Ambition der Menschen, kaum wahrnehmbar, denn Legalen und ‚Illegalen' geht es um dasselbe, aber eben unter verschiedenen Umständen. Illegale Migrationsbewegungen

> „unterscheiden sich ... nicht dadurch von anderen Migrationen, dass es um die Begründung von Beschäftigungsverhältnissen, die Belegung von Wohnraum, das Zusammenleben von Familien oder die Inanspruchnahme von Gesundheitsleistungen geht, sondern dadurch, dass die Art und Weise, in der dies jeweils geschieht, konstitutiv und auch dadurch sozial strukturiert ist, dass diese Versuche ... mit rechtlichen Bestimmungen kollidieren ... und insofern Illegalität begründen." (Bommes 2006: 99f.).

3.5.2. Internationalisierung und Transnationalismus

Globalisierung und illegale Migration lösen nationale ‚Containergesellschaften' auf und eröffnen grenzübergreifende, historisch präzedenzlose Zusammenhänge und räumlich-zeitliche Einheiten. Mit den Vorgängen im Bereich der Migration beschäftigt sich in diesem Kontext die Transnationalismusforschung. Dabei wird untersucht, „wie gewöhnliche Menschen in Aufnahmeländer integriert sind, während sie zugleich dort aktiv bleiben, wo sie herkommen; und wie sich das Leben in den Herkunfts- und Aufnahmeländern deshalb verändert." (Levitt in Martin u. a. 2006: 156).[359] Noch kürzer ist die Formel von R. Hinojosa-Ojeida (2003: 3): Für ihn ist „Transnationalismus definiert als Globalisierung durch Migration und Remissen."[360] In der Tat: Noch nie zuvor haben so viele Menschen am oberen und unteren Ende des gesellschaftlichen Spektrums ‚in zwei Welten gleichzeitig' gelebt, z. B. legal als Geschäftsmann, oder ‚illegal' als dessen ‚Haushaltshilfe'. Moderne Kommunikations- und Verkehrstechniken ermöglichen in beiden Fällen einen dauerhaften Kontakt zwischen den weit voneinander lebenden Haushaltsmitgliedern. Insofern überwindet Transnationalismus den (überholten) Ansatz, Migranten entweder als Aus- oder Einwanderer zu betrachten (Levitt/Nyberg-Sørensen 2004: 2). Zentral sind dabei die Geldflüsse, die Länder auf der Makroebene und Haushalte auf der Mikroebene zusammenbinden. Im Hinblick auf Mittelamerika ist auffällig: „Die Dominanz von Remissenflüssen über traditionelle Exporterlöse signalisiert, dass mittelamerikanische Länder sich mitten in einer Umstellung befinden, weg von ‚Agrarexport-Ökonomien' und hin zu ‚transnational integrierten Haushalten'." (Agunias 2006: 3).[361] Hierbei bleibt es aber nicht. In den neuen transnationalen Zusammenhängen entstehen neue Berufsgruppen, die Herkunfts- und Zielregionen verbinden, etwa die bereits erwähnten ‚Grenzübertrittshelfer', Boten- und Transportunternehmen, die Geld, Maschinen und Konsumgüter in die Herkunftsländer transportieren, und auf dem Rückweg Medikamente und Lebensmittel in die Zielländer bringen. Wie noch gezeigt wird, werden solche transnationalen Verbindungen von Regierungen zum Teil aktiv unterstützt, etwa, indem sie sich um die Belange ihrer im Ausland lebenden Bürgern kümmern und deren Finanz-, Human- und Sozialkapital für den Aufbau ihrer Heimatländer nutzbar machen. Die Bereitstellung konsularischer Betreuung gehört hier ebenso dazu wie die Förderung von grenzübergreifendem Business und Investitionen, finanzielle Zuschüsse zu kulturellen Veranstaltungen im Ausland wie *Immigrant-Weeks*, oder die Präsenz staatlicher Vertreter bei denselben sowie die Übertragung solcher Veranstaltungen durch heimische Medien, was etwa im Fall der Belizeaner anlässlich des ‚Park-Fests' in Los Angeles und Chicago der Fall ist (vgl. auch Mahler 2000: 38-44).

Dabei ist die Erforschung transnationaler sozialer Zusammenhänge lediglich eine Dimension in der Internationalisierung von Vergesellschaftungsbeziehungen, die, wie bereits in Kapitel 2.1. erwähnt, widersprüchlich verlaufen können. Es folgt eine Tabelle zu den hier relevanten Ebenen:

Tabelle 9: Idealtypen der Internationalisierung von Vergesellschaftungsbeziehungen

	Konfigurationstyp	Charakterisierung	Beispiele
Absolutistisches Raumkonzept wechselseitige Inklusion und Exklusion von Flächen- und Sozialraum; jeder Flächenraum entspricht genau einem Sozialraum und umgekehrt	*(1) Internationalisierung*	wahrgenommene Dominanz der Aufrechterhaltung/Stärkung der Beziehungen zwischen souveränen Nationalstaaten und Nationalgesellschaften	Europäische Gemeinschaft für Kohle und Stahl (EGKS), NATO, NAFTA, WTO
	(2) Re-Nationalisierung	(Wieder-)Erstarken nationaler Container-Staaten bzw. -Gesellschaften; Stärkung bestehender Territorialgrenzen oder Aufteilung ehemals homogener Flächen-Sozialräume in neue kleinere ‚Container'-Staaten' oder ‚Container-Gesellschaften'	Auflösung der UdSSR oder Jugoslawiens, wirtschaftlicher Protektionismus (Agrarzölle von EU und USA) und politische Abschottung (Migration)
	(3) Supra-Nationalisierung	Ausdehnung des Konzepts und Gebildes souveräner Container-Staaten und -Gesellschaften über die Flächenraumebene der Nation hinaus auf die supranationale Ebene	Europäische Kommission, Europäischer Gerichtshof, Europäische Soziologische Vereinigung (ESA)
	(4) Globalisierung	Stärkung der (Wahrnehmung von) weltweiten gesellschaftlichen Verflechtungsbeziehungen, Kommunikationen, sozialen Praktiken, Symbolen, Ereignissen, Risiken und Rechten	Finanzströme, Erderwärmung, globale Diffusion von Informationen (CNN) und Technologien (Internet), ‚McDonaldization'
Relativistisches Raumkonzept Sozialräume als dauerhafte und dichte Interaktionsbeziehungen in unterschiedlichen Raumfigurationen; ein Sozialraum kann unterschiedliche Flächenräume über- bzw. umspannen, umgekehrt können sich in einem Flächenraum unterschiedliche Sozialräume ‚aufstapeln'	*(5) Glokalisierung*	Produktion oder Stärkung des (wahrgenommenen) Zusammenhangs zwischen globalen und lokalen Phänomenen, Ereignissen, sozialen Praktiken etc.	Lokale Ursachen oder Folgen der globalen Erwärmung, des globalen Internets oder der globalen Symbolpräsenz (Hollywood)
	(6) Diaspora-Internationalisierung	Produktion oder Stärkung pluri-lokaler Sozialräume mit klar fixiertem bzw. wahrgenommenem Zentrum	Jüdische und andere Diasporas, diplomatische Korps, globale oder fokale Unternehmen oder NGOs
	(7) Transnationalisierung	Starke und dauerhafte gesellschaftliche Verflechtungen, die in mehreren Flächenräumen verankert sind und kein klares Zentrum-Peripherie-Verhältnis aufweisen	Transnationale Familien, multinationale oder transnationale Unternehmen oder NGOs

Quelle: Pries 2008: 132f.

Dazu schreibt Pries:

> „Die hier skizzierten sieben Typen von Internationalisierung beschreiben jeweils unterschiedliche Konstellationen von Flächenräumen und Sozialräumen. Sie sind nicht als sich gegenseitig in der Realität ausschließend oder ersetzend oder nacheinander folgend gedacht. Vielmehr existieren diese Flächen-Sozialraum-Kombinationen nebeneinander und beeinflussen sich auch wechselseitig. Wie bereits angedeutet, kann zunehmende Globalisierung etwa auch zu einer anwachsenden Re-Nationalisierung in bestimmten Regionen und bei bestimmten Bevölkerungsgruppen führen. Diaspora-Internationalisierung kann Transnationalisierungsprozesse auslösen oder wiederum eine Folge von diesen sein. Inter-Nationalisierung wiederum kann – etwa infolge von Abkommen zur Migrationskontrolle – ein Ausdruck beziehungsweise eine Wirkung bereits vorhandener transnationaler Migrationsströme oder aber auch die Voraussetzung und Grundlage für deren Entstehung sein.
>
> In jedem Fall wäre es verfehlt, davon auszugehen, dass sich die Flächenräume und die ‚Containergesellschaften' im 21. Jahrhundert immer weiter auflösen und in einem einzigen virtuellen ‚Cyberspace', in einem de-territorialisierten ‚Globalen Dorf' oder in einem unendlichen ‚Raum des Fließens' verflüchtigen. Umgekehrt ist vielmehr eine wachsende Bedeutung neuerer und komplexerer Konfigurationen von Flächenräumen und Sozialräumen zu beobachten. Das Gesellschaftliche löst sich nicht in einem großen globalisierten Containerraum auf, sondern differenziert sich stärker in verschiedene Muster sozial-flächenräumlicher Beziehungen. Es ist eine wesentliche Herausforderung für die Sozialwissenschaften, diese Tendenzen gesellschaftlichen Wandels und der Internationalisierungsformen von Vergesellschaftung genauer theoretisch und empirisch zu untersuchen. Es wurde hier für eine vergleichsweise enge Bestimmung der Begriffe Transnationalismus und Transnationalisierung plädiert.
>
> Transnationalisierung ist demzufolge ein historisch nicht völlig neuer, wohl aber in den vergangenen Dekaden im Kontext zunehmender internationaler Bewegungen von Gütern, Menschen und Informationen ein sich ausweitender und vertiefender Prozess. Transnationalisierung führt zur Herausbildung relativ dauerhafter und dichter pluri-lokaler und nationalstaatliche Grenzen überschreitender Verflechtungsbeziehungen von sozialen Praktiken, Symbolsystemen und Artefakten. Diese emergenten grenzüberschreitenden gesellschaftlichen Formationen können eine vorwiegend ökonomische, soziale, kulturelle oder politische Dimension haben – in aller Regel ist ihre Dynamik aber durch komplexe Wechselwirkungen zwischen diesen Dimensionen bestimmt." (Pries 2008: 165f.).

Allerdings: Für das Gesamtverständnis von Migrationsprozessen ist neben der Makroperspektive (Globalisierung) und Mikroperspektive (Transnationalismus) auch noch eine weitere Analyseperspektive erforderlich. Es geht um die Verbindung zwischen diesen beiden Bereichen, gewissermaßen die Mesoebene. Anders gesagt: Welches Modell ist am besten geeignet, um das *Wie* der ‚Migrationsströme' und ‚Migrationsflüsse' zu charakterisieren?

3.5.3. Netzwerkgesellschaft und Netzwerkgeschehen

In diesem Zusammenhang gewinnt das Netzwerkkonzept auch für die Migrationswissenschaft zunehmend an Bedeutung. „Unterschiede führen zu Migration, aber es müssen Verbindungen zwischen Entsende- und Aufnahmeländern bestehen, damit Menschen Grenzen überwinden können … Migrationsnetzwerke sind ein breites Konzept, die verschiedene Faktoren umfassen, einerseits die Art und Weise, wie Menschen Informationen über Gelegenheiten im Ausland erhalten, andererseits Migrationsinfrastrukturen, die es Migranten ermöglichen, Grenzen zu überwinden und im Ausland zu bleiben." (Martin u. a. 2006: 22ff., vgl. Rerrich 2006: 57ff.).[362] Dies wurde auch in der bisherigen Darstellung immer wieder deutlich, da mehrfach auf die entscheidende Bedeutung der Netzwerke bei der Planung und Durchführung eines Migrationsprojekts verwiesen wurde (z. B. in den Kapiteln 3.1.3., 3.3.2.2. und 3.3.2.5.).

Richtungweisende Forschung auf diesem Gebiet stammt von M. Castells, vor allem seine Arbeiten zur globalen Netzwerkgesellschaft. Nach Überzeugung des Verfassers kann auch illegale Migration als Netzwerkgeschehen verstanden werden: Es ist, global gesehen, ein lockerer Zusammenhang, welcher nur zu einem Teil ‚geplant' wird und sich ansonsten eher aufgrund dieser und jener Koinzidenzen ergibt. Anders gesagt: Für eine illegale Migration benötigte ‚Netzwerkverbindungen' können eher zufällig entstehen und sich anschließend in ungeplante Richtung weiterentwickeln. Etwa dadurch, dass ein Migrant in Deutschland ankommt, per Telefonbuch eine Kirchengemeinde als Erstanlaufstelle sucht, diese Gemeinde ihm dann bei der Unterbringung und Arbeitsvermittlung hilft. Oder indem die Nachfrage eines Bauunternehmers nach Billigarbeitern auf Arbeit suchende Migranten trifft – wobei es sich wiederum bei dem Migranten um einen Flüchtling handeln kann, der ursprünglich nicht zur Arbeitssuche, sondern aus Asylgründen geflohen ist, aber ‚zufällig' die nötigen Qualifikationen mitbringt.

In dem Moment aber, in dem eine solche Unterbringung, Weitervermittlung oder solch ein Beschäftigungsverhältnis zustande kommt, können die dann bestehenden Verbindungen zwischen Ankunftsort und dem jeweiligen Herkunftsland eine neue Qualität erhalten. Die Netzwerke etwa, über die der ehemalige Flüchtling und jetzige Schwarzarbeiter nach Deutschland gekommen ist und die es ihm jetzt ermöglichen, Verbindungen in sein Herkunftsland aufrechtzuerhalten, können sich ab sofort zu einer ‚aktiven' Migrationsbrücke zusammenfügen, ähnlich wie ein Magnet lose Eisenspäne plötzlich in eine Richtung ausrichtet. Ab diesem Zeitpunkt laufen über diese Verbindung in einer gezielteren und konkreteren Weise als bisher Informationen über Sicherheit und verfügbare Arbeit in das Herkunftsland: Die Erfahrungen, die der Migrant auf seiner Reise nach Deutschland gemacht hat, werden auf einmal nützlich für potenzielle Nachahmer zu Hause, und schon bewegen sich Menschen aus den Herkunftsländern über die so ‚solidifizierte' Verbindung vom Herkunfts- zum Zielort. Und dies so lange, bis diese Verbindung durch Überteuerung, staatlich-polizeiliche Intervention, Krankheit eines zentralen Glieds im Netzwerk usw. nicht mehr zugänglich ist oder sich sonst ein billigerer, risikoloserer neuer Weg auftut. Gegen diese Zusammenhänge sind herkömmliche ordnungspolitische Eingriffe wenig erfolgreich. Castells erläutert dies anhand wirtschaftlicher Zusammenhänge; das nachstehende Zitat macht aber genauso Sinn, wenn man die wirtschaftliche Analyse durch weiter gefasste weltgesellschaftliche Zusammenhänge (z. B. NGOs, Mafia oder eben Migrationsnetzwerke) ergänzt: Selbst wenn die derzeitigen weltgesellschaftlichen Zusammenhänge

> „anfangs durch politische Entscheidungen herbeigeführt wurde[n], [bedeutet dies] nicht, dass sie in ihren Grundzügen auch politisch wieder rückgängig zu machen wäre[n]. Zumindest nicht so leicht. Der Grund liegt darin, dass die globale Wirtschaft [die Weltgesellschaft] jetzt ein Netzwerk von miteinander verknüpften Segmenten von Volkswirtschaften [nichtstaatlichen Zusammenhängen] ist, die gemeinsam eine entscheidende Rolle in der Wirtschaft [Gesellschaft] eines jeden Landes – und vieler Menschen – spielen. Ist ein solches Netzwerk erst einmal hergestellt, so wird jeder Knoten, der sich ausklinkt, einfach übergangen, und die Ressourcen – Kapital, Information, Technologie, Güter, Dienstleistungen, qualifizierte Arbeit [illegale Migranten] – fließen einfach weiter durch das übrige Netzwerk.“[363]

Ähnlich sieht es die IOM in ihrem *World Migration Report 2005*. Auch sie warnt vor dem Irrglauben, man könne Migration auf- und zudrehen wie den Wasserhahn:

> „Wenn Regierungen legale Arbeitnehmeranwerbung stoppen oder ankündigen, dass sie illegale Einwanderung nicht mehr tolerieren wollen, versuchen sie, Netzwerke zu unterbrechen, die den Interessen sowohl der Migranten als auch der Arbeitgeber nutzen. Regierungen, die glauben, man könne Migrationsströme auf- und zudrehen wie einen Wasserhahn, werden oft enttäuscht. So wird beispielsweise angenommen, ein Ende legaler Arbeitnehmeranwerbung würde den Zustrom von Migranten stoppen wie die Schließung eines Tores in einem Damm den Wasserzufluss stoppen würde. Aber Migrationsnetzwerke sind wie Seitenflüsse, die ein Delta formen, und das Schließen eines Migrationswegs stößt Migranten oft in andere Kanäle.“ (IOM 2005: 191, vgl. Martin u. a. 2006: 31).[364]

Die Herausforderung an Gesellschaft und Politik könnte nicht größer sein – geht es doch nicht um tote Dinge oder Geld: Es geht um lebendig-kreative Menschen.

> „Sehr ernsthafte Herausforderungen warten auf Bürger und Politiker in Migranten-Entsende- und Aufnahmeländern. Einwohner der letzteren werden die Verweigerungshaltung aufgeben müssen, die heutzutage so oft ihren Zugang zur Einwanderungspolitik kennzeichnet. Sie müssen Politikmaßnahmen entwickeln, die die Unausweichlichkeit von Arbeitnehmerflüssen in einer globalisierten Ökonomie anerkennt, die charakterisiert sind durch gut etablierte regionale Netzwerke von Handel, Produktion, Investition und Kommunikation. Versuche, diese Bevölkerungsflüsse zu unterdrücken, die eine natürliche Folge der Integration eines Landes in diese ökonomischen Netzwerke sind, werden nicht erfolgreich sein, sondern eine schwere Bedrohung individueller Rechte, bürgerlicher Freiheiten und menschlicher Würde darstellen … Globalisierung … ist eine schwerwiegende Herausforderung an den Nationalstaat und Souveränität und erfordert von politischen Führern und Bürgern … im 19. Jahrhundert entstandene Vorstellungen von Territorium und Staatsangehörigkeit hinter sich zu lassen. Sie müssen sich dem Konzept der transnationalen Räume öffnen, die sich gegenwärtig überall in der Welt als

Folge massiver Einwanderung herausbilden … Dies sind in der Tat beachtliche Herausforderungen, aber man wird sich ihnen stellen müssen, denn internationale Migration wird sich fortsetzen. Abgesehen von einer internationalen Katastrophe nie dagewesenen Ausmaßes wird Einwanderung sich wahrscheinlich weiter ausdehnen und wachsen, denn keine der kausalen Ursachen, auf der Einwanderung basiert, zeigen eine Tendenz zur Abschwächung.“ (Massey u.a. 1998: 293f.).[365]

3.6. Ergebnis

Können Globalisierungsprozesse als (Mit-)Ursache für illegale Migration angeführt werden? Eindeutig ja. Hier wird zunächst daran erinnert, dass Globalisierungsprozesse qualitativ und quantitativ technisch-infrastrukturelle Bedingungen der Möglichkeit hervorgebracht haben, die auch die Möglichkeiten für illegale Migrationsprojekte revolutionieren (vgl. Kapitel 3.1.). Ein Indikator ist etwa die Reichweite von Migrationsbewegungen: Im Zentralamerika der 1970er Jahre migrierten 50 Prozent der Menschen innerhalb der Region, 50 Prozent verließen sie in Richtung USA. 1980 verließen bereits 80 Prozent der Migranten die Region in Richtung USA, 1990 sogar 93 Prozent.[366] Wieso Menschen offensichtlich eine grenzübergreifende Migration einer Binnenmigration oder einem Verbleib im eigenen Land vorziehen, erklären Martin und Kollegen mit der vergleichbaren ‚Inkulturationsleistung‘: Ist man einmal entwurzelt, kann die Niederlassung in einer größeren Stadt des eigenen Landes ebenso aufwändig sein wie die in einer Großstadt außerhalb des Landes. Entscheidend ist, wo man Zugang zu unterstützenden verwandtschaftlichen Netzen findet.[367]

Die aktuelle Globalisierung ist, wie frühere Globalisierungsschübe, ein weltweites Geschehen, welches herkömmliche Ordnungen transformiert und keinen Bereich des gesellschaftlichen Lebens unberührt lässt:

> „Globalisierung ist verbunden mit neuen Mustern globaler Schichtung, in der einige Staaten, Gesellschaften und Gemeinschaften zunehmend in die globale Weltordnung eintauchen, während andere zunehmend ausgegrenzt werden … Das Reden von Nord und Süd, von Erster und Dritter Welt übersieht die Wege, in denen Globalisierung die traditionellen Muster von Inklusion und Exklusion verändert hat, indem neue Querschnitts-Hierarchien alle Gesellschaften und Regionen der Welt durchschneiden und verbinden. Nord und Süd, Erste Welt und Dritte Welt sind nicht mehr länger ‚dort draußen‘, sondern Bestandteil aller größeren Städte weltweit … Die globale Struktur kann sich vorgestellt werden als ein dreistöckiges Arrangement konzentrischer Kreise, jeder über alle nationalen Grenzen hinwegreichend. Sie repräsentieren jeweils die Eliten, die Zufriedenen und die Marginalisierten.“ (Held u.a. 2001: 7f.).[368]

In diesem Kapitel wurde aufgezeigt, dass Globalisierungsprozesse für eine zunehmende Zahl von Entwurzelungsbewegungen verantwortlich sind. Die Deregulierung von Kapitalflüssen, Freihandel und ausländischen Direktinvestitionen etwa macht Menschen arbeitslos und setzt sie gewissermaßen in Bewegung, um sich anderswo Arbeit zu suchen. Zwar wird dagegen immer noch am (neoliberalen) Irrglauben festgehalten, dass weiteres Wirtschaftswachstum die Antwort auf den Mangel an gut bezahlten, fairen Jobs sei.[369] Aber abgesehen von ökologisch bedingten Grenzen kann selbst die optimistischste Wachstumsprognose nicht annähernd die Zahl an Jobs schaffen, die weltweit benötigt werden.[370] Entsprechend spielt Binnen- wie grenzübergreifende Migration im gegenwärtigen Globalisierungszeitalter eine herausragende Rolle.

Es ist dabei ein Charakterzug der zeitgenössischen Migrationsströme, dass es sich nicht nur um die Reisen von Reichen und Eliten handelt, sondern dass sich auch Armen *Exit-Options* aus ihrer Situation eröffnen. Die *Global Commission on International Migration* fasst eine Reihe der hier behandelten Punkte wie folgt zusammen:

> „Der Globalisierungsprozess hat enormen Reichtum geschaffen und Millionen Menschen aus der Armut gehoben. Aber er hat noch nicht den Abstand zwischen Reich und Arm verringert, und in einigen Fällen vergrößert sich die ökonomische Ungleichheit. Viele Entwicklungsländer kämpfen, um mit demografischem Wachstum zurechtzukommen und vermögen es nicht, genug Jobs für die Millionen junger Leute zu schaffen, die den Arbeitsmarkt betreten. Und obwohl mehr Menschen als je zuvor in Staaten mit pluralistischen Systemen leben, leben immer noch zu viele Menschen in Ländern, die von schlechter Governance, einem niedrigen Niveau an Sicherheit, durch Korruption, Autoritarismus, Menschenrechtsverletzungen und bewaffneten Konflikten gekennzeichnet sind. Angesichts dieser Bedingungen ist es nicht erstaunlich, dass viele Menschen Ausschau nach einer Zukunft jenseits der Grenzen ihres eigenen Landes halten, sowohl innerhalb ihrer Region als auch, wenn sie die Mittel dafür haben, in entfernteren Teilen der Welt.“ (GCIM 2005: 6).[371]

Man kann, in Anknüpfung an die Globalisierungsdefinition von Held und Kollegen, im gegenwärtigen globalen legalen und illegalen Migrationsgeschehen eine Zunahme an Extensivität und Intensivität feststellen. Speziell im Bereich der grenzübergreifenden illegalen Migration können nach Ansicht des Verfassers folgende Entwicklungen als historisch ohne Vorbild betrachtet werden:

- Die Einbeziehung von Gegenden in grenzübergreifende illegale Migrationszusammenhänge, die früher von solchen nicht erfasst waren. Historisch neu sind auch die Mechanismen, mit denen dies geschieht. In diesem Buch wurde der Nachweis anhand der Maya versucht; in Alt 2003 wurde vermutet, dass professionelle Schleuser für die Migration von Georgiern nach Europa verantwortlich sind, obwohl dieses Gebiet traditionell eher nach Russland orientiert ist (Alt 2003: 307). Sassen führte einen solchen Nachweis anhand der Migration nach Japan.[372]
- Kam es in früheren Globalisierungsperioden zu Massenbewegungen von der *alten* in die *neue* Welt, die beide Industriegesellschaften mit vergleichsweise großer Absorptions- und Integrationskraft waren, so dominiert heute die Bewegung von armen zu reichen Ländern: „Die heutigen (Migrations-)Ströme tragen zu neuer Uneinigkeit und Besorgnis bei, mit denen man sich auseinandersetzen muss.“ (Bhagwati 2004: 209).[373]

- Alarmierend ist die quantitative Zunahme und qualitative Verschärfung ökologischer Katastrophen mit nachfolgender Entwurzelung, die u.a. mit dem gegenwärtigen Produktions- und Konsumstil in Verbindung gebracht werden kann.
- Durch die schnell wachsende Zahl neuer Hindernisse, die Staaten Migranten in den Weg stellen, gewinnt das kommerzielle und kriminelle Schleuserwesen an Einfluss, ergeben sich humanitär bedenkliche Nebeneffekte, wie eine Zunahmen an Todesfällen und Schuldknechtschaft.
- Die Auswirkungen von staatlichen Maßnahmen, vor allem der Grenzabschottung, wird zum Entstehen brisanter Gemengelagen im Bereich ethnischer Minderheiten führen, vor allem dadurch, dass ‚Illegale' nicht mehr pendeln können, sondern zum Verbleib im Land gezwungen werden.
- Ohne Vorbild ist schließlich das Ausmaß an grenzübergreifend technologisch-infrastruktureller Vernetzung, etwa zwischen ‚Illegalen' und ihren Familien im Herkunftsland, d.h. das Anwachsen transnationaler Haushalte und der daraus erwachsenden migrationsrelevanten Ressourcen.

Das unter diesen Umständen entstehende Ganze ist mehr als die Summe seine Teile (vgl. Hengsbach 2001: 35). Anders gesagt: Die Prozesse im gegenwärtigen Globalisierungszeitalter transformieren illegale Migrationsbewegungen in ein Phänomen, das quantitativ und qualitativ ohne historisches Vorbild ist und trotz staatlicher Eingriffsversuche eine wachsende Autonomie und Eigendynamik aufweist.

Der Toledo District war, ist und wird aufgrund der niedrigen Bevölkerungsdichte sicherlich kein Brennpunkt illegaler Migrationsbewegung werden. Gleichwohl ließ sich zeigen, dass einige der oben aufgelisteten Punkte in diesem Land Realität geworden sind. Es wurde deutlich, wie sich ein *Forgotten District* aufgrund von Globalisierungsprozessen verändert und dass illegale Migration eine Folge dieser Veränderungen ist. Und was in Toledo passiert, wird wohl auch in anderen Gebieten anzutreffen sein, die außerhalb internationaler Aufmerksamkeitskonjunkturen liegen. Auch für Toledo und vergleichbare Gebiete gilt die Feststellung Sutherlands: „Viele Menschen überall auf der Welt sind sich bewusst, dass ihnen mehr Möglichkeiten zur Gestaltung ihres Lebens zur Verfügung stehen als je zuvor; Möglichkeiten, die sie aus ihrer eigenen Gemeinde herausführen können in Welten, die sie sich erträumen, auch wenn ihnen diesbezügliche Erfahrung fehlen mag." (Sutherland 1998: 9).[374] Dabei gilt es auch zu beachten, dass, selbst wenn die Auswanderung in absoluten Zahlen niedrig ist, die Relation zur verbleibenden Bevölkerung beachtlich ist: Gesprächspartner schätzen, dass bis zu einem Drittel der Bevölkerung von Belize legal oder ‚illegal' in den USA lebt.[375] Oder: In einem Dorf mit 70 Haushalten ergibt die illegale Emigration von sieben Familienoberhäuptern einen Anteil von zehn Prozent aller Haushalte, deren Unterhalt ab sofort primär von Remissen abhängt, und nicht mehr von der Mitgliedschaft im lokalen landwirtschaftlichen Produktions- und Solidarsystem.

Wie die Darlegung zu den Entwicklungen in Toledo und den daraus resultierenden Migrationsbewegungen zeigt, können bei den Q'eqchi-Maya alle von Appadurai postulierten ‚Landschaften' der neuen globalen Weltgesellschaft beobachtet werden:

- Technoscape: Selbst in den abgelegensten Dörfern finden sich Zugänge zu mobiler Telefonie und Internet, was die Planung illegaler Migrationsprojekte erst ermöglicht (siehe Anhang 6, Bildtafel 6).
- Financescape: Die Remissen der Migranten in Los Angeles gelangen per Western Union oder guatemaltekischer Credit Union zu den Familien in Toledo.
- Mediascape: Generatorbetriebene Computer, Videogeräte und Fernseher bringen Bilder westlichen Lebensstils in die hintersten Ecken des belizeanischen Dschungels.
- Ideoscapes: Ideen von Privateigentum weichen die kollektive Kultur der Maya ebenso auf wie auf Geld basierende Transaktionen, daneben führen Bildung und (medienvermittelte) Bilder zum vermehrten Aufkommen von Individualismus und verändern das Selbstverständnis von Frauen und Mädchen – mit einer Fülle daraus resultierender Erziehungsprobleme und Spannungen in der Familie.
- Ethnoscapes: Transnationale Familienzusammenhänge entstehen zwischen dem Toledo District und den Los-Angeles-Stadtteilen South El Monte und Northridge: Der familiäre Zusammenhang wird gepflegt durch guatemaltekischen Mobilfunkanbieter und Banken sowie durch Reisende oder Boten, die Medikamente, Fotos, Geld, Gewürze und handgemalte Bilder der Kinder mitbringen (siehe Anhang 6, Bildtafel 16).

Wie oben gezeigt wurde (z. B. in Kapitel 3.3.1. und 3.3.5.), sind die im Kontext von globalisierungsbedingten Prozessen erzeugten, verstärkten oder von ihren Interessengruppen nicht verhinderten Entwurzelungsbewegungen nicht deckungsgleich mit den legalen und illegalen Migrationsbewegungen zwischen armen und reichen Ländern. Ob Opfer subventionierter landwirtschaftlicher Produkte, von Kriegen und Konflikten oder der Ausbreitung von Wüsten: Die Mehrzahl entwurzelter Menschen sucht einen Ausweg innerhalb ihres Landes, etwa in den Slums der Städte, oder in den an ihre Heimatregion angrenzenden Ländern.[376] Eine Untersuchung der Zusammenhänge zwischen Globalisierung, illegaler Migration und Armut lenkt deshalb auch den Blick auf eine große Zahl entwurzelter Menschen, die für eine legale oder illegale Migration zu arm sind und für die deshalb diese *Exit-Option* nicht zur Verfügung steht. Wie aber steht es mit der Verantwortung der von Globalisierungsprozessen profitierenden Länder, Gesellschaften, Interessengruppen und Individuen im Hinblick auf diese Vertriebenen bzw. hinsichtlich der so erzeugten Armut? Wer die Frage nach Globalisierung, Migration und Armut stellt, wird auch eine Position zu dieser Frage beziehen müssen.

Noch ein Letztes sei am Ende dieses Kapitels betont: Natürlich bestehen Verbindungen zwischen ‚Terroristen' und ‚Illegalen'. Eine wichtige (natürlich nicht die einzige!) Verbindung ist hier Armut, eine Erkenntnis, die hier und da immerhin aufscheint.[377] Während ‚Illegale' daran glauben, durch Migration ihr Leben und das ihrer Familie verbessern zu können, fehlt Terroristen dieser Glaube. Hinsichtlich terroristischer Gewalttäter wurde dem Verfasser während seiner Aufenthalte zwischen 1989 und 1992 in Belfasts IRA-Hochburg Falls District erklärt, dass Mutlosigkeit und Verzweiflung für IRA-Terroristen eine wichtige Motivation für ihre Bombenanschläge seien: Nach jahrhundertelanger Unterdrückung durch Briten und Protestanten glaubten sie einfach nicht daran, mit Demonstrationen, Diskussionen und Sitzblockaden zu ihren Lebzeiten etwas verändern zu können. Ähnlich wird in anderen Kontexten ein Zusammenhang zwischen Terror und Armut bestehen, entweder direkt durch jene, die nichts zu verlieren haben, oder durch jene hochintelligenten, ressourcenreichen und motivierten Täter, die ernsthaft glauben, auf diese Weise Sachwalter der Armen sein zu können. Dies gilt in gleicher Weise für das aktuelle Phänomen der Piraterie, welche ‚zufällig' dort auftritt, wo ebenfalls illegale Migration stattfindet.[378] Terror und Piraterie wird man mit militärischen und polizeilichen Mitteln allein nicht bekämpfen können. Terror wird man vor allem nicht besiegen können, wenn man Jagd auf ‚Illegale' macht. Zwar wird man beides auch durch die Bekämpfung von Armut nicht sofort beseitigen können – dazu sind ihre Repräsentanten als inspirierende Rollenvorbilder unter den Jugendlichen zu tief verankert und zu populär.[379] Darüber hinaus wird es stets Fanatiker und beeinflussbare Wirrköpfe geben wie auch die Terrorisierung und Instrumentalisierung ganzer Bevölkerungsgruppen. Wohl aber verringert man durch Armutsbekämpfung graduell die Rechtfertigungsmöglichkeiten und Legitimation terroristischen Handelns und damit das Rekrutierungspotenzial und die Einbettungs- und Rückzugsmöglichkeiten der Terroristen, die Ermittlung und Verfolgung bislang so sehr erschweren.

3.7. Ausblick vor dem Hintergrund der Wirtschaftskrise

Wie wird die globale Wirtschaftskrise das Migrationsgeschehen beeinflussen? In Kapitel 3.3.4.2. wurde bereits auf der Grundlage von Literatur, die vor Ausbruch der derzeitigen Krise publiziert wurde, darauf verwiesen, dass innerhalb der neoliberalen Weltordnung die bisherigen Trends zu Armutszunahme und -verfestigung sowie zum Verfall sozialer Kohäsion anhalten werden. Diese Tendenzen dürften durch die sich seit Herbst 2008 verschärfende Finanz- und Wirtschaftskrise deutlich zunehmen, da die Welt offensichtlich nicht nur vor einem finanziellen, sondern auch vor einem wirtschaftlichen und sozialen Jahrhunderteinbruch steht. Selbst wenn die schlimmsten Probleme innerhalb des globalen Finanzsystems ‚geflickt' werden können (vgl. Kapitel 3.3.1.4.), werden die Folgeschäden erst allmählich auf die Gesellschaft durchschlagen. Dabei werden die armen Staaten wesentlich stärker von den Folgen der Krise getroffen als die reichen Staaten, die mehr Mittel zu antizyklischen Maßnahmen zur Verfügung haben. Einige Beispiele:

- Während beim ‚Exportweltmeister' Deutschland die Einbrüche im Außenhandel noch unter 30 Prozent liegen, müssen afrikanische Staaten ihre Exporterwartungen um bis zu 40 Prozent nach unten korrigieren. Die Finanzminister und Zentralbankvorsitzenden der afrikanischen Staaten betonen in ihrer Stellungnahme zur G20-Tagung in London (April 2009), dass den afrikanischen Ländern allein im Bereich der wegbrechenden Exporte Einnahmeverluste von 251 Milliarden US-Dollar (für 2009) und 277 Milliarden US-Dollar (für 2010) entstehen.[380]
- Ausländische Direktinvestitionen fielen 2008 im Vergleich zu 2007 um 50 Prozent, ein weiterer Einbruch um 50 Prozent im Jahr 2009 wird angenommen (UN Report 2009: 5).
- 2009 werden für die Entwicklungsländer vier Billionen US-Dollar öffentliche und private Schulden fällig – es ist unklar, wie diese beglichen werden können (UN Report 2009: 5f.).
- Rohstoffpreise stürzten in den Keller und damit die Einnahmen vieler Länder: Ölpreise sanken um 70 Prozent, Metalle um 50 Prozent, ohne dass im Juni 2009 eine Trendwende absehbar wäre (UN Report 2009: 7).
- Der Tourismus brach ein, neben wirtschaftlichen Gründen spielte auch die Schweinegrippe eine Rolle. In einem Land wie Thailand bedeuten drei Millionen Touristen weniger 4,5 Prozent des BIP.[381]
- Lebensmittelpreise hingegen sanken leicht, liegen aber immer noch 27 Prozent über dem Niveau von 2005 und 64 Prozent über dem Niveau von 2000 (UN Report 2009: 11).
- All Wirtschaftskrisen vor der jetzigen hatten eine negative Auswirkung auf die Höhe der Entwicklungshilfe. Es ist nicht anzunehmen, dass es in dieser Krise anders sein wird (UN Report 2009: 8f.)

Nimmt man die Erkenntnisse zum Maßstab, die man anhand anderer Finanz- und Wirtschaftskrisen gewinnen konnte, so ist von einer deutlich verstärkten Zunahme von Armut, Elend und Exklusion auszugehen:

> „Zur strukturellen Dauerhaftigkeit der Armut in allen Regionen der Welt kommt noch die plötzliche Verursachung von Armut durch Wirtschaftskrisen hinzu, die mit den Schwankungen der globalen Finanzmärkte in Verbindung stehen. So stieß die Asienkrise 1997-1998 in Indonesien zusätzlich 40 Millionen Menschen in die Armut und brachte in Korea 5,5 sowie in Thailand 6,7 Millionen unter die Armutsgrenze. Es ist zwar möglich, dass sich die Märkte und der Export relativ schnell erholen, und das ist nach etwa zwei Jahren in den meisten der von der Krise von 1997 bis 1998 betroffenen Volkswirtschaften auch der Fall; doch sind Beschäftigung, Einkommen und Sozialleistungen für eine weit längere Periode betroffen. Eine Analyse von mehr als 300 Wirtschaftskrisen in mehr als 80 Ländern seit 1973 hat gezeigt, dass die Produktion nach durchschnittlich etwa einem Jahr das Niveau vor der Krise wieder erreicht hatte. Aber der Reallohnzuwachs brauchte etwa vier Jahre, um sich zu erholen, und die Beschäftigungszunahme fünf Jahre. Die Einkommensverteilung verschlechterte sich durchschnittlich für drei Jahre und verbesserte sich bis zum fünften Jahr auf den Stand vor der Krise. Und diese Zahlen sind davon abhängig, dass es während dieser Zeit von 3-5 Jahren nicht zu einer weiteren Krise kommt."[382]

Die Aussichten sind also düster, umso mehr, als bisher keine einschneidenden, glaubhaften und nachhaltig wirkenden Reformen des neoliberalen Wirtschaftssystems erkennbar sind (vgl. Kapitel 3.3.1.4.). Was nun konkret die Prognosen für Trends im legalen und illegalen Migrationsgeschehen betrifft, so sind diese schwer vorherzusagen, weil es eine Krise diesen Ausmaßes noch nicht gegeben hat und es noch zu wenig Daten gibt. Es wird vor allem von zwei Fragen abhängen: Wird die Krise Migranten dazu bewegen oder zwingen, in ihre Herkunftsländer zurückzukehren, und wird sie neue Migranten davon abhalten, ihre Heimat zu verlassen? (vgl. auch IOM 2009).

Hinsichtlich einer Rückkehrbereitschaft gibt es sicher einen Unterschied zwischen legalen und ‚illegalen' Migranten, zumal erstere nach einem Wiederanziehen der Konjunktur relativ einfach wieder an ihre Arbeitsplätze in den Industrieländer zurückkehren können. Dies gilt insbesondere dort, wo kurze Entfernungen zu überbrücken sind, wie etwa zwischen Deutschland und Osteuropa oder den USA und Mexiko. Allerdings stellen Forschungen zu früheren (wenngleich im Umfang nicht vergleichbaren) Krisen fest, dass bei der Rückkehrbereitschaft von Migranten eher die Arbeitsmarktsituation im Herkunftsland als im Migrationszielland maßgeblich ist, ebenso das Vorhandensein von Wiedereinreisemöglichkeiten nach Konjunkturerholung (vgl. Papademetriou/Terrazas 2009: 21). Dass der erste Punkt zutrifft, konnte auch im deutschen Kontext beobachtet werden, da im Berlin des Jahres 2006 wesentlich weniger ‚illegale' Ukrainer anzutreffen waren als in den Jahren zuvor (vgl. Kapitel 5.4.6.). Der zweite Punkt, die Wiedereinreisemöglichkeit zu einem späteren Zeitpunkt, besteht vielleicht für legale Migranten, keinesfalls aber für ‚Illegale'. Da aber ‚Illegale' oft auf Migrationsschulden sitzen *und* unter den gegenwärtigen Bedingungen keine Aussicht auf einen Job im Herkunftsland haben, dürfte sich deren Rückkehrbereitschaft und -fähigkeit sehr in Grenzen halten: Sie sind gezwungen, so lange wie möglich im Zielland auszuharren, bevor sie eine Rückkehr in Betracht ziehen können; sie sind gefangen in der Migrationsfalle (*Migration Trap*).[383] Für die ‚Illegalen' auf dem Arbeitsmarkt spricht jedoch – im Gegensatz zu einheimischen oder legalen ausländischen Arbeitskräften – deren Flexibilität, nicht nur im Fall erforderlicher Ortswechsel, sondern auch bei dem Wechsel von Berufssparten. So haben sie keine Probleme damit, bei einer Krise in der Bauindustrie einen Job in der Landwirtschaft anzunehmen (vgl. Papademetriou/Terrazas 2009). Andererseits zeigen frühere Beobachtungen des Verfassers, dass ‚Illegale' gerade im Baubereich auch während Krisenzeiten weiterbeschäftigt werden: Geht es den Arbeitgeber doch darum, potenziellen Auftraggebern kostengünstige Angebote vorlegen zu können, um überhaupt im Geschäft zu bleiben. Vor diesem Hintergrund werden die teuren Stammarbeiter eher entlassen als gut arbeitende ‚Illegale'. Dennoch wird es auch bei den Remissen der ‚Illegalen' zu deutlichen Einbrüchen kommen. Etwa, weil seitens der Arbeitgeber auch hier versucht werden wird, die Löhne zu drücken, Lohnauszahlungen zu verzögern bzw. Leute zu entlassen. Oder, seitens der ‚Illegalen', weil diese sich gegenseitig, aufgrund der Überkapazität ihrer Arbeitskraft, einander Konkurrenz machen und so ihre Löhne gegenseitig drücken (vgl. Alt 2003: 113ff.). Völlig offen ist, wie sich angesichts des zu erwartenden Ausmaßes von Rezession, Arbeitslosigkeit und sozialen Spannungen ausländerfeindliche und rassistische Vorfälle, die stets in solchen Zeiten zunehmen, auf das Verhalten von Migranten oder auf die staatliche Symbolpolitik, etwa durch Zunahme von Razzien und Abschiebungswellen, auswirken werden. Wie auch immer: Ende Juni 2009 hatte der Verfasser nicht erfahren, dass einer der Mayas aus Belize, die im Zentrum der empirischen Datenerhebung zu diesem Buch standen, Los Angeles in Richtung Toledo District verlassen hat.

Der zweite zur Beurteilung wichtige Trend betrifft die Frage, wie sich die gegenwärtige Krise auf die Bereitschaft zum Verlassen des Herkunftslandes auswirken wird. Zunächst gilt, dass es zum einen für Migranten schwieriger werden wird, in ihren Herkunftsländern die nötigen Ressourcen zur Emigration zu organisieren, zum anderen wird es für sie schwieriger denn je, im Zielland einen gut bezahlten Job zu finden. Vor dem Hintergrund der drastischen Verschlechterung der Situation in vielen Herkunftsländern ist aber anzunehmen, dass die Migrationsbereitschaft mittel- und langfristig kaum abnehmen wird. Und selbst wenn potenzielle Migranten über Internet, Aufklärungskampagnen oder Verwandte von der schwierigen Situation in den Zielländern informiert werden, kann angenommen werden, dass diese Informationen kaum ‚abschreckende' Wirkung haben werden. Interviews aus früheren Studien zeigten, dass potenzielle Migranten Informationen, die ihr Vorhaben als riskant und fragwürdig erscheinen lassen, selten Glauben schenken. Man glaubt, was man glauben will und unterstellt jedem, der eine warnende und mahnende Position vertritt, die Absicht, einem den Kuchen vorenthalten zu wollen, den man bei ihm vermutet.[384] Entsprechend ist zu befürchten, dass viel zu viele sich dennoch auf Versprechungen und Verschuldung einlassen und sich auf den Weg machen werden. Dies konnte zumindest im Sommer 2008 noch im Toledo District festgestellt werden: Obwohl Verwandte und Geschwister aus den USA berichteten, dass sich dort die Beschäftigungssituation drastisch verschlechtern würde, wollten sich weitere Männer auf den Weg nach *El Norte* machen in der Hoffnung, dass sie schon Glück haben werden. Sie begründeten dies damit, dass die Angehörigen dieser Emigranten doch immer noch Geld erhielten. Wohl wahr, sie hatten aber natürlich keine Vorstellungen davon, unter welch harten Bedingungen dieses Geld zusammengespart wurde.

Die IOM (2009) jedenfalls wagt die Prognose (die der Verfasser teilt), dass die illegale Zuwanderung in die reichen Länder vielleicht kurzfristig zurückgeht, mittelfristig aber mit einem Anstieg zu rechnen ist. Auch die IOM begründet dies mit einer Verschlechterung der Situation in den Herkunftsländern, die von der Krise wesentlich härter getroffen wurden als die Industrieländer. Seitens des Verfassers wird ergänzt, dass auch und gerade wegen der gegenwärtigen Wirtschaftskrise private und gewerbliche Arbeitgeber in den Industrieländern mehr denn je durch die Beschäftigung von ‚Illegalen' Geld sparen wollen. Entsprechend wird ein Angebot von bzw. eine Nachfrage nach ‚illegalen', billigen und willigen Arbeitern bestehen bleiben und der ‚Markt' und die darin tätigen Akteure werden auch weiterhin Angebot und Nachfrage zusammenbringen.

Beim Abschluss der Arbeiten an diesem Buch waren empirische Trends immer noch widersprüchlich: Ende März starben im Mittelmeer Hunderte ‚illegaler' Migranten beim Versuch, von Afrika nach Italien zu gelangen. Die Medien fragten: „Warum gerade jetzt bei sehr widrigen Witterungsbedingungen sehr oft ein noch höheres Risiko eingegangen wird, ist nur schwer erklärbar." Und die Zeitung fährt fort: „Von Experten wird schon seit Längerem damit gerechnet, dass mit der weltweiten Wirtschaftskrise die Zahl der Flüchtlinge aus den Notgebieten generell ansteigen wird."[385] Mitte Mai jedoch kam in derselben Zeitung der Bericht „Wegen Rezession weniger Illegale", der darauf verwies, dass „die Zahl der afrikanischen Flüchtlinge auf den Kanarischen Inseln wegen der Wirtschaftskrise in Spanien stark gesunken [ist]. Seit sechs Wochen sei kein Boot mit illegalen Migranten mehr vor dem Archipel gesichtet worden … Einen solchen Rückgang habe es seit zehn Jahren nicht mehr gegeben."[386]

Alle Daten in Kapitel 3 bestärken jedoch die mittel- und langfristige Prognose, dass sich im Zuge der Krise, gemessen am Entwicklungsstand und Wohlstand, der Abstand zwischen den armen Ländern und anderen Weltregionen weiter vergrößern wird. Dadurch werden Armut und Emigrationsbereitschaft zunehmen. Dies gilt insbesondere für die afrikanischen Staaten südlich der Sahara (vgl. Kohnert 2008: 17).

4. Illegale Migration und Armut

In diesem Kapitel beginnt die Untersuchung des zweiten Forschungskomplexes, nämlich des Zusammenhangs zwischen illegaler Migration und Armutsbekämpfung. Nun ist es, wie in Kapitel 1.1.2. bereits angeklungen, in der Tat erstaunlich, dass die Frage von illegaler Migration und Armutsbekämpfung bislang so wenig Beachtung gefunden hat und es sich bestenfalls um *Emerging Findings* handelt. Dabei gibt es genügend Anzeichen, dass das Thema von öffentlichem Interesse ist: Die Popularität des Films *Der Marsch* von 1990, alarmierende Überschriften wie „Süd-Nord-Migration: Ein globaler Marsch" (Nuscheler 2002) oder die Titelgeschichte des Nachrichtenmagazins Der Spiegel vom 26.6.2006 „Ansturm der Armen – Die neue Völkerwanderung" heizen dieses Interesse ebenso an wie die Dramen um Bootsflüchtlinge auf dem Mittelmeer und vor den Kanarischen Inseln. Nachfolgend soll nun versucht werden, mehr Licht ins Dunkel zu bringen. Diesbezügliche Hoffnungen sind jedenfalls groß, etwa bei der IOM:

> „Globalisierung hat die Mittel enorm ausgeweitet, mit denen Migranten sich weiterhin am wirtschaftlichen, kulturellen, sozialen und politischen Leben ihres Herkunftslands beteiligen können. Finanzielle Remissen, Kommunikation über das Internet, Reisen, Diaspora- und Hometown-Vereinigungen sowie andere Mechanismen, die es Ausländern ermöglichen, mit ihrem Herkunftsland in Verbindung zu bleiben, schaffen heute einflussreiche Mittel für Entwicklung." (IOM 2005: 15).[387]

4.1. Definitorische Vorbemerkung

Zunächst soll aber auf die bereits in Kapitel 1.1. erwähnte Aussage eingegangen werden, nach der ‚Illegale' nicht zu den Ärmsten der Armen gehören. Dies erklärt sich vor dem Hintergrund des in Kapitel 3 Gesagten zunächst dadurch, dass sie sich eine *Exit-Option* aufgrund einer illegalen Migration leisten können. Diese Aussage deckt sich mit der Selbsteinschätzung von Menschenhandelsopfern und ‚erfolgreichen' Migranten: In einer Studie wurden 644 Rückkehrer in verschiedenen osteuropäischen Ländern gefragt, wie sie rückblickend ihre Situation vor ihrer Emigration einschätzen würden. 50,7 Prozent der Menschenhandelsopfer bezeichneten sich als arm, 45,6 Prozent als durchschnittlich, 3,7 Prozent als wohlhabend. Von den ‚erfolgreichen' Migranten hingegen bezeichneten lediglich 27,3 Prozent ihre Situation vor der Migration als arm, dafür aber 66,9 Prozent als durchschnittlich und 5,9 Prozent als wohlhabend.[388] Ähnlich sieht die Situation aus, wenn man den Anteil der gebildeten Personen unter den erfolgreichen Migranten aus Afrika betrachtet:

Tabelle 10: Einwanderungsrate und Ausbildungsniveau von Afrikanern in OECD-Ländern[389]

25 Jahre und älter, in Prozent der örtlichen Arbeitnehmerschaft

Region/Jahr	**1990**				**2000**			
	Ausbildungsniveau				**Ausbildungsniveau**			
	Niedrig	Mittel	Hoch	Alle	Niedrig	Mittel	Hoch	Alle
Westafrika	0,3	1,1	20,7	0,5	0,3	2,8	26,7	0,8
Ostafrika	0,2	1,0	15,5	0,4	0,2	1,6	18,4	0,6
Zentralafrika	0,2	1,0	9,8	0,6	0,4	1,3	13,3	0,8
Nordafrika	2,2	1,8	6,8	2,4	2,3	1,5	6,2	2,5
Südafrika	0,1	0,5	6,9	0,5	0,3	0,5	5,3	0,9

niedriges Ausbildungsniveau: Grundausbildung, 0-8 Jahre Schule
mittleres Ausbildungsniveau: Sekundarausbildung, 9-12 Jahre Schule
hohes Ausbildungsniveau: Hochschulausbildung, mehr als 12 Jahre Schule

Quelle: Kohnert 2007: 10

Es ist aber auch zu beobachten, dass, je länger ein Migrationsgeschehen zwischen zwei Regionen andauert, desto mehr Migrationsmöglichkeiten eröffnen sich für ärmere und schlechter gebildete Menschen: Sobald ein Migrationsbrückenkopf etabliert und ein Migrationsnetzwerk in Gang gekommen ist, können auch jene Menschen eines Ortes nachrücken, die nicht ‚hochqualifiziert' sind wie die so genannten Pioniermigranten. Während seiner Feldstudien konnte der Verfasser im Fall der Ukraine beobachten, dass zunächst Akademiker (Ingenieure, Lehrer) kamen, später Personen mit einfacher Ausbildung (Krankenschwestern, Fabrikarbeiter, Lastwagenfahrer etc.). Dies ist insofern nachvollziehbar, da, sobald ein Migrationsnetzwerk vorhanden ist, die auf diesem Weg zurückfließenden und im Herkunftsland ausgegebenen Remissen auch ärmeren Menschen helfen, nun Geld zu verdienen und zu sparen. Oder ärmere Menschen können von den Ressourcen der Erstmigranten in ihrer Familie profitieren, etwa, indem sie sich von diesen Geld leihen können. Die Migrationskosten sinken auch, da durch Informationen die besten und billigsten Reisewege bekannt werden und so unnötige Ausgaben vermieden werden können, vor allem, weil die zuvor gegangenen Migranten den besten und billigsten Weg ausgekundschaftet haben, was Transport, Unterkünfte und ‚Grenzübertrittshilfen' betrifft. So werden schrittweise ärmere Menschen in das Migrationsgeschehen einbezogen, wovon wiederum deren Familien profitieren.

Dessen ungeachtet legt der Common Sense nahe, dass ‚Illegale' durchaus als ‚arm' zu bezeichnen sind: nämlich im Hinblick auf ihre Situation im Migrationszielland. Wenn ihnen Lohn vorenthalten wird oder sie keine Arbeit haben, wenn sie keine Netzwerke haben, die ihnen helfen, wenn sie vor der Begehung von ‚Überlebensstraftaten'[390] Angst haben, dann leben sie entweder aus der Mülltonne oder sie hungern eben. Und insofern trifft auf ‚Illegale' individuell und als Gruppe wiederum das zu, was andernorts in diesem Buch (v.a. in Kapitel 3.3.4.3.) bereits zu sozialer Exklusion und Verelendung gesagt wurde.

Entsprechend stellt sich die Frage nach einer Armutsdefinition jenseits der monetär-statistisch orientierten Ansätze (siehe Kapitel 3.3.4.1.), mit der die Armut eines ‚Illegalen' in Deutschland ebenso erfasst werden kann wie die Armut seiner Verwandten im Herkunftsland oder von Flüchtlingen im Ost-Kongo. Gibt es eine Definition, unter der die Armut all dieser Individuen und Gruppen subsumiert werden kann und die bei der Erfassung wirksamer Ansatzpunkte und Strategien zur Linderung und Bekämpfung weiterführt? Der Wirtschaftsnobelpreisträger Amartiya Sen betont, dass Armut zwar Probleme im Bereich Ernährung, Kleidung, Unterkunft, medizinische Versorgung und Bildung bedeuten kann, aber insgesamt und primär als „Mangel an Verwirklichungschancen" verstanden werden muss. Um Armut umfassend verstehen zu können, müssen nach Sen drei Kategorien beachtet werden:

- Armut muss intrinsisch (als in sich bedeutsam) betrachtet werden, nicht nur als Einkommensarmut, die nur instrumentell ist.
- Armut wird von verschiedenen Faktoren bestimmt, nicht nur durch niedriges Einkommen (z.B. Probleme bei der Gesundheitsversorgung).
- Die Relation zwischen niedrigem Einkommen und geringen Verwirklichungschancen ist variabel, je nach Umständen kann viel wenig und wenig viel sein (Sen 2000: 110ff.).

Entsprechend müssen nach Sen auch „komplexere, das soziale Leben betreffende Fähigkeiten" einbezogen werden, weil diese darüber entscheiden, ob Menschen ‚Herren ihres Schicksals' sind und sich selbst helfen können. Dazu gehören nach Sen u.a. Fähigkeiten, die auch von anderen Autoren schon genannt wurden, etwa „in der Öffentlichkeit ohne Scham auftreten zu können (Adam Smith), im Leben der Gemeinschaft teilnehmen zu können (Peter Townsend) und Selbstrespekt zu haben (John Rawls)." (Schmidt W. 2005: 337).

Nimmt man diesen Armutsbegriff, so hat man ein Instrumentarium, welches den ‚Illegalen' in Deutschland und den USA, seine Angehörigen und den Flüchtling im Ost-Kongo verbindet: Ihnen geht es nicht nur materiell schlecht, sie haben auch keine Möglichkeit, am Leben einer weiteren Gemeinschaft teilzunehmen, gar die Rahmenbedingungen, unter denen sie leiden, zu beeinflussen. Die Lebenssituation all dieser Gruppen ist geprägt von großer Abhängigkeit und hoher Fremdbestimmung. Da der Zusammenhang zwischen illegaler Migration und Armutsbekämpfung untersucht werden soll, richtet sich das Augenmerk in diesem Kapitel primär auf die Armut des ‚Illegalen' im Zielland und seiner Angehörigen im Herkunftsland. Die Frage, was mit jenen ist, die zu arm selbst für eine illegale Migration sind, wird in Kapitel 5 nochmals angesprochen.

4.2. Armut im Zielland

Wie sehr diese Armutsdefinition auf ‚Illegale' in Zielländern zutrifft, sollen einige Skizzen von Publikationen umreißen, die andernorts zu diesem Thema existieren:[391] Sowohl in den USA als auch Deutschland befinden sich ‚illegale' Migranten am untersten Ende der gesellschaftlichen Pyramide und sind vielfach benachteiligt und eingeschränkt. Dies liegt sowohl an den äußeren Rahmenbedingungen als auch an eigenen Entscheidungen.

Zunächst zu den äußeren Rahmenbedingungen im deutschen Kontext: Diese bestehen darin, dass ‚illegale' Migranten sich aus Angst vor Abschiebung nicht trauen, die wenigen Rechte, die sie im menschenrechtlichen Bereich haben (z. B. das Recht auf Gesundheitsversorgung), in Anspruch zu nehmen. In vielen Bereichen besteht Abhängigkeit, etwa von ‚Ehepartnern' in Scheinehe-Verhältnissen, Schleusern oder Arbeitgebern. Diese Menschen können aufgrund des ‚Legalitätsprinzips' sich nicht per Anzeige bei der Polizei dagegen wehren. Dort würden auch Personalien aufgenommen; in der Folge käme es zur Enttarnung des aufenthaltsrechtlichen Status mit nachfolgender Ausweisung. Darüber hinaus hat der ‚Illegale' Angst, für seine Rechte zu demonstrieren oder in eine Gewerkschaft einzutreten, weil er dadurch fürchtet, seine Attraktivität für den Arbeitgeber zu gefährden usw.

Im materiell-finanziellen Bereich sind niedrige Löhne (falls überhaupt ausgezahlt), hohe Mieten und Lebenshaltungskosten konstante, Krankheiten oder gar Unfälle unvorhersehbare Ausgabenposten, die das Leben der Migranten prägen. Aber auch eigene Entscheidungen bestimmen die hier vorhandenen Spielräume. So schränken viele Migranten ihre Ausgaben für sich selbst ein, um Geld für die im Herkunftsland lebenden Angehörigen sparen zu können.

Besonders schwierig ist die Situation von Kindern: Erwachsene Migranten haben in aller Regel einen bewussten Bezug zu ihrer Situation, die sie vielleicht selbst gewählt haben und stets mit dem Leben im Herkunftsland vergleichen. Hier sind die Bewertungen immer wieder überraschend positiv: Selbst die Inhaftierung in einem deutschen Gefängnisse wird wie ein Urlaub in einem Hotel erlebt und dem Leben in Freiheit im Herkunftsland vorgezogen. Kinder hingegen, vor allem wenn sie im Zielland geboren werden, haben als Vergleichsgröße ihre Altersgenossen in Kindergarten und Schule, was wiederum Auswirkungen auf ihre Forderungen nach mehr Geld, Kleidern oder technischen Geräten (Ipods, Gameboys) nach sich zieht und das Ausgabenverhalten der Eltern weiter unter Druck setzt. Der hier geschilderte Zustand ist allerdings noch die bessere von zwei Varianten: Es kann durchaus sein, dass die Kinder erst gar keinen Zugang zu Kindergarten und Schule haben – sei es, weil die Eltern Angst haben, dass ihre Kinder ein Sicherheitsrisiko sind und die Familie als ‚illegal Aufhältige' verraten, sei es, weil Kindergarten und Schule aufgrund bestehender Meldepflichten Angst haben, solch ein Kind aufzunehmen. In diesem Fall führt das Kind ein Leben im Käfig, oft vor dem Fernseher, weil die Eltern sich aufgrund ihrer Berufstätigkeit kaum um es kümmern können. Dabei kann es zu schweren und dauerhaften psychischen Schädigungen kommen, etwa Kontaktarmut oder andere Verhaltensauffälligkeiten. Oder das Kind gerät in ‚schlechte Gesellschaft' und damit auf eine schiefe Bahn zur Straffälligkeit.

In den USA ist die Situation aufgrund einer anderen Rechtslage weniger einheitlich als in Deutschland. Vergleichbare Zustände gibt es hinsichtlich einer Abhängigkeit von Arbeitgebern in wirtschaftlichen Sektoren, wie etwa der Bauindustrie oder der Landwirtschaft. Wie in Kapitel 3.4.6. dargestellt, unterscheiden sich bestimmte Bereiche (z. B. Zugang zu Gesundheits- und Bildungseinrichtungen) von Kommune zu Kommune und von Bundesstaat zu Bundesstaat. Tendenziell ist jedoch auch in den USA eine Zunahme von Restriktion zu beobachten, wie weiter in Kapitel 5.2. dargelegt wird.

4.3. Armut im Herkunftsland

Auch ein Blick auf das Herkunftsland zeigt zunächst, dass die eingangs gewählte Armutsdefinition die Lebenswirklichkeit sowohl der ‚Illegalen' im Zielland als auch ihrer Angehörigen im Herkunftsland erfasst. Ein Blick auf die Maya in Los Angeles bzw. in Toledo zeigt etwa:

- Sowohl Väter als auch Familien leiden an Zugangsproblemen zu wichtigen Diensten, etwa im Bereich der Gesundheit. In beiden Fällen fehlt Geld, etwa für den Erwerb bestimmter Medikamente.
- Gleich ist in beiden Fällen der Mangel an Selbstwertgefühl, ein wichtiger Aspekt für die Selbstverwirklichung: Minderwertigkeitsgefühle bestimmen die Beziehung der Väter zur sie umgebenden Gesellschaft ebenso wie die Beziehung der Toledo-Maya zu den anderen dort lebenden ethnischen Gruppen, die das gesellschaftliche Leben dominieren.
- Väter und Familien sind eingeschränkt in der Selbstbestimmung: Während dies bei ‚Illegalen' offensichtlich ist, liegt es in Toledo am immer noch minderen Bildungsgrad der Maya gegenüber anderen ethnischen Gruppen. Ironischerweise wird diese Situation gerade durch die Emigration des Vaters mit der Absicht, seinen Kindern eine gute Schulbildung zu ermöglichen, verfestigt. Wenn die Remissen weder für die Finanzierung des Schulbesuchs noch zur Ernährung der Familien reichen, müssen die Kinder bei der Arbeit helfen: Söhne in der Farm, Mädchen bei der Erziehung der jüngeren Geschwister – falls sie nicht ohnehin heiraten müssen, um den Haushalt zu entlasten.

Wie wenig eindeutig und kontextunabhängig die Frage nach Armut zu beantworten ist, zeigen zwei weitere Beispiele: Die Väter im reichen Los Angeles leiden öfters Hunger als die Daheimgebliebenen. Weil sie ihr Geld für den Schuldenabbau oder die Familie sparen wollen, ist gute, gesunde Ernährung für ‚Illegale' ein Luxus. In Toledo konnte jedoch kein einziger Fall identifiziert werden, wo eine zurückgebliebene Familie Hunger leidet. Das zweite Beispiel betrifft die Kaufkraft des vorhandenen Geldes: Ein US-Dollar kann in Toledo zwei komplette, vollwertige und ausreichende Mahlzeiten samt Getränk finanzieren oder zwei Schulhefte. In Los Angeles kann man auch zwei Schulhefte davon kaufen, aber keine vollwertige, ausreichende Mahlzeit ...

4.4. Beiträge illegaler Migration zur Armutsbekämpfung

4.4.1. Remissen

Auf dem Gebiet der Geldrücküberweisungen (*Remittances*, Remissen) ist in den letzten Jahren der größte Boom an Forschung und Literatur in den Bereichen Wissenschaft, Finanzinstitutionen, NGOs und Politik zu verzeichnen. Das Potenzial von Rücküberweisungen legaler und ‚illegaler' Migranten zu Entwicklung und Armutsbekämpfung in den Herkunftsländern wird zunehmend erkannt, im Juni 2004 beschäftigte dieses Thema sogar einen G8-Gipfel.[392]

Was genau unter ‚Remissen' zu verstehen ist und entsprechend statistisch erfasst werden sollte, ist unter den Experten bis heute nicht eindeutig geklärt. Da die Zahlen der Weltbank die meist zitierten sind, wird auch deren Definition für dieses Buch übernommen: „Remissen werden definiert als die Summe von Arbeitnehmer-Rücküberweisungen, Ausgleichszahlungen von Angestellten und Geldtransfers von Migranten." (World Bank 2006: 88).[393] Die Höhe jener Gelder, die im Jahr 2007 durch offizielle Kanäle überwiesen wurden, betrug 251 Milliarden US-Dollar, ein Anstieg um elf Prozent im Vergleich zum Vorjahr, ein Anstieg um 118 Prozent für den Zeitraum 2002-2008 (World Bank 2008a). Für das Jahr 2008 geht die Weltbank von einem Rekordbetrag von 305 Milliarden US-Dollar aus (World Bank 2009). Hinzu kommen die Remissen, die jenseits der offiziellen Kanäle, wie Banken oder Geldüberweisungs-Dienstleister, in die Herkunftsländer transferiert werden, z. B. durch Hawallah bzw. Hundi-Banking oder schlicht per Kurier.[394] Weltbank-Experten schätzen, dass die im informellen Bereich überwiesenen Beträge mit jenen im formellen Bereich gleichziehen oder diese sogar um ein Mehrfaches übertreffen könnten, wenngleich es große Unterschiede nach Erdteil und Land gibt.[395]

Remissen setzen sich zusammen aus Millionen von Einzelüberweisungen, die in der Regel eher kleinere Beträge sind. Dabei gibt es Indikatoren, dass ‚Illegale' großzügiger in ihren Rücküberweisungen sind als ‚Legale'.[396] Dies könnte nach Auffassung des Verfassers damit zusammenhängen, dass (1.) ihre fortdauernde Bindung an die Familie größer ist, weil (2.) ihre Optionen zum Geld ausgeben im Zielland aufgrund des Status eingeschränkter sind oder weil sie (3.) möglichst schnell ihr Migrationsziel erreichen wollen, um wieder nach Hause zurückkehren zu können. Zwischen Lohnhöhe und Höhe der Überweisung hingegen (wer mehr verdient, wird auch anteilig mehr an seine Familie überweisen) scheint kein notwendiger Zusammenhang zu bestehen (vgl. Cornelius u. a. 2007: 159). Die Gesprächspartner des Verfassers in Los Angeles verdienten wenig, überwiesen aber dennoch viel, weil sie an Genussmitteln, wie Alkohol oder Tabak ebenso sparten wie an ihrem Essen: Oft lebten sie von einer, höchstens zwei kargen Mahlzeit(en) am Tag, die sie sich auch aus Abfallbehältern zusammenklaubten.[397]

Während der deutschen Feldstudie in München lag der monatlich von den Gesprächspartnern des Verfassers in die Herkunftsländer überwiesene Betrag durchschnittlich zwischen 100 und 500 Euro, während der Studien in Belize und Los Angeles zwischen 100 und 700 US-Dollar. Im Fall des Toledo District sind klare Unterschiede festzustellen zwischen (1.) den Migranten der Garifuna, Kreolen und Mestizo, die den Distrikt nicht später als 1990 verließen, (2.) den Maya aus den Dörfern entlang des Southern Highway sowie (3.) den Maya aus dem Grenzgebiet zu Guatemala. Die ersten beiden Gruppen überweisen monatlich zwischen 400 und 700 US-Dollar, die dritte zwischen 100 und 200 US-Dollar. Dies liegt daran, dass Angehörige der ersten beiden Gruppen ohne Schleuser in die USA reisen konnten oder selbst heute noch mit einem legalen Arbeitskontrakt in die USA einreisen und dort erst ‚illegal' werden, wenn sie die gesetzlichen Auflagen ihres Visums durch die Aufnahme von Schwarzarbeit verletzen. Beide Gruppen können alles Geld, das sie verdienen, für sich behalten. Die Maya aus den Grenzgebieten hingegen müssen von ihrem Lohn auch Schulden gegenüber den Schleusern abtragen.

Diese kleinen, monatlichen Beträge summieren sich: Im Falle von München wurde geschätzt, dass pro Jahr bis zu 100 Millionen Euro aus München und Umgebung in die Herkunftsländer der Migranten überwiesen wurden (Alt 2003: 180-182). Im Fall von Belize kann davon ausgegangen werden, dass durch die 15 Migranten aus den Grenzdörfern zu Guatemala pro Jahr um die 27.000 US-Dollar nach dort fließen dürften, ein Betrag, der durch die begünstigten Maya aus den Dörfern entlang des Southern Highway überboten wird: Fünf bis zehn Saisonarbeiter von dort (die Anzahl ist von Saison zu Saison verschieden), auch wenn sie nur neun statt zwölf Monate arbeiten, überweisen bei einem Mittelwert von 550 US-Dollar pro Person zwischen 25.000 und 50.000 US-Dollar pro Jahr an ihre Angehörigen.

Neben Geld müssen an dieser Stelle Rücksendungen in Sachleistungen berücksichtigt werden, etwa Elektro- und andere Verbrauchsgüter oder Privat- und Nutzfahrzeuge, die wiederum wichtig für Existenzgründer sein können. Für den Toledo District gilt hier nach Aussagen einer Nutznießerin: „In den ersten Jahren schickten meine Kinder mir zu Weihnachten ein großes Paket mit Kleidern. Heute legen sie zusammen und mieten Platz in einem Container, wenn sie denken, dass ich einen neuen Kühlschrank oder neue Möbel brauche." Eltern, Kinder und andere Angehörige erhalten Güter direkt aus den USA, weil sie dort nicht nur billiger, sondern auch qualitativ besser sind als das, was in Toledo vor Ort angeboten wird.

Remissen betragen weltweit das Doppelte an öffentlicher Entwicklungshilfe (ODA), sie betragen zwei Drittel der ausländischen Direktinvestitionen, was die folgende Abbildung veranschaulicht:

Schaubild 11: Remissen und andere Kapitalzuflüsse in Entwicklungsländer[398]

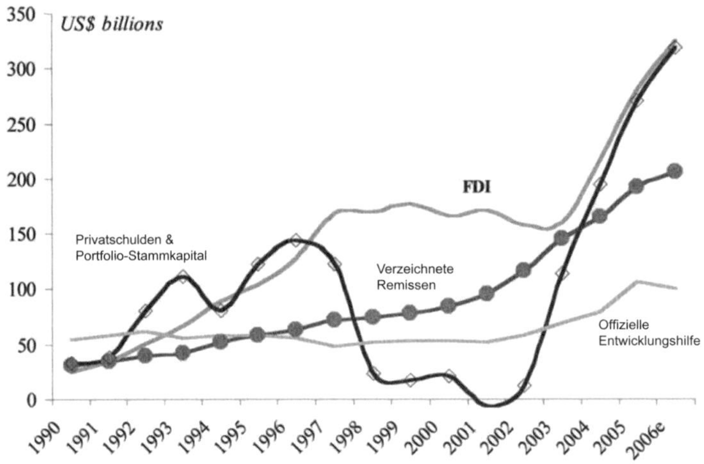

In Mittelamerika ist über Jahre hinweg eine steigende Tendenz auf dem Gebiet der Remissen zu beobachten:

Tabelle 11: Remissen in mittelamerikanische Länder

2001-2004, in Millionen US-Dollar

Land/Jahr	2001	2002	2003	2004
Mexiko	8,895	9,814	13,266	16,61
Guatemala	584	1,690	2,106	2,681
El Salvador	1,911	2,206	2,316	2,548
Honduras	460	770	862	1134
Belize	--	--	73	77

Quelle: Hernandez-Coss 2005, Agunias 2006

In vielen Ländern sind sie die größte externe Devisen-Einnahmequelle. In Mittelamerika fließen durch Remissen mehr Geld als durch ausländische Direktinvestitionen oder durch Erlöse aus dem Verkauf von Bodenschätzen (z. B. Rohöl) und anderen Hauptexportgütern (z. B. Zucker oder Kaffee).[399] Dies veranschaulicht folgende Tabelle:

Tabelle 12: Die Höhe von Remissen anteilig bzw. in Relation zu Bruttoinlandsprodukt, ausländischen Direktinvestitionen, Tourismus und Ölexport

2004, Mexiko 2003

Land	Bruttoinlands-produkt	ausländische Direktinvestition	ODA	Tourismus-eingänge	Ölexporte
Mexiko	2.2%	124.2%	---	138.9%	78.8%
Guatemala	10%	2145%	3052%	348%	---
El Salvador	16.10%	655%	6620%	756%	---
Honduras	15.10%	582%	385%	286%	---
Belize	6.80%	253%	1556%	58%	---

Quelle: Hernandez-Coss 2005, Agunias 2006

Dabei geht es nicht nur um Remissen aus den USA – auch andere Länder, in denen die Verdienstaussichten besser sind als im Herkunftsland, können als Migrationsziel attraktiv sein.

Schaubild 12: Remissenzuflüsse nach Belize und Remissenabflüsse aus Belize 2004[400]

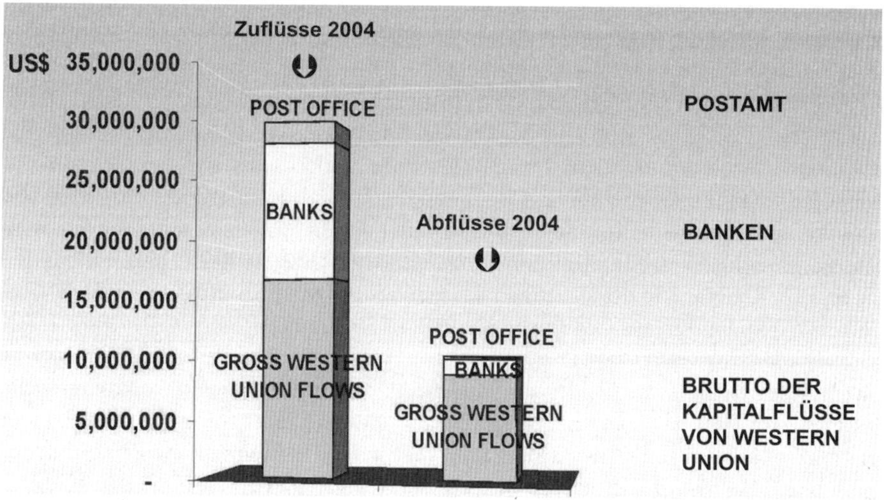

Das Schaubild zeigt die in Kapitel 1.1.1. getroffene Aussage, dass Belize sowohl ein Einwanderungs- und Auswanderungsland für Migranten ist: Die ‚Geldabflüsse' legen nahe, dass vermutlich auch in Belize Migranten arbeiten und Geld an ihre Angehörigen, v. a. in den Ländern Honduras, Guatemala und El Salvador überweisen. Selbst in einem Nest wie Punta Gorda trifft man in der Tat legale und ‚illegale' Migranten aus den Belize umgebenden Ländern, die dort in der Landwirtschaft oder in der Altenpflege tätig sind (siehe Anhang 6, Bildtafel 17). Zusammenfassend zu Mittelamerika schreibt Agunias:

„Remissen … übersteigen sowohl private Geldflüsse als auch öffentliche Entwicklungshilfe. Besonders bemerkenswert ist unter dieser Rücksicht Guatemala, wo Remissen 21-mal größer sind als ADI und 30-mal größer als ODA … Interessanterweise beträgt der Remissenfluss von Belize, obwohl er in absoluten Zahlen niedrig ist, das Zweieinhalbfache an ADI und das Fünfzehnfache an ODA. In der Tat: In Guatemala, El Salvador und Belize sind die Remissen weit höher als ODA und ADI zusammen genommen." (Agunias 2006: 3).[401]

Zwei Anmerkungen zum Stand 2007/2008, weil dies bei Abschluss des Buches die verlässlichste Datenlage war: In einer Auskunft des belizeanischen Statistikbüros vom September 2008 wird die Höhe der jährlichen Rücküberweisungen für 2007 mit 141,5 Millionen BZ-Dollar (70,7 Millionen US-Dollar) angegeben, d. h. sie sind, verglichen mit den Daten der Tabelle 11, leicht gesunken. Dabei muss aber bedacht werden, dass beispielsweise die Gesprächspartner aus dem Grenzgebiet zu Guatemala ihre Remissen durchweg über eine guatemaltekische Bank überweisen, von wo ihre Familien sie auf dem Weg des ‚kleinen Grenzverkehrs' abheben. Das bedeutet, dass deren Remissen in den guatemaltekischen Statistiken enthalten sind. Dasselbe gilt für beachtliche Beträge, die Kurieren mitgegeben werden, d. h. legalen Belizeanern, die zwischen den USA und ihrem Heimatland oft mehrmals im Jahr pendeln. Bedenkt man sodann, dass der gesamte Staatshaushalt von Belize im Finanzjahr 2008/2009 auf 824.774.756 BZ-Dollar veranschlagt wurde,[402] so ist die Summe der Remissen durchaus beachtlich.

Die zweite Anmerkung: Das einzige Land in Mittelamerika, welches in der ersten Hälfte 2008 ein leichtes Sinken von Remissen aufwies, war Mexiko. Mögliche Erklärungen hierfür sind, dass sich der seit dem 11.9.2001 verstärkende Druck auf den Geldverkehr auch dahin auswirkt, dass zunehmend Migranten der Weg zu Banken versperrt wird und sie ihre Gelder durch informelle Kanäle überweisen müssen.[403] Ebenso muss die Krise im Baugewerbe, in dem ein großer Teil der ‚illegalen' Mexikaner tätig ist, bedacht werden (siehe Kapitel 3.4.7.1.). Wie die Weltfinanzkrise die Situation beeinflussen wird, darüber kann derzeit nur spekuliert werden (siehe Kapitel 4.7.).

Selbst wenn Remissen private Gelder sind und deshalb in erster Linie mikroökonomische Auswirkungen im Herkunftsland haben, so hat ihr akkumulierter Strom in arme Länder durchaus makroökonomische Auswirkungen, etwa für das Devisenguthaben eines Staates oder (bei hohem Zufluss) für den Wechselkurs der Währung (vgl. IFAD 2006: 12). Das *Migration Remittances Team* der Weltbank weist jedoch weitere Potenziale des Remissenzuflusses auf, die bislang nicht genutzt werden: Das Faktum des regelmäßigen und verlässlichen Zustroms von ausländischen Devisen, ganz gleich, ob auf offiziellem oder inoffiziellem Weg, sollte berücksichtigt werden, um die Kreditwürdigkeit armer Länder neu zu bewerten, weil es das Verhältnis zwischen Verschuldung und Exporten verringert. Dies sei besonders bei Staaten zu erwägen, die bislang seitens der einflussreichen Einstufungsagenturen (z. B. Standards & Poors, Fitch) noch keine Bonitätseinstufung haben, die wiederum ein wichtiger Indikator für jene ausländischen Geldgeber ist, die über die Rentabilität einer Anlage oder Investition nachdenken.[404] Des Weiteren könnten Banken durch eine Verbriefung auf zukünftige und absehbare Remissenzuflüsse billige und langfristige Anleihen auf den internationalen Kapitalmärkten aufnehmen (*Future-flow Securitization*). Beispielhaft ist hier das Vorgehen der Afrimexbank.[405] Ratha und Kollegen schätzen, dass auf diesem Weg zwei Milliarden US-Dollar jährlich erhoben werden könnten (Ratha u. a. 2008: 23, vgl. World Bank 2006: 101-104).

Wie Remissen makroökonomisch insgesamt zu beurteilen sind, ist noch nicht entschieden, da dieses Phänomen erst seit kurzem untersucht wird. Es gibt durchaus Experten, die eine vorsichtige bis ablehnende Position vertreten, etwa, indem sie darauf hinweisen, dass Remissenzufluss den Export kostenintensiver Produkte, wie *Cash Crops* oder Maschinen, unprofitabel macht. Auf der anderen Seite stehen jene Experten, die überwiegend positive Auswirkungen erkennen und darüber hinaus Wege vorschlagen, mit denen negative Folgen ausgeglichen werden können (vgl. World Bank 2006: 104).

4.4.2. Haushaltsausgaben, Arbeitsbeschaffung, nachhaltige Entwicklung

Die wohl älteste und immer noch am meisten verbreitete Unterstützungsleistung ‚Illegaler' sind zunächst jene Remissen, die Familienangehörigen im Herkunftsland dabei helfen sollen, die Lebenshaltungskosten zu bestreiten, fehlende soziale Absicherung durch Zuschüsse (etwa für Bildung oder Gesundheitsversorgung) auszugleichen oder einfache Anschaffungen und Investitionen zu ermöglichen. Dabei ist wichtig zu beachten, dass es sich nicht nur um ‚bloße Konsumausgaben' handelt, sondern auch um Investitionen in ‚Humankapital' (Bildung und Gesundheit von Kindern). Wie wichtig Remissen für Kindererziehung sind, zeigt eine Untersuchung aus Mexiko, derzufolge Kinder aus Migrantenfamilien 0,6 bis 1,6 Jahre länger in die Schule gehen (können) als Kinder aus Haushalten, die keinen Migranten im Ausland haben. „In der Tat lässt sich nachweisen, dass beim Vorhandensein von Remissen in städtischen Umgebungen der Verbleib von Kindern schätzungsweise zehnmal höher ist als beim Vorhandensein von anderen Haushaltseinkommen; in ländlichen Gegenden ist der Verbleib 2,6 mal höher." (Ghosh 2006: 46).[406] Was natürlich auch die Wahrscheinlichkeit senkt, Kinder vorzeitig verheiraten oder zur Arbeit schicken zu müssen.

Des Weiteren fließen Remissen in ‚Arbeitsbeschaffungsmaßnahmen' für ortsansässige Personen. Hier ist in erster Linie der Hausbau zu nennen, und seine Bedeutung ist nicht zu unterschätzen. Geht man etwa durch Punta Gorda, Barranco und die Dörfer entlang des Southern Highway, so sieht man sehr viele und vergleichsweise großartige *Concrete Houses*, die die mit Holz, Palmblättern und Zink gedeckten Häuser ablösen. Dabei kann es in Migrantenfamilien zu mehreren Hausbauten kommen: Ein Haus für die Eltern, weitere für Geschwister, ein weiteres für erwachsene Kinder und, zuletzt nicht zu vergessen, ein besonders großartiges Haus, in dem der derzeit ‚Illegale' irgendwann nach seiner

Rückkehr aus den USA seinen Lebensabend zu verbringen gedenkt (siehe Anhang 6, Bildtafel 18).

Dabei kommt es auch zu Investitionsruinen, weil die Migranten, die lange aus ihrer Heimat fort sind, auf Sachverstand und Urteilskraft ihrer Angehörigen angewiesen sind. Diese lassen sich häufig mehr von ihrem Geltungsbewusstsein leiten als von nüchternen Überlegungen. Entsprechend kann es zu überproportionalen Hotelbauten in entlegenen Dörfern kommen, die, einmal in Betrieb genommen, nicht einmal das erste Jahr überleben. Trotz alledem ist die Bauindustrie nach der Landwirtschaft und deutlich vor dem Hotel- und Gastronomiegewerbe das zweitgrößte Gewerbe im Toledo District (Anhang 6, Bildtafel 19).

Im Fall der Maya aus den ländlichen Gegend Toledos entstehen zudem Jobs in der Landwirtschaft: Die Maya bebauen ihre Felder im Kollektiv, d. h. mehrere Familien arbeiten zusammen, um sich gegenseitig bei der körperlich schweren Anlage und Pflege von Plantagen zu helfen. Im Fall der Abwesenheit eines Familienvorstands muss die Familie einen Ersatzarbeiter für diese Gruppe stellen. Da es sich hierbei um körperlich schwere Arbeit handelt, ist eine Frau überfordert, und falls kein männliches Familienmitglied die Arbeit des Vaters übernehmen kann, müssen die Remissen teilweise für die Bezahlung örtlicher Kräfte ausgegeben werden, was pro Tag bis zu 15 BZ-Dollar kosten kann. Und so wird geschätzt, dass allein in den Bereichen Konsum und Arbeitsbeschaffungsmaßnahmen jeder Remissen-Dollar vor Ort den ökonomischen Output um zwei bis drei Dollar erhöht.[407]

Von solchen ‚Arbeitsbeschaffungsmassnahmen‘ müssen Gründungen von (Klein-)Unternehmen unterschieden werden, die von Remissen angeschoben werden, sich dann aber finanziell selbst tragen und Angestellte aus eigenen Ressourcen bezahlen können. Hier gab es in Toledo eigentlich nur zwei erfolgreiche Beispiele, was, angesichts einer über 30-jährigen legalen und illegalen Migrationsgeschichte nicht besonders viel ist!

Im ersten Fall handelte es sich um eine ‚Illegale‘, die lange Zeit in Chicago als Alten- und Krankenpflegerin gearbeitet hatte. Sie finanzierte ihrem Bruder einen Lastwagen, mit dem er ein kleines Transportgewerbe eröffnete. Ein anderer Bruder erhielt ein zinsloses Darlehen, um davon Land zu erwerben, auf dem er Viehzucht betreibt. Nach ihrer Rückkehr aus den USA beschäftigt die angehende Unternehmerin selbst Arbeiter aus dem Dorf bzw. ‚Illegale‘ aus Guatemala und Honduras, die auf der Durchreise in die USA sind und dankbar sind, wenn sie einige Tage arbeiten dürfen. Die Bevorzugung dieser Migranten vor den örtlichen Arbeitskräften (die natürlich von diesen heftig kritisiert und angefeindet werden) begründet sie damit, dass sie sich im Fall der durchziehenden ‚Illegalen‘ an ihre eigene Geschichte erinnert fühlt und die Initiative und den Mut dieser Menschen unterstützen wolle (Anhang 6, Bildtafel 20).

Im zweiten Fall handelt es sich um ein Import-Export-Business, ebenfalls mit einer Frau als Geschäftsführerin. Hier handelt es sich um Geschäftsverbindungen zwischen dem Toledo District und Florida, wo die ehemalige Migrantin viele Jahre ‚illegal' in Haushalten gearbeitet hatte. Ihre Arbeitgeber entpuppten sich als Geschäftsleute, die Interesse daran zeigten, neue und gebrauchte Waren nach Belize zu exportieren und dort zu verkaufen. Nach ihrer Legalisierung begann sie, Lieferungen zu organisieren. Nach kleinen Anfängen kann sie inzwischen alle zwei Monate mit bis zu vier Containern operieren, ein Umsatz von 61.000 BZ-Dollar pro Geschäftsgang ist der Durchschnitt. Neben ‚Warenscouts' in den USA, die gebrauchte Dinge auffinden und auf ihre Qualität überprüfen, beschäftigt die Unternehmerin Fahrer, Packer sowie in Toledo auch Verkäufer (siehe Anhang 6, Bildtafel 21).

Abschließend noch eine Erkenntnis, die man in diesem Kontext nicht vermuten dürfte: Remissen helfen bei der Bewahrung der Umwelt. In einer Studie kommen Forscher der *University of California* (Los Angeles) und des *California Institutes of Technology* zur Erkenntnis, dass sich die Arbeits- und Lebensweise der Kleinbauern in El Salvador durch Remissen dahingehend wandelt, dass frühere Trends zur Abholzung des Regenwalds für Viehweiden und Ackerbau gestoppt werden können und die Waldfläche im Land wieder zunimmt.[408] Dieser Trend könnte nochmals maximiert werden, wenn man Kleinbauern und andere Personen vor Ort aktiver in Umweltschutzprojekte einbinden würde.

4.4.3. Diaspora-Zusammenschlüsse und Hometown Associations

Ein Nachteil dieser Haushaltsremissen ist, dass keine Investitionen in die örtliche Infrastruktur gehen, etwa Straßenbau, Elektrifizierung oder die Ausstattung öffentlicher Institutionen, wie etwa Schulen, Bibliotheken und Krankenhäuser. Solch grundlegendere Verbesserungen auf der lokalen Ebene sind Anliegen der so genannten *Hometown Associations.* Dabei handelt es sich um Diaspora-Zusammenschlüsse[409] von legalen und ‚illegalen' Migranten aus einer bestimmten Herkunftsgemeinde oder einer Region in Migrationszielländern. Am besten sind die mexikanischen Diaspora-Zusammenschlüsse in den USA untersucht, es gibt sie aber auch zwischen den USA und anderen Teilen Zentralamerikas sowie zwischen Europa und Afrika bzw. Asien. In Frankreich sind sie bekannt unter dem Namen *Organisation de solidarité internationale issue de l'immigration* (OSIM). Die ersten *Hometown Associations* entstanden aus dem Organisieren von Unterhaltungsveranstaltungen, wie etwa Schönheitswettbewerben, Fußballturnieren und Festen. Diese Zusammenschlüsse konsolidierten sich und wurden zu einem Machtfaktor in Ziel- und Herkunftsländern, denn mit zunehmender Aufenthaltsdauer und Mitgliedschaft stieg die Absicht, sich sowohl gegenüber dem Zielland politisch zu organisieren[410] als auch ihrer Herkunftsgemeinde bestimmte Vorstellungen von Entwicklung aufzuoktroyieren. Dies kann geschehen, indem ohne die Zwischenschaltung von Banken oder staatlichen Stellen direkt Geld für Schulen, Kirchen, Lernmittel, Brunnen oder Stromgeneratoren gesammelt und transferiert wird. Begründet wird dieser Eigengang in der Regel mit der Inkompetenz und Korruption lokaler Verwaltungen.

Während der eigenen Feldforschung traf der Verfasser in Los Angeles zwei derartige Zusammenschlüsse: Bei der *PG-Group* handelte es sich um eine *Hometown Association* von legalen und ‚illegalen' Garifuna aus dem Toledo District, die pro Jahr Geld und Güter im Wert von 3.000 bis 5.000 US-Dollar nach Punta Gorda überweist und damit vor allem das Krankenhaus und örtliche Schulen unterstützt. Ebenso errichtete diese Gruppe eine Stiftung, deren Erlös von 1.000 BZ-Dollar pro Jahr einen High-School-Schüler finanzieren kann. Selbst Migranten, die erst seit kurzem in den USA sind und sehr wenig Geld verdienen, schließen sich diesen *Associations* an, um etwas für ihre Heimatgemeinden tun zu können. Die vom Verfasser getroffenen Q'eqchi-Maya aus Belize und Guatemala betreiben Fundraising, um in einem ihrer Dörfer den Bau einer Kirche zu fördern, die zugleich als Versammlungsort und Hurrikan-Schutzraum dienen kann.[411] Auch wenn jene Projektgelder nur ein bis zwei Prozent aller transferierten Remissen ausmachen,[412] so stellen sie schon jetzt in einigen Gemeinden die Haupteinnahmequelle an ‚harten Devisen' dar. Diese Kommunen könnten aufgrund ihrer äußerst niedrigen Einnahmequellen keine Projekte vergleichbarer Größenordnung bezahlen. Allerdings könnte sich dieser Anteil nach Auffassung von Experten bei Verbesserungen im Management und institutionellen Gefüge, wenn gegenwärtige Trends anhalten, auf drei bis fünf Prozent erhöhen (siehe Kapitel 5.5.1.).

Hometown Associations sind eines der sichtbarsten Zeichen transnationaler Bürgerschaften, nicht nur wegen ihres Engagements, welches Herkunfts- und Zielregion von Migranten verbindet, sondern auch wegen zunehmender Anstrengungen der Regierungen im Herkunftsland, jenes Potenzial an Finanz- und Sozialkapital weiter an das Herkunftsland zu binden und für dessen Entwicklung zu nutzen. Beispielsweise, indem Mitgliedern jener Diasporas doppelte Staatsangehörigkeiten oder die Teilnahme an Wahlen im Herkunftsland ermöglicht werden – eine Strategie, die neben den zentralamerikanischen Staaten etwa auch die Philippinen verfolgen.

4.4.4. Kooperation mit staatlichen Stellen im Herkunftsland

Die Erfolgsaussichten für infrastrukturelle und nachhaltige Entwicklung begünstigende Investitionen werden nochmals verbessert, wenn *Hometown Associations* oder vergleichbare Diaspora-Zusammenschlüsse die Kooperation mit den Behörden im Herkunftsland suchen. Am bekanntesten und wirkungsvollsten ist hierbei das mexikanische *Tres-por-Uno*-Programm („Drei für Einen"): Dort wird jeder Dollar, den Migrantenorganisationen in den USA für ihre Heimat zur Verfügung gestellt haben, durch je einen weiteren Dollar der kommunalen, staatlichen und Bundesregierung aufgestockt und dann in Infrastrukturmaßnahmen wie Straßenbau, Wasser- oder Stromversorgung investiert. Allein im Jahr 2004 wurden so aus 20 Millionen US-Dollar Remissen 80 Millionen US-Dollar. Dabei unterbreiten *Hometown Associations* ihre Projekte und Ideen örtlichen Planungskommissionen in ihrem mexikanischen Herkunfts-Bundesstaat (diesen Kommissionen gehören in den meisten Fällen auch Migranten an), die dann über die Förderungswürdigkeit entscheiden. 2004 konnten so 900 Projekte gefördert werden (Martin u. a. 2006: 174), in den Jahren 2002-2007 waren es 7.353 Projekte (Somerville u. a. 2008: 11). Das Programm ist so erfolgreich, dass inzwischen der mexikanische Bundesstaat Zacatecas zusätzlich eine Partnerschaft mit der *Inter-American Development Bank* eingegangen ist, weil die Nachfrage die von der mexikanischen Regierung zur Verfügung gestellten Gelder übersteigt.[413] Auch der Finanzdienstleister *Western Union* beteiligt sich an einigen Projekten, die *Quatro por Uno* genannt werden (Orozco 2008: 12). Ähnlich ein Programm in El Salvador: Dort bezuschusste der *Social Investment and Development Fund* Projekte von *Hometown Associations* mit durchschnittlich 270.000 US-Dollar, wobei die *Associations* für durchschnittlich 16 Prozent der Gesamtausgaben aufkamen (Ghosh 2006: 77, Agunias 2006). Frankreich unterstützt die malische und senegalesische Diaspora beim Einsatz für Verbesserungen in ihrem Herkunftsland, ebenso gibt es Projekte in Bangladesh, Haiti, der Demokratischen Republik Kongo, Gabun und Kamerun. Weitere Kooperationen sind aus Guyana und von den Philippinen bekannt.[414]

Freilich, auch hier gibt es Schattenseiten, die anhand des bislang am besten untersuchten mexikanischen *Tres-por-Uno*-Programms veranschaulicht werden können. Das Volumen des viel gepriesenen Programms ist relativ bescheiden: Wie dargelegt, wurden im Jahr 2004 20 Millionen US-Dollar seitens der Migranten zur Verfügung gestellt – dabei wurden im Jahr 2004 insgesamt 16,61 Milliarden US-Dollar an Remissen überwiesen (vgl. Latapi 2008: 14, 18). Ein Grund wird darin gesehen, dass viele Migranten ihren Regierungen nicht trauen oder örtliche Verwaltungen und Migranten unterschiedliche Vorstellungen hinsichtlich der Projekte haben, die gefördert werden sollen.

4.4.5. Human- und Sozialkapital

Eine weit verbreitete Einschätzung ist, dass legale und illegale Migration aufgrund des damit verbundenen *Braindrain* nachteilig für die Entwicklung des Herkunftsland sei – ein Eindruck, der sich auch durch die obige Schilderung zur Situation der Ukraine (Kapitel 3.3.1.1.) aufdrängt. Nur handelte es sich in diesem Fall um einen massiven Exodus, der alle Bereiche des gesellschaftlichen Lebens betraf und lähmte, während dies auf Toledo nicht zutraf. Zwar emigrierten dort in den 1970er und 1980er Jahren auch die Gebildeten: Unter den Garifuna und Kreolen, die das Land verließen, hatten nach Aussagen von Gesprächspartnern 90 Prozent einen High-School-Abschluss, viele einen College-Abschluss, eine Reihe darüber hinaus sogar Berufspraxis, vor allem als Lehrer oder in einer Verwaltungstätigkeit. Aus diesem Grund entstand dem Land durch die Emigration kein Verlust, im Gegenteil: Durch das Verlassen ihrer Jobs machten sie den Weg frei für andere, die sonst arbeitslos gewesen wären, und sie verdienten durch ihre Emigration mit anschließender illegaler oder legaler Arbeitsaufnahme in den USA harte US-Dollar, die sie dann an ihre Familien nach Hause schicken konnten. Auch heute gibt es speziell in Toledo und allgemein in Belize mehr gut ausgebildete Leute als gut bezahlte Jobs, d. h. die Situation hat sich, vor allem angesichts des hohen Anteils an jungen Arbeitssuchenden, nicht verändert (siehe Kapitel 3.1.2.4.). Ähnliches konnte festgestellt werden in Gesprächen mit jenen akademisch gebildeten Q'eqchi, die, aus der Peten-Provinz in Guatemala kommend, in Los Angeles angetroffen wurden.

Weitere positive Aspekte ergeben sich in diesem Zusammenhang dadurch, dass es sich bei legalen und ‚illegalen' Arbeitsmigranten in der Regel um gut ausgebildete, hoch motivierte und risikofreudige Menschen handelt, die intellektuelle Kapazitäten haben, um sich in neuen Kontexten zu orientieren und Erkenntnisse kreativ für sich und andere nutzbar zu machen. Levitt und Nyberg-Sørensen diskutieren unter dem Begriff der *Social Remittances* den Einfluss, den Bildung in solchen Migrationszusammenhängen haben kann. Soziale Remissen „sind Ideen, Verhaltensweisen, Identitäten und Sozialkapital, welches Migranten in ihr Heimatland exportieren. Dies kann beinhalten: Ideen zu Demokratie, Gesundheitsversorgung, Geschlechterrollen, Gleichheit, Menschenrechte und Gemeindeorganisation." (Levitt/Nyberg-Sørensen 2004: 8).[415] Bildung und Einflussnahme wirken hier in zwei Richtungen: In Richtung Herkunftsland zählen nicht nur neu erworbene, direkte handwerkliche Fähigkeiten oder das Wissen um die Gründung und Finanzierung eines Business. Vielmehr ist hier auch eine Quelle für das Wissen um die indirekte Bedeutung, die Business-freundliche Rahmenbedingungen für den Erfolg von Investoren im Herkunftsland haben, woraus wiederum der Entschluss wachsen kann, sich direkt oder indirekt für Demokratie und Rechtsstaatlichkeit in der Heimat einzusetzen. Entsprechendes legen Beobachtungen hinsichtlich der Dominikanischen Republik und Kolumbien nahe (Levitt/Nyberg-Sørensen 2004); es wäre auch interessant zu sehen, inwieweit der illegale Aufenthalt ukrainischer Staatsbürger in der Europäischen Union und das Leben in einer offenen und demokratischen Gesellschaft als Faktor für den Erfolg der ‚Orangenen Revolution' von 2004 angesehen werden kann. Bildung und Einflussnahme wirken aber auch in das Migrationszielland hinein, indem die Migranten und ihre Organisationen durch Veranstaltungen zur Mehrung des Wissens und Verständnisses über ihre Herkunftsländer in der Aufnahmegesellschaft beitragen, etwa zu den Migrationsursachen, zu den Lebensbedingungen oder zu der Bedeutung, die traditionelle, nicht-westliche Wirtschafts- und Bankenstrukturen für das Überleben von armen Ländern haben.[416]

Der Rückfluss an sozialen Remissen könnte nochmals gesteigert werden, wenn auch ‚Illegale' sich für *Human Capital Programs* qualifizieren könnten, die bislang nur ‚Legalen' zugänglich sind, wie etwa das Programm *Transfer of Knowledge Through Expatriate Nationals* (TOKTEN) im Rahmen des *United Nations Development Program* (UNDP) (Newland/Patrick 2004: 31f., Martin u. a. 2006: 140). Ansatzweise wurde dies in

Deutschland und der EU mitbedacht im Kontext der Zeugenschutzprogramme für Frauen, die bereit waren, gegen ihre Menschenhändler auszusagen, etwa durch den Zugang zu Aus- und Weiterbildungsprogrammen während der Prozess-Vorbereitungszeit (vgl. Alt 2003: 484-486).

Noch ein Letztes in diesem Kontext: In den deutschen Feldstudien wurden mehrfach Medizinstudenten angesprochen, die sich nach Abbruch oder Abschluss ihrer Ausbildung zu einem illegalen Verbleib in Deutschland deshalb entschieden haben, weil sie so mehr Geld verdienen können als durch eine Rückkehr in das Herkunftsland. Dabei standen nicht nur egoistische Überlegungen im Vordergrund – es ging ihnen auch um den bestmöglichen Weg zur Unterstützung ihrer Familien. Hier sollten Vorschläge wie die des *Topping-ups* ernsthafter diskutiert werden: Folgt man ihnen, so werden die Löhne einheimischer Experten in den armen Ländern durch Zuzahlungen aus der Entwicklungshilfe derart aufgestockt, dass für einheimische Experten ein finanzieller Anreiz entsteht, ihre Qualifikation auch im Herkunftsland einzusetzen. Dies ist immer noch günstiger, als Experten aus den Industrieländern direkt vor Ort zu beschäftigen. Ein entsprechendes Projekt wird zwischen Frankreich und Mali offensichtlich mit gutem Erfolg praktiziert: Dort stellte Frankreich zwischen 2002 und 2004 2,6 Millionen Euro zur Verfügung, mit denen die befristete oder dauerhafte Rückkehr solcher Experten gefördert wurde (Martin u. a. 2006: 140, vgl. DBK-WA 2005: 54).

4.4.6. Zwischenergebnis

Hilft also illegale Migration den Ärmsten bzw. bei der Armutsbekämpfung? Zunächst einmal bestätigen vorstehende Ausführungen, vor allem jene zum ‚Sozialkapital', dass es sich bei ‚Illegalen' in der Tat nicht zuerst und zunächst um die ‚Ärmsten der Armen' handelt. Es erfordert ein aufgeschlossenes, risikofreudiges Naturell, einen starken Charakter, Sprachkenntnisse sowie Finanz-, Sozial- und Humankapital, um sich überhaupt auf einen Erfolg versprechenden Weg machen zu können. Und diese menschlichen Charakteristika sind auch (und gerade) dann von Bedeutung, wenn potenzielle Migranten über kaum oder wenig Geld verfügen, diesen Mangel aber durch ihre Begabungen wettmachen können, sodass es zu der in Kapitel 4.1. geschilderten Einbeziehung auch ärmerer Migranten in das illegale Migrationsgeschehen kommt.

Auch die Remissenforschung bestätigt einen solchen *Trickle-Down*-Effekt, demzufolge durch Migrationsprojekte verdienter Reichtum nicht nur in reiche Orte fließt, aus denen zunächst Migranten aufbrachen, sondern zunehmend auch ärmere Orte erreicht. Am Beginn der Migrationsbewegungen zwischen Mexiko und den USA kam die Mehrheit der Migranten nicht aus den ärmsten Gemeinden, während um das Jahr 2000 festgestellt werden konnte, dass von den 100 Gemeinden, die die höchsten Remissenbeträge bekamen, 50 Gemeinden als ‚sehr arm' klassifiziert werden konnten. Dort war ebenfalls zu beobachten, dass durch Konsum- und Kleininvestitionen der Migrantenfamilien sich auch die

Situation der Familien ohne ‚eigenen Migranten' verbessert, gewissermaßen ein Beleg für die neoliberale Weisheit des *Trickle-Down*-Effekts oder, in den Worten von Ghosh, „die steigende Flut der Remissen hebt alle Boote, auch jene, die voll mit armen Menschen sind." (Ghosh 2006: 66).[417] Ähnliche Ergebnisse listet Ghosh aus anderen Gegenden der Welt auf:

> „Viele Arme gehen in Länder, die vielleicht nicht besonders reich oder geprägt von hohen Einkommen und Löhnen sind. Diese Länder bieten aber die Wahrscheinlichkeit, dass man dort ein weit besseres Einkommen und bessere wirtschaftliche Möglichkeiten hat als sie im Herkunftsland zur Verfügung stehen, und nicht selten gehen Arme dorthin aus schlichter Überlebensnotwendigkeit ... Nach einer Weile aber beginnen selbst diese Menschen, Geld nach Hause zu überweisen, durch das dort Armut verringert werden kann. Solche Bevölkerungsbewegungen bleiben verborgen, es sei denn, es kommt im Fall einer Krise zu einer Massenwanderung." (Ghosh 2006: 67).[418]

Eine Studie, die Daten aus 71 Entwicklungsländern auswertete, erbrachte den Nachweis, dass „ein 10-prozentiger Anstieg des Migrantenanteils in der Landesbevölkerung mit einem 2,1 bis 3,5-prozentigen Sinken jenes Bevölkerungsanteils korrespondiert, die von weniger als einem US-Dollar am Tag leben müssen." (Ghosh 2006: 68ff.).[419] Neben der Anzahl von Armen muss allerdings auch gefragt werden, inwieweit Remissen das Ausmaß von Armut lindern können. In Guatemala beispielsweise ergeben Studien, dass Remissen 60 Prozent der Einnahmen von Haushalten im untersten Einkommenszehntel darstellen. Diese Haushalte gelten also immer noch als ‚arm', sind aber relativ besser gestellt als zuvor. „Internationale Remissen haben eine größere Auswirkung in der Verringerung des Ausmaßes an Armut als auf die Anzahl der Armen. Anders gesagt: Sie sind vor allem hilfreich für die Ärmsten der Armen." (World Bank 2006: 121).[420]

Tabelle 13: Auswirkungen von Remissen auf Armut und extreme Armut in ausgewählten mittelamerikanischen Ländern[421]

Land	Jahr	extreme Armut ohne Remissen (Prozent)	extreme Armut mit Remissen (Prozent)	absolute Variation	Armut ohne Remissen (Prozent)	Armut mit Remissen (Prozent)	absolute Variation
El Salvador	2001	27,5	22,1	-5,4	53,4	48,9	-4,5
Guatemala	2002	33	30,9	-2,1	61,8	60,2	-1,6
Honduras	2002	55,9	54,5	-1,4	78,5	77,3	-1,2
Nicaragua	2001	44,5	42,5	-2	70,9	69,4	-1,5

Quelle: Agunias 2006

Bestätigung zu den Armut senkenden Effekten von Remissen lässt sich auch in Afrika nachweisen:

> „Remissen … können deutlich … zur Verringerung von Armut auf regionaler oder gar nationaler Ebene beitragen. Fallstudien aus Burkina Faso beispielsweise belegen, dass Migrantenremissen die Anzahl von Haushalten, die unterhalb des nationalen Armutsdurchschnitts leben, um 7,2 Prozent verringerten." (Kohnert 2007: 10).[422]

Sogar der oft beklagte Nachteil des *Braindrain* ist unter bestimmten Rücksichten vernachlässigbar: Für jene gebildeten Personen und ihre Familien, die ohne Migration zu Hause arbeitslos wären oder die durch ihre Migration im Ausland mehr verdienen (und durch ihre Emigration im Herkunftsland Jobs für Nachrückende frei machen, die sonst arbeitslos wären), ist Migration eine Verbesserung auf ganzer Linie. Darüber hinaus ermöglichte den Garifuna aus Belize ihre von zu Hause mitgebrachte Bildung, sich zu integrieren und Arbeit aufzunehmen sowie weiterbildende Erfahrungen zu sammeln (*Braingain*!), sodass sie ggf. mit mehr Kenntnissen und Fertigkeiten zurückkehren und ihrem Herkunftsland bei der Entwicklung helfen können. Insofern handelt es sich nicht um einen „vicious circle", bei dem durch die Abwanderung der Elite sich die Situation im Herkunftsland verschlechtert, was die Abwanderung weiterer Personen nach sich zieht, sondern um einen „virtuous circle" (Martin u. a. 2006: 27), bei dem die Auswanderung und Rücküberweisung Einkommen und Bildung insgesamt erhöhten! Der philippinische *Human Development Report 2002* kommt entsprechend zu dem Schluss: „Es gibt keine klaren Belege dafür, dass Arbeitsmigration zum Verlust qualifizierter Arbeitskraft führt. Vielmehr ist Konsens, dass Migration Gewinne bei Bildung und Fertigkeiten zur Folge hat. Arbeit im Ausland … sollte ermutigt werden." (zitiert nach Martin u. a. 2006: 202).[423] Und selbst Fälle von *Brainwaste* – wenn also gebildete Personen als ‚illegale' Migranten in ihren Zielländern unter ihrer Qualifikation arbeiten – bedeuten nicht notwendigerweise einen Verlust – zumindest nicht in finanzieller Hinsicht. Ein Taxifahrer in einem Industrieland kann mehr für den Unterhalt der Familie verdienen als ein Ingenieur in einem krisengeschüttelten Entwicklungsland. Insofern kann gesagt werden: Legale, aber auch illegale Migration kann unter der Prämisse der ‚Armutsbekämpfung' in der Tat eine gute Sache sein.

4.5. Nachteile illegaler Migration bei der Armutsbekämpfung

Natürlich ist nichts so positiv, dass es nicht auch Schattenseiten dazu gäbe. Dies betrifft insbesondere alles, was mit ‚illegalen' Migranten zu tun hat.

4.5.1. Gebühren und die Benachteiligung ländlicher Gebiete

‚Illegale' Migranten haben zunächst den großen Nachteil, dass sie von formellen Kanälen des Geldtransfers ausgeschlossen sind. Generell wurden nach dem 11.9.2001 die Rahmenbedingungen erschwert, um Konten zu eröffnen und Geld zu überweisen. Auf diese Weise sollte die Geldwäsche und die Unterstützung terroristischer Vereinigungen verhindert werden. In Deutschland muss man zur Eröffnung eines Kontos Papiere bezüglich der Identität und des Wohnorts vorlegen, neue Gesetzgebung verlangt sogar, dass man bei der Bank, von der man Geld ins Ausland überweisen will, ein Konto haben muss (vgl. Ghosh 2006: 38).

Sofern bei Banken eine Geldüberweisung ohne Konto überhaupt noch möglich ist, fallen hohe Überweisungsgebühren an, ebenso wird – auch eine Folge der Antiterrorgesetze – bei Auslandsüberweisungen die Vorlage von Identitätspapieren verlangt.[424] Legale Finanzdienstleister, die keine Papiere verlangen, erheben sehr hohe Gebühren. Hierbei handelt es sich keinesfalls um ‚Peanuts', sondern, je nach Zielgebiet der Überweisung, um vier bis 20 Prozent der eingezahlten Beträge.[425] Diese Beträge summieren sich: Im Jahr 2001 haben solche Agenturen geschätzte zwölf Milliarden US-Dollar an Gebühren erhoben, auf den Marktführer Western Union entfielen allein vier Milliarden US-Dollar (Ghosh 2006: 2, 32). „Unverschämte Gebühren ... seitens der Finanzdienstleister sind ein Aderlass für die hart verdienten Remissen ... Diese Gebühren schädigen vor allem die Armen." (Ratha 2004: 2).[426] Diese Aussage gewinnt an Dramatik, wenn man bedenkt, dass nur ca. fünf Prozent der Armen der Welt derzeit Zugang zum Bankensystem haben (Moyo 2009: 132) und Remissentransfers daher fast ausschließlich über Dienstleister oder informelle Kanäle abgewickelt werden müssen. ‚Illegale' Migranten sind nochmals besonders betroffen, da sie in der Regel nur kleine Beträge zwischen 100 und 200 US-Dollar überweisen können und die anteiligen Gebühren für derart niedrige Beträge besonders hoch sind. Im Fall der eigenen Feldstudie zahlten die Mayas in Los Angeles für ihre Überweisungen nach Hause in der Regel zehn bis zwölf US-Dollar Gebühr für eine Überweisung von 100 US-Dollar.

Sodann legen weltweite Daten, aber auch die eigenen Erkenntnisse aus den Gesprächen in Belize und Los Angeles nahe, dass ein großer Teil der ‚illegalen' Migranten v.a. Afrikas und Lateinamerikas aus eher ländlichen Gebieten kommt und diese ihre Remissen auch dorthin transferieren.[427] Dies wiederum beinhaltet Probleme durch die Abwesenheit formeller bzw. herkömmlicher Banken oder Geldinstitute in diesen Gebieten. Die Folge sind auf Seiten der Migranten hohe Kosten für die Transaktion, auf Seiten der Familie des Migranten Kosten durch die Notwendigkeit, zu einer Bank in die nächstgelegene Stadt reisen zu müssen. Im Fall der Toledo-Maya müssen einige der Angehörigen gar über die Grenze nach Guatemala, um die Gelder von der dortigen Kreditunion abheben zu können (Anhang 6, Bildtafel 22). Sollten formelle Geldinstitute jedoch für die Angehörigen unerreichbar sein, bleiben informelle Kanäle für die Überweisungen. Entgegen der allgemeinen Auffassung gibt inzwischen selbst die Weltbank zu, dass informelle Geld-Transfersysteme wie das Hawalah- oder Hundi-System durchaus fähig sind, ihre Kunden gegen Betrug zu schützen und entsprechend attraktiv sind: „Niedrige Kosten, Geschwindigkeit, Reichweite und Bequemlichkeit des Tür-zu-Tür-Service machen diese Dienste extrem wettbewerbsfähig, wenn man sie mit der Ineffizienz der Anbieter im formellen Sektor vergleicht." (World Bank 2006: 147).[428]

Gerade für ‚Illegale' bleibt als unvermindert bedeutsamer Weg für den Geldtransfer der Eigentransport anlässlich von Heimatbesuchen. Das Risiko hier: Da gesparte Gelder bis zur Heimreise nicht bei einer Bank oder vergleichbar sicheren Orten deponiert werden können, besteht das Risiko eines Raubüberfalls. Oder die Gelder werden Kurieren mitgegeben.[429] Dieser Weg birgt aber stets ein gewisses Betrugsrisiko durch undurchsichtige oder gar kriminelle Geschäftemacher.[430]

4.5.2. Exklusivität der Netzwerke

Sodann ist zu bedenken, dass ‚illegale' Migranten, gewissermaßen die Privilegierten unter den Armen, wie alle Menschen dazu tendieren, vorhandene Besserstellung für sich und ihre Angehörigen auszubauen und abzusichern. Dies geschieht über die sich entwickelnden Netzwerke, die Ressourcen strikt zwischen den Migranten und ihren Familien verlaufen lassen und somit Familien in einem Dorf, die über einen Migranten in reichen Staaten verfügen, besser stellen als andere. Dies betrifft zunächst einmal die Geldüberweisungen selbst. Während in Belize City fünf ‚illegal' in die USA ausgewanderte Geschwister die Mutter finanziell großzügig unterstützten und ihr eine Rente zahlten, gab es kein Geld für die älteste Schwester, die im Süden von Belize in einem Hilfe-zur-Selbsthilfe-Projekt mit Armen arbeitet.[431] Dorfbewohnerhaushalte ohne ‚eigenen Migrant' können zwar indirekt am Vermögen der Migrantenfamilien teilhaben, etwa, wenn diese örtliche Arbeiter für einen Hausbau einstellt, dies ist aber kein besonders nachhaltiger oder über längere Zeit hinweg einplanbarer Gewinn. Darüber hinaus sind für den Fall einer beabsichtigten eigenen Migration jene begünstigt, die durch Verwandtschaft direkten Kontakt zu einem bestehenden Migrantennetzwerk haben: ‚Blut' ist auch hier ein starker Bindefaktor. Mit jenen wird am ehesten das innerhalb des Netzwerks vorhandene Know-how geteilt, sie kommen in den Genuss von finanziellen Beihilfen für ihre Reise oder erhalten Starthilfen (z. B. Hilfe bei der Arbeitssuche) am Ankunftsort im Zielland. Erfolgreiche migrationssystematische Verbindungen zwischen Herkunfts- und Zielland sind wertvolle Ressourcen, die eifersüchtig gehütet und verteidigt werden – mit der Folge, dass die Armut bei Familien, die ‚ihren Migranten' platzieren konnten, abnimmt, während sie anderswo im selben Dorf anhält.[432]

Wenn Menschen außerhalb etablierter Netzwerke dennoch emigrieren wollen, so sind sie nicht nur durch mangelhafte oder fehlende Unterstützung derselben benachteiligt. Es kommt auch vor, dass sie von Mitgliedern etablierter Netzwerke gezielt mit Falschinformationen ausgestattet werden und entsprechend nach ihrer Ankunft in einem Zielland relativ schnell in die Hände der Polizei fallen, mit nachfolgender Ausweisung und Abschiebung (Alt 2003: 141ff.). Noch schlechter sind jene dran, die sich ihre Migrationsdienstleister selbst aussuchen und von daher Gefahr laufen, an kriminelle Gruppen zu geraten, die sie kostenmäßig abzocken. Zudem besteht die Möglichkeit, dass diese Migranten im Zielland in zwangsarbeitsmäßige Abhängigkeitsverhältnisse geraten und/ oder ihre Angehörigen im Herkunftsland Drohungen und Tätlichkeiten ausgesetzt sind. Die Forschung zeigt, dass sich hiervor vor allem jene ‚Illegalen' schützen können, deren Familien und Angehörige sie bei der Auswahl der Migrationsdienstleister beraten und am ehesten wissen, welche Anbieter nach kommerziellen und welche nach kriminellen Mustern funktionieren (Alt 2003: 335f.).

‚Illegale' Migranten aus ärmeren Familien/Dörfern sind nach der Ankunft im Zielland in der Regel nicht so gut ‚vernetzt' wie Migranten aus Familien/Dörfern/Regionen mit einer längeren Migrationstradition. Dies erschwert ihnen die Niederlassung und Arbeitssuche im Zielland; sie finden sich zur Annahme der am schlechtesten bezahlten Jobs genötigt oder befinden sich länger in Arbeitslosigkeit – weshalb sie weniger Geld verdienen, ansparen und nach Hause überweisen können. In Los Angeles waren und sind jene Maya aus Belize, die in Netzwerke guatemaltekischer Verwandter eingebunden waren, selten länger als einen Monat arbeitslos. Auf der anderen Seite treffen diese Beobachtungen auf all jene belizeanischen Maya zu, die innerhalb der letzten drei Jahre als erste mit kommerziellen Anbietern aus ihren Dörfern nach Los Angeles kamen und dort auf keine Verwandtschaftsnetzwerke zurückgreifen konnten.

Eine ähnlich parteiische oder exkludierende Wirkung können *Hometown Associations* haben. Ein Kritikpunkt des *Tres-por-Uno*-Programms (siehe Kapitel 4.4.4.) ist, dass reiche Kommunen immer mehr begünstigt und arme Kommunen weiter marginalisiert werden (Martin u.a. 2006; 174, vgl. Newland/Patrick 2004: VI, 24ff.). Zwar wurde hier seitens der mexikanischen Regierung festgelegt, dass eine bestimmte Anzahl armer Gemeinden pro Jahr in das Programm einbezogen werden müssen. Dies hatte zur Folge, dass sich das Wachstum des Programms abgeschwächt hat – auch deshalb, weil Migranten aus ärmeren Gegenden oft weniger Geld nach Hause überwesen können (vgl. Latapi 2008: 18). Sodann kommt es innerhalb solcher Kooperationen oft zu Konflikten zwischen den Vorstellungen öffentlicher Verwaltungen und den Emigranten über Investitionsprioritäten: Während etwa die Stadtverwaltung die Elektrizitäts- oder Wasserversorgung ausbauen will, möchte die Diasporagruppe, aufgrund nostalgischer Erinnerungen, lieber die örtliche Kirche oder den Sportplatz renovieren. Während oben diese Kooperation zwischen Diaspora und örtlicher Verwaltung als Möglichkeit gesehen wurde, durch Investitionen jenseits der Haushalte in lokale Infrastruktur die Grundlagen für eine nachhaltige wirtschaftliche Entwicklung zu legen, fallen Investitionsentscheidungen aufgrund des faktischen Gewichts der Geld besitzenden Diasporaverbände nicht immer im Sinne eines solchen *Productive Investments* aus.

Entsprechend kann sich der Abstand zwischen gut vernetzten, reichen und ärmeren Familien innerhalb eines Ortes, zwischen gut vernetzten, reichen Orten und ärmeren Gemeinden in einer Region, und zwischen reichen, gut vernetzten Regionen und ärmeren Regionen eines Staates vergrößern oder verfestigen. Entsprechend gelten auch für diesen Aspekt des illegalen Migrationsgeschehen Castells' Aussagen: „Netzwerke werden nicht eingerichtet, um einfach nur zu kommunizieren, sondern um eine Position zu erringen, von der aus andere aus der Kommunikation ausgeschlossen werden können" (Castells 2003a: 77) sowie „Netzwerke fungieren auch als Gatekeeper. Innerhalb der Netzwerke werden unablässig neue Möglichkeiten geschaffen. Außerhalb der Netzwerke wird das Überleben immer schwieriger." (Castells 2003a: 198).

4.5.3. Marktversagen und -verzerrung

Weitere Nachteile illegaler Migration bei der Armutsbekämpfung können durch fehlende Regulierung oder Fehlregulierung des Migrations-Marktgeschehens beobachtet werden, welches Angebot von Billigarbeitern und Nachfrage nach diesen zusammenzubringen sucht.

Unter dem Stichwort fehlende Regulierung werden die beiden folgenden Beispiele eingeordnet: Dort, wo ‚illegale' Migranten herkommen, vor allem dort, wo junge Menschen keinerlei realistische Zukunft im eigenen Land sehen, wird durch die zuerst Abgewanderten und deren Geldrücküberweisungen Emigration erst richtig angeheizt. Anders gesagt: Gelder, die eigentlich zur Unterstützung von Familien oder Investitionen vor Ort eingesetzt werden können, werden zu einem großen Teil zur Finanzierung weiterer illegaler Migrationsprojekte benutzt. Es entsteht eine ‚Kultur der Emigration', in der junge Menschen sich weniger um eine Bildung bemühen, die ihrem Herkunftsland zugute käme, sondern von vornherein darauf hinarbeiten, die für eine Emigration erforderlichen Kenntnisse zu erwerben.

> „Falls sich in armen und unterentwickelten Regionen der Druck durch örtliche Arbeitslosigkeit und Armut regelmäßig durch Arbeitsmigration entlädt, ist anzunehmen, dass verschiedene Entwicklungshindernisse vermutlich nicht überwunden werden können und sich die Region in einer ‚Entwicklungsfalle' befindet. Trotz kürzlicher Veränderungen aufgrund der Globalisierung scheinen solch fundamentale Dynamiken unverändert." (Ellerman 2005: 622, vgl. 619).[433]

Emigration aus einer bestimmten Region kann eine derart große Eigendynamik entwickeln, dass sie sich selbst dann fortsetzt, wenn im Migrationszielland die Arbeitsstellen alle besetzt sind und dort lebende Angehörige von einer Migration abraten. Hier tendieren potenzielle Migranten oder deren Angehörige aber eher dazu, der eigenen Hoffnung, dass man es selbst ‚gerade noch' schaffen werde, zu folgen, als den gut gemeinten Warnungen aus der Ferne (vgl. Alt 1999: Kapitel II/2.3.). Solche Eigendynamik wird natürlich auch von kommerziellen, vor allem aber kriminellen Migrationsdienstleistern so lange angeheizt, wie mit diesem Geschäft gigantische Profite gemacht werden und entstehende Kosten entweder durch die Migranten abgearbeitet oder durch hinterlegte Sicherheiten im Herkunftsland abgedeckt werden können (vgl. Naim 2003).

Sodann kommt es zu Migrationsmarkt-Fehlregulierung durch die Versuche des Staates, das illegale Migrationsgeschehen unter seine Kontrolle zu bringen. Die sich dadurch ergebende Marktverzerrung hat ebenfalls Auswirkungen auf Armutsbekämpfung, da auf diesem Weg zusätzliche Ausgaben erforderlich werden, die sonst in Armutsbekämpfung fließen könnten: So steigen für die Migranten die Kosten für Schleusungsdienstleistungen, etwa illegale Grenzübertritte und falsche Papiere; dies führt wiederum zu erhöhter Verschuldung und einer längeren Zeit der Schulden-Abarbeitung.[434] Die verstärkte Grenzabschottung verhindert sodann die Effizienz von Migrationsregulierungsmechanismen, die sonst über den Arbeits- und Wohnungsmarkt oder die begrenzten Solidaritätskapazitäten der Unterstützernetzwerke möglich wären. Die natürliche Reaktion bei jenen, die keine Arbeit, keine Wohnung oder keine Unterstützung finden, wäre, in das Herkunftsland zurückzukehren und es vielleicht später wieder zu versuchen (siehe Kapitel 5.4.6.). Ähnlich verhindert die Grenzabschottung eine unkomplizierte Heimkehr von ‚Illegalen', die ihr Migrationsziel erreicht haben, d. h. die den Betrag, den sie für einen Hausbau oder eine Geschäftsgründung verdienen wollten, zusammen haben und nun mit neuem Finanz-, Human- und Sozialkapital nach Hause gehen könnten. Sie haben jedoch Angst vor einer Verhaftung bei der Ausreise und der Verhängung einer Wiedereinreisesperre; ebenso fürchten sie, bei einer späteren Gelegenheit die gestiegenen Preise für eine neue, illegale Wiedereinreise nicht aufbringen zu können – also beschließen sie, es lieber noch eine Weile ‚auszuhalten'. Der Zwang zum Daueraufenthalt, verbunden mit Arbeitslosigkeit, führt zum Aufbrauchen des angesparten Geldes für das eigene Überleben – auf Kosten der Familie zu Hause. Ähnliches gilt für jene, die kurzzeitig nach Hause, etwa auf Urlaub oder Familienbesuch, wollen, um ihre Sozialkontakte und Heimatbindung zu pflegen. Wenn das nicht möglich ist, sinkt die Bindung an Familie und Herkunftsland und damit generell die Rückkehrbereitschaft, womit dem Herkunftsland wertvolles Potenzial zur Entwicklung verloren geht. Dieser so unfreiwillig wachsende Pool an billigen und willigen Menschen wird vergrößert dadurch, dass weiter ‚Illegale' ins Land kommen. Alle konkurrieren um eine im Wesentlichen gleich bleibende Anzahl von Jobs und können Arbeit oft nur dann bekommen, wenn sie sich gegenseitig in ihren Lohnerwartungen unterbieten. Bei gleich bleibenden oder steigenden Lebenshaltungskosten (v. a. für Miete!) bleibt erneut weniger Geld übrig, das an die Familie überwiesen werden könnte. Allerdings sollte man sinkende oder ausbleibende Remissen nicht immer schlechten ‚Regulierungen' in die Schuhe schieben: In zwei Fällen wurde die illegale Migration von Frauen als ‚Befreiungsschlag' von ihrer Ehe und Familie genutzt. Beide Frauen verließen die Familien, hinterließen einen Zettel, auf dem sie mitteilten, sie würden in die USA gehen, um dort für die Familie Geld zu verdienen. Seither hatte man nie wieder von ihnen gehört, die Familien brachen auseinander (Anhang 6, Bildtafel 23).

4.5.4. Soziale Härten und das Phänomen von ‚Dependency'

Selbst wenn ein Elternteil die Familie in der Hoffnung verlässt, Geld überweisen zu können, ist gerade bei jenen, die angesichts der verschärften Grenzkontrollen auf Schleuser angewiesen sind, offen, ab wann er oder sie in der Lage ist, dies auch tatsächlich zu tun. Auf der anderen Seite fehlt dieser Elternteil ab dem ersten Tag seiner Abreise sowohl für die Familie als auch für das soziale Gefüge, in das diese Menschen eingebettet sind. Und so muss, wie in Kapitel 4.4.2. schon angedeutet, vom ersten Tag an für den Vater ein Ersatz in der Feldbewirtschaftung und bei der Ableistung von Gemeinschaftsaufgaben gefunden werden, ohne dass hierfür bereits Geld verdient oder überwiesen worden wäre. Hinzu kommen, spezifisch für die Maya-Kultur, aber dennoch nicht zu vernachlässigen, ‚Strafzahlungen', die beim Fehlen des Haushaltsvorstands an die Dorfgemeinschaft für gemeinschaftliche Aufgaben gezahlt werden müssen. Ist etwa eine Dorfreinigung angesagt, das Graben von Brunnen, die Pflege von Straßen und Wegen, Arbeiten an Gemeinschaftsgebäuden, oder fehlt der Haushaltsvorstand bei einer Dorfversammlung, muss in einigen Dörfern von der Familie eine Strafe von bis zu 20 BZ-Dollar gezahlt werden. In bestimmten Monaten bleibt dann kaum Geld für die Familie übrig, d. h. sie steht schlechter oder zumindest nicht besser da als vor der Ausreise des Vaters.

Es gibt aber Probleme jenseits monetärer Quantifizierbarkeit, und dies leitet über zu den humanitären Folgen illegaler Migration: Männliche Dorfbewohner helfen sich gegenseitig bei der Erneuerung der Palmblatt-Dächer ihrer Häuser, die etwa alle sechs bis acht Jahre nötig ist. Hilft aber niemand aus einer Familie den Nachbarn, sind Nachbarn wiederum wenig geneigt, der betroffenen Familie beim Sammeln und Transportieren von bis zu 8.000 benötigten Palmblättern sowie beim Dachdecken zu helfen.[435] Mit anderen Worten: Fehlt einer allein stehenden Frau mit minderjährigen Kindern Geld, so ist die Bereitschaft im Dorf, sich dieser Familie anzunehmen, nur begrenzt vorhanden. Dies kann wiederum bedeuten, dass Kinder der Familie die Schule abbrechen müssen, um den Platz des Vaters im dörflichen Bewirtschaftungssystem einzunehmen. Entsprechend gefährdet die Abwanderung einer Person das kollektive Dorfgefüge ebenso wie die Situation der Familie vom ersten Tag an, wohingegen die möglichen Gewinne zunehmend länger auf sich warten lassen. Dabei ist die Kooperation gerade armer Menschen

> „vielleicht ihr wichtigstes Sozialkapital, das zugleich als ein soziales Versicherungssystem funktioniert. Es basiert auf Prinzipien wie Kooperationsfähigkeit, Gemeinschaftssinn und wechselseitiger Solidarität, die teils diametral im Gegensatz stehen zu Prinzipien wie Konkurrenz, wirtschaftliche Effizienz und individuelles Wohlergehen" (Müller, J: 2006: 54).

Sodann kennen in vielen Regionen der Welt Kinder keine normal funktionierenden Familien mehr, weil ein Elternteil (oder gar beide) sich zu einer legalen oder illegalen Arbeitsmigration entschieden haben. Dies gilt für das Leben im Herkunftsland, wo Kinder bei Großeltern oder Verwandten aufwachsen ebenso wie in den Zielländern, wo Eltern, da sie beide vielleicht in mehreren Jobs berufstätig sind, keine Zeit haben, sich um die Kinder zu kümmern. Auf die daraus resultierende Neigung vor allem männlicher Jugendlicher in den USA, sich zwecks Familienersatz Gangs anzuschließen, wurde bereits hingewiesen (siehe Kapitel 3.3.3.2.). Aber auch in Toledo ist während der vergangenen Jahre eine verstärkte Gangaktivität in Punta Gorda sowie in den Dörfern entlang des Southern Highway festzustellen, der Bevölkerung und Polizei ratlos gegenüberstehen. Die Burschen tätowieren sich, tragen teure *Baggy Pants* und kleiden sich rot und blau in den Farben der in Los Angeles beheimateten Straßengangs *Bloods* und *Crips*. Man hat zwar zu deren Geschichte und Hintergrund wenig Kenntnis, einige mutmaßen immer noch, dass es sich um Jugendorganisationen der belizeanischen politischen Parteien handeln würde. Spricht man aber mit den ‚Boys', so wird dennoch auf die Gangs, Rap und Hiphop-Musik verwiesen, und es wird betont, es sei schlicht ‚cool', dazuzugehören und auf diese Weise ‚etwas zu erleben'.[436] Berichte über die Zunahme an Kriminalität unter Migrantenkindern gibt es aus allen Weltteilen: Auf den Philippinen etwa wachsen viele Kinder ohne ihre Mütter auf, da 60 Prozent aller philippinischen Migranten Frauen sind, die wiederum in den Migrationszielländern vielfach als Kindermädchen und Haushaltshilfen tätig sind – auch von den Philippinen wird über eine verstärkte Delinquenz von solchen Kindern berichtet.[437]

Es wäre lohnend herauszufinden, ob das Fehlen von emigrierten Müttern, emigrierten Vätern oder beider Elternteile gravierender für kindliche Fehlentwicklung ist. Für Toledo scheint dem Verfasser, dass gerade die Söhne deshalb aus dem Ruder laufen, weil man sich aufgrund des vorherrschenden *Machismo* nichts von Müttern oder Großeltern sagen lassen will. Hinsichtlich der ‚illegalen' Ukrainer entstand in den früheren Feldstudien hingegen der Eindruck, dass das Fehlen von Müttern dramatischer ist, weil ihre Männer aufgrund traditioneller Rollenverteilung keine Erfahrung in Kindererziehung oder Haushaltsführung haben, deshalb den Haushalt in Schulden wirtschafteten oder unter der Last der Situation zu Alkoholikern wurden (z. B. wegen des Verlusts an Selbstwertgefühl).

In diesen Kontext gehört die Frage, ob Remissen aus dem Ausland Menschen von diesen ‚abhängig' machen oder nicht, ob also das regelmäßige Überweisen von Geld Menschen anregt, kreativ damit zu wirtschaften oder ob man faul und behäbig wird und letztendlich in der passiven Erwartung dahinlebt, dass sich der Geldregen aus dem Ausland fortsetzen wird.[438] Während sich in Toledo alle Gesprächspartner, sowohl Maya als auch Garifuna, darüber einig waren, dass Letzteres auf die guatemaltekischen Städte Puerto Barrios und Livingston zutrifft, wo inzwischen die Nachfahren von US-Auswanderern in der dritten Generation leben, ist man sich diesbezüglich im Toledo District noch im Unklaren, da dort erst die Kinder der ersten Auswanderungsgeneration die Schule beenden und erwachsen werden. Einig sind sich aber alle in der Klage über den fehlenden Enthusiasmus der jungen Leute, sich durch kleine Jobs Geld zu verdienen, sich aktiv fortzubilden (statt dauernd Filme und DVDs anzusehen) oder sich angesichts der hohen Arbeitslosigkeit im Distrikt für ein eigenes Emigrationsprojekt zu interessieren. Eine Gesprächspartnerin schimpfte:

„Als ich jung war, da lag ‚Ich gehe in die USA‘ wie in Lied in der Luft. Jeder wolle gehen. Keiner sagte: ‚Ich gehe dorthin zur Arbeit‘, weil jeder wusste, dass man dort einen guten Job finden wird. Heute ist dieses Lied von den Straßen verschwunden. Die Jungen finden nicht mehr erstrebenswert, was wir einst versucht haben.“

Und ein anderer Gesprächspartner ergänzt:

„Niemand sagt: ‚Ich will wie du sein!‘ Die Jungen sitzen einfach da und warten darauf, dass was passiert. Sie wollen Geld ausgeben und Partys feiern, und sie wollen nicht dafür arbeiten. Aber für sie ist auch nicht so leicht, was ich einst getan habe. Ich habe bereits zwei Jugendliche aus meinem Dorf in die USA gebracht, um sie dort mein Business zu lehren. Aber sie sind richtig durchgeknallt, weil sie mit dem Luxus der ungewohnten Umgebung nicht klar kamen. Deshalb mussten sie nach Hause zurück.“

Für den Verfasser handelt es sich hinsichtlich der Apathie und Bequemlichkeit junger Leute weniger um Abhängigkeit von der Arbeit und den Geldüberweisungen anderer, sondern eher um ein Erziehungs- und Autoritätsproblem: Wäre der Vater im Land und würde er vor Ort Geld verdienen, wäre die Familie schließlich auch abhängig von dessen Verdienst. Durch die Abwesenheit des Vaters kommt es aber zu den oben vor dem Hintergrund des *Machismo* geschilderten Phänomenen, vor allem bei männlichen Jugendlichen. Wäre der Vater vor Ort, könnte dieser vermutlich die Söhne dazu bewegen, sich am Verdienst für die Familie oder auch nur des eigenen Taschengelds zu beteiligen. Ebenso wäre er wohl in der Lage, dem jugendlichen Geltungsbedürfnis durch prestigeträchtige Kleider oder Unterhaltungselektronik einen Riegel vorzuschieben, der einen Konsumwettbewerb unter Gleichaltrigen in Gang setzt, und der Mütter und Großeltern unter höheren Druck setzt als die Väter.

Interessanterweise bestehen all diese Probleme in den Familien nicht, die entlang des Southern Highway leben und wo der Vater lediglich eine Saison mit scheinlegal-illegaler Arbeit in den USA verbringt: Er kehrt nach Ablauf der neun Monate nach Belize zurück, verbringt drei Monate mit der Familie und kann so auch Erziehungsaufgaben wahrnehmen. Aus diesen Familien sind dem Verfasser keinerlei Probleme mit den Kindern, Söhne inbegriffen, bekannt. Hinzu kommt, dass diese Migranten zum Teil schon nach wenigen Saisoneinsätzen ihre Migrationsziele als erreicht ansehen, nämlich wenn sie ihr Haus gebaut oder Geld für ein Business oder die Ausbildung ihrer Kinder verdient haben und an einem weiteren Auslandsaufenthalt nicht interessiert sind. Der Hauptgesprächspartner des Verfassers hatte bereits nach einer Saison genügend Geld verdient, um sich ein 40 mal 40 Fuß großes Betonhaus zu bauen. Ab diesem Zeitpunkt blieb er im Distrikt und fungierte nun für den Arbeitgeber in den USA als Arbeitskräfte-Vermittler vor Ort. Auf diese Weise bleiben Familien weitestgehend intakt. Wie aber dargelegt (siehe Kapitel 3.4.4.) steigt mit zunehmender Grenzabschottung die Wahrscheinlichkeit, dass ‚illegale‘ Elternteile länger bzw. auf unbestimmte Zeit von zu Hause abwesend sind, da sie, anders als bei (schein-)legalen Migranten der Fall, keine Rückkehr einplanen und durchführen können. Faktische Abwesenheit oder auch nur die Unsicherheit über eine Rückkehr verstärken jedoch die Fehlentwicklung von Kindern, die sich irgendwann auch nicht (mehr) von einer angedrohten Rückkehr des Vaters beeindrucken lassen. In den Feldstudien der vergangenen Jahre konnte festgestellt werden, dass ein kritischer Zeitpunkt in diesem Zusammenhang bei drei bis vier Jahren liegt: Ab dieser Zeit werden die Kontakte nach Hause seltener, Kontakte im neuen Lebensumfeld werden gesucht, aus dem ursprünglich befristet geplanten Migrationsprojekt wird ein illegaler Daueraufenthalt.

Es gibt allerdings auch eine andere These zum Verhalten der jungen Leute aus den Garifuna und Kreol Communities des Toledo Districts: Eine Reihe von älteren ehemaligen Migranten dieser Gemeinschaften gaben die Armut zur Zeit ihrer Kindheit als starke Motivation für eine Emigration an. Es gab keinen Strom, kein fließendes Wasser, keine Jobs. All dies gab es in den USA, wie man aus Erzählungen von Leuten, die vorangegangen waren, erfahren konnte – und deshalb wollten sie dorthin. Heutzutage haben sich die Lebensverhältnisse im District drastisch verbessert, gleichzeitig erfahren die Jungen über die Medien von den Problemen, die es in den USA auf dem Arbeitsmarkt gibt. Und sie sagen sich dann: „Mir geht es hier doch ganz gut – warum soll ich hier weg." In diesem Fall wäre bestätigt, dass Entwicklung einer Gegend den ‚Migrationsdruck' senkt und ein *Stay-at-Home-Development* in Gang kommt. Gegen diese These im Fall von Toledo spricht allerdings, dass es selbst für aktive Jugendliche in Toledo keine Jobs gibt (siehe Kapitel 3.1.2.4.) und Emigration immer noch als probater Ausweg angesehen wird. Gäbe es nicht die Remissen der Eltern, wären sie, Strom, Videos und fließendes Wasser ausgenommen, immer noch als ‚arm' im Sinne der in Kapitel 4.1. genannten Definition einzuordnen, die von Armut u. a. als der Abwesenheit von Verwirklichungschancen spricht. Entsprechend ist für den Verfasser das Verhalten der Garifuna- und Kreol-Jugendlichen doch eher als Folge von *Dependency* einzuordnen. Dem entspricht, dass die Mentalität dieser Generation von Migrantenkindern anders ist als jene ihrer Altersgenossen aus den Maya-Dörfern des Toledo Districts: Sie wollen mit aller Macht dem Dorf entfliehen, und dabei üben die USA eine magische Attraktion auf sie aus. In den Worten einer NGO-Mitarbeiterin: „Die Sehnsucht, in die USA zu gehen, ist wie ein Fieber. Alle jungen Maya träumen von einem gut bezahlten Job in den USA" – eine Formulierung, die den Äußerungen der beiden Emigranten aus der ersten Garifuna-Generation ähnlich ist.

Ein weiteres in diesem Kapitel zu erwähnendes Problem sind die Schwierigkeiten jener, die nach längerem, ununterbrochenem Auslandsaufenthalt in die Heimat zurückkehren wollen. Sie haben es nicht einfach, sich wieder in ihr früheres soziales Umfeld einzufügen. Ihr Leben im Ausland hat sie von der Familie entfremdet und ‚man versteht sich nicht mehr'. Daran ändert auch nichts, dass der Migrant die Familie über Jahre und Jahrzehnte mit Geld versorgt hat. Eine Gesprächspartnerin kehrte nach 30 Jahren von Chicago in den Toledo District zurück. Sie war die älteste Tochter der Familie und hat viele ihrer später geborenen Geschwister nie kennen gelernt. Sie hatte über viele Jahre für die Familie Geld überwiesen, u. a. für ein Haus für die Eltern, für die Business-Gründung von Geschwistern und für die High-School-Ausbildung für acht Nichten und Neffen. Für all dies war man in der Familie dankbar, dennoch gelang es der Rückkehrerin nicht, sich wieder ‚daheim' zu fühlen:

> „Weißt du, sie haben alle sehr geschätzt, was ich für sie getan habe, vor allem das Überweisen von Geld und das Zahlen für die Ausbildung der Kinder. Aber man kann jemanden schätzen und ihn zugleich spüren lassen: ‚Du gehörst nicht zu uns. Wir sind nicht zusammen aufgewachsen. Das macht uns zu Fremden.' Viele Nächte, wenn ich allein hier in diesem großen Haus bin, bete ich: ‚Ich würde alles geben, um das zurückzubekommen: Wieder zu einer Familie zu gehören.'"

An diesem Punkt der Biographie entpuppt sich für viele eine weitere Hoffnung als Illusion: Migranten, die ihren Lebensabend in Toledo verbringen wollen, stellten fest, dass sie dies ihren in den USA geborenen bzw. aufgewachsenen Kindern entfremdet. Während sie unvermindert eine starke Bindung an ihre frühere Heimat haben, finden die Kinder den Toledo District hinterwäldlerisch, provinziell und bestenfalls exotisch mit dem Ergebnis, dass die Familie auseinander bricht. Solche Migranten entdecken, vor allem, wenn sie ihren Besitz in den USA verkauft haben, dass sie nun, im Alter, nirgendwo richtig zu Hause sind.

4.5.5. Krankheit, Alter und Tod

Als Nächstes muss auf die oft schwerwiegenden gesundheitliche Schäden verwiesen werden, die auf die Zeit in der Illegalität zurückzuführen sind, da ein Leben unter solch harten Bedingungen an niemandem spurlos vorüber geht.[439] Dies betrifft auch jene, deren illegaler Aufenthalt eine legale Fassade hat: Ihr Einsatz in zwei bis drei Jobs gleichzeitig geht auf Kosten von Essen und Schlafen und ist von großem Stress geprägt, da mit pünktlichem Erscheinen und konstant hoher Qualität und Freundlichkeit, vor allem in Jobs der Hotel- und Gastronomiewirtschaft, gerechnet wird. Dies kann zu exzessivem Genuss von Tabak, Alkohol und Drogen führen. Verschlimmert wird die Situation dadurch, dass Migranten sich aufgrund der gesetzlichen Rahmenbedingungen eines Lebens in der Illegalität im Krankheitsfall entweder nicht zu einer Behandlung trauen oder nicht über das hierzu benötigte Geld verfügen. So werden psychische, psychosomatische und physiologische Krankheiten verschleppt, bis sie chronisch werden und kaum mehr behandelbar sind. Dabei ist dies ein Thema, welches man gerne verdrängt oder von dem man aus Gründen der Scham nicht gerne spricht. Bei den gegenwärtigen Feldstudien wurde die Frage nach der Gesundheit zunächst von Migranten und Familienangehörigen positiv beantwortet – allen ging es gut. Dem Beobachter erschloss sich jedoch ein anderes Bild: Das Angebot des Verfassers, ihren Vätern beim Besuch in Los Angeles etwas aus der Heimat mitzubringen, wurde von zwei Familien dahingehend genutzt, dass sie ihm eine ganze Ladung an Medikamenten einpackten, die in Belize billiger sind als in den USA. Dabei handelte es sich um Anti-Depressiva, Verdauungs- und Schlafmittel. Beobachtungen beim gemeinsamen Essen in Los Angeles offenbarten, dass einige Männer unter Magengeschwüren und ‚allgemeinen Verdauungsproblemen' litten, die zum Teil als ‚bereits länger anhaltend' bezeichnet wurden. Viele klagten über chronische Müdigkeit und Erschöpfung. Auch während dieser Feldstudie wurden viele Migranten mit schweren psychischen Langzeitstörungen angetroffen; häufig handelte es sich um Phobien und Depressionen.[440] Eine Gesprächspartnerin rutschte in eine schwere Depression:

> Die Hauptschwierigkeit in den USA war: Man musste die ganze Zeit mit einer Lüge leben. Und dann der Kulturschock: Es ist so anders als in Belize. So kalt, effizient und ausschließlich auf Arbeit fixiert. Die Gesprächspartnerin vermisste die entspannte karibische Wärme von Belize. 1979, im Alter von 40 Jahren, erlitt sie eine Behinderung und wurde deshalb arbeitslos. Seit damals ist sie regelmäßig im Krankenhaus und schluckt pro Tag bis zu 32 Tabletten. Allmählich kam sie zu dem Schluss, dass sie nach Hause gehen musste, zurück zu ihrer Familie.

Zur Angst vor Polizei und Kontrollen, selbst im *Golden State California*, welcher wegen seiner Entspanntheit und Großzügigkeit den besten Ruf genießt, kommt bei vielen die Erfahrung, dass man selbst Landsleuten nicht trauen konnte. Eine Garifuna, die bislang 20 Jahre ‚illegal' in Kalifornien lebte, berichtet:

> „Natürlich bestand dauernd die Gefahr, denunziert und verhaftet zu werden. Legale Belizeaner genossen ihre Macht über die illegalen Belizeaner. Wenn immer es zu einem Streit kam, wurde gedroht, die Polizei einzuschalten, und manchmal wurde dies auch getan – sogar in ihrer eigenen Nachbarschaft. Ein Grund für die Spannungen war der Garifuna-Brauch, zwei Frauen zu haben; und beide Frauen waren eifersüchtig. Vor einem Jahr wurde ihre Cousine aus diesem Grund durch die zweite Frau ihres Mannes an die Polizei verraten. Sie wurde am Arbeitsplatz verhaftet, einem Krankenhaus, wo sie seit 16 Jahren gearbeitet hat. Sie hatte nicht einmal mehr Zeit, nach Hause zu gehen, Kleider zu packen und Arrangements für die Versorgung ihrer minderjährigen Kinder zu treffen. Nach 30 Tagen Abschiebungshaft wurde sie in einem Lear Jet nach Belize geflogen und das war's dann."

Zu Hause stabilisiert sich ihre Situation oft wieder, aber in vier Fällen pendeln ehemalige ‚Illegale' heute zwischen Punta Gorda und Los Angeles hin und her, um ihre Behandlungen fortsetzen zu können. Dies führt zu jenem Punkt, den ehemalige ‚Illegale', die zur Verbringung ihres Lebensabends nach Hause gekommen sind, als den größten Fehler ihres Lebens ansehen: So lange sie in den USA lebten, hatten sie Zugang zu einer guten Gesundheitsversorgung, die in der Lage war, auch komplexe und chronische Krankheiten gut zu behandeln. Nach ihrer Rückkehr fehlt diese Versorgung, denn das Krankenhaussystem in Belize ist natürlich in keiner Weise mit jenem in den USA zu vergleichen. Zu den akuten Gesundheitsausgaben kommen deshalb für jene Rückkehrer die Reisekosten, die sie auf sich nehmen, um weiterhin in ihren früheren Wohnorten medizinische Behandlung beziehen zu können. Ihre Situation wird dadurch kompliziert, dass sie all ihren Besitz in den USA verkauft oder überschrieben haben und es deshalb schwierig ist, für längere Behandlungen eine Unterkunft zu finden – vor allem dann, wenn sie die Privatsphäre ihrer dort lebenden Kinder respektieren wollen bzw. wenn der Wohnraum der Kinder verhältnismäßig eng ist.

Und dann ist da natürlich noch die Gefahr, während eines illegalen Migrationsprojekts fern der Heimat zu sterben. Dies kann teuer werden: In einem Fall erkrankte der Vater einer fünfköpfigen Familie aus Toledo während seiner Arbeit in Los Angeles. Die Krankheit wurde verschleppt, auch eine Krankenhauseinlieferung rettete sein Leben nicht mehr. Es wurde berichtet, dass die Rückführung des Leichnams 20.000 US-Dollar kostete – für die Familie unerschwinglich. Schließlich konnte das Geld durch Sammlung unter den Angehörigen seiner Kirchengemeinde in Los Angeles aufgebracht werden. Dessen ungeachtet sollen diese düsteren Ausführungen zu Krankheit und Not mit einer freundlichen, geradezu vorbildlichen Note enden:

> Ein ‚illegaler' Gesprächspartner aus Mexiko, der während seiner Zeit in San Francisco drogenabhängig war, wurde geheilt, als er in einer evangelikalen Kirche Jesus für sich entdeckte. Dies gab ihm so viel Kraft, dass er im folgenden Jahr während seiner Freizeit freiwillig bei einer Hilfsorganisation mitarbeitete und versuchte, anderen, von Drogen abhängigen ‚Illegalen' einen Ausweg aus ihrer Sucht zu ermöglichen.

4.5.6. Das Problem nachhaltiger Entwicklung

War in Kapitel 4.4.6. noch die Rede von *Braingain* und einem *Virtuous Circle*, so funktioniert dies natürlich nur unter idealen Bedingungen, d.h. es bestehen Lern- und Weiterbildungsmöglichkeiten, und eine Rückkehr ist in einem realistischen Zeitrahmen auch wirklich möglich und umsetzbar. Zieht sich aber der Aufenthalt in die Länge (und genau dies ist wegen der Grenzabschottung zunehmend die Realität für ‚illegale' Migranten), kommt es eher zu einem „de-skilling" (IOM 2005: 241, vgl. Rerrich 2006). Darunter versteht man die Folgen einer Beschäftigung unterhalb des eigenen Ausbildungsniveaus. Der Verlust von Fertigkeiten kann bis zum *Brainwaste* führen, was wiederum dem Herkunftsland das Potenzial an Gebildeten, welches dort vor Ort für die Entwicklung des Landes dringend erforderlich wäre, dauerhaft entzieht.

Legale und illegale Migration und dadurch wachsende Verbindungen können auf zwei Weisen schädlich für die Entwicklung einer Region sein: Zunächst einmal können Produkte und Güter, die aufgrund dieser Verbindungen aus den Industrieländern in die Herkunftsländer transportiert werden, das einheimische Gewerbe zerstören: Wie in Kapitel 4.4.1. angedeutet, werden importierte Erzeugnisse aus den USA als höherwertig angesehen als lokal hergestellte Produkte. Wenn also Migranten damit beginnen, containerweise Möbel, Haushaltsgeräte und Kleider nach Hause zu schicken, fließt den einheimischen Produzenten vor Ort weniger Geld zu. Selbst das für Toledo als Erfolgsbeispiel angeführte Export-Import-Business einer ehemaligen ‚Illegalen' aus Florida erweist sich in dieser Hinsicht als schädlich für die nachhaltige Entwicklung des Distrikts.

Sodann gilt trotz der vielen positiven Ausführungen zu Remissen auch, dass gerade diese Gelder ein gravierendes Entwicklungshindernis darstellen können, indem sie die Regierungen der Herkunftsländer verführen, sich ihrer Verantwortung zu entziehen. Aus deren Sicht läuft schließlich alles prächtig: Ihre Gesellschaften werden über Migration überschüssige Arbeitslose los – darunter einige, die dem nationalen Regime durch Kritik lästig fallen könnten –, und ihr Land erhält Devisen, mit denen internationale Schulden beglichen werden können (Ellerman 2005: 620, 627). All dies macht es unnötig, im eigenen Land wirksame, auf nachhaltige Armutsbekämpfung zielende sozio-ökonomische Reformen vorzunehmen (vgl. GCIM 2005: 29). Genau dies wäre aber nötig, damit eine sich selbst tragende Entwicklung vor Ort in Gang käme. Dabei handelt es sich um Rechtsstaatlichkeit, *Governance* und Demokratie, die erst mittel- und langfristige Investitionen in Projekte, die nicht nur der unmittelbaren Familie nutzen, als lohnend erscheinen lassen. Ohne diese Rahmenbedingungen sind viele gute Dinge, die Migranten in den Zielländern kennenlernen, zu Hause nicht umsetzbar: „Oftmals waren Migranten überrascht, dass sie Sozialleistungen von amerikanischen Regierungsstellen bekamen, ohne dass sie Bestechungsgelder zahlen mussten. Einige, die nach Hause zurückkehrten, wollten … in Politik und Regierung aufräumen, blieben dabei aber im Allgemeinen erfolglos." (Martin u. a. 2006: 158).[441] Hier ist Skepsis gegenüber dem übergroßen Optimismus von Ökonomen wie Moyo (2009: 48ff.) angebracht, die in ihren Darlegungen überzeugende Vorschläge vermissen lassen, wie dies konkret erreicht werden soll. Der Verfasser jedenfalls ist der Meinung, dass Migranten, *Hometown Associations*, lokale Gemeinden und Regionen armer Länder mit der Schaffung solcher Rahmenbedingungen aus eigener Kraft überfordert und auf die Kooperation und Unterstützung durch nationale und internationale *Stakeholder* angewiesen sind.

Nachhaltig bekämpft werden kann Armut erst, wenn vor Ort, mit oder ohne staatliche Unterstützung, solche Jobs geschaffen werden, die Menschen beschäftigen, ohne dass sie mit Remissen subventioniert werden müssen. Ohne solche Entwicklungen bleibt es bei der Überbrückung und Linderung von Armut durch individuelle oder kollektive Remissen. Schlimmer noch: Sobald der Remissenfluss stoppt, können Familie, Gemeinde oder gar die Region zurück auf den früheren Level von Armut sinken. Dies geschieht, wenn Migranten im Zielland weniger verdienen, arbeitslos werden oder zurückkehren, weil sie etwa abgeschoben werden. Es kann auch geschehen, dass sich die Verbindungen der Migranten aufgrund der andauernden Abwesenheit zum Herkunftsland lösen: Je mehr eine Orientierung im Migrationszielland fortschreitet, ganz gleich, ob der Migrant seine Kernfamilie nachholt oder eine neue Partnerschaft eingeht, desto weniger fühlt man sich seinem Herkunftsland und seiner Familie verpflichtet. Spätestens in der zweiten Auswanderergeneration kommt es dann in der Regel zur Einstellung finanzieller Transfers.

Bislang gibt es nur wenig gelungene Beispiele, wie aus einer Kooperation zwischen Migranten und Regierungen nachhaltige Beschäftigungsstrukturen geschaffen wurden – etwa die Kleider-*Maqiladores* im mexikanischen Bundesstaat Guanajuato (Ellerman 2005: 623). In Toledo gibt es, wie in Kapitel 4.4.2. gezeigt, lediglich zwei Gründungen, die vor Ort nachhaltig Menschen beschäftigen. Dies legt die Frage nahe, warum von all den Migranten lediglich diese zwei dazu in der Lage waren. Gesprächspartner geben folgende Gründe an:

- Die Migranten verlagern ihren Lebensmittelpunkt permanent in die USA und haben deshalb kein Interesse mehr an einem Leben oder einer Investition in Toledo.
- Die Daheimgebliebenen wissen nicht, wie ein solches Geschäft geführt werden kann; es fehlt an Anleitung, Beratung und Begleitung.[442]
- Wegen der geografischen Randlage von Toledo bestehen keine gut eingespielten Verbindungen zu lukrativen regionalen oder internationalen Märkten, weshalb es etwa schwierig ist, die einheimischen Kunstprodukte (Bastkörbe, Tuchdrucke, Steinmetzarbeiten etc.) zu vertreiben. In Belize City hingegen, an der Landestelle der Touristenschiffe, sind die Verkaufsstände mit *Original Maya Craft* bestückt, die aus Guatemala oder gar China eingeführt wurden! (siehe Anhang 6, Bildtafeln 24 und 25).
- Es gibt in Toledo wenig außerhalb der Landwirtschaft, was man gewinnbringend betreiben kann. Und selbst dort gibt es Probleme:
  - Ungeklärte Besitzrechte behindern Investitionen.[443]
  - Selbst für landwirtschaftliche Produktion gibt es für örtliche Erzeuger nur innerhalb von Toledo einen kalkulierbaren Absatzmarkt. Abgesehen von Bio-Kakao konnte kein anderer Artikel erfolgreich auch außerhalb des Distrikts vermarktet werden.[444] Andere Versuche, *Cash Crops* anzubauen, scheiterten. So gelang es im Fall von Anato, einer Pfeffersorte, ein Vertriebssystem nach Mexiko zu eröffnen, aber der Zwischenhändler bezahlte die gelieferten Waren nicht. Daran scheiterte dieses Projekt und dient seither potenziellen Nachahmern als abschreckendes Beispiel.
  - Pflanzen, die mit traditionellen Methoden angebaut werden, z.B. Reis und Mais, sind qualitativ und mengenmäßig nicht gegenüber jenen Produkten konkurrenzfähig, die mit mechanischen Hilfsmitteln angebaut werden.
  - Schließlich fehlt vielen das Geld, um, bei Anbau in großem Stil, ausreichend Dünger und Schädlingsbekämpfungsmittel, Miete oder Kauf von mechanischen Geräten (wie Traktoren) sowie deren Unterhalt zu finanzieren.

Stimmt diese Analyse, so gibt es zwei Silberstreifen für Toledo am Horizont: Zunächst könnte ein Wandel durch den Bau der seit langem geplanten *Belize-Guatemala Border-Road* kommen. Diese soll durch Toledo verlaufen und zwischen Guatemala und Belize einen zweiten Grenzübergang eröffnen. Allerdings hat die Vollendung des Southern Highway zehn Jahre gedauert, entsprechend skeptisch sind Anwohner hinsichtlich der Dauer im Fall der im Jahr 2008 angekündigten *Border Road.*

Sodann äußerten zwei (ehemals ‚illegale') Gesprächspartner, die derzeit noch in den USA leben und arbeiten, dass sie nach ihrer Pensionierung in den Toledo District zurückkehren und dort ihre in den USA erworbene Expertise und ihre Beziehungen zur Verfügung stellen wollen. Der eine, derzeit ein erfolgreicher und hoch bezahlter Bankmanager, will in Kooperation mit lokalen Behörden und High Schools ein Berufsberatungscenter eröffnen und viel versprechenden jungen Leuten mit Startkapital helfen; der zweite möchte seine Erfahrungen aus dem Handel mit Autoreifen in Toledo einbringen und dort ein entsprechendes Geschäft gründen – wobei es hier allerdings bereits einen Händler gibt, dessen Angebot eigentlich für die vorhandenen Fahrzeuge ausreichend ist ... Hier wird man jedenfalls abwarten müssen, ob beide Gesprächspartner ihr Vorhaben in die Tat umsetzen; denn die Erfahrung lehrt, dass es Rückkehrer nicht leicht haben (vgl. Kapitel 4.5.4.).

Vergleichbare Probleme gibt es auch anderswo in den Herkunftsländern legaler und ‚illegaler' Migranten. M. Orozco untersuchte fünf ländliche Gemeinden in fünf Ländern Mittelamerikas, von denen drei über lange, zwei über erst kurze Emigrationserfahrung verfügen. In allen Fällen sind lokale Verwaltungen damit überfordert, einen guten Investitionsplan für ihren Ort und das Umland zu entwickeln.[445] Dabei darf nicht vergessen werden, dass die Ausbildung vieler Dorfleiter rudimentär ist und Qualifikationen in diesem Bereich nicht vorausgesetzt werden können. Es gibt inzwischen einige Fälle, in denen ehemalige Migranten sich als Bürgermeisterkandidat für eine lokale Verwaltung zur Verfügung stellen – ob deren Know-how und Beziehungen zu ihrem (ehemaligen) Migrationszielland nutzbar gemacht werden konnte, müsste zukünftig im Rahmen einer Studie untersucht werden.[446] Um lokale Vorhaben zu begünstigen bedarf es nationaler Vorgaben und Politikansätze. Im lateinamerikanischen Kontext verfügt bislang lediglich Mexiko über ein solch nationales Programm (Orozco 2008: 14).

Abschließend gilt: Selbst wenn in einem Land die Entstehung kleiner, sich selbst tragender Gewerbe gelingt, so ist ein nachhaltiger Erfolg immer noch nicht garantiert, weil über Export- und Welthandelsbedingungen woanders entschieden wird, an Orten etwa, an denen Migranten und die Regierungen der armen Länder nicht allzu viel zu sagen haben. Entsprechend kann zusammenfassend zum Aufkommen einer nachhaltigen Entwicklung armer Länder gesagt werden: „Das ist gegenwärtig nicht der Fall ... Entwicklungsländer mit einer Gesamtbevölkerung von ca. zwei Milliarden Einwohnern fallen im Entwicklungsstand weiter zurück und sind in der Gefahr, in der Weltökonomie marginalisiert zu werden – ausgenommen als Quelle für Arbeitsmigranten." (GCIM 2005: 21).[447]

4.5.7. Abkopplung von Ländern und Regionen

Die Abkopplung bestimmter Länder und Weltregionen in wichtigen Bereichen der Globalisierung (siehe Kapitel 3.3.4.3.) scheint mit der Abkopplung dieser Weltteile vom (illegalen) Migrationsgeschehen und seinen Remissen zu korrespondieren:

> „IWF-Zahlen für Brutto-Geldflüsse in Entwicklungsländer zeigen, dass 1990-2003 lediglich zwei der am wenigsten entwickelten Länder – Bangladesh und Jemen – unter den Top-20-Empfängern von Remissen waren. Die meisten Remissen fließen in Ländern mit mittlerem und niedrigem Einkommen. Auf diese Weise erhielten 2003 das südliche und südöstliche Asien nahezu 25 Prozent und Lateinamerika und die Karibik über 21 Prozent der weltweiten Remissen – verglichen mit mageren 4,5 Prozent, die nach Afrika südlich der Sahara flossen. Kürzlich geschätzte Zahlen für 2005 zeigen eine Verbesserung für Afrika in absoluten Zahlen ... aber dabei kaum einen realen Anstieg des Anteils am weltweiten Remissenfluss. Solch regionalen und subregionalen Unterschiede ... werden sich wahrscheinlich in den kommenden Jahren fortsetzen. Noch bedeutsamer sind die Unterschiede im Anteil von Remissen am Bruttosozialprodukt ...

1980-2002 lag im Afrika südlich der Sahara der Anteil von Remissen am Bruttosozialprodukt bei 0,6 Prozent, verglichen mit 3,1 Prozent für Nordafrika und 1,6 Prozent für Lateinamerika und die Karibik." (Ghosh 2006: 17f.).[448]

Im Jahr 2006 betrugen die Rücküberweisungen in die Länder südlich der Sahara 7,7 Milliarden US-Dollar, das sind fünf Prozent der weltweiten Remissen, womit dieser Weltteil seine Schlusslichtposition behält (IFAD 2006: 10). Selbst hinsichtlich der weltweit jährlich von Zwangsarbeitern erwirtschafteten Gewinne von 31,654 Milliarden US-Dollar profitiert das subsaharische Afrika weniger als die anderen Weltteile: Lediglich 159 Millionen US-Dollar dieser Gelder fließen dorthin.[449] Anders als in Ländern mit hohem Remissenzufluss (siehe Tabelle 11) ist in diesen Ländern der Zufluss der öffentlichen Entwicklungshilfe anteilig höher: Das Verhältnis von Remissen und Entwicklungshilfe beträgt etwa im Fall von Äthiopien 33 Millionen US-Dollar zu 1,3 Milliarden US-Dollar, im Fall von Tansania sieben Millionen US-Dollar zu 1,2 Milliarden US-Dollar (Ghosh 2006: 18). Auf den ersten Blick legt dies nahe, dass für diese und vergleichbare Länder in der Armutsbekämpfung, aber auch in allen anderen Bereichen, Entwicklungshilfe eine weitaus größere Bedeutung hat, als dies bei Ländern der Fall ist, die über einen hohen Remissenzufluss verfügen.

Allerdings gilt zu bedenken, dass solche Zahlen sich in aller Regel auf legale Remissen beziehen, die über offizielle Kanäle überwiesen werden. Remissen legaler Migranten über informelle Kanäle oder gar Remissen ‚illegaler' Migranten sind in solchen Aussagen nicht enthalten. Dabei gilt gerade für viele arme Länder, dass sie bzw. weite Gebiete in ihnen, vom internationalen formellen Bankwesen ausgeschlossen sind und auch Remissen informelle und von daher offiziell nicht messbare Wege nehmen müssen. Während beispielsweise in der Dominikanischen Republik 96 Prozent der Remissen über formelle und vier Prozent über informelle Wege überwiesen werden, werden Remissen nach Uganda zu 20 Prozent über formelle und 80 Prozent über informelle Wege überwiesen (World Bank 2006: 91). Es wird etwa geschätzt, dass Somalia, das weitgehend als *Failed State* angesehen wird, auf diesem Weg pro Jahr über eine Milliarde US-Dollar an Remissen erhält. Wird dieser Betrag auf die Bevölkerungszahl umgelegt, dürfte das Land weltweit zu den Top 15 der weltweiten Remissenempfänger unter den Entwicklungsländern zu rechnen sein (IFAD 2006: 13). Insofern ist es durchaus möglich, dass die Gelder auch in den Ländern südlich der Sahara deutlich höher sind als derzeit vermutet wird.

Was Deutschland betrifft, so gibt es durchaus Anhaltspunkte, dass eine Abkopplung der weltweit ärmsten Staaten nicht nur im Hinblick auf Handel und ausländische Direktinvestitionen (siehe Kapitel 3.3.4.2.), sondern auch im Hinblick auf (illegale) Migration bestätigt werden kann – verdeutlicht an der Zahl der in den Jahren 2005 bis 2007 aus München, Berlin bzw. ganz Deutschland abgeschobenen Migranten, die in die 22 ärmsten Länder der Welt zurückkehren mussten (in denen rund 421 Millionen Menschen leben):[450]

Tabelle 14: Die ärmsten Länder der Welt und ihre migrationssystematische Abkopplung[1]						
Länder geordnet nach Armut				München	Berlin	Dtl.
Prozentsatz der Bevölkerung, von weniger als einem US-Dollar pro Tag lebend[2]	Prozentsatz der Bevölkerung unter der nationalen Armutsgrenze lebend[3]	Human Development Index (HDI)-Ranking (Quelle: UNDP 2008a)	**Kumuliertes Ranking (bei Mehrfachnennung entscheidet niedriger HDI über Platzierung)**			
Nigeria (70,8)	Sambia (86)	Sierra Leone (179)	**Sierra Leone (3)**	4	3	67
Zentralafrikan. Republik (66)	Haiti (80)	Zentralafrikan. Republik (178)	**Niger (3)**	---	1	23
Sambia (63,8)	Liberia (80)	DR Kongo (177)	**Burundi (3)**	---	---	1
Madagaskar (61)	Tschad (80)	Liberia (176)	**Ruanda (3)**	---	---	2
Niger (60,6)	Sierra Leone (70,2)	Mosambik (175)	**Sambia (3)**	---	---	---
Ruanda (60,3)	Angola (70)	Niger (174)	**Mosambik (3)**	---	1	7
Gambia (59,3)	Mosambik (70)	Burkina Faso (173)	**Zentralafrikan. Republik (2)**	---	1	3
Tansania (57,8)	Nigeria (70)	Burundi (172)	**Liberia (2)**	3	---	9
Sierra Leone (57)	Swasiland (69)	Guinea-Bissau (171)	**Tschad (2)**	---	---	1
Simbabwe (56,1)	Burundi (68)	Tschad (170)	**Nigeria (2)**	33	28	822
Burundi (54,6)	Simbabwe (68)	Äthiopien (169)	**Simbabwe (2)**	---	---	---
Haiti (53)	Niger (63)	Mali (168)	**Haiti (2)**	k.A.	---	2
Swasiland (47,7)	Bolivien (60)	Guinea (167)	**Swasiland (2)**	---	---	---
Nicaragua (45,1)	Tadschikistan (60)	Elfenbeinküste (166)	**Mali (2)**	---	2	13
Ghana (44,8)	Ruanda (60)	Ruanda (165)	**Eritrea (2)**	---	---	---
Bangladesh (41,3)	Komoren (60)	Eritrea (164)	**Malawi (2)**	---	---	2
Lesotho (36,4)	Guatemala (56,2)	Sambia (163)	**Benin (2)**	1	---	37
Mosambik (36,2)	São Tomé und Príncipe (54)	Malawi (162)	**Gambia (2)**	---	2	62
Mali (36,1)	Senegal (54)	Benin (161)	**Angola (2)**	4	9	70
Namibia (34,9)	Afghanistan (53)	Gambia (160)				
Indien (34,3)	Malawi (53)	Togo (159)				
Kambodscha (34,1)	Honduras (50,7)	Timor-Leste (158)				
Benin (30,9)	Eritrea (50)	Angola (157)				
Keine Angaben zu:[4]						
Afghanistan	Zentralafrikan. Republik	Afghanistan	**Afghanistan**	k.A.	2	395
DR Kongo	DR Kongo	Somalia	**DR Kongo**	5	2	151
Somalia	Somalia		**Somalia**	14	1	1[5]

[1] Die Zahlen der Abschiebungen aus München und Berlin wurden von den dortigen Ausländerbehörden zur Verfügung gestellt, die Zahlen für die Bundesebene stammen von der Bundespolizei (zitiert nach: BTD 16/1055, BTD 16/4724, BTD 16/10201). Der Anteil an abgeschobenen ‚Illegalen' innerhalb der Gesamtzahl der Abgeschobenen kann elektronisch nicht ermittelt werden, eine manuelle Auswertung hinsichtlich des Ausweisungsgrundes wäre nach Aussage von Behördenmitarbeitern wegen des Aufwandes nicht zu verantworten. Gesprächspartner aus den Ausländerbehörden bestätigten allerdings, dass unter den Abgeschobenen solche sind, die aufgrund von (wiederholter) unerlaubter Einreise bzw. unerlaubtem Aufenthalt abgeschoben werden. Wenn aber insgesamt derart wenig Staatsangehörige aus diesen Ländern abgeschoben werden, ist davon auszugehen, dass auch sehr wenig Menschen sich aus diesem Land in Deutschland (illegal) aufhalten, weil die Zahl der Abschiebungen sonst höher wäre.

[2] UNDP 2008b, basierend auf Weltbankdaten. Angaben zu den jeweils aktuellsten erhältlichen Daten aus den Jahren 1990-2005.

[3] Angaben aus CIA 2008 (Internet: https://www.cia.gov/library/publications/the-world-factbook/fields/2046.html).

[4] Aufgrund der chaotischen Verhältnisse in diesen Ländern ist zuverlässige statistische Erfassung unmöglich.

[5] Diese Zeile zeigt, dass hinterfragt werden muss, ob Kommunen, Länder und Bund dieselben Kriterien in gleicher Weise anwenden. Aus den Unterlagen, die dem Verfasser zugestellt wurden, geht hervor, dass die Stadt München 2005-2007 insgesamt 14 Personen nach Somalia abgeschoben hat, während die Bundespolizei für diesen Zeitraum lediglich eine einzige Abschiebung aus Deutschland vermerkt.

Diese Aufschlüsselung spricht eine deutliche Sprache, vergleicht man sie mit den hohen Anzahlen ‚Illegaler' aus den Top-10-Herkunftsländern ‚illegaler' Migranten in diesen Städten, die eine migrationssystematische Vernetzung der jeweiligen Herkunfts- und Zielregion belegen. Allerdings rechtfertigt die Datenlage keine Generalisierungen wie: ‚Die sind dort so arm, dass grundsätzlich keine legale oder illegale Emigration möglich ist', und zwar aus mehreren Gründen:

- Keines dieser Länder liegt in geografischer Nähe zu Deutschland.
- Gerade ‚Illegale' sind besonders unauffällig. Sie vermeiden das Begehen von Straftaten und versuchen, Kontrollen und Verhaftungen (und damit statistischer Erfassung) möglichst aus dem Weg zu gehen.
- Es gibt auch in den ärmsten Ländern wohlhabende Schichten, deren Kinder angesichts der allgemeinen Perspektivlosigkeit eine zeitweilige oder dauerhafte Abwanderung in Betracht ziehen und die über Ressourcen für ein Migrationsprojekt verfügen.
- Auch für Menschen in den ärmsten Ländern existiert die Option a.) einer Verdingung an Menschenhändler in der Hoffnung, sich aus diesem Abhängigkeitsverhältnis irgendwann befreien zu können, oder b.) einer ‚stufenweisen' Migration, d. h. vom Land in die Stadt, von der Stadt in ein Nachbarland, vom Nachbarland auf einen anderen Kontinent usw.
- Für alle Länder der Statistik, ausgenommen Haiti und einige Länder im südlichen Afrika, sprechen migrationssystematische Gründe für eine Bevorzugung Europas vor den USA oder der Republik Südafrika.[451]

Aus diesem Grund wird die These aufgestellt, dass es, analog zu Freihandel und Direktinvestitionen, auch bei legaler und auch illegaler Migration nicht die ärmsten Länder sind, die von den Vorzügen der Migrationsprojekte in der globalisierten Welt profitieren. Denn: Wo es wenig Migranten gibt, gibt es auch wenig Geldrücküberweisungen in die Herkunftsländer.

> „In der Tat: Da Länder im unteren Bereich eines mittleren Einkommens, verglichen mit den ärmsten Ländern, oft eine relative hohe Rate an Emigration haben …, profitieren solche Länder auch am meisten von Remissen. Sehr arme Länder hingegen mit einer niedrigen Emigrationsrate verpassen auch den potenziellen ökonomischen Nutzen von Emigration." (Sriskandarajah 2005: 19).[452]

4.6. Ergebnis

Illegale Migration kann nicht *per se* als *Grassroot Development Model* bezeichnet werden. Wie verschieden die Ergebnisse illegaler Migration bei der Armutsbekämpfung sein können, zeigen die unterschiedlichen ‚Migrantenkategorien' aus dem Toledo District:

- Im Fall der Garfinua, Kreolen und Mestizo, die Ende der 1970er Jahre bis in die 1990er Jahre ‚illegal‘ in die USA gingen, gibt es eine Reihe von Erfolgsmeldungen: Zum einen konnten die meisten Migranten sich und ihre Kernfamilie erfolgreich etablieren und von ihrem Einkommen sowohl im Beruf als auch nach der Pensionierung leben. Sodann gab es stets genügend Geld für die Daheimgebliebenen, aus dieser Gruppe stammen die einzigen Business-Gründer. Aber es gibt auch Nachteile festzuhalten, vor allem bei Kindern und Jugendlichen: Sowohl beim Aufwachsen in den USA als auch beim Aufwachsen bei Verwandten in Belize kam es zu Erziehungsproblemen. Daraus folgten Bandenmitgliedschaft, psychische Krankheiten oder (wenn das Fehlen von Kontakt durch Geldzuwendungen kompensiert wurde) ein Mangel an Eigeninitiative und Kreativität.
- Im Fall der Q'eqchi, die mithilfe eines Visums zu Saisonarbeit in die USA reisen und dort ihr Geld mit legalen und illegalen Jobs gleichzeitig verdienen, gibt es ein berechenbares Einkommen, welches die Situation der Familie unmittelbar verbessert. Darüber hinaus gibt es kaum soziale Probleme. Besonders wichtig: Aufgrund des saisonalen Pendelns bleibt die Familieneinheit erhalten, der Vater ist nach wie vor an der Erziehung aktiv beteiligt. Da zudem in der Regel das Migrationsziel schnell erreicht wird und eine Rückkehr nach Hause unproblematisch ist, halten sich in diesem Modell Verschlechterungen der familiären Situation in Grenzen.
- Im Fall der Q'eqchi aus den Grenzdörfern, die sich verschuldeten, um mithilfe von Schleusern ‚illegal‘ nach Los Angeles zu reisen, deutet sich auch mehrere Jahre nach dem Aufbruch der ersten Migranten nirgends eine wirkliche Verbesserung an. In finanzieller Hinsicht hat sich keine Familie im Vergleich zum Stand vor der Migration verbessert: Es wird genauso viel oder sogar mehr Geld für die Begleichung von Schulden als für die Familie ausgegeben. Die Familien sind froh, wenn sich ihre Situation materiell nicht verschlechtert. Hinzu gibt es Probleme aufgrund der zeitlich nicht absehbaren Abwesenheit des Vaters bei der Erziehung der Söhne oder wegen des Fehlens eines erwachsenen männlichen Mitglieds im kollektiven Gefüge der Dorfgemeinschaft.

Das letzte Beispiel lenkt die Aufmerksamkeit auf eine große und vermutlich wachsende Gruppe unter den ‚Illegalen‘, die aus dem Blick geraten könnten: Menschenhandelsopfer und Opfer von Schuld- und Lohnknechtschaft (siehe Kapitel 3.3.2.5.). Sie gehen in vielen Fällen zwar ein Migrationsprojekt aus Gründen von Armut und Perspektivlosigkeit ein, tragen aber, da sie in Abhängigkeit von ihren Schleusern leben, nichts zur Armutsbekämpfung bei, da sie kein Geld für Überweisungen nach Hause übrig haben. Wie viele der Q'eqchi aus der dritten Kategorie letztlich in einem solchen Abhängigkeitsverhältnis landen, ist noch offen. Aber es muss betont werden, dass diesen Menschen, selbst wenn sie gewollt hätten, kein alternativer Weg offen gestanden hätte: Im Gegensatz zu den saisonal arbeitenden Maya der zweiten Kategorie hatten die meisten von ihnen keine Pässe oder die für ein Passantragsverfahren benötigten Dokumente wie z.B. Geburtsurkunden.[453] Ohne Papiere bleibt aber nur der Weg über kommerzielle oder kriminelle

Schleuser. Selbst wenn es sich bei ‚Illegalen' in Abhängigkeitsverhältnissen vermutlich ‚nur' um ein Drittel der ‚illegalen' Migranten insgesamt handelt,[454] so sprechen wir hier über Millionen von Menschen, die lediglich für die Bereicherung ihrer Schleuser schuften und sich nicht dagegen wehren können.

Auch bei den *Hometown Associations* und deren Kooperation mit staatlichen Stellen konnte Gutes, aber auch Schlechtes festgestellt werden: So kann es zu Verbesserungen der Infrastruktur oder zu Investitionen in Bereichen kommen, die allen Bewohnern nutzen (z. B. Schulen), aber auch zu einer Vergrößerung oder Zementierung von Ungleichheit. Aber selbst wenn gewisse statistische Methoden keine quantitative Verringerung Armer feststellen können, kann es zu einer Verringerung des Armutsabstands innerhalb der Gruppe der Armen kommen. Anders gesagt: Die Verringerung von Armut kann im Hinblick auf einen nationalen Durchschnittswert gemessen werden oder im Hinblick auf die Verringerung des Abstands zwischen sehr armen, weniger armen und reichen Einwohnern eines Landes. Entsprechend können Verbesserungen, bei denen sich der Abstand zwischen Arm und Arm bzw. zwischen Arm und Reich verringert, ohne dass die Anzahl der Armen in absoluten Zahlen sinkt, dennoch als Verbesserung angesehen werden (vgl. World Bank 2006: 118).

Insgesamt gilt, dass eine differenzierte Bewertung des Zusammenhangs zwischen illegaler Migration und Armutsbekämpfung aufgrund der Datenlage bislang kaum möglich ist, da selbst der besterforschte Sektor des Komplexes Migration-Entwicklung-Armutsbekämpfung, die Remissenforschung, vornehmlich im legalen Migrationsbereich, noch relativ jungen Datums ist. Noch schwieriger ist es, Aussagen über den Bereich der illegalen Migration zu machen: Bestenfalls im Bereich der *Hometown Associations*, die sich in den vergangenen Jahren wachsender Aufmerksamkeit erfreuen, sind ‚Illegale', da dort auch Mitglieder, berücksichtigt worden. Dabei machen die Gelder, die aus diesem Bereich transferiert werden, gerade einmal geschätzte ein bis zwei Prozent des Remissenflusses insgesamt aus. Darüber hinaus gibt es nur wenige Best-Practice-Erkenntnisse, die aus klar umrissenen Projekten mit Experimentcharakter im lokalen (Hinojosa-Ojeida 2003) oder nationalen (Martin u. a. 2006) Zusammenhang gewonnen werden konnten.

Bei einer umfassenden Bewertung müssten allerdings auch monetär nicht quantifizierbare Folgen der illegalen Migration für den lokalen Kontext und die Migranten angemessen beurteilt werden: Das Fehlen erwachsener Arbeitskräfte vor Ort, Erziehungsprobleme und Fehlentwicklungen bei Kindern sowie physiologische, chronische und psychische Erkrankungen als Folge eines Lebens als ‚illegaler' Migrant. Diese Faktoren würden die negative Bewertung des Zusammenhangs zwischen illegaler Migration und Armutsbekämpfung deutlich verstärken.

Dennoch scheint dem Verfasser die Aussage haltbar, dass illegale Migration und die hieraus resultierenden Remissen bereits unter den gegenwärtigen Umständen zur Armutslinderung beitragen. In vielen Fällen wäre die Armut, gäbe es keine illegale Migration, heute deutlich höher. Freilich: Weder legale noch illegale Migration kann die anderweitig verursachte, wachsende Polarisierung zwischen dem obersten und untersten Segment der nationalen und internationalen Einkommensverteilung ändern oder aufhalten. Insofern gilt angesichts von Migrationsbewegungen: „Solche Bewegungen sind symptomatisch für ein systemisches Versagen in der Entwicklung und schädigen Millionen Familien überall in den Entwicklungsländern." (Vasconcelos 2005: 12).[455]

Die Abwesenheit von Regelung ist dabei für das illegale Migrationsgeschehen genauso schädlich wie unangemessene Regelung. Anders gesagt: Man kann die Regulation des illegalen Migrationsgeschehens nicht allein dem Marktmechanismus von Angebot und Nachfrage überlassen, weil es dabei zu Fehlentwicklungen kommt. Genauso wurde aber auch deutlich, dass die Regulierungsversuche, die die Staaten der Welt derzeit gegenüber illegaler Migration in Stellung bringen, mehr (zer)störend als hilfreich bei der Lösung der gegenwärtigen Probleme, auch der Armutsbekämpfung, sind. All dies bedeutet schließlich, dass, wenn man seitens der reichen Länder wirklich Armut in den Herkunftsländern bekämpfen und damit illegale Migration vermeiden will, dies auch glaubwürdige und nachvollziehbare Auswirkung auf die Gestaltung von Migrationspolitik haben muss.

4.7. Ausblick vor dem Hintergrund der Wirtschaftskrise

Die weltweite Wirtschaftskrise wird die ärmsten Länder besonders hart treffen, vor allem jene Länder, deren Wirtschaft nicht sehr diversifiziert ist und die deshalb vom Export von Rohstoffen wie Öl oder Mineralien abhängig sind. Während afrikanische Staaten ihre Exporterlöse um durchschnittlich 40 Prozent nach unten korrigieren, gehen bestimmte Länder von noch stärkeren Einbrüchen aus.[456] Hinzu kommen ein wachsendes Handelsbilanz- und Haushaltsdefizit, Einbrüche bei den Tourismuseinnahmen sowie zurückgehende öffentliche, internationale und private Investitionen. Angesammelte Rücklagen werden aufgebraucht (vgl. CFMCBG 2009).

Interessant wird zu sehen sein, wie sich die globale Finanzkrise auf den internationalen Remissenfluss auswirken wird. Bisherige Erfahrungen kommen jedoch zu dem eindeutigen Ergebnis, dass sich der Remissenfluss in Krisenzeiten in der Regel antizyklisch verhält, d. h. wenn es weltwirtschaftlich den Menschen schlechter geht, bricht er nicht ab, sondern verstärkt sich:

> „Von Bedeutung ist, dass Remissen wesentlich vorhersagbarer und verlässlich sind als ADI und ODA. Sie stiegen beispielsweise während der Finanzkrise in Asien weiter an, während zur gleichen Zeit der Zufluss an ADI sank. Dies ist kein vereinzelter Fall. Daten, die die Weltbank gesammelt hat, belegen, dass, wenn ein Land in politische oder wirtschaftliche Schwierigkei-

ten gerät, dessen Bürger, die im Ausland leben und arbeiten, ihre Landsleute durch verstärkte Geldüberweisungen unterstützen ... Remissen sind von direktem und unmittelbarem Nutzen für jene, die sie erhalten und viele von ihnen ... gehören zu den ärmsten Mitgliedern einer Gesellschaft. Remissen heben ihre Empfänger aus der Armut, erhöhen und diversifizieren das Haushaltseinkommen, stellen eine Risikoabsicherung dar, eröffnen Familienmitgliedern die Nutzung von Unterrichts- und Ausbildungsmöglichkeiten und sind eine Kapitalquelle für die Gründung eines Kleinunternehmens.“ (GCIM 2005: 26).[457]

Freilich besteht auch für die Einschätzung der Remissenflüsse ein wichtiger Unterschied zwischen bisherigen Krisen und der gegenwärtigen Krise: Bislang gab es lediglich regionale Einbrüche, die die Verdienstmöglichkeiten einzelner Migranten in diesen Regionen beeinträchtigten und es ihnen schwer oder unmöglich machten, Geld nach Hause zu überweisen. Volkswirtschaftlich jedoch, d. h. für das Herkunftsland der Migranten, konnten die Auswirkungen dieser Krise dadurch aufgefangen werden, dass legale und ‚illegale‘ Bürger dieses Landes in verschiedenen Teilen der Welt arbeiteten. Im Fall der Philippinen etwa, deren Staatsangehörige sich wohl weltweit auf die größte Anzahl von Ländern verteilen (vgl. Martin u. a. 2006: 205), konnten etwa konjunkturelle Einbrüche in den USA und damit verbundene Einbrüche in den Remissenüberweisungen durch sich fortsetzende Überweisungen aus den Golfstaaten und der EU ausgeglichen werden. Dies ist in der gegenwärtigen, globalen Finanzkrise, die eine bislang nie gekannte Anzahl von Ländern gleichzeitig und gleichermaßen trifft, anders. Entsprechend drängt sich der Schluss auf, dass die anti-zyklische Natur des Remissenflusses erstmals keine Wirkung mehr zeitigen wird.[458]

Weltbankexperten waren im März 2009 bereits dazu gezwungen, ihre Schätzungen von Ende 2008 nach unten zu korrigieren. Derzeit wird angenommen, dass Remissen nicht um zwei Prozent (World Bank 2008b), sondern um auf 5-8 Prozent zurückgehen werden und zwar von ca. 305 Milliarden US-Dollar auf ca. 290 Milliarden US-Dollar (World Bank 2009). Dennoch wird am grundlegenden Optimismus hinsichtlich der Stabilität dieser Geldflüsse festgehalten:

> „Trotz der Aussicht, dass Remissen-Zuflüsse stärker sinken als ursprünglich vorhergesagt, werden diese Flüsse sich als widerstandsfähiger erweisen, verglichen mit anderen Arten von Geldflüssen... etwa ausländischen Direktinvestitionen, von denen zu erwarten ist, dass sie (stärker) fallen oder im Fall von Portofolio-Flüssen vielleicht ein Minuswachstum erreichen, wenn 2009 ausländische Investoren sich aus Schwellenländern zurückziehen.“ (World Bank 2009: 4).[459]

Versucht man jenseits der Prognosen an statistische Daten zu kommen, so ist das Bild komplex. Kenia etwa berichtet seit Oktober 2008 von einem Rückgang der Remissen von 61 Millionen US-Dollar auf 41 Millionen US-Dollar im Januar 2009, sinkende Überweisungen werden auch aus der Demokratischen Republik Kongo gemeldet (CFMCBG 2009: 1). Die IOM berichtet feststellbare Rückgänge für Marokko, die Philippinen und Sri Lanka.[460] Laut einer Studie erklären 71 Prozent aller in den USA lebenden Hispanics, dass sie weniger Geld nach Hause überweisen als vor der Krise (Lopez u. a. 2009). Die mexikanische Zentralbank meldet den größten jeweils verzeichneten monatlichen Rückgang bei Remissenüberweisungen: Überwiesen wurden im April 2009 1,7 Milliarden US-Dollar, das sind 18,6 Prozent weniger als im April 2008 (2,1 Milliarden US-Dollar).[461] Aber es gibt auch zwei gute Nachrichten: Die Kaufkraft der Remissen könnte, auch wenn die Beträge insgesamt sinken, höher sein, weil auch der Wert der Landeswährungen der Migranten-Herkunftsländer sinkt (UN Report 2009: 8). Und: Die kenianische Zentralbank berichtet in einer undatierten Pressemeldung vom August 2009, dass die Rücküberweisungen im Zeitraum Januar 2009-Juli 2009 zwar immer noch um 8,4 Prozent niedriger lagen als im Vorjahreszeitraum liegen, aber im Juli bereits wieder über 50,4 Millionen US-Dollar betrugen – ein Aufwärtstrend sei feststellbar.[462] Wie es weitergeht, wird auch von der generellen Entwicklung im Bereich legaler und illegaler Migration abhängen. Auf die Unsicherheit, unter den gegenwärtigen Bedingungen Prognosen zu treffen, wurde in Kapitel 3.7. bereits verwiesen.

5. Vorschläge für eine bessere politische Gestaltung

In Kapitel 4.1. wurde eine umfassende Armutsdefinition vorgestellt, die in der Lage ist, die Armut von ‚Illegalen' im Zielland, von ihren Angehörigen im Herkunftsland, aber auch von den Entwurzelten in den ‚abgekoppelten' Gebieten dieser Welt zu charakterisieren. Entsprechend wird es in diesem Kapitel zunächst darum gehen, wie durch politische Gestaltung sowohl die Situation ‚Illegaler' als ausgegrenzte Menschen in den Zielländern, aber auch der Armutsbekämpfungseffekt illegaler Migration in den Herkunftsländern verbessert werden kann. Darüber hinaus wird der Verfasser in diesem Kapitel auch kurz auf die Situation jener Länder und Weltregionen eingehen, deren Bewohner entweder nur den zerstörerischen Auswirkungen der Globalisierung ausgesetzt sind oder die aus anderen Gründen von den Potenzialen der Globalisierung abgeschnitten oder ausgenommen sind.

Die bisherigen Darlegungen zeigen, dass Staaten alles andere als einflusslose Statisten im Globalisierungsgeschehen sind.[463] Aber: Gerade auf dem Gebiet der Migration erweist sich, dass Staaten in dem, was sie im nationalen Alleingang regeln können, sehr beschränkt sind. Migration erfordert – das liegt in der Natur der Sache – Kooperationen zwischen Herkunfts-, Transit- und Zielländern, und zwar bi- und multilateral (vgl. IOM 2008: 225ff.). Auf Seiten der Migrationsherkunftsländer ist großes Interesse an legalen Migrationsmöglichkeiten festzustellen, nicht nur wegen ihres Bevölkerungsüberschusses und hohen Anteils an Arbeitslosen, sondern auch, weil sie die Potenziale von Remissen, *Braingain* und Entwicklungshilfe sehen.[464] Auch auf Seiten der Migrationszielländer wird ein Zusammenhang zwischen Migration und Entwicklung zunehmend erkannt. Die EU-Kommission etwa verabschiedete im September 2007 einen Report zum Konzept der *Policy Coherence on Development* (EUK 2007e), dessen Ergebnisse eingeflossen sind in den *European Pact on Immigration and Asylum* (EUR 2008), in dem der Europäische Rat festhält: Der Rat „ist überzeugt, dass dieser Ansatz, der eine Gestaltung legaler Migration, die Kontrolle illegaler Migration und Synergie zwischen Migration und Entwicklung zum Nutzen aller betroffenen Länder und der Migranten selbst umfasst, ein höchst relevanter Ansatz ist." (EUR 2008: 13).[465]

Ähnlich verspricht der Europäische Rat im *Action Plan* der *Africa EU Partnership* „alle relevanten Aspekte bezüglich Migration, Mobilität und Beschäftigung in eine Armutsbekämpfungsstrategie zu integrieren" (EUR 2007a: 65f.). Die Frage ist, inwiefern diese Einsicht illegale Migration berücksichtigt und ob sich diese in praktischen und verbindlichen Politikmaßnahmen wieder findet.

5.1. Grundsätzliche Überlegungen

Staaten verursachen, beeinflussen und gestalten grenzübergreifende Prozesse, wenngleich nicht immer in der beabsichtigten Weise bzw. mit Nebenfolgen, die das erzielte Ergebnis unverhältnismäßig erscheinen lassen. Umso mehr sind Überlegungen angebracht, wie Staaten ihre Möglichkeiten sachdienlicher und angemessener ins Spiel bringen könnten und, noch wichtiger, wie solche Maßnahmen jenseits des bisher dominanten *Law-and-Order*-Ansatzes Gehör finden und gesellschaftspolitisch mehrheitsfähig werden können. Damit solche Maßnahmen besser identifiziert und umgesetzt werden können, werden folgende Leitlinien und Kriterien vorgeschlagen, die eine öffentliche Diskussion in diesem Kontext entkrampfen könnten:

Angstfreiheit: Zunächst sollte man sich eingestehen: „Schließlich und endlich gibt es weitgehende analytische Übereinstimmung, dass Einwanderung allgemein und die meisten Formen irregulärer Migration zentral für die Wohlstandsentwicklung ihrer Aufnahmeländer sind. Vor dem Hintergrund dieser Einsicht müssen Regierungen die politischen und andere negativen Effekte illegaler Einwanderung bewerten." (Papademetriou 2005a: 7).[466]

Pragmatismus statt ideologischer Blockaden: Pragmatismus ist angebracht, um „ideologische Dispute" zu vermeiden, „die letztlich nicht lösbar sind, entweder folgenlos bleiben oder das soziale Band eher auflösen als stabilisieren... Er [der Pragmatismus, Anm. d. Verf.] konzentriert sich ohne Umschweife ... auf die Praxis" (Schönherr-Mann 1996: 45f.). Auch der Vorsitzende des *Rats für Migration* in Deutschland, Michael Bommes, wirbt für Pragmatismus:

> „Pragmatische Arrangements als produktiver und problemnaher Umgang mit den Folgen nicht auflösbarer Widersprüche rechnen mit Irrtum und Scheitern und nehmen das zum Anlass praktizierbarer Korrekturen. Prinzipienbasierte Lösungen haben aufgrund ihrer Bauweise den Charme des Zwingenden – und erzeugen die mehr oder weniger gewaltsame Tendenz, sie auch gegen die Realität durchhalten zu wollen." (Bommes 2006: 114).

Politikmaßnahmen unter Berücksichtigung und Einbeziehung von Globalisierungsdynamiken statt Handeln gegen sie: „Wenn ein Staat an den Nutzen glaubt, den eine offene Globalisierung mit sich bringt, dann dürfte die Berücksichtigung von Globalisierungsprozessen in der Migrationsthematik produktiver sein als der Ausschluss derselben." (Papademetriou 2005a: 4).[467] Und andernorts ähnlich: Sucht man nach „Ansätzen zur Migrationsgestaltung, ... sind die eleganteren Vorgehensweisen jene, die sowohl die Marktmechanismen als auch die menschliche Natur als wichtige Orientierungshilfen für eine ernst gemeinte politische Gestaltung einbeziehen." (Papademetriou 2005a: 41).[468]

Einbeziehung aller Beteiligten (auch legaler und ‚illegaler' Migranten) in Entscheidungsprozesse: Nur wenn alle Akteure im Migrationsgeschehen an der Entscheidungsfindung beteiligt werden, besteht die Aussicht, dass sie auch von allen mitgetragen wird und umgesetzt werden kann. Dabei gilt es, Vorteile sowohl für die Herkunfts- als auch Zielländer, für die Aufnahmegesellschaft ebenso wie für die ,Illegalen' und ihre Familien gleichberechtigt nebeneinander zu stellen und faire Kompromisse zwischen diesen unterschiedlichen Interessen zu suchen (im Sinne von Interessenkohärenzen bzw. *Win-Win*-Situationen). Hier ist dem mexikanischen Botschafter in den USA zuzustimmen, der die US-Amerikaner mahnte: „Wir sind Teil der Lösung, nicht nur Teil des Problems!" (Christian Science Monitor, 27.3.2006).

Beschränken auf das Machbare, Verzicht auf die ,allumfassende Lösung': „Statt eine perfekte Lösung zu suchen, die zwangsläufig mit Enttäuschungen einhergeht, sollte die Kontrolle illegaler Immigration von den Zwillingsprämissen ausgehen, dass Unsicherheit und Unvollkommenheit stets Bestandteil des Lebens sein wird und dass politisches Handeln stets eine Übung im Unvollkommenen sein wird." (Papademetriou 2005a: 6).[469] Oder, wie Martin und Kollegen es formulieren: „Beim Management von Migration kann das Perfekte der Feind des Guten sein." (Martin u. a. 2006: 51). Hier gilt aber auch, dass nach gründlicher Diskussion eine Entscheidung selbst dann fallen sollte, wenn nicht alles erschöpfend geklärt werden konnte.[470]

An der Problemlage orientiertes, flexibel-experimentelles Vorgehen: Entsprechende Ansätze für ein solches Vorgehen sind die Methoden der „Sozialtechnik" (Popper 1973a, 1973b), des negativen Utilitarismus[471] oder der „Komponierenden Ethik" (Büchele 1990). Nur so können Erfahrungen gewonnen, *Best Practices* entwickelt und eine Datenbasis gesammelt werden, die eine Generalisierung erprobter Maßnahmen für größere Zusammenhänge verantwortbar machen. "Change in progress through process", gewissermaßen.

Nachfolgend wird auf Vorschläge, die andernorts bereits ausführlich dargelegt wurden, nur kurz eingegangen.[472] Anderes, etwa aus dem Umfeld der Diskussion um die Reform der US-Einwanderungspolitik in den Jahren 2004-2007, wird ausführlicher behandelt.

5.2. Menschenrechte

,Illegale' sind Menschen, und als solche haben sie einen Anspruch auf die Gewährung fundamentaler Grundrechte, vor allem auf medizinische Grundversorgung und (bei Kindern) auf elementare Bildung. Im Prinzip herrscht hier auch Übereinstimmung. Es gibt sogar eine internationale Konvention, die *International Convention on the Protection of the Rights of All Migrant Workers and Members of Their Families*, die Rechte und soziale Mindeststandards für ,Illegale' sichern könnte. Obwohl auf UN-Konferenzen regelmäßig zur Unterzeichnung dieser Konventionen aufgerufen wird (und sich auch die Herkunftsländer von Migranten dafür stark machen), weigern sich die Zielländer immer noch, dies zu tun.[473] Aufgrund dieser Situation konzentriert sich der Einsatz für die Rechte von ‚Illegalen' weiterhin auf die Zielländer sowie auf bilaterale Verhandlungen zwischen Herkunfts- und Zielländern.

5.2.1. Menschenrechte im Zielland

In Deutschland wird die faktische Gewährung von Grundrechten und Mindeststandards für ‚Illegale' unvermindert blockiert. Die einen argumentieren, dass man das staatliche Recht zur Zuwanderungsregulierung nicht durch das unbegrenzte und faktische Gewähren von Menschenrechten unterlaufen könne. Deshalb bestehe die Verpflichtung aller öffentlicher Stellen, bekannt gewordene Fälle von Personen ohne legalen Aufenthaltsstatus an die Ausländerbehörde weiterzuleiten, wobei unklar ist, ob auch Ärzte und Lehrer zu einer solchen Meldung verpflichtet sind. Dem wird entgegengehalten, dass der Staat sein Recht auf Zuwanderungsregulierung selbstverständlich wahrnehmen könne, aber mit den dafür vorgesehenen Instrumenten und Institutionen (Grenzschutz, Zoll, Polizei, Arbeitsamt). Anderen Personen (Ärzte, Schulleiter) und Institutionen (Krankenhäuser!), die mit ‚Illegalen' in Kontakt kommen, seien dagegen nicht zur Durchsetzung von Ordnungsaufgaben verpflichtet.[474]

In den genannten Bereichen kam es in Deutschland zu keinen wesentlichen Verbesserungen. Zwar veröffentlichte das Bundesinnenministerium im Februar 2007 einen „Bericht … zum Prüfauftrag ‚Illegalität' aus der Koalitionsvereinbarung vom 11. November 2005, Kapitel VIII 1.2". Darin wird immerhin zum Ausdruck gebracht, dass Ärzte und Krankenpflegepersonal ebenso wenig der Übermittlungspflicht an die Ausländerbehörde unterliegen wie Lehrer. Wohl aber wird die Meldepflicht für „öffentliche Stellen" aufrechterhalten, insbesondere von Sozialbehörden, Krankenhaus- und Schulverwaltungen (BMI 2007: 25ff.). Daraus ergeben sich weiterhin Probleme für ‚Illegale' beim Zugang zur Gesundheitsversorgung und beim Kindergarten- und Schulbesuch, zumal die Meldepflicht dort greift, wo es um die öffentliche Finanzierung entsprechender Leistungen geht. Deshalb ist nach wie vor eine anonyme gesundheitliche und schulische Versorgung die Regel, die wiederum nur schwer außerhalb des kirchlichen und zivilgesellschaftlichen Bereichs zu bekommen ist.[475]

Neben dem Grundrecht auf Gesundheit ist es das Grundrecht auf Bildung, dessen effektive Gewährung auch international immer wieder gegenüber der Bundesregierung eingefordert wird.[476] In diese Diskussion kam Bewegung, nachdem der CDU-Innenexperte und Bundestagsabgeordnete Reinhard Grindel öffentlich erklärte, „man werde prüfen, ob es bei der Meldepflicht der Schulen für solche Kinder bleiben müsse." Als Grund für das Umdenken nannte Grindel die innere Sicherheit. Es sei besser, wenn Kinder in der Schule seien als auf der Straße.[477] Der Haken bei der Sache ist, dass Schul- und Kultusangelegenheiten Ländersache sind, und der Bund entsprechend keine Weisungsbefugnis hat. In den Bundesländern selbst bestehen hinsichtlich des Schulbesuchs ‚illegaler' Kinder unterschiedliche Praktiken, dasselbe gilt für den Kindergartenbereich, wenn Kommunen verantwortlich zeichnen.[478] Die Beispiele Hessen und Nordrhein-Westfalen zeigen, dass auf dem Weisungs- und Verordnungsweg klargestellt werden kann, dass Daten über den Aufenthaltsstatus weder erhoben noch gemeldet werden müssen: So hat Hessen seine den Schulbesuch einschränkende Verordnung vom 9.4.2003 wieder aufgehoben. Das Schulministerium Nordrhein-Westfalens wies in einem Rundschreiben vom 29.3.2008 darauf hin, dass von Schulleitungen, Lehrerinnen und Lehrern „Meldebescheinigungen oder Kopien von Pässen der Eltern ... nicht gefordert werden“ dürfen und auch, wenn Schulleitungen, Lehrerinnen und Lehrer „Kenntnis über den Aufenthaltsstatus erhalten, damit keine Meldepflicht gegenüber der Ausländerbehörde verbunden ist.“ (zitiert nach Domke 2009, vgl. Mitrovic 2008: 23-27). Damit sind die Probleme aber nicht beseitigt, sie können an anderer Stelle wieder auftauchen. So bringt in Nordrhein-Westfalen eine neue Verordnung ‚Illegale‘ in Schwierigkeiten: Seit 2008 werden Schülernamen mit dem Melderegister abgeglichen, um die Einhaltung der Schulpflicht zu sichern. Wenn bei diesem Abgleich bei einem Namen kein Melderegistereintrag gefunden wird, vermutet die Verwaltung, dass es sich hierbei um ‚Illegale‘ handeln könne – und dann besteht Handlungsbedarf. Zwar können fehlende Melderegistereinträge auch andere Ursachen haben (z. B. ein kurzfristiger Umzug), aber erneut muss mühsam nach Umgangsformen gesucht werden (vgl. Domke 2009).

Die Frage der Kosten erschwert auch die medizinischen Versorgung ‚Illegaler‘, wobei es genügend Vorschläge gibt, wie diese verbessert werden könnte (vgl. BAGI 2007). Zwei kommunale Initiativen rückten hier ins Blickfeld: In Köln können von Ärzten, Gesundheitsamt und anderen medizinischen Versorgern Diagnoseanfragen (Röntgen, Laboruntersuchungen) und direkte Behandlung bis hin zum Krankenhausaufenthalt für ‚Illegale‘ ohne Zwischenschaltung von auskunftspflichtigen Behördenstellen vermittelt werden. Die Kosten werden über den Fonds *Armenbett* zumindest teilweise abgedeckt.[479] Das Modell wird gelobt, weil es ‚Illegalen‘ die Angst nimmt, dass ihr Status aufgrund einer Krankenhausbehandlung auffliegt. Dieser Weg ist aber „weder kosten- noch bedarfsdeckend“ (Bommes/Wilmes 2008: 90). Das Land Berlin erwägt nach Aussagen von dessen Staatssekretär für Gesundheit, anonyme Krankenscheine für die Behandlung ‚Illegaler‘ einzuführen und, sofern diese Möglichkeit rechts- und haushaltstechnisch möglich ist, hierzu eine Bundesratsinitiative zu starten.[480]

Die Hilfeleistung für ‚Illegale‘ wird in Deutschland zudem immer noch dadurch belastet, dass humanitär motivierte Hilfe noch nicht eindeutig definiert und vom Straftatbestand der Beihilfe zu unerlaubtem Aufenthalt nicht freigestellt ist. Zwar wird von Seiten des Gesetzgebers behauptet, dass durch die Umsetzung ausländerrechtlicher EU-Bestimmungen am 19.8.2007 die Strafbarkeit nach § 96 AufenthG auf die Beihilfe zur Einreise beschränkt wurde, aber es wird von hier Engagierten bestritten, dass dies für sie ‚Rechtssicherheit‘ geben würde. Eine Klarstellung ist immerhin in den Entwurf (!) der Verwaltungsvorschriften zum Aufenthaltsgesetz (VwV AufenthG) eingegangen – es war bei Abschluss der Arbeit an diesem Buch aber nicht klar, wann diese Verwaltungsvorschriften in Kraft gesetzt werden.

Als Deutschland im Rahmen der Allgemeinen Periodischen Überprüfungsverfahren aufgerufen war, dem UN-Menschenrechtsrat seinen Staatenbericht vorzulegen, fehlten Ausführungen zur Situation der ‚Illegalen' (vgl. Auswärtiges Amt 2008). Dies half der Bundesregierung wenig, da Nichtregierungsorganisationen, Medien und Kirchen dafür sorgten, dass das Thema zur Sprache kam.[481] Entsprechend blieb die Bundesrepublik auch nicht von internationaler Kritik verschont. Verschiedene Staaten forderten Deutschland auf,

- die UN-Wanderarbeitnehmerkonvention zu unterzeichnen (Marokko, Mexiko),
- den nationalen Vorbehalt zur UN-Kinderkonvention zurückzunehmen (Südafrika),
- das Recht auf medizinische Versorgung zu gewähren (Kanada, Pakistan, Südafrika),
- das Recht auf Bildung zu gewähren (Kanada, Pakistan, Südafrika),
- Hindernisse zu beseitigen, die dafür verantwortlich sind, dass Menschen ohne Papiere ihre Rechte nicht wahrnehmen können (Kanada, Pakistan, Südafrika),
- humanitär motivierte Hilfe vom Beihilfe-Straftatbestand auszunehmen (Mexiko) (vgl. HRC 2009).

Immerhin: Aus dem Petitionsausschuss des Deutschen Bundestags kommen positive Signale. Dort ist nach neun Jahren Behandlungszeit die Petition *Problemkomplex Illegalität – Sicherung von Menschen- und Grundrechten* abschließend behandelt worden, die am 29.11.2000 eingereicht wurde. Der Petitionsausschuss erkennt in seiner Beschlussempfehlung vom 27.5.2009

> „im Hinblick auf die soziale Notlage der Betroffenen – nach Schätzungen sollen es sich um mehrere hunderttausende Menschen handeln – unter humanitären Gesichtspunkten in gewissem Umfang Änderungsbedarf. Er ist der Auffassung, dass die Problematik der Lebensumstände der illegal in Deutschland lebenden Ausländer der parlamentarischen Erörterung bedarf, um die Öffentlichkeit zu sensibilisieren und Lösungsmöglichkeiten zu suchen, die einen breiten Konsens finden … Vorrangig sollte dabei die Frage nach einem Anspruch auf Beratung unter Wahrung der Anonymität gestellt werden ... Auch die Frage nach einem Anspruch auf ein Mindestmaß an medizinischer Notfallversorgung unter Wahrung der Anonymität sollte nach Auffassung des Ausschusses diskutiert werden. Der Ausschuss empfiehlt daher, die Petition den Fraktionen des Deutschen Bundestages zur Kenntnis zu geben, um sie auf das Anliegen des Petenten besonders aufmerksam zu machen." (vgl. Anhang 7).

Da es sich dabei um eine Empfehlung an den im September 2009 zu wählenden Bundestag handelt, ist hier in absehbarer Zeit keine konkrete Verbesserung zu erwarten.

In den USA ist seit dem 11.9.2001 Bewegung hin zu mehr Restriktion und Kontrolle zu beobachten. So wurde etwa ‚Illegalen' der Zugang zu medizinischer Grundversorgung durch die Einführung einer Ausweispflicht erschwert. Eine Bestimmung im *Deficit Reduction Act of 2005* verlangt von allen, die *Medicaid* beantragen, seit dem 1.7.2006 einen Nachweis über die Staatsangehörigkeit: „Mit diesem neuen Erfordernis … beabsichtigten die (Gesetzes-)Initiatoren, illegale Einwanderer von der betrügerischen Inanspruchnahme von Medicaid abzuhalten."[482]

Auch die Schulbildung leidet unter den Folgen einer restriktiver werdenden Politik. Dies gilt nicht für den Bereich der Primary Education in privaten und öffentlichen Schulen, wohl aber was den sekundären (High School) und tertiären Bildungsabschnitt (College) betrifft. Die Finanzierung der Bildung durch Jobben wird schwieriger: Seit dem 11.9.2001 nehmen Hürden zu, nach denen man bestimmte gut bezahlte Jobs nur noch durch Vorlage korrekter Papiere bekommen kann. Der während seiner Schulzeit mehrfach ausgezeichnete Sohn einer seit dem Jahr 2000 in den USA lebenden ‚illegalen' belizeanischen Familie will nun sein Studium wegen dieser Hürde abbrechen – obwohl er es mithilfe der Einkünfte aus einem Paralleljob bereits zu drei Vierteln bewältigt hat. Auch die ‚Perspektive danach' wird eingeschränkt: Der *DREAM-Act*, der begabten ‚illegalen' Studenten einen Status in Aussicht gestellt hätte,[483] scheiterte 2007, wurde aber am 26.3.2009 von Abgeordneten beider Parteien neu in Senat und Repräsentantenhaus eingebracht.[484]

Last not least wurde im Dezember 2005 in den USA seitens des Repräsentantenhauses zum ersten Mal versucht, humanitäre Organisationen in die Immigrationskontrolle mit einzubeziehen und ihre Hilfe für ‚Illegale', im Falle der Nichtbefolgung, unter Strafe zu stellen.[485] Allerdings wurde dieser Versuch sehr schnell und sehr energisch abgeschmettert – nicht zuletzt aufgrund des Widerstands der Kirchen. Der Kardinal von Los Angeles Roger M. Mahony

> „gelobte, Priester dahingehend zu instruieren, sich jedem Gesetz zu widersetzen welches die Kirche und andere sozialen Organisationen verpflichten will, Einwanderer nach Papieren zu fragen, bevor Unterstützung gewährt wird … Als er gefragt wird, ob er bereit sei, für diese Position ins Gefängnis zu gehen, sagte Mahoney: ‚Ja', weil ‚Menschen in Not zu helfen ist stets ein Akt und Anteil göttlicher Barmherzigkeit." (Associated Press, 1.3.2006).[486]

In den EU-Institutionen herrscht hinsichtlich einer effektiven Gewährung fundamentaler Menschenrechte ‚Illegaler' Schweigen – als ob es sie nicht millionenfach und faktisch im Unionsgebiet gäbe. Die Sorge für ihre Gesundheitsversorgung oder Bildung wird der Zivilgesellschaft (vgl. PICUM 2007) und den Kirchen überlassen.

5.2.2. Bilaterale Sicherung von Rechten und Standards

Einige Herkunftsländer versuchen, die Rechte ihrer ‚illegalen' Bürger in bilaterale Abkommen einzubeziehen. Hier sind Mexiko und die Philippinen zu erwähnen, die beim Abschluss von Abkommen immer wieder versuchen, auch die Situation für ihre ‚illegalen' Landsleute zu verbessern.[487] Noch weniger jedoch spielt für jene Herkunftsländer die Unterscheidung zwischen legalen und ‚illegalen' Landsleuten in deren praktischer konsularischer Betreuung eine Rolle.[488] In den USA waren in diesem Zusammenhang für ‚Illegale' über Jahre hinweg Papiere hilfreich, die ihnen von den Konsulaten als Identitätsdokumente ausgestellt wurden. Besonders ist hier die mexikanische *Matricula Consu-*

lar hervorzuheben. Allerdings wird seitens der amerikanischen Behörden im Kontext der Terrorbekämpfung versucht, den Einsatz dieses Papiers zurückzudrängen.[489]

Vor dem Hintergrund, dass es trotz aller legalen Zuwanderungsmöglichkeiten weiterhin illegale Zuwanderung geben wird, ist die Einrichtung von Kranken- und Rentenversicherungsmöglichkeiten im Herkunftsland weiter voranzutreiben, damit Migranten aufgrund ihrer Abwesenheit in diesem Bereich keine Nachteile erwachsen. Solche Programme gibt es bislang in der Regel nur für legale Migranten, Mexiko hat inzwischen aber auch ein Versicherungsprogramm aufgelegt, an dem sich ‚illegale' Migranten beteiligen können.[490] Bei den Renten sieht die Situation schlechter aus: Während Präsident Bush bei der Vorstellung seines Gastarbeiterprogramms vorschlug, dass auch ‚Illegale' in den USA erworbene Rentenansprüche im Herkunftsland genießen können, beschränkte der US-Kongress dies ausdrücklich auf ‚legale' Einwanderer. Die Übertragbarkeit von Rentenansprüchen ist Teil der Agenda des *Institutes for Mexicans Abroad*, eines Zusammenschlusses und Sprachrohrs mexikanischer (legaler und ‚illegaler') Bürger in den USA gegenüber der mexikanischen Regierung. Da es inzwischen für diese Bürger auch möglich ist, an Wahlen in Mexiko teilzunehmen, haben die Forderungen dieses Zusammenschlusses einen zunehmenden Einfluss auf die Positionen der mexikanischen Regierung gegenüber den USA (vgl. Latapi 2008: 20f., 27-30).

Für eine Verstärkung des bilateralen Ansatzes spricht umso mehr, als die Internationale Wanderarbeitnehmerkonvention auch in absehbarer Zeit vor allem in den Zielländern der Migranten kaum Chancen auf Anerkennung und Rückhalt genießen wird.

5.3. Verbrechensbekämpfung

Dass es im Kontext von Globalisierung und illegaler Migration zu großen Missbräuchen kommt, ist unbestritten. Gestritten wird allerdings darüber, was als Missbrauch zu definieren ist, und welche Tatbestände – angesichts begrenzter Ressourcen – am dringlichsten mit welchen Mitteln zu bekämpfen sind. Wichtig für eine erfolgreiche und um breite Unterstützung werbende Politik wäre die Klärung der Frage, welche Missstände man prioritär bekämpfen will – eine Frage, die nicht so selbstverständlich ist, wie es scheint.[491] Hier wird von Seiten des Verfassers vorausgesetzt, dass der Bekämpfung von Schwerverbrechen und Terrorismus Priorität zuerkannt wird, gefolgt von Missständen in der Schattenwirtschaft, wo illegale Ausländerbeschäftigung und deren Ausbeutung Teilaspekte sind, gefolgt von der Bekämpfung der ‚simplen' illegalen Zuwanderung und dem ‚bloßen' unerlaubten Aufenthalt.

5.3.1. Bekämpfung von Schwerverbrechen und Terrorismus

Bekämpfung von Verbrechen im Bereich der illegalen Migration beginnt mit der Bekämpfung verbrecherischer Schleusergruppen, denen das Leben von Migranten nichts wert ist. Hier erfolgten bereits Darlegungen zu den Problemen staatlicher Organe in der zwischenstaatlichen Kooperation, auch zur Anfälligkeit der Strafverfolgungsbehörden für Korruption angesichts der unglaublich hohen Summen, die in diesem Bereich den Besitzer wechseln (siehe Kapitel 3.3.3.5. und 3.4.5). Entsprechend schwer ist es für Polizeikräfte, korruptionsfreie Bekämpfungsstrukturen aufzubauen. Erwähnt werden soll an dieser Stelle jedoch eine ausdrückliche ‚Schutzpolizei' für ‚Illegale': Die *Grupo Beta*, eine Polizeitruppe, die dem mexikanischen Innenministerium unterstellt ist. Deren Aufgabe ist es, Migranten im US-mexikanischen Grenzbereich vor Misshandlungen durch Kriminelle und korrupte Behörden zu schützen, aber auch in Notlagen humanitär-medizinisch zu helfen. Entsprechend haben viele Beamte dieser Einheit auch eine medizinische Zusatzausbildung. Die Truppe gilt, auch nach zwanzig Jahren ihres Bestehens, immer noch als integer und effizient (vgl. Latapi 2008: 18f.).

Was die Bekämpfung von Verbrechensgruppen im Inland betrifft, so ist bereits andernorts auf die Schwierigkeit verwiesen worden, diese abgeschotteten, oft ethnisch-clanmäßig strukturierten Gruppen durch technische Maßnahmen (Abhören etc.) beizukommen oder in sie Informanten oder V-Leute einzuschleusen.[492] Der beste Weg, sie zu ‚knacken' und einer Verurteilung zuzuführen, ist nach wie vor, Aussteiger und Zeugen zu gewinnen. In diesem Zusammenhang ist auf die in den USA vielerorts praktizierte Trennung zwischen Verbrechensbekämpfung einerseits und der Ahndung ausländer- bzw. zivilrechtlicher Verstöße andererseits hinzuweisen. Diese Trennung ermöglicht ‚Illegalen' einen ‚angstfreien' Zugang zur staatlichen und örtlichen Strafpolizei, wenn sie Ausbeutung oder andere Bedrohungen melden wollen, da die Ermittlung und Ahndung aufenthaltsrechtlicher Delikte Angelegenheit von Bundesbehörden ist. Dadurch wird nach Einschätzung der Strafpolizei die Verfolgung schwerer Straftaten erleichtert und – weil Zeugen zur Verfügung stehen – effizienter. Ein Erfolg des so genannten *Community-Policing*-Konzepts ist die Abnahme von Gewaltverbrechen um 57 Prozent für die Gesamtbevölkerung und um 55 Prozent für die Latino-Bevölkerung.[493]

Leider wird an dieser vorbildlichen Regelung gerüttelt, weil die Grenzziehung zwischen Zuständigkeiten verschiedener Polizeikräfte reichlich diffus ist: Da Einwanderungsregelungen auf der Bundesebene getroffen werden, sind zunächst US-Bundesbehörden, z. B. die Grenzpolizei oder die *Immigration and Customs Enforcement* (ICE), zuständig für deren Durchsetzung. Keine Klarheit herrscht hingegen hinsichtlich der Befugnisse und Verpflichtungen der staatlichen und lokalen Polizeibehörden. Nach einem 1996 veröffentlichten Memo des *US Justice Department Office of Legal Counsel* ist die Zuständigkeit örtlicher Polizeikräfte auf die Ermittlung krimineller Verstöße gegen das Einwanderungsrecht (z. B. unerlaubte Einwanderung oder Wiedereinwanderung nach erfolgter Abschiebung) beschränkt. Lediglich in einem unveröffentlichten (!) Memo derselben Behörde aus dem Jahr 2002 wird gesagt, dass lokale Polizeikräfte auch zivilrechtliche Verstöße gegen das Einwanderungsrecht (z. B. das Nicht-Verlassen des Landes nach Ablauf eines Visums) ahnden können (vgl. NIF 2007). Diese Unklarheit führt zu einem Flickenteppich unterschiedlicher Praktiken: Einige Bundesstaaten wiesen örtliche Polizeikräfte an, auch zivilrechtliche Verstöße zu verfolgen, andere wiederum verbieten dies, und in Bundesstaaten ohne staatliche Direktiven ist es wiederum den einzelnen Kommunen überlassen, die Zuständigkeit ihrer Polizeikräfte zu regeln – oder auch nicht (siehe Kapitel 3.4.6.).

Der im September 2007 ins US-Repräsentantenhaus eingebrachte *Clear Law Enforcement For Criminal Alien Removal Act* will diese Regelungslücke klären und die Möglichkeit einer Kooperation zwischen den Bundes-Einwanderungsbehörden sowie der kommunalen und staatlichen Polizei auf dem Gebiet von Aufgriff und Abschiebung ‚illegaler' Ausländer, etwa anlässlich von Straßen- oder Führerscheinkontrollen, verbessern.[494] Dieser Gesetzentwurf hat allerdings bislang noch keine Gesetzeskraft und stößt auf entschiedenen Widerstand der Kommunen und ihrer Polizeikräfte, die hier ein größeres Gut durch ein geringeres gefährdet sehen. Die *Major Cities Chiefs*, ein Zusammenschluss der 64 größten Polizeibehörden in den USA und Kanada (und damit aller Großstädte, in denen Immigranten bis zu 60 Prozent der Einwohner ausmachen), verabschiedeten im Juni 2006 folgende Erklärung:

> „Dienststellen vor Ort haben hart gearbeitet, um durch Community-Policing … und speziell ausgebildete Beamte Vertrauen und einen Geist der Zusammenarbeit mit Immigrantengruppen zu etablieren … Unterstützung und Zusammenarbeit durch Immigrantengruppen ist besonders wichtig, wenn ein Immigrant, ganz gleich ob legal oder illegal, Opfer oder Zeuge eines Verbrechens ist. Diese Person muss ermutigt werden, einen Bericht zu Protokoll zu geben. Ihre Kooperation ist erforderlich, um Verbrechen vorzubeugen und zu lösen und um die öffentliche Sicherheit und Ordnung der ganzen Gemeinde zu wahren. Lokale Kontakte zu Einwanderer-Communitys sind auch wichtig, um Erkenntnisse über zukünftige terroristische Angriffe zu gewinnen und die innere Sicherheit zu stärken. Vor diesem Hintergrund hätte die Durchsetzung von Einwanderungsgesetzen durch lokale Polizeikräfte wahrscheinlich einen negativen Effekt und würde Vertrauen und Kooperation zwischen Polizei und Einwanderer-Communitys untergraben. Wenn die Hauptsorge der illegalen Immigranten wäre, dass ihr aufenthaltsrechtlicher Status untersucht würde und sie abgeschoben würden, dann wären sie nicht bereit zur Unterstützung und Zusammenarbeit. Misstrauen und Furcht vor einer Kontaktaufnahme bzw. Unterstützung der Polizei würde auch unter legalen Immigranten entstehen. Zweifelsohne würden auch legale Immigranten Kontakt mit der Polizei vermeiden, wenn sie fürchten müssten, dass sie selbst oder illegale Familienangehörige Gegenstand von einwanderungsrechtlichen Verfahren würden." (MCC 2006: 5f.).[495]

Eine ähnliche Position vertritt die *International Association of Chiefs of Police* (IACP). In den Worten des Vorsitzenden:

„„Die IACP widersetzt sich jedem Vorhaben, das örtliche oder staatliche Vollzugsbehörden zwingen würde, bundesgesetzliche Einwanderungsgesetze ohne eigene Zustimmung durchzusetzen‘, sagte IACP-Präsident Joseph Estey, Chief des Hartford (Vermont) Police Department. ‚Viele Leiter von Vollzugsbehörden haben schwerwiegende Bedenken hinsichtlich des abschreckenden Effekts, welches diese Maßnahmen auf die Aussage- und Kooperationsbereitschaft legaler und illegaler Migranten bezüglich der Polizei bei kriminellen Verbrechen haben können. Fehlende Kooperation könnte die Fähigkeit der Vollzugsbehörden verringern, ihre Gemeinden effektiv zu sichern und die Öffentlichkeit zu schützen.'“ (Presseerklärung vom 1.12.2004).[496]

Wie brisant die Folgen sein können, zeigt die Zunahme pädophiler Übergriffe auf ‚illegale‘ Kinder in den USA: Nach Angaben von Gesprächspartnern bei Wohlfahrtsverbänden und Kirchen realisieren Pädophile im Zuge der laufenden Debatte zunehmend, dass sie aufgrund der unklaren Gesetzeslage weniger riskieren als bisher angenommen und dass sie kaum in Gefahr sind, von den Eltern der Kinder angezeigt zu werden. Entsprechend nutzen sie diese Situation ungeniert aus.

Auch eine effiziente Bekämpfung von Terrorismus legt eine Trennung zwischen spezieller Terrorismusbekämpfung und genereller Bekämpfung unerlaubter Zuwanderung nahe, da es sich bei beiden doch um sehr unterschiedliche Gruppen handelt:

„Strategien, die entwickelt wurden, Terroristen vom Betreten der USA abzuhalten, sind in einige Fällen dieselben Strategien, die dazu dienen, illegale Einwanderung zu verhindern. Zum Beispiel: Hintergrundüberprüfungen im Visa-Verfahren, das Verfolgen (‚Tracking‘) im Inland sowie Inlandskontrollen. Allerdings unterscheiden sich diese Strategien auch: Um einen Terrorist zu enttarnen, müssen viel mehr Informationen über die Vergangenheit einer Person gesammelt werden als zur Enttarnung eines illegalen Arbeitsmigranten.“ (Reyes u. a. 2002: 79).[497]

Eine deutliche Trennung zwischen ‚Terrormigration‘ und unerlaubter Migration empfiehlt sich aus zwei weiteren Gründen. Erstens: Weil eine generelle Grenzabschottung erst jene hochprofessionellen und profitablen Schleusernetzwerke schafft, die auch von Terroristen und Schwerkriminellen genutzt werden können (siehe Kapitel 3.4.2). Zweitens: Weil Terroristen ebenso wie Angehörige mafioser Gruppen und organisierter Kriminalität alle erforderlichen Ressourcen haben, um legale oder scheinbar legale Papiere zu erwerben, gewinnt auf diesem Gebiet die geheimdienstliche Ermittlung sowie die zwischenstaatliche Zusammenarbeit von Polizei- und Sicherheitskräften an Bedeutung. Um dies aber effizient zu können und vorhandene Ressourcen effizient einzusetzen, ist es erforderlich, den Kreis der Verdächtigen durch geeignete Maßnahmen so klein wie möglich zu halten.[498]

Die zwei geeignetesten Wege zur Trennung der Arbeitsmigration vom kriminellen Sektor sind: zunächst legale Wege für Arbeit suchende Migranten eröffnen, um dadurch Migranten auf Arbeitssuche von den Fallschlingen krimineller Gruppen unabhängiger zu machen.[499] Sodann ist, unter der Priorität der Verbrechensbekämpfung, über die Legalisierung der im Land befindlichen ‚Illegalen' nachzudenken, da dies deren Abhängigkeit und Instrumentalisierbarkeit durch Schwerkriminelle verringern würde:

> „Auch Sicherheitserwägungen sprechen für Legalisierung. Die Hintergrundüberprüfung, die Bestandteil einer solchen Prozedur ist, ermöglicht der Regierung die dramatische Verringerung der Zahl von unbekannten Personen im Landesinneren auf eine leicht handhabbare Größe. In einem solchen Prozess wäre der Einsatz ermittlungstechnischer Ressourcen viel versprechender für die Identifizierung jener sprichwörtlichen ‚Nadeln' im Heuhaufen, die zu Recht Anlass zu sicherheitspolitischer Sorge sind." (Papademetriou 2005a: 7).[500]

Neben der Terrorismusbekämpfung dürfen hier ebenfalls wichtige Kriminalitätskomplexe wie Menschenhandel, Geldwäsche und Wirtschaftskriminalität nicht in Vergessenheit geraten. Unverändert gelten auch hier die guten Erfahrungen mit Aussteiger- und Zeugenschutzprogrammen gegenüber teuren und aufwändigen Abhör- und Kontrollmaßnahmen.

Gegen derartiges Denken bestehen in Deutschland weiterhin prinzipielle Vorbehalte. Hier ist die Polizei aufgrund des generell bestehenden ‚Legalitätsprinzips' verpflichtet, jeglichem Verdacht auf Straftaten nachzugehen – entsprechend steht hier der unerlaubte Aufenthalt immer noch strafrechtlich auf einer Stufe mit Terrorismus, Menschenhandel und organisiertem Verbrechen. ‚Illegale' haben daher nur eine geringe Neigung, zur Polizei zu gehen; denn sie können mit Sicherheit davon ausgehen, dass ihnen die Ausweisung, vielleicht sogar Abschiebungshaft und Abschiebung drohen. Aber auch in Deutschland gäbe es eine einfache Lösung für dieses Problem: Man könnte den Straftatbestand des unerlaubten Aufenthalts per Gesetzesänderung wieder zu einer Ordnungswidrigkeit herabstufen, was im Ausländergesetz 1990 noch der Fall gewesen ist.[501] Dies würde auch der deutschen Polizei wieder eine differenzierte Behandlung der unterschiedlichen Straftatenkategorien ermöglichen. Immerhin könnte es einen kleinen Fortschritt geben: Das Deutsche Institut für Menschenrechte begann am 2.9.2009 zusammen mit der Stiftung *Erinnerung, Verantwortung, Zukunft* ein auf drei Jahre angelegtes Pilotprojekt mit dem Titel „Zwangsarbeit heute". Opfern von Menschenhandel, sexueller Ausbeutung, Zwangsarbeit und sonstigen Formen der Ausbeutung soll geholfen werden, ihre Rechte zu schützen und ihre Ansprüche vor Gericht durchzusetzen. Dabei soll auch geprüft werden, ob ihnen Ansprüche nach dem Opferentschädigungsgesetz zustehen. Das Projekt umfasst Beratung und Begleitung der Migranten sowie finanzielle Unterstützung.[502]

Auf der EU-Ebene bekennt man sich zwar wiederholt zu einem ‚opferzentrierten Bekämpfungsansatz' für Menschenhandelsopfer, besonders für Frauen und Kinder (EUR 2008: 67), es gibt auch eine großartige Sammlung konkreter Maßnahmen, niedergelegt im *Ouagadougou Action Plan to Combat Trafficking in Human Beings, Especially Women and Children as adopted by the Ministerial Conference on Migration and Development* im November 2006. Dort ist die Rede von rechtlichem Beistand, medizinischer, psychologischer und sozialer Betreuung, der Bedeutung von Menschenhandelsopfern bei

Prozessen gegen Schleuser, sogar von der Möglichkeit eines längeren Aufenthalts der Opfer in den EU-Mitgliedsstaaten![503] Allerdings ist der *Ougadougou Action Plan* eine Absichtserklärung und politische Willensbekundung und deshalb allenfalls politisch, nicht aber rechtlich verbindlich. Wie die Erfahrung zeigt, dauert es sehr lange, bis in der EU politische Absichtserklärungen in konkretes Recht umgesetzt werden; und Einigkeit findet sich hinsichtlich unionseinheitlicher Maßnahmen dann eher bei restriktiven Vorhaben (wie z. B. der Rückführungsrichtlinie, siehe Kapitel 5.4.3.) als bei jenen, die an *Humanitarian and Compassionate Factors* appellieren. Entsprechend ist davon auszugehen, dass es im Rahmen der EU eher bei einem polizeizentrierten Ansatz bleibt, in den weitere Ressourcen fließen, nicht aber zu einem opferzentrierten Ansatz kommt.

5.3.2. Bekämpfung von Schwarzarbeit und Ausbeutung

Hinsichtlich einer Bekämpfung der Schattenwirtschaft wird von Experten weniger ein Ausbau der Grenzsicherung befürwortet als eine Wende hin zur Inlandskontrolle. Da es im Hinblick auf die deutsche Situation bereits ausführliche Darlegungen gibt,[504] steht hier die Situation in den USA im Vordergrund. Auch dort herrscht zunächst weitestgehende Einigkeit, dass Angebot und Nachfrage von ‚illegalen', willigen und billigen Arbeitskräften eine ‚Marktfunktion' ist, die man angesichts der hier zu verdienenden Profite nicht allein mit Repression an der Grenze in den Griff bekommen kann. Am ehesten geeignet, um hier ‚Ordnung' zu schaffen, sei, die vorhandenen Ressourcen darauf zu verwenden, dass man wieder einen funktionierenden und geordneten Arbeitsmarkt erhält. Eine Zuwanderungsgesetzreform, die auf diesem Gebiet aus Kurzsichtigkeiten und Fehlern der Vergangenheit lernt, „müsste neue illegale Immigranten effektiv am Finden einer Beschäftigung im formellen Arbeitsmarkt blockieren und abschreckend hohe Strafen festlegen für all jene, die illegale Immigranten im informellen Sektor beschäftigen." (Barry 2006: 5).[505] Dies erfordert vor allem einen Ansatz bei den Arbeitgebern. Maßnahmen sind nötig zur Ermittlung und Ahndung von Ausbeutung, Steuer- und Abgabenbetrug sowie Verstößen gegen Arbeitsrecht, Arbeitsschutzstandards und Verletzung von Umweltauflagen. Und damit all dies wirksam kontrolliert werden kann, schlägt Massey die Umwidmung von Grenzsicherungspersonal zu Inlandskontrolleuren vor:

> „Zusätzlich zur Verkleinerung der Zahl an Grenzsicherungsbeamten würde ich Beamte von der Grenze ins Inland der USA versetzen, und dabei vor allem jene Regionen des Landes anvisieren, die bekannt dafür sind, dass Immigranten dort beschäftigt werden. Aber: Statt sich auf die Identifizierung und Ergreifung illegaler Migranten zu konzentrieren, würden solche Arbeitsplatzkontrollen konsequent Steuer-, Arbeits- und Umweltrecht der USA durchsetzen, ebenso arbeitsrechtliche Gesundheits- und Sicherheitsbestimmungen und dadurch viele Anreize beseitigen, die die Beschäftigung illegaler Migranten so lohnend machen … Es ist unabdingbar, dass Arbeitgeber für Verstöße zur Verantwortung gezogen werden, selbst dann, wenn die Arbeiter durch örtliche Subunternehmer beschäftigt werden." (Massey 2005b: 10).[506]

Die faktische Ressourcenverteilung sieht aber anders aus. "While the Border Patrol agents increased 2.5 times between 1993 and 2005, the number of interior enforcement agents remained unchanged at 2000." (Martin u. a. 2006: 186). Dieselbe Sprache spricht die letzte Aufstockung des Grenzschutzpersonals um 6.000 Mann durch Präsident Bush im Mai 2006, nicht aber des inländischen Kontrollpersonals. Entsprechend beschäftigte im Jahr 2008 die *Customs and Border Protection Agency* (CBP) 44.000 Mann mit einem Budget von knapp elf Milliarden US-Dollar, während die für Inlandskontrollen zuständige *Immigration and Customs Enforcement Agency* (ICE, Nachfolgeorganisation des früheren INS) ‚nur' über 16.500 Mann und ein Budget von fünf Milliarden US-Dollar verfügt.[507] Während die *Customs and Border Protection* im Jahresbericht 2007 angibt, täglich (!) 2.402 ‚Illegale' aufzugreifen, spricht die *Immigration and Customs Enforcement* im Jahresbericht 2007 von 863 strafrechtlichen und 4.077 administrativen Verhaftungen für das gesamte Berichtsjahr! Davon fallen allerdings 274 strafrechtliche und 1.023 administrative Verhaftungen auf die Durchsuchung einer einzigen Firma, und auf Nachfrage wird eingeräumt, dass die Zahl der strafrechtlichen Verhaftungen auch in der Zahl der administrativen Verhaftungen enthalten sein könnte, d. h. eine Doppelzählung vorliegt.[508]

Im Jahresbericht 2007 der *Immigration and Customs Enforcement Agency* ist nicht zu erfahren, wie viele Betriebe im Berichtsjahr untersucht werden konnten. Nach Angaben des US-Statistikbüros gibt es in den USA 25.409.525 Firmen mit 115.074.924 Beschäftigten und 26.911.465 ‚Establishments', bei denen keine Angaben zur Beschäftigtenzahl erhältlich sind.[509] Und was Beschäftigungsmöglichkeiten von ‚Illegalen' betrifft, so sind neben den registrierten Betrieben des legalen Arbeitsmarkts auch die zahllosen Betriebe der Schattenwirtschaft zu bedenken sowie der mehr oder weniger unkontrollierbare Bereich der illegalen Ausländerbeschäftigung in Privathaushalten, etwa als Kindermädchen, Reinigungspersonal oder Alten- und Krankenpfleger.

Für den Verfasser war nicht erfahrbar, wie viele ICE-Beamten, angesichts der vielen verschiedenen Bereiche innerhalb der Behörde, in der konkreten Arbeitsplatzkontrolle und den sich daraus ergebenden Verfahren tätig sind.

Schaubild 13: Arbeitsjahre im Bereich der Arbeitsplatzkontrolle sowie in ‚allen anderen Bereichen'[510]

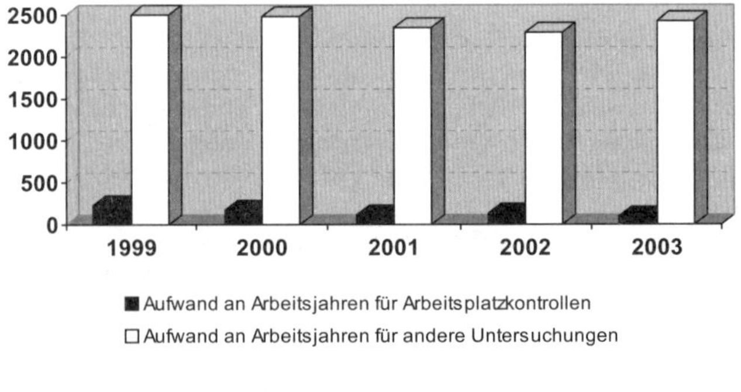

Verfügbare Zahlen sind überwiegend älteren Datums: In Arbeitsjahre umgerechnet sank die Zeit, die Beamte auf Arbeitsplatzkontrollen verwandten, von 240 (1999) auf 117 (2001) und dann auf 90 (2003), während von den Beamten in ‚allen anderen investigativen Bereichen' durchschnittlich 2.400 Arbeitsjahre verbracht wurden (GAO 2006a: 15). Woran liegt das? Schaut man sich das Organisationsprofil des ICE an, ist an keiner Stelle von Arbeitsplatzkontrollen die Rede, wohl aber von Aufgaben, die man eigentlich in der Hand der CPS vermuten würde: „U.S. Immigration and Customs Enforcement (ICE), der größte Ermittlungsapparat des US-Heimatschutzministeriums, ist dafür verantwortlich, die Verletzbarkeit der Landesgrenze zu beseitigen und die Sicherheit von Wirtschaft, Transport und Infrastruktur zu gewährleisten."[511] Und in der Tat:

> „In Übereinstimmung mit der primären Aufgabe des Heimatschutzministeriums nach dem 11.9.2001, nämlich Terrorismus zu bekämpfen, setzen INS und nun ICE ihre Ermittlungsressourcen primär auf das Gebiet der nationalen Sicherheit. Insbesondere fokussiert … ICE vorhandene Ressourcen auf Arbeitsplatzkontrollen wichtiger Infrastruktur-Einrichtungen wie etwa Flughäfen oder Atomkraftwerke, um die Verletzbarkeit jener Einrichtungen zu verringern." (GAO 2006a: 13).[512]

Neben den quantitativen Problemen kämpfen die ICE-Beamten mit denselben qualitativen Problemen der Beweisführung wie ihre deutschen Kollegen, denn illegale Beschäftigungsverhältnisse sind auch in den USA nach Auskunft eines Arbeitgebers aus der Bankbranche, der in seiner Filiale ‚illegale' Computerprogrammierer beschäftigt, leicht zu tarnen. Zudem liegt die Beweislast, dass nämlich der Arbeitgeber seine ‚Illegalen' wissentlich anstellte, bei den ICE-Agenten. Ermittlungen und Verfahren in einem einzigen Fall können Kräfte über Jahre binden.[513] Und eine Beweisführung ist schwer: In den USA sind 27 unterschiedliche Dokumente zugelassen, um eine legale Arbeitsberechtigung nachzuweisen.

Zwar wird versucht, den Überblick durch ein elektronisches Verifikationssystem zu erleichtern, durch das eine berechtigte Arbeitsaufnahme (und der Aufenthaltsstatus) nachgewiesen werden kann. Ein solches System wurde bereits bei der Einwanderungsreform IRCA 1986 vom Kongress gefordert, aber es befindet sich immer noch im Erprobungsstadium. Eine Teilnahme von Arbeitgebern am Pilotprojekt *E-Verify* ist freiwillig, im April 2008 waren 61.000 Arbeitgeber registriert, 28.000 davon machen aktiven Gebrauch von diesem System (GAO 2008b: 10). Durch Datenabgleich zwischen verschiedenen Behörden versucht man Betrug auf die Spur zu kommen, es gibt aber Lücken. So kann das System mit der betrügerischen Verwendung gestohlener oder geliehener echter Dokumente oder gefälschter Dokumente, die ‚echte' biographische Daten enthalten, ausgetrickst werden, ebenso könnte ein Arbeitgeber dieselbe Personalangabe für mehrere Arbeitnehmer verwenden. Andererseits geraten ehrliche Teilnehmer in Schwierigkeiten, da in ihren Akten Änderungen im Personenstand (z. B. Veränderungen im Aufenthaltsstatus) nicht korrekt aktualisiert wurden (GAO 2008b: 13,15, 17, GAO 2006a: 11). Abgesehen von solchen Schwierigkeiten stellt die schiere Masse zu überprüfender Daten die Behörden vor Probleme: Würde die Teilnahme an diesem *E-Verify*-Programm verpflichtend für alle Arbeitgeber, müssten zuerst über eine Milliarde US-Dollar investiert werden, um eine hinreichende Ausstattung der Behörden mit Computern und Personal sicherzustellen – angesichts der derzeitigen Ausgabenprioritäten sieht es nicht danach aus, dass das Geld in absehbarer Zeit zur Verfügung steht.[514] Freilich: Selbst mit einem funktionierenden elektronischen Datenabgleichsprogramm gilt für das *Government Accountability Office*:

> „Selbst mit einem verbesserten Beschäftigungsverifizierungssystem wäre ein glaubwürdiges Arbeitsplatzkontrollprogramm erforderlich, weil kein Verifikationssystem narrensicher ist und nicht alle Arbeitgeber die Bestimmungen von IRCA beachten … Entsprechend besteht für Arbeitgeber, die die Bestimmungen von IRCA umgehen wollen und die nicht bei einer maßgeblichen Infrastruktur-Einrichtung (oder in deren Nähe) angesiedelt sind, nur eine geringe Wahrscheinlichkeit, dass ICE sie im Hinblick auf Verstöße gegen den gültigen Beschäftigungsverifikationsprozess oder gar das absichtliche Anstellen illegaler Arbeitnehmer kontrollieren würde.“ (GAO 2006a: 21).[515]

Dies schließt den Kreis, denn erneut wird offensichtlich, dass zu einer wirklich soliden Beweisführung am besten Zeugen geeignet sind, und selbst dann muss mit dem Einlegen von Rechtsmitteln gegen die Verhängung von Strafen gerechnet werden, was wiederum Probleme schafft, wenn die Zeugen aus der ersten Beweisführung inzwischen des Landes verwiesen wurden oder abgetaucht sind. All dies betont die Bedeutung von Anzeige- und Aussagebereitschaft von Migranten – und deren fehlende Kooperationsbereitschaft aus Angst, den Job und die Möglichkeit des Aufenthalts zu verlieren.[516]

Entsprechend mager ist die Bilanz der US-Inlandskontrollen: Die Anzahl von Strafandrohungen gegenüber Arbeitgebern nach einer Arbeitsplatzkontrolle („notices of intent to fine“) sank von 417 (1999) auf 100 (2001) und dann auf drei (2004). Durch anwaltliche oder gerichtliche Verfahren wurden die angedrohten Strafen verringert oder ausgesetzt (GAO 2006a: 16).

Und so kann auch im Sommer 2008 weder bei Arbeitgebern noch bei ‚Illegalen‘ eine große Nervosität bezüglich Inlandskontrollen festgestellt werden. Ein Arbeitgeber meinte, dass er sich sicher fühle, weil man es mithilfe einiger Vorsichtsmaßnahmen der ICE ziemlich schwer machen könne, eine ‚wissentliche Anstellung‘ von ‚illegalen‘ Migranten nachzuweisen. Und die ‚Illegalen‘? In einem Modellversuch in sechs Städten bot die ICE mexikanischen ‚Illegalen‘ eine geordnete Ausreise ohne Abschiebungshaft an, wenn sie sich freiwillig stellen würden. Lediglich acht von 457.000 potenziellen Nutznießern nahmen dieses Angebot in Anspruch. In den Worten eines Immigranten-Menschenrechtlers: „Viele von uns sagten, dass es eine dumme Idee ist, die nicht funktionieren wird. Menschen ohne Papiere mögen ja illegal sein, aber sie sind nicht dumm.“[517]

Zum Thema Inlandskontrollen stellt sich also die Frage, wie ernst es der US-Regierung und den im Hintergrund agierenden Interessengruppen ist, die US-Schattenwirtschaft und damit auch die illegale Ausländerbeschäftigung effektiv zu beseitigen. Dabei ist bekannt, dass Inlandskontrollen schon seit langem nicht nur lax durchgeführt werden, sondern auch Vorabinformationen an die Arbeitgeber gegeben worden sind. Immer wieder kam es zu Berichten, dass Agenten des (früheren) INS, die ihren Job taten, konstanter Kritik und oft offenem Druck ausgesetzt waren und deshalb in die andere Richtung blickten.[518] Ein aktuelles Beispiel: In einer Studie des US-Arbeitsministeriums heißt es, dass im Zeitraum 1999-2002 ca. 54 Prozent aller landwirtschaftlichen Arbeitskräfte ‚Illegale' waren (zitiert nach Hanson 2006: 40). Also wäre es doch naheliegend und Erfolg versprechend, dort zu kontrollieren. Aber auch das Vorgehen des ‚neuen' ICE ist offensichtlich durch Interessengruppen in ihrer Arbeit gehindert:

> „2005 veröffentlichte die Western Growers Association, eine Agrarlobby, die Bauern im Westen der USA vertritt, eine Stellungnahme, in der sie sich über überzogene Kontrollmaßnahmen beschwerte. Diese würden verhindern, dass Farmer in Arizona ausreichend Arbeitsmigranten für die Winter-Salaternte einstellen können." (Hanson 2006: 45).[519]

Alles in allem stellt das *Government Accountability Office* fest: „Arbeitsplatzkontrollen haben eine niedrige Priorität, sowohl unter INS als auch ICE."[520] Dies legt den Schluss nahe, dass es der US-Regierung hinsichtlich der Inlandskontrollen nicht sehr ernst ist, und die Kontrolle unerlaubter Zuwanderung auch weiterhin, unter dem Einfluss konjunktureller Rahmendaten, an der Außengrenze stattfinden wird (oder auch nicht). Ergebnisse haben gezeigt,

> „dass die Behörden bei ihren Kontrollen nachlassen, wenn die Nachfrage nach illegalen Arbeitern steigt. Kontrollen steigen wiederum, wenn sich die Bedingungen auf dem US-Arbeitsmarkt verschärfen, was insgesamt nahelegt, dass die US-Regierung Kontrollen verschärft, wenn angenommen wird, dass die Zahl versuchter unerlaubter Einreisen zu hoch ist. Es scheint also, dass Kontrollen nachlassen, wenn jene Sektoren deutlich expandieren, in denen illegale Ausländer beschäftigt werden, nicht aber, wenn die generelle Nachfrage nach Arbeitnehmern hoch ist." (Hanson 2006: 46).[521]

Unter der Regierung Obama scheinen sich auch auf diesem Gebiet Veränderungen anzudeuten (siehe Kapitel 3.4.6.): Ogletree Deakins, eine den Arbeitgebern nahestehende Anwaltsfirma, berichtet auf ihrer Website: „Veröffentlichte Berichte deuten an, dass Department of Homeland Security Secretary Janet Napolitano eine Reihe von Arbeitsplatzrazzien verzögert hat, um Kontrollbemühungen neu auszurichten, und zwar auf Firmen und deren Leiter statt auf die Arbeitnehmer." Und dramatisch schließt die Mitteilung mit einer Mahnung: „Die Schlachtlinien werden wieder gezogen ... bleiben Sie aufmerksam, da das Drama beginnt. Die Entscheidungen werden höchstwahrscheinlich deutliche Auswirkungen auf Arbeitgeber und die Nation als ganzes haben."[522]

Allerdings: Selbst aus der Bush-Ära gibt es eine aus Sicht der Migranten, ihrer rechtlichen Situation und ihrem Bedürfnis nach Unterstützung gute Entwicklung zu erwähnen: In einem Musterprozess versuchte ein Arbeitgeber, seinen ‚illegalen' Arbeitnehmern den

Beitritt zu einer Gewerkschaft mithilfe eines Gerichtsverfahrens zu verwehren. Bislang ohne Erfolg:

> „Das National Labor Relations Board … und der United States Court of Appeals in Washington verwarfen die Position, ‚dass illegale Migranten kein Recht hätten, Gewerkschaften beizutreten.' In einer Entscheidung vom vergangenen Januar bekräftigt der Appeals Court eine Entscheidung des US Supreme Court aus dem Jahr 1984. Er schreibt, dass die Erlaubnis an Illegale, Gewerkschaften beizutreten, dazu beitragen würde, ‚dass Löhne und Beschäftigungsbedingungen legaler Bürger durch die Beschäftigung von illegalen Arbeitnehmern nicht negativ beeinträchtigt würden.'" (New York Times, 1.9.2008).[523]

Der Arbeitgeber ging in Berufung, das Verfahren ist noch nicht abgeschlossen.[524]

In Deutschland hat sich die rechtliche Situation ‚Illegaler' gegenüber ihren Arbeitgebern und ausbeuterischen Praktiken in den vergangenen Jahren nicht verbessert, wenn man von dem in Kapitel 5.3.1. erwähnten Pilotprojekt absieht. Zwar geht selbst das Bundesinnenministerium davon aus, dass Ansprüche aus faktischen Arbeitsverhältnissen vor ein Arbeitsgericht gebracht werden können, allerdings greift nach Sicht der Ministerialen auch hier die Übermittlungspflicht an die Ausländerbehörde (BMI 2007: 30). Im Zuge der Reform des Schwarzarbeitsbekämpfungsgesetzes wurden Richter sogar ausdrücklich dazu verpflichtet, Erkenntnisse über aufenthaltsrechtliche Verstöße weiterzuleiten. Zwar lassen die Bestimmungen Spielräume zu.[525] Die weiterhin bestehenden Unsicherheiten tragen aber nicht zu einer verlässlichen Klarheit aus Sicht der Migranten bei; entsprechend gering ist auch hier deren Bereitschaft zu einer Kooperation mit Strafverfolgungsbehörden.

Der neueste Stand auf EU-Ebene ist die im Februar 2009 vom Europäischen Parlament verabschiedete *Richtlinie des Europäischen Parlaments und des Rates über Sanktionen gegen Personen, die Drittstaatsangehörige ohne legalen Aufenthalt beschäftigen.* Sie ist ein Kompromissdokument zwischen dem Europäischen Rat (der auch noch zustimmen muss) und dem Europäischen Parlament, welcher den ursprünglichen Entwurf der EU-Kommission (EUK 2007f.) vor allem dort verwässert hat, wo es um Effizienz, harte Bestrafungen der Arbeitgeber oder die Rechte der Migranten geht. Zum Beispiel:

- Die Kommission schlug eine glatte und konsequente Generalunternehmer-Haftung vor, um die Verschleierungsmöglichkeiten über Subunternehmerketten verringern zu können. Diese klare Regel wurde stark eingeschränkt (EUP 2009: 10).[526]
- Die Kommission wollte sicherstellen, dass in jedem Land eine bestimmte Anzahl von Betrieben innerhalb einer Branchen kontrolliert wird, um das unterschiedliche Kontrollniveau unter den Mitgliedsstaaten zu vereinheitlichen. Dieser Vorschlag wurde abgeändert durch die Formulierung, dass Mitgliederstaaten „so weit wie möglich … sicherstellen, dass in ihrem Hoheitsgebiet effiziente und angemessene Inspektionen durchgeführt werden" und deshalb nach eigenem Ermessung ein „nationales Ziel" für diese Kontrollen festlegen sollen (EUP 2009: 11f., 21).

- Einerseits können Migranten im Fall von Ausbeutung Klage erheben und werden gemäß Art. 7, Abs. 2 b „vor der Vollstreckung einer Entscheidung über die Rückführung systematisch und objektiv über ihre Rechte … informiert". Aber es wird in der Regel so sein, dass sie das Verfahren und seinen Ausgang nicht erleben können, weil sie vorher in ihr Herkunftsland abgeschoben werden. Zwar legt Art. 14 Abs. 3 fest, dass die Mitgliedstaaten „im Einzelfall befristete Aufenthaltserlaubnisse, entsprechend der Dauer der betreffenden innerstaatlichen Verfahren, gewähren können", der Ausdruck „im Einzelfall" macht jedoch klar, dass es sich um eine sehr restriktive Handhabung dieser Ausnahme handeln wird (EUP 2009: 21).

Dennoch gibt es auch Verbesserungen gegenüber dem derzeitigen Rechtsstand, zum Beispiel:

- Bei Aufdeckung eines illegalen Beschäftigungsverhältnisses wird vermutet, dass „ein Arbeitsverhältnis von mindestens dreimonatiger Dauer" besteht, „es sei denn, der Arbeitgeber oder Arbeitnehmer kann diese Vermutung durch einen Gegenbeweis ausräumen" (EUP 2009: 17). Dies trägt dem Sachverhalt Rechnung, dass bei Kontrollen kaum mehr als die Anwesenheit der Beschäftigten am Tag der Kontrolle nachgewiesen werden kann, welches bislang nur symbolische Strafen nach sich ziehen konnte. Freilich: Die EU-Kommission forderte eine Rechtsvermutung von sechs Monaten …
- Dritte (z. B. Mitarbeiter von Beratungsstellen oder Gewerkschaften) können Migranten bei der Einklagung ihrer Rechte helfen und werden dabei von den Sanktionen ausgenommen, die mit einer „Beihilfe zum unerlaubten Aufenthalt" verbunden wären (EUP 2009: 21).

Abschließend muss betont werden, dass dieses Dokument ein Rahmen ist, der Mindeststandards vorgibt. Die EU-Mitgliedsstaaten können, wenn sie die Richtlinie in nationales Recht umsetzen, über die Mindeststandards hinausgehen. Freilich ist dies dort, wo es um die Rechte von Migranten geht, in der Regel nicht der Fall.

5.3.3. Umgang mit ‚illegalen' Zuwanderern

Falls der Staat nach einem erfolgreichen Vorgehen in den beiden genannten Bereichen noch Ressourcen übrig hat, kann er sich natürlich auch der Bekämpfung nicht-krimineller, aber dennoch faktischer Verstöße gegen das Ausländer- und Arbeitsrecht widmen. Verglichen jedoch mit den Missständen, die in diesen Bereichen unbestritten bestehen, sind jene ‚Illegalen', die lediglich gegen aufenthalts- und arbeitsrechtliche Bestimmungen verstoßen, die bei weitem harmloseste Gruppe: Sie wollen nichts zerstören, arbeiten für die Wohlstandsmehrung der Aufnahmegesellschaft und deren Bequemlichkeit, sind angepasst und fallen ‚verbrechensmäßig' äußerst selten auf, weil sie dem Risiko einer Enttarnung um fast jeden Preis ausweichen wollen.[527]

In den USA ist diesen Menschen gegenüber der Verfolgungsdruck eher moderat, und die Migranten wissen in den meisten Fällen, welche (kommunale) Polizeibehörde tolerant ist und welche nicht. In Los Angeles beispielsweise wurde von keiner Verhaftung berichtet. Zwar gibt es Polizeikontrollen, diese zielen aber stets auf Drogen, und die Kontrollierten werden, wenn sie ‚clean' sind, laufen gelassen. Entsprechend gab es unter den über 90 Gesprächspartnern lediglich einen, der sich unter hohen Kosten neben der für die Arbeitssuche wichtigen gefälschten *Social Security Card* auch eine *Legal Permanent Resident Card* kaufte – die anderen sahen hierzu keine Notwendigkeit. In Deutschland ist psychologisch betrachtet der Verfolgungsdruck höher, da bekannt ist, dass die Polizei aufgrund des Legalitätsprinzips generell zur Kontrolle auch des Aufenthaltsstatus verpflichtet ist. Faktisch wird auch hier in der praktischen Polizeiarbeit ähnlich wie in den USA verfahren: Fällt Polizisten auf, dass eine kontrollierte Person ‚illegal' ist, und liegt sonst nichts gegen sie vor, wird sie in der Regel laufen gelassen. Hinzu kommt in einigen Fällen die Unmöglichkeit, einen ‚Illegalen' mangels Papieren ausweisen oder abschieben zu können, weshalb man sie wieder entlassen muss – dementsprechend wird der Aufwand zwischen Verhaftung und dem damit verbundenen ‚Papierkrieg' und dem möglichen Ergebnis (Freilassung) von vielen Gesprächspartnern als ‚unverhältnismäßig' eingestuft.

Angesichts der Verletzlichkeit dieser Menschen durch Ausbeutung und Verbrechen müsste darüber nachgedacht werden, wie man sie vor Verbrechen schützen kann. Etwa, indem man ihnen den Zugang zu Banken eröffnet, damit sie dort ihr Geld sicher unterbringen und es vor dem Zugriff krimineller Banden schützen können.

5.4. Reduzierung von illegaler Migration und unerlaubtem Aufenthalt

Die bisherigen Ausführungen zeigen, dass illegale Migration das Produkt wachsender weltweiter Entwurzelung einerseits und fehlenden legalen Zuwanderungsinstrumenten bzw. Restriktions- und Kontrollbemühungen seitens der Staaten andererseits ist. Verbesserungs- und Handlungsbedarf wird auch von der EU-Kommission erkannt: „Besseres Management legaler Zuwanderung und entschlossene Maßnahmen zur Bekämpfung illegaler Einwanderung sind zwei Seiten ein und derselben Münze." (EUK 2007a: 5). Nachfolgend wird aufgezeigt, wie pragmatisch und im Interesse aller Akteure illegale Migration und unerlaubter Aufenthalt vermehrt in legale Kanäle gelenkt werden können.

5.4.1. Familien- und Asylrecht sowie Arbeitskräftebedarf

Zunächst sollte versucht werden, Migration mit humanitärem Hintergrund und Schutzverpflichtung im Flüchtlings- und Familienbereich mit dem Einwanderungsbedarf aus demografischen und arbeitsmarktspezifischen Gründen (siehe Kapital 3.3.2.) zu verbinden, umso mehr, da gerade in der EU der durch sinkende Geburtenzahlen bedingte Alterungsprozess der Bevölkerung vielfach durch Zuwanderung und höhere Geburtenraten in Migrantenfamilien ausgeglichen wurde bzw. weiter durch ‚kontrollierte Zuwanderung' ausgeglichen werden soll (vgl. EUK 2005).

In den USA wurde im Kontext der Zuwanderungsdebatte wieder deutlich, dass die häufigsten und erfolgreichsten illegalen Migrationsprojekte innerhalb privat-familiärer Netzwerke geplant werden, d. h. innerhalb von Familie, Verwandtschaft, Bekanntschaft, Freundschaft und Nachbarschaft. Erhebungsergebnisse im Rahmen des US-Zensus vom Jahr 2000 waren zum Beispiel:

- „92,5 Prozent der mexikanischen Einwanderer, die während der 1990er Jahre in den USA eintrafen, lebten bei jemandem, mit dem sie durch Geburt, Heirat oder Adoption verbunden waren"
- „57,3 Prozent der mexikanischen Einwanderer, die während der 1990er Jahre in den USA eintrafen, waren Teil einer in den USA lebenden Kernfamilie" (Paral 2005: 1).[528]

Hier kann hinzugefügt werden: Zwischen 1992 und 2004 erlangten 90 Prozent der mexikanischen Migranten eine Greencard, da sie die Kriterien für die Familienzusammenführung erfüllten. Für das Jahr 1996 wurde dabei festgestellt, dass 54 Prozent jener Mexikaner, die eine Greencard erhielten, sich zuvor ‚illegal' in den USA aufgehalten hatten. Als Grund für den illegalen Aufenthalt wird angegeben, dass man angesichts der niedrigen Quoten für legale Zuwanderung nicht habe warten wollen, bis man ‚an der Reihe' gewesen wäre.[529] Versucht man aber seitens der Staaten, eine legale Zuwanderung innerhalb dieser verwandtschaftlichen Kategorie zu verzögern, ist die Wahrscheinlichkeit hier am größten, dass aufgrund der innerhalb der transnationalen familiären Netzwerke und der darin vorhandenen Ressourcen dann die Zuwanderung über illegale Kanäle organisiert werden wird. Bedacht werden muss hierbei auch, dass der erweiterte Familienbegriff nichtwestlicher Kulturen weit über den Begriff der westlichen Kernfamilie (Vater, Mutter, minderjährige Kinder) hinausgeht, und entsprechend die Zahl der Zuwanderungswilligen bzw. jener, die auf Zuwanderungshilfe seitens ihrer Vorläufer hoffen dürfen, größer ist als zunächst angenommen wird.

Ein weiteres Gebiet, dessen großzügige Ausgestaltung illegale Migration in legale Kanäle lenken könnte, ist das Flüchtlings- und Asylrecht, und zwar aus zwei Gründen: Zum einen, weil Krieg und Verfolgung besonders starke Push-Faktoren sind und Menschen, die aus ihrem Heimatland fliehen müssen, nicht sonderlich wählerisch sein können in den legalen oder illegalen Zufluchtswegen, die sich ihnen etwa über Schleuserorganisationen eröffnen. Zum anderen, weil durch die Ausgestaltung der Asylpolitik in den letzten Jahren viele Menschen in eine illegale Migrationssituation hineingedrängt wurden (vgl. Alt 1999: Teil III/1) – hier gälte es, Schäden zu reparieren. Auf eine Auseinandersortierung von ‚politischer Verfolgung' und ‚bloß wirtschaftlichen Motiven' sollte schon deshalb verzichtet werden, da heutzutage die Grenzen zwischen politischer und ökonomischer Zwangslage zunehmend verschwimmen: Länder mit niedriger Sicherheit für ihre Bevölkerung oder hoher Verfolgungsdichte sind zugleich Länder mit schlechten wirtschaftlichen Rahmendaten und hoher Armut und umgekehrt.

Zwischen illegaler Fluchtmigration und illegaler Familienzuwanderung nach Europa gibt es zahlreiche Übereinstimmungen: In dem vor den Toren der EU liegenden Krisen- und Armutsgebiet Balkan haben viele Menschen Angehörige, die früher in die westlichen Länder geflohen oder emigriert und heute dort legal ansässig sind, weil es vor den allerorts zu verzeichnenden Gesetzesverschärfungen noch einfach gewesen ist, einen legalen Aufenthalt als Flüchtling zu erhalten.[530] Weitere transnationale Verbindungen in diesem humanitären Kontext gibt es aufgrund der seit Jahren existierenden Asylmigration, der Zuwanderung von Arbeitnehmern und deren Familienangehörigen sowie ausländischen Studenten.

Großzügigkeit in der Ausgestaltung legaler Zuwanderungsmöglichkeiten wäre aus folgenden pragmatischen Gründen naheliegend: Migranten, die zu Angehörigen wollen, lassen sich davon nicht durch den Hinweis abbringen, dass ihnen der Zuzug deshalb verwehrt würde, weil man in ‚sicheren Drittstaaten' auch unterkommen könne. In diesem Fall zählen Blutsbande mehr, auch die Erwartung, dass die Verwandten schon für den Lebensunterhalt der Neuankommenden sorgen werden. Diese Annahme wird untermauert durch die Tatsache, dass in den meisten Ländern der Welt Familiensolidarität für den materiellen Unterhalt aufkommen muss und nicht etwa öffentliche Fürsorgesysteme.[531] Darüber hinaus können die vorhandenen familiären und verwandtschaftlichen Netzwerke für die Neuankömmlinge kostenlose und wichtige Integrationshilfen bieten. Und Integration ist schließlich ein sehr wichtiger Beitrag zur Akzeptanz von Immigranten in der Aufnahmegesellschaft.

In Kapitel 3.3.2.1. wurde dargelegt, warum für Deutschland aus demografischen Gründen eine ‚Bestanderhaltungsmigration' von Hunderttausenden von Migranten pro Jahr erforderlich sein wird; in anderen EU-Staaten ist die Lage ähnlich. Vor diesem Hintergrund sollte darauf geachtet werden, eher faktisch bestehende, wenngleich illegale Migrationsverbindungen in die Gestaltung legaler Zuwanderung zu integrieren, als durch die Anwerbung neuer Migranten ohne soziale Bindungen neue Migrationsbrücken für illegale Migration zu öffnen. Den in diesem Kapitel angesprochenen Sachverhalten hätte etwa der Entwurf eines Zuwanderungsgesetzes durch die rot-grüne Bundesregierung Rechnung getragen, in dem ein Punktekatalog in § 20 AufenthG des Zuwanderungsgesetzentwurfs sowohl Familienbande als auch die Lage hinsichtlich Menschenrechtsverletzungen und Armut in den Herkunftsländern als Kriterien in die Bewertung von Zuwanderungsantragsstellung einbezogen hätte (vgl. Alt 2002).

5.4.2. Befristete Migration statt Dauereinwanderung

> „In einer globalisierten Welt ist Mobilität von Menschen keine Anomalie, die ausnahmsweise toleriert werden muss; sie ist ein normaler Prozess, der in sozio-ökonomische Strukturen ebenso eingebettet ist wie in die transnationalen Leben und Identitäten der Migranten. Es gibt zahlreiche Belege, dass das klassische Migrationsmuster einer dauerhaften Niederlassung nicht auf alle modernen Fälle menschlicher Mobilität zutrifft, und die Politik sollte deshalb neue zirkuläre Migrationspraktiken berücksichtigen." (Pécoud/Guchteneire 2005: 22, vgl. IOM 2005: 14f.).[532]

Zunehmend wird die Bedeutung zeitlich befristeter Migrationsprojekte und Pendelmigrations-Möglichkeiten für die Steuerung des globalen Migrationsgeschehens erkannt. Sie wurde auch bei den eigenen Gesprächen mit ‚Illegalen' festgestellt – sowohl im deutschen Kontext (vgl. Alt 2003: 234f.) als auch bei den ‚Illegalen' aus dem belizeanischen Toledo District: In beiden Bereichen gab ein Großteil der Gesprächspartner den Wunsch an, lediglich für eine bestimmte Zeit im Ausland arbeiten zu wollen, um für ein bestimmtes Projekt Geld zu verdienen, etwa ein Auto, ein Haus, eine Krankenhausbehandlung, die Gründung eines Business oder das Schulgeld für die Kinder.

Hinsichtlich von Gestaltungsmöglichkeiten gilt es jedoch einige Unterscheidungen zu beachten: Spricht man von ‚zirkulärer Migration', so kann es sich sowohl um eine Pendelmigration handeln, die ‚transnationale Verbindungen' zwischen Migrationsherkunfts- und Zielland schlägt, als auch um die dauerhafte Rückkehr nach einem längeren Auslandsaufenthalt. Während die scheinlegalen Q'eqchi-Saisonarbeiter dem ersten Modell folgen, fallen die in Kapitel 4.4.2. erwähnten Business-Frauen sowie die Rückkehrer zur Verbringung des Lebensabends (siehe Kapitel 4.5.5.) unter das zweite Modell.

Befristete Migrationsmodelle haben viele Vorteile: Von den Vorteilen für die Familieneinheit und Erziehung war bereits die Rede (siehe Kapitel 4.5.4.), ebenso von den Vorteilen des *Braingain* (siehe Kapitel 4.4.5. und 4.4.6.). Daneben gibt es Fälle, in denen Arbeitgeber in Industrieländern, weil sie ‚ihre' Migranten kennen und schätzen, geneigt sind, deren Business im Herkunftsland als Subunternehmen für ihre Produktion zu verpflichten – Erfolg versprechende Beispiele hierfür gibt es bereits im Falle USA-Mexiko oder Slowenien-Moldawien. Entsprechende Investitionsanreize könnten von den Regierungen der Herkunftsländer geboten werden, indem sie auf Importzölle auf Maschinen verzichten, junge Unternehmen für die Anfangszeit von Steuerzahlungen befreien oder sich an solchen Investition durch Mikrokredite beteiligen (vgl. Ellerman 2005: 623-625). Dies erinnert daran, wie wichtig die Rahmenbedingungen in Herkunfts- und Zielland sind, um Migranten eine Rückkehr positiv oder negativ erscheinen zu lassen: Positive Rahmenbedingungen ermöglichen es Migranten, genügend Geld zu sparen oder Fertigkeiten zu erwerben, mit denen dann im Herkunftsland gewirtschaftet werden kann. Negative Rahmenbedingungen führen lediglich dazu, dass ein Migrant nach Ablauf eines befristeten Aufenthalts nach Hause zurückkehrt und dort (wieder) arbeitslos ist (Agunias/Newland 2007: 7).

Es ist festzustellen, dass es im Bereich befristeter Migrationsprojekte eine Reihe von Projekten gibt, mit denen Erfahrungen auf diesem Gebiet gesammelt werden sollen. Besonders erwähnenswert ist die Diskussion im Zusammenhang mit der Veröffentlichung der ‚EU-Kommunikation' zum Thema *Circular Migration* (EUK 2007c), dem parallel dazu veröffentlichten Memo (EUK 2007d) und einem darauf bezogenen befürwortenden Beschluss des Europäischen Rats (EUR 2007b). In allen Dokumenten geht es um die Frage, wie durch *Mobility Partnerships* und *Circular Migration* befristete legale Migration gefördert, illegale Migration verhindert und das im Migrationsgeschehen enthaltene Entwicklungspotenzial besser ausgeschöpft werden kann. Interessant ist in diesem Zusammenhang vor allem, dass es sich nicht nur um Papiere und Deklarationen handelt, sondern auch um die Bezuschussung verschiedener Pilotprojekte, in denen Erfahrungen zu diesem Zusammenhang gesammelt werden sollen.[533]

Die konkrete Gestaltung legaler Zuwanderungsmöglichkeiten in die EU entwickelt sich hingegen anders. Eine der konkreten Maßnahmen im Rahmen der auf dem EU-Gipfel in Den Haag 2004 beschlossenen Absicht, eine gemeinsame Politik im Bereich Migration und Asyl zu entwickeln, ist die von der EU-Kommission vorgelegte Regelung für die Anwerbung von Hochqualifizierten aus Drittländern, z. B. Facharbeitern, Technikern oder Ingenieuren. Die Möglichkeit, dieses Instrument für befristete Migrationsprojekte oder entwicklungspolitisch relevante Strategien zu nutzen, wurde verpasst und damit die Chance, vorhandene Einsichten aus dem Experimentierstadium in das Stadium unionsweit gültiger struktureller Politik zu erheben – und dies, obwohl entsprechende Forderungen im Diskussions- bzw. Verabschiedungsprozess dieser Direktive erhoben wurden.[534] Die EU-Kommission plant auch einen Direktiven-Vorschlag zur Anwerbung von Saisonarbeitern, dieser Vorschlag liegt aber noch nicht vor.

In all den bisher erwähnten Projekten sind ‚illegale' Migranten nicht direkt angesprochen oder in sie einbezogen. Allerdings gibt es inzwischen auch eine Reihe von Vorschlägen, wie befristete Projekte im Hinblick auf illegale Migration so ausgestaltet werden können, sodass sie Arbeitgebern und Arbeitnehmern, Herkunftsland und Zielland nutzen. Und wie gewährleistet werden kann, dass nach Ablauf einer bestimmten Zeit eine Rückkehr erfolgt und nicht zu Gunsten eines illegalen Aufenthalts oder gar eines illegalen Familiennachzugs entschieden wird. Einige Beispiele:

- US-Präsident Bush regte bei der Vorstellung seines Gastarbeiterprogramms im Jahr 2004 an, dass Teilnehmern für ihre Zeit in den USA Beiträge in den Rentensystemen des Herkunftslandes gutgeschrieben werden und dass Teile ihrer Löhne in Fonds eingezahlt werden, die erst bei der Rückkehr mit Zinsen abgehoben werden können. Auch wichtig: Während dieser Zeit können sie unbegrenzt und ungehindert zwischen den USA und ihrer Heimat pendeln und so Kontakte zur Familie halten.[535]
- Hierbei gibt es Schnittmengen zu dem, was der Migrationssoziologe Massey aus Vorschlägen im Verlauf der US-Zuwanderungsdebatte herausfilterte: Hier würde bei

der Beantragung eine Gebühr von 400 US-Dollar erhoben (deutlich weniger als die sonst erforderlichen Schleusungskosten), die in einen Fonds fließen könnten. Aus denen werden Versicherungskosten der Betroffenen ebenso finanziert wie *Matching Grants* analog dem *3x1-Programm*, mit denen in den Herkunftsländern Investitionen in die Infrastruktur finanziert werden können (siehe Kapitel 4.4.4.). Ebenso können in diese Fonds Gelder aus Steuern und Abgaben (Sozialversicherung, Einkommenssteuer) fließen, die den Migranten sonst im Zielland abgezogen würden, ohne dass sie jemals von ihnen profitieren würden. Weitere Gelder für einen solchen Fonds könnten aus Einsparungen bei der Grenzsicherung kommen (Massey 2005b: 10).

- Positive Anreize für eine Rückreise nach Ablauf des befristeten Aufenthalts wären sodann, dass jene, die nach einer befristeten Zeit ausreisen, privilegiert bei einer eventuell beantragten Wiedereinreise behandelt werden. Dies würde etwa verhindern, dass wachsende Vertrauensverhältnisse zwischen Arbeitgebern und Migranten zum Untertauchen der Letzteren führen, da dies unter unflexiblen Bedingungen der einzig offen stehende Weg wäre, gute Arbeitsbeziehungen fortzusetzen. Ebenso wird erreicht, dass Migranten in bestimmten Wirtschaftssektoren, die vor Arbeitsbeginn eine Qualifikation oder ein Training erhalten, wiederbeschäftigt werden können und nicht jedes Mal, bei neuen Migranten, eine Neuqualifikation erforderlich ist. Mit diesem Modell haben Spanien und Kanada gute Erfahrungen gesammelt, während die USA ein gut funktionierendes Modell nicht verlängerten.[536]

Das letzte Modell enthält freilich ein ‚unfaires' Element dahingehend, dass es jene Migranten, die bereits vom Migrationsregime profitieren, fortlaufend begünstigen würde, während andere, die auf ihre Chance warten, diese mangels freier Plätze nicht bekommen könnten.

Freilich: Es gibt in existierenden temporären Migrationsmodellen noch ‚Merkwürdigkeiten', die weiterer Forschung bedürfen, um sie besser bewerten zu können. Das spanische Modell funktionierte deshalb so gut, weil Spanien diesen ‚Pendlern' schon nach vier Jahren die Option auf Einwanderung eröffnete, was ein zusätzlicher Anreiz zum Einhalten der Regeln gewesen sein dürfte. Ebenso ist auffällig, dass weniger Visa für diese befristeten Aufenthalte beantragt wurden als zur Verfügung standen: 2002 wurden beispielsweise von Arbeitgebern 31.000 befristete Visa beantragt, 21.200 von den Behörden genehmigt, aber nur 9.100 Visa ausgestellt – immerhin ein deutlicher Anstieg im Vergleich zu 2001 (3.600 Visa) und zu 2000 (508 Visa). Der Verdacht liegt nahe, dass dennoch viele Jobs im landwirtschaftlichen oder Baubereich, für die diese Visa gedacht waren, gleich von ‚Illegalen' besetzt wurden (vgl. Martin u.a. 2006: 131-133). ‚Rechnet' sich ein legaler Status und die Verdienstmöglichkeiten nicht (und das gilt sowohl für Arbeitgeber als auch Migranten), ziehen viele informelle Arbeitsverhältnisse möglichen formellen auch dann vor, wenn legale Alternativen zur Verfügung stehen. Dies legt nahe, dass funktionierende temporäre Zuwanderungsangebote nur dann möglich sein werden, wenn zugleich das im Land lebende Potenzial an ‚illegalen' Billigstarbeitskräften im Rahmen einer Legalisierung ,ausgetrocknet' wird und so Arbeitgebern die Möglichkeit entzogen wird, sich weiterhin dieses Arbeitnehmerpools zu bedienen (Papademetriou 2005b: 4f.).

Untersuchungen zu befristeten Migrationsprogrammen kommen zu dem (resignierten) Schluss, dass es sowohl bei der Durchsicht der *Best Practice Policies* als auch in der akademischen Diskussion darüber offensichtlich kein bestes Modell gibt, welches in jeder Situation umgesetzt werden könnte.

> „Es ist so, als ob man Rosinen aus einem Kuchen picken würde – verschiedene Policy-Elemente werden aus unterschiedlichen Programmen zusammengestellt, die funktionieren können, wenn man den spezifischen sozio-ökonomischen Kontext der involvierten Länder berücksichtigt. Nur nach vorsichtigem Experimentieren, nach der Anwendung in kleinen Pilotprojekten, gefolgt von stufenweisen Anpassungen, werden Initiativen in der Praxis liefern, was sie auf dem Papier versprechen." (Agunias/Newland 2007: 15).[537]

Zugegebenermaßen ist eine Neuauflage temporärer Migrationsprojekte in Deutschland, etwa aufgrund von ,Fehlschlägen' im Gastarbeiterprogramm, eher unpopulär. Andererseits muss man genau hinschauen, warum sich in Deutschland eine Dauereinwanderung entwickelt hat: Hier gilt es ganz besonders, aus der Vergangenheit zu lernen.[538] Abschließend wäre zu bedenken, dass funktionierender transnationaler Business, wie in dem in Kapitel 4.4.2. geschilderten Fall ehemaliger ,Illegaler' aus Belize, oft die doppelte Staatsbürgerschaft notwendig macht. Auch dies ist ein Reizthema im deutschen Kontext.[539] Allerdings mag auch hier die EU-Ebene den Rahmen bieten, um mithilfe von Pilotprojekten Erfahrungen zu sammeln und anschließend die einzelnen Mitgliedsstaaten zu eigenen Schritten anzuregen.

Bei alledem sollte aber ein wichtiges Argument gegen die zirkuläre Migration nicht vergessen werden: Auch wenn es viele Gewinner dieses Ansatzes gäbe, gäbe es auch eine große Verlierergruppe: Einheimische, die mit den Migranten am untersten Ende der Einkommenskette um Jobs konkurrieren müssen. Wenig überraschend ist deshalb, dass diese Bevölkerungsgruppe bekannt für ihre ausländerfeindlichen und rassistischen Einstellungen und Ausschreitungen ist. Bevorzugt man also dieses Modell anstelle einer intelligent gesteuerten, auf Dauer und Integration ausgerichtete Immigration (vgl. Kapitel 5.4.1.), dann müssen dringend Vorkehrungen getroffen werden, damit auch niedrig qualifizierte Einheimische am Arbeitsmarkt noch eine realistische Chance haben (vgl. Kohnert 2007: 18). Ansonsten besteht auch hier die Gefahr, dass der sozialen Kohäsion der Gesellschaft Schaden zugefügt wird (vgl. Kapitel 3.3.4.2.).

5.4.3. Mehr Rückkehrhilfen statt Vorfeldinformation

Illegale Migrationsprojekte werden durch Berichte von bereits im Migrationszielland lebenden Bekannten, durch Bilder von Medien, aber auch durch die Werbung kommerzieller und krimineller Dienstleister genährt. So wichtig die von internationalen Organisationen, Regierungen und NGOs finanzierten ‚Gegeninformationskampagnen' sind (vgl. IOM 2008: 272ff.), mit denen Menschen eine differenziertere Sicht einer legalen oder illegalen Migration vermittelt werden soll oder durch deren Schilderungen von Beschwerlichkeiten und Gefahren sie abgeschreckt werden sollen, zeigt die Erfahrung, dass potenzielle Migranten tendenziell eher Verwandten und Freunden glauben und sich, je nach Ausmaß ihrer Verzweiflung oder Hoffnung, aus angebotenen, wenngleich widerstreitenden Informationen, dasjenige aussuchen, an das sie glauben wollen.[540] Andererseits kommt es bei vielen, nachdem sie sich auf eine illegale Migration eingelassen haben, oft schnell zu Ernüchterung, verbunden mit dem Wunsch nach Heimkehr. Dies trifft beispielsweise auf viele der Q'eqchi-Maya zu, die aus den Dörfern im Grenzgebiet Guatemalas in die USA aufgebrochen sind: Selbst jene, die vor ihrer illegalen Migration von in Los Angeles wohnenden Verwandten und Freunden davor gewarnt wurden, hofften, dass sie Glück haben und einen Job finden werden. Inzwischen macht sich bei ihnen große Ernüchterung breit. Würde sich ihnen eine Möglichkeit eröffnen, zumindest ihre Migrationsschulden begleichen zu können, wäre eine Reihe von ihnen vermutlich zur sofortigen Rückkehr bereit. Hier kann seitens der Staaten überlegt werden, wie man, wenn man schon nicht die Zuwanderung verhindern kann, so doch wenigstens die Rückreise beschleunigen oder gar attraktiver machen kann.

In diesem Bereich durchgeführte Modellversuche beinhalteten etwa, dass rückreisewilligen ‚illegalen' Migranten nicht nur die Reise gezahlt wurde, sondern auch ein Rückreisegeld mit auf den Weg gegeben wurde, mit dem ihnen zu Hause der Neuanfang erleichtert wurde. So in einem Abkommen zwischen Frankreich und Mali: Dort erhielten ca. 500 ‚Illegale' im Falle einer freiwilligen Ausreise umgerechnet 3.600 US-Dollar, mit denen sie bei der Rückkehr eine Geschäft gründen konnten. Wie sich herausstellte, waren 80 Prozent dieser Neugründungen nach zwei Jahren immer noch ‚im Geschäft'. Dieser Testfall kann als gelungen betrachtet werden, da französische Quellen die Abschiebungskosten nach Mali mit umgerechnet 3.500 US-Dollar veranschlagen (vgl. Martin u. a. 2006: 137f., vgl. GCIM 2005: 38).

Ginge es den Behörden primär darum, unerlaubten Aufenthalt zu bekämpfen und Rückkehrwilligkeit zu fördern, sollte man grundsätzlich erwägen, ‚Illegalen', die zum ersten Mal im Land sind und nach Hause wollen, Abschiebungshaft zu ersparen und die Rückreise zu bezahlen.[541] Von besonderer Bedeutung ist, dass keine Wiedereinreisesperre verhängt wird: Viele ‚Illegale' harren deshalb lieber wider alle Vernunft in der Illegalität aus und riskieren gar Straffälligkeit, weil sie angesichts der derzeitigen Bestimmungen befristet oder für immer von einer Wiedereinreise ausgeschlossen wären. Erfahrungen anderer Länder zeigen, dass eine schwere Wirtschaftskrise in den Zielländern nicht ausreicht, um Migranten zur Heimreise zu bewegen – selbst dann nicht, wenn finanzielle Anreize geboten werden. Großbritannien und Irland hatten zu Beginn der Wirtschaftskrise 2007 damit Erfolg, weil sie osteuropäischen Arbeitnehmern die Rückkehr zu einem späteren Zeitpunkt offen ließen, aber auch, weil die Wirtschaft in den Herkunftsländern der Migranten Aussicht auf Beschäftigung bot. Ein Gegenbeispiel ist Spanien, welches eine Wiedereinreisemöglichkeit nicht in Aussicht stellte und wo man sich wunderte, dass so wenig arbeitslose Migranten trotz finanzieller Anreize nicht ausreisen wollten (Papademetriou/Terrazas 2009: 21). Hier muss auch beachtet werden, dass gerade illegale (Wieder-)Einreisekosten stetig teurer werden und deshalb für ‚Illegale' ein Ausharren im Zielland unter vielerlei Rücksichten die realistischere Variante ist.

Die Sicherstellung von Wiedereinreisemöglichkeiten würde Migranten, die für die Weiterentwicklung der Herkunftsländer in den Bereichen Wirtschaft und Bildung wichtig wären, ermutigen, dorthin zumindest befristet zurückzukehren. Wie bedeutsam dieser Aspekt ist, konnte die Arbeitsgruppe zu *Cooperative Efforts to Manage Emigration* (CEME) anhand von Fallbeispielen in verschiedenen Migrationskontexten Afrikas, Asiens und Lateinamerikas feststellen (vgl. Martin u. a. 2006: 231ff.).

Die Europäische Union denkt nicht in diese Richtung. Das Thema illegale Migration wird immer noch durch die polizeiliche Brille gesehen, nicht aber hinsichtlich des inhärenten Potenzials für Entwicklungshilfe oder Armutsbekämpfung. So wird illegale Migration im *Europäischen Pakt zu Einwanderung und Asyl* unter der Überschrift „Kontrolle illegaler Einwanderung insbesondere durch die Sicherstellung, dass illegale Einwanderer in Herkunfts- oder Transitländer zurückkehren" (EUR 2008: 7) behandelt. Entsprechend war die erste konkrete Maßnahme im Rahmen der in Den Haag 2004 beschlossenen Absicht, eine gemeinsame Politik im Bereich Migration und Asyl zu entwickeln, die im Juni 2008 vom Europäischen Parlament verabschiedete Rückführungsrichtlinie für ‚illegale' Migranten.[542] Diese Richtlinie stieß unter Kirchen, Nichtregierungsorganisationen und vielen Ländern Lateinamerikas auf heftigen Widerstand:

> „Venezuelas Präsident Hugo Chavez nannte die Bestimmungen ‚schändlich' und drohte mit dem Stopp von Investitionen sowie von Ölexporten in Länder, die die kontroverse Richtlinie in die Praxis umsetzen. Der brasilianische Präsident Lula da Silva sagte, der ‚kalte Wind der Fremdenfeindlichkeit wehe wieder einmal aus Europa herüber'. Sein ekuadorianischer Amtskollege Rafael Correa warnte vor einer Aussetzung der Handelsgespräche zwischen der EU und der Andengemeinschaft CAN, falls die Europäer an der neuen Richtlinie festhalten: ‚Wir haben keinen Gesprächsbedarf mit einer Staatengemeinschaft, die Immigranten kriminalisiert. Es wird kaum möglich sein, wirtschaftliche Themen zu erörtern und dabei die Menschenrechte auszuklammern.'"[543]

5.4.4. Verbesserte Regulierung von Migration

Legalisierungsstrategien empfehlen sich als zusätzliches Instrument neben den bisher genannten. Hierbei wird zunächst auf die Erleichterung legaler Reisebewegungen, dann auf die Legalisierung von Aufenthalt eingegangen. Die Legalisierung von Reisebewegungen bezieht sich auf die Reisefreiheit, nicht aber auf die Niederlassungsfreiheit. Das heißt: Es ermöglicht legales Pendeln zwischen zwei Ländern, gegebenenfalls verbunden mit einem mehrmonatigen Kurzaufenthalt oder einer Arbeitserlaubnis, ist aber nicht automatisch die Erlaubnis, sich dort längere Zeit niederzulassen und wird deshalb auch unterschieden von den in Kapitel 5.4.2. diskutierten Auswirkungen legaler befristeter Arbeitsprojekte. Solche Reisen könnten mit einer großzügigeren Visapolitik ebenso erreicht werden wie mit der Einführung doppelter Staatsangehörigkeiten.

Es gibt durchaus Unterstützung für solche Ansätze: Anhänger neoklassischer Migrationstheorien (siehe Anhang 1) sind hier etwa zu nennen, also jene, die konsequent nicht nur eine Deregulierung in den Bereichen Kapital, Waren und Dienstleistungen fordern, sondern auch hinsichtlich der Mobilität von Arbeitskraft. Theoretiker also, denen es ernst ist mit der Implementierung einer Politik, die sich am komparativen Vorteil von Arbeitskraft orientiert – auch hinsichtlich der Armutsbekämpfung. Der Harvard-Ökonom Dani Rodrik „argumentiert, dass die größten Gewinne für Entwicklung und Armutsbekämpfung nicht im vieldiskutierten Freihandel liegen, sondern in der internationalen Arbeitsmigration; und dass selbst kleine Liberalisierungen auf diesem Gebiet die Entwicklung armer Länder massiv befördern würden" (Pécoud/Guchteneire 2005: 10).[544] Auch Ghosh bezieht sich auf Rodrik, wenn er die möglichen Gewinne einer Migrations-Liberalisierung durchdenkt:

> Rodrik „schätzte, dass eine befristete Zulassung von Arbeitnehmern aus Entwicklungsländern bis zu einem Maximalanteil von drei Prozent an der Gesamtarbeitnehmerschaft der reichen Länder ein Einkommen von 200 Milliarden US-Dollar für die Bürger der Entwicklungsländer ergeben würde … Die Weltbank schätzt, dass ein Anstieg von Emigration aus Entwicklungsländern um bis zu drei Prozent … im Jahr 2025 zu globalen Gewinnen von 365 Milliarden US-Dollar führen könnte. Das ist das Doppelte der Gewinne aus dem liberalisierten Warenhandel." (Ghosh 2006: 25f.).[545]

Das Problem ist hierbei, dass nicht immer klar ist, wie lange die Grenzen geöffnet werden sollen: für kurze Aufenthalte (bis zu drei Monate), für längere Aufenthalte (bis zu zwölf Monaten) oder geht es doch um mehr oder weniger offene Grenzen. Gegen Letzteres spricht in den Augen von Kritikern, dass hier eine Zuwanderung in die Schattenwirtschaft stattfinden könnte, was inkompatibel sei mit der Struktur westlicher Wohlfahrtsstaaten:

> „Das Kernproblem liegt in der widersprüchlichen Logik zwischen Wohlfahrtsprogrammen und Migrationsfreizügigkeit. Das ‚Migration-ohne-Grenzen'-Szenario ist für Offenheit und Zirkulation, während Wohlfahrtssysteme auf der Basis von Ein- und Ausschluss funktionieren: Menschen gehen eine langfristige Verpflichtung gegenüber einer Gemeinschaft ein und genießen wiederum deren Schutz. Jenseits des negativen Einflusses, den ein Anstieg von Migration auf das finanzielle Gleichgewicht westlicher Wohlfahrtsprogramme hat, existiert insofern eine fundamentale Bedrohung, als Freizügigkeit das Gefühl für eine gemeinsame nationale Identität und Solidarität bedroht, das Menschen motiviert, in einem Wohlfahrtssystems mitzuwirken." (Pécoud/Guchteneire 2005: 14, vgl. Bommes 2006, Maier, H.: 2005).[546]

Gegen dieses Argument wendet der Harvard-Ökonom Lant Pritchett ein:

> „Freizügigkeit von Arbeitnehmern ist dann unvereinbar mit einem Wohlfahrtsstaat, wenn jede Person, die sich im Land befindet, um eine wirtschaftliche Dienstleistung zu erbringen, automatisch in den gleichen Genuss von Sozialleistungen kommt wie der Einheimische. Das muss nicht der Fall sein. Diesen Aspekt finden die Menschen in liberalen Demokratien problematisch … Du musst die Ungerechtigkeit der Welt akzeptieren und anerkennen, dass es dieser Person besser geht selbst ohne Sozialleistungen, und dass ein solcher Prozess gut für die Welt ist.“ (Interview vom Februar 2008).[547]

Den Einwand, dass dies eine Zweiklassengesellschaft schaffen würde, widerlegt er mit dem Argument, dass eine solche Gesellschaft im weltweiten Maßstab bereits existiert. Der Migrant, so Pritchett, würde im Wohlfahrtssystem seines Herkunftslandes verbleiben, und er verweist auf Singapur und Kuwait als Beispiele. Sicherlich wäre der Migrant im Zielland benachteiligt, aber angesichts der real existierenden weltweiten Zustände, so Pritchett, wäre dies für Migranten dennoch eine vorzuziehende Situation.

Die Ökonomen sind nicht allein mit ihrer Auffassung. Auch Rechtsexperten verteidigen das Recht auf Zu- und Abwanderung unter Berücksichtigung der Begrifflichkeiten ‚Rechtsstaat‘ und ‚Liberalismus‘. Bas Schotel, Professor für Rechtstheorie an der Universität Amsterdam, meint etwa:

> „Weder die Idee des Rechtsstaats noch die des Liberalismus liefern eine ausreichende Legitimation für unsere heutige restriktive Einwanderungspolitik. Daraus folgt, dass für Einwanderer in vielen Konstellationen weder aus rechtsstaatlicher Sicht noch aus Sicht der liberalen Tradition ein Grund besteht, den Einwanderungsgesetzen des Zielstaates Folge zu leisten. Außerdem bedeutet es, dass alle diejenigen, die sich für eine Verbesserung der Situation irregulärer Einwanderer einsetzen, sich fortan nicht mehr nur auf Begriffe wie Wohlwollen, Wohltätigkeit und christliche Moralität berufen können. Sie dürfen vielmehr auch die Sprache der juristischen und politischen Autoritäten benutzen und sagen: Recht und Liberalismus stehen auf unserer Seite!“[548]

Dabei denkt niemand, auch der konsequenteste Wissenschaftler, an eine sofortige Deregulierung des globalen Arbeitsmarkts oder eine komplette Abschaffung der Grenzkontrollen.[549] Ähnlich wie beim Freihandel wird ein gradueller Abbau von Hindernissen als Vorgehensweise auch im Bereich der globalen Arbeitsmobilität vorgeschlagen.

Welche Vorgehensweisen gibt es nun, die als Vorbild für die Erleichterung legaler Reisebewegungen dienen könnten? Hier wird gewöhnlich auf bilaterale Abkommen verwiesen, deren Umsetzung positiv eingestuft wird, beispielsweise zwischen Italien und Rumänien (Martin u. a. 2006: 92), Griechenland bzw. Italien mit Albanien (Papademetriou 2005b: 12 und IOM 2005: 250) oder Slowenien mit Moldawien (Ellerman 2005: 625). Allerdings verflüchtigt sich der positive Eindruck oft, wenn man sich die Beispiele näher ansieht – so das Beispiel Italien-Albanien: Die Bilder überfüllter Flüchtlingsschiffe aus den Jahren

1991/1992 sowie 1997 sind noch in Erinnerung, während Martin und Kollegen feststellen, dass die Migration zwischen diesen beiden Ländern heute einen *Equilibrium Level* erreicht hätten. Und in der Tat: Nicht nur gibt es hier ein Kontingent legaler befristeter Arbeitsmöglichkeiten, es gibt auch eine relativ großzügige Visa-Erteilungspraxis. Nur: Fragt man junge Männer in Albanien nach ihren Zukunftsplänen, so würden 42 Prozent der jungen Männer dauerhaft auswandern, wenn sie könnten. Die jährliche Quote an legaler Zuwanderung, die Italien Albanien aufgrund der vorbildlichen Kooperation bei der Bekämpfung illegaler Migration zugestanden hat, liegt aber lediglich bei 6.000 Personen. Darüber hinaus werden zwar jährlich 40.000 Visa ausgestellt, dennoch aber 60 bis 70 Prozent aller Antragsteller abgewiesen. Und trotz alledem: Pro Monat (!) werden nach wie vor bis zu 5.000 ‚illegale' Albaner in Italien aufgegriffen. All dies dürfte daran liegen, dass es in Albanien bis heute trotz hoher Remissen (2002 lagen sie bei 615 Millionen US-Dollar) nicht gelungen ist, eine nachhaltige wirtschaftliche Entwicklung einzuleiten. Außer Öko-Landwirtschaft und Tourismus hat das Land auch wenig Potenzial, zumal Politik, Justiz und Finanzwesen von der eigenen Bevölkerung als nicht vertrauenswürdig eingestuft werden.[550] Bleibt also zu vermuten, dass es letztendlich doch ‚nur' der verbesserten polizeilichen Kooperation zwischen diesen Ländern zu verdanken ist, dass im Migrationsbereich ein *Equilibrium Level* herrscht.

Gibt es dennoch Argumente, warum eine Ausweitung legaler Reisebewegungen ermöglicht bzw. ausprobiert werden sollte? Ja, und zwar aus zwei Gründen. Zunächst ist daran zu erinnern, dass eine solche Ausweitung nicht auf alle Staaten dieser Welt erfolgen müsste, sondern vorzugsweise auf jene Staaten, aus denen bereits jetzt die meisten legalen und ‚illegalen' Migranten kommen. Für Europa bezieht sich dies etwa auf die Staaten der ehemaligen Sowjetunion und die Anliegerstaaten um das Mittelmeer herum. Hier könnte man Einreisevisa gegen die Erhebung einer Gebühr erteilen, die sich an der Höhe der Schleusungsgebühren orientieren. Die Staaten könnten diese Gebühr zweifach verwenden: Entweder als Einnahme und als Verdienst oder als Rückkehr-Garantie, die dem Migrant nach einer fristgemäßen Ausreise wieder ausgezahlt wird. Die Staaten hätten durch diese Praxis den Vorteil, dass sie besser informiert wären, wer sich auf ihrem Territorium aufhält. Migranten würden die Zahlung einer solche Gebühr sicherlich in Erwägung ziehen, da es ihnen eine Reise ohne die Risiken und Abhängigkeiten von kommerziellen und kriminellen Dienstleistern erlauben würde. Ein zweiter Grund wäre, dass die Erleichterung solcher Reisebewegungen auch die Anzahl von unerlaubt im Land lebenden ‚Illegalen' verringern würde: Jene etwa, die ein Visum überziehen oder nach einer längeren Zeit arbeitslos werden, wären nicht zu einer Verlängerung ihres Aufenthalts gezwungen, sondern könnten nach Hause zurückkehren.

Es spricht aus Sicht des Verfassers kein vernünftiger Grund gegen eine pragmatische Erprobung dieses Vorschlags. Die Europäische Union könnte beispielsweise die von der französischen EU-Ratspräsidentschaft am 13.7.2008 ins Leben gerufene Mittelmeerunion nutzen, um ein derartiges Migrationsregime zu testen,[551] während die EU-Ostgrenze weiterhin in Übereinstimmung mit dem EU-Frontex-Ansatz bewacht und kontrolliert würde.[552] Nach einer gewissen Zeit könnte man eine Kosten-Gewinn-Rechnung oder eine Aufwand-Effizienz-Analyse der beiden Regime durchführen und dann prüfen, welches sich als das preisgünstigere und effektivere erweist, wobei natürlich auch untersucht werden muss, ob die von Befürwortern vorgetragenen Argumente für Entwicklung und Armutsbekämpfung auf diese Weise realisiert werden konnten.

Auch in diesem Kontext wird der Vorschlag einer Ausweitung doppelter Staatsbürgerschaften gebracht,[553] wobei ein Argument weitergeführt werden kann, welches an die obigen Darlegungen von L. Pritchett anküpft: Weder bei der Erleichterung von legalen Reisebewegungen noch bei (kurzzeitigen) Aufenthalten sollte eine pragmatische Überlegung von zu vielen rechtlichen Fragen blockiert werden:

> „Eine kreative Lösung für diese Themen besteht darin, Staatsbürgerschaft aufzugliedern und zu überlegen, ob verschiedene Komponenten (insbesondere politische, zivile, soziale, familiäre und kulturelle Rechte) in einer differenzierten Weise zugestanden werden können. Dieser Ansatz vermeidet eine binäre Ausgrenzungslogik, nach der Menschen entweder alle Rechte haben oder gar keine. Migranten könnten demnach anfänglich ein erstes Set von Rechten erhalten (zivile und fundamentale soziale Rechte). Erst später würden sie, Schritt für Schritt, Rechte auf Pensionen, Sozialleistungen oder politische Rechte erhalten. Ein solches System könnte sicherstellen, dass Migranten nicht rechtlos sind (wie dies heute bei illegalen Migranten der Fall ist). Es würde zugleich eine hohe Mobilität ermöglichen und die Sorgen von Einheimischen und Langzeit-Niedergelassenen eines Landes ernst nehmen, die zurückhaltend sind, wenn es darum geht, ihre Privilegien mit Neuankömmlingen zu teilen." (Pécoud/Guchteneire 2005: 16).[554]

Dieser Vorschlag ist wiederum kompatibel mit dem zunehmend populär werdenden Konzept der *Earned Regularization*, von dem jetzt die Rede sein wird.

5.4.5. Regularisierung von Aufenthalt

Das Thema ‚Legalisierung' oder ‚Regularisierung' wirkt in Deutschland aufgrund der Instrumentalisierung durch Befürworter und Gegner dermaßen polarisierend, dass seine Nützlichkeit bzw. Kompatibilität mit anderen migrationspolitischen Instrumenten erst gar nicht pragmatisch überprüft werden kann.[555] Dabei werden andernorts seit vielen Jahren verschiedenste Modelle angewendet und erprobt, und es besteht eine hinreichende Datenlage, um Vor- und Nachteile dieser Politikoption zu diskutieren und zu prüfen, wo sie zusammen mit anderen Maßnahmen einen strategischen Platz haben könnten. So bietet Sunderhaus die bis dato umfassendste Übersicht über weltweit 60 Regularisierungsprogramme, darin enthalten sind Argumente und Belege dafür, wie sehr Regularisierung jenen Ländern, die sie durchführten, sozial und humanitär, aber auch finanziell direkt und indirekt nutzte.[556]

Auf den Nutzen, den Legalisierungen bei der Verbrechensbekämpfung haben können, wurde bereits in Kapitel 5.3 hingewiesen. Das quantitativ und qualitativ brisanteste Feld für die alternden Gesellschaften der Ersten Welt ist der wachsende Bedarf an dauerhafter Zuwanderung. Dies hat Implikationen für die Gestaltung von Zuwanderung (vgl. Kapitel 5.4.1.), aber auch für die Legalisierung von bereits im Land lebenden ‚Illegalen'. Hier sollte man bei der Entwicklung und Diskussion von Politikinstrumenten folgende Elemente berücksichtigen: a.) Bedarf im Land, b.) bereits erbrachte Integrationsleistungen (z. B. Sprachkenntnisse, Kinder, keine Straffälligkeit usw.), c.) faktisch existierende migrationssystematische Verbindungen und d.) die menschenrechtliche Situation in den Herkunftsländern.

Kriterium a.) ist selbstverständlich, da es gewährleistet, dass die Migranten auch eine Arbeit finden. Hinsichtlich Kriterium b.) muss gefragt werden, wieso um des Prinzips willen daran festgehalten wird, Menschen ins Land zu holen, deren Integrationsfähigkeit sich erst noch erweisen muss, während zugleich bereits Hunderttausende (wenngleich ‚illegal') im Land leben, die eine Integration unter schwierigsten Bedingungen bereits erbracht haben. Kriterium c.) berücksichtigt den Sachverhalt, dass es selbst dann, wenn vermehrt legale Zuwanderungsmöglichkeiten angeboten werden, Versuche geben wird, ‚illegal' in ein Land einzureisen und dort zu leben. Für Kriterium d.) sprechen nicht nur humanitäre Gründe, sondern auch die Tatsache, dass Flüchtlinge eine besonders hohe Emigrations- und Integrationsbereitschaft haben und alle Angebote annehmen, die sich ihnen legal oder ‚illegal' bieten werden, um der Verfolgungs- oder Notsituation im Herkunftsland zu entkommen.

In diesem Zusammenhang gewinnt das Konzept der *Earned Regularization* zunehmend an Popularität und spielte auch in der US-Zuwanderungsdebatte in den USA 2005/2006 eine große Rolle. Sieht man von Variationen ab, so besteht dieses Konzept im Kern aus zwei Schritten: Im ersten wird im Land lebenden ‚Illegalen' ohne große Vorbedingungen angeboten, sich für das Programm registrieren zu lassen. Sie erhalten eine befristete Aufenthalts- und Arbeitserlaubnis und erklären sich gleichzeitig dazu bereit, bei ‚Hintergrundüberprüfungen' mitzuwirken, bei denen z. B. geprüft wird, ob sie bereits straffällig waren. Nach einem Zeitraum zwischen drei und fünf Jahren können diese Personen einen dauerhaften Aufenthalt beantragen, indem sie den Nachweis über verschiedene Bedingungen erbringen (ununterbrochene Beschäftigung im ersten Arbeitsmarkt, Integrationsleistungen, Sprachkenntnisse, Zahlung von Steuern und Abgaben etc.) und vielleicht noch eine Gebühr zum Ausgleich der wegen der früheren illegalen Beschäftigung nicht gezahlten Steuern und Abgaben. Humanitäre Kriterien können auch eine Rolle spielen. Die Kandidaten erhalten Punkte (*Credits*) für Bedingungen, die sie erfüllen, und schaffen sie dies innerhalb des festgelegten Zeitraums, erhalten sie eine Aufenthaltserlaubnis. Wer die Bedingungen nicht erfüllt, unterliegt der Ausreiseverpflichtung und kann abgeschoben werden. Dieses System vermeidet viele Konflikte mit humanitären Organisationen, wenn die Kriterien und Konditionen weitgehend als fair und zumutbar erachtet werden

(Papademetriou 2005b: 8-9, 11ff., Papadopoulou 2005: 16f.). Nach dem Scheitern der umfassenden Einwanderungsrechts-Reform im Juli 2007 gibt es immer noch zwei parallel laufende Versuche im US-Senat, auf diesem Gebiet voranzukommen: Bestimmungen zu einer *Earned Regularization* enthält auch der *Agricultural Job Opportunities, Benefits, and Security Act of 2007* (AgJOBS), der eine permanente Lösung für in der Landwirtschaft tätige ‚Illegale' und ihre Familien anbietet (und im parlamentarischen Beratungsprozess auf entsprechende Schwierigkeiten stößt), sowie die *Emergency Agricultural Relief Act*, bei der Zustimmung dadurch erleichtert werden soll, dass die darin enthaltenen Bestimmungen nach fünf Jahren auslaufen bzw. neu bestätigt/verhandelt werden müssten.[557] Allerdings: Legalisierung ist auch ein Element in der offensichtlich von Präsident Obama angestrebten umfassenden Reform des Einwanderungsrechts (vgl. Kapitel 3.4.6.) Unter den auf der Website des Weißen Haus aufgelisteten Zielen ist auch enthalten: "Bring People out of the Shadows". Als Kriterium für eine Legalisierung werden angeführt: Das Zahlen einer Strafe, Englischkenntnisse und *Good Standing*.[558]

Das Konzept der *Earned Regularization* erregt auch in Europa Interesse. Auf der *Conference on Future European Union Co-operation in the Field of Asylum, Migration and Frontiers*, organisiert unter der niederländischen EU-Präsidentschaft 2004, spielte es eine Rolle, ebenso in einem der EU-gesponserten Pilotprojekte.[559] In der Tat spricht viel für diesen Ansatz, sofern er zusammen mit anderen Maßnahmen implementiert wird: Er entzieht der Schattenwirtschaft ein beachtliches Arbeitnehmerpotenzial, trägt dem Bedürfnis der Industriestaaten nach Sicherheit vor Terror und Verbrechen ebenso Rechnung wie erforderlichen Integrationsleistungen. Der Ansatz ermöglicht zudem realistisch überprüfbare Nachweise, da der Zeitraum, innerhalb dessen sie erbracht werden müssen, behördlicher Kontrolle zugänglich ist, was bei vielen der bisherigen Regularisierungsansätzen nicht gewährleistet war, weil in einem einmaligen Arbeitsgang über eine Regularisierung entschieden wird.[560]

Freilich: Die spannende Frage ist, wie geht es ‚nach der Regularisierung' weiter? Entscheidend ist hier der Arbeitsmarkt: Herrscht auf ihm eine nach gesetzlichen und tariflichen Bestimmungen geregelte Ordnung, behalten die neu legalisierten Migranten ihren Job. Sind in bestimmten Branchen weiter Billigarbeiter erforderlich – bei gleichzeitig bestehenden Verschleierungsmöglichkeiten und fehlenden Kontroll- und Sanktionsmechanismen –, werden die ‚legalisierten' Migranten in die Versuchung kommen, trotz Regularisierung weiter schwarz zu arbeiten. Oder es werden neue ‚Illegale' nachwandern (vgl. Papadopoulou 2005: 11-14).

Zwei weitere Punkte zum Schluss: Aufenthaltsregularisierungen können Migranten auch zur dauerhaften oder vorübergehenden Ausreise motivieren, und zwar aus dem einfachen Grund, weil durch die Regularisierung prinzipiell die Möglichkeit besteht, jederzeit wieder zurückzukehren (Papademetriou 2005b: 12). Das letzte Argument ist eines, welches vor allem jene Regierungen erwägen sollten, die ernsthaft nach Lösungen für den Komplex ‚Migration und Armutsbekämpfung' suchen: Nicht nur Politikmaßnahmen, die das Überweisen von Remissen kostengünstiger machen, verbessern die Fähigkeit der Einwanderer, zur Armutsverringerung im Herkunftsland beizutragen, sondern auch

> „Politikmaßnahmen, die die Fähigkeit der Einwanderer verbessern, überhaupt Geld zu verdienen. Im weitesten Sinn: Programme, die dazu beitragen, den Aufenthaltsstatus zu regulieren, die Mitglieder der Auslandsgemeinde in den Arbeitsmarkt zu integrieren sowie Verbesserungen bei der Anerkennung von Abschlüssen und Ausbildungen, beim Spracherwerb etc. All dies verbessert die Kapazitäten der Auslandsgemeinde, zur Entwicklung beitzutragen. Die Fähigkeit von Einzelnen und Gemeinschaften ... Armut zu bekämpfen und zur Entwicklung im Herkunftsland beizutragen ist bedingt durch ihre Integration in ihrem Zielland. Beiträge zur Entwicklung sind bei jenen Auslandsgemeinden begrenzt, deren Mitglieder keinen sicheren rechtlichen Status haben, die nicht in den formellen Arbeitsmarkt integriert sind, die keine gute Ausbildung bekommen. All dies sind Rahmenbedingungen, die es wahrscheinlich machen, dass ihre Ressourcen gering sind und größtenteils durch den Kampf um den eigenen alltäglichen Bedarf aufgebraucht werden. Geberländer, die sich ernsthaft darauf einlassen, dass Transnationalismus eine Kraft für Entwicklung darstellt, werden sich bemühen, eine Kohärenz ihrer Politikmaßnahmen über alle Fachministerien hinweg zu entwickeln. Dies beinhaltet eine Einwanderungspolitik, die Maßnahmen zu legalem Aufenthalt ebenso schafft wie zu gelingender Integration." (Newland/Patrick 2004: 35, 41).[561]

Dieses Argument macht besonders Sinn vor dem Hintergrund der in Kapitel 3.4.4. dargelegten Ausführungen, wie viel der hart erarbeiteten Ressourcen gerade von ‚Illegalen' verschwendet werden, indem Neben- und Folgekosten der zunehmenden Grenzabschottung ausgeglichen werden müssen, etwa, indem immer mehr Geld für Schleuser aufgewendet werden muss. Freilich, auf EU-Ebene wird dies kaum Chance auf unionsweite Beachtung haben. Der im Oktober 2008 verabschiedete *European Pact on Immigration and Asylum* bekräftigt den Ansatz über Abschiebung und befürwortet Legalisierung nur im Einzelfall aufgrund humanitärer oder ökonomischer Erwägungen.[562]

5.4.6. Regulative für beobachtbare Regelmäßigkeiten

Immer wieder wird von illegaler Migration auch als ‚irregulärer' Migration gesprochen. Dies erweckt den Eindruck, als ob diese Migrationsbewegungen chaotisch-anarchisch verliefen und deshalb die Erstellung von Regeln und Ordnung nötig sei. Dies ist nicht der Fall. Im illegalen Migrationsgeschehen gibt es eine Reihe von empirisch beobachtbaren und beschreibbaren Regelmäßigkeiten, die Migranten zu einer Zu- und Abwanderung trotz aller rechtlichen Hindernisse bewegen. Es wäre lohnend zu überlegen, ob man dafür nicht auch politisch-rechtliche Regulative entwickeln könnte, um darauf aufbauend das illegale Migrationsgeschehen besser, billiger und humaner regeln zu können als dies mit den teuren Grenzüberwachungsanlagen der Fall ist. Im Rahmen früherer Feldstudien wurden eine Reihe von Regelmäßigkeiten identifiziert, die laut den Aussagen von ‚Illegalen‘ eine deutlichere Auswirkung auf ihre Emigrations- und Rückkehrentscheidung hatten als Grenzzäune, Polizisten und Inlandskontrollen (Alt 2003: 465):

- Krisenprävention und Krisenfolgenbereinigung sowie realistische Rückkehrmöglichkeiten,
- die für ein Migrationsprojekt mobilisierbaren Ressourcen,
- migrationsfördernde oder -begrenzende Faktoren beim Zugang zu Netzwerken, z. B. ethnische Zugehörigkeit oder ‚Vertrauen‘,
- Lohn-Vorenthaltung, Firmenpleiten, Streit mit privaten Arbeitgebern mit nachfolgendem Jobverlust,
- konjunkturelle Arbeitsmarktentwicklungen sowie sich veränderndes Auftraggeberverhalten,
- der Wohnungsmarkt,
- alters- und krankheitsbedingte Verschleißerscheinungen,
- die hohen Lebenshaltungskosten, verbunden mit der Angst, dass durch ‚Überlebens- und Überbrückungsstraftaten‘ der illegale Aufenthalt auffliegt,
- die inklusive und exklusive Funktion von Netzwerken,
- die begrenzten Solidaritätsmöglichkeiten von legalen Communitys und Beratungsstellen, die aus eigenem Interesse dazu beitragen, dass sich ein perspektivloser Aufenthalt zu ihren Lasten nicht über Gebühr verlängert,
- die Entwicklung in den Herkunftsländern, v. a. die dortigen rechtlichen, sozialen und wirtschaftlichen Rahmenbedingungen für die Investition von Remissen.

Die Wirkung solcher Regeln konnte im Sommer 2006 bei Gesprächen in Berlin festgestellt werden. Dort gab es zu dieser Zeit wesentlich weniger ‚Illegale‘ aus den ehemaligen GUS-Staaten, vor allem der Ukraine, als in den Jahren zuvor. Mitglieder und Kenner der Community gaben dafür folgende Gründe an:

- Die in der ersten Jahreshälfte 2006 in Deutschland langsam anziehende Konjunktur in der Bauindustrie hatte zu diesem Zeitpunkt noch nicht in den Bereich der Beschäftigung von ‚Illegalen‘ durchgeschlagen.
- In den bestehenden Bauprojekten herrschte eine unvermindert schlechte Zahlungsmoral. Es wurden selbst Arbeitgeber durch Auftraggeber betrogen, aber am härtesten trafen diese Auswirkungen das schwächste Glied in der Wertschöpfung: die ‚Illegalen‘, von denen deshalb einige frustriert nach Hause zurückgingen.
- Seit dem EU-Beitritt Polens kommen viele Leute aus Polens Ostgebieten nach Berlin, die sich legal in Deutschland aufhalten können, selbst aber Arbeit suchen und durch diesen Verstoß gegen die Auflagen ihres Visums ‚illegal‘ werden. Arbeitgeber sind jedoch bereit, diesen Polen 800 Euro pro Monat zu zahlen, selbst wenn sie für 600 Euro einen ‚illegalen‘ Ukrainer anstellen könnten. Die scheinbare Legalität der Polen ist ein Plus, welches als Risikoverringerungstaktik bei Arbeitsmarktkontrollen von Vorteil ist und deshalb den Mehrpreis aus Sicht der Arbeitgeber rechtfertigt.

- Durch die Legalisierung der Prostitution ist die Nachfrage nach ‚illegalen‘ Prostituierten aus Osteuropa zurückgegangen.
- In der Folge der Hartz-IV-Reformen ist festzustellen, dass viele Deutsche, die nun deutlich weniger Arbeitslosen- bzw. Sozialhilfe erhalten, verstärkt zu Schwarzarbeit bereit sind und dadurch zu Konkurrenten von ‚Illegalen‘ im Bereich der Niedriglohnjobs werden.
- In den Staaten der ehemaligen Sowjetunion griff zunehmend der ‚Aufschwung‘. Es gab dort wesentlich mehr und bessere Arbeitsgelegenheiten als noch vor wenigen Jahren. Dies wiederum bedeutete, dass Menschen sich wesentlich gründlicher überlegten, ob sie sich auf das Abenteuer einer illegalen Migration einlassen sollen oder nicht. Zudem dachten ‚Illegale‘, die unter der schlechten Zahlungsmoral ihrer Arbeitgeber litten oder ohnehin arbeitslos waren, über die Rückkehr in ihr Herkunftsland nach, auch in der Hoffnung, dort unter den verbesserten Bedingungen einen Job zu finden.
- Viele Menschen aus den Gebieten der ehemaligen Sowjetunion, die zu einem temporären Migrationsprojekt aufgebrochen sind, hatten inzwischen genug Geld gespart und sind deshalb zurückgekehrt, ohne dass neue ‚Illegale‘ ihre Arbeitsplätze aus den oben genannten Gründen eingenommen haben.
- Seit dem Beitritt von Polen zur Europäischen Union ist polnisch-ukrainische Grenze wesentlich besser gesichert, ebenso wurde die Visapflicht für ukrainische Staatsbürger eingeführt, was eine illegale Einreise erschwert (vor allem aber verteuert).
- Abschließend haben auch Arbeitsmarktkontrollen ihre Auswirkung. Allerdings besteht für Arbeitgeber immer noch ein niedriges und deshalb kalkulierbares Risiko, und insofern haben die Kontrollen eine relativ geringe Bedeutung für das Einstellungsverhalten der Arbeitgeber.

Diese Beobachtungen bestätigen die Erkenntnisse aus den USA, die eine Zu- oder Abwanderung von ‚Illegalen‘ mit der Konjunktur, vor allem auf dem Baumarkt, in Verbindung bringen.[563]

Leider konnte nicht verfolgt werden, ob die seit Sommer 2006 anziehende Konjunktur im gewerblichen und privaten Baubereich Auswirkung auf die Beschäftigungsmöglichkeiten ‚Illegaler‘ hatte und deren Zahl dort entsprechend wieder angestiegen ist. Ebenso werden die Folgen der Finanzkrise 2008, die die Ukraine wesentlich härter treffen dürfte als die Europäische Union, nicht ohne Auswirkung auf Migrationsbewegungen bleiben, falls etwa die ukrainische Regierung, wie in Kapitel 3.3.1.1. dargelegt, sich den IWF-Kredit zur Stützung des ukrainischen Wirtschafts- und Finanzgefüges (wieder) durch Kürzungen bei Löhnen, Gehältern und Pensionen ‚verdienen‘ muss. Auf deutscher Seite kann davon ausgegangen werden, dass jeder Versuch, verbindliche Mindestlöhne festzulegen und durchzusetzen, Anreize zur illegalen Ausländerbeschäftigung wieder erhöhen wird.[564] Jene Arbeitgeber, die diese Mindestlöhne nicht zahlen können, werden (wieder) auf die Beschäftigung von Schwarzarbeitern und/oder ‚Illegalen‘ zurückgreifen. Freilich kann auch hier davon ausgegangen werden, dass die Bestimmungen seitens des Staates und seiner Organe bei gleich bleibender Personalausstattung bestenfalls symbolisch durchgesetzt werden.

5.4.7. Dem Markt mehr Bedeutung geben

Die Finanzkrise könnte den Eindruck erwecken, dass Marktmechanismen und Marktgeschehen mit Vorsicht zu begegnen sind. Umgekehrt gibt es aber auch Argumente dahingehend, dass man dem Marktgeschehen mehr Bedeutung über paternalistische Ansätze geben sollte. Diese Diskussion wurde vor allem durch die provozierende Thesen von Dambisa Moyos Bestseller *Dead Aid* angestachelt. Ungeachtet der vielen Einseitigkeiten und Verkürzungen, die in diesem Buch zu finden sind, sollte man sich im Hinblick auf das illegale Migrationsgeschehen unvoreingenommen mit den berechtigten Kritikpunkten von Moyo auseinandersetzen und ‚outside of the box' mit „Was wäre, wenn …"-Ideen spielen. Drei kurze Beispiele:

Ein Gesprächspartner des Verfassers präsentierte einen besonders radikalen Vorschlag, wie der illegalen Migration erfolgreich begegnet werden könnte: Man müsse seiner Meinung nach jene Industrien, in denen ‚Illegale' beschäftigt sind, konsequent in Billiglohnländer verlegen, womit auch dem Postulat der internationalen Arbeitsteilung in der globalisierten Wirtschaft Rechnung getragen und die Nachfrage nach ‚illegalen' Billigstarbeitern in den Industrieländern verringert würde. Konkret würde dies etwa bedeuten, dass Gemüse nicht mehr in Kalifornien, sondern in Mexiko angebaut wird. Auch die Rinderzucht sollte von Nebraska und Kansas nach Brasilien verlagert werden, wo das Fleisch auch zerteilt und von dort fertig in die USA exportiert wird. Ähnlich müsste man über andere arbeitsintensive Niedriglohnindustrien, etwa den Textilbereich, nachdenken. Nicht-verlagerbare landwirtschaftliche Zweige, etwa Weinanbau, könnten durch technische Innovationen weniger arbeitsintensiv betrieben werden, auch im Baubereich könnte Mechanisierung den Bedarf an Billigarbeitskräfte verringern. Man habe die Förderung technischer Innovation in solchen Bereichen bislang vernachlässigt, weil man implizit immer eine Entscheidung zu Gunsten der Beschäftigung von (‚illegalen') Billigstarbeiter getroffen habe. Der Gesprächspartner hält seinen Vorschlag auch für ökologisch sinnvoll, weil der Aufwand für mehr Technik und den Transport der Waren nicht so viel Energie verbraucht wie die jährliche An- und Abreise tausender Saisonarbeiter. Er ist sich allerdings im klaren darüber, dass in den USA auch viele Einheimische durch die Verlagerung solcher Wirtschaftszweige im Niedriglohnsektor ihren Job verlieren würden, ist aber der Meinung, dass dies durch die Schaffung von Jobs, die eine höhere Qualifikation verlangen, ausgeglichen werden kann. Höher qualifizierte Jobs seien zudem besser bezahlt, wodurch die Nachfrage nach Produkten aus Niedriglohn-Ländern erhöht werden könnte usw. Um eine solche internationale Arbeitsteilung konsequent aufzubauen, veranschlagt er einen Umstrukturierungszeitraum von 50 bis 100 Jahren. Natürlich ist sich der Gesprächspartner bewusst, dass sein Vorschlag (derzeit) keine Aussicht auf Gehör und Beachtung hat.

Eine zweite Idee ergibt sich aus der an verschiedenen Stellen des Buchs beklagten Tendenz der reichen Länder, ausländische und inländische Absatzmöglichkeiten von Produkten aus armen Ländern durch Protektion und Subvention unmöglich zu machen, was noch schlimmer ist, wenn zuerst durch Entwicklungshilfe *Income Generating Projects* auf die Beine gestellt werden, die, mangels Absatzmöglichkeiten, prompt wieder bankrott gehen. Die Folgen sind dann natürlich Arbeitslosigkeit und eine Bereitschaft zu inländischer und ausländischer Migration.[565] Vielleicht wäre es vor diesem Hintergrund sinnvoller und nachhaltiger, Entwicklungshilfe-Gelder in die Umschulung bestimmter Berufsgruppen der Industrieländer zu investieren, damit etwa Überschussproduktion in der Landwirtschaft endlich aufhört und afrikanische Produzenten mit ihren Produkten eine Chance auf dem Markt ihrer Länder, aber auch auf dem Markt der Industrieländer haben können.

Last not least wurde verschiedentlich auf die Nachteile verwiesen, den die Abwesenheit formeller Geldtransferstrukturen oder Banken für die Überweisung von Remissen, das Sparen von Guthaben oder die Kreditvergabe bedeutet.[566] Wäre es also nicht überlegenswert, dass diese Gelder – solange dafür kein verlässliches Bankennetz geschaffen wurde –, über kirchliche Netzwerke in die Herkunftsländer der Migranten überwiesen werden? Diese verfügen global über die größten Netzwerke und könnten auch die preiswerte Überweisung von Remissen ermöglichen, etwa über vorhandene Strukturen kirchlicher Hilfswerke und Pfarreien. Unter der gegenwärtigen Rechtslage ein Unding, und doch …

5.5. Armutsbekämpfung

Wie u. a. in Kapitel 4.5.1. gezeigt, gibt es eine Reihe von Hindernissen, die das Potenzial und den Nutzen ‚illegaler' Migranten und ihrer Remissen für die Armutsbekämpfung verringern. Welche Verbesserungen sind hier denkbar?

5.5.1. Verbesserungen der vorhandenen Abläufe

In zwei Gebieten wären durch relativ einfache Maßnahmen deutliche Verbesserungen zu erreichen. Zunächst durch die Eröffnung legaler Wege zur Überweisung von Remissen, konkret: ‚Illegalen' Zugang zum formellen Bankensystem zu eröffnen. Nach einer komplexen Analyse kommt Hinojosa-Ojeida zu dem Schluss, dass die hier vorhandenen Potenziale bedeutend gesteigert werden können: „Das Entfesselung synergetischer Potenziale erfordert eine Koordination transnationaler Politikansätze und muss beinhalten, dass Regierungen den Zugang zu Banken und Kreditunionen erleichtern, indem Identifikationsmöglichkeiten für die Papierlosen verbessert werden." (Hinojosa-Ojeida 2003: 2, vgl. Latapi 2008: 16f.),[567] eine Position, die in der Welt nach dem 11.9.2001 nur schwer Gehör finden dürfte. Zwar gibt es hier und da Bemühungen, Migranten Zugänge zum formellen Bankensektor zu schaffen und dabei auch wechselkurs- und umtauschbedingte

Wertverluste abzumildern, aber in der Regel wird hier nur an legale Migranten gedacht (Newland/Patrick 2004: 11-14, ICMR 2003: 7ff.).

Praktikable, für ‚Illegale' nutzbare Modelle sind deshalb immer noch die Ausnahme, aber sie nehmen zu – erneut sind die USA, Mexiko und die Philippinen hier Vorreiter. So wurde in den USA bei der Kontoeröffnung die von mexikanischen Konsulaten ausgestellte *Matricula Consular* (siehe Kapitel 5.3.3.) als Identitätsnachweis anerkannt, was zu einer Kooperation zwischen der *Wells Fargo Bank* auf US-Seite und *Bancomer* auf der mexikanischen Seite führte und in der Auswertung als *highly successful* angesehen wird, um Geldflüsse aus dem informellen Sektor in den Bereich des formellen Bankenwesens umzuleiten (World Bank 2006: 99). Ebenso in Kooperation mit *Bancomer* wird an einem Geldübermittlungssystem seitens des *US Postal Service* gearbeitet. Die *Banamex Bank* bietet wiederum ein und dasselbe Konto auf beiden Seiten der Grenze an, sodass die in den USA lebenden Familienmitglieder einzahlen und die in Mexiko lebenden Familienmitglieder ohne größere Umstände und Gebühren von diesem Konto abheben können. Eine Kreditunion wirbt in North Carolina direkt um Kunden und Einlagen, die in Mexiko von den Angehörigen von einem Geldautomat abgehoben werden können. Im August 2008 vereinbarte die *Southwest Corporate Federal Credit Union* in Texas mit der *Belize Credit Union League*, dem Dachverband aller Kreditunion-Banken in Belize, ein Kooperationsabkommen. Es wäre zu überlegen, warum der Remissentransfer durch Bankkanäle in jene Länder steil anstieg, die Bankfilialen in den Industriestaaten eröffneten, etwa die *Banque de l'Habitat du Sénégal*, die *Banque de l'Habitat du Mali* (Ghosh 2006: 37, 84) oder die *Philippine National Bank.*[568]

Aber auch kontenlose Geldtransfers entwickeln sich, etwa die *Poni-Card*, die in mexikanischen *Foodstores* angeboten wird: Sie ist für unterschiedliche Beträge erhältlich und der jeweilige Besitzer kann, wenn er die PIN-Nummer in einen Geldautomat eingibt, den Betrag abheben.[569] Selbst Mobilfunkanbieter sind in den Markt eingestiegen: Philippinischen *Smart-Phone*-Besitzern kann man aus dem Ausland Geld per SMS überweisen, das entweder an einem Geldautomaten abgehoben oder mithilfe der *Smart Money Cash Card*, die in einer Reihe von Geschäften als *Debit Card* anerkannt wird, ausgegeben wurde (World Bank 2006: 150). Ähnliche Projekte werden in Indien und Kenia erprobt (World Bank 2007: 5, Moyo 2009: 136).

Wichtig wäre sodann, dass die Gebühren für Geldüberweisungen über legale Finanzdienstleister gesenkt werden: „Eine Senkung der Gebühren für die Überweisung von Remissen um fünf Prozentpunkte könnte den jährlichen Remissenfluss in die Entwicklungsländer um vier bis fünf Milliarden Dollar erhöhen." (Ratha 2004: 2).[570] Auch wenn hier seitens der Staaten kein Eingreifen festzustellen ist, so hat verstärkte Konkurrenz unter Dienstleistern, wie *Western Union* oder *MoneyGram,* inzwischen dazu beigetragen, dass die Gebühren immerhin für Überweisungen zwischen Industrie- und Entwicklungsländern sanken. Aber: Mangels Konkurrenz bei den Überweisungen zwischen Entwicklungsländern sind die Gebühren dort immer noch recht hoch. So kostet es beispielsweise 13 US-Dollar Gebühr, um 200 US-Dollar von Los Angeles nach Mexico City, aber 24 US-Dollar Gebühr, um 200 US-Dollar von Mexico City nach Guatemala City zu überweisen (World Bank 2007: 6). Da aber ‚illegale' Migranten nicht nur in Industrieländern arbeiten und dort Transfermöglichkeiten für Geld suchen, sondern auch in Schwellenländern, ist vorstellbar, mit welchen Schwierigkeiten und Kosten sie in diesen Ländern zu kämpfen haben. Wenig erstaunlich, dass Experten Regierungen empfehlen, auf eine Senkung der Überweisungsgebühren hinzuwirken. Weltbankexperten gehen davon aus, dass dann allein die Sub-Sahara-Länder zwischen ein und drei Milliarden US-Dollar mehr Remissen einnehmen könnten, was mit den Aussagen aus Umfragen unter Migranten übereinstimmt: Migranten würden zehn Prozent mehr Geld überweisen, wenn die Gebühren durchschnittlich 50 Prozent niedriger liegen würden.[571]

Weitreichende Verbesserungen könnten sodann erzielt werden, wenn nicht nur Sendern, sondern auch den Empfängern von Remissen seitens der Banken die Eröffnung eines Kontos ermöglicht würde. Nach einer Studie der *Inter-American Development Bank* werden in den Ländern Zentralamerikas (ohne Mexiko) drei Milliarden US-Dollar nicht sofort ausgegeben, sondern gespart; ihr Nutzen für die örtliche Ökonomie ist aber begrenzt, da 90 Prozent der Remissen außerhalb des formellen Finanzsystems verbleiben. Und dies, obwohl 56 Prozent der Haushalte ihre Remissen bei einer formellen Finanzinstitution, etwa einer Bank, in Empfang nehmen. Während die Banken an diesen potenziellen Kunden wenig Interesse zeigen, ist es bei den Remissenempfängern genau umgekehrt: Teilnehmer einer Umfrage der Interamerikanischen Entwicklungsbank „zeigten deutliches Interesse an Finanzprodukten und entsprechenden Dienstleistungen wie z. B. Sparkonten (53 Prozent sagten, sie seien ‚sehr interessiert'), Krankenversicherungen (44 Prozent), Kleinkrediten (38 Prozent), Hypothekarkrediten bzw. Bausparverträgen (31 Prozent) oder Ausbildungskrediten (25 Prozent)." (IADB Press Release, 6.11.2007).[572]

Von Seiten der Migrations-Herkunftsländer gibt es Versuche in Indien und Pakistan, Migranten zur Deponierung ihrer Gelder in staatliche Systeme zu locken: „Eine indische Initiative, die auswärts lebenden Staatsangehörigen Staatspapiere zu attraktiven Konditionen verkauft (d. h. frei von Wechselkursrisiken, befreit von der indischen Reichtums- und Einkommenssteuer und hoch verzinst), hatte ein bemerkenswert positives Echo. Das gleiche gilt für Möglichkeiten, die mehrere Staaten ihren auswärts wohnenden Bürgern bei nationalen Banken schufen: Sie waren erfolgreich, indem Geldtransfers durch offizielle Kanäle anstiegen." (Ghosh 2006: 40f.).[573] Weltbankexperten schätzen, dass über Staats-Schuldverschreibungen Regierungen ärmerer Länder von den Guthaben ihrer auswärts lebenden Angehörigen weit mehr als bisher profitieren könnten. Indien hat auf diese Weise bereits elf Milliarden, Israel 25 Milliarden US-Dollar für die Staatskasse erwerben können. Das Potenzial an zusätzlichen Geldern, die auf diese Weise allein für die sehr armen Staaten südlich der Sahara erworben werden könnte, veranschlagen Ratha und Kollegen auf fünf bis zehn Milliarden US-Dollar *jährlich*. Darüber hinaus könnten die Papiere ein unverfänglicher Weg sein, Kapitalflucht-Gelder aus diesen Ländern, deren Höhe mit 170 Milliarden US-Dollar veranschlagt werden, zurückzuholen (Ratha u.a. 2008: 15-17). Es ist offensichtlich, dass Staaten, wenn sie mehr Remissen in offizielle Kanäle lenken könnten, hier auch großen Gewinn in punkto Schuldenrückzahlung einstreichen bzw. ihr Staatseinkommen erhöhen könnten (vgl. Ghosh 2006: 48ff.).

Ein prinzipielles Problem wird bleiben, dass viele informelle Geld-Transfersysteme allein aufgrund ihrer (im Vergleich zum formellen System) niedrigeren Gebühren attraktiv bleiben werden. Zudem werden sich hinter diesem ‚Lockangebot' auch weiterhin viele kriminelle Anbieter verstecken, denen es nur darum geht, Migranten, die sich nicht wehren können, Geld aus der Tasche zu ziehen. Die Situation wird dadurch erschwert, dass bei vielen informellen Geldtransferagenturen keine Möglichkeit besteht, in das formelle System integriert zu werden.[574] Hier müssten eine viel und oft befürwortete letzte Verbesserungsmöglichkeit angegangen werden, die erneut auf eine Zusammenarbeit mit staatlichen und korporativen Akteuren im Bankenbereich angewiesen wäre, nämlich die Ausweitung eines Banken-Filialnetzes in Weltteile, die bislang davon abgeschnitten sind. Überlässt man diese Frage ausschließlich wirtschaftlich denkenden Akteuren, so würde sich hier sicher nichts ändern. Bei allem Glauben in die Kraft der Märkte (vgl. Moyo 2009: 126ff.) wird es ohne Anschub-Unterstützung nicht zu einer Ausbreitung in die armen und ländlichen Bereiche kommen, wo Finanzinstitutionen bislang noch nicht Fuß gefasst haben.

Aber auch die umgekehrte Situation existiert: Mikrokreditinstitutionen, Gemeinschafts- und Genossenschaftsbanken wie jene im *World Council of Credit Unions* zusammengefasste Einrichtungen sind zwar oft in den *Herkunftsländern* der Migranten vertreten, nicht aber in den *Zielländern*, wo entsprechend über verbesserte Zugangsmöglichkeiten für die dort lebenden legalen *und* ‚illegalen' Migranten nachgedacht wird und eine deutliche Ausweitung etwa des *International Remittance Network* von Lateinamerika auch auf afrikanische Länder betrieben werden müsste.[575] Es wäre sehr lohnend, über Kooperation und Förderung von solchen Institutionen nachzudenken, etwa aufgrund der positiven Erfahrungen, die in Spanien und Portugal oder Bangladesh mit Credit Unions und den Möglichkeiten, die diese für die Entwicklung ihrer Länder hatten, gemacht werden konnten (Ghosh 2006: 37, 85).

Im Rahmen der *African-EU Strategic Partnership* spielt auch das Thema Remissen eine Rolle. Im *Action Plan* heißt es: „Die Vertragspartner werden die Verbindungen zwischen Migration und Entwicklung fördern und das Entwicklungspotenzial von Remissen maximieren." (EUR 2007a: 16).[576] Daraus folgt: a.) weitere Schritte, damit Remissen sicherer, schneller und billiger überwiesen werden können, insbesondere dann, wenn sie für Investitionen genutzt werden sollen, b.) Sicherstellen, dass Regierungen ausreichend Daten, Forschung und Know-how zur Verfügung steht und c.) die Förderung innovativer Geldtransfer-Methoden (EUR 2007a: 65, vgl. EUK 2007e: 6).[577]

Leider ist dem Verfasser nicht bekannt, dass diese richtigen und wichtigen Erkenntnisse in der Lage gewesen wären, die bisher gültigen terrorismusbezogenen Vorsichtsmaßnahmen außer Kraft zu setzen oder gar eine Nutzung eventueller Verbesserungen für ‚Illegale' zu ermöglichen.

Eine gute Adresse zur Behandlung dieser und anderer mit Remissen zusammenhängenden Fragen wäre die *Leading Group on Solidarity Levies to fund Development*, ein Zusammenschluss von 58 Staaten, IGOs und NGOs, die nach Finanzierungsmöglichkeiten für Entwicklungs- und Armutsbekämpfungsprojekten sucht. Neben Finanztransaktionssteuer und Abgaben auf Flugtickets hat diese Gruppe auch Migrantenremissen im Blick. Auf der Jahreskonferenz 2009 sagte der diesjährige Vorsitzende der *Leading Group*, der französische Außenminister Kouchner:

> „Die Leading Group wird zwei Themen bearbeiten, die durch die Finanzkrise ins Bewusstsein gerückt wurden und die innovative Finanzierungsmechanismen berühren: Steuerhinterziehung, die Entwicklungsländer bedeutender Ressourcen berauben, und die Senkung der Kosten für Migrantenremissen sowie deren verbesserte Einsatzmöglichkeiten." (Statement vom 3.6.2009).[578]

Freilich, sucht man auf der Internetseite der *Leading Group* nach dem Stichwort ‚Migrant Transfers', so findet man dort (Stand: Juni 2009) nicht allzu viel Konkretes, lediglich von Frankreich und England wird berichtet, die Verbesserungen in ihrem Bereich prüfen. Die USA ist noch kein Mitglied und Deutschland fällt in diesem Gremium nicht gerade durch Kreativität und visionäre Kraft auf. Dabei sollte man sich in Erinnerung rufen, was die Bundesregierung zu ‚innovativen Finanzierungsinstrumenten', zu denen Remissen zählen, gesagt hat:

> „Angesichts der weltweiten Problemlage können wir uns Tabuisierungen und Scheuklappendenken nirgendwo leisten ... Und der (Irr)glaube, dass ausschließlich die freien Marktkräfte schon alles richten werden, führt ebenfalls nicht weiter. Die Weltgemeinschaft braucht dringend sowohl stabilere Finanzmärkte als auch neue innovative Finanzierungsinstrumente für die globalen, zukunftsentscheidenden Aufgaben. Der ideologiebeladene Streit zwischen Neoliberalisten und Regulierungsfetischisten hilft nicht weiter. Versachlichung der Diskussion tut not."[579]

Allerdings ist der Verfasser zuversichtlich, dass das Thema Remissen an Bedeutung für die Entwicklungszusammenarbeit gewinnen wird, wie das zunehmende Interesse an einer Beschäftigung damit belegt.[580]

5.5.2. Kooperation mit Gruppen der Diaspora

Das Potenzial von Kooperationen zwischen Diaspora-Gemeinden und staatlichen bzw. nichtstaatlichen Trägern der Entwicklungshilfe sollte aus zwei Gründen weiter ausgelotet werden: Zunächst ermöglichte dies die Förderung von Projekten, die sich an den Bedürfnissen der Menschen vor Ort orientieren. Solche Projekte sind deshalb weniger künstlich als solche, die am grünen Tisch westlicher Staaten entworfen werden, womöglich unter Verwendung und Übertragung von Erfahrungen, die in anderen Kulturkreisen gewonnen wurden und deshalb vor Ort als eine Form westlicher Bevormundung empfunden werden (Newland/Patrick 2004: 42f., Müller, J. 2006: 55f.). Sodann eröffnen sich Gebern hier Förderungswege, auf denen Unterstützung unter Umgehung korrupter staatlicher Strukturen direkt bedürftigen Menschen zugute kommt. Kooperationsmöglichkeiten könnten darin bestehen, dass Menschen in diesen Gruppen Know-how zur Verfügung gestellt wird (so genanntes *Capacity-Building*) oder gleich Ressourcen: Der von maghrebinischen Migranten gegründete Zusammenschluss *Migration and Development* akquirierte für Projekte in Nordafrika Gelder von der EU, vom französischen Außenministerium, dem *Fonds d'action social pour travailleurs immigrés et leur familles* sowie dem *Comité catholique contre la faim et pour developpement.*[581] Vielleicht ließen sich über solche Gruppen Absatzmärkte für bestimmte Produkte aus den Herkunftsländern aufbauen – derzeit werden vor Ort aus kommerziellen Gründen Massen-Billigprodukte aus China an Touristen verkauft und eben keine Waren von einheimischen Künstlern (siehe Kapitel 4.5.6.). Ein Missionar in Belize City organisierte etwa den Vertrieb bestimmter Garifuna-Kunstwerke über befreundete Händler in den USA. Die daraufhin einsetzende riesige Nachfrage überraschte und überforderte den Künstler derart, dass das Projekt scheiterte. Es wäre aber durchaus vorstellbar, dass, wenn eine Maya-Diaspora in Kalifornien Fuß gefasst hat, eine Vermarktung der handgearbeiteten Produkte ihrer Familien aus der Heimat organisiert werden könnte.

Ein häufig zu beobachtendes Problem im Bereich der Diaspora-Herkunftsland-Beziehungen sind die Spannungen zwischen Heimatstaat und seinen Behörden einerseits und der Diasporabevölkerung andererseits. Hier wäre seitens der entwicklungspolitischen Partner in den Industriestaaten darauf zu achten, ob eine Vermittlung möglich ist. Gerade was die Rahmenbedingungen in den Herkunftsländern für *Productive Investment* betrifft, haben vor allem Regierungsstellen und finanziell bedeutsame Träger sicherlich mehr Einfluss als die *Hometown Associations*. Dennoch ist Vorsicht geboten, damit man nicht von der einen oder anderen Seite instrumentalisiert wird. Es darf dabei nicht vergessen werden, dass Diasporas manchmal einen tieferen Einblick in die Natur der Probleme haben als die interessegeleitete Diplomatie westlicher Industriestaaten. Beispielsweise wurde die Unterstützung der Befreiungskriege in Bangladesh und Eritrea durch die jeweiligen Diasporas von den (Regierungen der) Migrationszielländer sehr kritisiert, aber: „Bewaffnete Konflikte schädigen fast immer die Wirtschaft eines Landes kurzfristig, aber einige der Diaspora Communitys werden dagegen halten, dass die Abwesenheit von Selbstbestimmungsmöglichkeiten in ihrem Herkunftsland längerfristig ein größeres Hindernis für die Entwicklung des Landes ist. Die Befreiungskriege in Eritrea und Bangladesh scheinen diesem Argument im Rückblick Recht zu geben.“(Newland/Patrick 2004: 26).[582] Ein letzter Anreiz aus Sicht der Zielländer, Diasporas aktiv zu unterstützen, ist die nachweisbare, durch eine verbesserte Entwicklung wachsende Rückkehrbereitschaft dieser Menschen, was sich wiederum positiv auf den Rückfluss und die Investition von Finanz- und Humankapital auswirkt.

„Die Erfahrung zeigt, dass immer dann, wenn ein Entwicklungsland den Punkt erreicht, an dem sich eine wirtschaftliche Entwicklung selbst trägt, sich ein allgemeines Gefühl von Zuversicht und Optimismus verbreitet … Mitglieder der Diasporagemeinden zeigen dann zunehmend Interesse, ihre Verbindungen zum Herkunftsland wiederherzustellen, z. B. durch häufige Besuche oder sogar längerfristige oder gar dauerhafte Rückkehr." (Ghosh 2006: 80).[583]

In der EU wächst die Einsicht in die Bedeutung der Diasporas und *Migrant Communities*. So werden im *Action Plan* der *African-EU Strategic Partnership* als erstrebenswerte Ziele angegeben: a.) Die Mobilität der Mitglieder von Diasporagemeinden zu verbessern, b.) ihnen zu ermöglichen, sich als Entwicklungshelfer zu betätigen, c.) ein Verzeichnis von Diasporagemeinschaften zu erstellen, um Kooperation zu verbessern und d.) Kooperationsmöglichkeiten bei der Entwicklungszusammenarbeit zu fördern (vgl. EUR 2007a: 66, vgl. EUK 2007e: 7). Ein erster Versuch zu einer Umsetzung dieser Absicht ist das EU-geförderte *Migration Information and Management Center* in Mali (EUR 2007d: 18f., EUK 2008: 3). Allerdings ist es noch ein weiter Weg von diesem Pilotprojekt zu einer systematischen und institutionalisierten Einbeziehung der Diasporas und *Migrant Communities* in die Armutsbekämpfungs- und Entwicklungspolitik.

5.5.3. Bekämpfung der Ursachen von illegaler Migration und Armut

Als nächstes sollten Regierungen der reichen Staaten jene Politiken nochmals auf Glaubwürdigkeit und Ausstattung überprüfen, mit denen sie illegale Migration durch Armutsbekämpfung und Entwicklung beseitigen wollen. Dass hier Potenzial liegt, war dem Europäischen Rat bereits 1998 deutlich. Im Strategiepapier 9809/98 zur Migrations- und Asylpolitik der damaligen Ratspräsidentschaft heißt es in Ziffer 56:

„Ausweitung der Entwicklungshilfe und der ökonomischen Kooperation mit den Hauptauswanderungsregionen ist unverzichtbar. Dabei darf man nicht die Illusion haben, dass sich hierdurch kurzfristig dämpfende Effekte auf die Emigration ergeben; unter Umständen kann auch das Gegenteil der Fall sein: In einer ersten Phase führt ein ökonomischer Aufschwung zu verstärkter Auswanderung aus den Ballungsräumen der Dritten Welt. Mittelfristig – und hier geht es nur um einen Zeitraum von wenigen Jahren – sinkt aber dann das Emigrationsvolumen beträchtlich."

Leider ergab sich in der Folgezeit wenig Konkretes entlang dieser Einsicht. Stets kann man bei EU-Papieren, die illegale Migration *und* Entwicklungshilfe behandeln, den Eindruck gewinnen, dass die Ressourcenverteilung für den Bereich Menschenrechte, Entwicklungshilfe und Armutsbekämpfung einerseits sowie die Umsetzung repressiver Maßnahmen andererseits unverhältnismäßig ist. Ein gutes Beispiel hierfür ist die Mitteilung der Europäischen Kommission an den Rat und das Parlament über eine gemeinsame Politik auf dem Gebiet der illegalen Einwanderung vom 15.11.2001: Die kontext- und ursachenorientierten Kapitel II.3.1. bis II.3.3. („Das Phänomen verstehen, Internationale Verpflichtungen und Menschenrechte" sowie „Einbeziehung aller Beteiligten in der ,Migrationskette'") werden auf zehn Seiten behandelt, die aktions- und repressionsorientierten Kapitel II.3.4. („Verhinderung illegaler Einwanderung") bis Kapitel III.4.8. („Rückübernahme- und Rückkehrpolitik") nehmen 27 Seiten ein. Ähnliches beim EU-Gipfel in Sevilla 2002. Zunächst wird „ein integriertes, globales und ausgewogenes Konzept" angemahnt, „das bei den tieferen Ursachen der illegalen Einwanderung ansetzt", und entsprechend heißt es:

> „In diesem Sinne erinnert der Europäische Rat daran, dass die Intensivierung der wirtschaftlichen Zusammenarbeit, die Entwicklung des Handels, die Entwicklungshilfe sowie die Konfliktverhütung Mittel darstellen, die den wirtschaftlichen Wohlstand der betreffenden Länder fördern und dadurch die den Migrationsströmen zugrunde liegenden Ursachen verringern."

Nur um im nächsten Satz mit einer einzigen konkreten Forderung abzuschließen:

> „Der Europäische Rat fordert nachdrücklich dazu auf, dass in allen künftigen Kooperations- oder Assoziationsabkommen bzw. vergleichbaren Abkommen, die die Europäische Union oder die Europäische Gemeinschaft mit gleich welchem Land schließt, eine Klausel über die gemeinsame Steuerung der Migrationsströme sowie über die obligatorische Rückübernahme im Falle der illegalen Einwanderung aufgenommen wird." (EUR 2002: Nr. 33).

Entsprechend skeptisch kann man bei aktuellen Initiativen sein, etwa der euro-afrikanischen Ministerkonsultation von Rabat zum Thema Migration und Entwicklung. Auch dort wird, Bezug nehmend auf den EU-Gipfel in Sevilla 2002 und den *European Consensus on Development 2005*, gleich am Anfang des Aktionsplans betont, wie wichtig eine kooperative Vorgehensweise sei:

> „a. Verbesserte wirtschaftliche Zusammenarbeit, die Entwicklung von Handelsbeziehungen, sozio-ökonomische Entwicklung und die Vermeidung von Konflikten, um auf diese Weise wirtschaftlichen Wohlstand in den betreffenden Länder zu fördern und dadurch auf die Ursachen irregulärer Migrationsbewegungen zu antworten.
> b. Förderung von Migration als eines positiven Faktors für die Entwicklung durch die Ermutigung konkreter Maßnahmen zur Armutsbekämpfung. Integration dieser Maßnahmen ebenso wie anderer Maßnahmen im Kontext von Migration in entwicklungspolitische Maßnahmen und Programme in Zusammenarbeit mit den betreffenden Partnern."[584]

Gute Vorsätze, die aus Rabat zurückgekehrt, Staatsminister Gloser vom Auswärtigen Amt in Berlin für die Bundesregierung als richtig und wichtig bekräftigt:

> „Es wäre ... illusorisch zu glauben, damit sämtliche Probleme der Migration auf einmal zu lösen. Wichtig ist: Die teilnehmenden europäischen und afrikanischen Länder haben sich auf eine Reihe von konkreten Maßnahmen verständigt, die es nun umzusetzen gilt. Für die aktuelle Flüchtlingssituation ist wichtig, dass afrikanische und europäische Staaten sich auf abgestimm-

> tes Handeln bei der Entwicklung des Grenzschutzes, der Bekämpfung des Menschenhandels und der illegalen Migration einigen konnten. Langfristig wird aber entscheidend sein, gemeinsam mit den afrikanischen Ländern die Fluchtursachen in den Herkunftsländern anzugehen: Verbesserung der Infrastrukturen, good governance, Aus- und Weiterbildung, Schaffung von Arbeitsplätzen, insgesamt eine nachhaltige Wirtschaftsentwicklung. Dies schließt Handelserleichterungen und Öffnung der Märkte ein, aber auch den Kampf gegen Umweltzerstörung." (Pressemitteilung des Auswärtigen Amtes vom 11.7.2006).

Freilich: Wenige Tage nach der Rabat-Konferenz veröffentlichte die EU-Kommission am 19.7.2006 eine Mitteilung zu den künftigen Prioritäten bei der Bekämpfung der illegalen Einwanderung: Dabei stehen in der Zusammenarbeit mit Drittländern *konkret* kurz- und mittelfristige Abwehrmaßnahmen im Vordergrund, während die entwicklungsorientierte Zusammenarbeit nachrangige Bedeutung hat.[585] Diese Gewichtung spiegelt sich auch wider in den Politikschwerpunkten der afrikanischen Teilnehmer an der Rabat-Konferenz:

> „Bis heute sind die meisten Bestimmungen und politischen Initiativen auf die Notwendigkeit eingegangen, illegale Migration zu regulieren. Was den Schutz der Migranten betrifft, so befinden sich rechtliche Bestimmungen hier noch im Entwicklungsstadium und die Absicht, Migration zu einer integralen Komponente moderner Gesellschaft zu machen, scheint überhaupt nicht auf der politischen Agenda zu stehen." (Fargues 2005: 27).[586]

Ein großes Problem der EU besteht darin, dass in Kommission und Parlament zwar viele gute Ideen formuliert werden (z. B. die Pilotprojekte in EUK 2007d) oder viele wohl tönende Absichtserklärungen auf der Ebene des Europäischen Rats veröffentlicht werden (z. B. EUR 2007a, 2006a). Sobald aber Einsichten und Absichtserklärungen in rechtlich verbindliche Maßnahmen gegossen werden sollen, findet man Einigkeit vor allem bei restriktiv-repressiven Maßnahmen (wie etwa die Rückführungsrichtlinie) oder bei solchen, die wenig Geld kosten. Freilich, manchmal sind die Maßnahmen repressiv und kosten viel Geld – mehr jedenfalls, als eine gründliche Kosten-Nutzen-Analyse rechtfertigen würde. Zum Beispiel: Für die 16 Pilotprojekte, in denen es um den Zusammenhang von Migration, Entwicklungspolitik und Armutsbekämpfung geht, stehen für den Zeitraum 2001-2010 insgesamt 21.475.627 Euro zur Verfügung, für den *External Border Fund* für den Zeitraum 2007-2013 aber 1.590.000.000 Euro.[587] Entsprechend gilt abzuwarten, welche der großartigen, im Rahmen der *Ministerial Conference on Migration and Development* (EUR 2006a) vereinbarten und vom Gipfel zwischen EU und Afrikanischer Union in Lissabon bekräftigten (EUR 2007a, EUK 2008) Maßnahmen, die durchaus für die hier besprochenen Themen relevant wären, tatsächlich angegangen werden, und wie viele hinter den Erfordernissen, die sich aus der Weltfinanzkrise ergeben, zurückstehen müssen.

Aber selbst wenn Gelder bereitgestellt und investiert würden, ist Entwicklungshilfe allein nicht ausreichend, um (illegale) Migration zu verhindern:

„Hilfeleistungen und Entwicklung führen nicht notwendigerweise zu einer Verringerung von Migration, im Gegenteil: Verschiedene Studien legen den Schluss nahe, dass zumindest die Art von Wirtschaftswachstum, die die Industriestaaten und die WTO, gestützt auf den neoliberalen Ansatz der Handels-Deregulierung, fördern, auf mittlere und langfristige Sicht die Auswanderung aus den afrikanischen Staaten südlich der Sahara stimulieren wird." (Kohnert 2008: 14).[588]

Anders gesagt: Es genügt eben nicht, Jobs in Herkunftsländern zu schaffen, wenn gleichzeitig die dadurch hergestellten Produkte nicht abgesetzt werden können. Studien weisen darauf,

„dass die Außenwirtschaftspolitik der EU und ihrer westeuropäischen Mitgliedstaaten erheblich dazu beiträgt, die Verdienstmöglichkeiten der Menschen ... zu verschlechtern. Mit ihrer egoistischen Agrar- und Fischereipolitik im Interesse einer Minderheit europäischer Bauern, Fischer und Unternehmer konterkariert die EU die Entwicklungszusammenarbeit." (Kohnert 2006: 4, vgl. Kapitel 3.3.1.2.)

5.5.4. Hilfe für jene, die abgekoppelt sind

Neben der historisch größten Weltwirtschaftskrise gab es im Jahr 2008 noch einen weiteren Rekord: „Die Zahl der Hungernden [ist] im Vergleich zu 2005 um knapp zehn Prozent gestiegen, von 848 auf 923 Millionen Menschen."[589] Ein wichtiger Grund für den jüngsten Anstieg des Hungers war die Inflation, in deren Folge Lebensmittelpreise laut Angaben der FAO zwischen 2007 und 2008 um 52 Prozent anstiegen. Daraufhin musste das Welternährungsprogramm selbst seine Hilfslieferungen für Flüchtlingslager rationieren. Interessant ist aber auch, wo der Hunger über einen längeren Zeitraum hinweg am stärksten anstieg:

Schaubild 14: Anstieg des Hungers 1990-2008 in Prozent[590]

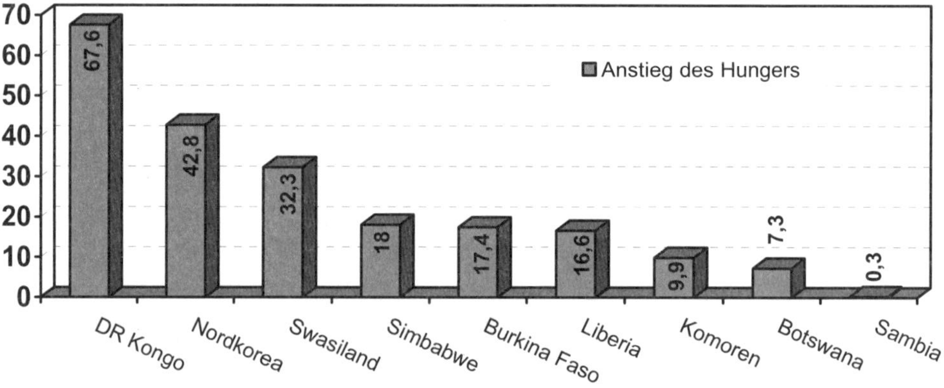

Die Auflistung enthält ‚alte Bekannte', die auch andernorts (siehe Kapitel 4.5.7.) bereits die Statistik anführten, etwa die Demokratische Republik Kongo, Simbabwe, Burundi: Sie zeigt, dass Inflation ist nicht der Hauptgrund für Bestehen und Anstieg des Hungers ist. Der Anstieg ist dort am stärksten, wo seit Jahren Kriege, Konflikte und Diktaturen herrschen.

Alle in diesem Buch bis einschließlich Kapitel 5.5.3. entwickelten Vorschlägen liegt die Idee der ‚Interessenkohärenz' und der *Win-Win*-Situation zugrunde, was beispielsweise bedeutet, dass das, was (1.) ‚Illegalen' und (2.) ihren Angehörigen nutzt, auch Nutzen für die (3.) Herkunfts- und (4.) Zielländer abwirft. In diesem Kapitel wird es um die Situation jener Menschen gehen, für die diese Argumentation nicht greift: Die Situation von Millionen von Flüchtlingen, Hungernden und Sterbenden auf der Welt ruft nach Verbesserung, aber hier gibt es kein ‚Nutzenargument' für die Geber.

Früher warb der Verfasser für eine Erhöhung der Hilfe für solche Länder mit dem Argument, es sei zu bedenken, dass auch jene Armen sich früher oder später in die reichen Länder aufmachen könnten, wenn man ihnen keine glaubwürdige Perspektive zu Hause bietet. Die nähere Auseinandersetzung mit Entwicklungen bestimmter Weltregionen im Rahmen dieser Arbeit überzeugten den Verfasser jedoch, dass dies kurz- und mittelfristig nicht der Fall sein wird: Zu wenig entwickelt bzw. zu zerstört ist vielerorts die Infrastruktur, zu elend die Menschen, als dass wir eine ‚Invasion' von ihnen ernsthaft zu fürchten hätten. Der Verfasser teilt die Analyse Castells: Ob es diese Menschen gibt oder nicht, ist für den Gang der Dinge in der globalisierten Welt ohne Bedeutung. Sie sind abgeschnitten und werden sich aus eigener Kraft aus dieser Situation nicht befreien können. Auswärtigen Akteuren dienen diese Regionen vielleicht als ‚Lager' für Rohstoffe und Menschenmaterial, aber nicht als Gebiet, das nachhaltige Entwicklung verdient.

Kritiker halten dagegen, dass kein Land so arm und unattraktiv ist, dass es nicht Investitionen anziehen und verantwortliches, an Marktgesetzen orientiertes Verhalten entwickeln könnte; und dass es vielmehr die Entwicklungshilfe ist, die Völker in Abhängigkeit hält und von einer eigenständig initiierten, sich selbst tragenden Entwicklung abhält (vgl. Moyo 2009: 48ff.). Diese Autoren ignorieren all jene Länder, in denen auch große ausländische Direktinvestitionen nichts an Anarchie oder Korruption geändert haben: Der Kongo ist ein gutes Beispiel dafür, dass auch privates Kapital Regierungen kaufen und Söldnerarmeen finanzieren kann. Auch mit Blick auf Angola oder den Sudan fragt sich der Verfasser, ob die Situation dort aufgrund des chinesischen Engagements wirklich gute Noten verdient. Bei aller berechtigter Kritik an den Fehlentwicklungen vergangener Jahre soll daran erinnert werden, dass auch deren Reparatur und Beseitigung Milliarden kosten wird, die irgendwo her kommen müssen. Big Business, so scheint dem Verfasser, wird dieses Geld nicht im nötigen Umfang aufbringen. Andere wiederum übersehen (gewollt und absichtlich?), dass selbst scharfe Kritiker von zwischenstaatlicher Entwicklungshilfe keine größeren Einwände gegen humanitäre Hilfe und direkte Hilfe durch Hilfsorganisationen haben.[591]

Wie nun soll die Situation, die oft kumulierte Folge verfehlter Politiken ist, verbessert werden?

Zunächst geht es hier um schlichte humanitäre Hilfe, wie sie in den UN-Millenniumszielen auch zum Ausdruck kommt: Beseitigung von Hunger und Seuchen; Zugang zu Trinkwasser, Gesundheitsversorgung, Bildung; Hilfe bei der Herstellung von *Good Governance*. Konkret geht es hier also um Geldtransfers: Etwa eine Aufstockung der Entwicklungshilfe (ODA). Schon 1992 erklärten die reichen Staaten der Welt in Rio de Janeiro, ihre Entwicklungshilfe auf das Äquivalent von 0,7 Prozent des Bruttosozialprodukts (BSP) anzuheben.[592] Dies war vor über 15 Jahren, die Entwicklung seitdem sieht anders aus. Aus der Europäischen Union stammte 2005 mit 45 Milliarden Euro ODA über die Hälfte aller weltweit gezahlten Entwicklungshilfe. Damit bekräftigt die EU ihren Anspruch, auf diesem Gebiet Zeichen zu setzen und voranschreiten zu wollen: Man setzte sich 2002 das Ziel, die ODA auf 0,39 Prozent BSP, bis 2010 gar auf 0,51 Prozent BSP zu erhöhen, was 30 Milliarden US-Dollar mehr an weltweit verfügbarer ODA bedeuten würde. Nur kommt die bislang umfassendste Studie (JENGO 2006) an diesem Punkt zu einem peinlichen Ergebnis: Analysiert man die Beträge, die die Mitgliedsstaaten der EU 2005 an gezahlter ODA melden, so handelt es sich oft nicht um neues, real verfügbares Geld:

- 13,5 Milliarden Euro errechnen sich aus erlassenen Schulden, neun Milliarden allein aus dem Schuldenerlass nur für den Irak und Nigeria,
- 840 Millionen Euro wurden auf die Unterbringung von Asylbewerbern in den EU-Staaten verwendet,
- 910 Millionen Euro gingen als Stipendien an ausländische Studierende.

Die Nicht-Regierungsorganisationen kommen zu dem Schluss:

> „Solche Posten sollten in der offiziellen Statistik nicht als Hilfeleistung gezählt werden, da sie keine neue Hilfe für die Entwicklungsländer darstellen und oft keinerlei Ressourcen zur Armutsbekämpfung zur Verfügung stellen … Dieser Bericht belegt, dass viele europäische Staaten ihre Statistiken über Hilfsmaßnahmen in einer Weise verschönern, die die Öffentlichkeit irreführt. Erforderlich ist eine substanzielle Steigerung realer Hilfeleistungen, sodass aus den Versprechungen reale Verbesserungen für das Leben armer Menschen werden." (JENGO 2006: 7).[593]

Wie wichtig vor diesem Hintergrund Migranten-Remissen für die Entwicklungsländer sind, betonen auch die UN:

> „Afrikanische Staaten südlich der Sahara erhielten 2008 durch Remissen 20 Milliarden US-Dollar an Einnahmen, mehr als die Region durch ausländische Direktinvestitionen oder … ‚länderprogrammierbare Hilfe' (country programmable aid) erhielt. Letzteres ist die öffentliche Entwicklungshilfe (ODA) minus Ausgaben für Schuldenerlass, Stipendien und andere Formen der Unterstützung, die keinen direkten Bargeldzufluss zur Unterstützung von Regierungshaushalten darstellen." (UN Report 2009: 8).[594]

Auch J. Sachs betont am Beispiel der Wasserversorgung in Westafrika oder der Nahrungsmittel- und Gesundheitsversorgung in Äthiopien, dass zur Erreichung der Millenniumsziele der Vereinten Nationen in der Tat mehr real existierendes Geld fließen muss (Sachs 2005: 328). Er konzentriert sich deshalb auf die Frage, was die USA tun könnten, um hier die Situation drastisch zu verbessern: Der Irakkrieg kostet die USA alle zwei Wochen (!) 2,5 Milliarden US-Dollar – ein Betrag, der ausreichen würde, um Afrika ein ganzes Jahr (!) mit ausreichender Wirtschaftshilfe zu versorgen. Oder: Wenn die reichsten 400 Amerikaner zehn Prozent ihres Jahreseinkommens im Jahr 2000 – 6,9 Milliarden US-Dollar – zur Verfügung stellten, würde diese Summe ausreichen, um in Afrika Malaria umfassend zu bekämpfen.

> „Würde man diesen Personenkreis um die obersten 0,1 Prozent der Steuerzahler erweitern – insgesamt etwa 100.000 Personen, kämen durch gespendete Steuerersparnisse 30 Milliarden Dollar pro Jahr zusammen ... Realistische Lösungen erfordern zweifellos eine Kombination aus Philanthropie und Besteuerung ... Sowohl das aufgeklärte Eigeninteresse der reichen Länder als auch die moralische Verantwortung jedes Einzelnen sind triftige Gründe für diese Maßnahmen." (Sachs 2005: 374, vgl. 370-374).

Sind erst einmal die gravierendsten existenziellen Missstände beseitigt, ginge es in einem zweiten Schritt um den Aufbau und die eigentliche ‚Entwicklung'. Was damit konkret gemeint ist, sollte einer kritischen und ehrlichen Überprüfung unterworfen werden, weil die ‚entwicklungspolitischen Strategien' der letzten Jahrzehnte gerade in Afrika nicht sehr erfolgreich waren. Es gibt Alternativen. Aber sind sie durchsetzbar? Ortskenner sagen provozierend, dass „Afrika sich entwickeln könne, wenn alle Entwicklungshilfe aufhörte, denn nur dann müsste der Kontinent nutzen, was er hat, und daraus eigene, gänzlich neue, niemals zuvor auch nur gedachte Ideen entwickeln." (Brinkbäumer 2006: 151, Moyo 2009). Viele, die eine solche Position vertreten, übersehen das Offensichtliche: Es wird auf absehbare Zeit beides benötigt: Entwicklungshilfe, auch und gerade, um Fehlentwicklungen der vergangenen Jahre zu ‚reparieren' und den Staaten zu Strukturen zu verhelfen, die nicht durch Korruption, sondern durch das Vertrauen der Bürger belebt und getragen werden, aber auch mehr Markt und Fairness von Seiten der Industriestaaten, um Entwicklung in den armen Ländern auf eigene Füße zu stellen.[595] All dies bedeutet nicht nur, die Erfahrungen der Diasporagemeinschaften in solche Strategien einzubeziehen (siehe Kapitel 5.5.2.), sondern vor allem auch die Erfahrungen der Menschen vor Ort. Es ist in der Tat ein Skandal, dass Sänger wie Bono oft einen größeren Einfluss auf die Entwicklung armer Länder haben als einheimische Experten, die verbittert erklären: „Meine Stimme kann eine elektrische Gitarre nicht übertönen." (zitiert nach Moyo 2009: 27).

Im dritten Schritt ginge es darum, diesen Ländern und Menschen „die Möglichkeit zu eröffnen, die Chancen der Globalisierung für sich zu nutzen" (Klasen 2006: 15), und damit tatsächlich Subvention und Protektion zu beenden und Märkte zu öffnen. Wie man es aber dreht und wendet: Folgt man den Einsichten von Ökonomen wie J. Sachs und J. Stiglitz, so geht es zunächst um eine einseitige Vorleistung der reichen Länder: Eine Art

'Anschubfinanzierung', damit die Wirtschaft armer Länder aus der Armutsfalle herauskommen kann. „Wirtschaftliche Entwicklung funktioniert … Sie trägt sich in der Regel selbst. Aber sie muss in Gang gesetzt werden" (Sachs 2005: 95) und sie muss durch faire Rahmenbedingungen, etwa in der Außenhandels- oder Migrationspolitik, gestützt werden.

5.5.5. Ausblick vor dem Hintergrund der Wirtschaftskrise

Wie sind die Aussichten einzuordnen, dass den ärmsten Ländern der Welt, die von den Auswirkungen der Weltwirtschaftskrise härter als die reichen Länder getroffen sind (vgl. Kapitel 4.7.), trotzdem die Hilfe zuteil wird, die die dort lebenden Menschen für ein Leben in Würde benötigen? Und diese Hilfe ist mehr denn je erforderlich, da die gegenwärtige Krise die Umsetzung der Millenniums-Entwicklungsziele (Millennium Development Goals, MDG) mehr denn je gefährdet:

- Das Welteinkommen pro Kopf wird drastisch sinken, vor allem in Lateinamerika, in der Karibik und in Afrika südlich der Sahara. Arbeitslosigkeit, Unterbeschäftigung und prekäre Beschäftigungsverhältnisse werden zunehmen (UN Report 2009: 10).
- Aufgrund der Welt-Nahrungsmittelkrise 2007 stieg die Zahl der Hungernden auf der Welt um 115 Millionen und überstieg damit erstmals die Zahl von einer Milliarde Menschen; zwei Milliarden weitere Menschen leiden unter Unter- und Mangelernährung. Die gegenwärtige Krise wird Erfolge im Kampf gegen Hunger und Armutsverringerung verlangsamen und in bestimmten Weltgegenden sogar rückgängig machen.[596]
- Die Weltbank schätzt, dass durch die krisenbedingte Wachstumshalbierung des Weltinlandsprodukts 200.000 bis 400.000 Kinder mehr sterben werden, als es ohne diese Krise der Fall wäre (UN Report 2009: 12).
- Das *Department of Economic and Social Affairs* geht davon aus, dass es substanzielle Rückschläge in den Bereichen Primärschulbildung, Kinder- und Müttersterblichkeit und Zugang zu Trinkwasser und Sanitäreinrichtungen geben wird, was die Kosten für eine Erreichung der MDGs bis 2015 nochmals erhöhen wird (UN Report 2009: 13).

Wie in Kapitel 3.7 dargelegt, haben arme Länder kaum Ressourcen, um die Folgen der Krise aufzufangen oder auszugleichen.

> „Afrikanische Regierungen haben keine angemessenen finanziellen Kapazitäten für ihre Bevölkerungen, um die Auswirkungen der Krise abzufedern und die Gewinne abzusichern, die in den vergangenen Jahren auf dem Gebiet des Wachstums und der Armutsbekämpfung erzielt wurden. Hier benötigte Ressourcen sind enorm und die Ersparnisse sind begrenzt. Vorsichtige Schätzungen zeigen, dass selbst eine komplette Gewährung zugesicherter Hilfe von außen nicht ausreichen würde, Afrikas wachsende Finanzierungslücke zu überbrücken. Das größte Risiko des Finanzengpasses ist, dass Investitionen nicht mehr getätigt werden können, mit der Folge

> von schädlichen Auswirkungen auf Wachstum und auf die Fähigkeit der Länder, die Millenniums-Entwicklungsziele zu erreichen. Obwohl afrikanische Staaten vor der Krise schneller wuchsen, waren diese Wachstumsraten nicht ausreichend für die Erreichung der Millenniumsziele. Jetzt aber ist aufgrund von Finanzierungsengpässen selbst die Absicherung der Wachstumsrate aus der Zeit vor der Krise für viele Länder unmöglich." (CFMCBG 2009: 7).[597]

Da in vielen Industriestaaten die Höhe der Entwicklungshilfe anteilig am Bruttosozialprodukt bemessen wird, wird sich die Krise auch hier auswirken: Selbst wenn der Prozentsatz an ODA unverändert bleibt oder gar steigt, kann die real zur Verfügung gestellte Geldmenge dennoch sinken, wenn das Bruttosozialprodukt des Landes steil absinkt (vgl. UN Report 2009: 9). Wie verlässlich sind darüber hinaus die Beteuerungen der reichen Länder, etwa beim G20-Gipfel in London, die Armen auch und gerade in diesen Zeiten nicht im Stich zu lassen? Zuletzt gab es konkrete Hilfszusagen für Afrika auf dem G8-Treffen in Gleneagles in 2005 (G8-G 2005). Aber:

> „Der Gleneagles-Gipfel verpflichtete sich 2005, für Afrika jährlich Hilfe von 25 Milliarden US-Dollar bis 2010 zur Verfügung zu stellen. Dies wäre die Hälfte jener erforderlichen Summe, die es afrikanischen Ländern ermöglichen würde, ihre Wachstumsraten aus der Zeit vor der Krise abzusichern. Es wäre aber keinesfalls ausreichend, um den Kontinent in die Nähe der Millenniumsziele zu bringen." (G8-G 2005).[598]

Die spannende Frage ist nun: Werden wenigstens die Gleneagles-Zusagen eingehalten, was ja ein Indikator dafür wäre, dass auch die Absichtserklärungen bei aktuellen G20- und G8-Gipfeln eine Chance auf Umsetzung haben? Die Bilanz ist (erwartungsgemäß) ernüchternd. Auswertungen im Kontext des zwei Jahre später stattfindenden G8-Gipfels in Heiligendamm (G8-H 2007) kamen zu folgenden Ergebnissen. Während die G8-Führer auf dem Gipfel in Gleneagles versprachen, 50 Milliarden US-Dollar Entwicklungshilfe pro Jahr bis 2010 auszugeben, wovon die Hälfte nach Afrika fließen sollte, wurde mit Blick auf das Ausgabenverhalten der G8-Staaten beim Gipfel in Heiligendamm hervorgehoben, dass nach Gleneagles nicht die zugesagten 50, sondern lediglich 20 Milliarden US-Dollar bereit gestellt wurden. Zwar enthielt die Statistik für 2006 einen Anstieg der Hilfeleistungen, diese Summe wurde aber durch den Schuldenerlass für Irak und Nigeria künstlich aufgebläht, sodass die faktischen Gelder, die 2006 bereit standen, hinter denen von 2005 zurückblieben. Darüber hinaus kritisierten Hilfsorganisationen, dass das G8-Versprechen keine konkreten Zeitpläne und Summen enthielt, sondern sich (erneut) auf Absichtserklärungen beschränkte.[599] Dabei muss bedacht werden, dass die Jahre 2005 bis 2007 ökonomisch ‚fette Jahre' waren, in denen viel Geld zur Verfügung gestanden hätte … Das *Africa Progress Panel*, einst vom britischen Premierminister Tony Blair eingesetzt, um die Realisierung der Zusagen von Gleneagles zu überwachen, untersucht in seinem Jahresbericht 2009 das Verhalten der reichen Länder während früherer Krisen und kommt zu dem Schluss:

> „Indem Regierungen reicher Länder Billionen an Dollar, Euro und Yuan ausschütten, um ihre Wirtschafts- und Finanzsysteme zu stabilisieren, ist deren Bereitschaft in Gefahr, Verpflichtun-

gen gegenüber Afrika einzuhalten. Entgegen anders lautenden Beteuerungen belegen Fakten aus vergleichbaren Situationen in der Vergangenheit, dass entwickelte Länder stets das Ausmaß ihrer Hilfeleistungen in Finanzkrisen verringerten. Japans Hilfeleistungen fielen beispielsweise dramatisch während der Krise 1990, ebenso die Hilfeleistungen von Finnland, Norwegen und Schweden an arme Länder während der Krise von 1991." (Africa Progress Panel 2009: 5).[600]

Regierungspolitik könnte unter dem Eindruck der Krise sogar im Bereich der Migrantenremissen einen weiteren negativen Einfluss auf den realen Geldfluss in die armen Länder nehmen: Wie in Kapitel 3.7. skizziert, könnten in Krisenzeiten ausländerfeindliche und rassistische Stimmungen ebenso zunehmen wie symbolpolitische Aktivitäten, z. B. Razzien und Abschiebungswellen. Staaten wie Dänemark verknüpfen inzwischen die Bereitschaft zur Zahlung von Entwicklungshilfe mit einem Entgegenkommen der Staaten bei der Rücknahme abgeschobener Staatsangehöriger (Basler Zeitung, 24.6.2009).

Dabei bietet die derzeitige globale Krise Gelegenheit für die Implementierung einer Lösung, die sowohl der Stabilität des Finanzsystems als auch den Millenniumszielen zu Gute käme: Die Einführung einer Steuer auf alle spekulativen Finanztransaktionen. Eine frühere Version dieser Steuer, mit der lediglich Devisentransaktionen besteuert wurden, wurde unter dem Namen *Tobin Tax* bekannt. Der Frankfurter Wirtschaftswissenschaftler Paul Bernd Spahn belegte im Jahr 2002 in seiner vom Bundesministerium für wirtschaftliche Zusammenarbeit und Entwicklung in Auftrag gegebene Studie *Zur Durchführbarkeit einer Devisentransaktionssteuer*, dass eine solche Steuer relativ einfach umsetzbar ist. Nach Spahns Schätzungen könnten durch diese europaweit eingeführte Steuer 16 bis 21 Milliarden Euro pro Jahr erhoben werden. Der Verlauf der Weltfinanzkrise legt jedoch nahe, eine solche Steuer auf alle spekulativen Finanztransaktionen auszuweiten (auch auf Derivate), so jedenfalls die Experten, die für den Präsidenten der UN-Generalversammlung Empfehlungen zur Reform des globalen Finanzsystems erarbeiteten[601] oder auch das Österreichische Institut für Wirtschaftsforschung (Wifo 2008 und 2009). Mit einer erweiterten Transaktionssteuer könnten allein innerhalb der EU, je nach Steuersatz und Menge der Transaktionen, zwischen 100 und 500 Milliarden US-Dollar pro Jahr generiert werden. Würde man sich weltweit auf diese Steuern verständigen, würde das Einkommen zwischen 250 und 1.310 Milliarden US-Dollar pro Jahr liegen. Leider taucht eine solche Steuer in den Überlegungen der Staatschefs, etwa anlässlich der G8- oder G20-Treffen, nicht auf, bestenfalls in Gremien, die keine Entscheidungskompetenz haben wie die UN-Konferenz zur Finanzkrise und ihrer Auswirkung auf Entwicklung[602] oder die *Leading Group on Solidarity Levies to fund Development*, ein Zusammenschluss von ca. 60 Staaten, IGOs und zahlreichen NGOs (siehe Kapitel 5.5.1.). Diese Gruppe ist insofern interessant, weil sie der Einsicht folgt, dass es mit herkömmlichen Mitteln nicht möglich ist, die versprochenen 0,7 Prozent BSP für Armutsbekämpfung und Entwicklung bereitzustellen und deshalb zusätzliche ‚innovative Finanzierungsmöglichkeiten' bedacht werden müssen. Auf der Tagung vom 28./29.Mai 2009 wurde in den *Presidency Conclusions* der *Leading Group* die Zweckmäßigkeit einer (Devisen-)Transaktionssteuer erneut bekräftigt, eine Arbeitsgruppe soll sich mit Möglichkeiten einer Umsetzung befassen. Darüber hinaus werden die Bedeutung von Migrantenremissen für die Entwicklung betont und die Erhebung einer Solidaritätsabgabe auf Flugtickets, um damit die medizinische Versorgung armer Länder zu verbessern. Deutschland ist zwar Mitglied dieser *Leading Group*, aber bislang, anders als Frankreich, England oder Norwegen, nicht durch Leadership aufgefallen. Dementsprechend steht zu befürchten, dass eine konstruktive Auseinandersetzung mit den hier angesprochenen politischen Instrumenten in Deutschland nicht stattfinden wird.[603]

5.6. Ergebnis

Es stellt sich nun die Frage, wie die Aussichten auf die Verringerung von Armut zu bewerten sind. Sie sind eher düster.

Verbesserungen für ‚Illegale': Am 10.12.2008 feierte die Welt den 60. Jahrestag der Pariser UN-Erklärung der Menschenrechte. Bei allem Lob gab es auch Kritik, etwa von Stephane Hessel, einem Mitautor der Menschenrechtserklärung, der am Tag des Jubiläums mit dem UNESCO-Preis für Menschenrechte ausgezeichnet wurde. Auch er lobte die gewaltigen Fortschritte, auf die die Menschenrechtsidee weltweit zurückblicken kann, meinte aber, dass heute „vor allem der Umgang mit Ausländern ohne Bleiberecht Anlass zur Sorge" gibt.[604] In der Tat wird oft der Eindruck erweckt, dass Menschen- und Grundrechte auch heutzutage bestenfalls ein Luxus für Bürger der entwickelten und reichen Staaten sind, während Menschenrechte selbst in diesen reichen Ländern dort lebenden Nicht-Bürgern lediglich deklaratorisch, nicht aber faktisch zugestanden werden. Die Situation in Deutschland ist umso beklagenswerter, als es 2005 so aussah, dass es zu einem Durchbruch hinsichtlich einer öffentlichen Enttabuisierung der Debatte kommen würde. Über 400 Bundes-, Landes- und Kommunalpolitiker, (Verfassungs-)Richter, Vorsitzende von Kirchen, Verbänden und Gewerkschaften, Künstler, Journalisten und eine große Zahl an Lehrstuhlinhabern unterschrieb das *Manifest Illegalität*, in dem es unter anderem heißt:

> „Die bisherigen Erkenntnisse im Umgang mit irregulärer Zuwanderung zeigen, dass ausschließlich ordnungsrechtliche, insbesondere aufenthaltsrechtliche und polizeiliche Maßnahmen in ihrer jetzt vorliegenden Form alleine nicht genügen, um die existierenden Probleme ausreichend zu regeln, zumal die inländischen Nutznießer irregulärer Aufenthaltsverhältnisse, beispielsweise im Bereich der Schattenwirtschaft sowie Schleuserorganisationen, davon nur in geringem Umfang getroffen werden.
>
> Aus diesem Grund muss jeder Versuch, irreguläre Zuwanderung im Rahmen der rechtsstaatlich vertretbaren Möglichkeiten zu begrenzen, sich auch mit ergänzenden und alternativen Maßnahmen auseinandersetzen. Hierbei erscheint auch eine Aufnahme und kritische Würdigung der Erfahrungen anderer Länder wichtig. Dabei sind etwa zu berücksichtigen: praktische Fragen im Zusammenhang mit humanitären Anforderungen wie etwa der medizinischen Grund-

versorgung, dem Schutz vor Ausbeutung und Schuldknechtschaft oder der Berücksichtigung mitbetroffener Kinder ebenso wie grundsätzlichere Überlegungen zu den Wechselwirkungen zwischen regulärer und irregulärer Zuwanderung und den damit verbundenen asyl- und ausländerrechtlichen sowie zuwanderungspolitischen Gestaltungsoptionen.

Aus diesen Gründen wollen wir einen öffentlichen Diskurs in Deutschland anregen, der der Lage in Deutschland und den betroffenen Personen mit ihren unterschiedlichen Motiven, Zwängen und Lebenslagen gerecht wird und differenzierte Lösungen anstrebt. Die Unterzeichnenden erachten den Zeitpunkt als gekommen, sich auch in Deutschland öffentlich und gesamtgesellschaftlich vermehrt mit dem Thema der irregulären Zuwanderung und dem irregulären Aufenthalt zu beschäftigen, um angemessenere Umgangsformen mit den hier vorliegenden Problemen zu finden.“[605]

Die breite und prominente Unterstützung dieses Manifests bewertete die Frankfurter Rundschau „fast (als) ein Wunder und in Deutschland ein historisches Novum. Denn bisher ist es selbst bei weniger prekären ausländerpolitischen Themen nicht gelungen, so viele prominente Namen zusammenzubringen.“[606] Faktisch gebessert hat sich jedoch auch vier Jahre danach nichts, und ob der neu gewählte Bundestag die Empfehlung des Petitionsausschuss aufgreift, sich mit dem Thema Beratung und Gesundheitsversorgung ‚Illegaler‘ zu befassen (siehe Kapitel 5.2.1.), muss abgewartet werden. Dabei wird immer deutlicher, dass in der global vernetzten Welt Innenpolitik zugleich Außenpolitik ist: Wer Menschen im eigenen Land, etwa ‚Illegalen‘, Menschenrechte faktisch verweigert, hat ein Glaubwürdigkeitsdefizit gegenüber anderen ‚Unrechtstaaten‘, denn: Wenn die *Menschen*rechte von *Menschen* im eigenen Land nicht ohne Wenn und Aber geschützt werden, mit welchem Recht kann man eine solche Politik von anderen Regierungen einfordern?

Auf der EU-Ebene sieht es nicht viel besser aus:

- Es ist auffällig, dass ‚Illegale‘ in konstruktiven Politikansätzen nicht auftauchen oder bestenfalls indirekt mitgemeint sind – als ob es sie nicht millionenfach im Unionsgebiet geben würde! Thematisiert werden ‚Illegale‘ nur bei repressiven Politikansätzen wie der Rückführungsrichtlinie, der Grenzsicherung und der Verbrechensbekämpfung (Schleuser, Menschenhandel, siehe Kapitel 5.3. und 5.4.3.).
- Es besteht ein deutlicher Unterschied in der Ressourcenzuteilung bei konstruktiven Pilotprojekten einerseits und repressiven Bekämpfungsansätzen andererseits (vgl. Kapitel 5.5.3.).
- Es besteht unvermindert ein Graben zwischen der Diskussion richtiger Einsichten einerseits und deren Inklusion in strukturelle-institutionelle Politik andererseits (siehe Kapitel 5.4.2.).

Vor diesem Hintergrund muss noch ein langer Weg zurückgelegt werden, bis positive Einsichten und Vorhaben die Chance haben, unionsweit verbindliche Politik zu werden.

Verbesserungen für die Angehörigen ‚Illegaler' in den Herkunftsländern und die dortigen Lebensbedingungen: Es gibt eine Reihe von Beobachtungen und bewährten Verfahren, deren breitere Erprobung sich empfehlen würde, um etwa den *Pro-Poor-Effekt* der Remissen und deren Entwicklungspotenzial für die Herkunftsregionen zu steigern. Dennoch muss bezweifelt werden, ob diese Verfahren entschlossen aufgegriffen und umgesetzt werden, da die gegenwärtige Situation zu viele Profiteure aufweist, die eine ‚Weiter-so!'-Politik durchsetzen können:

- Herkunftsländer profitieren von überwiesenen Remissen und Einsparungen im Sozialbereich, etwa für Arbeitslosenhilfe, sowie von der Abwanderung von ‚überschüssiger' Bevölkerung, darunter auch von potenziellen Regimekritikern.
- In Zielländern sinken durch das Vorhandensein ‚Illegaler' Arbeitskosten im Bereich der gewerblichen und privaten Beschäftigung.
- Der Zustand ist insofern nützlich, weil er Migranten aus Angst vor Ausweisung und Abschiebung zu einem Leben in höchster Unauffälligkeit zwingt – auch wenn dies Hunger und Krankheit zur Folge hat: Der perfekte, pflegeleichte Arbeitssklave.
- ‚Illegale' stehen als Sündenböcke für strukturelle Missstände zur Verfügung und ermöglichen es, Symbolpolitik statt unbequemer Reformpolitik zu betreiben.
- Selbst ‚Illegale' ziehen den Status quo einem Leben im Herkunftsland vor und nehmen angesichts der ‚komparativen Vorteile', die das Leben in der Illegalität ihnen bringt, den Verlust individueller und sozialer Rechte in Kauf.

Und so kann sich selbst die hochseriöse *Global Commission on International Migration* des Eindrucks nicht erwehren, dass das politische Nicht-Handeln der Regierungen im Hinblick auf illegale Migration in den Industriestaaten seine verborgenen Zwecke hat:

> „Einige der Industriestaaten haben einen Teil ihres Bedarfs an zusätzlichen Arbeitskräften (vor allem billige und flexible Arbeitskräfte, die für Aufgaben eingesetzt werden können, die die einheimischen Arbeitnehmer ablehnen) dadurch abgedeckt, dass sie hinsichtlich der Beschäftigung von illegalen Migranten ein Auge zudrückten. In der Tat: Anstieg und teilweise Toleranz illegaler Migration durch Staaten, sowie regelmäßige Legalisierungsprogramme für illegale Arbeitnehmer kann unter gewisser Rücksicht als eine De-facto-Liberalisierung des globalen Arbeitsmarkts betrachtet werden." (GCIM 2005: 16).[607]

Man hat hinsichtlich illegaler Migration und Armutsbekämpfung die Wahl: Wer tatsächlich keine illegale Migration will, muss glaubhaft dafür sorgen, dass sich in deren Herkunftsländern die Lebensbedingungen ändern und Menschen dort in Würde ein Leben mit Perspektive und Chancen führen können. Die Entwicklung des Landes muss für die dort lebenden Menschen derart überzeugend sein, sodass sie in Zeiten von kleineren Aufschwüngen ihr Geld nicht in Migrationsprojekte investieren, weil sie von nachhaltigen Verbesserungen im eigenen Land nicht überzeugt sind. Vielmehr muss ein Aufschwung so real sein, dass er die Menschen im Land hält und ermutigt, dort ihren Beitrag zu weiteren Verbesserungen zu leisten. ‚Mogeln' zahlt sich nicht aus: Wenn der Freihandel nur einer Seite Vorteile verschafft (vgl. Kapitel 3.3.1.2. und 3.3.4.4.), wird ein solches System genau das erzeugen, was es zu bekämpfen vorgibt: Mehr Entwurzelung und mehr illegale Migration. Wird im Hinblick auf jene Weltgegenden keine faire Politik betrieben, entscheidet man sich automatisch für das Fortbestehen der jetzigen Lage: Die Regierungen der Herkunftsländer werden nicht mit den reichen Staaten kooperieren, wenn es um die Rücknahme ‚illegaler' Migranten geht, weil sie sich nicht von einer der besten Einnahmequellen abschneiden wollen, die Remissen für diese Länder nun einmal darstellen. ‚Illegale' Migranten werden weiterhin dorthin gehen, wo sie bessere Verdienstmöglichkeiten vermuten als zu Hause; und solange Geld in diesem Bereich verdient werden kann, wird es kommerzielle und kriminelle Dienstleister geben, die im Katz- und Mausspiel mit den Grenzbehörden dafür sorgen werden, dass Menschen und Ressourcen trotz aller Kontrollbemühungen weiterhin in die EU-Staaten kommen können.

Verbesserung für Arme in abgeschnittenen Weltteilen: Die Finanzkrise hat sehr deutlich gemacht, wo das Herz der reichen Länder schlägt. Auf dem von der FAO im Juni 2008 einberufenen Welternährungsgipfel wurden den besonders von der Lebensmittelkrise betroffenen Ländern 12,3 Milliarden US-Dollar versprochen; davon waren bis Oktober 2008 nur knapp über eine Milliarde US-Dollar ausgezahlt worden.[608] Andererseits wurden innerhalb weniger Monate nach Ausbruch der Finanzkrise weltweit Trillionen von US-Dollar bereit gestellt, um den globalen Banken- und Finanzsektor vor dem Kollaps zu bewahren: Wohlstandswahrung hat eindeutig Priorität vor Armutsbekämpfung.

Sicherlich mag man sagen, dass mit dem Zusammenbruch des Weltfinanzsystems auch niemand gedient wäre, in anderen Worten: Dass die Rettung der Finanz- und Wirtschaftskraft in der global vernetzten Welt auch den armen Ländern zu Gute kommt. Aber während im ersten Fall zumindest offen ist, ob auf den Ruinen des zerbrochenen Systems nicht etwas Besseres und Faireres hätte entstehen können, lässt sich im zweiten Fall vermuten, dass sich die Globalisierungsprozesse weiterhin in den bisherigen Bahnen bewegen (vgl. Kapitel 3.3.1.4.) und die Polarisierung von Arm und Reich vorantreiben werden. Wobei hinzuzufügen wäre, dass in der Folge der globalen Finanzkrise, wie bei früheren Krisen auch (siehe Kapitel 3.7.), der globale ‚Bodensatz' der Armen drastisch wachsen wird und dadurch noch mehr Menschen und Weltregionen von den Potenzialen und Chancen der Globalisierung ausgeschlossen werden als bisher.

6. Schlussfolgerungen

In diesem Buch wurde untersucht, ob und inwiefern Globalisierungsprozesse illegale Migration ermöglichen und (mit)verursachen. Ein erstes Ergebnis war, dass heutige Globalisierungsprozesse auch illegale Migration quantitativ (in Zahlen) und qualitativ (in ihren Erscheinungsformen von der Arbeitsmigration bis zum Menschenhandel) zu einer historisch ungekannten Größenordnung anwachsen ließ.

Eine Zunahme illegaler Migration ist dabei unabhängig vom Ausmaß und der ‚Tiefe' globaler Vernetzung: Sie ist in gut vernetzten Regionen wie dem Migrationssystem Mittelamerika/USA ebenso beobachtbar wie im schlechter vernetzten Migrationssystem Subsahara-Afrika/Europäische Union. Wo Menschen mehr Optionen haben, etwa, weil zwischen Mexiko und den USA nicht nur eine verkehrstechnische Infrastruktur vorhanden ist, sondern diese aufgrund des grenzübergreifenden Handels auch viel genutzt wird, lassen sich illegale Migrationsprojekte schneller, leichter und billiger umsetzen, als dies zwischen Migrationssystemen der Fall ist, deren Vernetzung noch nicht lange besteht bzw. noch nicht so tief geht (wie z. B. zwischen dem Toledo District und den USA oder Somalia und der EU). Für Migranten bedeutet dies, dass sie sich zunächst aus ihren abgekoppelt-isolierten Gebieten dorthin vorarbeiten müssen, wo ihnen mehr Optionen zur Verfügung stehen. Auswüchse der neoliberalen Globalisierung, die in der aktuellen Weltwirtschaftskrise mündeten, haben das quantitative und qualitative Problemszenario, welches illegale Migration und unerlaubten Aufenthalt verursacht und ermöglicht, verschärft. Einige Untersuchungsergebnisse dieses Buchs sind:

- Die Umgestaltung der Welt nach neoliberalen Grundsätzen macht unzählige Menschen erwerbslos, was illegale Migration zur Folge haben kann (siehe Kapitel 3.3.1.).
- Weltweit nimmt Ungleichheit und Ungerechtigkeit zu (siehe Kapitel 3.3.4.), während die Möglichkeiten der Staaten, soziale Spannungen abzufedern, abnehmen (siehe Kapitel 5.5.4.).
- Dies steigert den Anreiz, individuelle und familiäre *Exit-Optionen*, zu denen illegale Migration gehört, aktiv zu betreiben (siehe Kapitel 3.3.4.4.), auch wenn man über kein Geld verfügt und sich deshalb verschulden muss (siehe Kapitel 3.3.2.5.).
- Selbst in den von den ‚Segnungen' der neoliberalen Globalisierung abgekoppelten Weltregionen machen sich Menschen auf den Weg, weil die Hoffnung auf Besserung attraktiver ist als die Gewissheit fortgesetzter Chancenlosigkeit (siehe Kapitel 5.4.3.)

Dabei steht für den Verfasser nach über zehnjährigem Kontakt mit Migranten aller Art fest, dass Menschen ihre Heimat lieben, sie ungern auf Dauer verlassen und auch in Krisenzeiten zunächst dazu tendieren, in ihrer Heimat zu bleiben. Zugegeben: Es wird immer wieder Menschen geben, die aus Neugier oder dem Wunsch nach etwas ganz Anderem ihre Heimat verlassen. Migrationsbewegungen im heutigen Ausmaß lassen sich aber mit solchen Motivationen nicht erklären. Entsprechend sind sich Wissenschaftler, Politiker und Vertreter von Kirchen und NGOs einig, dass das oberste Ziel jeglicher Entwicklungszusammenarbeit sein sollte, Menschen ein Leben in Würde in ihrer Heimat zu ermöglichen.[609]

Bei der Untersuchung des Zusammenhangs zwischen illegaler Migration und Armutsbekämpfung wurde festgestellt, dass es zunächst zwei bedeutende Gruppen gibt, die zwar von Globalisierungsprozessen entwurzelt werden, aber nichts zu einer Armutsbekämpfung beitragen können: ‚Illegale' in Abhängigkeitsverhältnissen (Menschenhandel, Schuldknechtschaft etc.) und jene Migranten, die entweder als Binnenflüchtlinge in eine andere Region ihres Landes fliehen mussten oder in ein Nachbarland vertrieben wurden, dabei aber zu arm sind, um sich ein ‚lukratives' illegales Migrationsprojekt in ein reiches Land leisten zu können.

Angesichts jener verbleibenden, aber schwer zu quantifizierenden Migrantengruppe, die in der Lage ist, aus reichen Ländern Remissen in die Herkunftsländer zu überweisen, interessierte sodann, inwieweit die *Pro-Poor-Effekte* gesteigert werden können. Die in diesem Buch diskutierten Vorschläge sind kein Allheilmittel, würden aber pragmatisch

- das Postulat von der Würde jedes Menschen ernst nehmen und dadurch der eigenen Innen- und Außenpolitik eine größere Glaubwürdigkeit verschaffen,
- einen hohen Anteil an derzeit nur illegal möglichen Migrationsbewegungen in den legalen Bereich heben,
- vorhandene begrenzte Ressourcen besser nutzen,
- Missstände besser bekämpfen, aber auch Nebenwirkungen der Abschottungspolitik vermeiden,
- die Lebensbedingungen von Millionen Menschen, die von Armut betroffen sind, kurzfristig und wirksam verbessern,
- die Rahmenbedingungen für politische Steuerungsmöglichkeiten mit dem Ziel, mittel- und langfristig die Notwendigkeit illegaler Migrationsprojekte zu senken, verbessern,
- zu einer faireren Verteilung der Globalisierungsgewinne beitragen, bei der man auch Menschen und Ländern zurückgibt, was man ihnen vielleicht legal-berechtigt, dennoch aber unfair-ungerechtfertigt abgenommen oder vorenthalten hat.

Gibt es dabei, jenseits der in Kapitel 5.6. vorgetragenen Nützlichkeitsargumente, noch andere Gründe, warum diese und ähnliche Vorschläge keine Aussicht auf Umsetzung haben? Drei Punkte werden zu bedenken gegeben:

Zum ersten liegt es an der Unfähigkeit von Politik und Gesellschaft, ihre Steuerungsmaßnahmen von vergangenen Rezepten zu entrümpeln und den Erfordernissen der globalen Netzwerkgesellschaft anzupassen. Experten sehen hier eine Erblast der Evolution:

„Herkömmliche und geplante Politikmaßnahmen neigen immer wieder dazu, einen einmal beobachteten Trend linear in die Zukunft fortzuschreiben, und zwar auch dort, wo es der Sache nach nicht angemessen ist. Damit verbunden assoziieren wir gerne kleine Ursachen mit kleinen Wirkungen." Der hier liegende Denkfehler ist „ein Produkt der Evolution: das Denken in Nichtlinearitäten ist schlecht entwickelt, weil es bislang zum Überleben der Spezies nicht erforderlich war. Vermutlich gilt dies für die Zukunft nicht mehr, und deshalb müssen wir uns notgedrungen mit nichtlinearen Systemen beschäftigen und ... lernen ..., in komplexen Systemen zu denken." (Fritsch/Erdmann 1989: 22f.).

Ein zweiter Grund liegt in dem Problem, jenseits utilitaristischer Nützlichkeitserwägungen gesellschaftspolitische Mehrheiten für Politikänderungen zu finden. Der Sozialethiker W. Lesch beobachtet etwa:

„Ich habe den Eindruck gewonnen, dass in der internationalen Diskussion um die ethischen Aspekte von Migration der Utilitarismus unausgesprochen das Leitparadigma darstellt, mit dem sich am kohärentesten Überzeugungsarbeit leisten lässt. Dieser Erfolg wird … oft nur hinter vorgehaltener Hand bestätigt, da sich die Diskutanten der Diskrepanz zwischen Glücksversprechen und Gerechtigkeitsdefizit bewusst sind." (Lesch 2004: 138).

Auch Papst Johannes Paul II. sah einen Zusammenhang zwischen Auswüchsen und Übeln der gegenwärtigen Globalisierungsprozesse und einer utilitaristischen Geisteshaltung, welches sich zur dominanten Denk-Kultur entwickelt hat:

„Eine der Sorgen der Kirche gegenüber Globalisierung ist, dass sie sich schnell zu einem kulturellen Phänomen entwickelt hat. Der Markt als Austauschmechanismus wurde zu einem Medium einer neuen Kultur. Viele Beobachter stellen einen eindringlichen, ja durchdringenden Charakter der Marktlogik fest, die die Interaktionsmöglichkeiten der menschlichen Gemeinschaft auf allen Ebenen beeinträchtigt. Der Markt zwingt seine Denkkategorien, Aktionsweisen und Wertskalen allem Verhalten auf. Jene, die ihm ausgeliefert sind, sehen Globalisierung oft als zerstörerische Flut, die jene Verhaltensnormen bedroht, die sie geschützt haben, die ihnen kulturelle Bezugspunkte waren und ihrem Leben Richtung gegeben haben. Was derzeit geschieht, ist, dass Veränderungen in Technik und Arbeitsbeziehungen sich schneller verändern als es Kulturen möglich ist, hier Schritt zu halten. Soziale, rechtliche und kulturelle Sicherungen – Ergebnis des Bemühens der Völker, das Gemeingut zu verteidigen, – sind lebensnotwendig, wenn Individuen und Gruppen deren Bedeutung bewahren wollen. Globalisierung hingegen bedroht oft diese sorgfältig errichteten Strukturen durch die Auferlegung neuer Formen für Arbeit, Leben und Gemeinschaftsorganisation … Wir beobachten den Aufstieg ethischer Denkmuster, die ein Nebenprodukt der Globalisierung sind und die eine utilitaristische Prägung haben. Aber: Ethische Werte dürfen nicht von technischer Innovation, Ingenieurswesen und Effizienz diktiert werden. Sie sind vielmehr gegründet in der Natur der menschlichen Person. Ethik darf nicht die Rechtfertigung oder Legitimierung eines Systems sein, sondern hat als Aufgabe, all das innerhalb eines Systems abzusichern, was menschlich ist. Ethik verlangt, dass Systeme auf die Bedürfnisse des Menschen ausgerichtet sind und nicht, dass der Mensch zum Wohl des Systems geopfert wird." (John Paul II. 2001, Hervorh. i. Orig.).[610]

Auch der Verfasser folgte diesem utilitaristischen Leitparadigma in Kapitel 5, weil er angesichts der zunehmend pluralistisch werdenden Gesellschaft keine Alternative sieht, wenn man zu möglichst konkreten Verbesserungen für möglichst viele Menschen kommen will. Der Nachteil eines solchen Ansatzes besteht darin, dass dies eine Reduktion von Politik auf das Machbare bedeutet, und Werte wie Menschenleben oder Menschenwürde hierbei keine Rolle mehr spielen. Aus diesem Grund gehen dem Verfasser auch die Argumente angesichts des Elends Millionen ausgegrenzter Menschen aus, deren Wohl und Wehe den Reichen dieser Welt weder nutzt noch schadet.

Sicherlich gäbe es eine Reihe von Leserinnen und Lesern, die mit dem Verfasser, Wolfgang Lesch und Papst Johannes Paul II. einer Meinung sind, dass die Situation der Exkludierten ein Gerechtigkeitsdefizit ist, das es zu beheben gilt. Wie aber die derzeitige Situation belegt, stellen Vertreter dieser Weltsicht keine politisch einflussreiche Gruppe dar, denn das Problem ist, dass ein Gerechtigkeitsempfinden nicht zwingend herbeiargumentiert werden kann. Zwar gibt es große Anstrengungen in der politischen Ethik, gesellschaftliche Gruppen und Weltanschauungen übergreifende Gerechtigkeitsprinzipien zu entwickeln, die von jedem eingesehen und entsprechend mitgetragen werden können, vor allem John Rawls ist hier zu nennen. Dennoch kann jeder, der die Ausgangsprämissen von John Rawls Deduktion nicht teilt, sagen: „Warum soll ich mein Handeln nach diesen Prinzipien ausrichten? Solange es nur mir gut geht!“ Entsprechend sind jene Argumente in der gesellschaftspolitischen Diskussion von Politikmaßnahmen am wirkungsvollsten, die glaubhaft, nachvollziehbar und realistisch bei der Mehrung bzw. Wahrung des eigenen Wohlstands ansetzen. Mit den Worten von Sachs also „aufgeklärtes Eigeninteresse“ (siehe Kapitel 5.5.4.), aber eben doch Eigeninteresse. Freilich: So lange Schaden- und Nutzenkalkulationen die konsensfähigsten Handlungsmaximen darstellen, werden Politiker stets zu Gunsten jener Mehrheit entscheiden, von deren Stimmen ihre Wiederwahl abhängt – eben den Wählern in ihrem eigenen Land. Andere spielen keine Rolle – deren Abkopplung verfestigt sich weiter.[611]

Dabei sind Politiker nicht die alleinigen Buhmänner, denn sie sind nur ein Spiegelbild ihrer Gesellschaft. Wie das nachfolgende Schaubild zeigt, sollte man nicht nur die Regierungen wegen ihrer Verteidigungsausgaben rüffeln: Auch mit einem Verzicht auf Parfüm und Kosmetik könnten die Millenniumsziele erreicht werden.

Schaubild 15: Was wir uns wie viel kosten lassen[612]

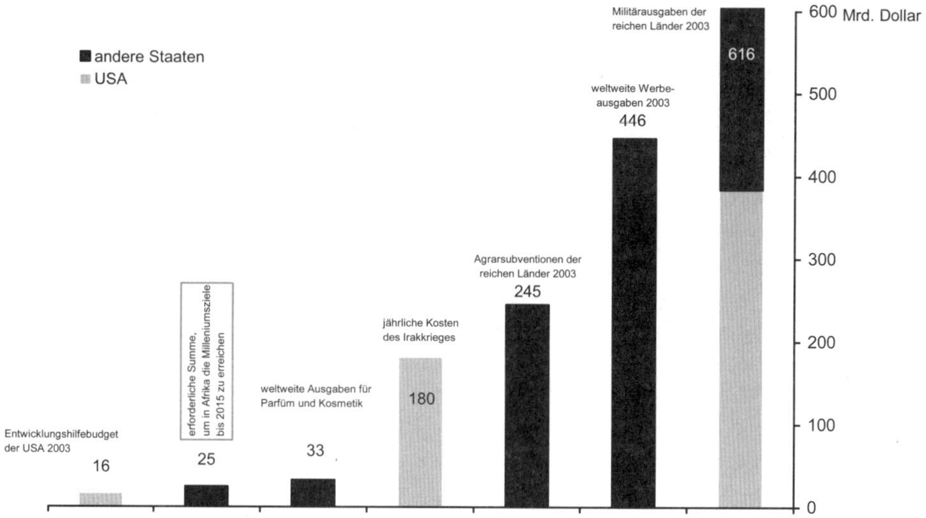

Um aus dem aufgezeigten Engpass auszubrechen, sollte sich jeder ehrlich fragen, in welcher Welt er leben will. Denn es gibt genügend Indikatoren dafür, dass die zerstörerischen Auswirkungen der gegenwärtigen Globalisierungsprozesse irgendwann auch einmal in unseren Vorgärten ankommen werden. In diesem Buch wurden drei Bereiche (und dadurch verursachte Folgen) angesprochen, von denen wir uns bei einem ‚Weiter so!' immer weniger abschotten können:

- Der derzeitige Gang der Globalisierung vergrößert die Polarisierung von Arm und Reich und gefährdet national und international die soziale Kohäsion (siehe Kapitel 3.3.4.2.), sowohl durch das Fortdauern von illegaler Zuwanderung und erzwungenem unerlaubtem Aufenthalt als auch die zunehmende Exklusion einheimischer Bürger durch Arbeitslosigkeit und sinkende Unterstützungsleistungen. 2006 randalierten die Jugendlichen in den Vororten von Paris, 2008 in Athen und weiteren griechischen Städten, und es wird nur eine Frage der Zeit sein, bis Jugendliche und andere Enttäuschte auch in anderen Städten zur Gewalt greifen werden.[613]
- Die Folgen der vom derzeitigen Produktions- und Konsumstil verursachten Klimaveränderung werden sich auch bei uns in katastrophal-destruktiven Formen noch deutlicher bemerkbar machen als bislang (siehe Kapitel 3.3.5.).
- Wenn sich die Situation der Armen weltweit nicht ändert, wird der Terrorismus zunehmen und Gewalt und Zerstörung in die Wohn- und Urlaubsorte der Reichen hineintragen. Wie ‚einfach' dies zu verstehen ist, geht aus den Worten von Ehud Barak hervor, dem israelischen Verteidigungsminister und Strategen der Angriffe auf Gaza

im Dezember 2007/Januar 2008: „Wäre ich nicht als Israeli, sondern als Palästinenser geboren worden, wäre ich heute auch Terrorist.“[614]

Auch diese Darlegung argumentiert utilitaristisch und appelliert nicht an das Gerechtigkeitsempfinden, sondern an die Einsicht, dass eine langfristig auf Eigennutz ausgerichtete Politik glaubhaft Gerechtigkeitsparameter einbeziehen sollte, die sich mit dem größten Glück der größten Zahl nicht zufrieden gibt, sondern auf das Wohl aller in gleicher Weise zielt.

Dies leitet über zum dritten Grund, warum konstruktive Ansätze entlang solcher Leitlinien wenig Aussicht auf Erfolg haben: Zunächst liegt es daran, dass ein langfristiger, möglicher Nutzen einem kurzfristigen, sicheren Nutzen gegenübersteht und sich des Weiteren, angesichts der Größe der Weltprobleme und der Unmöglichkeit, an allen Stellen gleichzeitig tätig zu werden, die Frage nach dem bestmöglichen Ansatzpunkt angesichts begrenzter Ressourcen stellt. Beides wiederum dient gesellschaftspolitisch (1.) als Rechtfertigung des Versuchs, sich die Probleme mithilfe von Schönreden, Verdrängung und repressiven Maßnahmen möglichst lange vom Hals zu halten und (2.) als Entschuldigung für ein Abwarten, bis sich deutlicher zeigt, wo man am besten und wirkungsvollsten ansetzen kann.

Nach Auffassung des Verfassers ist der Einsatz für illegale Migration und ‚Illegale‘ ein guter Ansatz- und Ausgangspunkt für Verbesserungen in all jenen Gebieten, in denen sich heute krisenhafte Entwicklungen abzeichnen:

> „Migration berührt viele andere Bereiche wie Sicherheitsfragen, HIV/AIDS, Umweltzerstörung, internationale Handelsbeziehungen, Agrarsubventionen, geschlechtsbezogene Benachteiligung und Waffenhandel. Politikansätze, die Migration gestalten wollen, werden Auswirkungen auf andere Gebiete haben und umgekehrt. Regierungen müssen einzeln und gemeinsam mehr dafür tun, dass ihre Politikmaßnahmen auch im Hinblick auf andere Bereiche kohärent sind und Entwicklungsziele unterstützen.“ (UK House of Commons International Development Committee).[615]

Und hier schließt sich der Kreis: Kaum jemand verlässt gerne seine Heimat, wenn er eine Alternative dazu hat. ‚Illegale‘ Migranten sind keine Probleme, sondern Symptome weltweiter Probleme. Wenn ich sie nicht bei mir haben will, muss ich dafür sorgen, dass sie zu Hause bleiben können. Löse ich die Probleme, wegen denen sie kommen, löse ich nicht nur das Problem der illegalen Migration, sondern auch die Krisen dieser Welt. Dabei sind ‚Illegale‘, wie hoffentlich deutlich wurde, alles andere als passive Hilfsempfänger, sondern in der Mehrzahl intelligente, begabte, mutige Akteure, die bereit sind, an der Lösung der Probleme in ihrem Herkunftsland mitzuwirken und ihren Beitrag dazu zu leisten.

Die Globalisierung erschreckt und entmutigt viele Menschen, weil sie den Eindruck haben, dass man ‚gegen all das‘ ja ohnehin machtlos ist. Von ‚illegalen‘ Migranten kann man lernen, wie Menschen mit Mut, Risikobereitschaft und Kreativität versuchen, ihr Schicksal in die Hand zu nehmen und eine Verbesserung für sich und ihre Angehörigen zu erzielen – oft trotz lächerlich geringer Aussichten auf Erfolg, manchmal, wie die Opfer von Menschenhandel und Schuldknechtschaft, durch Zahlung eines unmenschlich hohen Preises.

7. Persönliche Empfehlung

Als Ende März 2009, just vor dem Weltfinanzgipfel der G20, Hunderte von Menschen beim Versuch, von Afrika nach Lampedusa überzusetzen, im Mittelmeer ertranken, fehlte es weder an Betroffenheitsbekundungen noch an guten Vorschlägen: Es sei Zeit, einen ‚Weltflüchtlingsgipfel' einzuberufen; es wurde daran erinnert, dass nur wenige Prozent der Gelder, die für die Bankenrettung vorgesehen waren, ausreichen würden, um diesen Menschen ein Leben im Herkunftsland zu ermöglichen usw.[616] Mir fehlt der Glaube, dass solche Vorschläge eine Chance haben. Aber vielleicht dieser oder jener in diesem Buch dargelegte Vorschlag, sofern es aufzuzeigen gelang, dass eine Umsetzung jedem Beteiligten nutzt. Das Hauptproblem freilich bleiben jene Regionen und Menschen, die ‚uns' im reichen Norden nichts nutzen, die aber auch ein Leben oder auch nur Überleben für sich suchen. Und es sind jene Länder, die von den Auswirkungen der Weltfinanzkrise am meisten getroffen sind.

In den Kapiteln 5.5.4. und 6. sagte ich, dass, wenn man für die (verstärkte) Unterstützung von Menschen wirbt, die von den Globalisierungsprozessen abgeschnitten und ausgeschlossen sind, keine Argumente mehr überzeugen, sondern höchstens auf die Wirksamkeit eines Appells gehofft werden kann. Es gibt allerdings noch zwei andere Wege: Eine Begegnung mit ihnen und/oder der Entschluss, einmal bewusst zu ihnen zu gehen und mit ihnen zu leben – eben der Einladung folgen, die zu Beginn von Kapitel 1 zitiert wurde: „Ihr müsst uns mal besuchen kommen!" Das klingt sicherlich abschreckend und wird es für viele anfänglich auch sein – der Lohn rechtfertigt aber die Mühe.

Begegnet man ‚Illegalen', und zwar nicht nur der eigenen Haushaltshilfe oder der Pflegerin der eigenen Großmutter, sondern einer größeren Gruppe, merkt man schnell, dass es eben nicht die Verbrecher sind, vor denen unsere Politiker uns dauernd warnen, wenn sie Terror, Schleuser und illegale Einwanderung in einen Topf werfen bzw. in einem Statement zusammenrühren. Man merkt vielmehr, dass es sich um „Menschen wie du und ich" handelt und dass deren Vorstellungen von einem guten Leben mit dem übereinstimmen, was ich für wichtig halte. Mehr als abstrakte Abhandlungen zur Klimaveränderung, zu PPP- und PKE-Statistiken diverser Länder kann mich mein Gegenüber berühren und die daraus entstehende Empathie oder Sympathie können mir eine Motivation sein, um mir selbst ehrlich Gedanken darüber zu machen, was mir im Leben wichtig ist und worauf es mir weniger ankommt. Es ist ja nicht so, dass ‚Abgeben' und ‚Teilen' von Wohlstand unbedingt mit Verzicht gleichzusetzen ist. Es kann auch eine Umgewichtung eigener Werte sein und das Entdeckung von Qualitäten, die bislang zu kurz gekommen sind.[617]

Die Begegnung mit ‚Illegalen' im eigenen Land hat allerdings den Nachteil, dass wir vieles von ihnen durch die eigene Brille wahrnehmen, und dass sie in ihrem Bemühen, sich unserer Gesellschaft anzupassen, wenig von ihrer Eigenart durchschimmern lassen, was unter anderen Bedingungen zu einem wahrhaftigen Brückenschlag zwischen ihrer Welt und unserer Welt werden könnte. Der zweite Weg ist deshalb, sich einmal bewusst in ihren Lebenskontext im Herkunftsland zu begeben und dort zu versuchen, die Welt mit ihren Augen zu sehen.

Das allerdings kann hart sein, und bei mir war es auch so: Nach den ersten drei Monaten in Punta Gorda hatte ich derart die Schnauze voll von der Hitze, dem Dreck, dem Lärm und vielen anderen Dingen, dass ich meinen Aufenthalt dort abbrechen wollte. Es war der Geduld und dem Humor meiner dortigen Freunde und sicher auch Gottes Gnade zu danken, dass ich die Kurve kriegte, meine Erste-Welt-Einstellungen ein wenig beiseite stellen und offen für die Andersartigkeit der dortigen Kultur und des dortigen Wertesystems werden konnte. Es fiel mir so schwer einzusehen, dass man tatsächlich nach anderen Idealen als den mir vertrauten leben und dabei glücklich sein kann. Am Ende meiner Zeit in Belize war ich der Beschenkte, weil ich erstmals im Leben wirklich kapierte, wie wenig es bedarf, um glücklich zu sein, wenn man nur ein klein wenig anders lebt. Es stellt sich auch Trauer ein angesichts all der zerstörerischen Einflüsse auf diese Kultur. Dabei gäbe es vieles, was der reiche Westen von der immer noch lebendigen Weisheit der Maya lernen und übernehmen könnte, zum Beispiel die Idee, dass unsere Erde ein lebendiges Gesamt ist und nur verstanden werden kann, wenn man die materielle, psychische und spirituelle Dimension im Gleichgewicht hält und respektiert.

Natürlich ‚wusste' ich früher schon um die ‚Einheit' und ‚Zusammenhänge' aller Dinge. Beispielsweise hat man mir während der Metaphysikvorlesungen beigebracht, dass im „Sein alles überein" kommt und dass deshalb das „Sein verändert wird, wenn in Pakistan eine Fliege von einem Kuhschwanz erschlagen wird". Nur war mir damals unklar, wozu ich das brauche und was diese Erkenntnis praktisch wert ist. Natürlich wusste ich als Soziologe auch vorher, dass mein Konsum Menschen irgendwo in Lateinamerika beeinflusst. Nun aber verstehe ich, dass meine Tasse Kakao tatsächlich mit entscheidet, ob Juan Coy in Crique Sarco zur Schule gehen oder einen Arztbesuch bezahlen kann und dass der winzige Staat Belize mit seinem *Forgotten District* Toledo auch meinetwegen weiter in (Handels- und Finanz-)Abhängigkeit gerät und dort feststeckt. Kurz und gut: All meine früheren Begegnungen mit Migranten erzeugten in mir nicht den Aha-Effekt, den meine Zeit in Belize für mich bedeutete, wo ich plötzlich selbst Immigrant, Ausländer, Gast und ‚Illegaler' war.[618] All dies werde ich hoffentlich nie vergessen, und all dies wird hoffentlich nie aufhören, mein Denken und Handeln zu beeinflussen.

Ich möchte also den Leser zum Schluss einladen, sich auf einen solchen Perspektivenwechsel einzulassen und sich überraschen zu lassen, und während mindestens drei Monaten seine Fähigkeiten in den Dienst armer Menschen zu stellen, dabei gleichzeitig aber bereit zu ein, sich von ihnen belehren und bereichern zu lassen. Organisationen, die einen solchen Aufenthalt vermitteln, gibt es viele, man muss deswegen nicht Jesuit werden.

Dieser mehrmonatige Aufenthalt wird vermutlich auch für dich, lieber Leser, hart sein, aber vielleicht wirst du auch hier eine ‚umwälzende‘ Erfahrung machen: Durch das Leben in einem solchen Kontext wird man viele Probleme in unseren reichen Weltteilen ‚relativer‘ und entspannter sehen. Sachen, die bisher unglaublich wichtig sind, werden an Bedeutung verlieren und anderes an Bedeutung gewinnen, und es wird leichter fallen, das viele Gute, das wir im Unterschied zu anderen haben, dankbar anzunehmen. Dies ist ein Erholungswert, der jeden Strandurlaub übersteigt. Und ich wünsche dir schließlich, dass deine Einstellungen zur bereits erreichten und wachsenden Einheit der Welt und der Menschheitsfamilie verändert werden, und du mehr von den Zusammenhängen von Globalisierung, illegaler Migration und Armutsbekämpfung verstehen wirst, als nach den mühsamen Ausführungen dieses Buchs …

SAN VICENTE CATHOLIC CHURCH
COMPLETED OCTOBER 9th, 2005

Anmerkungen

[1] Vgl. Sutherland 1998, Robinson 2006, Mahler/Ugrino 2006: 12f., Petit 2004: 25ff. Zu Belize siehe Anhang 2.

[2] Siehe hierzu im Literaturverzeichnis die Publikationen von Alt, insbesondere Alt 1999, Alt 2001a, Alt 2001b und Alt 2003.

[3] Siehe dazu Kapitel 3.1.2. sowie Anhang 2.

[4] Zum Begriff Migrationssystem und seiner praktischen Anwendung auf die Städte München, Leipzig und Berlin siehe Alt 2003: 255ff., Alt 2005 sowie Anhang 5.

[5] Vgl. Alt 1999 (Teil I) und Alt 2003 (Teile I und II).

[6] Was nicht heißt, dass ich eine komplette Namensliste aller Emigranten machen könnte - dazu ist die Überlappung von Familien zu kompliziert. Es heißt aber, dass ich die typischen Migrationsstrategien der verschiedenen Gruppen zu verschiedenen Zeiten nahezu erschöpfend erforschen konnte.

[7] Siehe hierzu Anhang 3.

[8] Hier bestand kein direkter Kontakt zu dem Migrant bzw. seiner Familie. Vielmehr wurden Informationen über diese Personen und ihre Geschichten von Nachbarn, Bekannten oder Freunden an anderen Familien weiter gegeben.

[9] Lechner/Boli (2008) sowie Müller, K. (2002) enthalten kein Kapitel zu Migration, ebenso fehlen im Index Einträge zu Migration oder gar illegaler Migration.

[10] Weitere Beispiele: Vaidya (2006) enthält ein Kapitel zu internationaler Migration, die Unterscheidung legal-illegal spielt aber keine größere Rolle. Ritzer (2007) behandelt Migration im Kapitel ‚The End of Globalization', hat im Index aber nur zwei Einträge zu ‚illegaler Migration'. Sassen (2007) hat ein Kapitel ‚The Making of International Migration', im Index fehlen jedoch die Stichworte ‚illegal/irregular/undocumented migration'. Bhagwati (2004) widmet ‚illegal migration' zwei Seiten in Kapitel 14 (‚International Flows of Humanity').

[11] In Beck (2007) ist das Thema präsent durch einen Aufsatz von H. Prantl über Afrika (S. 120ff.) und von Ehrenreich/Hochschild über die weibliche Seite der Globalisierung (S. 134ff.). In Butterwegge/Hentges (2003) kommt das Thema im ersten Teil (‚Globalisierung, Flucht, Migration') vor.

[12] Dies wird dadurch verständlich, dass es sich bei diesem Grundlagentext um die unveränderte Wiederauflage des Buches von 1998 handelt.

[13] "Illicit transnational flows of goods, money, information, and people - the clandestine side of globalization - have become a growing source of tension and conflict in world politics. Nevertheless, the illicit dimensions of the global economy are largely overlooked in the international political economy (IPE) literature. This is evident by surveying the major textbooks, readers, and journals in the field." (Andreas 2004: 641). Siehe auch Stalker (2000).

[14] Siehe dazu Bade/Oltmer 2004, Pries 2001, Pries 2008, Han 2000, Zimmermann/Constant 2004, Transit Migration Forschungsgruppe 2007.

[15] Siehe dazu die folgenden Veröffentlichungen: Schwenken 2006, Füller 2007, Finotelli 2007, Ersoy 2008, Heck 2008, Karakayali 2008, Ludwig 2008, Schulze 2008, Heuer 2009 und Westermann 2009.

[16] Dem entspricht, dass Autoren, die eine eigene empirische Datengrundlage haben, diese in Ländern suchten, wo der Zugang zu ‚Illegalen' einfacher ist als in Deutschland, z. B. Pries in Mittelamerika/USA, Füller 2007 und Schulze 2008 in Spanien.

[17] Selbst die aktuelle und recht umfassende Publikation „The Globalization and Development Reader" von Roberts/Hite (2007) enthält weder Kapitel noch Stichworte zu ‚migration' oder ‚remittances'. Ein positives Gegenstück ist Goldin/Reinert 2007 mit zahlreichen Verweisen zu den genannten Stichworten.

[18] "The conference noted the emerging empirical evidence of a strong correlation between remittances and poverty reduction ... It was noted that emerging empirical findings presented by the World Bank and others indicate a positive correlation between migration and poverty reduction. This contention was further supported by ILO case studies ..." (ICMR 2003: 3, 6).

[19] "Yet, despite its significance, little research has been conducted on migration into and from Belize, an area

meriting future study" (Mahler/Ugrino 2006: 13). Eine Übersicht über neuere Migrationsstudien gibt Petit: 2004: 25-31, zur Entwicklung von Illegalität als öffentliches Thema Petit 2004: 32ff. Siehe auch Sutherland 1998 (Part II: 'A Nation in the Making').

[20] Vgl. hierzu Sutherland 1998: 143ff., Petit 2004 und EIU 2003 (Chapter 'International co-operation on anti-drug efforts').

[21] Die Bandbreite des verfügbaren Materials reicht von institutionell in Auftrag gegebenen Studien, etwa der parlamentarischen Enquetekommission ‚Globalisierung' (BTD 14/9200) oder den Welt-Entwicklungsberichten (z. B. UNDP 1999) über interdisziplinäre Publikationen (Lissabon 1997, Held u. a. 2001, Altvater/Mahnkopf 2002) und Veröffentlichungen Einzelner (Beck 2002, Castells 2003a, Castells 2003b, Martin/Schuhmann 1997) bis zu forschungsgeschichtlichen Überblicksdarstellungen (Rehbein/ Schwengel 2008).

[22] Die vier Autoren sind Professoren für Political Science, International Relations, Social Science and Economics. Auf ihre Definition wird beispielsweise Bezug genommen von Altvater/Mahnkopf 2002: 29ff.

[23] "Globalization can be thought of as a process (or set of processes) which embodies a transformation in the spatial organization of social relations and transactions - assessed in terms of their extensity, velocity and impact - generating transcontinental or interregional flows and networks of activity, interaction and the exercise of power" (Held u. a. 2001: 16).

[24] „Globalität meint: Wir leben längst in einer Weltgesellschaft, und zwar in dem Sinne, dass die Vorstellung geschlossener Räume fiktiv wird. Kein Land, keine Gruppe kann sich gegen andere abschließen … Es existieren nebeneinander die verschiedenen Eigenlogiken der ökologischen, kulturellen, wirtschaftlichen, politischen, zivilgesellschaftlichen Globalisierung, die nicht aufeinander reduzierbar oder abbildbar sind, sondern jede für sich und in ihren Interdependenzen entschlüsselt und verstanden werden müssen ... Globalität bezeichnet die Tatsache, daß von nun an nichts, was sich auf unserem Planeten abspielt, nur ein örtlich begrenzter Vorgang ist, sondern dass alle Erfindungen, Siege und Katastrophen die ganze Welt betreffen und wir unser Leben und Handeln, unsere Organisationen und Institutionen entlang der Achse ‚lokal-global' reorientieren und reorganisieren müssen" (Beck 1997: 27-30, vgl. Altvater/Mahnkopf: 49-88).

[25] Siehe im Internet unter http://www.polity.co.uk/global/whatisglobalization.asp sowie http://www.polity.co.uk/global/research.asp#backdrop.

[26] Beispielsweise gibt es Definitionen, die zwar mit derjenigen von Held u. a. 2001 vergleichbar sind, dann aber wichtige Bereiche, die nach Ansicht des Verfassers für ein Verständnis von Globalisierung wichtig sind, nicht erwähnen. So etwa die interdisziplinär besetzte Wissenschaftliche Arbeitsgruppe für weltkirchliche Aufgaben der Deutschen Bischofskonferenz: Für sie umschreibt Globalisierung „eine Verdichtung und Beschleunigung grenzüberschreitender Interaktionen, die faktisch oder der Möglichkeit nach alle Individuen, Institutionen und Staaten zu einem komplexen Gefüge wechselseitiger Abhängigkeiten miteinander vernetzen. Primärer Bezugspunkt dieser Entwicklungen sind nicht mehr die Nationalstaaten, deren Handlungsräume eingeschränkt werden, sondern die Welt als Ganze oder zumindest größere Weltregionen mit teils übergreifenden Institutionen. Die Globalisierung ist ein komplexer Prozeß mit vielfältigen Aspekten, der anscheinend unaufhaltsam alle Lebensbereiche durchdringt und zu einer auch im Alltag erfahrbaren Wirklichkeit geworden ist. Sie hat ökonomische, ökologische, sozio-kulturelle und politische Merkmale, die in ihren Wechselwirkungen zu sehen sind" (DBK-WA 1999: 12). Im Gegensatz zu Held u. a. 2001 fehlt in der Anwendung dieser Definition auf globale Prozesse die wichtige Dimension der organisierten Gewalt völlig. Ähnlich bei Untersuchungen, ob oder inwieweit Globalisierung heute Neues hervorbringt. Beispielhaft versucht F. Nuscheler „das historisch Neue an der Globalisierung" an folgenden „spezifischen Merkmalen deutlich zu machen:

1. die Reichweite und das Tempo der Globalisierungsprozesse;
2. ihre erdumspannende Dimension;
3. die Zerlegung der Warenproduktion auf viele Standorte innerhalb immer größerer multinationaler Konglomerate;
4. die Internationalisierung von Dienstleistungen (Medien, Tourismus);
5. die Entgrenzung der nationalen Wirtschaftsräume mit der Folge geringerer nationaler Steuerungs- und Gestaltungsmöglichkeiten;
6. die Abkoppelung der Finanzmärkte von der Realwirtschaft;

7. die Deregulierung des Weltmarkts mit der Folge hoher sozialer Kosten;
8. die Internationalisierung gesellschaftlicher Fehlentwicklungen (organisierte Kriminalität);
9. die verdichtete Kommunikation über alle Grenzen hinweg, der weltweite Zugriff auf Wissen;
10. das gleichzeitig sich ausbildende große Gefälle in diesem Zugriff" (zitiert nach Nohlen 2002: 294).

Nuscheler ist dabei sehr ökonomisch orientiert, erwähnt sogar das grenzübergreifende Verbrechen als wichtige Begleiterscheinung der gegenwärtigen Globalisierung, vernachlässigt aber die militärische, kulturelle, ökologische und migratorische Dimension der Globalisierungsprozesse. Ähnlich könnten Vor- und Nachteile anderer definitorischer Ansätze präsentiert und kommentiert werden.

27 "In sum, although there exist important continuities with previous phases of globalization, contemporary patterns of globalization constitute a distinctive historical form which is itself a product of a unique conjuncture of social, political, economic and technological forces." (Held u. a. 2001: 429).

28 Mitte der 1970er Jahre erschien der erste arbeitsfähige PC und es gab die ersten erfolgreichen Versuche mit dem Internet (Castells 2003a: 36, 52), die Umstrukturierung des Finanz- und Wirtschaftssystems begann mit der Krise von 1970, kam aber erst Mitte der 1990er Jahre so richtig in Schwung (Castells 2003a: 13, 157, 162), das neue globale System bildete sich in den letzten Jahren des 20. Jahrhunderts heraus (Castells 2003a: 83, 144).

29 Man erinnere sich an das sprunghafte Ansteigen von Asylbewerberzuwanderung nach Deutschland bis hin zu dem von Bundeskanzler Kohl im Jahr 1993 ausgerufenen ‚Staatsnotstand'. Vgl. auch Held u. a. 2001: "With the collapse of … communism a swathe of new areas, previously sealed off, have become caught up in migratory flows" (Held u. a. 2001: 299). Auch Castells ist der Meinung, dass der Kollaps der Sowjetunion „das Ende einer historischen Epoche markiert" (Castells 2003b: 2).

30 Um 1460 erscheinen „die ersten obligatorischen Ausweispapiere, das heißt solche, die Personen besitzen mussten, um ihren eigenen legalen Status nachweisen und Eingangskontrollen passieren zu können" - allerdings handelte es sich noch nicht um eine ‚flächendeckende' Einrichtung, auch fehlten biometrische Elemente, wie etwa Fingerabdrücke oder Fotos. „Unter dem Einfluss des Liberalismus schafften die meisten Länder West- und Mitteleuropas im letzten Drittel des 19. Jahrhunderts den Zwang zum Pass für Auslandreisen ab - das später häufig nostalgisch evozierte goldene Zeitalter, in dem man ohne Visa und Ausweis quer durch Europa reisen konnte." Außerdem waren „im 17., 18. und bis weit ins 19. Jahrhundert hinein … viele Reisende mit Pässen unterwegs …, die von ihrem Ziel- und nicht von ihrem Herkunftsland ausgestellt worden waren: Jedes obrigkeitliche Papier konnte als Identitätsnachweis dienen. 1914 hingegen wurden dagegen Pass und Staatsbürgerschaft fest und endgültig verkoppelt." (Zitate aus: Gröbner 2004: 12f., vgl. Martin u. a. 2006: 9f.).

31 So etwa in der Allgemeinen Erklärung der Menschenrechte, Art. 13 und 14.

32 Zu wechselnden Kategorien Alt 2003: 112 und GCIM 2005: 40, zu Bestimmungsproblemen beim Unterschied zwischen Flüchtling und ‚Zwangsmigrant' siehe Alt 2003: 243-253. Vgl. Martin u. a. 2006: 57ff.

33 „Dieser Tag und Nacht lauernden Postenkette (aus Arbeitgebern, Agenten, Aufsehern und Vorarbeitern) entging, im Gegensatz zur Grenzgendarmerie, keine Bewegung. Das war oberstes Geschäftsprinzip; denn gerade die russisch-polnischen Arbeitskräfte passierten, wegen des teuren und oft willkürlich gehandhabten Passzwangs auf russischer Seite, die Grenze häufig illegal." (Bade 2000: 228).

34 Die Zahlen für den Zeitraum 1970-2000 basieren auf: IOM 2005: Section 3 (International Migration Data and Statistics), die Zahlen für 2006 und die Schätzung der IOM für 2050 wurden zitiert nach DBK-WA 2005: 21.

35 Quelle: Pew Hispanic Center, Yearbook of Immigration Statistics 2004, San Francisco Chronicle.

36 Quelle: Pew Hispanic Center 2008, in: Passel/Cohn 2008: ii.

37 Vgl. Kyle/Koslowski 2001: 3f.

38 Eine Übersicht über die aktuellsten Schätzungen und ihre Quellen bietet die UNESCO Bangkok im Internet unter www.unescobkk.org/index.php?id=1963. Siehe auch IAO 2005: 13-15, 55ff.

39 "There are well founded reasons to belief that this tendency will accelerate, as Sub-Saharan Africa has probably a higher potential for immigration into the EU than any other region of the World. Some experts even believe that population movements from Africa could evolve into one of the largest in world history in the medium and long run." (Kohnert 2008: 17). Die Zahlenangaben in diesem Abschnitt sind Kohnert 2007 und Kohnert 2006 entnommen.

[40] Siehe dazu die Webseite http://www.irregular-migration.hwwi.net/. Dieses Projekt kommt für die Jahre 2005-2006 auf eine Untergrenze von 2,8 Millionen und auf eine Obergrenze von sechs Millionen ‚Illegalen' für 25 EU-Mitgliedsstaaten, wobei die Qualität dieser Schätzung mit ‚niedrig' angesetzt wird. Siehe dazu im Internet: http://www.irregular-migration.hwwi.net/2004-2006_Stocks_of.5869.0.html.

[41] "How many migrants from country A reside in country B? Even in a world of perfect statistics this question might receive at best an ambiguous response. Numbers of migrants vary according to who is counted as well as to who does the counting. Not only is there no universal definition as to who, or what, constitutes a migrant, but the self-same definition will generate quite different figures depending upon whether migrants are recorded at origin or at destination. To make things worse, statistics are far from being perfect and migration data have a particularly bad reputation." (Fargues 2005: 6).

[42] Siehe Cyrus 2008 zu einer ausführlichen Darlegung zu Deutschland, Vogel/Aßner 2009 zu einer Auseinandersetzung mit Schätzungen aus qualitativen Feldstudien in deutschen Städten sowie den ‚Prüfbericht Illegalität' der Bundesregierung (BMI 2007), dort die Seiten 16-18 und Anhang 1 (‚Umfang und Struktur der illegal aufhältigen Migrantenbevölkerung in Deutschland').

[43] Migration Newssheet 4/2004, vgl. El Pais, 16.3.2004, The Guardian, 17.3.2004 sowie Diario de Noticias, 12.8.2004: "700 extranjeros afectados por el 11-M legalizan su situación".

[44] Zitiert nach: Mensch - das magazin. Ausgabe 3/2003, S. 106.

[45] Näheres hierzu in Kritz/Zlotnik 1992, Sassen 2000, Bade 2000, Alt 2003 sowie im Anhang 5.

[46] Dabei wird auf Grafiken auf den Websites des Global Policy Forums (http://www.globalpolicy.org/globaliz/charts/index.htm) und der Bundeszentrale für politische Bildung (http://www.bpb.de/wissen/Y6I2DP,0,0,Globalisierung.html) zurückgegriffen. Das Global Policy Forum weist darauf hin, dass die Grundlagen seiner Übersichten Daten von der UN Population Division sind.

[47] Vgl. zu den Philippinen Martin u. a. 2006: 196, weitere Beispiele bei Alt 2003: 89ff.

[48] Quelle: Bundeszentrale für politische Bildung, UN Department of Economic and Social Affairs.

[49] "In short, peasants are obligated - pushed - into a lifestyle that incorporates constant mobility. In contrast to generations ago, much if not most of this motion is not of workers heading to the fields or of families visiting each other in neighboring villages, but repeated trajectories from rural hamlets into towns and cities. In the short run this may not uproot populations, but over the long run I argue that it is a contributing factor. This is particularly true in the case of students relocated for weeks if not years in cities where they can pursue their education." (Mahler 2000: 17).

[50] Vgl. Berliner Tagesspiegel, 6.9.2006: „Ins gelobte Land - 600 afrikanische Flüchtlinge landen täglich auf den Kanaren - angelockt von Verheißungen im Internet". Zur kommunikationstechnologischen Situation im subsaharischen Afrika siehe Kapitel 3.3.4.3.

[51] Internet: http://www.globalpolicy.org/globaliz/charts/trnsprt2.htm, Quelle: IWF.

[52] Quelle: Global Policy Forum, Datenquelle Vital Signs 1999, Wordwatch Institute.

[53] Quelle: Global Policy Forum, Datenquelle Vital Signs 1999, Wordwatch Institute.

[54] Quelle: Global Policy Forum, Datenquelle IWF.

[55] Im Juni 2008 kostete das Fass Rohöl um die 145 US-Dollar, im November 2008 lag der Preis bei 50 US-Dollar (vgl. http://www.tecson.de/prohoel.htm).

[56] "We emphasize that the invention of some of these technologies is not sufficient by itself to account for their deployment, use and growth; but their contribution to both the increased volume and transformed character of contemporary globalization is undeniable … They have contributed to declining unit costs and diminished opportunity costs in crossing huge distances. As a consequence, these transport networks are more difficult for states or elites to monopolize or to control and more open and accessible for bigger publics than in previous epochs: witness … the inability of states to control migration fully or to prevent drug trafficking across international land borders." (Held u. a. 2001: 428).

[57] "Culture is the medium through which individuals and collectivities organize and conceptualize their identity in time and space." (Held u. a. 2001: 369).

[58] "Contemporary cultural globalization is associated with several developments: new global infrastructures of an unprecedented scale, … an increase in the intensity, volume and speed of cultural exchange and communication of all kinds; the rise of Western popular culture and interbusiness communication as the primary content of global cultural interaction." (Held u. a. 2001: 341ff.). "The ownership of culture industry MNCs (Multi National Corporations) is overwhelmingly Western and within that predominantly American

… Thus there is a flow of imagery, genre and content mainly from the USA and some Western cultures to other Western states and most of the developing world." (Held u. a. 2001: 372ff.).

59 "If the world has any ends, British Honduras would certainly be one of them. It is not on the way from anywhere to anywhere else. It has no strategic value. It is all but uninhabited." (zitiert nach Sutherland 1998: 1).

60 Vgl. Sutherland 1998: 9, 155ff. ('Bananas and Banks').

61 Zur Emigration von Maya aus dem Grenzgebiet zwischen Mexiko-Guatemala vgl. Mahler 2000: 15, zur Emigration von Yucatan-Maya nach Kalifornien vgl. Cornelius u. a. 2007 sowie San Francisco Chronicle, 28.4.2002: "The newest San Franciscans: Recent Mayan Immigration is changing the face of the city and forging a link to the Yucatan".

62 J. Palacio 2005, Gonzales 1988, M. Palacio 2002.

63 Vgl. Sutherland (1998) zu dem jahrhundertelang unveränderten Lebensstil der Maya: "We do know that the Maya have persisted. Civilizations may collapse, but people live on and make new living. Today the Maya population has increased and they are farming their milpas, building their houses, and raising their families in some of the same ways they have for hundreds of years." (Sutherland 1998: 17, vgl. 85ff.). Daten für nachfolgende Darlegungen wurden u. a. entnommen http://www.southernbelize.com/index.html sowie MAYA 1997. Siehe dazu auch http://geography.berkeley.edu/projectsresources/MayanAtlas/MayaAtlas/MayanAtlas2.htm.

64 "An extensive construction programme begun in the early 1980s greatly improved Belize's road network, which now totals 2,565 km. Substantial upgrading of major roads is being funded by overseas aid from a number of sources, including the IDB and the UK, and that of rural access roads by the US Agency for International Development (USAID)." (EIU 2003, vgl. Sutherland 1998: 4).

65 "By far the greatest impact on Toledo District has come through continuing construction of roads … Roads change the underlying basis of economic decisions by farmers as well as by capitalists. By turning the isolated hinterland into an open and accessible area, roads affect people's relationship with the natural environment, their community and family and with the market and government." (Wilk 1991: 71).

66 Vgl. Schreiben des South and Meso American Indian Rights Center vom 24.8.1997, http://www.hartford-hwp.com/archives/47/012.html.

67 Sutherland 1998: 85ff., MAYA 1997: 122-125, vgl. auch Kapitel 3.3.5.

68 Es handelte sich in erster Linie um eine 1993 an eine malaysische Firma (Atlantic Industries) gewährte 20-Jahres-Lizenz. Julian Cho kam zu Tode, als er vom Dach seines Hauses stürzte, wobei nie zweifelsfrei geklärt wurde, ob es sich um einen Unfall handelte oder ob jemand ihn gestoßen hatte. Die Lizenz für Atlantic Industries wurde erst 1999 widerrufen, "after an official report noted that logging operations had harmed local communities in southern Belize." (EIU 2003).

69 Die rechtliche Grundlagen des *Alcalde*-Systems gehen zurück bis ins Jahr 1924, als seitens der britischen Kolonialverwaltung versucht wurde, unter den Maya eine ‚indirect rule' zu errichten: ‚Anerkannte' Dörfer wurden als Reservat (‚reserve') deklariert und erhielten das Recht zur Selbstverwaltung durch einen Bürgermeister (*Alcalde*), der wiederum die Verpflichtung hatte, jährlich eine Abgabe von fünf US-Dollar zu erheben und abzuliefern. Freilich: "The reserve system never fit very closely with actual land use patterns, but was instead an administrative convenience and fiction." (Wilk 1991: 62).

70 Auch heute ist für viele der Weg nach Punta Gorda unerschwinglich, da eine Hin- und Rückfahrt mit dem Bus bis zu zehn BZ-Dollar kostet. Ein Beispiel hierzu siehe in Kapitel 3.3.4.1.

71 Probleme ergaben und ergeben sich aus der Mobilität der Maya-Indianer, die sich u. a. nach der Größe der Orte und der damit verbundenen Möglichkeit, sich vom Ackerbau zu ernähren, richtet. Dies bedeutet, dass nur wenige Indianer permanent an einem Ort sesshaft sind und auch kein Interesse am Erwerb von (besteuerbarem) Landeigentum haben. Eine Studie im Dorf Aguacate kam zu dem Schluss, dass jeder Bewohner über 20 Jahre in einem Zeitraum zwischen 5,2 und 9,7 Jahren den Wohnort wechselte (Wilk 1991: 65).

72 "Tourism is simultaneously one of the most obvious forms of the globalization of culture and one of the most difficult to evaluate." (Held u. a. 2001: 360). In Belize begann Tourismus erst Mitte der 1980er Jahre, heute ist er die zweitgrößte Einnahmequelle ausländischer Währung nach landwirtschaftlichen Exporten. Jährlich kommen mehr Touristen nach Belize, als das Land Einwohner hat. Der Tourismus konzentriert sich allerdings im infrastrukturell wesentlich besser erschlossenen Norden und in der Mitte des Landes (vgl.

Sutherland 1998: 91ff.). Bei aller Liebe zum ,Abenteuerurlaub' ist das, was Toledo zu bieten hat, selbst für abgehärtete Idealisten oft zu anstrengend und zu uninteressant. Die durchschnittliche Verweildauer von Touristen in Toledo beträgt in der Regel ein bis drei Tage, oft nutzt man lediglich die Durchreise zum Bootsverkehr nach Guatemala zu einem kurzen Stopp bei der Maya-Ruine von Indian Creek und zum Gang über den Wochenmarkt von Punta Gorda.

73 Auch von dieser Entwicklung profitierte vor allem der Norden und das Gebiet um Belize City, der Süden ist immer noch sehr vernachlässigt. Außerhalb der Distrikthauptstadt Punta Gorda begann die Elektrifizierung des ländlichen Toledos erst 1993. Zwei Drittel der Dörfer sind bis heute ohne Anschluss an das nationale Stromnetz, für private Anbieter sind Investitionen nicht lukrativ. Allerdings wurden in den vergangenen Jahren einigen Dörfern Solarzellen gespendet, zuletzt ,zufällig' vor den Parlamentswahlen 2008 und ,zufällig' vor allem jenen Haushalten, in denen Unterstützer der (dennoch abgewählten) Regierungspartei wohnten.

74 "Belize Telecommunications Ltd (BTL) operates a telephone network linking most settlements. There were 149 main lines per 1,000 population in 2000, compared with 125 for Mexico (and 92 for Belize in 1990)." (EIU 2003, vgl. Sutherland 1998: 169ff.).

75 So bezeichne ich erwachende Wünsche nach Waren und Artikeln, die vor Einführung der Medien nicht bestanden haben (bestimmte Kleider, Lebensmittel etc.), wofür Geld benötigt wird, das nur durch eine Ausweitung des Ackerbaus verdient werden kann, was zu einer weiteren Degradierung der Böden führt.

76 Vgl. Alt 1999: 110ff. und Alt 2003: 270ff. Ähnliches wird aus dem für Europa wichtigen Migrationssystem Nordafrika-EU berichtet. Ein Marokkaner beschreibt die Situation seines Landes als die zwischen zwei Feuern: "On the one hand, (Spanish) television (received in Marocco) describes a paradise (in Europe) with money, power to consume and well-being. Here life is hard and they (people) are deprived of even the basics." (Martin u. a. 2006: 126).

77 Vgl. Mahler 2000: 16, Petit 2004: 22. Hierbei muss beachtet werden, dass der Schultag für Kinder aus den Grenzdörfern morgens um 4.30 Uhr beginnt und erst um 18 Uhr abends mit der Rückkehr endet - wobei dann noch Hausaufgaben anstehen. Einfacher ist die Anmietung einer Schlafgelegenheit in Schulnähe oder die Unterbringung der Kinder bei einem ,Wohltäter', wobei allerdings die Gefahr besteht, dass sie in die Hände von Verbrechern (,Sugar Daddies') fallen und Opfer von sexuellem Missbrauch werden.

78 "Educational levels in Belize are relatively high: the adult literacy rate was estimated at 93.2 % in 2000, compared with 91.4 % for Mexico and 86.9 % for Jamaica. This is despite the fact that only 39 % of the relevant age group were in secondary education in the late 1990s; this compares with 56 % in Mexico, 79 % in Jamaica and 100 % in Barbados. Of the primary schools, 17 % are administered by the state, while the rest are mainly church-administered." (EIU 2003).

79 Das Statistical Institute of Belize schreibt zum Profil der Emigranten in die USA: "During the 1990s, an increased number of Belizeans went abroad, mainly to the USA, to pursue tertiary level education Data are not available on the exact numbers. Many of them returned to Belize after completing their studies. However, it is suspected that a significant proportion later returned to the USA to work. The general profile of the emigrant is a person that is young, in the productive age group and has at least a high school education. Therefore, Belize is exporting one of its most valuable resources, the young, educated, and productive people." (aus der Ergebnisauswertung der Haushaltsbefragung 2000).

80 Eine ,Nebenfolge' dieser Entwicklung ist, dass aufgrund der späteren Heirat weniger Kinder geboren werden und die Gesamtkinderzahl zu sinken beginnt.

81 Der dringende Wunsch nach weiterer Bildung war in den 1980er Jahren Anliegen vieler ,illegaler' Migranten aus der Kreol- und Garifuna-Kultur. Wären sie in Belize geblieben, hätten sie sich aufgrund der Armut der Familien nicht nur keine Ausbildung leisten können. Sie hätten zudem durch Erwerbsarbeit zum Familieneinkommen beitragen müssen. Durch die illegale Auswanderung in die USA konnten sie beide Ziele erreichen: Sie verdienten so viel, dass sie sowohl studieren als auch ihre Familien durch Remissen unterstützen konnten.

82 Mitte 2007 waren 39,7 Prozent der Bevölkerung zwischen zehn und 30 Jahren alt (Information des Statistical Institute of Belize an den Verfasser, 14.3.2008).

83 Im Jahr 2007 lag die Arbeitslosenquote für Toledo mit 16,4 Prozent deutlich über dem nationalen Durchschnitt von 12,1 Prozent (Statistical Institute of Belize, ,September 2007 Labour Force Survey'). Auch in den Jahren zuvor sank der nationale Schnitt selten unter zehn Prozent, der Anteil von Toledo lag

stets über dem nationalen Durchschnitt. Hinzu kommt, dass von denen, die Beschäftigung finden, ein hoher Anteil unterbeschäftigt ist.

84 Die beiden Highschools in Toledo graduieren pro Jahr ca. 200 Studenten, wobei unklar ist, wie viele im Distrikt verbleiben, wo die erstrebenswertesten Berufe im öffentlichen (Soldat, Polizist, Krankenschwester) oder kirchlichen Bereich (Lehrer) existieren. Aber: Diese Berufe sind von jungen Leuten besetzt. Zum Beispiel: Das katholische Schulmanagement beschäftigt 220 Lehrer, pro Jahr werden bestenfalls zwei, drei Plätze frei durch Pensionierungen. 60 Prozent der Highschool-Absolventen wollen das Studium fortsetzen, aber lediglich 15 Prozent haben genügend finanzielle Ressourcen für eine College-Ausbildung. Was mit den Übrigen geschieht, wurde bisher noch nicht untersucht. Ein Berufsberater geht davon aus, dass viele im Norden Arbeit suchen, wundert sich aber zugleich, dass man die wenigsten Highschool-Absolventen irgendwann wieder antrifft - was normal wäre in einem Land mit nur 300.000 Einwohnern. Deshalb vermutet er, dass viele von ihnen ihr Glück im Ausland suchen. Diese Sicht wird bestätigt durch einen Sozialarbeiter, der die These vertritt, dass Jobs im Norden lediglich als Sprungbrett für die Auswanderung in die USA darstellen: "OK, let's assume they go north and get a job in the tourist industry. But where are the people whom they replace in the jobs in the tourist resorts? There is no new job creation in the country - no government accomplished that. And still people find work? This has to mean that the previous job-holder must have moved out of them and - where would they go? And: All these jobs are not satisfying. You earn money which you spend on accommodation and food and in the end you are hardly left with anything. Therefore: I would say that a high percentage of them are moving on into the US, especially since they are likely to meet tourists who promise them assistance once they come to their place. And sometimes these tourists just brag about the 'worlds best country' and people believe it because they don't know better and because they want to believe it. These people not just look for basic means of life; they are looking for a comfortable life. Even in the villages they have movies showing them how life elsewhere can be. This they want for themselves. Young Maya have education, they don't want to continue chop bush and sleep in a house with dirt floor."

85 "This process simultaneously pre-socializes future immigrants in what to expect of their lives abroad, and increases the drive to move through the growing gap between local realities and imported consumption aspirations." (Portes 1997: 6).

86 "There were 55 doctors per 100,000 population in 1990-99, compared with 186 in Mexico and 140 in Jamaica. Rural healthcare has been expanded by the provision of health centres and mobile clinics, which offer free outpatient treatment." (EIU 2003).

87 Dies war nicht leicht, denn den belizeanischen Behörden musste nachgewiesen werden, dass diese ausländische Arbeitskraft deshalb nötig ist, weil ihre Arbeit von einheimischen Kräften nicht geleistet werden kann.

88 Dem Verfasser vom Statistical Institute of Belize zur Verfügung gestellte „2000 Census Major Findings".

89 Maya haben wenig Qualifikationen, die die Erteilung eines Visums wahrscheinlich machen würden. Sie verfügen über kein Bankkonto, kein geregeltes Einkommen, haben in den meisten Fällen keinen Pass (in einigen Fällen nicht einmal eine Geburtsurkunde) - alles Kriterien, die bei der Visa-Antragstellung eine Rolle spielen. Aus diesem Grund wäre es pure Geldverschwendung, der US-Botschaft die 200 BZ-Dollar teure ‚Bearbeitungsgebühr' für die Prüfung eines Visum-Antrags zu zahlen. Die Ablehnung ist sicher, die Gebühr würde nicht erstattet.

90 Zu einer definitorischen Bestimmung der Ausdrücke Erste, Zweite, Dritte und Vierte Welt siehe Milanovic in Kapitel 3.3.4.1.

91 Siehe dazu: Altvater/Mahnkopf 2002, Castells 2003a, Castells 2003b, Enste/Schneider 2006, Kurtenbach/Lock 2004, Berdal/Malone 2000, Gather u. a. 2002, Rerrich 2002, Rerrich 2006, Alt 1999: 258ff. und Alt 2003: 361ff.

92 Zu Mexiko siehe Kapitel 3.3.1.3. Hier spielt auch eine Rolle, dass im Globalisierungszeitalter Investoren in Staaten keine sich selbst tragenden Industrien gründen (wollen, da diese wiederum Konkurrenz auf dem Produktmarkt werden könnten), sondern dass die dortige Produktion nach den Interessen der Investoren, nicht des Standorts ausgerichtet wird. Altvater/Mahnkopf 2002 nennen dies „subalterne Integration in die globale Wertschöpfungskette" (Altvater/Mahnkopf 2002: 163) und Castells spricht von einer „Segmentierung der Ökonomie", die „letztlich zu den globalen Tendenzen steigender Ungleichheit und sozialer Exklusion" führt. „Dieses Segmentierungsmuster ist bestimmt durch eine Doppelbewegung:

Einerseits werden wertvolle Segmente von Territorien oder Menschengruppen in globale Netzwerke der Werterzeugung und Reichtumsaneignung eingebunden. Andererseits werden alle und alles, was nach den Wertmaßstäben, die in den Netzwerken gelten, keinen Wert hat, aus diesen Netzwerken ausgeschlossen und schließlich gar ausrangiert.“ (Castells 2003a: 142f.). „Das vorherrschende Modell der Arbeit in der neuen informationsbasierten Wirtschaft ist, dass eine Kernbelegschaft, die aus informationsbasierten Managern ... besteht, sowie einer disponiblen Belegschaft, die je nach Marktnachfrage und Arbeitskosten automatisiert und/oder geheuert/gefeuert/ausgelagert werden kann.“ (Castells 2003a: 312).

93 Vgl. Held u.a. 2001: 321ff., Altvater/Mahnkopf 2002: 81ff., Castells 2003a: 229ff.

94 Altvater/Mahnkopf 2002: 24, vgl. Castells 2003b: 215ff.

95 Vgl. Alt 2003: 335f., Castells 2003a: 209.

96 Eine entsprechende Unterscheidung zwischen kommerziellem und kriminellem Schleusertum gibt es auch im internationalen Recht, nämlich die Unterscheidung zwischen „human smuggling“ und „human trafficking“ im „Protocol to Prevent, Suppress and Punish Trafficking in Persons, especially Women and Children, Supplementing the United Nations Convention Against Transnational Organized Crime“ (UN GA 2000). Zur ausführlichen Diskussion dieser Problematik siehe Alt 2003: 284f., Alt 2001b und Brinkbäumer 2006: 159ff. Auch Castells verweist auf den gesellschaftlichen Kontext, indem er mit dem Wort „kriminell“ jene „einkommenschaffenden Aktivitäten“ bezeichnet, „die in einem bestimmten institutionellen Zusammenhang normativ als Verbrechen bezeichnet und entsprechend verfolgt werden. In dieser Etikettierung liegt kein Werturteil - nicht, weil ich Drogenschmuggel etwa für entschuldbar hielte, sondern weil ich eine Anzahl institutionell respektierlicher Tätigkeiten, die gewaltigen Schaden für das Leben von Menschen mit sich bringen, für ebenso wenig entschuldbar halte. Was eine bestimmte Gesellschaft jedoch für kriminell hält, das ist kriminell.“ (Castells 2003b: 78).

97 “The term ‚facilitated illegal immigration‘ covers a number of different serious crimes all aimed at assisting, for financial gain, the entry into or residence in a country in violation of the laws of that country. Facilitated illegal immigration thus covers the production and procurement of falsified travel documents or permits obtained under false pretences, the provision of clandestine transportation or other assistance in order to obtain illegal entry, often connected to a number of related criminal activities. Migration itself is not illegal; it is in fact necessary for the development of both source and destination countries. Migration, however, becomes illegal when individuals themselves, or with the assistance of others, attempt to enter a country clandestinely or by deceptive means.” (EUROPOL, Internet: http://www.europol.europa.eu/publications/Serious_Crime_Overviews/Facilitated_illegal_immigration_2008.pdf).

98 Siehe dazu: Held u.a. 2001 (Kapitel 4: „Shifting Patterns of Global Finance“), Kellermann 2006, Stiglitz: 2004.

99 Artikel „Washington Consensus“ in Wikipedia: http://de.wikipedia.org/wiki/Konsens_von_Washington.

100 Artikel „Washington Consensus“ in Wikipedia: http://de.wikipedia.org/wiki/Konsens_von_Washington.

101 Vgl. die publizierten Ergebnisse bei Alt 1999: 101-108, 140 sowie Alt 2003: 76ff., 113.

102 1998 lag die monatliche Durchschnittsrente bei 53 Hriwna, unterhalb der nationalen Armutsgrenze von 77 Hriwna (IMF 1999: Nr. 78).

103 Eine Übersicht über das Ausmaß der Zahlungsrückstände bei Gehältern und Löhnen im Land für die Jahre 1997-2008 ist vom Statistischen Amt der Ukraine erhältlich unter http://ukrstat.gov.ua/control/en/localfiles/display/operativ/operativ2006/gdn/prc_rik/prc_rik_e/zab_2006e.html. Eine Übersicht über die Unterschiede in der Armuts- und Einkommensverteilung enthält World Bank 2000, darin die Kapitel 2 („A profile of Income Poverty“) und 4 („A Look at Income Inequality“). Die Zahl 32 Prozent stammt von World Bank 2007a: 1.

104 UKRAINE CHR 2003b. Vgl. auch UKRAINE CHR 2003a: “From the mid-1990s an ever growing number of Ukrainian citizens were leaving the country for economic reasons, primarily to seek employment elsewhere. For Ukraine migration for employment abroad gained dangerous proportions during the past five years following the aggravation of the socioeconomic situation in the period from 1994 to 1999. Millions of Ukrainian migrant workers, most of whom have been finding jobs in Russia, Western Europe and North America, have compelled the government to assess in a new way its role in the protection of the rights and freedoms of our citizens. The situation has become the more complex, since the majority of Ukrainians abroad are illegal migrants, one of the most discriminated and unprotected category of aliens whose rights are grossly infringed.” (Introduction).

[105] So wurde seinerzeit der „Anteil der Schattenwirtschaft in der Ukraine", je nach Berechnungsmethode, „auf 30 Prozent bis über 100 Prozent des ausgewiesenen Bruttoinlandsprodukts" veranschlagt (Altvater/ Mahnkopf 2002: 104).

[106] UKRAINE REG 1998. Dieses Dokument geht auch auf 1994 begonnene Reformmaßnahmen ein bzw. kommentiert und führt sie weiter (vgl. vor allem Table 1). Andere Dokumente zum Verlauf und den Folgen der ukrainischen Reformpolitik während der Umstrukturierung enthält IMF 1999, ebenso Unterlagen zu den so genannten „Artikel-IV-Konsultationen", die auf der Website des IMF einsehbar sind.

[107] "Given the limited availability of nonconcessional external financing, and the significant debt repayments that are falling due in 1998, we intend to lower the fiscal deficit to Hrv 3.3 billion (3.3 percent of GDP) in 1998 and Hrv 2.2 billion (2.0 percent of GDP) in 1999. Within these targets we will reduce budgetary arrears on wages, pensions, and social benefits by Hrv 1 billion in 1998 and eliminate them by end-1999. However, if privatization receipts in 1998 exceed our program assumption, in consultation with the Fund staff, we would use these proceeds to eliminate additional arrears." (UKRAINE REG 1998: Nr. 23). Zusätzliche Indikatoren für den Zusammenhang zwischen Schuldendienst und Nicht-Zahlung von Gehältern enthält auch der IMF Staff Report 1999: "The MoF started facing a serious liquidity shortage as the servicing of domestic and external debt absorbed significant budgetary resources." (IMF 1999: Nr. 72).

[108] Alle vorstehenden Zitate aus IMF 2000.

[109] "To a misunderstanding of the very foundations of a market economy, as well as a failure to grasp the fundamentals of reform processes. I will argue below that at least part of the problem was an excessive reliance on textbook models of economics. Textbook economics may be fine for teaching students, but not for advising governments trying to establish from anew a market economy." (Stiglitz 1999: 3).

[110] "While inappropriate economic policies may have sharply slowed growth in the less developed countries, and interrupted it in East Asia, their effect on the transition economies of the former Soviet Union and Eastern Europe has been even more drastic. These countries … must be counted among the most severe long-term failures of IMF policies." (CEPR 2000: 13).

[111] Vgl. hierzu UKRAINE CHR 2003a (Kapitel: „Financial and political consequences of migration of labor from Ukraine").

[112] Vgl. World Bank 2007a: "Central and Eastern Europe and the Commonwealth of Independent States (CIS), following a catastrophic decline in the first half of the 1990s, has also recovered to the level before the reversal." (vgl. UNDP 2007b).

[113] Vgl. AFP, 26.10.2008: "Ukraine, IMF agree 16.5-billion-$ Loan"; Washington Post, 28.10.2008: "Ukraines IMF Loan Endangered by Feud".

[114] "We will change the course of our income policies. Our recent minimum wage, pension, and social transfer increases helped to lift many out of poverty, an important achievement. However, the boom in our trade prices, which allowed us to fund these increases, is now expected to reverse … Our adjustment strategy will thus be to limit the increase in both minimum and average public wage and pensions, and other social transfers, in line with projected inflation in 2009 (average and end-period basis). This will include the following measures: (i) in December 2008-January 2009, the wage level for the first grade public sector employees will remain constant; (ii) postponing for two years the planned equalization of the minimum wage with the much higher minimum subsistence level; and (iii) revising backward-looking indexation arrangements for various social transfers (and refocusing increases on forwardlooking inflation measures)." (UKRAINE REG 2008).

[115] Deshalb forderte der Nationalökonom Friedrich List schon 1827 Schutzzölle für Länder, die einen gewerblichen Rückstand aufweisen. Siehe hierzu Doering o. J. sowie Held u. a. 2001 (Kapitel 3: „Global Trade, Global Markets").

[116] Das GATT wurde 1947 von ursprünglich 23 Staaten unterzeichnet, die entscheidende achte Verhandlungsrunde innerhalb des GATT, die schließlich zur Bildung der WTO im Jahr 1994 führte, trägt, nach dem Land des ersten Treffens, den Namen „Uruguay-Runde" (1986-1994).

[117] Dies schließt nicht aus, dass sie sich, aufgrund von Binnenmigration, bereits mehrere Jahre in einer mexikanischen (Groß-)Stadt aufgehalten haben, bevor sie sich zum illegalen Aufenthalt in den USA entschlossen.

[118] "NAFTA is the best hope for reducing illegal immigration in the long haul … If NAFTA fails, stopping the flow of illegal immigrants will be much, much more difficult, if not impossible." (U.S. Department of State

93/11/02. Remarks at Los Angeles Foreign Affairs Co. & Town Hall. Office of the Spokesman, speech as prepared for delivery). In der Rede nimmt Christopher Bezug auf ähnliche Positionen der damaligen US-Justizministerin Janet Reno.

119 "(A)gricultural trade liberalization linked to NAFTA is the single most significant factor in the loss of agricultural jobs in Mexico." (Polaski 2004a: 20).

120 Als *Maquila* oder *Maquiladora* werden Montagebetriebe im Norden Mexikos und in Mittelamerika bezeichnet, die importierte Einzelteile oder Halbfertigware zu Dreiviertel- oder Fertigware für den Export zusammensetzen.

121 Polaski 2004a: 12. Peter Lock geht davon aus, dass „in jüngster Zeit“ 20 Prozent der *Maquiladora*-Jobs an „noch billigere chinesische Produktionsstandorte verloren“ gingen (Lock 2004: 42). Auch Martin u. a. 2006 verweisen darauf, dass die Beschäftigung in der *Maquiladora*-Industrie nicht sonderlich stabil und berechenbar ist: "The 2001-2002 recession showed that *maquiladora* employment can fall just when other jobs also disappear, making them poor economic shock absorbers." 250.000 Menschen verloren in der vorgenannten Krise ihre Jobs (Martin u. a. 2006: 181). Des Weiteren ist bei der *Maquiladora*-Beschäftigung bemerkenswert, wie hoch die Fluktuation der Arbeiter ist: Sie liegt bei 50-150 Prozent pro Jahr, d. h. zwei Arbeiter sind in diesem Zeitraum nötig, um eine Arbeitsstelle auszufüllen. In diesen grenznah gelegenen Firmen arbeiten viele Menschen wahrscheinlich so lange arbeiten, bis sie sich die zum Grenzübertritt berechtigende „border crossing card“ und/oder genügend Geld für eine anderweitige Passage in die USA verdient haben (vgl. Martin u. a. 2006: 180-183).

122 "Before NAFTA, Mexican undocumented Mexican immigration came mainly from four or five Mexican states and a limited number of mostly rural municipalities. After NAFTA, migrants originate in all Mexican states, practically all municipalities, and cities as well as towns and villages." (Portes 2006: 3). Vgl. Martin u. a. 2006: 179.

123 "The beginning of the market oriented era based on the liberalization of production and labor markets and the opening of the economy to international competition, all recommendations of the Washington Consensus … globalization measures … had a positive and statistically significant effect on international migration in communities that relied heavily on basic crops production." (Martinez 2007: 3)

124 "Mexico-U.S. collaboration for the production of staples and export fruit and horticulture has increased, but it still pales by comparison to the recent growth of comparable agricultural production in the U.S. Mexican emigration is far more frequent in rural areas, which account for roughly half the total flow and are currently losing about 1 % of the total workforce in Mexico every year. Serious agricultural development is likely therefore to have a major impact on migration pressure and eventually on migration flows" (Latapi 2008: 4).

125 "NAFTA Played Critical Role in Fueling Illegal Immigration to U.S.": Interview with Jeff Faux, conducted by Melinda Tuhus. Syndicated Radio Newsmagazine, 31.5.2006.

126 "The way forward, then, is clear: More trade, less immigration." (Krikorian 2005).

127 "The massive growth in immigration pressures from Mexico in the 1990s was not a failure of NAFTA, but an inevitable consequence ... Counterintuitive as it might seem, economic development, especially agricultural modernization, *always* sets people on the move, by consolidating small farms into larger, more productive operations. These excess farmers then move to cities, where they get manufacturing or service-sector jobs. But the fact that development cuts peasants loose from the land and compels them to move to cities doesn't tell us *whose* cities they're moving to." (Krikorian 2005).

128 "If there is one lesson to be learned from NAFTA it is that free-trade agreements must be accompanied by muscular immigration controls." (Krikorian 2005).

129 "Arguing in favor of a thoughtful resolution of these issues is the realization that tightened immigration enforcement is unlikely to change the economic and social realities that build migration pressures. Nor can such enforcement withstand the migration momentum that is relentlessly fueled by the social networks that dominate the Mexico-to-US migration system … (T)he two governments may try to seriously implement the ‚Partnership for Prosperity‘ initiative launched in Guanajuato in 2001, and signed in Monterrey in March 2002. However, that initiative's main thrust - promoting cross-border economic ties by adding incentives for foreign and domestic investment in Mexico's marginal areas - appears to stand little chance of raising Mexican living standards significantly, and thereby reducing pressures to migrate. A fair amount of rethinking will be needed to honestly address the contradictions of migration policies heavily driven by

protectionist considerations in an increasingly globalized world. The challenge will be to understand clearly the enduring nature of the economic, social, and communications forces at work even while looking at the entire process through the security lens. These forces will continue to generate strong migratory pressures between interdependent economies." (Alba 2004: 6f.).

130 "With a few minor exceptions, such as bananas and products salable in the overseas ethnic markets, the growth prospects for agricultural products appear very poor, particularly in comparison to other sectors. The decline in small-scale farming will push future migrants out of the countryside and into urban areas, capital cities in particular. Moreover, many areas of subsistence agriculture have witnessed such extreme environmental degradation - deforestation, loss of topsoil, and ground water contaminated with fertilizers, to name just a few- that peasants cannot survive and are obliged to migrate to urban areas or abroad." (Mahler 2000: 14f.).

131 "The world's richer countries spend over $ 300 billion a year in agricultural subsidies, more than six times the amount they spend on overseas aid." (GCIM 2005: 21).

132 Diese Informationen sind folgenden Internet-Seiten der Welthungerhilfe entnommen: „Weiterhin hohe Agrarsubventionen der Industrieländer - Umschichtung anstelle von Kürzungen" (Zugriff am 30.9.2008), „Gewinner und Verlierer steigender Nahrungsmittelpreise" (Zugriff am 9.4.2008).

133 Siehe dazu Held u. a. 2001 (Kapitel 5: "Corporate Power and Global Production Network").

134 Vgl. "Public Statement from the Affected Communities about the Danger of Mineral Exploitation in the North of the Department of Chalatenango": http://www.miningwatch.ca/updir/CCR_manifesto.pdf.

135 "We recognize that it is in the best interest of all stakeholders that mineral development projects proceed from their onset within the framework of mutual trust and cooperation with local communities ... AUU has opened up dialogue with NGOs involved in the area, as well as with leaders of the Roman Catholic Church to provide a clear understanding of our future exploration activities." (Pressemitteilung vom 14.3.2006). Zu den Protesten der NGOs siehe: http://www.share-elsalvador.org/news/frcortina.htm, http://www.diariocolatino.com/nacionales/detalles.asp?NewsID=8943, http://www.miningwatch.ca/index.php?/Au_Martinique/Chala_update_3, http://luterano.blogspot.com/2005/08/gold-mining-in-el-salvador.html. Zu den Protesten aus dem katholischen Bereich (Caritas): http://www.caritaselsalvador.org/Paginas/Pagina_4_06_5.htm. Der örtliche Bischof, Monsenor Alas, weihte auf einem für die Minenbetreiber zentralen Berg eine Statue der Gottesmutter Maria: http://www.miningwatch.ca/index.php?/El_Salvador_en/Virgin_of_resistance.

136 "During the past decade, El Salvador has been the model student of the development strategies of the World Bank and the IMF, deregulating industries and courting foreign investors through emphasizing the minimal royalties that local communities such as San Isidro receive.", http://www.sierraclub.org/trade/faces/pacific_rim.asp.

137 "Environmental stipulations at a gold mine in California, for example, are under attack by a lawsuit from a Canadian mining company, based on NAFTAs Chapter 11 - a chapter that is duplicated in CAFTA and allows companies to sue for profit loss caused by regulations. But the gold industry has a strong ally in the World Bank, which has loaned an initial $ 45 million to Glamis Gold for its mine project in northern Guatemala. Widespread community protests have been dismissed as being an ‚anti-development' campaign. When the police were brought in to control protests at the site in January, and local resident Raul Bocel was shot dead, Guatemalan President Oscar Berger said, ‚We have to protect the investors' ... Guatemalan Bishop Alvaro Ramazzini of San Marcos received death threats after calling for Convention 169 [der International Labor Organization, Anm. d. Verf.] to be respected and for local stakeholders to be part of the decisions about the gold under the soil."

138 Internet: http://www.aurasilver.com/s/ElSalvador.asp.

139 Internet: http://www.tribuneuranium.com/properties/silver_gold/el_salvador/.

140 "The Board considers the El Salvador areas of interest as having the potential of hosting future world class gold discoveries. While the potential is considered high, the Non-Government Organisational pressures and political environment in this region have not in the recent past been pro mining and so reduced ounces and value per ounce has been attributed to this region." (Intrepid Mines - Annual Report 2007: Strength to Build - Capacities to Deliver, S. 32).

141 Neue Züricher Zeitung, 16.4.2009: „El Salvadors Bischöfe gegen den Bergbau".

142 Das United States Institute for Peace schreibt in einer Dokumentation: "On 14 May 1980, units of Military Detachment No. 1, the National Guard and the paramilitary Organización Nacional Democrática (ORDEN)

deliberately killed at least 300 non-combatants, including women and children, who were trying to flee to Honduras across the Sumpul River beside the hamlet of Las Aradas, Department of Chalatenango … The Salvadorian military operation had begun the previous day as an anti-guerrilla operation … In the course of the operation, there had been a number of encounters with the guerrillas. There is sufficient evidence that, as they advanced, Government forces committed acts of violence against the population, and this caused numerous people to flee, many of whom congregated in the hamlet, consisting of some dozen houses. Troops attacked the hamlet with artillery and fire from two helicopters. The villagers and other people displaced by the operation attempted to cross the Sumpul River to take refuge in Honduras. Honduran troops deployed on the opposite bank of the river barred their way. They were then killed by Salvadorian troops who fired on them in cold blood." (Internet: http://www.usip.org/library/tc/doc/reports/el_salvador/tc_es_03151993_casesC).

143 The member countries of the Gulf Cooperation Councils "idea is to secure deals, particularly in sister Islamic countries, by which they will supply capital and oil contracts in exchange for guarantees that their corporations will have access to farmland and be able to export the produce back home … The seriousness of the Gulf States' drive should not be underestimated. Between March and August 2008, individual GCC countries or industrial consortia leased under contract millions of hectares of farmland, and harvests are expected to start as soon as 2009." (GRAIN 2008a: 4f., vgl. IFPRI 2009). Dies betrifft selbst den Sudan zu einer Zeit, als dieser von internationaler Lebensmittelhilfe abhängig ist (Steinberger, P. "Die Erde wird knapp". In: Süddeutsche Zeitung, 1.4.2009).

144 "For a lot of people in power, the global food crisis laid bare an overarching problem: that no matter where you look, climate change, soil destruction, the loss of water supplies and the plateauing of monocultured crop yields are bearing down as big threats to our planet's future food supplies. This translates into forecasts of tight markets, high prices and pressure to get more from the land. At the same time, the finance industry, which has gambled so much on squeezing money from debt and lost, is looking for safe havens. All these factors make agricultural land a smart new toy to make profits with. Food has to be produced, prices will remain high, cheap land is available, it will pay off - that's the formula. The result? Throughout 2008, an army of investment houses, private equity funds, hedge funds and the like have been snapping up farmlands throughout the world - with great help from agencies like the World Bank, its International Finance Corporation and the European Bank for Reconstruction and Development, who are all greasing the way for this investment flow and ‚persuading' governments to change land ownership laws so that it can succeed." (GRAIN 2008a: 7f., vgl. IFPRI 2009).

145 Basler Zeitung, 20.4.2009: „Mit dem Brot der Armen spekuliert".

146 Interview mit Prof. Beatrice Weder di Mauro, eine der fünf so genannten Wirtschaftsweisen: „Zwischen Versuchung und Tugend", Basler Zeitung, 22.4.2009.

147 Vgl. hierzu http://www.g20.org und http://www.londonsummit.gov.uk.

148 Seit Ausbruch der Krise herrscht beispielsweise Übereinstimmung, dass Hedge Funds und ihr Verhalten auf den Kapitalmärkten ein Grund für die gegenwärtige Misere sind. Entsprechend hart wurde unter den G20-Mitgliedern um deren Kontrolle gerungen. Im Abschlussdokument ist jedoch nur von der Kontrolle der „systemrelevanten" Hedge Funds die Rede, ein Begriff, der viel Interpretationsspielraum lässt. China sprach sodann der OECD die Zuständigkeit für die „Schwarze Liste" der Steueroasen ab und verhinderte, dass Hongkong und Macao als „unkooperative Jurisdiktionen" erwähnt werden, ebenso vermeldete Peking, dass sein Beitrag von 40 Milliarden US-Dollar noch nicht fest stand: "The details of China's contribution are still under discussion" (Financial Times, 4.4.2009). Noch deutlicher waren die Unterschiede im Grundsätzlichen: Während die einen lediglich eine „Schwäche" des Marktes sahen (Obama, Brown), konstatierten andere ein „Versagen" des Marktes (Merkel, Sarkozy).

149 Vgl. etwa "London Summit - Leaders' Statement", Nr. 14-16. Auch hat das beschlossene Financial Stability Board keine direkte Autorität über die Staaten, wie etwa IMF, Weltbank oder gar die WTO. Seine Möglichkeiten sind beschränkt auf das Beobachten, Einschätzen, Beraten, Promoten, Empfehlen oder Unterstützten.

150 Basler Zeitung, 12.6.2009.

151 Vertreter dieser Ansicht verweisen auf eine Weltbankstudie (Caprio/Klingebiel 1996), die allein für die 25 Jahre nach dem Ende des Bretton-Woods-Systems 96 „Bankenkrisen" und 175 „Finanzkrisen" feststellen, wobei in dieser Auflistung weitere schwere Finanzkrisen wie die in Südostasien (ab 1997), Russland (1998),

Brasilien (1999), Türkei (2000) und Argentinien (2001) nicht enthalten sind. Alle daraufhin eingeleiteten „Rettungsversuche", „Restrukturierungsmaßnahmen" und „Regulationsverbesserungen" haben bisher nicht nachhaltig funktioniert, dennoch wurden sie auch in dieser Krise wieder als Patentrezepte empfohlen (so z. B. Lietaer u. a. 2008).

152 Vgl. Financial Times, 4.4.2009

153 Darlegungen und Begründungen: Lietaer u. a. 2008 und Kennedy/Lietaer 2004. Das angesprochene Erfolgsmodell ist das Schweizer Freigeld und die WIR Bank, die nach der ersten Weltwirtschaftskrise gegründet worden ist (Internet: http://www.wir.ch/).

154 "We have agreed to make available an additional $ 850 billion of resources through the IMF and the multilateral development banks to support growth in emerging market and developing countries by helping to finance counter-cyclical spending, bank recapitalisation, infrastructure, trade finance, balance of payments support, debt rollover, and social support." (Declaration on Delivering Resources through the International Financial Institutions).

155 "IMF Overhauls Nonconcessional Lending Facilities and Conditionality Public Information Notice (PIN) No. 09/40 April 3, 2009", vgl. http://www.imf.org/external/np/sec/pn/2009/pn0940.htm.

156 Declaration on Delivering Resources through the International Financial Institutions.

157 "Heavily indebted countries invariably become dependent on the World Bank and International Monetary Fund for new loans to pay off their old loans or to meet basic expenses … They demand deep cuts in government spending so that the countries have more resources to repay their debts. Routinely, the World Bank and IMF require borrowing countries to limit the amount they pay government employees. This means that public sector jobs, traditionally a source of stable, decent income, often become poverty jobs. In addition, the World Bank and IMF typically demand that governments sell off or ‚privatize' state enterprises, like telecommunications, utility companies and other services to get quick access to capital and to save on government expenses in the short term. This usually results in massive layoffs that drive up unemployment, which in turn drags down wage levels. Job creation in the private sector has not made up the gap." (Anderson 2006: 9), vgl. eine Studie der ILO: "Structural Adjustment Programs (SAPs) imposed reductions in government spending, state budgets and state subsidies. Reductions also meant significant reductions in government employment including professionals as well as skilled and unskilled workers. Data seems to indicate that job creation by private sector in many countries affected by SAPs has not matched the numbers rendered unemployed by downsizing governments. In some countries, it has lagged behind. As well, in many countries, structural adjustment conditions included the termination of government subsidies or food price supports that also indirectly supported employment in agriculture, food processing and distribution" (Taran/Geronimi 2002: 4). Auch Belize wird in diesem Abhängigkeitskontext gesehen: "Belize suffers from the classic first and second forms of dependence … 1) colonial dependence (mercantilism); and 2) financial-industrial dependence (neo-colonialism). The evidence is overwhelming: dependent trade relations subject to hegemonic preferential access; declining terms of trade for most of the export basket; high level of dependence on the trade sector for the economy as a whole; balance of payment difficulties; IMF borrowing and conditionality (i.e. structural adjustment programs); and asymmetrical power in global trade forums." (Pisani 2006: 65f.).

158 Dossier „Afrikas neue Freunde" in: Die Zeit, 10.1.2008. Siehe auch Kohnert 2008.

159 Steinberger 2009.

160 Vgl. Die Zeit, 10.1.2008. Taiwan wehrt sich allerdings dagegen mit vergleichbaren Mitteln: So ist der Inselstaat beispielsweise einer der ‚Hauptfinanziers' von Belize, womit etwa bei Abstimmungen in der UN Belize entweder auf Seiten Taiwans steht oder sich zumindest enthält. Allerdings gab es anlässlich eines Millionenkredits Taiwans an Belize Anfang 2006 eine heftige Diskussion im belizeanischen Parlament, ob man sich auch zukünftig, angesichts des Aufstrebens der Volksrepublik China, derart auf Taiwan festlegen sollte.

161 "The Chinese approach to foreign relations is officially termed ‚noninterference in domestic affairs.' … (They) are giving African governments what they want: no-strings-attached investment and infrastructure." (Washington Post, 9.6.2008: "China, Africa, and Oil"). Auch Kohnert verweist darauf, dass das Prinzip der Nichteinmischung in innere Angelegenheiten ein sehr altes und auch von westlichen Ländern stets beachtetes Prinzip war, wenn es den ökonomischen Vorteilen diente (Kohnert 2008: 3).

162 Hierzu ein Beispiel: „2006 erhielt ein chinesisch-angolanisches Joint Venture für 2,4 Milliarden US-

Dollar die Lizenz für Offshore-Blöcke, ... Luanda stottert die zinsgünstigen Kredite, die Peking für die Rehabilitierung der maroden Infrastruktur gewährt hat, durch Öllieferungen ab, unabhängige Finanzexperten sprechen allerdings von unfairen Verträgen. Denn sie legen fest, dass rund 70 Prozent der öffentlichen Ausschreibungen an chinesische Firmen vergeben werden; ein Großteil des Geldes verbleibt also im Land der Geber. Zugleich verlieren die Angolaner Einnahmen in Milliardenhöhe, weil die Kontrakte auf Jahre hinaus einen niedrigen Abnahmepreis fürs Öl garantieren und so die Preisexplosion auf dem Weltmarkt umgehen, deren Ende nicht absehbar ist. Die Chinesen schlagen zwei Fliegen mit einer Klappe: Sie stillen ihren Energiehunger und verbinden damit ein profitables Investitions- und Arbeitsbeschaffungsprogramm" (Die Zeit, 10.1.2008).

163 So Peter Lanzet vom entwicklungspolitischen Zusammenschluss VENRO im Hinblick auf ein 3000 Kilometer umfassendes, von den Chinesen fertig gestelltes Straßennetz in der DR Kongo, am Rande der Konferenz zur Wirksamkeit von Entwicklungshilfe im ghanaischen Accra am 5.9.2008 (Deutsche Welle, 5.9.2008).

164 So Vitalice Meja, Program Director beim Afrikanischen Netzwerk für Entwicklung und Schuldenerlasse (AFRODAD), ebenfalls in Accra (Deutsche Welle, 5.9.2008).

165 Vgl. Andreas Proksch, Leiter der Afrikaabteilung der GTZ: „Die chinesische Entwicklungszusammenarbeit in Afrika erhält von afrikanischer Seite meist hohe Anerkennung" (GTZ 2008: 1). Zahlreiche Gegenbeispiele enthält: Die Zeit, 10.1.2008, Dossier „Afrikas neue Freunde, GRAIN 2008, IFPRI 2009 sowie Kohnert 2008: 20-22.

166 The Report "finds that the balance of opinion regarding China is decidedly positive, reflecting, to a large extent, the widespread view that ‚China's growing economic power has a positive effect on the respondents' own countries, especially in the developing world'." (Moyo 2009: 109).

167 "Notably, the U.S. continues to be extremely popular throughout much of sub-Saharan Africa. Over three-quarters of those surveyed in Ivory Coast, Kenya, Ghana, Mali, and Ethiopia say they have a very or somewhat favorable impression of the U.S. Tanzania is the only African country included in the study in which fewer than half (46 %) have a positive opinion of the United States." (Pew Research Center Project 2007: 13).

168 "Of the 10 sub-Saharan African countries surveyed, majorities in eight say that China and the U.S. have a ‚great deal' or a ‚fair amount' of influence on the way things are going in their countries. Ethiopians, in particular, see both countries as influential; 85 % say China has at least a fair amount of influence, while 88 % say the same about the U.S. … A more common pattern is for majorities to say both countries' influence is beneficial, but more universally for China than for America. In Senegal, 86 % say China's role in their country helps make things better, compared with 56 % who say the same about America's role. Similarly, 91 % of the Kenyans who believe China affects their nation say it is for the good, compared with 74 % of Kenyans who see America's influence there as positive." (Pew Research Center Project 2007: 44f.)

169 tageszeitung, 24.8.2006: „In den Klauen des Drachen".

170 Körner 1997: 78, zu aktuelleren Daten aus den Mittelmeer-Anrainerstaaten siehe Fargues 2005.

171 Pressemitteilung anlässlich der Vorstellung des ersten UNDESA-Berichts vom 17.3.2000. Auch deutsche Experten kommen zu dem Ergebnis, dass in Deutschland bestenfalls bei einer jährlichen Zuwanderungsquote von 250.000 bis 350.000 „eine nachhaltige Verzögerung des Schrumpfungs- und Alterungsprozesses erreicht werden kann" (Oberndörfer 2001: § 1.8.).

172 „Für 2020 ist es bei aller Automatisierung und Technisierung fast unvorstellbar, mit der vorhandenen Mannschaft die gleiche Wertschöpfung zustande zu bringen, auch wenn die Menschen dann die Chance haben, bis zu ihrem 65. Lebensjahr in der Produktion gebraucht zu werden, was derzeit nicht der Fall ist" (Der ehemalige Präsident der Bundesanstalt für Arbeit, B. Jagoda, bei der Sachverständigenanhörung zum Zuwanderungsgesetz im Januar 2002, Drucksache des Bundestags-Innenausschuss 14/674K: 83/31f.).

173 "On the basis of current trends, by the end of the decade, some 86 per cent of the global labour force will come from developing countries. If the industrialized states need workers to compensate for the diminishing size of their populations, to provide care to their growing number of elderly people and to support their pensions systems, it will not be difficult for them to fill those gaps through the recruitment of migrant labour." (GCIM 2005: 14).

174 "The scale of the labor supply shock is unlike anything experienced before ... To put the size of the shock in perspective, if all U.S. jobs were moved to China, there would still be surplus labor in China." (Polaski 2004b:

2), zu aktuellen Statistiken, zusammengestellt aus Daten von ILO und UNDESA, siehe GCIM 2005: 11ff.

175 Hierzu zwei Zitate aus der entsprechenden wissenschaftlichen Forschung, wobei Sandra Polaski die Situation auch aus Regierungsperspektive kennt, da sie vor ihrer Tätigkeit bei der Carnegiestiftung Sonderbeauftragte für Internationale Arbeitsangelegenheiten im US-Außenministerium war: "The Trade, Equity, and Development Project of the Carnegie Endowment for International Peace commissioned a model of global trade as a tool to estimate the impact of different trade policy scenarios ...There are both net winners and net losers under different scenarios, *and the poorest countries are among the net losers under all likely Doha scenarios*." (Polaski 2006: VIII, Hervorh. i. Orig.). Ähnlich F. Ackerman vom Global Development and Environment Institute: "The expected contribution of trade liberalization to economic development and poverty alleviation is extremely limited ...The numerical rhetoric supporting trade liberalization, the benefit of hundreds of billions of dollars to the developing world that roared through trade policy debates as recently as 2003, has suddenly quieted to a whisper. For the world's less affluent citizens ... CGE [computable general equilibrium, Anm. d. Verf.] models of trade liberalization offer a penny per person per day in some variants, and as little as one quarter of a penny from some forecasts of the likely effects of the Doha round." (Ackerman 2005: 1, 22).

176 "The number of Moroccans registered in their consulates worldwide has doubled during the twelve last years, from 1.549 million in 1993 to 3.089 million in 2004. A twofold increase in twelve years represents a growth rate of 6.3 % per year (compared with a 1.3 % rate of population growth in Morocco) ... Not only is Moroccan migrant population growing at high rate, but the pace is accelerating." (Fargues 2005: 15). Marokko ist das einzige Land unter den Mittelmeer-Anrainerstaate, welches diese Statistiken in seinen verschiedenen konsularischen Vertretungen führt. Allerdings wird in diesen Registern nicht zwischen legalen und ‚illegalen' Bürgern unterschieden. Es steht jedoch fest, dass sich sowohl die illegale Migration aus Marokko als auch die illegale Transitmigration durch Marokko in die EU seit dem Arbeitnehmer-Anwerbestopp Anfang der 1970er Jahre verstärkt hat (vgl. Fargues 2005: 199). Nach einer Umfrage von 1998 würden 54 Prozent der befragten Marokkaner sicher emigrieren, wenn sie könnten, weitere 17 Prozent würden dies wahrscheinlich tun (Martin u. a. 2006: 126).

177 Zur traditionellen Arbeiteranwerbung vor allem nach Deutschland vgl. Alt 2003: 261-270 und Bade 2000.

178 Vgl. Anhang 1 sowie ausführlich Alt 1999: These 2 („Die Beschäftigung von ‚Illegalen' ist, zumindest im Baugewerbe, unter den gegenwärtigen (internationalen) Rahmenbedingungen nahezu unvermeidbar und in mancher Hinsicht sogar volkswirtschaftlich nützlich") und Alt 2003: 354f.

179 Vgl. GCIM 2005: 36. Ausführlicher zur Bauindustrie Alt 1999: 258ff. und Alt 2003: 119-121, zur Beschäftigung in Privathaushalten Alt 2003: 122-129.

180 Dieses Beispiel entspricht dem Muster, über welches Latapi anhand seiner Forschung in Mexiko berichtet: "H-2 programs tend to serve only those employers who cannot find these workers, and who provide extremely poor pay and difficult work conditions. Once legally-recruited workers arrive on site, experience the real work and pay conditions, and realize they may not be able to reach their saving or remittance targets, many abandon those jobs for better, if illegal, opportunities ..." (Latapi 2008: 12).

181 Enste/Schneider 2006: 46. Zur Dimension der illegalen Ausländerbeschäftigung in Privathaushalten schrieb bereits die Hartz-Kommission: „Für 2002 werden Umsätze von etwa 350 Milliarden Euro durch Schwarzarbeit erwartet. Rechnet man die ‚schwarz' geleisteten Arbeitsstunden auf Beschäftigte um, gibt es in Deutschland ca. 5 Millionen ‚Vollzeitschwarzarbeiter'. Gleichzeitig existiert eine große Nachfrage nach haushaltsnahen Dienstleistungen. Etwa 3,5 Millionen Haushalten, die solche Leistungen in Anspruch nehmen, stehen 40.000 angemeldete sozialversicherungspflichtige Arbeitsverhältnisse in diesem Bereich gegenüber" (Hartz 2002: 164, vgl. Schupp 2000).

182 Cyrus 2001: 228, vgl. Rerrich 2006: 117-121, 144f., Held u. a. 2001: 323, Altvater/Mahnkopf 2002: 52ff.

183 Eine Übersicht zur deutschen Zuwanderungsdebatte enthält Bade/Oltmer 2004: 127-131.

184 BTD 15/3670: 7. Bezüglich Ausführungen zu sich widersprechenden Interessen nationaler Politiken und entsprechend unkohärente Migrationspolitiken siehe GCIM 2005: 8-10, Pécoud/Guchteneire 2005: 4f.

185 "Unless a state buries itself in isolation, all transnational contacts (economic, political, social, and cultural) have at least some migration consequences. Attempts to deny such consequences by preserving a state's stale immigration formula simply route immigrants toward illegal entries and stays. Globalization, then, however one defines it, is thus also a major migration lubricant." (Papademetriou 2005a: 4).

186 Vgl. hierzu auch die EU-Studie über die Zusammenhänge zwischen legaler und illegaler Migration (EUK

2004). Vgl. auch Held u. a. 2001: "and as the increase in tourism and student exchanges has opened more loopholes in immigration agency practice" (S. 323).

187 "Irregular migration, and particularly the trafficking in persons for all forms of exploitation, cannot be separated from the process of globalization in general and the move towards a more global economy. New labour markets emerge, creating new employment opportunities across the globe for skilled and less-skilled workers, both men and women. But such economic growth has not been matched with the evolution of safe, humane and orderly migration channels to facilitate and satisfy this demand for labour. This tension between the growing need for labour and services on one side, and too few regular migration opportunities on the other, creates a niche for intermediaries to intervene and make profit." (IOM 2008: 204).

188 Eine differenziertere Diskussion der verschiedenen Typen von Abhängigkeit enthält IAO 2005: 1-20.

189 Vgl. Alt 1999, Kapitel II/4.1.2.3. (Arbeitsvermittlung auf krimineller Basis), III/2.2.4.2.3. (Ausbeutung von Arbeitnehmern), III/3.2.3.5. (Erpressung und Zwang), III/3.2.3.5. (Unmöglichkeit des Ausstiegs) sowie Alt 2003, Kapitel 2.5. (Einladung oder Anwerbung), IV/1.2.3. (Kommerzielle und kriminelle Vermittlung), IV/1.7.3. (Problembranche Bau), VI/1.4.2. (Verfolgung durch Mafia und ähnliche Gruppen).

190 Zur Unterscheidung zwischen „ungesetzlich" und „kriminell", siehe UN GA 2000 sowie Kapitel 3.2.

191 Da es sich in allen Fällen um Subsistenzfarmer handelt, hatten diese keine Kenntnisse über bankübliche Zinsfüße. Mangels eines geregelten Geldeinkommens hätten sie auch von keiner Bank einen Kredit erhalten. Der Verfasser fühlte sich bei diesen Beispielen erinnert an folgende Notiz im Bericht der IAO über Zwangsarbeit: „Gleichzeitig kann der zunehmende Kontakt mit einer monetären Wirtschaft indigene Völker und insbesondere die so genannten ‚isolierten Gemeinschaften' im Amazonas-Tiefland zur leichten Beute skrupelloser Arbeitsvermittler machen" (IAO 2005: 45).

192 Selbst wenn der Verfasser keinen Grund hat, die Erzählungen der Familie zu bezweifeln, steht er dieser Aussage skeptisch gegenüber, da er nirgends von guatemaltekischen Banden erfuhr, die zu diesem Zweck die Grenze überquerten. Andererseits gibt es stets ein erstes Mal, und es ist allein deshalb vorstellbar, weil die belizeanischen Behörden mit der Überwachung der langen Grenze völlig überfordert sind und ein Schlägerkommando durchaus - gerade in den grenznahen Dörfern - unentdeckt ein- und ausreisen könnte.

193 "Governance is not synonymous with government. Both refer to purposive behavior, to goal-orientated activities, to systems of rule; but government suggests activities that are backed by formal authority, by police powers to insure the implementation of duly constituted policies, whereas governance refers to activities backed by shared goals that may or may not derive from legal and formally prescribed responsibilities and that do not necessarily rely on police powers to overcome defiance and attain compliance. Governance, in other words, is a more encompassing phenomenon than government." (J. Rosenau, zitiert nach: Reder 2006: 83)

194 "Military globalization can be conceived … as a process which embodies the growing extensity and intensity of military relations among the political units of the world system … Understood as such, it reflects both the expanding network of worldwide military ties and relations, as well as the impact of key military technological innovations … which, over time, have reconstituted the world into a single geostrategic space." (Held u. a. 2001: 88).

195 Vgl. Held u. a. 2001: 133ff. sowie Hardt/Negri 2003, Atzert/Müller 2003, Münkler 2005 und weiterführende Informationen auf der Website http://www.globalpolicy.org/empire/empireindex.htm.

196 Kepel 2004: 93, zur Entwicklung von Think-Tanks generell das Kapitel 1 („Die neokonservative Revolution"). Die stetig wachsende Einflussnahme der Think-Tanks beschreibt auch Altbundeskanzler Helmut Schmidt: „Seit einem Jahrzehnt" stehe die amerikanische Außenpolitik „stärker als früher unter dem Einfluß von ideologisch orientierten Gruppen und Think-Tanks. Darunter ragen gegenwärtig die irreführend *neo-conservatives* genannten extremen Imperialisten hervor. Deren Kenntnisse weltpolitischer Tatsachen und Zusammenhänge und ihr Urteilsvermögen sind weitaus geringer als ihr Wille zum rücksichtslosen Gebrauch der militärischen Übermacht der USA; ihr Einfluß auf das Pentagon ist derzeit offensichtlich wesentlich größer als auf das diplomatisch erfahrene Außenministerium. Dabei fällt auf, daß die schon ein halbes Jahrhundert zurückliegende Warnung des Präsidenten Dwight Eisenhower vor der Macht des von ihm so genannten militärisch-industriellen Komplexes heute nicht so sehr auf die führenden Militärs als vielmehr auf führende Zivilisten in der Administration und besonders an der Spitze des Pentagons bezogen werden muß" (Schmidt 2004: 86).

197 Zum Beispiel Brzezinski 1997, oder der vom neokonservativen Think-Tank "Project for a New American

Century" (PNAC) verfasste Report "Rebuilding America's Defenses: Strategies, Forces And Resources For a New Century" und seine Ausführungen zur "Revolution in Military Affairs". Zu diesem Think-Tank und dessen Vorstellungen zum Irak vgl. Kepel 2004, Kapitel 1 ("Die neokonservative Revolution"), v.a. S. 93ff., beispielhaft für die Ideenwelt der ‚Neocons' siehe Kagan 2004, v.a. Kapitel „Anpassung an die Vormachtstellung", S. 98ff. sowie 106.

198 Zur Kooperation von CIA, bin-Laden, Al-Quaida und zum Widerstand von Beamten aus dem US State Department dagegen siehe das Buch von Michael Springman, dem ehemaligen Leiter der Visaabteilung im saudischen Djidda (Ahmed 2004: 157-163). Weitere Verbindungen: Fonds, in denen die bin-Laden-Familie Geld angelegt hat, werden von Altpräsident George Bush und anderen, ehemaligen US-Politikern verwaltet (Ahmed 2004: 269-277); der afghanische Präsident Hamid Karsai war zudem Berater des US-Ölgiganten UNOCAL (Ahmed 2004: 341).

199 Dies machte etwa der einst für Terrorismusbekämpfung in der US-Regierung zuständige Experte Richard Clarke öffentlich, der zunächst George W. Bush, Rumsfeld, Wolfowitz und andere gar nicht verstehen konnte, die nach dem 11.9. intensiv an Verbindungen zwischen Al-Qaida und dem Irak interessiert waren: "I thought I was missing something here ... Having been attacked by al Qaeda, for us now to go bombing Iraq in response would be like our invading Mexico after the Japanese attacked us at Pearl Harbor." (Clarke 2004: 30). Weitere Belege bringt Kepel 2004 in Kapitel 5 ("Die irakische Büchse der Pandora").

200 Siehe Woodward 2004, Leyendecker 2004 sowie den Report of the Inquiry into the Circumstances Surrounding the Death of Dr David Kelly C.M.G. von B. Hutton von 2004, Internet: http://www.the-hutton-inquiry.org.uk/index.htm, hier v.a. Kapitel 12.

201 "Nothing America could have done would have provided al Qaeda ... a better recruitment device than our unprovoked invasion of an oil-rich Arab country. Nothing else could have so well negated all our other positive acts and so closed Muslim eyes and ears to our subsequent calls to reform in their region. It was as if Usama bin Laden, hidden in some high mountain redoubt, were engaging in long-range mind control of George Bush, chanting ‚invade Iraq, you must invade Iraq'." (Clarke 2004: 246).

202 Jahresbericht 2002 des Polizeipräsidiums Niederbayern-Oberpfalz, Vorwort, S. 1.

203 Perkins 2004, Kap. 27 und 28, sowie die Hinweise in dem umfangreichen, am 19.2.2006 in der New York Times über Nick Perkins erschienenen Artikel ‚Confessing to the Converted'. Das Erstaunlichste im Hinblick auf Perkins' Ausführungen ist aus Sicht des Verfassers, dass dessen Aussagen seitens der US-Regierung oder wirtschaftlicher Interessengruppen erst sehr spät, und dann nicht sehr entschieden entgegengetreten wurde.

204 „Hillary Clinton wird Außenministerin - Obama präsentiert Schlüsselfiguren seiner künftigen Regierung", Neue Züricher Zeitung, 2.12.2008. Vgl. Schmidt 2004, Kapitel „Die Wurzeln des amerikanischen Imperialismus" (S. 67ff.).

205 Vgl. die Website von Amnesty International (http://www.amnestyusa.org/countries/guatemala/index.do) sowie Sanford 2003. Ebenso informativ: Eine Literaturhandreichung für US-amerikanische Asylentscheider mit einer Auflistung von 31 Titeln aus den Jahren 1980 bis 1990, die sich mit der Unterdrückung von Maya in Guatemala durch staatliche und paramilitärische Gruppen beschäftigen. Quelle: Master Exhibit Series Guatemala: Persecution of Indigenous People (ME/GTM/92.001). INS Resource Information Center, 425 I Street, N.W. Washington, D.C. 20536, August 1992.

206 Es handelte sich um das Dorf Hicatee im Südwesten des Toledo-Districts. Soldaten der belizeanischen Armee zerstörten Felder und Hütten der Maya und wollten diese so zur Rückwanderung nach Guatemala zwingen. Die Räumung konnte jedoch durch Intervention des zuständigen Pfarrers beim Premierminister in letzter Minute gestoppt werden unter Verweis darauf, dass zwischenzeitlich in Belize geborene Kinder die belizeanische Staatsangehörigkeit besitzen. Da ein Wiederaufbau sich nicht lohnte, erfolgte die Neugründung des Dorfes unter dem Namen Machakilha einige Kilometer am Hicatee-Fluss aufwärts gelegen (siehe dazu Anhang 6, Bildtafel 13).

207 "After the 1992 peace agreement, El Salvador's heavy debt burden made it difficult to provide adequate services and sustainable livelihoods. The poverty rate (percentage living on $ 2 or less a day) remains about 58 %. Thus, even though thousands of undocumented Salvadorans were granted amnesty in the late 1990s, El Salvador remains the No. 2 country of origin of unauthorized U.S. residents. In addition, despite the improved political climate, Salvadorans have sought U.S. visas in large numbers. This tiny nation of 4.5 million was ranked 8th among countries of origin for legal migrants admitted to the United States between

1991 and 2002." (Anderson 2006: 28).

208 Weitere Latino Gangs in Los Angeles sind: 18th Street Gang, 38th Street Gang, Big Hazard, Clanton 14, Venice 13, Culver City Boyz, Gulf Cartel, Latin Kings, Mara 18, Maravilla, Mexican Mafia, Avenues 43, 6, 7, Onterio Varrio Sur, Sureños, Florencia 13, Barrio Longo 13. Die Zahlen stehen für die Straßen, in denen die Gangs entstanden sind und die zu ihren Herrschaftsgebieten gehören.

209 Der Think-Tank Washington Office on Latin America (WOLA) berichtet, dass laut FBI in den USA 30.000 Gangs mit ca. 800.000 Mitgliedern aktiv sind, in Guatemala, El Salvador und Honduras zwischen 25.000 und 300.000. Siehe dazu die Internetseiten http://www.wola.org/gangs/connie_exec_summary.pdf und http://www.wola.org/gangs/gangs.htm.

210 "I had to leave because of the gang violence. There are many different gangs in San Salvador and they want money from everybody. I had a good job by maintaining sewing machines, they came every two week to get money from me. Sometimes they were waiting for me when I had payday and brought the cheque. Once my child was sick and I didn't have money to pay. They told me: ‚Once it is OK. But we come again'. When they came again I still didn't have the money - after all I had to pay for this and for the last time. Then they said: ‚You don't have to pay if you join our gang. Think about it. We give you two weeks time!' They came back and I told them that I don't want to join any gang. They took a big knive and cut my hand between thumb and index finger and said that the next time they will cut my thumb off. I went to my father and asked what I should do? I had to leave the country. There was no alternative, e.g. going to the countryside since the clothes-manufacturing was only the city. So we agreed that I should try the US."

211 In den USA ist es aufgrund der schutzwürdigen Interessen von anerkannten Flüchtlingen nicht üblich, Datum und Aktenzeichen von Urteilen oder gar die Entscheidung selbst zu veröffentlichen. Der Anwalt der Betroffenen berichtete aber, dass die Anerkennung aufgrund ‚geschlechtsspezifischer' Verfolgung erfolgte: Eine Minderjährige war, aufgrund ihrer Weigerung, einer Bande beizutreten, von gemeinschaftlicher Vergewaltigung bedroht - einem gängigen Mittel in der Szene zur Brechung von individuellem Widerstand. Sie kam ‚illegal' in die USA und lebte dort ‚illegal', bis sie als Asylsuchende anerkannt wurde.

212 Die Immigration and Customs Enforcement Agency (ICE) begann im Mai 2006 die Operation ‚return to sender', die auf "criminal aliens, illegal alien gang members, fugitive aliens, and other immigration status violators" zielte. Laut Wikipedia wurden im Verlauf der bis 2007 dauernden Aktion über 23.000 ‚illegal aliens' abgeschoben. Allein bei einer Großaktion im Juni 2006 in Houston wurden 2.179 Ausländer verhaftet. Siehe dazu die Pressemitteilung des Departments of Home Security vom 14.6.2006 unter http://www.dhs.gov/xnews/releases/press_release_0926.shtm sowie bei Wikipedia unter dem Stichwort „return to the sender": http://en.wikipedia.org/wiki/Operation_Return_to_Sender

213 In die karibischen Länder wurden zwischen Dezember 2007 und Juli 2008 3.292 Personen aus den USA abgeschoben. Die Statistik wird angeführt von Jamaika mit 1.185 Personen (967 davon verurteilte Straftäter), gefolgt von Haiti mit 1.157 (davon 343 Kriminelle). Belize kam an fünfter Stelle mit 129 Abgeschobenen, 64 davon mit kriminellem Hintergrund (The Reporter, 1.8.2008: „129 Belizeans among 3,292 deported from the U.S.").

214 "Although a byproduct of changing immigration policies during the 1990s, deportations have played a key role in the growth of transnational gangs. As a law enforcement strategy, incarceration and subsequent deportation have not succeeded in permanently removing a gang population that, although foreign born, has been essentially US raised. Further, these policies have exported a violent population to some of the most vulnerable communities in Central America. Rather than curbing the threat gangs pose, deportations have helped members establish, reinforce, and expand ties across Central America and the United States." (Johnson 2006: Conclusion). Vgl. Mahler/Ugrina 2006: 9, Logan u. a. 2006, Mahler 2000: 42ff.

215 UNSEC 2001, Conclusions, Nr. 213-218.

216 UNSEC 2002, UNSEC 2003. Weitere Informationen auf den Internetseiten von Global Issues (http://www.globalissues.org/Geopolitics/Africa/DRC.asp), Global Policy (http://www.globalpolicy.org/security/issues/kongidx.htm) oder Amnesty International (http://web.amnesty.org/pages/ec-index-eng).

217 "In their final report published in October 2003, the U.N. panel of experts annexed a list of companies categorizing them according to whether the allegations against them had been resolved to the panel's satisfaction. In this final report the panel claimed that the cases of forty-one companies were now ‚resolved', though it provided no information on how it had come to such a decision. To complicate matters further, the panel added an important caveat stressing that the category of ‚resolved' should not be seen as invalidating

their earlier findings ... The panel's reports raised the expectation that U.N. member states would hold to account those companies that were responsible for misconduct, but these hopes were misplaced. After the publication of their final report in 2003, its mandate of the U.N. panel of experts was ended and the information uncovered by the panel was archived for 25 years. The failure of the U.N. to follow up on the panel's recommendations has been a major blow to further progress on the critical issue of the link between conflict and natural resources in the DRC and beyond." (HRW 2005: 120).

218 Beispielsweise fordern die Resolutionen 1533 (2004), 1596 (2005), 1649 (2005) und 1698 (2006) eine Expertengruppe auf, "on feasible and effective measures" zu berichten, "that the Council might impose to prevent the illegal exploitation of natural resources to finance armed groups and militias in the Eastern part of the Democratic Republic of the Congo." Dies hat die Expertengruppe auch getan, etwa im "Interim report of the Group of Experts on the Democratic Republic of the Congo, pursuant to Security Council resolution 1698 (2006)". Oder Resolution 1804 (2008), in der Ruanda zur Einstellung seiner Unterstützung für im Ostkongo aktive Milizen aufgefordert wird.

219 Das Mandat der MONUC ist "to ensure peace, not to enforce it": "'We are here as peacekeepers. We should ensure the peace, not operate in a classical military way,' Nepalese General Lok Bahadour Thapa said recently ... ‚MONUC is not there for, nor is it equipped for, a military solution,' says François Grignon of the International Crisis Group. ‚A political solution is required, which must then be enforced by MONUC'." (Knaup 2008). Vgl. auch Thakur 2008.

220 "The European Union and its member states share a heavy ... responsibility for the continuing migration pressure, ... because they fostered over decades corrupt and autocratic regimes like that of Eyadéma's Togo or successive Nigerian military dictatorships, with dire disregard to principles of ‚good governance'. The aftermath of these regimes is still to be felt today, and constitutes one of the underlying factors for politically motivated migration." (Kohnert 2007: 19).

221 SIPRI 2008: 8. Zur Begrifflichkeit: „Unter einem größeren bewaffneten Konflikt versteht SIPRI länger anhaltende Kämpfe zwischen den Streitkräften zweier oder mehrerer Regierungen beziehungsweise einer Regierung und mindest einer organisierten bewaffneten Gruppe, bei denen während der gesamten Konfliktdauer mehr als 1000 Menschen ums Leben kommen" (SIPRI 1992: 57).

222 „Ethnische Unterschiede, die heute im Vordergrund der politischen Bühne Afrikas stehen, (sind) politisch konstruiert und nicht kulturell verwurzelt." (Castells 2003b: 108). Castells untersucht in diesem Zusammenhang die Konfliktgeschichte zwischen den Hutu und Tutsi und stellt fest, dass diese beiden Gruppen vor Ankunft der Kolonialherren relativ friedlich nebeneinander lebten: Die Hutu als Krieger, die Tutsi als Bauern. Allerdings war es damals noch für Tutsi möglich, bei entsprechendem Vermögen in die Klasse der Hutu aufzusteigen, d.h. es gab noch keine ‚ethnisch unüberwindliche Barriere' (vgl. Castells 2003b: 110ff.). Aufgrund der Spannungen, die von Anfang an in diesen künstlichen Staatsgebilden enthalten waren, charakterisiert Münkler die daraus resultierenden Kämpfe als „Staatszerfallskriege" (Münkler 2003: 18f.).

223 Collier prägte für diesen Zusammenhang das viel zitierte und diskutierte Begriffspaar „greed and grievance"; siehe hierzu die Beiträge in Berdal/Malone 2000, v.a. Collier und Duffield. Staatliche Akteure sind dabei kaum besser als nicht-staatliche Akteure, da vor allem in Afrika Regierungen weder durch Presse oder Justiz noch Nicht-Regierungsorganisationen effektiv kontrolliert werden. Dieses Phänomen wird als „Räuber-" oder „Schatten-Staat" bezeichnet: Wichtige Ämter in staatlichen Institutionen werden von Familien- und Clanmitgliedern besetzt und deren Möglichkeiten und Ressourcen unter den Bedingungen der informellen globalen Ökonomie für private Bereicherung ausgebeutet. They are used "in the construction of alternative extrastate power networks, underpinning political and economic privilege. So potent and pervasive are these networks that by manipulating the vestiges of state power, they are able to frustrate and bend to their own purposes interventions by the international financial and donor community designed to undermine the informal sector and strengthen the structures of the state." (Gamba/Cornwell 2000: 165, vgl. Reno 2000 und Castells 2003b: 98ff.).

224 Vgl. Münkler 2003: 172 sowie IAO 2005: 51ff: (Kapitel „Zwangsarbeit und Diskriminierung während und nach Konflikten"). Wie groß die Profite sein können, veranschaulichen Liberia und Angola: Charles Taylor hat sich in den Jahren 1992 bis 1996 mit geschätzten 400 Millionen US-Dollar bereichert; die von Jonas Savimbi geleitete UNITA in Angola hatte aufgrund des von ihr kontrollierten Diamantenhandels ein Einkommen von geschätzten 3,7 Milliarden US-Dollar (Duffield 2000: 81).

225 Vgl. Held u. a. 2001: 103-123, 138. "As the growth in foreign licensing since the 1960s suggests, commercial

forces rather than geopolitics have become increasingly powerful determinants of the global pattern of military technology transfer. This has become even more apparent since interbloc rivalry has been replaced by a more fluid international environment in which geopolitics takes second place to geo-economics." (Held u. a. 2001: 119).

226 *Lizenzhandel*: Eine Firma verkauft keine Waffen ins Ausland, sondern gibt einer ausländischen Firma gegen Bezahlung die Erlaubnis, die Waffe herzustellen. *Rüstungskomponentenhandel*: Es werden keine Waffen verkauft, sondern Teile, die zur Herstellung und Reparatur derselben nötig sind. *Dual-use-Güter*: Geräte, die sowohl militärisch als auch zivil genutzt werden können. *Endverbraucherzertifikat*: Der Käufer von Waffen verpflichtet sich schriftlich, die Waffen selbst zu nutzen und nicht weiter zu verkaufen (vgl. Nassauer/Steinmetz 2005 und Control Arms 2006).

227 Gamba/Cornwell 2000. Deutschland befindet sich im Jahr 2009 weltweit auf Platz 3 der Exporteure „größerer konventioneller Waffen" (SIPRI 2009), wobei das Hauptproblem moderner Kriege allerdings weniger Panzer und Kriegsschiffe sind, sondern Pickup-Trucks, Gewehre, Granaten und Minen. Aber: Auch hier ist Deutschland führend: „Dass Deutschland auch bei den legalen Exporten so genannter ‚Kleinwaffen', wie Gewehre und Maschinenpistolen, neue Rekorde erzielt, musste die Bundesregierung bereits in ihrem Rüstungsexportbericht 2006 eingestehen. Jüngst konnten Friedensorganisationen sogar den illegalen Export von G36-Gewehren ins Krisengebiet am Kaukasus nachweisen, was weltweit Aufsehen erregte. Auch bei zivil wie militärisch einsetzbaren Dual-Use-Gütern betreibt die Bundesregierung Außenwirtschaftsförde rung statt restriktiver Rüstungsexportkontrolle. Aktuelles Beispiel sind Mercedes-Lkw's mit israelischen Streumunitionswerfern in Georgien" (Grässlin 2008). Ein Indikator für die Verfügbarkeit von Kleinwaffen ist ihr niedriger Preis: Eine Kalashnikov kostet im Ost-Kongo 20 US-Dollar, eine Granate weniger als 50 Cents (Thakur 2008: 63).

228 Vgl. die Berichterstattung zum Prozessauftakt am 6. Oktober 2008 in AFP, 5.10.2008: „Angolagate oder die geschmierte Republik" (Internet: http://www.123recht.net/article.asp?a=32862&p=1&css=99) sowie der südafrikanische Mail & Guardian, 11.10.2008: „Elite at the Heart of Angolagate" (Internet: http://www.mg.co.za/article/2008-10-11-elite-at-heart-of-angolagate). Daneben waren Mitterand und Co auch in den Waffenhandel mit Mobutus Zaire und den Kriegsparteien in Ruanda involviert (vgl. Keller 2009). Zum Kontext Duffield 2000 und Münkler 2003: 131ff.

229 Vgl. Münkler 2003, Duffield 2000, Soysa 2000, Mwanasali 2000, Gamba/Cornwell 2000, Lock 2004, Ehrke 2004.

230 Vgl. zu diesen drei Punkte Gamba/Cornwell 2000, Control Arms 2006.

231 "Governments are certainly aware of how the trade is changing. The US Department of Defense published its first major study on how to react to ‚defence industry globalisation' in 1999. But after years ... of the globalising processes ..., states have still not developed binding global standards to regulate the international arms trade. In 2006, there are global treaties governing the trade in coffee, cocoa, timber, drugs, human beings and endangered species of flora and fauna. But there remains no such global treaty on conventional arms, parts and ammunition." (Control Arms 2006: 24).

232 "The rapidly advancing information, communication and transportation technologies that are driving economic globalization are also propelling international migration and fostering transnational crime ... Increasing international migration and expanding transnational crime do not simply share a common accelerator in economic globalization and technological change; the very processes of globalization have intensified the very real intersection of these two phenomena." (Koslowski 2001: 337, 339). Vgl. Castells 2003b: 78, 170ff., Petit 2004: 8, Naim 2005: 10f. sowie Alt 2003: 84ff., 358ff., 397ff.

233 Vgl. Alt 2001b, Alt 2003: 330-346, siehe auch Alt 1999: 397ff.

234 Vgl. auch Spener 2001 zur Situation im texanischen Sektor der US-mexikanischen Grenze: "Most of my informants agreed that migrant smuggling and drug smuggling in Texas were typically separate businesses ... Presumably, there are a number of practical reasons for not mixing these two types of smuggling. Drug traffickers, for instance, ... would not want to allow large numbers of untrustworthy migrants to learn their methods of bringing drugs into the United States." (Spener 2001: 156).

235 Vor allem deshalb, weil die Verwicklung von Behördenvertretern in dieses Business nicht nachgewiesen werden konnte, was ein Kennzeichen mafioser Organisationen ist.

236 So beinhaltet die „Gemeinsame Richtlinie der Justizminister/-senatoren und der Innenminister/-senatoren der Länder über die Zusammenarbeit von Staatsanwaltschaft und Polizei bei der Verfolgung der organisierten

Kriminalität" ausdrücklich den Passus, dass von organisierter Kriminalität nur dann die Rede sein kann, wenn auch erkennbar ist, dass die Akteure „Einflussnahme auf Politik, Medien, öffentliche Verwaltung, Justiz oder Wirtschaft" suchen. Zu Gebieten der ehemaligen Sowjetunion, in denen Staat und Mafia miteinander verzahnt sind oder die Mafia Aufgaben des Staates übernimmt, siehe Castells 2003b: 194ff.

237 "You know, you are looking for money to emigrate. You don't find any. And then there is somebody who offers to pay the journey if you are just prepared to carry a little package with you. And you know what is in this package. Then you are in the US, you don't find a regular job. And then there is somebody who wants you to deal for him. And you see: There is big and easy money. And at home you have wife and children to care for. Well, I think: Here you can earn money. And that's why I am here. Well, I think, I just do it until I find something else. But, you know, sometimes you can't get out of this."

238 Martinov 2008, Bezug nehmend auf Daten der Organisation www.antislavery.org sowie das Hearing „Enhancing the Global Fight to End Human Trafficking", US House of Representatives, 26 September 2006, serial No.109-232, p.11. Die Internationale Arbeitsorganisation spricht von 31 Milliarden US-Dollar (IAO 2005: 66). Zu den unterschiedlichen Schätzungen und Größenordnungen siehe auch das „Data Comparison Sheet" des „Trafficking Statistics Project" auf der Website der UNESCO Bangkok unter http://www.unescobkk.org/index.php?id=1963, in dem weltweite Schätzungen übersichtlich dargestellt werden und aus dem Spannweiten von einer halben Million bis vier Millionen Menschenhandelsopfern hervorgehen.

239 "One of the most significant consequences of illegal immigration may in fact stem from the increasing strength of smuggling and trafficking syndicates ... Because of their large, bureaucratic nature, government agencies are not well equipped to fight the agile, transnational, and relatively small trafficking networks. As a result, governments are not well positioned to ‚win the war' on illegal immigration. Government agencies are also hampered by three additional forces. First, governments are at their worst when they must act across borders and cooperate effectively with other nation-states. The second is that, relative to their opponents, government agencies tend to be grossly under-resourced both in terms of funds and access to technology. Finally, governments have to observe rules that hamper their ability to respond ruthlessly and without regard for the law or rights - rules that are meaningless to the transnational criminal syndicates that run the trafficking networks. What may be the governments' greatest disadvantage, however, is that as they line up against market forces, they must fight a war in which their efforts are resisted from key constituencies within their own state. These include economic interests; increasingly less sustainable labor market and social protection rules; humanitarians who feel that protecting those who flee is the highest order of responsibility ... of wealthy liberal democratic societies; and many of society's other governmental and societal forces that are more committed to openness than the politics of the day may allow." (Papademetriou 2005a: 5). Naim in seinen Publikationen über die "Kriege im Zeitalter der Globalisierung" sieht Schleusung als einen 'Hauptkampfplatz' neben Waffen- und Drogenhandel, Markenpiraterie und Geldwäsche (Naim 2005, siehe auch Naim 2003). Zur strukturellen Benachteiligung staatlicher Stellen im Kampf gegen das internationale Verbrechen siehe auch Castells 2003b: 215ff.

240 Vgl. auch die Einschätzung des US State Departments: "Belize is a transit and destination country for men, women, and children trafficked for the purposes of labor and sexual exploitation. Women and children are trafficked to Belize, mainly from Central America, to work in Belize's growing sex industry. Girls are trafficked internally for sexual exploitation, sometimes with the consent and encouragement of their parents. There are also reports of sexual and labor exploitation of men and women in Belize's banana, sugarcane, and citrus industries. Some Chinese and Indians are trafficked to Belize for debt bondage. Exact numbers of trafficking victims are unknown, particularly the number of transnational trafficking victims, given Belize's lengthy and porous borders. The Government of Belize does not fully comply with the minimum standards for the elimination of trafficking." (Stichwort "Belize" in Kapitel V ("Country Narratives, A through G") des Berichts: US State Department (2005) Trafficking in Persons. 5th Annual Report. Washington: June 2005). Vgl. auch Petit 2004 und Anhang 4.

241 „Die Hisbollah ist nach wie vor ein Staat im Staat. Sie übernimmt in völliger Eigenregie die Räumung der bombardierten Stadtteile in Südbeirut und verteilt Gelder an wohnungslose Libanesen. Jede Familie bekommt als Soforthilfe entweder ein Jahr lang Miete für einen Hotelaufenthalt bezahlt oder eine Kompensation für die zerstörte Wohnung" (Berliner Tagesspiegel, 16.8.2006).

242 Auf die eigenartige Verbindung von Ersatzregierung, Wohlfahrtsinstitution und Terrorbrutstätte in Pakistan geht auch Anderson in ihrer Untersuchung über die Folgen von Verschuldung ein: "Pakistans government,

mired in $ 36.3 billion in external debts (the 15th largest in the developing world), provides virtually no social safety net. The madrassas have stepped into the vacuum, offering free tuition and board to thousands of impoverished children … A Pakistan-based research group found that 64 percent of madrassa students come from impoverished peasant families - those who have the least access to education and other services. Some of these schools have been around for more than 100 years and the majority do not preach violence. Why is it that they are suddenly considered potentially dangerous incubators of terrorism? The answer is not just that the students are poor and therefore vulnerable to being manipulated, since poverty is also nothing new. But it is the combination of economic desperation with the growing anger over U.S. policies in the Middle East that creates a potential opening for recruiters of foot soldiers for terrorist networks." (Anderson 2006: 24f.).

243 Vgl. Alt 2003: 285ff.

244 "The gap between living-standards in richer and poorer parts of the globe is continuing to grow: In 1975, the per capita Gross Domestic Product (GDP) in high-income countries was 41 times greater than in low-income countries and eight times greater than in middle-income countries. Today, high-income countries have per capita GDPs that are 66 times those of low-income countries and 14 times those of middle-income countries." (GCIM 2005: 12).

245 "The number of poor people in the world has declined significantly - by 375 million people since 1981 - the first such decline in history. The share of the developing world population living on less than $ 1 per day was cut in half since 1981." (Dollar 2004: 16ff.).

246 Le Monde diplomatique 2003: 51. Aktuelle Statistiken und Grafiken hierzu in Le Monde diplomatique 2007: 106f. („Kapitalstrom in die falsche Richtung") sowie S. 132f. („Alte und neue Armut in Nord und Süd").

247 Die folgenden Ausführungen beruhen auf Milanovic 2005 und Milanovic 2008.

248 Dieses Beispiel stammt von Peter Henriot, dem Leiter des Jesuit Center for Theological Reflection in Lusaka.

249 Es gibt in den ärmsten Ländern der Welt einen überraschend hohen Anteil von Menschen, die weltweit zu den reichsten gehören: Das reichste Einkommens-Fünftel Südafrikas gehört zum reichsten Fünftel weltweit, und zum Prozent der Einkommensreichsten gehören Vertreter aus Brasilien, Griechenland, Frankreich, Kanada, Südafrika, Hongkong, Italien, Irland, Luxemburg, Barbados, USA und Chile (Milanovic 2005: 132).

250 So der UNDP-Weltentwicklungsbericht 2002, zitiert in Wallacher/Kiefer 2006: IX, vgl. auch Klasen 2006.

251 Der Gini-Koeffizient ist das gängige Maß zur Bemessung von Ungleichheit: „Er liegt zwischen dem theoretischen Wert 0 - das heißt alle verfügen über das gleiche Einkommen - und dem gleichermaßen theoretischen Wert 100 - ein Land bzw. eine Person eignet sich das gesamte Einkommen an" (Milanovic 2008: 13). Länder mit der weltweit größten nationalen Ungleichheit sind Brasilien und Südafrika mit einem Gini-Wert von 60 (Milanovic 2008: 15).

252 Milanovics Ausgangspunkt für die Einteilung der Welt in vier Kategorien ist die Gruppe der reichen Länder Europas, Nordamerikas und Ozeaniens. Hierbei wird das nach Pro-Kopf-Anteil am Bruttoinlandsprodukt (BIP) ärmste Land dieser Gruppe (Griechenland im Jahr 2000) als Trennstelle zur nächsten Ländergruppe der zweiten Gruppe, der „Mitbewerber", genommen. Dieser Gruppe gehören jene Länder an, deren Pro-Kopf-Anteil am BIP nicht unter einem Drittel des Pro-Kopf-Anteils am BIP des ärmsten Landes der ersten Gruppe liegen und die, bei entsprechendem Wachstum, durchaus Chancen hätten, in die Gruppe der reichsten Länder aufzusteigen. Die Dritte Welt umfasst jene Länder, deren Pro-Kopf-Anteil am BIP zwischen einem und zwei Dritteln des ärmsten Landes der Ersten Welt liegt, die Vierte Welt umfasst jene, deren Pro-Kopf-Anteil am BIP unter einem Drittel des ärmsten Landes der Ersten Welt liegt (vgl. Milanovic 2005: 61f.).

253 Zum Einfluss von Klima und Geografie Sachs 2004, Klasen 2006 sowie Dokumente auf der UNCTAD-Website zu Least Developed, Land Locked and Island Developing Countries unter http://www.unctad.org/Templates/Page.asp?intItemID=2097&lang=1.

254 "This is not a pleasing prospect, even for individuals on the winning side of the divide who have little empathy for the other side. Social disintegration is not a spectator sport - those on the sidelines also get splashed with mud from the field. Ultimately, the deepening of social fissures can harm all." (Rodrik 1997: 7).

255 "The tensions between globalization and social cohesion are real, and they are unlikely to disappear of their

own accord … Contrary to what many economists believe, we lack a full understanding of how globalization works." (Rodrik 1997: 85).

256 "Can growth alone be sufficient for poverty reduction? Yes. If the discussion is about income poverty, then by definition, only two factors can affect the head count ratio: output growth and a change in income distribution. Given that within countries income distribution changes have tended toward inequality, it definitionally follows that growth has been more than sufficient to reduce poverty. In this important regard, the conclusion differs from the conventional wisdom that ‚attacking poverty requires actions beyond the economic domain' (World Bank). Such actions are not needed. Growth is sufficient, period." (Bhalla 2002: 206). Zu einer Diskussion des Arguments 'Wachstum allein genügt' bzw. der Notwendigkeit flankierender sozialpolitischer Maßnahmen siehe auch Schmidt W. 2005: 350-356.

257 Ökonomen wie Arrighi, Galbraith, Easterly und andere sehen den Grund hierfür in der Politik Ronald Reagans: "The United States, which, up to then, was a major capital exporter, suddenly became a major importer of capital in order to finance its current account and budget deficits. This had two dramatic effects: it reduced capital flows to the less developed countries and increased real interest rates, thus leading to the debt crisis of the 1980s." (Milanovic 2005: 79).

258 Castells 2003b: 115-117. Vgl. Kohnert: Die afrikanische Misere ist zu verantworten "to a great deal by the cold war policy of European former colonial powers, by the collaboration of multinational and European enterprises and entrepreneurs in large-scale corruption all over Africa, and last but not least, in economic restructuring policies of multilateral donors in the 1970s and 1980s." (Kohnert: 2008: 15f.). Siehe hierzu auch die Kapitel 3.3.3.3. und 3.3.3.4.

259 "The trend in Africa is not just downward: Africa is (negatively) decoupling from the progress being made across the rest of the world." (Moyo 2009: 6).

260 Die folgenden Angaben basieren auf Castells 2003b: 88, 91, 93, 95, 96.

261 "The increasingly obvious gap between the rich and the poor is a painful reality. This is not to say it has not existed before, the majorities have always been exploited and they have to struggle for every extra crumb they have won over the years. What is new is that the gap is widening more quickly and that people are more aware of these differences and less prepared to accept them." (Social Watch, Report 2003, zitiert nach Petit 2004: 19).

262 "The governments of the rich countries, despite their fortress mentality, are fighting a losing battle because the economic incentives on the side of the out-migrants and those who can employ them in the rich countries are working against them." (Milanovic 2005: 156, vgl. 154-157).

263 "Border apprehensions appear to be very responsive to changes in Mexican wages. A 10 % decline in Mexican real wages is associated with a 6-8 % increase in border apprehensions. Moreover, this effect is almost fully realized within three months following a wage change, suggesting that shocks to the Mexican economy are rapidly transmitted to changes in attempted illegal migration. During three separate episodes in the last 30 years, Mexico's per capita GDP declined by 5 log points or more (relative to the United States) within the space of three years. Each of these episodes was followed by an increase in border apprehensions. Much of the research on inter-regional migration in the United States and other countries finds that it is labor earnings in the receiving region, and not the sending region, that appear to drive migration flows ... However, this does not appear to be the case in Mexico, where income volatility appears to be a strong push factor for illegal migration." (Hanson 2006: 21, vgl. 36f.).

264 "Mexico - U.S. migration is itself the most significant proof that the Mexican and U.S. labor markets are complementary and can benefit each other. During the last five years, approximately 500,000 Mexicans have moved every year from Mexico to the United States, and 2/3 of them have found jobs there that benefit themselves, their families and their employers … U.S. employment growth significantly outpaced the growth of its own population of working age, which created unprecedented demand for immigrant workers. Mexico possessed the labor force reserve, as a result of sluggish economic growth in the eighties and early nineties and a restructuring of its agriculture undertaken since 1989, and this sparked very significant increases in migration flows. Demand became a significant driver of migration." (Latapi 2008: 2f.). Vgl. ausführlicher Hanson 2006: 32-37.

265 "Networks arise in response to hidden migration costs associated with finding employment and getting settled abroad. Carrington … develops a model of regional labor movements in which migration networks lead migrant flows to be sluggish initially, when the migrant population is small, and then to accelerate over

time, as migration costs endogenously fall in response to past migration." (Hanson 2006: 25).

266 "The globalization of production and finance could help to break the poverty trap if it helps LDCs to benefit from these channels of growth and poverty reduction. Globalization is a highly uneven process, both geographically and functionally. Given continued restrictions on international migration, particularly of unskilled labour, individuals exercising the emigration option to escape poverty generally make a choice between poverty at home, and social exclusion, as an illegal immigrant or second-class citizen, abroad." (UNCTAD 2002: 157).

267 This "increased the geographical reach of pollution, while simultaneously increasing the planet‘s overall capacity for resource consumption." (Held u. a. 2001: 409).

268 Vgl. die Konferenzwebsite http://www.efmsv2008.org/. Dort eingestellt sind u. a. der Bericht „Human Security, Climate Change and Environmentally Induced Migration“ sowie die „Preliminary findings“ eines Forschungsprojekts zu „Environmentally Induced Migration“ mit Fallstudien aus 21 Ländern.

269 "Natural disasters greatly influence the course of both regional and international migration for Central Americans. Hurricane Mitch blasted the Caribbean coast of the isthmus in late fall 1998, killing an estimated 11,000 people, devastating subsistence and export crops, and destroying infrastructure. Two major earthquakes rocked El Salvador in January and February 2001, causing at least 1,000 deaths. Both Mitch and the earthquakes crippled the region‘s recovery from civil warfare and sent new streams of migrants into the cities and across borders. The US Border Patrol recorded a 28 percent rise in interdictions of Central Americans in the first months after Mitch and a 61 percent increase in Hondurans specifically." (Mahler/Ugrina 2006: 4, vgl. Martin u. a. 2006: 17, 60).

270 Man beachte, dass die Regenmenge Toledos im Jahresdurchschnitt ohnehin ein Vielfaches dessen ist, was im Land Belize andernorts an Niederschlägen zu verzeichnen ist: "Mean annual rainfall across Belize ranges from 60 inches (1524 mm) in the north to 160 inches (4064 mm) in the south" (Belizeanischer Wetterdienst, Internet: http://www.hydromet.gov.bz/Climate_Summary.htm).

271 Ein tropischer Sturm ist die Sturmkategorie unterhalb der Hurrikan-Klasse mit Windgeschwindigkeiten von bis zu 120 Stundenkilometern.

272 Amandala, 10.6.2008: "Arthur blamed for at least $ 77 Million worth of damage" (http://www.amandala.com.bz/index.php?id=7051).

273 "For over a week the country of Belize has been adversely affected by unprecedented flooding and copious rainfall in all corners of the country … In fact, official Met Office data say that Caracol, Hummingbird Hershey, Maya King, Savannah and Punta Gorda stations have all broken the extreme daily rainfall records for the month of October." (Amandala 24.10.2008: „Met office says rain broke extreme records“: http://www.amandala.còm.bz/index.php?id=7599).

274 Anderson 2006: 18, ebenso UNDP BZ 1999: "All this is further aggravated by the prevalence of poverty among a significant segment of the rural population. A cycle of poverty and deforestation exists especially among the small farmers of Mayan and Central American origin in rural areas of the Cayo and Southern districts. It is estimated that more than 70 % of the land cultivated by small or subsistence farmers is ecologically fragile."

275 "The almost total disregard for the interests of the people of Belize, unless those interests coincide with environmental priorities, has not gone unnoticed. Objections to these tactics have forced environmentalists at least to pay lip-service to a conservation approach that includes people‘s lives and livelihood in the equation. But the sensitivity to the issue of people‘s interest is not high … People are, after all, the ones who destroy the environment and from whom it needs protection." (Sutherland 1998: 140). Zur Situation in Hicatee/Machakilha: Sutherland 1998: 142. Siehe auch Anhang 6, Bildtafel 13.

276 "Westerners viewing … elephants from afar have no idea of the cost to local people when they forgo the development of their lands, and suffer losses of crops, houses and lives to the elephants and their preservation." (Sutherland 1998: 142).

277 United Nations University - Institute for Environment and Human Security. Talking Points to Accra Climate Change Talks, 18. August 2008. Im Internet unter http://www.efmsv2008.org/file/Accra+.

278 "Another … factor influencing rural-to-urban migration is environmental degradation. Deforestation, loss of topsoil, contamination of ground water with fertilizers, and other environmental problems imperil subsistence agriculture. Declines in small-scale farming also induce peasants to leave the countryside for urban areas, capital cities in particular. Once in urban areas, research shows higher tendencies for these

rural-to-urban people to emigrate, a process referred to as ,step migration'."(Mahler/Ugrina 2006: 3f.). Vgl. Mahler 2000: 14f. Ähnlich das Papier "African Tourism Organization Inc. Research Context / Background Document on Human Trafficking as a Development / Migration" vom 1.3.2006, vorgelegt anlässlich der Ministerkonferenz von Rabat, die im Sommer 2006 zur Bekämpfung der illegalen Migration zwischen Nordafrika und den Staaten der Europäischen Union einberufen wurde. Dort heißt es, Bezug nehmend auf Erkenntnisse des International Food Policy Research Institute und der Food and Agriculture Organization: "The causes of the latest food crisis in particular and the stagnant agricultural sector in general, are two-fold: political problems and drought ... A corollary effect of the breakdown of the agriculture sector is the unrelenting rural migration, with a steady stream of people swelling the already unemployed urban population and seriously stretching the already fragile social services. The teeming population of unemployed youth is a primary source of human trafficking." Die Dokumente der Rabat Konferenz sind eingestellt unter http://www.maec.gov.ma/migration/En/documentation.htm.

279 Bielefeldt 2006: 81f. (Hervorh. i. Orig.); vgl. Klein 2005.

280 Wie viele Nichtregierungsorganisationen es weltweit gibt, ist wohl niemandem bekannt. Am 3. Weltsozialforum in Porto Alegre im Jahr 2003 nahmen Delegierte von 5.717 Nichtregierungsorganisationen teil, in Deutschland hat allein der Verband Entwicklungspolitik deutscher Nichtregierungsorganisationen (VENRO) 100 Mitgliedsverbände. Selbst im Toledo District ist es manchmal mühsam, den Überblick über die vorhandenen Nichtregierungsorganisationen zu behalten, die allerdings oft Gründungen von außen sind und nicht durch Selbstorganisation zustande kommen. Siehe dazu die Amandala-Artikel http://www.amandala.com.bz/index.php?id=5548 und http://www.amandala.com.bz/index.php?id=6178.

281 Vgl. Inter-American Commission on Human Rights Report Nr. 40/04, Case 12.053 "Maya indigenous communities of the Toledo District Belize" vom 12.10.2004. Zum erfolgreichen Musterprozess zweier Dörfer vor dem belizeanischen Höchsten Gericht: Amandala, 4.4.2007: "The Maya March in the City!" und Amandala, 19.10.2007: "Massive Court Victory for Santa Cruz and Conejo Maya!!" Im Juni 2008 klagten die Maya erneut vor dem Obersten Gericht im Fall des Dorfes Golden Stream, wo nach ihrer Ansicht ein (kreolischer) Farmer ihre traditionellen Landrechte durch Planierung einer Kakaupflanzung, auf der er Reis anbauen wollte, verletzte (Amandala, 17.6.2008: "Maya take GOB [Government of Belize, Anm. d. Verf.] to Court again"). Der Erfolg der Maya wäre in all diesen Fällen ohne die Unterstützung durch auswärtige Nichtregierungsorganisationen und Rechtsinstitute nicht denkbar.

282 Alt 1999: 233ff. („These 1: Unter den ‚Illegalen' befinden sich auch Flüchtlinge im Sinne der Genfer Konvention"), Alt 2003: 195ff., 236ff., 307ff. und Alt 2004. Freilich: Die Idee der „Lager" und der Kooperation mit Libyen bei der ‚Flüchtlingsabwehr' besteht auch im Jahr 2006 noch fort, siehe dazu FAZ, 24.5.2006: „Illegale Einwanderung: EU sagt Spanien Hilfe zu".

283 Zum Beispiel Schulbesuch für ‚illegale' Kinder, vgl. Martinez-Soria 2005 und Stark 2009.

284 Klein 2005: 130, siehe hierzu das Zitat der „Rights Card" am Anfang dieses Buches.

285 Bereits im Terrorismusbekämpfungsgesetz wurden Maßnahmen gegen die „Einlader" von ‚Illegalen' ergriffen. Der Begründungsteil des Gesetzes zeigt aber, dass die Maßnahmen nicht nur zur Terrorismusbekämpfung dienen sollen. Vielmehr seien die Kenntnisse wichtig, die durch die Datensammlung im Kontext der Visumserteilung bezüglich der Hintermänner gewonnen wurden, „um Erkenntnisse über die Organisationen zu gewinnen, für die diese Personen und die eingeschleusten Ausländer handeln ... Der Speichersachverhalt dient damit zugleich der Bekämpfung der Schleuserkriminalität. Darüber (hinaus) ist die Kenntnis dieses Sachverhalts für die Träger der Sozialhilfe ... von Bedeutung, um gegebenenfalls Erstattungsansprüche gegen dem Dritten geltend zu machen, der die Verpflichtungserklärung abgegeben hat" (TBGE 2001, Begründungsteil: 150f.). Der erste Entwurf des Zuwanderungsgesetzes enthielt in Artikel 11 eine Klausel, die erlaubt hätte, in Kontakt mit ‚Illegalen' stehende Nichtregierungsorganisat ionen unter Überwachung zu setzen. Während in der alten StPO-Vorschrift in diesem Kontext nur auf § 92 a Abs. 2 AuslG Bezug genommen wurde, richtete sich Art. 11, Punkt 12 ZuwGE dagegen pauschal auf § 96 AufenthG. Dadurch fiele auch § 92 a Abs. 1 AuslG in den Katalog der §§ 100 a ff StPO, somit wären Abhörmaßnahmen auch bei Unterstützung von „Illegalen" möglich geworden. Diese Regelungen konnten zwar verhindert werden, aber es ist wahrscheinlich, dass es weitere Versuche geben wird - umso mehr, da es geheimpolizeiliche Maßnahmen gegen kirchliche Stellen schon lange vor dem 11.9.2001 gab, wie die in Alt 1999 geschilderte und aus deutschen Akten belegte Observation des vom Jesuiten Flüchtlingsdienst getragenen Flüchtlingszentrums „Centro Astalli" in Rom beweist (Alt 1999: 352f.).

286 Vgl. Alt 2003: 285ff., zum New Sanctuary Movement vgl. die Website http://www.newsanctuarymovement.org.

287 Siehe dazu Kapitel 3.3.3.4. Vgl. Klein 2005: „Im nationalen Rechtsrahmen wird dieses Problem unter dem Stichwort der ‚Drittwirkung der Menschenrechte' behandelt; dabei wird diskutiert, ob auch Private an Grundrechte gebunden sind. Die Tendenz ist negativ." Es sei Sache der Staaten, menschenrechtliche Werte gegenüber Privaten durchzusetzen. Hinsichtlich der transnationalen Unternehmen „klafft hier jedoch eine (zumindest faktische) Lücke, deren Schließung umfassender zwischenstaatlicher Vereinbarungen bedürfte, die aber offenbar derzeit nicht herstellbar ist" (Klein 2005: 130).

288 Eine Übersicht zu den einzelnen vertraglichen, legislativen und exekutiven Schritten im Bereich der Zuwanderungskontrolle und Grenzsicherung zwischen 1848 und 2005 bietet Meyers 2005.

289 Vgl. Mahler 2000: 25 sowie Präsident Bush im Boston Globe am 26.4.2006 („Bush slams mass deportation plan - Calls lawmakers' effort unrealistic").

290 Vgl. die Zusammenfassung bei Wikipedia unter http://en.wikipedia.org/wiki/Immigration_Reform_and_Control_Act_of_1986 und Meyers 2005.

291 Mit IRCA erhielten die meisten Garifuna und Kreolen aus Toledo, die in den späten 1970er und frühen 1980er Jahren ‚illegal' in den USA gelebt hatten, einen legalen Status. Den meisten dieser Migranten gelang es ohne anwaltliche Hilfe; in einem Fall jedoch musste ein Gesprächspartner 15.000 US-Dollar an Anwaltsgebühren zahlen, bis er einen sicheren Aufenthaltsstatus erhielt. Es gab aber auch ‚Illegale' unter ihnen, die diesem Weg nicht trauten und deshalb bis heute ‚illegal' sind, d. h. seit mehr als 25 Jahren.

292 Die zitierten Angaben entstammen Reyes u. a. 2002: III-VI sowie Massey 2005b: 3f. Die detaillierteste Übersicht über Ausgaben und ihre Wirkungen bietet das Factsheet Nr. 10 des Migration Policy Institutes („Immigration Enforcement Spending since IRCA") vom November 2005.

293 Reyes u. a. 2002: IX-X sowie 39ff., Johnson H.P. 2006 und Passel 2005.

294 Exzerpte seiner Rede waren am 5.4.2009 noch eingestellt im Internet unter http://www.pbs.org/newshour/bb/law/jan-june04/workers_bg_01-07.html .

295 Interessierte seien auf Websites verwiesen, auf denen ‚Rohmaterial' dieser Debatte eingestellt ist. So etwa, was Gesetzesvorlagen betrifft, die Library-of-Congress-Website unter http://thomas.loc.gov/.

296 Leiken, R./Brooke, St.: A Quantitative Analysis of Terrorism and Immigration, Nixon Center, Washington DC, Juni 2005, zitiert nach: Frankfurter Allgemeine Zeitung, 22.7.2005: „In den Dschihad mit europäischem Paß".

297 Ewing 2006: 2, vgl. Figure 9 ("Special Interest Aliens Apprehensions Along the Southern Border") und den Appendix ("Other than Mexican Apprehensions Along the Southern Border").

298 "There are many possible reasons for the surge in OTM [„Other Than Mexicans", Anm. d. Verf.] entries, including the increased difficulty in obtaining visas to the United States since 9/11 and worsening economic conditions, natural disasters, or political instability in the home countries of some OTM migrants ... The Honduran economy was devastated by Hurricane Mitch in 1998; El Salvador suffered not only the effects of Hurricane Mitch, but two powerful earthquakes in 2001; and Brazil experienced a period of economic stagnation from 2001 through 2003. While none of these countries is a likely source of terrorists bent on attacking the United States, the larger and more extensive smuggling networks which OTM migrants use offer foreign terrorists the best chance of illicitly entering the United States." (Ewing 2006: 8).

299 "Despite the ambiguity of the available evidence, or perhaps because of it, some lawmakers have issued dire warnings about the terrorist threat emanating from south of the border. In April 2005, for instance, one senator declared that ‚today we have evidence that the same terrorists who killed 3,000 Americans on September 11, 2001, are now infiltrating the United States through our southern border.' Similarly, in October 2005, a congressional representative cited unspecified reports in asserting that members of al Qaeda are already infiltrating Mexico, assuming Hispanic identities, learning Spanish, and then surreptitiously crossing into the United States, where they ‚assimilate as some down-trodden illegal immigrant.' Another representative proclaimed in November 2005 that ‚known terrorists, ruthless members of drug cartels and free loaders from around the world now use the southwest border as a revolving door'." (Ewing 2006: 3).

300 "The problem … is that the selective migration strategy of inviting the well-to-do and well-educated in while keeping the poor out does not necessarily increase homeland security, no matter how robust the border control information technology used to support it. Even if the information technology outlined in the Smart Borders initiative had been fully operational before September 11th, it is unlikely that it would have

stopped the hijackers. The criterion for exclusion has been whether or not an individual entering the country is likely to work illegally or stay in the U.S. after his or her visa has expired. Fifteen of the nineteen hijackers were Saudi nationals and the vast majority of Saudi nationals applying for U.S. visas before September 11th were not interviewed because Saudis generally have sufficient financial resources so that they were not deemed high risk - high risk to stay and work illegally in the U.S. that is. The problem is that the rich can be dangerous. Hence, the selective migration strategy based on the criteria of wealth and skills comes into conflict with screening criteria for homeland security, which, ideally, should be based on intelligence assessments but are, in practice, often based on national origin, religious affiliation and political activities." (Koslowski 2004: 5f.).

301 "Visas are primarily denied to applicants because they are immigration rather than security risks and the criteria for excluding migrants because they pose a risk of working and staying in the U.S. remains operative for the Visa Waiver Program. The economic basis for exclusion was demonstrated after the U.S. dropped Argentina from the Visa Waiver Program during its economic crises due to fears that large numbers of Argentine nationals would go to the U.S. seeking employment" (Koslowski 2004: 28).

302 "Ironically, the U.S. government's efforts to stem undocumented immigration by fortifying the U.S.-Mexico border have increased the profitability of the people-smuggling business and fostered greater sophistication in the smuggling networks through which a foreign terrorist might enter the country." (Ewing 2006: 1, vgl. 5-8).

303 Vgl. hierzu das Statement von G. Barnes, des Vorsitzenden der Migrationskommission der US-amerikanischen Bischöfe, im Zuge der Zuwanderungsgesetz-Reformdebatte: "The current visa quota system … established statutory ceilings for family immigration which are now inadequate … The result has been waiting times of five years and more - and more than eight years for Mexican permanent residents - for spouses to reunited with each other and parents to reunite with minor children. The waiting time for adult siblings to reunite can be twenty years and longer. Such lengthy waiting times are unacceptable and actually provide unintentional incentive for some migrants to come to the United States illegally." (Barnes 2005: 8).

304 Die Strecke von 700 Meilen entspricht der Entfernung Hamburg-München. Dabei handelt es sich jedoch nur um ein Drittel der gesamten Grenze.

305 Christian Science Monitor, 1.4.2008: "Where US - Mexico border fence is tall border crossings fall", New York Times, 11.9.2008: "Border Fence Is Not Likely to Be Done by Year's End" sowie GAO 2008a.

306 "Apprehensions are likely to be a poor indicator of the actual level of illegal inflows … Within a single month, one individual may be apprehended multiple times. Those apprehended who agree to be deported voluntarily are not processed by the U.S. justice system." (Hanson 2006: 16).

307 Zitiert in: New York Times, 31.7.2008: "Decline Seen in Numbers of People Here Illegally", vgl. New York Times, 21.5.2008: "Homeland Security Stands by Its Fence".

308 Figures show "that the average number of apprehensions for Tunkansenos actually declined among those who migrated most recently in the 2000-2006 period. This accords with data from the Mexican Migration Project, which found that the rate of border apprehensions climbed with the introduction of more Border Patrol officers and then declined as migrants turned to coyotes for assistance." (Cornelius u. a. 2007: 93).

309 Diese Formulierung schließt jene aus, die nicht genug Geld zusammenbekamen oder bereits vor der Reise um Geld oder andere Ressourcen betrogen wurden und erst gar nicht losziehen konnten.

310 "A large but unknown number of people, thought to number at least several hundred thousand, eluded Border Patrol agents …, although some number (again unknown) of these unauthorized foreigners are believed to have departed after several months or so." (Martin u. a. 2006: 184f.).

311 "Although border militarization had little effect on the probability of Mexicans migrating illegally, it did reduce the likelihood that they would return to their homeland. America's tougher line roughly tripled the average cost of getting across the border illegally; thus Mexicans who had run the gantlet at the border were more likely to hunker down and stay in the United States. My study has shown that in the early 1980's, about half of all undocumented Mexicans returned home within 12 months of entry, but by 2000 the rate of return migration stood at just 25 percent. The United States is now locked into a perverse cycle whereby additional border enforcement further decreases the rate of return migration, which accelerates undocumented population growth, which brings calls for harsher enforcement. The only thing we have to show for two decades of border militarization is a larger undocumented population than we would otherwise have, a rising number of Mexicans dying while trying to cross, and a growing burden on taxpayers for enforcement that is

counterproductive." (Massey 2006). Vgl. Massey 2005a und 2005b. Zur Verlängerung der Aufenthaltsdauer aufgrund der steigenden Kosten und Risiken illegaler Grenzübertritte vgl. auch Reyes u. a. 2002: III, 25-37, 65-76, Papademetriou in Newland u. a.: 2008: 4, Passel 2005, Paral 2005, Cornelius u. a. 2007: 110.

312 "The US border control strategy has been characterized as a politically successful policy failure, meaning that an image of border control was created despite continued flows of unauthorized immigrants into the United States. The bottom line is that, ‚Instead of thwarting illegal border crossings, the Southwestern border has simply become an expensive obstacle course that hundreds of thousands of migrants successfully overcome each year'." (Meyers 2005: 22).

313 "With this fence we plugged another hole', Van Wagenen said, adding, There's always a hole somewhere'", Washington Post, 18.5.2006: "Despite Security and Dangers, Border Crossers Find Way North."

314 "To ‚develop and deploy the optimal mix of personnel, infrastructure, and technology and response capabilities to identify, classify, and interdict cross-border violators.' However, beyond this assertion, the expenditure plan does not clearly demonstrate how specific CBP … activities link with that goal … In addition, while the plan states that, ‚CBP prioritizes requirements and allocates funding to the highest priority requirements', it does not provide detail to support this claim ... As a result, the plan does not provide Congress with reasonable assurance that funding is used for the highest priority requirements." (GAO 2008a: 42, vgl. GAO 2006b).

315 "In the wake of September 11th, budget requests for border control IT have increased dramatically with the Bush administration's 2003 budget including an increase of $ 722 million for information technology specifically targeted on homeland security with over half of that earmarked for an entry-exit system" (Koslowski 2004: 16, vgl. Meyers 2005: 14-19).

316 "Approximately 40 % of the undocumented migrants in the U.S. entered legally but overstayed their visas. There are only rough estimates for the number of visa overstayers because U.S. immigration authorities do not register and count all of the people who leave the U.S. after they entered. Tracking all those who enter and exit the US is a daunting task." (Koslowski 2004: 16). Ähnlich geht das Pew Hispanic Center in seiner Studie davon aus, dass 35-45 Prozent aller 'Illegalen' in den USA als Visa-*Overstayer* einreisen (Pew Hispanic Center 2006: 1f.). Siehe dazu auch: http://www.cbp.gov/linkhandler/cgov/border_security/port_activities/securing_ports/entry_points.ctt/entry_points.pdf.

317 "On a typical day, more than 1.1 million passengers and pedestrians, including over 630,000 aliens, over 235,000 air passengers, over 333,000 privately owned vehicles, and over 79,000 shipments of goods are processed at the nation's border … Land border ports still process the overwhelming majority of people, representing 74 % of all border crossings" (CBP 2006: 8).

318 Martin u. a. 2006: 183ff. Zum Vergleich: Der weltgrößte Flughafen (John F. Kennedy in New York) rechnete für 2005 mit 41 Millionen Passagieren. Siehe auch http://www.panynj.gov/abouttheportauthority/PressCenter/PressReleases/PressRelease/index.php?id=737.

319 Vgl. US-State-Department, Internet: http://travel.state.gov/travel/cbpmc/cbpmc_2223.html.

320 „Die Parameter der Gesichtserkennung - Form der Augenhöhle, Wangenform, Mundwinkel, Sitz von Nase und Augen - reichen als Kriterien nicht aus. Zu groß ist die Zahl der ein Gesicht prägenden Maßnahmen. Diese verändern sich mit Alter und Gesichtsausdruck" und „je höher die Zahl der mutmaßlich Verdächtigen ist, desto geringer ist die Wahrscheinlichkeit, eine bestimmte Person zu erkennen ... Man mag einwenden, dass sich Systeme, wie zum Beispiel die Abnahme von Fingerabdrücken, durchaus bewährt haben. Fachleute wissen jedoch - auch wenn sie es nicht laut sagen -, dass auch diese Methode nicht unfehlbar ist." (Duclos 2004: 5). Siehe auch Gröbner 2004: 12f.

321 "(R)egistering every person who crosses into the U.S. from Canada using even the most sophisticated smart card technology would still require several minutes to process each individual and this would back up traffic at the border for hours, especially at the Detroit - Windsor crossing. Up to 10 million vehicles annually cross the Ambassador Bridge between the Windsor, Ontario and Detroit, Michigan, along with 27 % of U.S.-Canadian Merchandise trade. This was a particular sore point for the big three automakers given that their just-in-time production lines crossed the border." (Koslowski 2004: 17).

322 „Wie der Generalsekretär der Interpol … einräumte, war eines seiner schlimmsten Probleme ein Bestand von über 20 Millionen verlorener oder gestohlener Pässe, von denen nur 5,8 Millionen in einer Datenbank registriert waren" (Naim 2005: 131).

323 "The political tensions between tougher border controls and economic considerations were on public display

during Fall 2003 Congressional hearings as Department of Homeland Security and State Department officials tried to reassure Congress that new security measures would not excessively impede business travel and tourism while Congress heard testimony of business representatives complaining of month-long waits for Korean business partners to receive visas, of a 45 % drop in tourists from Brazil and the drop in foreign students which at $ 12 billion/year is a major U.S. ‚export'." (Koslowski 2004: 28). Zu einander widersprechenden Politikinteressen siehe auch Reyes u. a. 2002: 80f., Taran/Geronimi 2002: 7f.

324 "Under US-VISIT, US consulates abroad and port of entry inspectors collect biometric data from foreign nationals seeking entry to the United States and check data against terrorist watch lists prior to issuing visas or granting entry. DHS views entry tracking within US-VISIT as a step toward a more ambitious goal of tracking foreign nationals' ‚interactions with US officials before they enter, when they enter, while they are in the United States, and when they exit.' Nonetheless, available biometric technology and databases have thus far limited the scope of US-VISIT, and the tracking of exits is only in the pilot stage. A number of political, economic, and technological barriers, including the limited number of crossers actually subject to the program and weaknesses of underlying databases, call into question when and whether such a program could ever be fully implemented or truly achieve its stated goals." (Meyers: 16, vgl. Koslowski 2004: 18-20). Der Secure Travel and Counterterrorism Partnership Act von 2007 strebt erneut Verbesserungen bei der Ausreiseerfassung an, Informationen über eine technische Umsetzung der gewünschten Ziele sind jedoch nicht erhältlich (vgl. Ginsburg 2008).

325 New York Times, 27.5.2008: "Border Agents, Lured by the Other Side".

326 "In 2007 alone, more than 1,400 pieces of legislation had been introduced by July in the 50 state legislatures. Many more have been introduced at the local level as well. Much of the legislation targeting undocumented workers is punitive, but in 2006, about a third of the local ordinances were pro-immigrant." (NIF 2007: 4).

327 "The simple straightforward purpose here is to build a stronger community," Mayor John DeStefano said Monday. "You can't police a community of people who won't talk to our cops." (CBS News, 24.7.2007, näheres zu diesem Argument in Kapitel 5.3.).

328 In der Begründung schrieb Bundesrichter James M. Munley: "We cannot say clearly enough that persons who enter this country without legal authorization are not stripped immediately of all their rights because of this single act … The United States Supreme Court has consistently interpreted (the 14th Amendment) to apply to all people present in the United States, whether they were born here, immigrated here through legal means, or violated federal law to enter the country." Aus der Stellungnahme der American Civil Liberties Union of Pennsylvania (ACLUPA) vom 26.7.2007: "Federal Court Strikes Down Discriminatory Anti-Immigrant Law in Hazleton." Internet: http://www.aclupa.org/pressroom/federalcourtstrikesdowndis.htm.

329 Vgl. Varsanyi 2008 und Los Angeles Times, 14.8.2008: "L.A. adopts day laborer rules for home improvement stores".

330 Vgl. "The Minutemen Project", Internet: http://www.minutemanproject.com/ und http://www.mohaveminutemen.com/, oder die Website: "Americans Taking Action against Illegal Immigration" unter http://www.alipac.us/index.php.

331 Die Hälfte aller Städte weltweit, deren Bevölkerung einen Anteil von über einer Million „foreign born aliens" aufweist, liegt in den USA (vgl. Fix u. a. 2008: 17).

332 Statement "Roadmap Lays the Groundwork for an Immigration System that Works for America's Workers" vom 14.4.2009, im Internet unter http://www.aflcio.org/mediacenter/prsptm/pr04142009d.cfm.

333 Siehe zu Charles Schumer (D-NY), Steve King (R-Iowa), Jon Kyl (R-Arizona) sowie einer Positionierung des US Chamber of Commerce die Website http://www.ogletreedeakins.com/publications/index.cfm?Fuseaction=PubDetail&publicationid=770.

334 Die Website http://judiciary.senate.gov/hearings/hearing.cfm?id=3793 enthält auch die Statements der geladenen Experten, u. a. von Doris Meissner vom Migration Policy Institute und Alan Greenspan, dem früheren Zentralbankchef.

335 Beispielsweise heißt es in einem Memo der Europäischen Kommission zur Bekämpfung der illegalen Migration: „Angesichts der wirtschaftlichen und politischen Lage in zahlreichen Herkunftsländern und der Bevölkerungsprognosen dürfte sich der Migrationsdruck in den nächsten Jahrzehnten noch verstärken. Illegale Migrationsströme von signifikantem Ausmaß wird es geben, solange ‚Push-Faktoren' in Drittländern und ‚Pull-Faktoren' in der EU weiter bestehen." (EUK 2006). Der BND schreibt etwa: „Die zahlreichen Wanderungsgründe fallen in zwei Kategorien: Push- und Pullfaktoren. 1. Push-Faktoren sind

Ursachen, die im Herkunftsland der Migranten liegen. Dabei handelt es sich hauptsächlich um Bürgerkrieg, Armut, religiöse oder ethnische Verfolgung oder auch Naturkatastrophen und Umweltzerstörung. 2. Im Gegensatz dazu sind Pull-Faktoren solche Ursachen, die in den Zielländern der Migranten liegen und deren Anziehungskraft ausmachen. Die Palette der Pull-Faktoren reicht von volkswirtschaftlicher Stabilität und Wohlstand über inneren Frieden und bessere Arbeitsmöglichkeiten bis hin zu einer liberalen Ausländer- und Asylpolitik." (BND 2001: 5f.). Bei BGS/BKA schreibt entweder derselbe Autor, oder man benutzt dort ähnliche Textblöcke. Dort heißt es: „Hinter diesen Wanderungsbewegungen stehen global wirksame Triebkräfte, die in zwei Kategorien eingeteilt werden können. a.) Push-Faktoren sind die Ursachen für Migration in den Herkunftsstaaten. Dabei handelt es sich hauptsächlich um (Bürger-)Krieg, Armut, religiöse oder ethnische Verfolgung Umweltzerstörung oder Naturkatastrophen. b.) Pull-Faktoren sind die Ursachen, die in den Zielländern begründet liegen und die zunehmende ökonomische Ungleichheit in der Welt widerspiegeln. Die Palette der Pull-Faktoren reicht von der volkswirtschaftlichen Stabilität, Wohlstand, Wohlfahrt, soziale Gerechtigkeit, Rechtsstaatlichkeit, innerer Stabilität bis hin zu individuellen Freiheitsrechten." (BGS/BKA 2001: 4).

336 "(E)conomic disparities and other fundamental factors underlying illegal migration, drug smuggling, and the threat of terrorism have often been overlooked in favour of an overwhelming focus on border-area interdiction of illegal immigrants and drugs, which, in the final analysis, are the symptoms, not the causes, of deeper problems." (Meyers 2005: 20).

337 "An affront to Latin America by a government that claims to be our partner, but which apparently only wants our money and our merchandise, and that sees our people as an epidemic." (Christian Science Monitor, 27.3.2006).

338 "At a moment when relations between the US and Latin America are at their lowest point since the end of the cold war, this fence proposal is viewed as a terrible affront', says Michael Shifter, vice president of the Inter-American Dialogue, a Washington think tank. ‚It is hard to imagine any other symbol that more strongly reinforces the image of the ugly American and is more sharply at odds with the good neighbor concept.'" (Christian Science Monitor, 27.3.2006).

339 Vergeblich läuft die empirische Wissenschaft gegen diese Vereinfachungen an. D. Massey etwa meinte während der US-amerikanischen Einwanderungsdiskussion: "The roots of this crisis lie in fundamental misunderstandings about the causes of immigration and the motivations of immigrants. These misunderstandings yield a simplistic view of immigration as a cost-benefit decision, whereby individuals in foreign countries migrate to the United States because they expect to earn higher incomes over their lifetimes. From this perspective, the seemingly obvious way to control immigration is to drive up its costs and reduce its benefits to the point where would-be migrants choose not to attempt unauthorized entry." (Massey 2005a: 2). Ähnlich S. Sassen: Die Vorstellung, man könne mit Grenzkontrollen und anderen repressiven Mitteln Migration verhindern, „vernachlässigt systemische Beziehungen" (Sassen 2000: 169f.).

340 Quelle: World Bank 2007b: 4; Bureau of Labor Statistics, Current Population Survey; U.S. Census Bureau; U.S. Department of Homeland Security, TRAC (Syracuse University). Vgl. Papademetriou/Terrazas 2009).

341 Otto Schily, unterstützt von einer Reihe anderer Politiker, etwa aus Italien, schlug die Einrichtung von Auffanglagern in Nordafrika vor, mit denen Menschen davon abgehalten werden sollten, überhaupt erst die Überquerung des Mittelmeeres zu riskieren und in die Europäische Union einzuwandern. Seitens der Befürworter dieser Idee konnte kaum ein überzeugender Grund dafür gefunden werden, warum Migranten überhaupt in diese Lager gehen sollten, solange ihre ‚Schleuser' ihnen begründete Aussichten auf den Erfolg ihres illegalen Migrationsprojekts machen können und ihnen trotz aller staatlicher Bemühungen einen Zugang zum Territorium der Europäischen Union ermöglichen. Zu einer ausführlichen Kritik des Vorschlags siehe Alt 2004.

342 Auch in Deutschland wurde nach den Terroranschlägen vom 11.9.2001 unter den visapflichtigen Staaten nochmals eine besondere Gruppe von „Problemstaaten" identifiziert, aus denen Antragsteller besonders scharf geprüft werden sollen, um die Zuwanderung von Terroristen zu verhindern und Rückführungsprobleme (!) schon im Vorfeld beseitigen zu können. Namentlich genannt wurden Ägypten, Iran, Afghanistan und Pakistan. Das reicht aber noch nicht. Im Begründungsteil zum Regierungsentwurf des Zuwanderungsgesetzes heißt es im Hinblick auf das Visumverfahren: „Als wahrscheinliche Brennpunkte mit besonders hohem Aufkommen an Anfragen sind neben den GUS- und MOE-Staaten vor allem Länder mit bekannt hohem

Migrationsdruck, wie z. B. die Türkei, China, Iran, Pakistan, Indien, Nigeria, Ghana, Algerien, Tunesien, Marokko, Kolumbien, Ekuador und Bolivien, zu erwarten“ (ZuwGE 2001: 63). In beiden Auflistungen fällt zunächst ein beachtlicher Anteil an Staaten auf, die weniger als terroristische Brutstätte denn für Armut und Menschenrechtsverletzungen gegenüber der eigenen Bevölkerung bekannt sind. Ebenso fällt auf, dass Maßnahmen gegen diese Länder auch Flüchtlingen die Einreise erschweren werden und dass unter den vorgenannten Ländern solche sind, aus denen besonders viele ‚Illegale‘ nach Deutschland kommen. Ausführlicher hierzu Alt 2003: 267-269 sowie Anlage 7 („Überprüfung migrationssystematischer Aussagen“).

343 Zitiert im Rheinischen Merkur, 11.12.2003.

344 Statement auf der Pressekonferenz am 1.6.2005 (Hervorh. d. Verf.).

345 Internet: http://www.fr-aktuell.de/in_und_ausland/politik/aktuell/?em_cnt=1009734.

346 Vgl. Alt 2004. Vgl. Held und Kollegen: “The capacity of migrants to evade the grasp of the state has … risen as overall numbers of travellers have increased and as the increase in tourism and student exchanges has opened more loopholes in immigration agency practice.” (Held u. a. 2001: 323).

347 “On the one hand, we are trying to tame this new element called globalisation, whose powers are beyond what any state can control; the instruments we have at our disposal are too weak to resist the forces opposing it. On the other hand, there is the desperate search for an *ersatz* political formula, an *ersatz* legitimacy, which could be used despite the fact that state powers have been reduced. This search is about finding a sphere in which the state can show its citizens that it is able to do something.” (Bauman 2005: 3). Vgl. Castells: „Wenn sich etwa eine Bevölkerung durch eine nicht identifizierbare, multidimensionale Angst bedroht fühlt, so lassen sich solche Ängste und die Codes von Einwanderung = Rasse = Armut = Wohlfahrt = Verbrechen = Arbeitsplatzverluste = Steuern = Bedrohung fassen, was für eine identifizierbare Zielscheibe sorgt, UNS im Gegensatz zu IHNEN definiert und diejenigen Führer begünstigt, die am glaubwürdigsten das vertreten, was als vernünftige Dosis Rassismus und Xenophobie gilt.“ (Castells 2003b: 399).

348 Die polizeilichen Kriminalstatistiken belegen regelmäßig, dass bei ca. 90 Prozent aller Personen, die wegen unerlaubten Aufenthalts aufgegriffen werden, das Hauptvergehen der unerlaubte Aufenthalt ist. So findet sich beispielsweise in der „Polizeilichen Kriminalstatistik des Jahres 2001“ folgende Aussage: „Zu beachten ist, dass bei den Illegalen neun von zehn (91,9 Prozent) der Tatverdächtigen gegen Ausländer- und Asylverfahrensgesetz verstießen.“ Und ein wenig später heißt es: „Die Illegalen stellen mit 63,7 Prozent die größte Teilgruppe bei Straftaten gegen Ausländer- und Asylverfahrensgesetz, ferner mit 15,1 Prozent bei Urkundenfälschung, sind sonst aber unauffällig“. Siehe auch Kapitel 2.3.3. sowie Alt 1999: 297-299 (Materialanlage 8: „Erkenntnisse aus den Polizeilichen Kriminalstatistiken von Leipzig und München“, abrufbar unter www.joerg-alt.de/materialanlagen/materialanlagen.html) sowie Albrecht 2006.

349 “It is worth noting that border controls can be more a matter of symbols than of actual results. Frontiers have always played a psychological role in the formation of national identity and authority … and governments need to communicate to their citizens that they control the gates.” (Pécoud/Guchteneire 2005: 5).

350 “Terrorism is not really an ‚ism‘ …There‘s no connection between the guerrillas who fought the Contras and Al Qaeda, or Colombia‘s FARC and Somali pirates. That‘s just a convenient way for (governments) to convince the world that there is another enemy ‚ism‘ out there, like communism used to be.”, zitiert nach: John Perkins Newsletter vom 6.5.2009, im Internet unter http://www.johnperkins.org/newsletter.htm.

351 Nach Angaben der Nichtregierungsorganisation UNITED starben zwischen dem 1.7.1993 und dem 6.5.2008 beim Versuch, die EU-Außengrenze zu überwinden bzw. sich einer Abschiebung aus einem EU-Land zu entziehen, 11.105 Personen. Hinzu kommen nie gefundene Personen, die z. B. in der Wüste umkamen oder im Mittelmeer ertranken und nie gefunden wurden, hinzu kommen Tote, die nicht mit einem versuchten Grenzübertritt in Zusammenhang gebracht wurden (vgl. die statistische Auswertung unter http://www.united.non-profit.nl/pdfs/listofdeaths.pdf). Für Deutschland dokumentiert die Antirassistische Initiative Berlin die Ergebnisse ihrer Recherche „Bundesdeutsche Flüchtlingspolitik und ihre tödlichen Folgen“, die aktuellste Fassung deckt den Zeitraum vom 1.1.1993 bis 31.12.2007 ab: „In diesem Zeitraum starben mindestens 174 Menschen auf dem Wege in die Bundesrepublik Deutschland oder an den Grenzen. Allein 130 Personen starben an den deutschen Ost-Grenzen. 475 Flüchtlinge erlitten beim Grenzübertritt zum Teil erhebliche Verletzungen, davon 295 an den deutschen Ost-Grenzen. Zwei Personen (Mann mit 8-jährigem Sohn), die im Winter 2002 ins Wasser der Neiße fielen und abtrieben, werden vermisst. Von den 102 Flüchtlingen, die in den Jahren von 1997 bis 2001 beim Grenzübertritt in die BRD durch Maßnahmen

der Bundesgrenzschutzbeamten verletzt wurden, geschah das bei 84 Personen durch Bisse von Zoll- und Diensthunden. 149 Menschen töteten sich selbst angesichts ihrer drohenden Abschiebung oder starben beim Versuch, vor der Abschiebung zu fliehen. Allein 56 Flüchtlinge starben in Abschiebehaft … Während der Abschiebungen starben 5 Flüchtlinge; abgeschoben in ihre Herkunftsländer kamen 29 Flüchtlinge zu Tode, mindestens 441 Flüchtlinge wurden im Herkunftsland von Polizei oder Militär misshandelt und gefoltert oder kamen aufgrund ihrer schweren Erkrankung in Lebensgefahr. Mindestens 70 Menschen verschwanden nach der Abschiebung spurlos. 13 Flüchtlinge starben bei abschiebe-unabhängigen Polizeimaßnamen in der BRD", im Internet unter http://www.ari-berlin.org/doku/titel.htm.

352 Vgl. die Artikel „Drama im Mittelmeer" (Frankfurter Rundschau), „Flüchtlingstragödie im Mittelmeer" (Basler Zeitung), „Hunderte Bootsflüchtlinge im Mittelmeer vermisst" (Frankfurter Allgemeine Zeitung) und „Das Ende aller Hoffnungen" (Süddeutsche Zeitung), alle am 1.4.2009.

353 Basler Zeitung, 14.5.2009: „Flüchtlingspolitik in der Kritik". Der Ausdruck „historische Wende" stammt von Innenminister Roberto Maroni von der Lega Nord.

354 "Migration is a response to differences. Increasing differences in demographics, economics, and security - plus the revolutions in communications, transportation, and rights that facilitate movement over borders - have created networks that abridge borders and allow people to cross them." (Martin u. a. 2006: 11).

355 They are "not simply ‚customers' or ‚laborers', but individuals capable of reacting creatively to the new situation in which they find themselves." (Portes 1997: 19).

356 "Given their logical compatibility, the only way to distinguish between them became empirical: which theoretical propositions were most consistent with the accumulated evidence, and which seemed to be most efficacious in accounting for trends and patterns of international migration throughout the world?" (Massey u. a. 1998: 276).

357 "All theories play some role in accounting for international migration in the contemporary world, although different models predominate at different phases of the migration process, and different explanations carry different weights in different regions, depending on the local circumstances of history, politics and geography" (Massey u. a. 1998: 281).

358 Alt 2003: 255-270, Alt 2005. Beispiel Balkankrieg: Viele legal als Gastarbeiter in Deutschland lebende Bosnier und Kosovaren holten während der Balkankriege ihre von Verfolgung und Vertreibung betroffenen Angehörigen ‚illegal' ins Land, da eine legale Familienzusammenführung sich aufgrund bürokratischer Hürden zu lange hingestreckt hätte, als dass sie eine realistische Möglichkeit in dieser Krisensituation geboten hätte. Weitere Beispiele wurden gegeben aus dem Bereich des Familiennachzugs aus Weltteilen, die nicht als Krisenregion gelten können sowie aus den Bereichen Asylbewerber, NATO-Militärs und ausländische Studenten.

359 "… about how ordinary people are incorporated into the countries that receive them while remaining active in the places they come from, and about how life in sending and receiving countries changes as a result." (Levitt in Martin u. a. 2006: 156). Vgl. Vasconcelos 2005: 4, Mahler 2000: 36ff., Pries 2008.

360 "Transnationalism defined as globalization via migration and remittances." (Hinojosa-Ojeida 2003: 3). Freilich, Hinojosa-Ojeida kann es auch komplizierter formulieren: "The New Transnationalism (NT) is based, first, on a recognition that research on economic integration and development must include a theoretical framework for how the dynamics within and between developed and developing countries are complexly interrelated. Second, the NT recognized the importance of linking trade capital flows and migration into a single framework of analysis ... Third, an implicit strategic focus must be incorporated covering a variety of economic and policy agents. We must have a micro understanding of how agents (individuals, households, firms and organizations) make interrelated strategic decisions in the transnational environment, and how they interact with ‚endogenous policy makers'." (Hinojosa-Ojeida 2003: 12).

361 The "dominance of remittance flows over traditional export receipts signals that Central American countries are in the midst of a transition away from ‚agro-exporting economies' and toward ‚transnationally integrated households'." (Agunias 2006: 3), vgl. Levitt/ Nyberg-Sørensen 2004.

362 "Differences encourage migration, but it takes links between sending and receiving areas for people to move over borders … Migration networks are a broad concept and include factors that enable people to learn about opportunities abroad as well as the migration infrastructure that enables migrants to cross national borders and remain abroad" (Martin u. a. 2006: 22ff., vgl. Rerrich 2006: 57ff.).

363 Castells 2003a: 156f., Einfügungen in Klammern vom Verfasser. Siehe auch: Pécoud/Guchteneire 2005: 4.

[364] “By the time governments stop legal recruitment or announce that they will no longer tolerate unauthorized migrant flows, they are attempting to break networks that serve the interests of both migrants and employers. Governments that believe migrant flows can be turned on and off like a water tap are often disappointed. For example, stopping legal recruitment is assumed to stop the flow of migrants, just as closing a gate in a dam stops the flow of water in a river. But migration networks are like rivulets that form a delta, and blocking one migration channel often pushes migrants into other channels” (IOM 2005: 191, vgl. Martin u. a. 2006: 31).

[365] “The most profound challenge ... will be faced by citizens and policy-makers in migrant sending and receiving countries. Inhabitants of the latter will have to move beyond the state of denial that so often has characterized their approach to immigration policy to date. They must develop policies that recognize the inevitability of labour flows within a globalized economy characterized by well-established regional networks of trade, production, investment, and communications. Attempts to suppress population flows that are a natural consequence of a nation‘s insertion into these economic networks will not be successful, but they will present grave threats to individual rights, civil liberties, and human dignity ... The globalization ... pose strong challenges to the very concept of the nation state and sovereignty itself, requiring political leaders and citizens ... to abandon nineteenth-century conceptions of territory and citizenship and to expand them to embrace the transnational spaces that are currently being formed throughout the world as a result of massive immigration ... These are formidable challenges indeed, but they will have to be met, for international migration will surely continue. Barring an international catastrophe of unprecedented proportions, immigration will most likely expand and grow, for none of the causal forces responsible for immigration show any sign of moderating.” (Massey u. a.: 293f.). Vgl. Alt 2003: 390-406, Bade 2000: Teil V sowie Nuscheler 2002.

[366] Mahler 2000: 10. Was sich spiegelt im Anstieg der „Foreign Born Citizen“ der USA. Zum generellen Anstieg der ‚Foreign Born Citizen‘ in den Volkszählungen vgl. Mahler 2000: 10. Präziser geht aus diesen Volkszählungen hervor, dass sich der Anteil der gezählten Bürger aus Belize, El Salvador, Guatemala und Honduras im Zehnjahresabstand verdoppelt oder gar verdreifacht. Dabei können die Ergebnisse dieser Volkszählungen eher ‚konservativ‘ bezeichnet werden, da sie ‚Illegale‘ nur unzureichend erfassen (vgl. Mahler 2000: 20ff.).

[367] “Some may find adaptation in a foreign city as easy as integration in larger cities within their countries because past migration has resulted in settled friends and relatives abroad.” (Martin u. a. 2006: 17).

[368] “Globalization is associated with new patterns of global stratification in which some states, societies and communities are becoming increasingly enmeshed in the global order while others are becoming increasingly marginalized … To talk of North and South, of First World and Third World is to overlook the ways in which globalization has recast the traditional patterns of inclusion and exclusion between countries by forging new hierarchies which cut across and penetrate all societies and regions of the world. North and South, First World and Third World are no longer ‚out there‘ but nestled together within all the world‘s major cities … The global structure can be envisaged as a three-tier arrangement of concentric circles, each cutting across national boundaries, representing respectively the elites, the contented and the marginalized.” (Held u. a. 2001: 7f.).

[369] Vgl. World Bank Policy Research Report (2003): Breaking the Conflict Trap. Civil War and Development Policy. Washington, May 2003. Für die Verfasser dieses Berichts ist ein wichtiger Grund für 85 Prozent der weltweiten Konflikte, dass sie in Ländern liegen, an denen weltweites Wirtschaftswachstum vorbei ging. Gezielter Einsatz von wachstumsfördernden Maßnahmen wäre geeignet, die Anzahl von Kriegen und Konflikten zu verringern. “The analysis of the effect of an additional and sustained 3 percent growth in the marginalized countries predicted a reduction in the incidence of war by 4.7 percentage points.” (S. 187). Die Umsetzung eines Unterstützungspakets, in dem Wachstum stimulierende Mittel eine bedeutende Rolle spielen, soll in der Lage sein, die globale Anzahl von innerstaatlichen Konflikten bis 2015 zu halbieren.

[370] Vgl. Kurtenbach/Lock: 27. Deshalb wäre wichtig, Jobs jenseits der weltweiten Konkurrenz um Arbeitsplätze zu schaffen.

[371] “The globalization process has created enormous wealth and has lifted millions of people out of poverty. But it has not yet narrowed the gap between rich and poor, and in some cases economic disparities are widening. Many developing countries are struggling to cope with high levels of demographic growth and are failing to create enough jobs for the millions of young people who are entering the labour market.

And although more people than ever before are citizens of states with pluralistic political systems, too many people continue to live in countries characterized by poor governance, low levels of human security, corruption, authoritarianism, human rights violations and armed conflict. Given these conditions, it is not surprising that many people are looking for a future beyond the borders of their own country, both within their own region and, if they have the means to get there, to more distant parts of the world." (GCIM 2005: 6).

372 Japan bot sich hierbei besonders an, da Immigration nach dort Jahrhunderte lang verboten war - sieht man von dem kurzzeitigen ‚Import' von Zwangsarbeitern ab (Sassen 1998: 55). Nach einer Untersuchung der ökonomischen ‚Internationalisierung' der japanischen Industrie sowie einer Auswertung von Daten der Grenzkontroll- und Einwanderungsbehörden kommt Sassen zu dem Schluss: „This paper argues that the new immigration reflects the globalization of Japan's economy. This is easy to recognize in the case of foreign high-level manpower ..., but less clearly in the case of the new, mostly illegal immigration of manual workers ... In this latter case, internationalization not only provides a context within which bridges are built with the countries of origin of potential emigrants, but also contributes to the Japanese economy becoming more porous, particularly in the large cities." (Sassen 1998: 74f.). Zu diesem Thema auch Friman 2001.

373 "The flows today carry within new seeds of discord and concern that must be confronted." (Bhagwati 2004: 209).

374 "More people everywhere are aware of a wider set of possibilities for living their lives than ever before, possibilities that are taking them outside their own locality to imagined worlds that they have not necessarily experienced." (Sutherland 1998: 9).

375 Vgl. Petit 2004: 18f.: "Estimates state that 65.000 Belizeans live in the States". Und dies gilt für einen Staat mit einer Gesamtbevölkerung von ca. 300.000 Einwohnern und entspricht mehr oder weniger der kompletten Einwohnerzahl der größten Stadt des Landes, Belize City.

376 "Roughly half of all South-East Asian migrants are thought to have remained in the neighbourhood, and nearly two-thirds of migrants from Eastern Europe and Central Asia have stayed in their own region. Nearly 70 % of migrants from sub-Saharan Africa remain on their continent." (Economist, 3.1.2008: "You don't have to be rich").

377 Siehe Ewing 2006: 8 sowie Kapitel 3.4.7.1.

378 Am bekanntesten ist das Phänomen der „Piraterie" aus Somalia, ein Land, aus dem auch viele ‚Illegale' kommen. Auch dort verbindet Armut die ‚illegalen' Migranten mit den „Piraten". Es ist in vielen Fällen sehr wahrscheinlich, dass sie ähnliche biographische Hintergründe haben: Zunächst waren sie Fischer, dann wurden ihnen durch den Tsunami 2005 die Boote geraubt, dann mussten sie, aufgrund des Fehlens einer staatlichen Küstenwache, selbst eine Verteidigung ihrer Fischereigründe gegen internationale Trawler organisieren, die immer ungenierter in somalische Hoheitsgewässer eindrangen und ihnen die Lebensgrundlage wegfischten. Von dieser aktiven Selbstverteidigung war es nur ein weiterer Schritt zur Entdeckung, dass für gekaperte Schiffe Lösegeld erhältlich ist, von dem man schließlich auch leben kann (vgl. Alt 2009b). Zur Entwicklung des lokalen Fischfangs an der westafrikanischen Küste: Kohnert 2006: 4f. Ein wesentlicher Unterschied zwischen Piraten und Terroristen ist aber, dass es sich bei der Piraterie immerhin um eine Form des Broterwerbs und der Bereicherung handeln kann, während Terrorismus lediglich auf Zerstörung und die Erzeugung von Schrecken zielt.

379 Islamisten, Terroristen und Piraten genießen gerade unter der jungen Bevölkerung ein hohes Ansehen als Sachwalter der Armen gegen übermächtige Unterdrücker und Ausbeuter (Robin-Hood-Image). Hinzu kommt auch, dass diese ‚Profession' Geld und ein aufregend-luxuriöses Leben verspricht (vgl. Castells 2003b: 219f.).

380 In Deutschland lag der Rückgang im April 2009 im Vergleich zum Vorjahresmonat bei 28,7 Prozent, siehe http://www.pressaktuell.de/node/618. Für Afrika siehe CFMCBG 2009 und UN Report 2009.

381 Der Standard, 29.4.2009: „Regierung erwartet Tourismus-Einbruch".

382 Castells 2003b: 86f., vgl. UN Report 2009: 10f.

383 Zum Phänomen der Migrationsfalle unter ‚Illegalen' in Deutschland siehe Alt 2003: 194f.

384 So hat der Verfasser zusammen mit Q'eqchi aus Los Angeles versucht, zwei Personen aus ihren Herkunftsdörfern unter Verweis auf die sich rapide verschlechternde Lage in Kalifornien von einer illegalen Migration abzuhalten - erfolglos. Vielmehr kam es zu einer ‚Neiddebatte', die selbst das Verhältnis unter

den daheim gebliebenen Familien beeinträchtigte. Vgl. hierzu Alt 1999: Kap. II/2.3. („Meinungsbildung über die Situation in Deutschland“) sowie Alt 2003: Kap. VI/2.2. („Welche Informationen haben ‚Illegale‘ über ihr Zielland?“).

385 Basler Zeitung, 1.4.2009: „Flüchtlingstragödie im Mittelmeer“.

386 Basler Zeitung, 18.5.2009: „Wegen Rezession weniger Illegale“.

387 “Globalization has greatly expanded the means by which migrants can remain actively involved in the economic, cultural, social and political life of sending countries. Financial remittances, internet communications and travel, diaspora and hometown associations, and other mechanisms for expatriates to reside abroad and maintain ties with their country of origin are today creating powerful tools for development.” (IOM 2005: 15).

388 IAO 2005: 67ff. Die Tatsache, dass Menschenhandelsopfer sich mehrheitlich als ‚arm‘ bezeichnen, erklärt ihre Abhängigkeit von kriminellen Kreditgebern und Schleuserorganisationen, was wiederum ein direkter Weg in Schuldknechtschaft und Zwangsarbeit sein kann. ‚Erfolgreiche‘ Migranten verfügen über eigene Ressourcen, die sie selbstbestimmter handeln lassen. Siehe hierzu auch: Rerrich 2006, Elwert 2002, vgl. die Auswertung der Daten des Mexican Migration Project in Hanson 2006: 25-32.

389 In dieser Statistik geht es natürlich primär um die legale Migration. Allerdings bietet Brinkbäumer 2006 eine Fülle von Anhaltspunkten, dass auch unter afrikanischen ‚illegalen‘ Migranten der Anteil von gut gebildeten Personen erstaunlich hoch ist (vgl. Brinkbäumer 2006: 171-173, 240f.).

390 Etwa das Stehlen von Essen zur Vermeidung von Hunger, das Stehlen wichtiger Medikamente, wo das Geld zum käuflichen Erwerb fehlt usw. Vgl. Alt 1999: 207-209.

391 Zur Situation in Deutschland siehe Alt 1999 und Alt 2003. In den USA gibt es eine Fülle von Organisationen und Institutionen, die sich mit der menschenrechtlichen Situation und Exklusion von ‚Illegalen‘ beschäftigen. Beispiel Gesundheitsversorgung: „Providing Life-Saving Health Care to Undocumented Children“, in: Pediatrics, Vol. 114, Nr. 5, November 2004, S. 1316-1320; „Immigrant Health Needs Assessment for the Greater Richmond Area“. Sponsored by Bon Secours Richmond Health System, assisted by The Central Virginia Health Planning Agency, August 2003. Beispiel Schule: „The Undocumented: Educating the Children of Migrant Workers in America“, in: Bilingual Research Journal, Vol. 21 Nr. 1, Spring 2003, S. 51-71; „Responding to Undocumented Children in the Schools“, ERIC Digest ED433172, Clearinghouse on Rural Education and Small Schools Charleston WV, September 1999. Gerade im Kontext der Zuwanderungsdebatte 2004-2005 kam es zu einem Boom an entsprechenden Publikationen. Siehe dazu weiterführende Links auf den Internetseiten einschlägiger NGOs wie “Justice for Immigrants” oder des Migration Policy Institutes.

392 Vasconcelos zur Entwicklung auf diesem Gebiet: “Five years ago, very little was known about remittances beyond anecdotal evidence.” (Vasconcelos 2005: 7) - und dies bezogen auf die Region, die heutzutage als die am besten erforschte gilt, nämlich der lateinamerikanisch-karibische Raum. Beim G8-Weltwirtschaftsgipfel handelt es sich um den Gipfel von Sealand im Sommer 2004. Dort wurden Ausmaß und wachsende Bedeutung der Migranten-Rücküberweisungen im Gipfeldokument 10 („Unternehmerisches Handeln zur Armutsbekämpfung in Entwicklungsländern“) angesprochen (G8-S 2004: 69-74). Das Dokument enthält eine Reihe von Empfehlungen, die auch in diesem Buch diskutiert werden (z. B. Eröffnung von Zugängen zum formellen Finanzsystem, Maßnahmen zur Senkung der Überweisungsgebühren), ohne dass es bislang zur Umsetzung dieser Vorschläge durch die Regierungen gekommen wäre.

393 “Remittances are defined as the sum of workers‘ remittances, compensation of employees and migrant transfers.” (World Bank 2006: 88, vgl. 85). Zu den Kriterien der Erfassung und Bemessung siehe World Bank 2006: 105-108.

394 Zum Funktionieren dieser informellen Systeme vgl. Alt 2003: 305, Altvater/Mahnkopf 2002: 245ff.

395 World Bank 2006: 85, 91f., 108f. sowie Kohnert: “Many Africans prefer informal channels for remittances’ transactions in view of the lack of performance of the African banking system, notably if they are unauthorized guests in their receiving country. These informal transfers amount to two to threefold of the share of officially recorded remittances, according to estimates of the IOM.” (Kohnert 2008: 18). Die Höhe von Remissen im formellen und informellen Bereich zu erfassen ist nicht leicht, da sie im Bankgeschäft oft nicht als solche erkannt werden (Kohnert 2008: 86, IFAD 2006: 34). Die Erkenntnis, dass es sich bei Remissen um mehr als nur ‘Buchungs-’ und ‘Rechnungsfehler’ handelt, ist relativ neu: The IMF “for years relegated billions of dollars of remittances to the ‘errors and omissions’ category of its accounts. As central

banks in Latin America are beginning to track remittances more thoroughly, they are revising their estimates upward by 200 to 300 percent for some countries“ (Vasconcelos 2005: 2). Dabei kommen in bestimmten Weltteilen die Remissen sowohl von Legalen als auch ‚Illegalen‘ zum größten Teil über informelle Kanäle: “A recent study of the available estimates made between 1970 and the early 1990s for 11 different countries showed that unrecorded remittances could vary between 8 and as much as 85 percent of total flows.” (Ghosh 2006: 12).

396 Vgl. Hanson: “Illegal migrants appear to be more likely than legal migrants to send remittances to family members in Mexico.” (Hanson: 2006: 4).

397 Wenig erstaunlich, dass sich ein solches Leben früher oder später auf die Gesundheit auswirkt, was neue Kosten verursacht. Ebenso ist eine Steigerung des Konsums von Alkohol und Tabak bei sich hinziehendem Aufenthalt nicht selten, weil sie zur Bewältigung des Stresses nötig sind.

398 Quelle: Ratha 2007: 3, Weltbank, Global Development Finance 2007, IMF Balance of Payments Statistics Yearbook 2006.

399 Zum Relationenvergleich ODA und FDI: GCIM 2005: 5, 26ff., zu afrikanischen Ländern Kohnert 2007: 11 und Moyo 2009: 133ff. Aufschlüsselungen zu einzelnen Ländern in Fargues 2005, Newland/Patrick 2004 und IADB 2006.

400 Quelle: Bank of Belize (2005): Current Practices for the Compilation of Remittance Statistics in Belize. Cemla Seminar for the Launching of the Remittances Program. Mexico City, 13-14 October 2005.

401 “Remittances … outweigh both private capital flows and official development assistance. Particularly remarkable in this regard is Guatemala, where remittances are 21 times greater than FDI and 30 times greater than ODA … Interestingly, Belize‘s remittance flows, although low in absolute value, are two and a half times greater than FDI and 15 times greater than ODA. Indeed, in Guatemala, El Salvador, Honduras, and Belize, remittances are far larger than ODA and FDI combined.” (Agunias 2006: 3).

402 The Hon. Dean Barrow: Budget Presentation for Financial Year 2008/2009. Belmopan, 14.7.2008.

403 “Thus, it cannot be ruled out that the true size of remittances to Mexico (included unrecorded flows) is probably increasing although at a slower rate than during the last year” (World Bank 2008a: 3).

404 Ratha u. a. 2008: 22-24, 25-28 und Moyo 2009: 133ff.

405 “The African Export-Import Bank (Afreximbank) has been active in facilitating future flow securitization since the late 1990s … In recent years, the Afreximbank has arranged a $ 50 million remittance-backed syndicated note issuance facility in favor of a Nigerian entity using Moneygram receivables in 2001, and it co-arranged a $ 40 million remittance-backed syndicated term loan facility in favor of an Ethiopian bank using its Western Union receivables in 2004” (Ratha u. a. 2008: 23f.).

406 „Indeed, the effect of remittances on retention of children in schools in urban areas was estimated to have been ten times higher than the effect of other sources of household income and 2.6 times higher in rural areas.“ (Ghosh 2006: 46).

407 „Each $ 1 in remittances generates a $ 2 to $ 3 increase in economic output“ (Martin u. a. 2006: 36, vgl. Agunias 2006, ICMR 2003, Mahler 2000).

408 „‘For every percentage point increase in remittances, there is a 0.25 increase in the percentage of land with 30 % or more tree cover.‘ The correlation was even stronger in areas with higher tree cover. Unexpectedly, the researchers found no correlation between correlation of forest cover and population density. ‚Remittances may be especially important for woodland recovery in El Salvador, enabling people in rural areas to buy food without all of them needing to grow and sell it.‘ ... The researcher argue that rural farmers should be viewed by conservation groups and policymakers as key partners in encouraging forest resurgence. (They) suggest that large environmental gains may result from establishing payments for environmental services, reducing taxes on remittances, and promoting technical transfers and innovations to support ecological projects“ (Pressemitteilung des Umweltinformationsservice „Mongabay.com“ vom 6.9.2007).

409 „Modern diasporas are ethnic minority groups of migrant origins residing and acting in host countries but maintaining strong sentimental and material links with their countries of origin“ (G. Scheffer, zitiert in Newland/Patrick 2004: 1).

410 Etwa in Kalifornien gegen die umstrittene Proposition 187, die ‚illegale‘ Migranten von einer Reihe öffentlicher Dienstleistungen in den Bereichen Erziehung und medizinische Versorgung ausgeschlossen hätte, oder gegen die Bestrebungen des kalifornischen Parlaments, die Verwendung konsularischer Ausweispapiere („matricula consular“) einzuschränken (Somerville u. a. 2008: 4).

[411] Andere Beispiele: Martin und Kollegen berichten von einer Verbindung zwischen Frankreich und Mali, in deren Kontext es zum Aufbau eines Gesundheitsversorgungsnetzwerks kam (Martin u. a. 2006: 139f.). Ein besonders erstaunliches Projekt ist die University of Hargeisa in Somaliland (nicht: Somalia!), die durch Diasporagelder finanziert wird und nach ihrer Eröffnung zu einer Rückkehrwelle von Studenten führte, die zuvor, mangels einer Hochschulausbildung, ihre Heimat verlassen hatten (Sriskandarajah 2005: 23). Die Universität blüht und gedeiht auch im Jahr 2008, wie aus ihrer Website hervorgeht: http://hargeisauniversity.net/admin/index.php.

[412] Ghosh 2006: 76 und Martin u. a. 2006: 174, wobei hier vermutlich von den legalen Remissen ausgegangen wird.

[413] Laut IADB-Pressemitteilung vom 3.5.2006 über ein Darlehen in Höhe von sieben Millionen US-Dollar. Siehe auch Newland/Patrick 2004: 14, Ellerman 2005.

[414] Martin u. a. 2006: 131-145, Somerville u. a. 2008: 12, Newland u. a. 2008, Ghosh 2006: 76f.

[415] Social Remittances „are ideas, behaviors, identities and social capital that migrants export to their home communities. They may include ideas about democracy, health, gender, equality, human rights and community organization“ (Levitt/Nyberg-Sørensen 2004: 8).

[416] So berichtet Newland/Patrick von der Aktivität des Zusammenschlusses afrikanischer Entwicklungshilfeorganisationen *africa21*: Workshops während des jährlichen African Development and Diaspora Day gingen nicht nur auf frauen- und jugendspezifische Problematiken ein, sondern auch auf die Bedeutung informeller Finanzdienstleister: „It also featured an awareness-raising campaign on the difficulties caused both in the UK and in Africa by the closure of traditional money agencies such as Somalia‘s al Barakat“ (Newland/Patrick 2004: 24).

[417] „The rising tide of remittances is to lift all boats, including those carrying loads of poor people“ (Ghosh 2006: 66).

[418] „Many other poor people, too, move to countries which, though not markedly affluent enjoying high levels of income and wages, are likely to offer at a given time far better income and economic opportunities than those available in the home countries. And not infrequently, they do so for mere survival ... In due course, these migrants too become remitters of funds to alleviate household poverty back home. Many such movements remain unrecorded except when they take the form of a crisis such as mass expulsion“ (Ghosh 2006: 67).

[419] „a 10 percent increase of people in the share of migrants in a country‘s population will lead to a decline of between 2.1 and 3.5 percent in the share of those living of less than $ 1 a day“ (Ghosh 2006: 68ff.).

[420] „International remittances had more impact on reducing the depth of poverty than on the poverty headcount. In other words, they were really helpful for the poorest of the poor“ (World Bank 2006: 121).

[421] Zu den Definitionen: *Indigence-Line* (extreme Armut): “The indigence line is defined as the minimum cost of food requirement necessary for healthy existence of an individual or members of a household ... When an individual or household is unable to satisfy basic food needs, they fall below the indigent line and are considered very poor.” *Poverty Line* (Armut): “The poverty line is one of the key factors in estimating the number of poor or non-poor persons. It is based on the minimum estimated cost of basic food and non-food items that a household requires to meet its basic needs. The poverty line is derived when a non-food cost is added to the indigent line. The non- food cost is estimated using the pattern of expenditure of the poorest 40 % of the population. The cost of the food basket is inflated by multiplying the reciprocal of the food share of the poorest 40 % of the population. Persons whose per-capita consumption falls below the poverty line are considered poor” (NHDAC 2004: 12).

[422] „Remittances ... can contribute considerably ... to poverty reduction and development on a regional or even national level in general. Case studies from Burkina Faso for example revealed that remittances of migrants reduced the rate of households living below the poverty line by 7,2 %“ (Kohnert 2007: 10).

[423] “No solid evidence on loss of skilled manpower, due to labor migration, has surfaced. The consensus is, going abroad increases the return on investments in education and skills. Overseas work ... should be encouraged“ (Filipino Human Development Report 2002, zitiert nach Martin u. a. 2006: 202).

[424] Dies nicht nur in Deutschland, sondern auch im Rahmen der sonst von Wissenschaftlern im Kontext des Remissentransfers hoch geloben Credit Unions, etwa dem International Remittances Network (IRNet) des World Councils of Credit Unions. Siehe hierzu die Website http://www.woccu.org/prod_serv/irnet/index.php.

425 Aktuelle Zahlen bietet die Website http://remittanceprices.worldbank.org/. Im Juni 2009 waren die drei billigsten Transfergebühren bei jeweils 200 US-Dollar Überweisungssumme (1.) Saudi Arabien-Pakistan: 5 US-Dollar, (2.) Saudi Arabien-Yemen: 5,39 US-Dollar, (3.) Saudi Arabien-Bangladesh: 5,68 US-Dollar. Die drei teuersten Transfergebühren waren bei jeweils 200 US-Dollar Überweisungssumme: (1.) Südafrika-Zambia: 49,81 US-Dollar, (2.) Südafrika-Malawi: 41,61 US-Dollar, (3.) Südafrika-Mozambique: 39,76 US-Dollar. Aus Deutschland kostet die Überweisung von 200 US-Dollar nach Marokko durchschnittlich 30,13 US-Dollar, nach China 38,96 US-Dollar, nach Bosnien und Herzegowina 29,53 US-Dollar Gebühren.

426 „Exorbitant fees … charged by money transfer agents are a drain on hard-earned remittances … These fees especially affect the poor“ (Ratha 2004: 2).

427 "Compared to urban areas, a greater proportion of people in rural areas receive remittances, though access to financial services for remittances remains particularly limited in rural areas" (IFAD 2006: 20). Wie groß dieser Anteil ist, und wo man hierbei die Grenze zwischen "rural" und "urban" ziehen kann, ist natürlich eine wichtige Frage. Für Orozco sind ländliche Gemeinden wie folgt gekennzeichnet: "Productivity is constrained by relatively small labor forces, and subsistence agriculture is still a pattern in any of these cities. Moreover, in each community there exist only one or two main sources of income, thus posing difficulties in diversifying sources of growth" (Orozco 2008: 7). Nach dieser Definition würde Toledo als ländliches Gebiet gelten - die Hauptstadt Punta Gorda inbegriffen. Und in der Tat konnte kein einziger Fall festgestellt werden, bei dem Geld zwischen den USA und Toledo von Bankkonto zu Bankkonto transferiert wurde.

428 „Moreover, their low cost, speed, reach, and convenience of informal door-to-door remittance services remain extremely competitive compared with the inefficiencies of formal operators“ (World Bank 2006: 147).

429 Vgl. Alt 1999: Kap. II/7.4.3. und Mahler 2000: 30.

430 Vgl. Alt 2003: 180ff., Sriskandarajah 2005: 17f. sowie GCIM 2005: 26f.

431 Interessant ist die Begründung der Geschwister für ihre Knauserigkeit: Da die Schwester selbst einen Abschluss einer amerikanischen Elite-Universität hat, sind diese der Meinung, sie verschleudere in Belize ihr Talent. Wenn sie wirklich etwas Gutes tun wollte, dann sollte sie mit ihrem Abschluss in den USA viel Geld verdienen und dies nach Belize in solche Projekte schicken.

432 The Economic Commission for Latin America and the Caribbean „found that 64 percent of Salvadoran households receiving remittances were lifted out of extreme poverty. Corresponding figures for Guatemala (43 percent), Honduras (28 percent) and Nicaragua (27 percent), although smaller, are still very significant. These numbers … can affirm … that the benefits of remittances do not accrue beyond the households receiving them. They can even contribute to inequality, as the case of Honduras revealed“ (Agunias 2006: 5, vgl. Ellerman 2005: 619, Mahler 2000: 36).

433 „In depressed and underdeveloped regions, if the pressures of local unemployment and poverty are routinely released by labour migration, then the various barriers to development will probably not be surmounted and the regions will be in a developmental trap. Despite the more recent changes brought about by globalisation, these fundamental dynamics seem unchanged“ (Ellerman 2005: 622, vgl. 619).

434 Siehe Kapitel 4.4.1. zur unterschiedlichen Höhe von Remissen, die von ‚Illegalen‘ aus Toledo nach Hause überwiesen werden können: Die Notwendigkeit, Schleuser zu bezahlen, senkt den Betrag, der für die Familien zur Verfügung steht, deutlich. Ähnliches wird anhand der Migration China-USA beobachtet (Kwong 2001: 244f.).

435 Eine Vorgehensweise, die auch aus landwirtschaftlich geprägten Bereichen Afrikas und Mexikos bekannt ist (vgl. Ghosh 2006: 47).

436 Vgl. Wikipedia http://de.wikipedia.org/wiki/Bloods_und_Crips. Rot ist in Belize die Farbe der United Democratic Party (UDP), blau die der Peoples United Party (PUP). Gang-Aktivitäten in Toledo beschränken sich (noch) auf gelegentliche Prügeleien, Alkoholkonsum und ein wenig Schutzgelderpressung, allerdings kam es auch schon zu Messerstechereien mit beinahe tödlichem Ausgang. Noch gibt es keinen nennenswerten Drogenhandel, was sich mit der Fertigstellung der Border Road zwischen Belize und Guatemala, die durch die größeren Dörfer verlaufen wird, ändern dürfte.

437 Vgl. IOM 2005: 242. Andere Angaben hierzu, auf den Gesamt-Landesdurchschnitt hin gesehen: „An estimated 30 percent of Filipino children - some eight million - live in households where at least one parent has gone overseas“ (Hochschild 2002: 22). Wieder andere Schätzungen gehen davon aus, dass acht

Millionen philippinische Frauen außer Landes tätig sind, was natürlich die Anzahl mütterloser Kinder wiederum drastisch erhöhen würde (Lutz 2002: 91). Vgl. Ghosh: „In the Philippines, the children of migrant parents … were found to perform worse in school and less socially adjusted, especially if the mother had migrated, than with both parents at home" (Gosh 2006: 73, vgl. Mahler 2000: 37f.).

438 Zu dieser Diskussion: Cornelius u. a. 2007: 161f.

439 Zu Ergebnissen aus früheren Feldstudien siehe Alt 1999: 172-183, Alt 2003: 150-159.

440 Vgl. Alt 1999: 175ff, Alt 2003: 156ff., Cornelius u. a.: 209ff.

441 „In many cases, migrants were surprised to get benefits from the U.S. government without paying bribes, and some who returned wanted to clean up ... politics and governments but were usually unsuccessful" (Martin u. a. 2006: 158).

442 Dies entspricht einer These zur Situation auf den Philippinen: Dort wird der Mangel an nachhaltiger Entwicklung damit begründet, dass Filipinos risikoscheu sind und ein sicheres Gehalt, etwa durch Migration, den Risiken einer Existenzgründung vorziehen (vgl. Martin u. a. 2006: 203f.).

443 Im Dorf Golden Stream kam es zur Auseinandersetzung zwischen einem (kreolischen) Farmer, der auf 20 Hektar Land Reis für den Export anbauen wollte, und einer Maya-Familie, die auf derselben Fläche 1300 Kakaobäume stehen hatte. Vor Gericht wird seit Juni 2008 geklärt, wem das Land eigentlich gehört. Vgl. Amandala, 17.6.2008: „Maya take GOB to Court again" sowie Amandala, 14.11.2008: „The Maya come back to court".

444 Zur Erfolgsstory der Toledo Cacao Growers Association, ein Zusammenschluss von 126 Kleinbauern (Stand 2006) mit einer effizienten Marketing-Agentur und guten Beziehungen zu Absatzmärkten, siehe die Website http://www.globalexchange.org/campaigns/fairtrade/cocoa/cocoacooperatives.html.

445 „Municipal governments are yet to learn how to leverage remittances to better absorb them in the productive base of these local economies" (Orozco 2008: 11).

446 Vorausgesetzt, der sich bewerbende Migrant setzt sich gegen den örtlichen Kandidaten durch - was nicht immer der Fall ist (Orozco 2008: 12).

447 „That is currently not the case … Developing countries with a collective population of some two billion people are falling further behind in the quest for development and are at risk of becoming marginalized in the world economy, except as source of migrants" (GCIM 2005: 21).

448 „IMF figures for gross inflows to developing countries showed that only two of the least developed countries, Bangladesh and Yemen, were among the top 20 recipients of remittances in 1990-2003. In absolute terms, most of the remittances flow into middle income and low income countries. Thus, in 2003, southern and southeastern Asia received nearly 25 percent, and Latin America and the Caribbean region more than 21 percent of total global remittances, as against a meagre 4.5 percent received by sub-Saharan Africa. More recently, estimated figures for 2005 show an improvement in the latter's receipt ... but hardly any real increase in its share of the global flows. These regional and sub-regional variations … are likely to continue in the coming years. Even more significant are the variations of remittance receipts as a share of GDP… In 1980-2002, remittances for sub-Saharan Africa, for example, were as low as 0.6 percent of GDP, compared to 3.1 percent for North Africa and 1.6 percent for Latin America and the Caribbean region" (Ghosh 2006: 17f.).

449 IAO 2005: 66. Freilich: Der Gewinn in diesem Fall verbleibt zum größten Teil nicht beim Migrant, sondern beim Arbeitgeber und den Menschenhändlern (IAO 2005: 66, Fußnote 135).

450 Eine ausführliche Auseinandersetzung mit dem Migrationssystem-Ansatz und Begründungen, auf denen die aufgeführte Statistik und Argumentation beruht, wird in Anhang 5 gegeben.

451 Bevorzugung heißt nicht Ausschließlichkeit. Natürlich gibt es auch Nigerianer, die versuchen, in die USA zu gelangen, aber deren Anteil scheint, gemessen an jenen, die nach Europa wollen, deutlich geringer zu sein. Vgl. auch Anhang 5.

452 „Indeed, since lower middle-income countries often have relative high rates of emigration, compared to the poorest countries …, these countries stand to gain the most from remittances, while very poor, low-emigration countries stand to miss out on the potential economic benefits of migration" (Sriskandarajah 2005: 19).

453 Einige Gesprächspartner (bzw. deren Eltern) haben, falls sie aus Guatemala kommen, während des Kriegs und der Verfolgung keine Geburtsurkunde erhalten oder diese verloren oder die Papiere wurden durch Hurrikan „Iris" im Jahr 2001 vernichtet. Die Beschaffung von Ersatzpapieren aus der zentralen

Bevölkerungsstatistik-Datenbank scheitert an der Höhe der Gebühren oder an fehlenden Einträgen in der Datenbank oder an der Unauffindbarkeit des Namens (so ist es möglich, dass Kinder nicht unter dem Namen des Vaters,sondern unter dem der Mutter registriert wurden, oder die Schreibweise der Registrierung ist nicht bekannt (z. B. Cal, Kal, Caal etc.).

454 Vgl. Alt 2003: Kapitel 2.4. („Relation zwischen Arbeitsmigrantinnen, Sexarbeiterinnen, Opfer von Menschenhandel") und Exkurs-These („Dominanz nicht-krimineller Netzwerke").

455 „These flows are symptomatic of systemic development failures afflicting millions of families across the developing world" (Vasconcelos 2005: 12).

456 Angola korrigierte die erwarteten Exporterlöse für 2009 von 78,63 Milliarden US-Dollar nach unten auf 40,43 Milliarden US-Dollar, der Tschad von 4,53 Milliarden US-Dollar auf 2,00 Milliarden US-Dollar, die Demokratische Republik Kongo von 7,23 Milliarden US-Dollar auf 4,33 Milliarden US-Dollar, Liberia von 0,73 Milliarden US-Dollar auf 0,37 Milliarden US-Dollar, Nigeria von 89,08 Milliarden US-Dollar auf 50,40 Milliarden US-Dollar (CFMCBG 2009: Table 2).

457 „Significantly, remittances tend to be more predictable and stable than FDI or ODA. They continued to rise during the Asian financial crisis, for example, even as flows of FDI fell. This is not an isolated case. Evidence collected by the World Bank indicates that when a country encounters political or economic difficulties, citizens who are living and working abroad support their compatriots by increasing the amount of money they send home ... Remittances evidently provide the most direct and immediate benefits to the people who receive them, many of whom, the World Bank has established, are amongst the poorest members of society. Remittances help to lift recipients out of poverty, increase and diversify household incomes, provide an insurance against risk, enable family members to benefit from educational and training opportunities and provide a source of capital for the establishment of small businesses." (GCIM 2005: 26). Vgl. World Bank 2006: 99f., IFAD 2006: 12, Newland/Patrick 2004: 2, ICMR 2003: 5, Agunias 2006.

458 „The concurrent economic slowdowns in both industrialized and developing countries appear to be ending this counter-cyclical effect" (UN Report 2009: 8).

459 "Despite the prospect of a sharper decline in remittance inflows than anticipated earlier, these flows will remain more resilient compared to many other types of resource flows such as private debt and equity flows and foreign direct investment, which are expected to decline or, in the case of portfolio flows, perhaps become negative in 2009 as foreign investors pull out of emerging markets" (World Bank 2009).

460 IOM (2009): The Impact of the Economic Crisis, IOM Policy Brief, Geneva, March 2009.

461 Los Angeles Times, 2.6.2009: „Remittances to Mexico down sharply", im Internet unter http://www.latimes.com/news/nationworld/world/la-fg-mexico-remittance2-2009jun02,0,6255959.story.

462 Charles G. Koori: „Commentary on remittances volumes for the period Januar-July, 2009", im Internet unter http://www.centralbank.go.ke/forex/Diaspora_Remit.aspx.

463 Dies gilt natürlich in erster Linie für die industrialisierten Staaten. In Ländern wie Belize unterliegen Regierungen zahlreichen „Außenwirkungen", sodass gefragt werden muss, ob sie selbstbestimmt ihre Geschäfte führen können. Vgl. hierzu etwa Sutherland 1998: Part III zu den Einflüssen von IWF, Drogenhandel, NGOs und ‚einflussreichen Familien' auf die Regierung von Belize, sowie Pisani 2006, der die Abhängigkeit Belizes von den Strukturen des Freihandels und der Finanzinstitutionen untersucht.

464 „An increasing number of developing countries and countries with economies in transition seek to adopt policies, legislation and administrative structures that promote foreign employment for their workforce and generate remittances, while providing safeguards to protect migrants. While job creation at home is their preferred option, these countries see overseas employment as part of a national development strategy to take advantage of global employment opportunities and as a source of foreign exchange" (IOM 2008: 281f.).

465 „It is convinced that this approach, which addresses the organisation of legal migration, the control of illegal immigration, and the synergy between migration and development for the benefit of all the countries concerned and of the migrants themselves, is a highly relevant approach." (EUR 2008: 13).

466 „At the end of the day, there is widespread analytical agreement that immigration more generally and most forms of irregular migration have been central to their prosperity of receiving societies. Against that realization governments must stack the political and other adverse effects of illegal immigration." (Papademetriou 2005a: 7).

467 „If a state believes it benefits from the openness globalization institutionalizes, working with globalization's forces on migration may be more productive than working against them" (Papademetriou 2005a: 4).

[468] When looking for „approaches to managing migration ... smarter policies that work with, rather than against, both the market mechanism and human nature need to be an important guidepost to any serious effort". (Papademetriou 2004: 41). Vgl. Bhagwati 2004: 217f. (Kapitel „Coping with Immigration, Rather than trying to Restrict It").

[469] „Instead of seeking perfection, with its predictable disappointments, controlling illegal immigration might proceed from the twin premises that uncertainty and imperfection will be a way of life, and policies will always be partly an exercise in the inexact" (Papademetriou 2005a: 6).

[470] Natürlich ist diese Sicht der Dinge nicht unumstritten. Ein Einwand lautet: Da Entscheidungsprozesse gerade in entwickelten Ländern innerhalb intakter Institutionen und Traditionen stattfinden würden, sei „Zweckrationalität" gefragt. Unter solchen Bedingungen bedürfe es keiner (der Willkür verdächtigen) „Entscheidungen", sondern lediglich einer klärenden Orientierung. Allerdings: „Wenn die Orientierung an Normen und Regeln bzw. am Gewohnten nicht mehr weiterhilft, stifte(t) das Subjekt selbst die Regeln seines Handelns … Entschieden werden muss da, wo Gründe fehlen, wo die Komplexität der Situation nicht durchschaut wird und wo das Für und Wider alternativer Handlungsmöglichkeiten nicht hinreichend belegt werden kann" (Hengsbach 2001: 48).

[471] Vgl. Kaufmann 1994. Wie eine solche Analyse in einer pluralistischen Gesellschaft geführt werden kann und wie man zu konkreten Ergebnissen kommt, wurde in Alt 2001a unter Berücksichtigung von Popper und Kaufmann dargelegt.

[472] Vgl. zu den Maßnahmen Alt 2001a: Teil III („Politische Konsequenzen") sowie Alt 2003: Teil IX („Alternative Ansätze für den Umgang mit ‚Illegalen'"). Zur Methodik der Maßnahmenentwicklung und -durchsetzung siehe Alt 2001a: Teil II.3 („Aushandlung der Verantwortung für ‚Illegale'") sowie Alt 2003: Teil X („Suche nach Mehrheiten für die Umsetzung").

[473] Zum Stand der Ratifizierung siehe die Website http://www.unhcr.ch/pdf/report.pdf. Ebenso von Bedeutung sind die nationalen Erklärungen und Vorbehalte, siehe die Website http://www.unhchr.ch/html/menu3/b/treaty20_asp.htm. 2009 wurde die Konvention und ihre Bestimmungen auf der Periodischen Überprüfungskonferenz des UN-Menschenrechtsrats angesprochen (zu Deutschland siehe 5.2.1.), ebenso auf der UN-Antirassismuskonferenz, vgl. die Website: http://www.un.org/durbanreview2009/.

[474] Eine (auch im Jahr 2009 noch anschauliche) Übersicht über die Bandbreite vertretener Positionen bietet die Podiumsdiskussion, die im März 2005 der Staatssekretär im Bundesinnenministerium Lutz Diwell, der Vorsitzende von Bündnis 90/Grüne/Rosa Liste im Münchener Stadtrat Sigi Benker, der innenpolitische Sprecher der CDU/CSU-Bundestagsfraktion Wolfgang Bosbach und JRS-Policy-Officer Cornelia Bührle führten (publiziert in: Alt/Bommes 2006: 193ff.). Ebenso wird auf die öffentliche Expertenanhörung des Innenausschusses des Deutschen Bundestags vom 26.6.2006 zur sozialen Situation von Ausländerinnen und Ausländern ohne Aufenthaltsstatus verwiesen (BTD-P 16/15). Das Sitzungsprotokoll ist abrufbar unter http://www.bundestag.de/ausschuesse/a04/anhoerungen/Anhoerung_1/Protokoll.pdf, die Stellungnahmen der Sachverständigen unter http://www.bundestag.de/ausschuesse/a04/anhoerungen/Anhoerung_1/Stellungnahmen_SV/index.html.

[475] Freilich wird auch hier regelmäßig darauf hingewiesen, dass ‚Illegale' keine Steuern und Abgaben zahlen und deshalb nicht einzusehen sei, warum sie anonymen Zugang zu medizinischer und schulischer Versorgung haben sollten. Allerdings ist davon auszugehen, dass die ca. eine Million ‚Illegaler' in Deutschland durch ihren Konsum, der nach F. Schneider bei mehreren Milliarden Euro jährlich liegt (vgl. Alt 2003: 479), einen beachtlichen Anteil am Aufkommen von Mehrwertsteuern haben - bei nunmehr 19 Prozent ein nicht zu verachtender Betrag. In den USA spielen Verdienst und Ausgabenverhalten der ‚Illegalen' eine Rolle in der laufenden Legalisierungsdebatte: Vor einem Senatsausschuss legte Doris Meissner, vormals Leiterin des INS, dar, dass allein legale und ‚illegale' Migranten aus Lateinamerika und Asien über 1,46 Trillionen US-Dollar „buying power" verfügen, dass 84 Prozent der ‚Illegalen' in ihren „prime spending years" (die Altersgruppe zwischen 18 und 44 Jahren) seien und deshalb mehr zur Inlandskonjunktur beitragen als legale Migranten, bei denen lediglich 60 Prozent dieser Altersgruppe angehören. Eine Legalisierung der ‚Illegalen' würde Hunderte von Milliarden US-Dollar in den Wirtschaftskreislauf einspeisen (Meissner 2009: 17f.).

[476] Zum Beispiel vom UN-Sonderberichterstatter für das Recht auf Bildung, V. Munoz (HRC 2007: Nr. 68ff.).

[477] Berliner Tagesspiegel, 9.3.2008: „Union will Kinder von Illegalen in die Schule holen".

478 Auch und gerade zum Kindergarten- und Schulbesuch stärkten mittlerweile erschienene Rechtsgutachten die Kinderrechte weiter (Martinez-Soria 2005 und Fodor/Peter 2005). Eine Übersicht über die bestehenden Praktiken verschiedener Bundesländer bietet Stark 2009, Details aus aktuellen Städtestudien enthalten Bommes/Wilmes 2008 (Köln), Mitrovic 2008 (Hamburg), Krieger u. a. 2006 (Frankfurt).

479 Beim Fonds „Armenbett" handelt es sich um eine enge Kooperation zwischen Medizin und Flüchtlingsberatung, d. h. um einer Verbindung von Diagnose und Legalisierungsmöglichkeiten (v.a. über den Weg einer Duldung). Der Fonds wurde Ende 2003 von der Diakonie Köln eingerichtet und mit einer Jahresspende des Evangelischen Kirchenverbandes Köln ausgestattet. Es wird seither versucht, den Fonds finanziell durch Spendenwerbung besser abzusichern bzw. die Ausgaben durch ausgehandelte Sondertarife zu senken (vgl. Domke 2009).

480 tageszeitung, 13.12.2008: „Ein Papier für Papierlose" sowie Voß 2009.

481 Zum Beispiel Fokus, 2.2.2009: „Deutschland im Fokus des UN-Menschenrechtsrats", darin die Stellungnahme von Silke Voss-Kyek, der Vertreterin von amnesty international. Oder die vom Forum Menschenrechte koordinierte Gemeinsame Stellungnahme von 51 deutschen Nichtregierungsorganisation en zum Bericht der Bundesregierung, im Internet unter http://forum-menschenrechte.de/cms/upload/PDF/ab_05-2008/UPR_GERMANY_FMR.PDF.

482 Center for Budget and Policy Priority, The new Medicaid Citizenship Documentation Requirement: A Brief Overview. Flyer, 20th April 2006.

483 „The Development, Relief and Education for Alien Minors Act is a piece of proposed federal legislation in the United States that would provide achieving undocumented graduated high school students (graduates from an American High School) of good moral character, that arrived to the US as children, and have been in the country continuously for at least five years prior to the bill's enactment, the opportunity to earn conditional permanent residency. The students will obtain temporary residency for a lapse of six years. Within the six year period, a qualified student must attend college, and earn a two year degree, or serve in the military for two years in order to earn permanent residency after the six years period" (Wikipedia).

484 Aktenzeichen der Vorlage im Senat ist S.729, Aktenzeichen im Repräsentantenhaus H.R.1751.

485 „Anyone or any organization who ‚assists' an individual without documentation ‚to reside in or remain' in the United States knowingly or with ‚reckless disregard' as to the individual's legal status would be liable for criminal penalties and five years in prison. This could include church personnel who provide shelter or other basic needs assistance to an undocumented individual. Property used in this act would be subject to seizure and forfeiture" (Aus der Zusammenfassung von Section 202 des „Border Protection, Antiterrorism, and Illegal Immigration Control Act of 2005" (HR 4437), eingestellt auf der Website www.justiceforimmigrants.org).

486 Cardinal Mahony „vowed to instruct priests to disobey any law requiring churches and other social organizations to ask immigrants for legal documentation before providing assistance … When asked if he would be willing to go to jail for the stance, Mahony said ‚yes' because ‚helping people in need were actions that are part of God's mercy'.", Associated Press, 1.3.2006: „Cardinal Mahony urges support for immigrants".

487 So in den Abkommen zwischen Mexiko und den USA, die die Situation von Mexikanern betreffen, die in gefährlichem und unwegsamem Gelände in Not geraten, oder deren Schutz gegenüber Menschenschmugglern und -händlern im „Plan of Action for Cooperation on Border Safety" vom 22.6.2001. Zu Zentralamerika generell Mahler 2000: 36ff. Dennoch gilt auch bei den bilateralen Abkommen stets das Kleingedruckte: Die Philippinen haben etwa 18 solcher Abkommen geschlossen (Stand: 2006), allerdings vor allem mit Industriestaaten - der Großteil der philippinischen Migranten ist jedoch im Nahen und Mittleren Osten beschäftigt.

488 IOM 2005: 239ff. Im Fall der Philippinen heißt es dazu: „The government takes the position that all Filipinos are entitled to representation and protection by their government, whatever their residence status may be" (IOM 2005: 247). IOM 2008 enthält ausführliche Beschreibungen zu den Aufgaben des Philippine Overseas Labour Officer (IOM 2008: 275ff.). Des weiteren enthält IOM 2008 eine Übersicht über 'Gastarbeiter-Betreuungsprogramme' von Bangladesh, Indien und Sri Lanka, die *prima-facie* für legale Landsleute da sind, bei denen aber angenommen werden kann, dass sie zumindest informell auch ‚illegale' Landsleute unterstützen (IOM 2008: 278).

489 Mit der *Matricula* konnten Bankkonten eröffnet und der US-Führerschein erworben, aber auch gewisse Sozialleistungen im Bereich Gesundheit oder Erziehung in Anspruch genommen werden. Inzwischen

wurden die Hintergrundsüberprüfungen bei der Erteilung der *Matricula* verschärft, ebenso das Dokument den High-Security-Erfordernissen der US-Regierung angepasst. Generell wird mehr und mehr versucht, die Einsatzfähigkeit der *Matricula* generell einzuschränken - in Kalifornien durch das Parlament, auf Bundesebene durch den Real ID-Act (vgl. Latapi 2008: 24f.). Auch die Philippinen haben eine Art ‚Eigenausweis' für ihre Migranten, nämlich von der Overseas Worker Welfare Administration ausgegebene Identitätskarten, die auch für Banktransaktionen genutzt werden können (vgl. Sriskandarajah 2005: 7).

490 „Recently the Mexican Social Security Institute began offering health insurance policies for Mexicans who live and work abroad to insure them and their family members while staying in Mexico, or family member who live in Mexico. The rates are age dependent, going from $ 97 a year for children and teenagers under 19 years of age to $ 256 for adults age 60 or older. The policies can be bought for every family member, independent of their status (migrant or not, legal or undocumented) by providing certain personal documents (identification, proof of Mexican place of birth, addresses in Mexico and the United States) and by completing a medical questionnaire. The policies can be bought at the Mexican consulates in the United States in Chicago, Houston, and Los Angeles" (Holzmann u. a. 2005: 19). Bis dato liegen noch nicht viele Erfahrungen mit dem Programm vor, was u. a. daran liegen kann, dass es noch sehr neu und unter Migranten relativ unbekannt ist (Latapi 2008: 31).

491 „It is critically important that political leaders spell out and think through the differences between border security (protection against terrorists), border safety (protection against criminals, violence, smuggling, etc.), and border control (protection against illegal entry of people and goods), and then determine the strategies and resources that are appropriate" (Meyers 2005: 22f.).

492 Vgl. Alt 1999: Kapitel IV/3 („Maßnahmen zur Bekämpfung ausgewählter Straftaten"), Alt 2001b, Alt 2003: 484f., 494.

493 Hinsichtlich des Zeitraums 1993-2005 siehe NIF 2007: 2.

494 http://www.opencongress.org/bill/110-h3494/show.

495 „Local agencies have worked very hard to build trust and a spirit of cooperation with immigrant groups through community based policing and outreach programs and specialized officers who work with immigrant groups. Local agencies have a clear need to foster trust and cooperation with everyone in these immigrant communities. Assistance and cooperation from immigrant communities is especially important when an immigrant, whether documented or undocumented, is the victim of or witness to a crime. These persons must be encouraged to file reports and come forward with information. Their cooperation is needed to prevent and solve crimes and maintain public order, safety, and security in the whole community. Local police contacts in immigrant communities are important as well in the area of intelligence gathering to prevent future terroristic attacks and strengthen homeland security. Immigration enforcement by local police would likely negatively effect and undermine the level of trust and cooperation between local police and immigrant communities. If the undocumented immigrant's primary concern is that they will be deported or subjected to an immigration status investigation, then they will not come forward and provide needed assistance and cooperation. Distrust and fear of contacting or assisting the police would develop among legal immigrants as well. Undoubtedly legal immigrants would avoid contact with the police for fear that they themselves or undocumented family members or friends may become subject to immigration enforcement" (MCC 2006: 5f.).

496 „'The IACP opposes any plan that would coerce local and state law enforcement agencies to enforce federal immigration laws without their approval,' said IACP President Joseph Estey, Chief of the Hartford, Vermont Police Department. ‚Many leaders in the law enforcement community have serious concerns about the chilling effect any measure of this nature would have on legal and illegal aliens reporting criminal activity or assisting police in criminal investigations. This lack of cooperation could diminish the ability of law enforcement agencies to police effectively their communities and protect the public they serve'." (Presseerklärung vom 1.12.2004). Näheres wird dazu in einer parallel publizierten Handreichung der IACP mit dem Titel „Enforcing Immigration Law: The Role of State, Tribal and Local Law Enforcement" ausgeführt: „Immigration enforcement by state and local police could have a chilling effect in immigrant communities and could limit cooperation with police by members of those communities. Local police agencies depend on the cooperation of immigrants, legal and illegal, in solving all sorts of crimes and in the maintenance of public order. Without assurances that they will not be subject to an immigration investigation and possible deportation, many immigrants with critical information would not come forward, even when

heinous crimes are committed against them or their families. Because many families with undocumented family members also include legal immigrant members, this would drive a potential wedge between police and huge portions of the legal immigrant community as well. This will be felt most immediately in situations of domestic violence. For example, many law enforcement agencies have been addressing the difficult issues related to domestic abuse and the reluctance of some victims to contact the police. This barrier is heightened when the victim is an immigrant and rightly or wrongly perceives her tormentor to wield the power to control her ability to stay in the country. The word will get out quickly that contacting the local police can lead to deportation or being separated by a border from one‘s children. Should local police begin enforcing immigration laws, more women and children struggling with domestic violence will avoid police intervention and help."

497 "Strategies designed to prevent terrorists from entering the United States are, in some cases, the same strategies used to prevent unauthorized immigration - for example, visa background checks, tracking, and interior enforcement. However, the strategies differ in other respects. Identifying a terrorist requires much more information about a person‘s past than does identifying that person as an unauthorized worker" (Reyes u. a. 2002: 79).

498 „The key policy question with regard to border enforcement and national security isn‘t whether or not U.S. borders can be sealed, but whether or not this is the most effective way to catch terrorists and reduce undocumented immigration. From a security standpoint, border enforcement is a needle-in-a-haystack approach to intercepting foreign terrorists. Apprehending any terrorist, foreign or native-born, depends on the gathering of intelligence indicating that someone poses a threat to national security and is either planning to enter the country or is already here. Foreign terrorists can come to the United States on valid visas if intelligence and law enforcement agencies have not previously identified them as threats, or have not shared such information with each other or the overseas consulates that issue visas (as was the case with the 9/11 hijackers). Without specific and accurate intelligence, attempting to locate terrorists by sifting through every foreign-born person who enters the country is not a promising means of unraveling a terrorist plot" (Ewing 2006: 2).

499 Vgl. Ewing 2006: 3, 10f., vgl. Massey 2005b, Papademetriou 2005a.

500 "The vetting part of such a process allows governments to dramatically reduce the ‚haystack' of unknown foreigners into a more manageable sized one. As a result, the application of investigative resources would stand a better chance of identifying the few proverbial ‚needles' that are of legitimate security concern." (Papademetriou 2005a: 7).

501 N. Cyrus stellte im Zuge seiner Forschungsarbeit fest: „Als Schlussfolgerung argumentierten die im Verlauf dieser Studie interviewten Praktiker, dass Ermittlungen erfolgreicher wären, wenn die Migranten kooperieren würden. Aber die gegenwärtig geltenden Gesetze hindern die Polizeibehörden daran, illegal beschäftigte Arbeitnehmer dazu zu bewegen, als Zeugen aufzutreten ... Die Haupthindernisse für die Wanderarbeiter sind die Furcht vor Repressalien, der Verlust der Arbeitsstelle und die nachfolgende Abschiebung. Damit sich diese Wahrnehmung ändert, wäre ein neuer Arbeitsschwerpunkt bei Polizei- und Gerichtsaktivitäten erforderlich. Gegenwärtig werden Staatsanwälte mit Fällen von geringfügiger Bedeutung, wie illegalem Aufenthalt, überschüttet und können sich nicht auf die schwerwiegenden Fälle von ausbeuterischer Zwangsarbeit konzentrieren. Daher sollte der Aufenthalt ohne Aufenthaltsgenehmigung … von einer Straftat auf eine Ordnungswidrigkeit zurückgestuft werden. Eine solche Reduzierung würde eine Rückkehr zur Situation vor Inkrafttreten des Ausländergesetzes von 1990 bedeuten, als illegaler Aufenthalt eine Ordnungswidrigkeit war" (Cyrus 2005: 74, 78). Ähnlich legt Cyrus bei der Bundestagsanhörung zum Schwarzarbeitsbekämpf ungsgesetz die Vor- und Nachteile einer solchen Reform dar: „Im Zeitalter von Globalisierung ist die mit der Strafbewehrung erhoffte abschreckende Signalwirkung gering. Aufenthaltsbeendende Maßnahmen sind auch auf der Basis der Einstufung als Ordnungswidrigkeit weiterhin möglich, es würden aber auf Seiten der Behörden im Rahmen des pflichtgemäßen Ermessens Entscheidungsspielräume geschaffen werden, die im Zusammenhang mit Ermittlungsverfahren genutzt werden können. Die Staatsanwaltschaften würden entlastet und könnten sich auf die ernsten Fälle gewerblicher Schwarzarbeit und Menschenhandel konzentrieren. Darüber hinaus würde klargestellt, dass die Ausübung einer illegalen abhängigen Beschäftigung, bei der kein Leistungsmissbrauch besteht, als Ordnungswidrigkeit geahndet und nicht kriminalisiert wird. Damit wird unterstrichen, dass die gewerbliche illegale Beschäftigung im Vordergrund des Verfolgungsinteresses steht. Wenn abhängig beschäftigte ausländische Arbeitnehmer nicht als Straftäter gegen das Ausländerrecht behandelt werden, dann erhöht sich die Bereitschaft, in Ermittlungsverfahren mit den Behörden zu

kooperieren" (Cyrus 2004: 8).

502 Siehe die Website http://www.institut-fuer-menschenrechte.de/de/projekt-zwangsarbeit-heute/. Freilich: Wie mit aufenthaltsrechtlichen Problemen in diesem Kontext umgegangen wird, ist aus den Informationen der Website nicht erkennbar.

503 „Consider adopting legislative or other appropriate measures that permit victims of trafficking to remain in their territory, temporarily or permanently, and give appropriate consideration to humanitarian and compassionate factors" (EUR 2006c: 4).

504 Vgl. Alt 1999: Kapitel IV.2 („Maßnahmen zur Bekämpfung illegaler Beschäftigung"), Alt 2003: 446ff. sowie die Publikationen von Cyrus.

505 Immigration reform „would need to effectively block new unauthorized immigrants from finding employment in the economy's formal sector and set prohibitively high penalties for those employing illegal immigrants in the informal sector" (Barry 2005: 5).

506 „In addition to reducing the size of the Border Patrol, I would redeploy its enforcement effort from the border to the interior of the United States, targeting regions of the country and economic sectors known to employ immigrant workers. Rather than focusing on the identification and apprehension of undocumented immigrants, however, worksite inspections would vigorously enforce U.S. tax, labor, environmental, and occupational health and safety laws, eliminating many of the incentives for employing undocumented immigrants ... It is essential that employers be held responsible for violations, even if workers are hired through a labor subcontractor" (Massey 2005b: 10).

507 Zahlen entnommen aus dem „Mission-Statement" der Customs and Border Protection Agency, eingestellt auf der Website http://www.cbp.gov/xp/cgov/about/mission/cbp_is.xml sowie dem Factsheet zum Budget des Finanzjahres 2007/2008 vom 5. Mai 2008. Die Zahlen zur Immigration and Customs Enforcement Agency entstammen ICE 2008: 1. Siehe dazu auch: http://www.cbp.gov/xp/cgov/newsroom/fact_sheets/cbp_overview/bdget_11bil_factsheet.xml

508 Die Zahlen sind entnommen aus: Customs and Border Protection, 14.1.2008: Factsheet „Fiscal Year ‚07 Statistics published", im Internet unter http://www.cbp.gov/xp/cgov/newsroom/fact_sheets/cbp_overview/fiscal_year.xml sowie ICE:8.

509 Zahlen eingestellt auf der Website http://www.census.gov/epcd/www/smallbus.html. Die aktuellste Statistik, erhältlich im September 2008, stammte aus dem Jahr 2004. „Firma" (firm) ist wie folgt definiert: „A firm is a business organization consisting of one or more domestic establishments in the same state and industry that were specified under common ownership or control." Establishment dagegen ist: „A single physical location where business is conducted or where services or industrial operations are performed."

510 Quelle: GAO 2006a.

511 „U.S. Immigration and Customs Enforcement (ICE), largest investigative arm of the Department of Homeland Security (DHS), is responsible for eliminating vulnerabilities in the nation's border, and with economic, transportation and infrastructure security", im Internet unter http://www.ice.gov/about/operations.htm.

512 „In keeping with the primary mission of DHS to combat terrorism, after September 11, 2001, INS and then ICE focused investigative resources primarily on national security cases. In particular, INS and then ICE focused available resources for worksite enforcement on identifying and removing unauthorized workers from critical infrastructure sites, such as airports and nuclear power plants, to help reduce vulnerabilities at those sites". (GAO 2006a: 13) Vgl. Cornelius u. a. 2007: 105f.

513 In der Sprache des ICE Worksite Enforcement Factsheet vom 12.8.2008: "The presence of illegal aliens at a business does not necessarily mean the employer is responsible. Developing sufficient evidence against employers requires complex, white-collar crime investigations that can take years to bear fruit.", im Internet unter http://www.ice.gov/pi/news/factsheets/worksite.htm.

514 Die US Citizenship and Immigration Services veranschlagen 765 Millionen US-Dollar für die Jahre 2009 bis 2012, wenn Neuanstellungen flächendeckend überprüft werden sollen, und 838 Millionen US-Dollar, wenn darüber hinaus auch die bereits angestellten Arbeitnehmer überprüft werden sollen. Die Social Security Agency veranschlagt 281 Millionen US-Dollar für die Jahre 2009 bis 2013, um 700 neue Personalanstellungen vornehmen zu können (GAO 2008b: 10f.).

515 „Even with a strengthened employment verification process, a credible worksite enforcement program would be needed because no verification system is foolproof and not all employers may want to comply

with IRCA ... As a result, employers, particularly those not located at or near critical infrastructure sites, who attempted to circumvent IRCA have faced less of a likelihood that ICE would investigate them for failing to comply with the current employment verification process or for knowingly hiring unauthorized workers“ (GAO 2006a: 21).

516 Als Mindestangebot muss gelten, dass ein befristeter Aufenthalt (mit Arbeitserlaubnis) bis zum Abschluss des kompletten Verfahrens gegen den Arbeitgeber in Erwägung gezogen wird (vgl. die Kapitel zur Bekämpfung der Schattenwirtschaft in Alt 1999, 2001a und 2003).

517 Joshua Hoyt, Executive Director of the Illinois Coalition for Immigrant and Refugee Rights, in: New York Times, 23.8.2008: “Immigration Authorities’ No-Jail Offer Is Withdrawn”.

518 „The economic dependence on illegal immigrant workers is very obvious in specific sectors in the US. The Reagan Administration, under pressure from farmers, refused to let the INS make unannounced raids on farms and ranches - instead it had to give the owner of the farm advance notice ... In 2005, only three employers were cited for employing illegal immigrants in the United States …“ (Sunderhaus: 20, vgl. Hanson: 46).

519 “For instance, in 2005 the Western Growers Association, a business lobby representing farmers in the western United States, issued a statement complaining that excessive enforcement was preventing farmers in Arizona from hiring sufficient immigrant labor to harvest their winter lettuce crop.“ (Hanson 2006: 45).

520 GAO 2005: 12f. In GAO 2006a this phrase changed into „relatively low priority“ (S. 13f.).

521 “This finding suggests authorities relax enforcement when the demand for undocumented workers increases. Enforcement also rises when overall labor-market conditions in the United States tighten, which suggests that the U.S. government raises enforcement when attempted illegal immigration is expected to be high. It appears, then, that enforcement softens when the specific sectors that use illegal aliens intensively expand but not when the overall demand for labor is high” (Hanson 2006: 46).

522 Internet: http://www.ogletreedeakins.com/publications/index.cfm?Fuseaction=PubDetail&publicationid=770

523 “The National Labor Relations Board … and the United States Court of Appeals in Washington rejected the argument that illegal immigrants should not have the right to join unions. In a decision last January, the appeals court, echoing the 1984 Supreme Court decision, wrote that allowing illegal immigrants to join a union ‚helps to assure that the wages and employment conditions of lawful residents are not adversely affected by the competition of illegal alien employees‘“. (New York Times, 1.9.2008).

524 New York Times, 1.9.2008: „Meatpacker in Brooklyn Challenges a Union Vote“.

525 Die Berliner Staatssekretärin für Wirtschaft, Arbeit und Frauen, Susanne Ahlers, schrieb hierzu in einem Brief an den Verfasser: Die aktuelle Rechtslage (nach der Verschärfung des Schwarzarbeitsbekämpf ungsgesetz) „bestimmt …, dass Gerichte den ... zuständigen Stellen Erkenntnisse übermitteln sollen ... soweit nicht für das Gericht erkennbar ist, dass schutzwürdige Interessen des Betroffenen oder anderer Verfahrensbeteiligter an dem Ausschluss der Übermittlung überwiegen ... Entscheidend für die Folgerungen aus dieser Gesetzeslage ... ist, dass es im arbeitsgerichtlichen Verfahren ... keinen Amtsermittlungsgrundsatz gibt. Vielmehr gilt hier ... die Parteienmaxime, d. h. die Parteien haben es in der Hand, welche Tatsachen dem Gericht unterbreitet werden ... Erst wenn sich aus dem Vortrag der Parteien Anhaltspunkte für eine rechtswidrige Beschäftigung ergeben, könnte möglicherweise ein Anlass zur Nachfrage bestehen. Selbst bei gesetzwidriger Beschäftigung gelten aber vielfach die Grundsätze des sog. faktischen Arbeitsverhältnisses, d. h. auch insoweit bestehen Lohnansprüche ... Im Ergebnis kann ich Ihnen also mitteilen, dass in aller Regel vor dem Arbeitsgericht Fragen nach dem ausländerrechtlichen Status klagender ausländischer Arbeitnehmerinnen und Arbeitnehmer nicht erforderlich sind. Diese Auffassung ist mir von der Präsidentin des Landesarbeitsgerichts Berlin auf Nachfrage ausdrücklich bestätigt worden.“ (Schreiben vom 23.11.2004, eingestellt unter http://www.joerg-alt.de/Recht/Bundeslaender/Berlin/berlin.html).

526 Zu dieser Praxis siehe ausführlich Alt 1999: Kap. IV/2 („Maßnahmen zur Bekämpfung illegaler Beschäftigung“).

527 Zu statistischen Angaben siehe Kapitel 3.4.7.2.

528 „… 92.5 percent of Mexican immigrants who arrived in the United States during the 1990s lived with someone to whom they were related by birth, marriage, or adoption“; „… 57.3 percent of Mexican immigrants who arrived in the United States during the 1990s were members of U.S.-based nuclear families …“ (Paral 2005: 1). Der Hinweis auf den Sponsor besagt, dass diese Menschen unter den US-Einwanderungsbedingungen

in einem absehbaren Zeitrahmen keine Aussicht auf eine legale Einreise oder die Legalisierung ihres Status haben. Vgl. auch Passel 2005, Massey 2005b: 6-8, Johnson, H. P. 2006: 6 und für Deutschland Alt 2003: 277ff.

529 Siehe Kapitel 3.4.3., vgl. Hanson 2006: 10 und Barnes 2005: Kapitel C („Family Based Immigration").

530 Vgl. anhand der Fluchtmigration zwischen dem Balkan und München Alt 2003: 73ff., 256ff.). Die illegalen Migrationsbewegungen setzen sich fort, obwohl der Krieg seit Jahren zu Ende ist, nun aber aus Gründen fortdauernder ethnischer Spannungen, wirtschaftlicher Perspektivlosigkeit und Armut (Alt 2003: 465f.).

531 Eine Entkräftung der häufig geäußerten Angst, dass Migration eine Zuwanderung in die Sozialsysteme darstellt.

532 „In a globalised world, movement of people is not an anomaly to be exceptionally tolerated; it is a normal process embedded in socio-economic structures as well as in migrants' transnational lives and identities. There is ample evidence that the classic migration pattern of permanent settlement does not apply to all contemporary cases of human movement, and policies should therefore take into account new practices of circulation" (Pécoud/Guchteneire 2005: 22).

533 Das Memo EUK 2007d enthält auf 14 Seiten Beschreibungen von 16 Projekten unterschiedlichster Träger, die unter dieser Rücksicht von der EU bezuschusst werden. Die Spannbreite reicht von der Eröffnung von Zugängen zu Informationen hinsichtlich der Lebens- und Arbeitsbedingungen in den EU-Ländern über die Gewährung von Zuschüssen zu Business-Gründungen bis zur Entwicklung eines Systems zur „earned regularization" (zu diesem Stichwort vgl. Kapitel 5.4.5.). Zu vergleichbaren Projekten siehe auch EUK 2007b.

534 „Development NGOs and UN organisations have suggested that Europe might give back at least part of its benefits from high-skilled migration to countries of origin in the South, particularly through mechanisms such as circular migration: specialists could spend a limited period of time in Europe to develop and diversify their skills, which could then be brought to use in their countries of origin. This system, it is argued, could benefit all parties involved" (Informationsdienst "euractiv.com", 20.3.2009: "An EU 'Blue Card' for high-skilled immigrants?"). Stattdessen sieht die Blue-Card-Regelung eine unbegrenzte Aufenthaltserlaubnis nach fünf Jahren in der EU vor. Vom Europäischen Parlament am 21.11.2008 verabschiedet, muss die Blue-Card-Regelung, um bindend zu werden, noch vom Europäischen Rat gebilligt werden, was 2009 geschehen soll. Es gibt allerdings bilaterale Saisonarbeiterprojekte, die auch strukturell einen entwicklungspolitischen Aspekt enthalten: Im spanischen Katalonien gibt es über die "Fundacio Agricultors Solidaris" Qualifizierungsprogramme für Saisonarbeiter und die Möglichkeit, Starthilfen für eine Existenzgründung im Herkunftsland zu erhalten. Die spanische Regierung plant, dieses Programm auch auf andere Teile Spaniens auszuweiten (Newland u. a. 2008: 8).

535 Rede zur Vorstellung seines Gastarbeiterprogramms am 7.1.2004, in Auszügen noch am 1.4.2009 eingestellt unter http://www.pbs.org/newshour/bb/law/jan-june04/workers_bg_01-07.html, vgl. auch GCIM 2005: 17-19 und Agunias/Newland 2007: 10. Ein Vorbild hierbei ist das „Bracero"-Programm, durch das zwischen 1942 und 1964 in Mexiko 4,6 Millionen Arbeiter für die US-Landwirtschaft angeworben wurden. Allen Arbeitern wurde dabei von den Arbeitgebern zehn Prozent des Lohns automatisch abgezogen und entweder auf ein Konto im Heimatland hinterlegt oder den Arbeitern am Ende ihrer Beschäftigung per Scheck ausgehändigt. Dieser konnte nach der Rückkehr eingelöst werden (World Bank 2006: 97f.).

536 *Spanien*: Zur Kontrolle der Rückkehr müssen die Arbeiter sich beim spanischen Konsulat im Herkunftsland melden (vgl. Newland u. a. 2008: 7f.). *Kanada*: "Built-in encouragements for temporary migrants to return, such as in Canada's seasonal agriculture workers programme, which allow the migrants to be selected again by the same employer, seem also to have had a positive effect on potential irregular migration" (IOM 2005: 251, vgl. Newland u. a. 2008: 6f. und IOM 2008: 269f. Kanada experimentierte auch mit einem befristeten Programm für niedrig qualifizierte Arbeiter, vgl. Newland u. a. 2008: 14). *USA*: Da die Nachfrage nach bestimmten „Engpass-Arbeitnehmern" die zur Verfügung stehenden Visa-Quoten überstieg, ermöglichte der US-Kongress 2005, dass Arbeitgeber ‚ihre' Arbeitnehmer außerhalb der festgelegten Quoten wiederbeschäftigen können. In Folge der aufgeheizten Immigrationsdebatte wurde diese Möglichkeit aber im Jahr 2007 nicht verlängert, woraufhin die Anzahl der so genannten H-2B-Visa um 70.000 fiel. „It is likely that unauthorized immigrants filled many of the vacant jobs. Conceivably, these include some of the same workers who previously had H-2B visas" (Newland u. a. 2008: 10). Vgl. hierzu auch Sriskandarajah 2005: 13 und Agunias/Newland 2007: 12 .

537 "Rather, it is about cherry-picking different elements of policy design among various programs that may work if put together in the particular socioeconomic and political contexts of the countries involved. Only after careful experimentation, through small-scale pilot programs, followed by incremental adjustments, will initiatives begin to work as well on the ground as they promise to on paper" (Agunias/Newland 2007: 15).

538 Vgl. Pécoud/Guchteneire 2005: 19, Agunias/Newland 2007, Newland u. a. 2008. Zu bedenken gäbe es bei der Neugestaltung von Gastarbeiterprogrammen, dass aus der Pendelmigration der Gastarbeiter erst nach Erlass des Anwerbestopps 1973 eine 'Einwanderung' durch Niederlassung und Familiennachzug wurde (vgl. hierzu Alt 2003: 263f., Bade 2000: 318-320).

539 Wenngleich Studien belegen, dass inzwischen mehr als die Hälfte aller Staaten Formen der doppelten Staatsbürgerschaft tolerieren oder gar fördern (Newland u. a. 2008: 5).

540 Vgl. Alt 1999: Kap. II/2.3., Brinkbäumer 2006. Entsprechend sinnvoll ist es, solche Informationszentren ‚ganzheitlich' auszurichten. Das im Oktober 2008 in Mali eröffnete Pilotprojekt der EU geht anscheinend in diese Richtung: „The centre will provide information services to potential migrants, help mobilise the Malian diaspora abroad, help manage legal migration to other African countries or elsewhere and support the reintegration of returning migrants" (EUK 2007b: 6, vgl. EUK 2008: 3).

541 Das Geld hierfür könnte aus dem sehr hohen und nicht besonders effektiven Abschiebungsetat genommen werden. ‚Illegale', die sich bei ihrem Migrationsprojekt verkalkulierten und die aufgeben, könnte so ein niederschwelliges Angebot für die Rückkehr in das Herkunftsland gemacht werden. Inoffizielle Kooperationen, wie sie hier und da zwischen staatlichen Stellen und Mitarbeitern von Wohlfahrtsverbänden existieren, könnten ausgebaut werden. Zwar wird dazu eingewendet werden: „Wir zahlen denen doch nicht den Urlaub" - aber eben dieser Missstand, dass nämlich Leute sich zwecks Familienbesuch verhaften und abschieben lassen, existiert auch in dem derzeitigen Abschiebungssystem.

542 Das aktuellste Dokument mit der abschließenden Fassung der „Richtlinie zur Rückführung von Personen aus Drittländern, die sich illegal in EU-Mitgliedsstaaten aufhalten", erschien zum Jahresende 2008 (EUP 2008).

543 Informationsdienst „euractiv.com", 26.8.2008: „Kampf gegen illegale Einwanderung: Die Rückführungsrichtlinie", Internet: http://www.euractiv.com/de/soziales-europa/kampf-gegen-illegale-einwanderung-ruckfuhrungsrichtlinie/article-174899?_print.

544 Rodrik „argues that the biggest gains in terms of development and poverty-reduction do not lie in the much-discussed issues surrounding free trade, but in the international movement of workers, and that even a minor liberalisation in this field would massively foster the development of poor countries" (Pécoud/Guchteneire 2005: 10).

545 Rodrik „estimated that temporary admission of developing country workers numbering no more than 3 percent of rich countries work force would yield an income of $ 200 billion for the citizens of the developing world. … The World Bank estimates that a rise in emigration from developing countries equal to 3 percent … could lead to a global output gain of $ 356 billion by 2025. This is about twice the global gain from full merchandise trade liberalization" (Ghosh 2006: 25f.).

546 "The core problem lies in the contradictory logic of welfare schemes and free migration; the MWB [Migration without Borders, Anm. d. Verf.] scenario is about openness and circulation whereas welfare systems are based on closure: people make a long-term commitment to a community and enjoy its protection. Putting aside the possible negative impact of increased migration on the financial equilibrium of Western welfare systems, the more fundamental risk is therefore that free movement jeopardises the sense of common national identity and solidarity that incites people to take part in welfare systems" (Pécoud/Guchteneire 2005: 14).

547 „The free mobility of labor is incompatible with the welfare state if every person who is physically present in a location to perform an economic service automatically comes into the same set of welfare benefits as a local. That needn't be the case. This is what liberal democracies find hard … You have to confront the injustice of the world and say this person is better off even without the welfare benefits, and this process is good for the world." (Lant Pritchett, Interview, Februar 2008: „Ending Global Apartheid. Economist Lant Pritchett defends immigration, the least-popular - and most-proven - idea for helping the world's poor", im Internet unter http://www.reason.com/news/show/123912.html.

548 Schotel 2009a: 2. Zur ausführlichen Analyse und Begründung Schotel 2009b.

549 Selbst bei linken Strategen besteht diese Einsicht. In einer Studie heißt es beispielsweise: „Allgemein

muß das Ziel emanzipatorischer Politik in der Migrationsfrage die Durchsetzung einer möglichst offenen Einwanderungspolitik ... sein. Die Forderung nach ‚offenen Grenzen' ist zwar m.E. in der Praxis nicht realisierbar, sollte aber trotzdem im Sinne einer gezielten Provokation aufrechterhalten werden." (Wechselberg 1996: 44f.)

550 Alle Angaben in Martin u. a. 2006: 104-113.

551 Dabei könnte die EU mit der Kooperationsbereitschaft der Regierungen der Herkunftsländer rechnen, die schon jetzt einiges unternehmen, um die Bindung der Emigranten an ihr Herkunftsland zu erhalten oder zu festigen, etwa durch die Gründung von „state-led associations and *amicales* … in the main receiving countries of Med-MENA expatriates, in order to better institutionalise the relationship between countries of origin and their permanently settled émigrés". Hintergrund dieser ‚Verbindungspflege' ist das Interesse der Herkunftsländer an den Remissen der Migranten (vgl. Fargues 2005: 23f., 31). Um die Bindung an das Herkunftsland zu erhalten, verleiht Marokko zudem pauschal jedem im Ausland lebenden Nachkommen marokkanischer Eltern die marokkanische Staatsbürgerschaft - selbst in der fünften Generation: „The incentives for Morocco are clear: it wants citizens abroad to remit funds, to invest back home and to support ist political ambitions" (Economist, 3.1.2008: „Circulate or integrate. A choice of immigrant policies").

552 „Frontex, the EU agency based in Warsaw, was created as a specialised and independent body tasked to coordinate the operational cooperation between Member States in the field of border security. The activities of Frontex are intelligence driven. Frontex complements and provides particular added value to the national border management systems of the Member States." Siehe die Website http://www.frontex.europa.eu/.

553 Vgl. Economist, 3.1.2008: „Circulate or integrate? A choice of migration policies".

554 „A creative solution to these issues is to unpack citizenship and consider that its different components (political, civil, social, family and cultural rights, notably) can be distributed in a differentiated way. This approach avoids the binary logic of exclusion, in which people have either all rights or none. Migrants could then initially receive a first set of rights (civil rights and fundamental social rights). Only later would they receive, in a step-by-step fashion, pension rights, welfare rights or political rights. Such a system would make sure that migrants are not rightless (as today's undocumented migrants tend to be), while enabling high mobility and addressing the fears of nationals and long-term residents who are reluctant to share their privileges with newcomers" (Pécoud/Guchteneire 2005: 16).

555 „Regularization remains poorly understood and continues to be a blunt and problem-ridden policy option" (Papademetriou 2005b: 2).

556 Sunderhaus 2006: 22ff. Andere Übersichten bei Apap u. a. 2000, Alt 2003: 489-496, Heckmann/Wunderlich 2005, Papademetriou 2004, 2005a, 2005b, Papadopoulou 2005.

557 Die Zukunft dieser beiden von der kalifornischen Senatorin Diane Feinstein vorangetriebenen Initiativen war zum Jahresende 2008 noch offen.

558 Siehe http://www.whitehouse.gov/issues/immigration/.

559 „The emerging concept of ‚earned regularisation' is one example of how regularisation programmes might be more strategically designed in the future" (PRESIDENCY 2004: 14). Es handelt sich um das Projekt: „Towards sustainable partnerships for the effective governance of labour migration in the Russian Federation, the Caucasus and Central Asia". Laufzeit Dezember 2006 bis 2009. Projektträger ist die IOM (EUK 2007d: 17f.).

560 Vgl. Sunderhaus zu den Betrugs- und Bestechungsversuchen bei der ‚Legalisierungskampagne' in Italien 2003/2004 (Sunderhaus 2006: 45f.).

561 „Policies designed to make the transfer of remittances more cost-effective enhance the capacity of individuals and migrant groups to contribute to poverty reduction in their home countries, as do policies that promote the earning ability of immigrants and their descendents. In the broadest sense, programs that promote regularization of legal status, integration of members of Diaspora communities in the labor market, credentialing, training, language acquisition, and so forth all build the capacity of Diaspora communities to contribute to development efforts ... The ability of individuals and communities … to combat poverty and contribute to development in their countries of origin is conditioned by their integration in the country of settlement. Contributions to development are limited from communities in which many members have no secure legal status, are not incorporated in the formal labor market, don not get an education of quality - all conditions which make it likely that their resources will be meager and largely absorbed by their own daily survival needs. Donor governments that are serious about transnationalism as an engine of development

will strive for policy coherence across departments of government. This means an immigration policy that creates opportunities for legal residence and fosters integration" (Newland/Patrick 2004: 35, 41).

562 „The European Council agrees to use only case-by-case regularisation, rather than generalised regularisation, under national law, for humanitarian or economic reasons" (EUR 2008: 7).

563 Siehe Kapitel 3.4.7.1., vgl. World Bank 2007 und 2008b.

564 Vgl. die Diskussion über den am 17.8.2008 von der Bundesregierung vorgelegten Entwurf eines „Gesetzes über zwingende Arbeitsbedingungen für grenzüberschreitend entsandte und für regelmäßig im Inland beschäftigte Arbeitnehmer und Arbeitnehmerinnen".

565 Vgl. Kapitel 3.3.4.2. zu Mexiko/USA oder Alt 2009b zum Zusammenhang zwischen Fischerei, Piraterie und Migration.

566 Vgl. die Kapitel 4.5.1., 4.5.6. und 4.5.7., aber auch Moyos Darlegungen in den Kapiteln „Banking the Unbankable" oder „Remittances" (Moyo 2009).

567 "Unleashing the potential of this synergy, however, will require transnational policy coordination that must include governments moving to broaden access to the banking/credit union system through increased documentation of the undocumented" (Hinojosa-Ojeida 2003: 2).

568 „The Philippines saw a sharp increase in the remittance inflow almost immediately after the Philippine National Bank extended its services in Germany, Italy, the Netherlands and Spain in 1990" (Ghosh 2006: 84).

569 Zur „Poni Card": „Poni Card Money Transfer ATM Card for Mexico", im Internet unter http://www.qcomm.com/6_investors/Poni_Card_11_17_05.htm sowie Hispanic Business News, 14.5.2005: „Start-up launches Grocery Check-Out International Money Transfer", im Internet unter http://www.hispanicbusiness.com/news/2004/5/14/startup_launches_grocery_checkout_international_money.htm.

570 „Reducing remittance fees by five percentage points could increase annual remittance flows to developing countries by $ 4 to $ 5 billion" (Ratha 2004: 2).

571 Ratha u. a. 2008: 17f., World Bank 2006: 135-150 und Moyo 2009: 135.

572 „Survey respondents showed significant interest in financial products and services such as savings accounts (53 % said they were ‚very interested'), life or health insurance (44 %), small business loans (38 %), mortgage loans or home construction loans (31 %) or education loans (25 %)." (IADB Press Release, 6.11.2007). "Remittances to Central America to rise to $ 12.1 billion in 2007, says IDB Fund. Results of survey presented at FELABAN annual meeting in Miami, Fla." Zum hier liegenden Entwicklungspotenzial siehe auch Moyo 2009: 126ff.

573 „The Indian initiative to sell ‚resurgent Indian bonds' to expatriates under attractive conditions - free from exchange rate risks, exempt from Indian wealth and income tax and carrying attractive interest - had a remarkably positive response, just as the facilities offered by several home countries to open non-resident accounts abroad in national banks have had some success in increasing transfers through official channels" (Ghosh 2006: 40f.).

574 „In this context it was pointed out that many informal money transfer service providers (Hawaladars) cannot become formalized under the existing policy and regulatory regimes because of the overly restrictive nature of those regulations and because the environment in which they operate may lack the basic financial infrastructure for a formal financial institution. The latter is particularly true in conflict afflicted countries and some developing countries with weak financial systems. In line with this observation, the suggestion was made to include informal money transfer agents in the regulation-making process" (ICMR 2003: 8, vgl. Sriskandarajah 2005: 17).

575 Vgl. Agunias 2006, ICMR 2003, Orozco 2003, Sriskanarajah 2005, Moyo 2009. Zum bisherigen Ausschluss von ‚illegalen' Migranten vom International Remittance Network siehe Kapitel 4.5.1.

576 „Partners will foster the linkages between migration and development, maximise the development impact of remittances" (EUR 2007a: 16).

577 „Make further steps towards the facilitation of safer, faster, and cheaper remittances, including for investments; ensure that sufficient data, research and know-how is made available to governments; promote innovative solutions for transferring money (EUR 2007a: 65).

578 „The Leading Group will also work on two topics which the crisis has revealed and which touch on innovative financing mechanisms: fighting tax avoidance which deprives developing countries of significant resources and reducing the cost of migrants' remittances and improving their use." (Bernard Kouchner, Statement

vom 3.6.2009), im Internet unter http://www.leadinggroup.org/article336.html.

579 Seite 2 der vom Bundesministerium für wirtschaftliche Zusammenarbeit und Entwicklung verfassten Studie „Zur Durchführbarkeit einer Devisentransaktionssteuer“ - Hauptaussagen und Schlussfolgerungen. Berlin, 20.2.2002.

580 So organisierte der International Fund for Agricultural Development das International Forum on Remittances vom 22. bis 23. Oktober 2009 in Tunis, der „Social Science Research Council“ hat im März 2009 eine „Web Anthology on Migrant Remittances and Development“ mit neuesten Publikationen zum Thema eingerichtet.

581 Ghosh 2006: 79f., vgl. Newland/Patrick 2004: 34f., Martin u. a. 2006: 232.

582 „Armed conflict almost always harm a country‘s economy in the short run, but some Diaspora will argue that their homeland‘s lack of self-determination is the greater obstacle to development in the long term. Wars of liberation in Eritrea and Bangladesh, for example, appear with hindsight to lend credence to that argument.“ (Newland/Patrick 2004: 26).

583 „Experience shows that when a developing country reaches the point of an economic take-off, and there is a general feeling of resurgence and optimism ..., members of the diasporas become more interested in re-establishing links with their countries of origin through frequent visits or even permanent or semi-permanent return.“ (Ghosh 2006: 80).

584 „a. Improving economic cooperation, the development of trade, socio-economic development and conflict prevention in order to promote economic prosperity in the countries concerned and thereby respond to the root causes of irregular migratory flows; b. Promoting migration as a positive factor for development by encouraging concrete measures contributing to the reduction of poverty. Integrating such measures, as well as other measures linked to migration, to development policies and programs, in partnership with partners concerned“ (Action Plan of the Euro-African Ministerial Consultation on Migration and Development, 10-11 July 2006, Rabat, Morocco).

585 Siehe dazu den Abschnitt „Zusammenarbeit mit Drittländern“: „Der Dialog und die Zusammenarbeit zwischen der EU und den Herkunfts- und Transitländern sind äußerst wichtig. Angesichts der jüngsten Vorkommnisse in Ceuta und Melilla sowie der anhaltenden illegalen Zuwanderung aus dem Mittelmeerraum sind derzeit vor allem konkrete kurz- und mittelfristige Maßnahmen gefragt. Dazu gehören gemeinsame Patrouillen, intensivere Überwachung und verstärkte Reaktionskapazitäten. Langfristig müssen die Push-Faktoren der illegalen Einwanderung weiterhin im Rahmen der Entwicklungspolitik angegangen werden“ (EUK 2006).

586 „To date most of the provisions and political initiatives have responded to the need to regulate illegal migration. As regards the protection of immigrants, the formulation of specific legal provisions is still underway in the Maghreb countries, while the idea of transforming immigration into a genuine component of society does not seem to be on the agenda at all“ (Fargues 2005: 27).

587 Für die Projektgelder siehe EUK 2007d, für die Gelder des External Border Fund EUK 2007a: 5.

588 „Aid and development do not necessarily lead to a reduction of migration. On the contrary, different studies suggest that at least the kind of economic growth promoted by the highly industrialized Western countries and by the WTO, based on a neo-liberal approach of trade liberalization, would stimulate migration from Sub-Saharan Africa in the medium and long run.“ (Kohnert 2008: 14).

589 Siehe die Pressemitteilung der Welthungerhilfe zur Vorstellung des Global Hunger Index (GHI) vom 14.10.2008 sowie Dominic Johnson: „Die andere Krise“, in: tageszeitung: 15.10.2008. Aktualisierungen zum GHI auf der Website des International Food Policy Research Institutes (IFPRI) unter www.ifpri.org.

590 Global Hunger Index (GHI) 2008 des International Food Policy Research Institute (IFPRI), S. 13.

591 So kritisiert beispielsweise Moyo in „Dead Aid“ hauptsächlich die Entwicklungshilfe, die von Staaten bilateral oder von internationalen Institutionen wie der Weltbank multilateral vergeben werden (Moyo 2009 7ff.).

592 In der Abschlusserklärung zu diesem Gipfel heißt es in Abschnitt 33.13: „Die entwickelten Länder bekräftigen ihre Zusagen, das im Rahmen der Vereinten Nationen vereinbarte Ziel, 0,7 Prozent des Bruttosozialprodukts für die öffentliche Entwicklungshilfe bereitzustellen, zu erreichen, und sind - sofern sie dieses Ziel noch nicht erreicht haben - bereit, ihre Hilfsprogramme zu erweitern, um dieses Ziel baldmöglichst zu erreichen ...“ (zit. nach Sachs 2005: 409).

593 „These items should not be counted in official aid statistics, given that they do not produce new aid for developing countries, and often fail to transfer any resources at all for poverty reduction ... This report

shows that many European countries are massaging their aid figures in a way that can mislead the public. What is needed is a substantial increase in the amount of genuine aid they provide in order to translate their promises into real differences in the lives of poor people“ (JENGO 2006: 7).

594 „For sub-Saharan Africa, the total income from remittances was $ 20 billion in 2008, more than the region received in either foreign direct investment or what the Development Assistance Committee of the … OECD classifies as ‚country programmable aid‘; that is ODA net of debt relief, scholarship and other forms of assistance that do not provide direct cash-flow support to government budgets“ (UN Report 2009: 8).

595 Zur Debatte um Dambisa Moyos Thesen soll auf zwei Beiträge aus Sambia hingewiesen werden, dem Heimatland Moyos und mehrfach Bezugspunkt ihrer Argumentation. Zunächst Peter Henriot: „Dead Aid. Lively Debate. Deeper Issues!”, im Internet unter http://maravi.blogspot.com/2009/05/dead-aid-lively-debate-deeper-issues.html. Außerdem die differenzierte Buchbesprechung auf der Website http://www.zambian-economist.com/2009/03/dead-aid-by-dambisa-moyo-review.html sowie die dortige Blog-Diskussion zu der Rezension.

596 UN Report 2009: 11f. Das Welternährungsprogramm bezifferte in seiner Schätzung vom 19.6.2009, dass die Zahl der weltweit Hungernden aktuell bei 1,02 Milliarden Menschen liegt, womit jeder sechste Mensch hungern würde. Internet: http://one.wfp.org/german/?ModuleID=127&Key=634.

597 „African governments do not have adequate financing capacity to cushion populations against the impact of the crisis and protect the gains recorded in the past years in terms of growth and poverty reduction. The resources needed are immense and the savings are limited. Conservative estimates demonstrate that even full delivery of pledged external assistance will not be sufficient to bridge Africa‘s growing financing gap. The most important risk is that the shortage of financing will depress investment, with damaging effects on growth, severely undermining the continent‘s ability to achieve the MDGs. Although African countries were growing faster before the crisis, the growth rates were still not sufficient to achieve the MDGs. However, at the moment, even preserving the pre-crisis growth rates seems untenable for many countries due to shortage of financing“ (CFMCBG 2009: 7).

598 „The 2005 Gleneagles Summit committed to raising aid to Africa by USD 25 billion per year until 2010. This is virtually half the amounts needed to only allow African countries to maintain their pre-crisis growth rates, which is definitely not sufficient to bring the continent anywhere closer to meeting the MDGs“ (G8-G 2005).

599 Siehe dazu: The Guardian, 25.4.2007: „In 2005, G8 pledged $ 50 bn for Africa. Now the reality“; sowie The Guardian, 8.6.2007: „Aids agencies dismiss G8 aid pledge“. Internet: http://www.guardian.co.uk/politics/2007/apr/25/uk.development und http://www.guardian.co.uk/society/2007/jun/08/internationalaidanddevelopment.g8.

600 «As richer governments pour out trillions of dollars, euros and yuan to stabilize their financial and economic systems, their willingness and ability to maintain their commitments to (Africa) is bound to suffer. Despite their promises to the contrary, evidence from similar events in the past shows that developed countries have generally reduced the level of aid in the aftermath of a financial crisis. Japan’s aid levels, for example, fell dramatically after its real estate and stock bubbles burst in 1990 and Finland, Norway, and Sweden’s aid to poor countries declined after their shared crisis in 1991» (Africa Progress Panel 2009: 5). Vgl. UN Report 2009: 8f.

601 UN Experts 2009: 110ff.. Diese Gruppe ist vor allem wegen ihres Vorsitzenden, dem ehemaligen Weltbank-Chefökonom und Nobelpreisträger Stiglitz, bekannt.

602 Die vollständige Bezeichnung ist „United Nations Conference on the Highest Level On The World Financial Crisis and Economic Crisis and its Impact on Development“ und fand vom 24. bis 26.6.2009 statt. Allerdings ist die Forderung nach einer Transaktionssteuer, die im Vorläufigen Expertenbericht und dem Entwurf für ein Abschlussdokument in der Fassung vom 8.5.2009 noch ausdrücklich enthalten war, nicht in das Abschlussdokument aufgenommen worden. Dort wird nur noch “ermutigt”, über zusätzliche, verlässliche und innovative Entwicklungsfinanzierung nachzudenken. Darüber hinaus wurde beklagt, dass die Entwicklungsländer an der Konferenz durchaus hochrangig teilnahmen, nicht aber die reichen Industriestaaten - was auch etwas über die Bedeutung dieses Gremiums und seiner Beschlüsse aussagt.

603 Zu den derzeit in der Politik diskutierten Vorschlägen siehe Kapitel 3.3.1.4., zu den Vorteilen einer umfassenden Transaktionssteuer sowie den Pro- und Contra-Argumenten siehe Alt 2009a.

604 Badische Zeitung, 11.12.2008: „Außenminister warnt vor zu viel Menschenrechten“.

605 Eine Liste mit dem aktuellen Stand der Unterzeichner kann auf der Website des Katholischen Forums Leben

in der Illegalität eingesehen werden: www.forum-illegalitaet.de.

606 Frankfurter Rundschau, 3.3.2005: „Nur ein kleinster gemeinsamer Nenner".

607 „Some of the industrialized states have met part of their need for additional labour (especially cheap and flexible labour that can be deployed to take up work that is shunned by nationals) by turning a blind eye to the employment of migrants with an irregular status. Indeed, the recent growth and partial tolerance of irregular migration by states, as well as the introduction of periodic regularization programs for unauthorized workers, can, in some respects, be regarded as a *de facto* liberalization of the global labour market." GCIM 2005: 16. Vgl. Martin u. a. 2006: 50, PRESIDENCY 2004: 14, Rerrich 2006.

608 tageszeitung, 15.10.2008: „Die andere Krise".

609 GCIM 2005: Erstes „Principle of Action", vgl. auch 11, 36, 50, 58 sowie Reyes u. a. 2002: 89f. Papst Johannes Paul II. sagte hierzu am Tag des Migranten 2004: „As regards immigrants and refugees, building conditions of peace means in practice being seriously committed to safeguarding first of all the right not to emigrate, that is, the right to live in peace and dignity in one's own country".

610 „One of the Church's concerns about globalization is that it has quickly become a cultural phenomenon. *The market as an exchange mechanism has become the medium of a new culture.* Many observers have noted the intrusive, even invasive, character of the logic of the market, which reduces more and more the area available to the human community for voluntary and public action at every level. The market imposes its way of thinking and acting, and stamps its scale of values upon behaviour. Those who are subjected to it often see globalization as a destructive flood threatening the social norms which had protected them and the cultural points of reference which had given them direction in life. What is happening is that changes in technology and work relationships are moving too quickly for cultures to respond. Social, legal and cultural safeguards - the result of people's efforts to defend the common good - are vitally necessary if individuals and intermediary groups are to maintain their centrality. But globalization often risks destroying these carefully built up structures, by exacting the adoption of new styles of working, living and organizing communities … We are seeing the emergence of patterns of ethical thinking which are by-products of globalization itself and which bear the stamp of utilitarianism. But ethical values cannot be dictated by technological innovations, engineering or efficiency; they are grounded in the very nature of the human person. *Ethics cannot be the justification or legitimation of a system, but rather the safeguard of all that is human in any system.* Ethics demands that systems be attuned to the needs of man, and not that man be sacrificed for the sake of the system" (John Paul II 2001, Hervorh. i. Orig.).

611 Zu den Problemen ethischer Entscheidungsfindung in pluralistisch-säkularisierten Gesellschaften und zu Wegen, diese Blockaden zu überwinden, siehe Alt 2001, Teil II.

612 Quelle: Le Monde Diplomatique 2007: 127, die Daten der Grafik basieren auf Angaben des International Institutes on Strategic Studies, Oxfam, amnesty international, DAC/OECD, African Development Bank, Worldwatch Institute.

613 Vgl. die Ergebnisse der OECD-Studie zur Entwicklung der Einkommensungleichheit in den OECD-Staaten: Sie kommt zu dem Ergebnis, dass die Einkommensungleichheit seit Mitte der 1970er Jahre kontinuierlich steigt, wobei „in Deutschland in jüngster Zeit … erhebliche Ausweitungen zu verzeichnen waren" (OECD 2008: 2). Dies knüpft an die Warnung von D. Rodrik an, der den Zerfall von sozialer Kohäsion und die Zunahme von Konflikten mit der Globalisierung in Verbindung bringt (siehe Kapitel 2.3.4.2.).

614 Zitiert nach: Basler Zeitung, 8.1.2009: „Verräterische Bilder".

615 „Migration relates to many other issues including security concerns, HIV/AIDS, environmental degradation, international trade, agricultural subsidies, gender inequality and arms exports. Policies which seek to manage migration will have impacts in other areas, and vice versa. Governments - individually and collectively - must do more to ensure that policies on related issues are coherent and support development goals", UK House of Commons International Development Committee, zitiert in Newland/Patrick 2004: 35.

616 Frankfurter Rundschau, 1.4.2009: „Massengrab Mittelmeer".

617 Vgl. Worldwatch: Es ist „überfällig, erneut darüber nachzudenken, was ‚das gute Leben' ausmacht, in einer Welt, die sich mit Riesengeschwindigkeit auf ein selbstverschuldetes Siechtum und die weltweite Zerstörung der Wälder, der Meere ... und anderer natürlicher Ressourcen zubewegt. Indem man Wohlstand eher als höhere Lebensqualität denn als die pure Anhäufung von Gütern definierte, könnten sich die Einzelnen, die Gemeinden und die Regierungen darauf konzentrieren, was die Menschen am nötigsten brauchen. Tatsächlich muss sich ein neues Verständnis des guten Lebens nicht um den Begriff des Wohlstands, sondern

um den des Wohlergehens sammeln“ (Worldwatch Institute 2004: 320).

618 Einen Tag vor meiner Abreise stellte ich mit Entsetzen fest, dass mein Visum für Belize seit neun Monaten abgelaufen war, ohne dass ich es gewusst habe. Anders als in Europa folgten daraus lediglich Heiterkeitsausbrüche bei den lokalen Einwanderungsbeamten („Uh, Father, we have to arrest you now!“) und einige hektische Telefonate mit dem zuständigen Ministerium. Nach nur fünf Stunden hatte ich meinen illegalen Status ‚repariert‘ - und musste nicht einmal eine Strafe zahlen. Mir war während des fünfstündigen Wartens alles andere als fröhlich zu Mute, und mit Schaudern denke ich daran, wie es mir in einer vergleichbaren Situation in den Ausländerbehörden der Industrieländer ergangen wäre …

Anhang

Anhang 1: Übersicht über die wichtigsten Migrationstheorien

Theorien zur Erklärung des Beginns von Migrationsbewegungen[1]

Neoklassische ökonomische Makrotheorie

1. Internationale Arbeitsmigration wird durch Lohnunterschiede zwischen Ländern verursacht. Die Beseitigung der Lohnunterschiede wird die Arbeiter-Wanderung beenden. Wenn solche Unterschiede nicht existieren, kommt es zudem zu keiner Migration.
2. Internationale Bewegung von Humankapital – d. h. hoch qualifizierte Arbeiter reagieren auf unterschiedliche Renditen für Humankapital, die verschieden sein können von der Lohnhöhe insgesamt, dadurch ergibt sich ein distinktes Migrationsverhalten, das von dem niedrig qualifizierter Arbeiter verschieden sein kann.
3. Internationale Arbeitsmigration wird primär durch Arbeitsmarktmechanismen beeinflusst; andere Märkte üben keinen vergleichbaren Einfluss auf internationale Migration aus.
4. Regierungen können Migrationsbewegungen am besten kontrollieren, indem sie die Arbeitsmärkte in den Migration entsendenden und Migration aufnehmenden Ländern regulieren oder beeinflussen.

Neoklassische ökonomische Mikrotheorie

1. Internationale Migration wird verursacht durch internationale Differentiale sowohl in Einkommens- als auch Beschäftigungsraten. Deren Produkt wird bestimmt durch unterschiedliche Verdiensterwartungen (im Gegensatz zur neoklassischen ökonomischen Makrotheorie, in der die Bedeutung von Beschäftigungsraten, besonders in den Migrationszielländern, keine Rolle spielt).
2. Individuelle Humankapital-Charakteristika, die die Wahrscheinlichkeitsrate von Entlohnung oder Beschäftigung im Migrationszielland relativ zum Herkunftsland erhöhen (z. B. Ausbildung, Berufserfahrung, Sprachkenntnisse), werden, falls andere Rahmenbedingungen gleich bleiben, die Wahrscheinlichkeit von internationaler Migration erhöhen.
3. Individuelle Charakteristika, soziale Rahmenbedingungen oder Techniken, die Migrationskosten senken, erhöhen den Nettogewinn einer Migration und damit auch die Wahrscheinlichkeit internationaler Migration.

[1] Basierend auf: Massey u. a. 1998: 17-60. Die Übersetzung aus dem Englischen erfolgte durch Dr. Philip Anderson, dem hierfür herzlich gedankt sei.

4. Wegen der Punkte 2 und 3 können die Bewohner eines Landes verschiedene Migrationsneigungen an den Tag legen.
5. Die Gesamtsumme von Migrationsbewegungen zwischen Ländern setzt sich zusammen aus der Summe individueller Migrationsentscheidungen, die auf der Basis individueller Kosten-Nutzen-Analysen getroffen wurden.
6. Internationale Migrationsbewegungen entstehen nicht in Abwesenheit von unterschiedlichen Verdienstniveaus und/oder Beschäftigungsraten zwischen Ländern. Migrationsbewegungen wird es geben, bis die erwarteten Verdienstmöglichkeiten (das Produkt von Verdienst- und Beschäftigungsraten) sich international aneinander angeglichen haben (die Nettokosten von Migration), und Migrationsbewegungen hören nicht auf, bis dieses Produkt ausgeglichen sein wird.
7. Die Größe des Differentials erwarteter Gewinne bestimmt das Ausmaß internationaler Migrationserwartungen zwischen Ländern.
8. Migrationsentscheidungen stammen von Ungleichgewichtigkeiten und Brüchen zwischen Arbeitsmärkten; andere Märkte beeinflussen die Migrationsentscheidung nicht direkt.
9. Wenn die Bedingungen in Migrationszielländern in den Augen potenzieller Migranten psychologisch attraktiv sind, können die Migrationskosten negativ sein. In diesem Fall kann ein negatives Verdienstdifferential nötig sein, um Migrationsbewegungen zwischen Ländern zum Stillstand zu bringen.
10. Regierungen können Immigration vor allem durch eine Politik kontrollieren, die die erwarteten Verdienstgewinne in den Entsende- und/oder Aufnahmestaaten beeinflussen – beispielsweise durch eine Politik,
    a. die die Senkung der Wahrscheinlichkeit von Beschäftigungsmöglichkeiten anstrebt,
    b. die das Risiko von Unterbeschäftigung in den Migrationszielgebieten (durch Arbeitgebersanktionen) steigert,
    c. die versucht, Einkommen in den Herkunftsländern (durch langfristige Entwicklungsprogramme) zu erhöhen,
    d. die zum Ziel hat, die Migrationskosten (sowohl in psychologischer als auch in materieller Hinsicht) zu erhöhen.

Neue Ökonomie der Migration

1. Familien, Haushalte oder andere kulturell definierte Einheiten von Produktion und Konsum – nicht aber das autonome Individuum – sind die eigentlichen Analysegegenstände der Migrationsforschung.
2. Lohnunterschiede sind keine notwendige Bedingung dafür, dass internationale Migrationsbewegungen auftreten. Haushalte können starke Anreize haben, Risiken zu verteilen oder Kapital durch transnationale Wanderung anzusammeln, selbst wenn Lohnunterschiede gar nicht vorhanden sind.
3. Internationale Migration und örtliche Beschäftigung oder örtliche Produktion sind keine sich ausschließenden Möglichkeiten. In Wahrheit gibt es starke Anreize für Haushalte,

sich sowohl in Migrationsprojekten als auch in lokalen Aktivitäten zu engagieren. Ein Anstieg von Rückflüssen in lokale Wirtschaftstätigkeiten kann die Attraktivität von Migration erhöhen als ein Mittel, Kapital- und Risikobeschränkungen zu überwinden, die einer Investition in solche Tätigkeiten im Wege stehen. Auf diese Weise braucht wirtschaftliche Entwicklung in Entsendeländern den Druck zu internationaler Migration nicht zu verringern; sie kann diesen Druck sogar verstärken.

4. Internationale Migrationsbewegung hört nicht notwendigerweise auf, wenn Lohnunterschiede zwischen verschiedenen Arbeitsmärkten eliminiert sind. Anreize für eine Migration werden anhalten, wenn andere Märkte in den Entsendeländern (Versicherungen, Termingeschäfte, Kapital oder Konsumentenkredite) fehlen, mangelhaft oder im Ungleichgewicht sind.
5. Eine gleich hohe Einkommenserwartung muss nicht den gleichen Einfluss auf die Wahrscheinlichkeit einer Migrationsentscheidung eines Haushalts haben, weil neben Geld bzw. Fragen der finanziellen Absicherung auch noch andere, nicht finanzielle Faktoren eine Migration beeinflussen. Dies gilt auch für Haushalte mit identischen Einkommen oder Haushalte in Umgebungen mit unterschiedlich starkem Einkommensgefälle.
6. Regierungen können Migration nicht nur durch Maßnahmen beeinflussen, die auf den Arbeitsmarkt zielen, sondern auch durch solche, die Versicherungs-, Terminhandels-, Kapital- und Konsumentenkreditmärkte beeinflussen. Regierungsprogramme für Versicherungen, insbesondere Arbeitslosenversicherungen, Pensions- und Kreditprogramme können den Anreiz für internationale Migration senken.
7. Regierungsmaßnahmen und wirtschaftliche Reformen, die die Einkommensverteilung beeinflussen, werden die relative Deprivation einiger Haushalte beseitigen und somit deren Anreize zu einer Migration senken.
8. Regierungsmaßnahmen und wirtschaftliche Reformen, die bei der Einkommensverteilung ansetzen, werden internationale Migration unabhängig von ihrer Auswirkung auf das Durchschnittseinkommen beeinflussen. Es kann durchaus sein, dass Maßnahmen, die ein höheres Durchschnittseinkommen in Migrations-Entsenderegionen erzeugen, die Migration verstärken, wenn relativ arme Haushalte nicht an dem Einkommenszuwachs teilhaben. Umgekehrt können solche Maßnahmen Migration verringern, wenn relativ reiche Haushalte nicht an dem Einkommenszuwachs teilhaben.

Theorie vom segmentierten Arbeitsmarkt

1. Internationale Arbeitsmigration basiert weitgehend auf Nachfrage nach Arbeitskräften und wird hervorgerufen durch Arbeitgeber in den entwickelten Gesellschaften oder durch Regierungen, die an ihrer Stelle handeln.
2. Da die Nachfrage nach Immigranten-Arbeitnehmern aus strukturellen Bedürfnissen der Wirtschaft heraus erwächst (weniger durch Lohnangebote als durch Rekrutierungsmaßnahmen), sind internationale Lohnunterschiede weder eine notwendige noch eine hinreichende Bedingung dafür, dass es zu Arbeitsmigration kommt. Vielmehr haben Arbeitgeber ein starkes Interesse, Arbeiter anzuwerben und gleichzeitig die Lohnhöhe gleich hoch zu halten.

3. Niedrige Löhne in Migranten aufnehmenden Ländern steigen nicht im Gegenzug zu einer Abnahme der zur Verfügung stehenden Immigranten-Arbeitnehmern; sie werden durch soziale und institutionelle Mechanismen niedrig gehalten, und sie sind nicht frei, um auf Verschiebungen von Angebot und Nachfrage zu reagieren.
4. Niedrige Löhne können aber fallen in Reaktion auf einen Anstieg des zur Verfügung stehenden Angebots von Immigranten-Arbeitnehmern, weil die sozialen und institutionellen Mechanismen, die Niedriglöhne am Steigen hindern, sie nicht vor einem Fallen bewahren.
5. Unter bestimmten Umständen geografischer Konzentration und befristeter, selektiver Einwanderung entstehen ethnische Enklaven als dritter Arbeitsmarkt. Dieser erzeugt eine eigene, unabhängige, strukturelle Nachfrage nach ausländischen Arbeitskräften, die ergänzend ist zu der Nachfrage, die aus dem sekundären Arbeitsmarkt hervorgeht.
6. Es ist unwahrscheinlich, dass Regierungen internationale Migration durch Maßnahmen beeinflussen können, die kleine Veränderungen bei Löhnen oder Beschäftigungsraten hervorrufen; Immigranten sind die Antwort auf eine Nachfrage nach Zuwanderungs-Arbeitnehmern, die struktureller Bestandteil der modernen, postindustriellen Ökonomien sind. Eine Beeinflussung dieser Nachfrage wäre nicht möglich ohne größere Veränderungen des gegenwärtigen ökonomischen Systems.

Historisch-Strukturelle Theorie und World-Systems Theorie

1. Internationale Migration ist die natürliche Konsequenz gestalterischer Umwandlungen in sich entwickelnden Gesellschaften durch den kapitalistischen Markt; das Eindringen der globalen Ökonomie in periphere Regionen katalysiert internationale Migration.
2. Der Fluss internationaler Arbeitsmigration folgt dem internationalen Fluss von Geld und Waren, aber in der entgegengesetzten Richtung. Kapitalistische Investitionen bewirken Veränderungen, die eine entwurzelte, mobile Bevölkerung in peripheren Ländern schafft, während gleichzeitig starke materielle und kulturelle Verbindungen mit den Kernländern geschaffen werden, was zu internationaler Migration führt.
3. Internationale Migrationsbewegungen sind besonders wahrscheinlich zwischen ehemaligen Kolonialmächten und ihren früheren Kolonien, weil seit langem Verbindungen bestehen durch Kultur, Sprache, Verwaltung, Investitionen, Transport- und Kommunikation, die sich zudem während der kolonialen Ära ohne auswärtige Einflüsse entwickelten und so zur Herausbildung spezifischer transnationaler Märkte und kultureller Systeme führten.
4. Da internationale Migration durch die Globalisierung von Märkten hervorgerufen wird, können Regierungen das Ausmaß von Zuwanderung durch die Regulierung überseeischer Aktivitäten von Konzernen oder die Kontrolle von internationalen Kapital- und Warenströmen steuern. Die Umsetzung solcher Maßnahmen ist jedoch unwahrscheinlich, weil sie schwer durchzusetzen sind. Sie würden internationale Handelskonflikte anheizen, eine weltweite Rezession nach sich ziehen und multi-

nationale Firmen zum Gegner machen, die mit ihren substanziellen politischen Ressourcen solche Maßnahmen blockieren würden.

5. Politische und militärische Interventionen von Regierungen kapitalistischer Staaten, mit denen Auslandsinvestitionen geschützt und befreundete Regierungen, die einer Expansion des globalen Marktes aufgeschlossen gegenüberstehen, unterstützt werden sollen, rufen, wenn sie fehlschlagen, Fluchtbewegungen in Richtung der Kernländer hervor und konstituieren somit eine neue Form internationaler Migration.
6. Internationale Migration hat letztlich wenig zu tun mit Lohn- und Beschäftigungsunterschieden zwischen Ländern; sie folgt letztlich Marktdynamiken und den politischen Strukturen der politischen Ökonomie.

Theorien zur Erklärung der Fortsetzung von Migrationsbewegungen

Sozialkapital-Theorie

1. Hat internationale Migration einmal begonnen, wohnt ihr die Tendenz inne, so lange zu expandieren, bis Netzwerke so weit in eine Entsenderegion hineindiffundiert sind, dass alle Menschen, die zu emigrieren wünschen, dies ohne große Schwierigkeit tun können. Danach nimmt die Migration ab.
2. Die Größe von Migrationsbewegungen zwischen Ländern ist nicht streng korrelativ zu den Unterschieden im Lohn- und Beschäftigungsniveau, weil – welchen Einfluss auch immer diese Variablen auf das Befördern oder Verhindern von Migration haben – diese stufenweise durch die fallenden Kosten und Risiken von Migration überlagert werden, die aus dem allmählichen Wachsen der Migrantennetzwerke resultiert.
3. In dem Maße, wie internationale Migration institutionalisiert wird durch das Herausbilden und Verfeinern von Netzwerken, wird sie zunehmend unabhängig von den Faktoren, die sie ursprünglich verursachten – ganz gleich, ob strukturell oder individuell.
4. Es ist anzunehmen, dass Regierungen große Schwierigkeiten haben werden, Migrationsbewegungen zu kontrollieren, nachdem sie einmal begonnen haben, weil der Prozess der Netzwerkbildung weitgehend außerhalb ihrer Kontrolle liegt und unabhängig von Politikmaßnahmen stattfindet.
5. Bestimmte migrationspolitische Ansätze jedoch, etwa solche, die auf Familienzusammenführung zwischen Einwanderern und deren Familien im Herkunftsland zielen, laufen kontrollpolitischen Maßnahmen entgegen: Sie verstärken Migrantennetzwerke, weil sie Mitgliedern von Angehörigennetzwerken spezielle Rechte auf Einreise einräumen.
6. In dem Ausmaß, wie sich Organisationen entwickeln, die internationale Migration unterstützen, unterhalten und befördern, werden internationale Migrationsbewegungen immer institutionalisierter und unabhängig von den Faktoren, die sie einst verursacht haben.

7. Regierungen haben Schwierigkeiten bei der Kontrolle von Migrationsbewegungen, nachdem sie einmal begonnen haben, weil der Prozess der Institutionalisierung schwierig zu regulieren ist. Angesichts der Profite, die bei der Befriedigung der Nachfrage nach Einreisemöglichkeiten bestehen, können Polizeimaßnahmen nur dazu führen, dass ein Schwarzmarkt für internationale Migrationsbewegungen geschaffen wird, und strengere Einwanderungsbestimmungen treffen zudem auf den Widerstand humanitärer Gruppen.

Theorie der kumulativen Verursachung

1. Soziale, ökonomische und kulturelle Veränderungen, die in Herkunfts- und Aufnahmeländern durch internationale Migration hervorgerufen werden, sind als solche ein starkes Widerstandsmoment in dem Bemühen nach einfacher Kontrolle und Regulierung, da die *Feedback*-Mechanismen kumulativer Verursachung weitgehend außerhalb der Reichweite von Regierungen liegen.
2. In Perioden nationaler Arbeitslosigkeit und Unterbeschäftigung ist es für Regierungen dennoch schwer, Arbeitsmigration zu stoppen und stattdessen einheimische Arbeitslose in Jobs zu vermitteln, die bislang von Immigranten besetzt worden sind. Eine Werteverschiebung hat unter einheimischen Arbeitnehmern stattgefunden, die sich weigern, ‚Ausländerjobs' anzunehmen – mit der notwendigen Folge, zugewanderte Arbeitskräfte zu behalten oder noch mehr von ihnen anzuwerben.
3. Die soziale Titulierung eines Jobs als ‚Ausländerjob' resultiert aus der Konzentration von Immigranten unter den Arbeitsplatzbesitzern; wenn Immigranten Arbeitsplätze in einer bestimmten Branche in nennenswerter Anzahl eingenommen haben – unabhängig von weiteren Charakteristika dieser Tätigkeit –, wird es schwierig, einheimische Arbeiter für diesen Arbeitsplatz ‚zurückzugewinnen'.
4. In dem Ausmaß, in dem Netzwerke expandieren und die Kosten und Risiken einer Migration abnehmen, wird der Migrationsfluss weniger selektiv in sozio-ökonomischer Hinsicht und mehr repräsentativ im Hinblick auf die Entsendegesellschaft bzw. das Entsendeland.
5. Langfristig erfolgt in Ländern mit Massenauswanderung eine Migrations-Übergangsperiode, in welcher die Auswanderungsrate einer umgekehrten U-Kurve folgt: langsam ansteigend, zu einem Höhepunkt gelangend, dann abfallend. Kumulative Migrationserfahrung einer Bevölkerung folgt einer S-Kurve: langsam beginnend und steil ansteigend, bevor die oberste Asymptote erreicht wird.

Verzeichnisse

Verzeichnis ergänzender Materialien im Internet (Anhang 2-7)

Folgende Anhänge können auf den Internet-Seiten www.vonloeper.de/joerg-alt und www.joergalt.de eingesehen werden:

Verzeichnis der Tabellen

Verzeichnis der Schaubilder

Abkürzungsverzeichnis

ADI	Ausländische Direktinvestitionen
AFP	Agence France Press
AufenthG	Aufenthaltsgesetz
BIP	Bruttoinlandsprodukt
BSP	Bruttosozialprodukt
BZ-Dollar	Belize-Dollars (1 US-Dollar = 2 Belize-Dollar)
CAFTA	Central American Free Trade Agreement
CBP	US Customs and Border Protection Agency
CIA	Central Intelligence Agency
DEA	Drugs Enforcement Agency
DHS	US Department of Home Security
FDI	Foreign Direct Investment
GTZ	Gesellschaft für Technische Zusammenarbeit
IAO	Internationale Arbeitsorganisation
ICE	US Immigration and Customs Enforcement Agency
ILO	International Labour Organisation
IFI	International Financial Institutions
IMF	International Monetary Fund
INS	US Immigration and Naturalization Service
IOM	International Organisation on Migration
IRCA	Immigration Reform and Control Act
IWF	Internationaler Währungsfonds
LDC	Least Developed Countries
LIC	Low Income Countries
MDG	Millennium Developmental Goals
MIC	Middle Income Countries
NAFTA	North American Free Trade Agreement
NGO	Non-Governmental Organisation
ODA	Official Development Assistance
OECD	Organisation for Economic Cooperation and Development
SAP	Structural Adjustment Programs
UN	United Nations
UNDESA	United Nations Department of Economic and Social Affairs
UNDP	United Nations Development Program
UNHCR	United Nations High Commissioner on Refugees
UNESCO	United Nations Educational, Scientific and Cultural Organization
VENRO	Verband Entwicklungspolitik deutscher Nicht-Regierungsorganisationen
WTO	World Trade Organisation

Literaturverzeichnis

a) Mit Sigel abgekürzte Literatur

BAGI 2007	Bundesarbeitsgruppe Gesundheit/Illegalität (2007): Frauen, Männer und Kinder ohne Papiere in Deutschland. Ihr Recht auf Gesundheit. Bericht. Hg.: Deutsches Institut für Menschenrechte, Berlin November 2007
BGSB 2004	Bundesgrenzschutzbericht (2004): Kurzlage an den Grenzen der Bundesrepublik Deutschland im Jahr 2003. Bundesinnenministerium Berlin, Abteilung Grenzschutz
BGS/BKA 2001	Bundesgrenzschutzdirektion/Bundeskriminalamt (2001): Bundeslagebild „Schleusungskriminalität 2000". Verschlusssache - Nur für den Dienstgebrauch, Koblenz/Wiesbaden
BMI 2007	Bundesministerium des Inneren (2007): Illegal aufhältige Migranten in Deutschland. Datenlage, Rechtslage, Handlungsoptionen. Bericht des Bundesministeriums des Innern zum Prüfauftrag „Illegalität" aus der Koalitionsvereinbarung vom 11. November 2005, Kapitel VIII 1.2, Berlin: Februar 2007
BTD 16/10201	Bundestagsdrucksache 16/10201 (2008): Antwort der Bundesregierung auf die Kleine Anfrage der Abgeordneten Ulla Jelpke, Sevim Dağdelen, Jan Korte, Petra Pau und der Fraktion DIE LINKE. Abschiebungen 2007, Berlin, 5.9.2008
BTD 16/4724	Bundestagsdrucksache 16/4724 (2007): Antwort der Bundesregierung auf die Kleine Anfrage der Abgeordneten Ulla Jelpke, Sevim Dağdelen, Hakki Keskin und weiterer Abgeordneter und der Fraktion DIE LINKE. Abschiebungen im Jahr 2006, Berlin, 20.3.2007
BTD 16/1055	Bundestagsdrucksache 16/1055 (2006): Antwort der Bundesregierung auf die Kleine Anfrage der Abgeordneten Josef Philip Winkler, Volker Beck, Monika Lazar, weiterer Abgeordneter und der Fraktion BÜNDNIS 90/DIE GRÜNEN. Abschiebungen auf dem Luftweg 2005, Berlin, 27.3.2006
BTD 15/3670	Bundestagsdrucksache 15/3670 (2004): Antwort der Bundesregierung auf die Große Anfrage der Abgeordneten Dr. Hans-Peter Uhl, Eckart von Klaeden, Matthias Sehling, weiterer Abgeordneter und der Fraktion der CDU/CSU - Drucksache 15/3032 - Richterlich geäußerter Verdacht der Förderung der Schleuser-Kriminalität durch die Bundesregierung, Berlin, 2.9.2004
BTD 14/9200	Bundestagsdrucksache 14/9200 (2002): Schlussbericht der Enquete-Kommission „Globalisierung der Weltwirtschaft - Herausforderungen und Antworten", Berlin, 12.6.2002
BTD-P 16/15	Bundestagsdrucksache-Protokoll 16/15 (2006): Öffentliche Anhörung zum Entwurf eines Gesetzes zur Verbesserung der sozialen Situation von Ausländerinnen und Ausländern, die ohne Aufenthaltsstatus in Deutschland leben. Deutscher Bundestag, Innenausschuss, Protokoll der 15. Sitzung, Berlin, 26.6.2006
CBP 2006	US Customs and Border Protection (2006): Securing America's Borders at Ports of Entry. Office of Field Operations, Strategic Plan FY 2007-2011, Washington, September 2006

CEPR 2000 Center for Economic and Policy Research (2000): The Emperor has no growth. Declining Economic Growth Rates in the Era of Globalization, Washington, D.C., 27.11.2000, Internet: http://www.cepr.net/publications/econ_growth_2000_11_27.pdf

CFMCBG 2009 Committee of African Finance Ministers and Central Bank Governors (2009): Impact of the Crisis on African Economies - Sustaining Growth and Poverty Reduction (17 March 2009), vorgelegt anlässlich des G20-Gipfels in London, Internet: http://www.londonsummit.gov.uk/resources/en/PDF/africa-recommendations

CIA 2008 Central Intelligence Agency (2008): The World Factbook 2008, Internet: https://www.cia.gov/library/publications/the-world-factbook/index.html

DBK-WA 2005 Deutsche Bischofskonferenz - Wissenschaftliche Arbeitsgruppe für weltkirchliche Aufgaben (2005): Ökonomisch motivierte Migration zwischen nationalen Eigeninteressen und weltweiter Gerechtigkeit. Eine Studie der Sachverständigengruppe „Weltwirtschaft und Sozialethik", Bonn: November 2005

DBK-WA 1999 Deutsche Bischofskonferenz - Wissenschaftliche Arbeitsgruppe für weltkirchliche Aufgaben (1999): Die vielen Gesichter der Globalisierung. Perspektiven einer menschengerechten Weltordnung. Eine Studie der Sachverständigengruppe „Weltwirtschaft und Sozialethik" und der kirchlichen Werke Adveniat, Caritas international, Misereor, missio Aachen, missio München und Renovabis

EIU 2003 Economist Intelligence Unit (2003): Country Profile Belize, Internet: http://store.eiu.com/index.asp?layout=show_sample&product_id=30000203&country_id=B

EUK 2009 Europäische Union, Kommission (2009a): Communication from the Commission to the European Parliament, The Council, The European Economic and Social Committee and the Committee of the Region: Dealing with the impact of an ageing population in the EU (2009 Ageing Report). COM(2009) 180/4, Brussels, 29 April 2009

EUK 2008 Europäische Union, Kommission (2008a): The EU-Africa Strategic Partnership. Memo 08/601, Brussels, 30 September 2008

EUK 2007a Europäische Union, Kommission (2007a): Communication from the Commission to the European Parliament, the Council, the European Economic and Social Committee and the Committee of the Regions towards a Common Immigration Policy. COM(2007) 780 final, Brussels, 5 December 2007

EUK 2007b Europäische Union, Kommission (2007b): Commission Staff Working Document Accompanying the Communication from the Commission to the European Parliament, the Council, the European Economic and Social Committee and the Committee of the Regions towards a Common Immigration Policy. Interim progress report on the Global Approach to Migration. SEC(2007) 1632, Brussels, 5 December 2007

EUK 2007c Europäische Union, Kommission (2007c): Communication from the Commission to the European Parliament, the Council, the European Economic and Social Committee and the Committee of the Regions on circular migration and mobility partnerships between the European Union and third countries. COM(2007) 248 final, Brussels, 16.5.2007

EUK 2007d Europäische Union, Kommission (2007d): Circular migration and mobility partnerships between the European Union and third countries. Memo 07/197, Brussels, 16 May 2007

EUK 2007e Europäische Union, Kommission (2007e): Commission Working Paper. EU Report on Policy Coherence for Development. COM(2007) 545 final, Brussels, 20 September 2007

EUK 2007f Europäische Union, Kommission (2007f): Vorschlag für eine Richtlinie des Europäischen Parlaments und des Rates über Sanktionen gegen Personen, die Drittstaatsangehörige ohne legalen Aufenthalt Beschäftigen. Brüssel. KOM(2007) 249 endgültig, Brüssel, 16.5.2007

EUK 2006 Europäische Union, Kommission (2006): EU-Politik zur Bekämpfung der illegalen Einwanderung. Memo/06/296, Brüssel, 19.7.2006

EUK 2005 Europäische Union, Kommission (2005): Mitteilung der Kommission - Grünbuch „Angesichts des demografischen Wandels - eine neue Solidarität zwischen den Generationen". KOM(2005) 94 endgültig, Brüssel, 16.3.2005

EUP 2009 Europäische Union, Parlament (2009): Bericht über den Vorschlag für eine Richtlinie des Europäischen Parlaments und des Rates über Sanktionen gegen Personen, die Drittstaatsangehörige ohne legalen Aufenthalt beschäftigen. A6-0026/2009, Straßburg, 27.1.2009

EUP 2008 Europäische Union, Parlament (2008): Position of the European Parliament adopted at first reading on 18 June 2008 with a view to the adoption of Directive 2008/.../EC of the European Parliament and of the Council on common standards and procedures in Member States for returning illegally staying third-country nationals (EP-PE_TC1-COD(2005)0167)

EUR 2008 Europäische Union, Rat (2008a): European Pact on Immigration and Asylum. European Council Doc. 13440/08 - ASIM 72, Brussels 24 September 2008

EUR 2007a Europäische Union, Rat (2007a): The Africa-EU Strategic Partnership - A Joint Africa-EU Strategy, Lisbon, 8./9.12.2007

EUR 2007b Europäische Union, Rat (2007b): Council Conclusions on mobility partnerships and circular migration in the framework of the global approach to migration. 2839th General Affairs Council meeting, Brussels, 10 December 2007

EUR 2006a Europäische Union, Rat (2006a): Joint Africa-EU Declaration on Migration and Development, Tripoli, 22-23- November 2006, Final Version

EUR 2006b Europäische Union, Rat (2006b): First Action Plan (2008-2010) for the Implementation of the Africa-EU Strategic Partnership

EUR 2006c Europäische Union, Rat (2006c): Ouagadougou Action Plan to Combat Trafficking in Human Beings, Especially Women and Children as adopted by the Ministerial Conference on Migration and Development, Tripoli, 22-23 November 2006

EUR 2002 Europäische Union, Rat (2002): Europäischer Rat (Sevilla) - Schlussfolgerungen des Vorsitzes. Ratsdokument 13463, Brüssel, 24.10.2002

G8-G 2005 Gipfel von Gleaneagles (2005): The Gleneagles Communiqué, Internet: http://www.unglobalcompact.org/docs/about_the_gc/government_support/PostG8_Gleneagles_Communique.pdf

G8-H 2007 Gipfel von Heiligendamm (2007): Unterlagen zum Gipfel auf der offiziellen Website http://www.g-8.de/Webs/G8/DE/G8Gipfel/GipfelDokumente/gipfel-dokumente.html

G8-S 2004 Gipfel von Sealand (2004): Tagungsdokumentation des Bundesministeriums für Wirtschaft und Arbeit, Internet: http://www.bmwi.de/BMWi/Redaktion/PDF/Publikationen/Dokumentationen/g8-weltwirtschaftsgipfel-2004-dokumentation-538,property=pdf,bereich=bmwi,sprache=de,rwb=true.pdf

G20 2009 Gipfel von London am 2.4.2009a, Internet: http://www.g20.org/ oder http://en.wikipedia.org/wiki/2009_G-20_London_summit

G20 2008 Gipfel von Washington am 14./15.11.2008, Internet: http://www.g20.org/ oder http://en.wikipedia.org/wiki/2008_G-20_Washington_summit

GAO 2008a Government Accountability Office (2008a): Briefing on U.S. Customs and Border Protection's Secure Border Initiative Fiscal Year 2008 Expenditure Plan. Report GAO-08-739R, 26 June 2008

GAO 2008b Government Accountability Office (2008b): Employment Verification - Challenges Exist in Implementing a Mandatory Electronic Employment Verification System. Report GAO-08-895T, 10 June 2008

GAO 2006a Government Accountability Office (2006a): Immigration Enforcement - Weaknesses Hinder Employment Verification and Worksite Enforcement Efforts. Report GAO-06-895T, 19 June 2006

GAO 2006b Government Accountability Office (2006b): Illegal Immigration: Border Crossing Deaths Have Doubled Since 1995; Border Patrol's Efforts to Prevent Deaths Have Not Been Fully Evaluated. Report GAO 06-770, August 2006

GAO 2005 Government Accountability Office (2005): Immigration Enforcement: Preliminary Observations on Employment Verification and Worksite Enforcement Efforts. Report GAO-05-822T, 21 June 2005

GCIM 2005 Global Commission on International Migration (2005): Migration in an Interconnected World - New Directions for Action. Final Report, Geneva/New York, October 2005

GTZ 2008 Gesellschaft für Technische Zusammenarbeit (Hg.) (2008): Asche, H./Schüller, M.: Chinas Engagement in Afrika - Chancen und Risiken für Entwicklung, GTZ, September 2008

GRAIN 2008a GRAIN (2008a): Seized! The 2008 land grab for food and financial security. Grain Briefing, 24 October 2008, Internet: http://www.grain.org/briefings/?id=212

GRAIN 2008b GRAIN (2008b): Seized! Grain Briefing Annex. 24 October 2008, Internet: http://www.grain.org/briefings/?id=212

HRC 2009 Human Rights Council (2009): Draft Report of The Working Group on the Universal Periodic Review. Germany. Az. A/HRC/WG.6/4/L.1, Geneva, 4.2.2009

HRC 2007 Human Rights Council (2007): Umsetzung der UN-Resolution 60/251 „Rat für Menschenrechte“ vom 15, März 2006. Bericht des UN-Sonderberichterstatters für das Recht auf Bildung, Vernor Munoz. Az. A/HRC/4/29/Add.3, Genf, 9.3.2007

HRW 2005 Human Rights Watch (2005): Democratic Republic of Congo - The Curse of Gold, Washington, June 2005. Internet: http://www.hrw.org/en/reports/2005/06/01/curse-gold-0

IADB 2006 Inter American Development Bank - Multilateral Investment Fund (2006): Remittances 2005 - Promoting Financial Democracy, Washington, March 2006

IAO 2005 Internationale Arbeitsorganisation (2005[2]): Eine Koalition gegen Zwangsarbeit. Gesamtbericht im Rahmen der Folgemaßnahmen zur Erklärung der IAO über grundlegende Prinzipien und Rechte bei der Arbeit, Genf: Internationales Arbeitsamt

ICE 2008 Immigration and Customs Enforcement (2008): Fiscal Year 2007 Report, Washington, Department of Homeland Security

ICMR 2003 International Conference on Migrant Remittances (2003): Development Impact, Opportunities for the Financial Sector and Future Prospect. Report and Conclusions, London, 9. und 10. Oktober 2003, Internet: *www.livelihoods.org/hot_topics/docs/RemitConfFinal.doc*

IFAD 2006 International Fund for Agricultural Development (2006): Remittances: strategic and operational considerations. Annex to IFAD Decision Tools for Rural Finance

IFPRI 2009 International Food Policy Research Institute (2009): „Land Grabbing" by foreign Investors in Developing Countries: Risks and Opportunities - Comprehensive table on overseas investments to secure food supplies, IFPRI Policy Brief, 13 April 2009, Internet: http://www.ifpri.org/

IMF 2000 International Monetary Fund (2000): Transformationsländer: Die IWF-Perspektive zu den Fortschritten und Aussichten, Washington, 3.11.2000

IMF 1999 International Monetary Fund (1999): Ukraine: Recent Economic Developments. IMF Staff Country Reports No. 99/42, Washington, May 1999

IOM 2008 International Organization for Migration (2008): World Migration Report 2008 - Managing Labour Mobility in the Evolving Global Economy. IOM World Migration Report Series, Vol. 4, Geneva

IOM 2005 International Organization for Migration (2005): World Migration 2005 - Costs and Benefits of International Migration. IOM World Migration Report Series, Vol. 3, Geneva

JENGO 2006 Joint European NGO Report (2006): EU Aid: Genuine leadership or misleading figures? An independent Analysis of European Government's aid level. April 2006, Internet: http://www.eurodad.org

MAYA 1997 Toledo Maya Cultural Council/Toledo Alcaldes Association (ed.) (1997): Maya Atlas: The Struggle to Preserve Maya Land in Southern Belize, Berkeley: North Atlantic Books

MCC 2006 Major Cities Chiefs (2006): Immigration Committee Recommendations: Nine (9) Point Position Statement Enforcement of Immigration Laws by Local Police Agencies. Adopted by Major Cities Chiefs, June 2006

NHDAC 2004 National Human Development Advisory Committee (ed.) (2004): Government of Belize: 2002 Poverty Assessment Report, June 2004

NIF 2007 National Immigration Forum (2007): Immigration Enforcement by State and Local Police, Washington, August 2007

OECD 2008 Organisation for Economic Cooperation and Development (2008): Mehr Ungleichheit trotz Wachstum? Einkommensungleichheit und Armut in

OECD Staaten. Zusammenfassung in Deutsch, Paris, Oktober 2008

PICUM 2007 Platform on International Cooperation on Undocumented Migrants (2007): Access to Health Care for Undocumented Migrants in Europe, Brussels, 20.11.2007

PRESIDENCY 2004 The Presidency Conference on Future European Union Co-operation in the Field of Asylum, Migration and Frontiers (2004): Conference Summary, Amsterdam, 31 August - 3 September 2004, organised by the Netherlands Ministry of Justice

SIPRI 2009 Stockholm International Peace and Research Institute (2009): SIPRI Arms Transfer-Data, 2008. SIPRI Fact Sheet April 2009, Internet: http://www.sipri.org/contents/update/SIPRIFS0904.pdf

SIPRI 2008 Stockholm International Peace and Research Institute (2008): SIPRI Year Book 2008: Armaments, Disarmament and International Security. Deutsche Kurzfassung, Stockholm, Internet: http://yearbook2008.sipri.org/files/SIPRIYB08summaryDE.pdf

SIPRI 1992 Stockholm International Peace and Research Institute (1992): SIPRI Year Book 1992: Die Kriege der Welt, das sowjetische Erbe, die Verbreitung von Massenvernichtungswaffen, Göttingen: Lamuv

TBGE 2001 Terrorismusbekämpfungsgesetz-Entwurf mit Begründung (2001): Gesetzentwurf der Fraktionen SPD und Bündnis 90/Die Grünen eines Gesetzes zur Bekämpfung des internationalen Terrorismus. Bundestagsdrucksache 14/7386 (neu) vom 8.11.2001

UKRAINE CHR 2003a Parliament Commissioner for Human Rights (2003a): On the status of observance and protection of the rights of Ukrainian citizens abroad. Special Report 1

UKRAINE CHR 2003b Parliament Commissioner for Human Rights (2003b): Speech of the Ukrainian Parliament Commissioner for Human Rights, Nina Karpachova, at the presentation to the Ukrainian Parliament of the Special Report on the Status of Observance and Protection of the Rights of Ukrainian Citizens Abroad, Kiew, 2 April 2003

UKRAINE REG 2008 Regierung der Ukraine (2008): Letter of Intent, Memorandum of Economic and Financial Policies, and Technical Memorandum of Understanding, Kiev, 31 October 2008, Internet: http://www.imf.org/external/np/loi/2008/ukr/103108.pdf

UKRAINE REG 1998 Regierung der Ukraine (1998): Ukraine Memorandum of Economic Policies For July 1, 1998-June 30, 2001, Kiew, 11 August 1998, Internet: http://www.imf.org/external/np/loi/081198.htm

UN EXPERTS 2009 UN Experts (2009): Preliminary Report of the Commission of Experts of the President of the United Nations General Assembly on Reforms of the International Monetary and Financial System, New York, March 2009

UN GA 2000 UN General Assembly (2000): Protocol to Prevent, Suppress and Punish Trafficking in Persons, Especially Women and Children, Supplementing the United Nations Convention against Transnational Organized Crime, 15 November 2000, Internet: http://www.unhcr.org/refworld/docid/4720706c0.html

UN REPORT 2009 UN Report (2009): The World Financial and Economic Crisis and Its Impact on Development. Report of the Secretary-General of the UN General

Assembly to the Conference on the World Financial and Economic Crisis and Its Impact on Development, New York, 22.6.2009, Internet: http://www.un.org/ga/econcrisissummit/docs.shtml

UNCTAD 2006a — United Conference on Trade and Development (2006a): World Investment Report 2006, New York/Geneva

UNCTAD 2006b — United Conference on Trade and Development (2006b): FDI in Least Developed Countries at a Glance: 2005/2006, New York/Geneva

UNCTAD 2004 — United Conference on Trade and Development (2004): Development and Globalization: Facts and Figures, New York, Geneva

UNCTAD 2002 — United Conference on Trade and Development (2002): The Least Developed Country Report 2002: Escaping the Poverty Trap, Geneva, 18 June 2006

UNDESA 2000 — United Nations Department of Economic and Social Affairs (2000): Replacement Migration: Is it a Solution for Ageing and Declining Populations? Az. ESA/P/WP.160, New York, 21 March 2000, Internet: http://www.un.org/esa/population/publications/migration/migration.htm

UNDP 2008a — United Nations Development Programme (2008a): Human Development Indices. A Statistical Update 2008. Human Development Report Office, New York, 18.12.2008

UNDP 2008b — United Nations Development Programme (2008b): Human and Income Poverty: Developing countries. Population living below $ 1 per Day, Internet: http://hdrstats.undp.org/indicators/23.html

UNDP 2007a — United Nations Development Programme (2007a): Human Development Report 2007/2008. Fighting Climate Change: Human Solidarity in a Divided World, New York: Palgrave Macmillan

UNDP 2007b — United Nations Development Programme (2007b): Human Development Report 2007/2008 - Country Factsheets Ukraine, Internet: http://hdrstats.undp.org/countries/country_fact_sheets/cty_fs_UKR.html

UNDP 1999 — United Nations Development Programme (1999): Human Development Report 1999 - Globalization with a Human Face, New York

UNDP BZ 1999 — United Nations Development Programme - Belize (1999): National Human Development Report 1998, Internet: http://www.belize.gov.bz/library/humandevelopment.html

UNSEC 2003 — United Nations, Security Council, Group of Experts (2003): Report of the Panel of Experts on the Illegal Exploitation of Natural Resources and Other Forms of Wealth of the Democratic Republic of the Congo, Internet: http://www.globalpolicy.org/security/natres/diamonds/2003/1023expert_panel.pdf

UNSEC 2002 — United Nations, Security Council, Group of Experts (2002): Report of the Panel of Experts on the Illegal Exploitation of Natural Resources and Other Forms of Wealth of the Democratic Republic of the Congo, Internet: http://www.edcnews.se/Reviews/DRC-UNReport010412.html

UNSEC 2001 — United Nations, Security Council, Group of Experts (2001): Report of the Panel of Experts on the Illegal Exploitation of Natural Resources and Other Forms of Wealth of the Democratic Republic of the Congo. S/2001/357 vom 12. April 2001

WIFO 2009 — Österreichisches Institut für Wirtschaftsforschung (2009): Trading Practices and Price Dynamics in Commodity Markets and Stabilizing Effects of a Transaction Tax. Study Commissioned by the Austrian Federal Ministry of Finance and the Austrian Federal Ministry of Economics and Labor, Wien, Februar 2009

WIFO 2008 — Österreichisches Institut für Wirtschaftsforschung (2008): A General Financial Transaction Tax. Motives, Revenues, Feasibility and Effects. Research Study by the Austrian Institute of Economic Research, Wien, März 2008

ZuwGE 2001 — Zuwanderungsgesetz-Entwurf mit Begründung (2001): Gesetzentwurf der Fraktionen SPD und Bündnis 90/Die Grünen eines Gesetzes zur Steuerung und Begrenzung der Zuwanderung und Regelung des Aufenthalts und der Integration von Unionsbürgern und Ausländern. Bundestagsdrucksache 14/7387 vom 8.11.2001

b) Weitere Literatur

Ackerman, F. (2005): The Shrinking Gains from Trade: A Critical Assessment of Doha Round Projections. Global Development and Environment Institute, Working Paper Nr. 05-01, Tufts University, October 2005

Africa Progress Panel (2009): Africa: Preserving progress at a time of global crisis. Jahresbericht 2009, Internet: http://www.africaprogresspanel.org/english/index.php

Agunias, D. (2006): Remittance Trends in Central America. Migration Information Source, Migration Policy Institute, Washington D.C., 1.4.2006

Agunias, D./Newland, K. (2007): Circular Migration and Development: Trends, Policy Routes and Ways forward. Policy Brief, Migration Policy Institute, Washington D.C., April 2007

Ahmed, N. (2004): Geheimsache 9/11 - Hintergründe über den 11. September und die Logik amerikanischer Machtpolitik, München: Random House/Goldmann

Alba, F. (2004): Mexico: A Crucial Crossroads. Migration Information Source, Migration Policy Institute, Washington D.C., 2004

Albrecht, H. J. (2006): Illegalität, Kriminalität und Sicherheit, in: Alt, J./Bommes, M. (Hg.) (2006): Illegalität. Grenzen und Möglichkeiten der Migrationspolitik, Wiesbaden: Verlag für Sozialwissenschaft, 60-80

Alt, J. (2009a): Argumentationsleitfaden für die Einführung einer generellen Finanztransaktionssteuer, im Internet unter http://www.joergalt.de verfügbar

Alt, J. (2009b): Von Fischern, Flüchtlingen und Piraten, im Internet unter http://www.joergalt.de verfügbar

Alt, J. (2005): Illegalität im Städtevergleich: Leipzig - München - Berlin, in: IMIS-Beiträge 27/2005, Dezember 2005, 71-87

Alt, J. (2004): Illegale Migration. Von der Grünen und Blauen Grenze zur „Embedded Migration“, in: Zeitschrift für Ausländerrecht und Ausländerpolitik, 24. Jahrgang, Heft 9, 310-315

Alt, J. (2003): Leben in der Schattenwelt - Problemkomplex illegale Migration, Karlsruhe, von Loeper

Alt, J. (2002): Stellungnahme zum Gesetzentwurf der Fraktionen SPD und Bündnis 90/Die Grünen zur Steuerung und Begrenzung der Zuwanderung und zur Regelung des Aufenthalts und der Integration von Unionsbürgern und Ausländern (Zuwanderungsgesetz) (Drucksache 14/7387) und anderen Drucksachen, Innenausschuss-Ausschussdrucksache 14/674K, 302-333

Alt, J. (2001a): Die Verantwortung von Staat und Gesellschaft gegenüber ‚illegalen‘ Migranten, in:

Alt, J./Fodor, R. (2001): Rechtlos? Menschen ohne Papiere - Anregungen für eine Positionsbestimmung, Karlsruhe: von Loeper, 15-124

Alt, J. (2001b): Motive und Mechanismen illegaler Migration - Gemeinsamkeit und Unterschiede in den Erkenntnissen empirischer Feldforschung bzw. der Polizei- und Sicherheitsdienste, in: Illegal in Deutschland - Beiträge der Fachtagung vom 16./17. Mai 2001 in Erfurt. Herausgegeben durch den Ausländerbeauftragten der Thüringer Landesregierung

Alt, J. (1999): Illegal in Deutschland - Forschungsprojekt zur Lebenssituation ‚illegaler' Migranten in Leipzig, Karlsruhe: von Loeper

Alt, J./Bommes, M. (Hg.) (2006): Illegalität - Grenzen und Möglichkeiten der Migrationspolitik, Wiesbaden: Verlag für Sozialwissenschaft

Alt, J./Cyrus, N. (2002): Illegale Migration in Deutschland: Ansätze für eine menschenrechtlich orientierte Migrationspolitik, in: Bade, K./Münz, R. (Hg.) (2002): Migrationsreport 2002, Frankfurt/M.: Campus, 141-161

Altvater, E./Mahnkopf, B. (2002): Grenzen der Globalisierung. Ökonomie, Ökologie und Politik in der Weltgesellschaft, Münster: Westfälisches Dampfboot

Anderson, S. (2006): Debt boomerang 2006: How Americans Would Benefit from a Cancellation of Impoverished Country Debts, Institute for Policy Studies, Washington D.C., March 2006

Andreas, P. (2004): Illicit international political economy: the clandestine side of globalization, in: Review of International Political Economy, Nr. 11, 3.8.2004, 641-652

Andreas, P. (2001): The Transformation of Migrant Smuggling across the U.S.-Mexican Border, in: Kyle, D./Koslowski, R. (ed.) (2001): Global Human Smuggling. Comparative Perspectives, Baltimore: The Johns Hopkins University Press, 107-125

Apap, J./Bruycker, P. de/Schmitter, C. u. a. (2000): Regularisation of Illegal Aliens in the European Union - Summary Report of a Comparative Study, in: Regularisations of Illegal Immigrants in the European Union. Academic Network for legal Studies on Immigration and Asylum Law in Europe, Collection of the Law Faculty, Free University of Brussels, Brussels: Bruyant, 364-403

Atzert, Th./Müller, J. (Hg.) (2003): Kritik der Weltordnung. Globalisierung, Imperialismus, Empire, Berlin: ID Verlag

Auswärtiges Amt (2008): Staatenbericht der Bundesrepublik Deutschland im Rahmen des Allgemeinen Periodischen Überprüfungsverfahrens vor dem Menschenrechtsrat der Vereinten Nationen, Berlin, 6.11.2008

Bade, K. (2000): Europa in Bewegung. Migration vom späten 18. Jahrhundert bis zur Gegenwart, München: Beck

Bade, K./Münz, R. (Hg.) (2002): Migrationsreport 2002, Frankfurt/M.: Campus

Bade K./Oltmer, J. (2004): Normalfall Migration. Bonn: Bundeszentrale für politische Bildung

Bade, K./Emmer, P.C./Lucassen, L./Oltmer, J. (Hg.) (2007): Enzyklopädie Migration in Europa vom 17. Jahrhundert bis zur Gegenwart, Paderborn: Schöningh und München: Fink

Barnes, G. (2005): Testimony before the Senate Judiciary Committee, Washington, 26 July 2005

Barry, T. (2006): Which Way Immigration Reform? Toward a Comprehensive Immigration Policy, International Relations Center, 20.3.2006

Bauman, Z. (2005): The unwinable war. An Interview with Zygmunt Bauman. Open Democracy, 1.12.2005, Internet: *www.opendemocracy.net/globalization-vision_reflections/modernity_3082.jsp*

Beck, U. (Hg.) (2007): Generation Global. Ein Crashkurs, Frankfurt/M.: Suhrkamp

Beck, U. (2002): Macht und Gegenmacht im globalen Zeitalter. Neue weltpolitische Ökonomie, Frankfurt/M.: Suhrkamp

Beck, U. (1997): Was ist Globalisierung?, Frankfurt/M.: Suhrkamp
Berdal, M./Malone D. (ed.) (2000): Greed and Grievances. Economic Agendas in Civil Wars, Boulder: Lynne Rienner
Bhagwati, J. (2004): In Defense of Globalization, Oxford: Oxford University Press
Bhalla, S. (2002): Imagine There's No Country: Poverty, Inequality, and Growth in the Era of Globalization, Washington: Institute for International Economics Publication
Bielefeldt, H. (2006): Menschenrechte ‚irregulärer' Migrantinnen und Migranten, in: Alt, J./Bommes, M. (Hg.) (2006): Illegalität. Grenzen und Möglichkeiten der Migrationspolitik, Wiesbaden: Verlag für Sozialwissenschaft, 81-94
Bommes, M. (2006): Illegale Migration in der modernen Gesellschaft - Resultat und Problem der Migrationspolitik europäischer Nationalstaaten, in: Alt, J./Bommes, M. (Hg.) (2006): Illegalität. Grenzen und Möglichkeiten der Migrationspolitik, Wiesbaden: Verlag für Sozialwissenschaft, 95-114
Bommes, M./Wilmes, M. (2008): Menschen ohne Papiere in Köln. Eine Studie im Auftrag des Rates der Stadt Köln, Osnabrück: Institut für Migrationsforschung und Interkulturelle Studien
Brinkbäumer, K. (2006): Der Traum vom Leben. Eine afrikanische Odyssee, Frankfurt/M.: S. Fischer
Brzezinski, Z. (1997): Die einzige Weltmacht. Amerikas Strategie der Vorherrschaft, Weinheim: Beltz Quadriga
Büchele, H. (1990²): Christlicher Glaube und politische Vernunft. Für eine Neukonzeption der katholischen Soziallehre, Düsseldorf: Patmos
Butterwegge, Chr./Hentges, G. (2003²): Zuwanderung im Zeichen der Globalisierung, Wiesbaden: Verlag für Sozialwissenschaft
Caprio, G./Klingebiel, D. (1996): Bank Insolvencies: Cross Country Experience. Policy Research Working Paper No. 1620, World Bank, Policy and Research Department, Washington, July 1996
Castells, M. (2003a): Der Aufstieg der Netzwerkgesellschaft. Teil 1 der Trilogie „Das Informationszeitalter", durchgesehener Nachdruck der 1. Auflage, Opladen: Leske und Budrich
Castells, M. (2003b): Jahrtausendwende. Teil 3 der Trilogie „Das Informationszeitalter", Opladen: Leske und Budrich
Chin, K.L. (2001): The Social Organization of Chinese Human Smuggling, in: Kyle, D./Koslowski, R. (ed.) (2001): Global Human Smuggling. Comparative Perspectives, Baltimore: The Johns Hopkins University Press, 216-234
Clarke, R. (2004): Against all Enemies. Inside America's War on Terror, London: Free Press
Collier, P. (2000): Doing Well out of War: An Economic Perspective, in: Berdal, M./Malone D. (ed.) (2000): Greed and Grievances. Economic Agendas in Civil Wars, Boulder: Lynne Rienner, 91-112
Control Arms (ed.) (2006): Arms without Borders. Why a globalised trade needs global controls. Eine Kooperation von amnesty international, international action network on small arms, Oxfam International, Internet: http://www.controlarms.org/en/documentsProzent20andProzent20files/reports/english-reports/arms-without-borders
Cornelius, W./Fitzgerald, D./Lewin Fischer, P. (ed.) (2007): Mayan Journeys. The New Migration from Yucatan to the United States, La Jolla, Center For Comparative Immigration Studies, UCSD
Cyrus, N. (2008): Country Report Germany. Prepared for the Research Project „Clandestino" - Undocumented Migration: Counting the Uncountable. Data and Trends across Europe, Hamburg, December 2008, Internet: http://www.irregular-migration.hwwi.net/typo3_upload/groups/31/4.

Background_Information/4.4.Country_Reports/Germany_CountryReport_Clandestino_Feb09.pdf

Cyrus, N. (2005): Menschenhandel und Arbeitsausbeutung in Deutschland. Veröffentlicht im Rahmen des Sonderaktionsprogramms zur Bekämpfung der Zwangsarbeit, Internationale Arbeitsorganisation Genf, Internet: http://www.ilo.org/public/german/region/eurpro/bonn/download/menschenhandelendfassung.pdf

Cyrus, N. (2004): Stellungnahme zur öffentlichen Anhörung zu dem Gesetzesentwurf der Fraktionen SPD und BÜNDNIS 90/DIE GRÜNEN „Entwurf eines Gesetzes zur Intensivierung der Bekämpfung der Schwarzarbeit und damit zusammenhängender Steuerhinterziehung" - Drucksache 15/2573, Berlin, Bundestagsausschuss für Finanzen, 24.3.2004

Cyrus, N. (2001): Schattenwirtschaft und Migration. Ethnologische Annäherung an ein offenes Geheimnis, in: Gesemann, F. (Hg.) (2001): Integration und Migration in Berlin, Opladen: Leske und Budrich, 209-232

Cyrus, N. (1998): „Unterstützung statt Kontrollen". Der Unterstützende Ansatz. Ein Konzept für die Durchsetzung tariflicher Standards auf den deutschen Arbeitsmärkten unter Beachtung sozialer und grundrechtlicher Standards, in: Evangelische Akademie Mülheim Ruhr (Hg.): Ausländerbeschäftigung und Massenarbeitslosigkeit, epd-dokumentation 4/98, 26-34

Deibert, M. (2008): A Glittering Demon: Mining, Poverty and Politics in the Democratic Republic of Congo, CorpWatch Report, 26.6.2008, Internet: http://www.corpwatch.org/article.php?id=15118

Doering, D. (o.J.) (Hg.): Kleines Lesebuch zum Freihandel, Friedrich Naumann Stiftung, Potsdam, Internet: http://medienbibliothek.fnst.de/uploads/medienbibliothek/Freihandel-lb.pdf

Dollar, D. (2004): Globalization, Poverty and Inequality since 1980, World Bank Policy Research Working Paper 3333, Washington D.C., June 2004

Domke, M. (2009): Beitrag „Nach der Kölner Studie - wie geht es weiter?", Manuskript, angefertigt für die V. Jahrestagung Illegalität, Berlin, 4.-6.3.2009

Duclos, D. (2004): Nachbarn, Scanner, Zielobjekte - Neue Überwachungstechnologien im Alltag, in: Le Monde diplomatique, August 2004

Duffield, M. (2000): Globalization, Transborder Trade, and War Economies, in: Berdal, M./Malone D. (ed.) (2000): Greed and Grievances. Economic Agendas in Civil Wars, Boulder: Lynne Rienner, 69-90

Ehrke, M. (2004): Die Ökonomie innerstaatlicher Kriege - eine Kritik der Weltbank-Analysen, in: Kurtenbach, S./Lock, P. (2004): Kriege als (Über)Lebenswelten. Schattenglobalisierung, Kriegsökonomien und Inseln der Zivilität, Bonn: Dietz, 102-121

Ellerman, D. (2005): Labour migration: a developmental path or a low-level trap?, in: Development in Practice, Vol. 15, 5.8.2005

Elwert, G. (2002): Unternehmerische Illegale - Ziele und Organisationen eines unterschätzten Typs illegaler Einwanderer, in: IMIS Beiträge, Institut für Migrationsforschung und Interkulturelle Studien, Osnabrück, Heft 19/2002, 7-20

Engbersen, G. (1996): The Unknown City. Revised text of a lecture delivered in the Center for Western European Studies (CWES) Lecture Series, University of California, Berkeley, 27 February 1996

Enste, D./Schneider, F. (2006): Schattenwirtschaft und irreguläre Beschäftigung: Irrtümer, Zusammenhänge und Lösungen, in: Alt, J./Bommes, M. (Hg.) (2006): Illegalität. Grenzen und Möglichkeiten der Migrationspolitik, Wiesbaden: Verlag für Sozialwissenschaft, 35-59

Ersoy, T. (2008): Die Türkei als Zuwanderungs- und Transitland. Neue Migrationsströme als Problem an der Schengengrenze der Europäischen Union und als Herausforderung für den türkischen Staat, Diplomarbeit

Ewing, W.A. (2006): Border Insecurity: U.S. Border-Enforcement Policies and National Security, Immigration Policy Center, Spring 2006

Fargues, Ph. (ed.) (2005): Mediterranean Migration 2005 Report. Cooperation project on the social integration of immigrants, migration, and the movement of persons, Robert Schuman Centre for Advanced Studies, Florence

Finotelli, Cl. (2007): Illegale Einwanderung. Flüchtlingsmigration und das Ende des Nord-Süd-Mythos, Münster: LIT

Fix, M./McHugh, M./Terrazas, A./Laglaron, L. (2008): Los Angeles on the Leading Edge. Immigrant Integration Indicators And Their Policy Implication. Migration Policy Institute and the National Center on Immigration Integration Policy, April 2008

Fodor, R. (2001): Rechtsgutachten zum Problemkomplex des Aufenthalts von ausländischen Staatsangehörigen ohne Aufenthaltsrecht und ohne Duldung in Deutschland, in: Alt, J./Fodor, R. (2001): Rechtlos? Menschen ohne Papiere - Anregungen für eine Positionsbestimmung, Karlsruhe: von Loeper, 125-223

Fodor, R./Peter, E. (2005): Aufenthaltsrechtliche Illegalität und soziale Mindeststandards - Das Recht des Statuslosen Kindes auf Bildung. Rechtsgutachten im Auftrag der Max Träger Stiftung der Gewerkschaft Erziehung und Wissenschaft, Frankfurt/M.-Berlin-Bremen, Februar 2005

Friman, H.R. (2001): Immigrants, Smuggling, and Threats to Social Order in Japan, in: Kyle, D./ Koslowski, R. (ed.) (2001): Global Human Smuggling. Comparative Perspectives, Baltimore: The Johns Hopkins University Press, 294-317

Fritsch, B./Erdmann, G. (1989): Synergismen in sozialen Systemen - Ein Anwendungsbeispiel, in: Fritsch, B./Cambel, A. B./Keller, J. U. (1989): Dissipative Strukturen in Integrierten Systemen, Baden-Baden: Nomos

Fukuyama, F. (2002): Der große Aufbruch - Wie unsere Gesellschaft eine neue Ordnung erfindet, München: Deutscher Taschenbuch Verlag

Füller, A. (2007): Geschlossene Gesellschaft?! Eine empirische Untersuchung zu ‚illegaler Migration‘ in Spanien unter besonderer Berücksichtigung rechtlicher und sozialer Mitgliedschaftsstrukturen, Magisterarbeit

Gamba, V./Cornwell, R. (2000): Arms, Elites and Resources in the Angolan Civil War, in: Berdal, M./Malone D. (ed.) (2000): Greed and Grievances. Economic Agendas in Civil Wars, Boulder: Lynne Rienner, 157-172

Gather Cl./Geissler B./Rerrich M. (Hg.) (2002): Weltmarkt Privathaushalt - Bezahlte Haushaltsarbeit im globalen Wandel, Münster: Westfälisches Dampfboot

Geissler, B. (2002): Die Dienstleistungslücke im Haushalt. Der neue Bedarf nach Dienstleistungen und die Handlungslogik der privaten Arbeit, in: Gather Cl./Geissler B./Rerrich M. (Hg.) (2002): Weltmarkt Privathaushalt - Bezahlte Haushaltsarbeit im globalen Wandel, Münster: Westfälisches Dampfboot, 30-49

Ghosh, B. (2006): Myths, Rhetoric and Realities: Migrants' Remittances and Development Harnessing the Development Potential of Migrants' Remittances. Study prepared at the request of the Hague Process on Refugees and Migration (THP) and the International Organization for Migration (IOM). 15/16 March 2006, Palais d'Egmont, Brussels

Giddens, A. (2001): The Second Globalization Debate. Edge, Vol. 81, 30 January 2001, Internet: http://www.edge.org/documents/archive/edge81.html

Ginsburg, S. (2008): Statement before the Committee on the Judiciary Subcommittee on Terrorism, Technology and Homeland Security United States Senate concerning „Weaknesses in the Visa Waiver Program", Washington, 28 February 2008

Goldin, I./Reinert, K. (2007): Globalization for Development. Trade, Finance, Aid, Migration, and Policy, Washington: The World Bank, Palgrave MacMillan

Gonzales, N. (1988): Sojourners of the Caribbean. Ethnogenesis and Ethnohistory of the Garifuna, in: Journal of Latin American Studies, Vol. 20, No. 2 (Nov. 1988), S. 495f.

Grässlin, J. (2008): Den Tod bringen Waffen aus Deutschland, in: „ZivilCourage", 2008, Nr. 4, Internet: http://www.uni-kassel.de/fb5/frieden/themen/export/graesslin4.html

Gröbner, V. (2004): Ausgewiesene Identität - eine kleine Geschichte des Reisepasses, in: Le Monde diplomatique, 14.5.2004

Han, P. (2000): Soziologie der Migration, Stuttgart: Lucius und Lucius

Hanson, G.H. (2006): Illegal Migration from Mexico to the United States. Center for Comparative Immigration Studies, Working Paper 143, San Diego, December 2006

Hardt, M./Negri, T. (2003): Empire - Die neue Weltordnung, Frankfurt/M.: Campus

Hartz, P. (2002): Moderne Dienstleistungen am Arbeitsmarkt - Vorschläge der Kommission zum Abbau der Arbeitslosigkeit und zur Umstrukturierung der Bundesanstalt für Arbeit. Vorgelegt am 16.8.2002

Hauer, D. (2009): Beitrag „Hamburg: Erkenntnisse aus einem laufenden Forschungsprojekt". Manuskript, angefertigt für die V. Jahrestagung Illegalität, Berlin, 4.-6.3.2009

Heck, G. (2008): ‚Illegale Einwanderung' - eine umkämpfte Konstruktion in Deutschland und den USA, Münster: Unrast

Heckmann, F./Wunderlich, T. (ed.) (2005): Amnesty for illegal Migrants?, Bamberg: europäisches forum für migrationsstudien (efms)

Held, D. (2007): Mythen der Globalisierung, in: Beck, U. (Hg.) Generation global, Frankfurt/M.: Suhrkamp

Held, D./McGrew, A./Goldblatt, D./Perraton, J. (2001): Global Transformations - Politics, Economics and Culture, Cambridge: Polity Press

Hengsbach, F. (2001): Die andern im Blick. Christliche Gesellschaftsethik in den Zeiten der Globalisierung, Darmstadt: Wissenschaftliche Buchgesellschaft

Hernandez-Coss, E. (2005): The US-Mexico Remittance Corridor. Lessons on Shifting from Informal to Formal Transfer Systems, Washington, World Bank

Hess, S. (2002): Au pairs als informalisierte Hausarbeiterinnen - Flexibilisierung und Ethnisierung der Versorgungsarbeiten, in: Gather Cl./Geissler B./Rerrich M. (Hg.) (2002): Weltmarkt Privathaushalt - Bezahlte Haushaltsarbeit im globalen Wandel, Münster: Westfälisches Dampfboot, 103-119

Heuer, S. (2009): Illegale Migration - eine Herausforderung für die Soziale Arbeit, Studienarbeit

Hinojosa-Ojeida, R. (2003): Transnational Migration, Remittances and Development in North America: Globalization Lessons from the Oaxa-California Transnational Village/Community Modelling Project. Paper prepared for presentation at a Conference on „Remittances as a Development Tool in Mexico" organized by the Multilateral Investment Fund (MIF) of the Inter-American Development Bank (IDB), Mexico City, Mexico, 28 October 2003

Hochschild, A.R. (2002): Love and Gold, in: Ehrenreich, B./Hochschild, A.R. (ed.) (2002): Global Woman. Nannies, Maids, and Sex Workers in the New Economy, New York: Metropolitan Books

Holzmann, R./Koettl, J./Chernetsky, T. (2005): Portability regimes of pension and health care benefits for international migrants: An analysis of issues and good practices. Supporting Evidence of the final Report of the Global Commission on International Migration. Social Protection, Human Development Network, The World Bank, Washington D.C., September 2005

John Paul II (2001): Address of the Holy Father to the Pontifical Academy of Social Science, Rom, 27 April 2001

Johnson, H.P. (2006): Illegal Migration. Series ‚At Issue', Public Policy Institute of California, San Francisco, April 2006
Johnson, M.E. (2006): National Policies and the Rise of Transnational Gangs. Migration Information Source, Migration Policy Institute, Washington D.C., 1 April 2006
Kagan, R. (2004): Macht und Ohnmacht - Amerika und Europa in der neuen Weltordnung, München: Random House/Goldmann
Karakayali, S. (2008): Gespenster der Migration - Zur Genealogie illegaler Einwanderung in der Bundesrepublik Deutschland, Bielefeld: transcript
Kaufmann, A. (1994): Negativer Utilitarismus - Ein Versuch über das bonum commune. Sitzungsberichte der Philosophisch-Historischen Klasse, Jahrgang 1994, Heft 3, München: Verlag der Bayerischen Akademie der Wissenschaften
Keller, C. (2009): Mobutus Bankgeheimnis, in: Das Magazin Nr. 25/2009, S. 32-39
Kellermann, Chr. (2006): Die Organisation des Washington Consensus. Der Internationale Währungsfonds und seine Rolle in der internatonalen Finanzarchitektur, Bielefeld: transcript
Kennedy, M./Lietaer, B. (2004): Regionalwährungen. Neue Wege zu nachhaltigem Wohlstand, München: Riemann
Kepel, G. (2004): Die neuen Kreuzzüge. Die arabische Welt und die Zukunft des Westens, München: Piper
Klasen, St. (2006): Armutsreduzierung im Zeitalter der Globalisierung, in: Wallacher, J./Kiefer, M. (Hg.) (2006): Globalisierung und Armut. Wie realistisch sind die Millenniums-Entwicklungsziele der Vereinten Nationen?, Stuttgart: Kohlhammer, 1-20
Klein, E. (2005): Menschenrechte im Spiegel der Globalisierung, in: MenschenRechtsMagazin, Heft 2/2005, 125-135
Knaup, H. (2008): UN Peacekeepers' Credibility Is Damaged, in: Spiegel Online International, 3.11.2008, Internet: http://www.spiegel.de/international/world/0,1518,588091,00.html
Kohnert, D. (2008): EU-Africa economic relations: Continuing dominance, traded for aid?, in: Gebrewold, Belachew (ed.): EU External Relations: Africa and Asian Areas. Garnet book series „Europe in the World", London: Routledge
Kohnert, D. (2007): African Migration to Europe: Obscured Responsibilities and Common Misconceptions, in: German Institute of Global and Area Studies - Research Programme „Transformation in the Process of Globalisation" (Hg.). Working Paper 49, Hamburg, May 2007
Kohnert, D. (2006): Afrikanische Migranten vor der „Festung Europa", in: German Institute of Global and Area Studies - Institut für Afrika-Kunde (Hg.): GIGA Focus, Nr. 12, 2-7, Hamburg: Dezember 2006
Körner, H. (1997): Wanderungsbewegungen aus Nordafrika, in: Angenendt, St. (Hg.) (1997): Migration und Flucht - Aufgaben und Strategien für Deutschland, Europa und die internationale Gemeinschaft. Schriftenreihe der Bundeszentrale für politische Bildung, Band 342, Bonn, 76-83
Koslowski, R. (2004): Intersections of Information Technology and Human Mobility: Globalization vs. Homeland Security. Position paper prepared for the ESRC/SSRC Money and Migration After Globalization Colloquium, St Hugh's College, University of Oxford, 25-28 March 2004
Koslowski, R. (2001): Economic Globalization, Human Smuggling and Global Governance, in: Kyle, D./Koslowski, R. (ed.) (2001): Global Human Smuggling. Comparative Perspectives, Baltimore: The Johns Hopkins University Press, 337-358
Krieger, W./Ludwig, M./Schupp, P./Will, A. (2006): Lebenslage „illegal". Menschen ohne Aufenthaltsstatus in Frankfurt am Main, Karlsruhe: von Loeper
Krikorian, M. (2005): Bordering on CAFTA - More trade, less immigration, National Review, 28.7.2005

Kritz, M./Zlotnik, H. (1992): Global Interactions: Migration Systems, Processes, and Policies, in: Kritz, M./Lim, L./Zlotnik, H. (ed.) (1992): International Migration Systems, Oxford: Clarendon Press, 1-16

Kurtenbach, S./Lock, P. (2004): Kriege als (Über)Lebenswelten. Schattenglobalisierung, Kriegsökonomien und Inseln der Zivilität, Bonn: Dietz

Kwong, P. (2001): Impact of Chinese Human Smuggling on the American Labor Market, in: Kyle, D./Koslowski, R. (ed.) (2001): Global Human Smuggling. Comparative Perspectives, Baltimore: The Johns Hopkins University Press, 235-253

Kyle, D./Koslowski, R. (ed.) (2001): Global Human Smuggling. Comparative Perspectives, Baltimore: The Johns Hopkins University Press

Latapi, A.E. (2008): Mexican Policy and Mexican - US Migration. Working Paper 167, Center for Comparative Immigration Studies, San Diego, February 2008

Le Monde diplomatique (2003): Atlas der Globalisierung, Berlin: taz

Le Monde diplomatique (2007): Atlas der Globalisierung, Berlin: taz

Lechner, F.J./Boli, J. (2008[3]): The Globalization Reader, Malden: Blackwell Publishing

Lesch, W. (2004): Zwischen Eigeninteresse und globaler Solidarität: Migrationspolitik aus sozialethischer Perspektive, in: Müller, J./Kiefer, M. (2004): Grenzenloses „Recht auf Freizügigkeit"? Weltweite Mobilität zwischen Freiheit und Zwang, Stuttgart: Kohlhammer, 123-146

Levitt, P./Nyberg-Sørensen, N. (2004): The transnational turn in migration studies. Global Migration Perspectives No. 6, Global Commission on Migration, Genf, September 2004

Leyendecker, H. (2004): Die Lügen des Weißen Hauses, Reinbek: Rowohlt

Liang, Z./Ye, W. (2001): From Fujian to New York: Understanding the New Chinese Immigration, in: Kyle, D./Koslowski, R. (ed.) (2001): Global Human Smuggling. Comparative Perspectives, Baltimore: The Johns Hopkins University Press, 187-215

Lietaer, B./Ulanowicz, R./Goerner, S. (2008): White Paper on All the Options for Managing a Systemic Bank Crisis, October 2008, Internet: http://www.lietaer.com/

Lissabon, Die Gruppe von (1997): Die Grenzen des Wettbewerbs - Die Globalisierung der Wirtschaft und die Zukunft der Menschheit, München: Luchterhand

Lock, P. (2004): Gewalt als Regulation: Zur Logik der Schattenglobalisierung, in: Kurtenbach, S./Lock, P. (2004): Kriege als (Über)Lebenswelten. Schattenglobalisierung, Kriegsökonomien und Inseln der Zivilität, Bonn: Dietz, 40-61

Logan, S./Bain, B./Kairies, K. (2006): Deportation Feeds a Cycle of Violence in Central America. Americas Program Special Report, Washington D.C., 14 March 2006

Lopez, M./Livingstone, G./Kochar, R. (2009): Hispanics and the Economic Downturn. Housing Woes and Remittance Cuts. Pew Hispanic Center, Washington, 8 January 2009

Ludwig, A. (2008): Irreguläre Migration. Das Phänomen und Lösungsansätze im Umgang mit irregulärer Migration in der Europäischen Union, Hauptseminararbeit

Luhmann, N. (1997): Die Gesellschaft der Gesellschaft, Frankfurt/M.: Suhrkamp

Lutz, H. (2002): Transnationalität im Haushalt, in: Gather Cl./Geissler B./Rerrich M. (Hg.) (2002): Weltmarkt Privathaushalt - Bezahlte Haushaltsarbeit im globalen Wandel, Münster: Westfälisches Dampfboot, 86-102

Mahler, S. (2000): Migration and Transnational Issues. Recent Trends and Prospects for 2020. CA Working Paper Nr. 4, Institut für Iberoamerika-Kunde, Hamburg

Mahler, S./Ugrina D. (2006): Central America: Crossroads of the Americas. Migration Information Source, Migration Policy Institute, Washington D.C., 1 April 2006

Maier, H. (2005): Globalisierung. Zwischenbilanz einer Diskussion, in: Stimmen der Zeit, Band 223, Heft 10, Oktober 2005

Martin, H.-P./Schumann, H. (1997): Die Globalisierungsfalle - Der Angriff auf Demokratie und Wohlstand, Hamburg: Rowohlt
Martin, Ph./Martin, S./Weil, P. (2006): Managing Migration - The Promise of Cooperation, Lanham: Lexington Books
Martinez, J. (2007): Globalization and its Impact on Migration in Agricultural Communities in Mexico". Center for Comparative Immigration Studies, Working Paper 161, San Diego, February 2007
Martinez-Soria, J. (2005): Illegalität und Schulbesuch - Der Zugang illegal im Bundesgebiet sich aufhaltender Minderjähriger zur Schule, in: Recht der Jugend und des Bildungswesens 1/2005, 82-94
Martinov, S. (2008): Human Trafficking: Beyond the Protocol, in: Forced Migration Review, Nr. 31, November 2008, 68f.
Massey, D. (2006): The Wall That Keeps Illegal Workers In. Editorial, New York Times, 4.4.2006
Massey, D. (2005a): Five Myths about Immigration: Common Misconceptions Underlying U.S. Border-Enforcement Policy. Immigration Policy in Focus, Vol. 4, Iss. 6, Immigration Policy Center, August 2005
Massey, D. (2005b): Beyond the Border Buildup: Towards a New Approach to Mexico-U.S. Migration. Immigration Policy in Focus, Vol. 4, Iss. 7, Immigration Policy Center, September 2005
Massey, D.S./Arango, J./Hugo, G./Kouaouci, A./Pellegrino, A./Taylor, J.E. (1998): Worlds in Motion - Understanding International Migration at the End of the Millennium, Oxford: Clarendon Press
Master Exhibit Series Guatemala (1992): Persecution of Indigenous People (ME/GTM/92.001). INS Resource Information Center, 425 I Street, N.W. Washington, D.C. 20536, August
Meissner, D. (2009): Testimony Presented to the Hearing „Comprehensive Immigration Reform in 2009, Can We Do It and How?", before the Committee on the Judiciary Subcommittee on Immigration, Border Security and Citizenship. Migration Policy Institute, Washington, 30 April 2009
Meyers, D.W. (2005): US Border Enforcement: From Horseback to High-Tech, Insight Nr. 7, Migration Policy Institute, Washington D.C., November 2005
Milanovic, B. (2008): Eine Frage der Rechenmethode?, in: Welt-Sichten, Magazin für globale Entwicklung und ökumenische Zusammenarbeit, 1/2008, 13-18
Milanovic, B. (2005): Worlds Apart - Measuring International and Global Inequality, Princeton: University Press
Mitrovic, E. (2008): Schulbesuch von Kindern illegalisierter MigrantInnen. Arbeitspapier 3 der Studie „Leben in der Schattenwelt - Studie zur Situation von Menschen ohne Papiere in Hamburg", Internet: http://www.diakonie-hamburg.de/illegale
Moyo, D. (2009): Dead Aid, London: Penguin
Müller, J. (2006): „Kultur der Armut" - Mythos oder Wirklichkeit, in: Wallacher, J./Kiefer, M. (Hg.) (2006): Globalisierung und Armut. Wie realistisch sind die Milleniums-Entwicklungsziele der Vereinten Nationen?, Stuttgart: Kohlhammer, 37-61
Müller, J./Kiefer, M. (2004): Grenzenloses „Recht auf Freizügigkeit"? Weltweite Mobilität zwischen Freiheit und Zwang, Stuttgart: Kohlhammer
Müller, K. (2002): Globalisierung, Frankfurt/M.: Campus
Münkler, H. (2003[4]): Die neuen Kriege, Hamburg: Rowohlt
Münkler, H. (2005): Imperien. Die Logik der Weltherrschaft - vom Alten Rom bis zu den Vereinigten Staaten, Berlin: Rowohlt Berlin Verlag
Mwanasali, M. (2000): The View from Below, in: Berdal, M./Malone D. (ed.) (2000): Greed and

Grievances. Economic Agendas in Civil Wars, Boulder: Lynne Rienner, 137-153
Naim, M. (2005): Das Schwarzbuch des globalen Verbrechens. Drogen, Waffen, Menschenhandel, Geldwäsche, Markenpiraterie, München: Piper
Naim, M. (2003): The Five Wars of Globalization, in: Foreign Policy, January/February 2003
Nassauer, O./Steinmetz Chr. (2005): „Made in Germany“ inside. Komponenten - die vergessenen Rüstungsexporte. Studie in Kooperation von Oxfam Deutschland e.V. und Berliner Informationszentrum für Transatlantische Sicherheit, Berlin, Februar 2005
Newland, K./Agunias, D./Terrazas, A. (2008): Learning by doing: Experiences of Circular Migration. Insight, Migration Policy Institute, Washington D.C., September 2008
Newland, K./Patrick, E. (2004): Beyond Remittances: The Role of Diaspora in Poverty Reduction in their Countries of Origin. A Scoping Study by the Migration Policy Institute for the Department of International Development, Washington D.C., July 2004
Nohlen, D. (2002): Globalisierung, in: Nohlen, D./Schultze, R.-O. (Hg.): Lexikon der Politikwissenschaft, Bd. 1, München: Beck 2002, 293-296
Nuscheler, F. (2002): Süd-Nord-Migration: Ein globaler Marsch?, in: Bade, K./Münz, R. (Hg.) (2002): Migrationsreport 2002, Frankfurt/M.: Campus, 99-118
Nuscheler, F. (1988): Nirgendwo zu Hause - Menschen auf der Flucht, München: dtv
Oberndörfer, D. (2001): Zuwanderungs- und Integrationsbedarfe. Gutachten für die Enquetekommission "Demographischer Wandel" des Deutschen Bundestags
Orozco, M. (2008): The local economy and local governments' response to remittances in Latin America and the Caribbean. Inter-American Dialogue, Final Draft, February 2008
Orozco, M. (2003): Worker Remittances: Issues and Best Practice. Testimony presented to the U.S. House Committee on Financial Services hearing entitled „Remittances: Reducing Costs, Increasing Competition, and Broadening Access to the Market“, Washington D.C., 1 October 2003
Palacio, J. (ed.) (2005): The Garifuna: A Nation across borders, Cubola: Belize City
Palacio M. (2002): Dangriga BZ or USA? - Out-migration experiences of a Garifuna community in post-independent Belize, Internet: http://cavehill.uwi.edu/bnccde/belize/conference/papers/palaciom.html
Papademetriou, D. (2005a): The Global Struggle with Illegal Migration: No End in Sight. Migration Information Source, Migration Policy Institute, September 2005
Papademetriou, D. (2005b): The ‚Regularization Option in Managing Illegal Migration More Effectively: A Comparative Perspective. Policy Brief No. 4, Migration Policy Institute, September 2005
Papademetriou, D. (2004): The Shifting Expectations of Free Trade and Migration, in: Carnegie Endowment for International Peace (ed.): NAFTAs Promise and Reality, Washington D.C., 39-59
Papademetriou, D./Terrazas, A. (2009): Immigrants and the Current Economic Crisis: Research Evidence, Policy Challenges and Implications. Migration Policy Institute, Washington D.C., January 2009
Papadopoulou, A. (2005): Regularization programmes: an effective instrument in migration policy?, Global Migration Perspectives No. 33, Global Commission on International Migration, May 2005
Paral, R. (2005): Ties that Bind: Immigration Reform Should be tailored to Families, not Just Individuals, Immigration Policy in Focus, Vol. 4, Iss. 4, June 2005
Passel, J.S. (2005): Estimates of the Size and Characteristics of the Undocumented Population. Pew Hispanic Center, Washington D.C., 21 March 2005

Passel, J.S./Cohn, D. (2008): Trends in Unauthorized Immigration. Undocumented Inflow now Trails Legal Inflow. Pew Hispanic Center, Washington D.C., 2 October 2008

Pécoud, A./Guchteneire, P. de (2005): Migration without borders: An investigation into the free movement of people. Global Migration Perspectives No. 27. Global Commission on Migration, April 2005

Perkins, N. (2004): Bekenntnisse eines ökonomischen Hitmans - Unterwegs im Dienst der Wirtschaftsmafia, München: Riemann

Petit, J.M. (2004): Human Trafficking in Belize. Final report, December 2004, Internet: http://www.oas.org/atip/Belize/BELIZE-Prozent20Petit.pdf

Pew Hispanic Center (2006): Modes of Entry for the Unauthorized Migrant Population. Fact Sheet, 22 May 2006

Pew Research Center Project/The Pew Global Attitudes Project (2007): Global Unease with Major World Powers. 47-Nation Pew Global Attitudes Survey. Washington, June 2007, Internet: http://pewresearch.org/pubs/524/global-unease-with-major-world-powers-and-leaders

Pisani, M. (2006): „Neo-dependent Commercial Exterior Relations? An Analysis of the Belizean Export Basket Since Independence“, in: Belizean Studies, Vol. 28, Nr. 1, April 2006, 57-74

Polaski, S. (2006): Winners and Loosers - Impact Of the Doha Round On Developing Countries. Carnegie Endowment for International Peace, Washington D.C.

Polaski, S. (2004a): Jobs, Wages and Household Income, in: Carnegie Endowment for International Peace (ed.): NAFTAs Promise and Reality, Washington D.C., 11-37

Polaski, S. (2004b): Job Anxiety Is Real, and It's Global. Policy Brief, Campaign Edition 30. Carnegie Endowment for International Peace, May 2004

Popper, K. (1973[3]a): Die offene Gesellschaft und ihre Feinde. Band 1: Der Zauber Platons, Bern-München: Francke

Popper, K. (1973[3]b): Die offene Gesellschaft und ihre Feinde. Band 2: Falsche Propheten, Bern-München: Francke

Portes, A. (2006): NAFTA and Mexican Immigration, Princeton University, April 2006, Internet: http://cmd.princeton.edu/papers/NAFTAProzent20andProzent20MexicanProzent20Immigration.pdf

Portes, A. (1997): Globalization from Below: The Rise of Transnational Communities. Working Paper WPTC-98-01, Princeton University

Pries, L. (2008): Die Transnationalisierung der sozialen Welt, Frankfurt/M.: Suhrkamp

Pries, L. (2001): Internationale Migration, Bielefeld: transcript

Ratha, D. (2007): Leveraging Remittances for Development. Migration Policy Institute, Policy Brief, June 2007

Ratha, D. (2004): Understanding the Importance of Remittances, in: Migration Information Source, Migration Policy Institute, Washington D.C., 1 October 2004

Ratha, D./Mohapatra, S./Plaza, S. (2008): Beyond Aid: New Sources and Innovative Mechanisms for Financing Development in Sub-Saharan Africa. The World Bank Development Prospects Group, Migration and Remittances Team, Washington, April 2008

Reder, M. (2006): Global Governance - Philosophische Modelle der Weltpolitik, Darmstadt: Wissenschaftliche Buchgesellschaft

Rehbein, B./Schwengel, H. (2008): Theorien der Globalisierung, Konstanz: UVK Verlagsgesellschaft

Reno, W. (2000): Shadow States and the Political Economy of Civil Wars, in: Berdal, M./Malone D. (ed.) (2000): Greed and Grievances. Economic Agendas in Civil Wars, Boulder: Lynne Rienner, 43-68

Rerrich, M. (2006): Die ganze Welt zu Hause. Cosmobile Putzfrauen in privaten Haushalten, Hamburg: Hamburger Edition

Rerrich, M. (2002): Von der Utopie der partnerschaftlichen Gleichverteilung zur Realität der Globalisierung von Hausarbeit, in: Gather Cl./Geissler B./Rerrich M. (Hg.) (2002): Weltmarkt Privathaushalt - Bezahlte Haushaltsarbeit im globalen Wandel, Münster: Westfälisches Dampfboot, 16-29

Reyes, B./Johnson, H./Swearingen, R.v. (2002): Holding the Line? The Effect of the Recent Border Build-up on Unauthorized Immigration. Public Policy Institute of California

Ritzer, G. (ed.) (2007): The Blackwell Companion to Globalization, Malden: Blackwell Publishing

Roberts, J.T./Hite, A.B. (2007): The Globalization and Development Reader. Perspectives on Development and Global Change, Malden: Blackwell Publishing

Robinson, St. J. (2006): Peopling Belize - Chapters in Migration, Belize: Print Belize Ltd.

Rodrik, D. (1997): Has Globalization Gone Too Far?, Institute for International Economics Publication, Washington D.C.

Sachs, J. (2005): Das Ende der Armut, München: Siedler

Sachs, J. (2004): Bemerkungen zu einer neuen Soziologie der wirtschaftlichen Entwicklung, in: Huntington, S.P./Harrison, L.E. (Hg.) (2004): Streit um Werte. Wie Kulturen den Fortschritt prägen, München: Goldmann, 66-87

Sachs, J. (1999): Twentieth-Century Political Economy: A Brief of Global Capitalism, in: Oxford Review of Economic Policy, Vol. 15, No. 4, 90-101

Sanford, V. (2003): Buried Secrets: Truth and Human Rights in Guatemala, New York: Palgrave Macmillian

Sassen, S. (2007): A Sociology of Globalization, New York: W.W. Norton

Sassen, S. (2001[2]): The Global City - New York-London-Tokyo, Princeton: Princeton University Press

Sassen, S. (2000[3]): Migranten, Siedler, Flüchtlinge - Von der Massenauswanderung zur Festung Europa, Frankfurt/M.: Fischer

Sassen, S. (1998): Economic Internationalization. The New Migration in Japan and the United States, in: dies. (1998): Globalization and its Discontents, New York: The New Press

Schmidt, H. (2004): Die Mächte der Zukunft. Gewinner und Verlierer in der Welt von morgen, München: Siedler

Schmidt, W. (2005): Option für die Armen? Erkenntnistheoretische, sozialwissenschaftliche und sozialethische Überlegungen zur Armutsbekämpfung. Schriftenreihe für Wirtschafts- und Unternehmensethik, Band 13, München-Mering: Rainer Hampp Verlag

Schönherr-Mann, H.M. (1996): Postmoderne Theorien des Politischen, München: Fink

Schotel, B. (2009a): Der normative Status unserer Einwanderungspolitik. Deutsche Zusammenfassung von: Schotel, B. (2009b): The Normative Status of our Immigration Policies. Manuskript, angefertigt für die V. Jahrestagung Illegalität, Berlin, 4.-6.3.2009

Schotel, B. (2009b): The Normative Status of our Immigration Policies. Manuskript, angefertigt für die V. Jahrestagung Illegalität, Berlin, 4.-6.3.2009

Schulze, H. (2008): Die Bedeutung des Madrider Stadtviertels Embajadores/Lavapies für die Stabilisierung der Lebenssituation afrikanischer Migranten ohne regulären Aufenthaltsstatus, Diplomarbeit

Schupp, J. (2000): Quantitative Verbreitung von Erwerbstätigkeit in privaten Haushalten Deutschlands, in: Gather Cl./Geissler B./Rerrich M. (Hg.) (2002): Weltmarkt Privathaushalt - Bezahlte Haushaltsarbeit im globalen Wandel, Münster: Westfälisches Dampfboot, 50-70

Schwenken, H. (2006): Rechtlos, aber nicht ohne Stimme, Bielefeld: transcript
Scully, E. (2001): Pre-Cold War Traffic in Sexual Labor and Its Foes. Some Contemporary Lessons, in: Kyle, D./Koslowski, R. (ed.) (2001): Global Human Smuggling. Comparative Perspectives, Baltimore: The Johns Hopkins University Press, 74-106
Sen, A. (2000): Ökonomie für den Menschen, München: Hanser
Somerville, W./Durana, J./Terrazas, A. (2008): Hometown Associations: An Untapped Resource for Immigrant Integration?, Insight, Migration Policy Institute, Washington D.C., July 2008
Soysa, I. de (2000): The Resource Curse: Are Civil Wars Driven by Rapacity or Paucity?, in: Berdal, M./Malone D. (ed.) (2000): Greed and Grievances. Economic Agendas in Civil Wars, Boulder: Lynne Rienner, 113-136
Spahn, B. (2002): Zur Durchführbarkeit einer Devisentransaktionssteuer. Gutachten im Auftrag des Bundesministeriums für wirtschaftliche Zusammenarbeit und Entwicklung Bonn, Frankfurt/M., Januar 2002, Internet: http://www.wiwi.uni-frankfurt.de/professoren/spahn/tobintax/
Spener, D. (2001): Smuggling Migrants through South Texas: Challenges Posed by Operation Rio Grande, in: Kyle, D./Koslowski, R. (ed.) (2001): Global Human Smuggling. Comparative Perspectives, Baltimore: The Johns Hopkins University Press, 129-165
Sriskandarajah, D. (2005): Migration and Development. Supporting Evidence of the final report of the Global Commission on International Migration, Geneva, September 2005
Stadt München (2001): Münchener Jahreswirtschaftsbericht 2000. Referat für Arbeit und Wirtschaft, Juli 2001
Stalker, P. (2000): Workers without Frontiers. The Impact of Globalization on International Migration, Boulder: Lynne Rienner
Stark, M. (2009): Kinder in der Illegalität, in: Stimmen der Zeit, Bd. 134, 188-196
Steinberger, P. (2009): Die Erde wird knapp, in: Süddeutsche Zeitung, 1.4.2009
Stiglitz, J. (2004): Die Schatten der Globalisierung, München: Random House/Goldmann
Stiglitz, J. (1999): Whither Reform - Ten Years of the Reformation. Keynote Address for the Annual Bank Conference on Development Economics, Washington, D.C., 28-30 April 1999
Sunderhaus, S. (2006): Regularization Programs for Undocumented Migrants. Center for Comparative Immigration Studies, Working Paper 142, University of California - San Diego, September 2006
Sutherland, A. (1998): The Making of Belize - Globalization in the Margins, Connecticut/London: Bergin & Garvey
Taran, P./Geronimi, E. (2002): Globalization, Labor and Migration: Protection is Paramount. Paper presented to: Conferencia Hemisférica sobre Migración Internacional: Derechos Humanos y Trata de Personas en las Américas, Santiago de Chile, 20-22 November 2002
Thakur, M. (2008): Demilitarising militias in the Kivus (Eastern Democratic Republic of Congo), in: African Security Review, Band 17, Nr.1, Institute for Security Studies, 52-67
Transit Migration Forschungsgruppe (Hg.) (2007): Turbulente Ränder. Neue Perspektiven auf Migration an den Grenzen Europas, Bielefeld: transcript
Treibel, A. (2008[4]): Migration in modernen Gesellschaften. Soziale Folgen von Einwanderung, Gastarbeit und Flucht, Weinheim: Juventa
Varsanyi, M. (2008): Immigration Policing Through the Backdoor: City Ordinances, The „Right to the City“ and the Exclusion of Undocumented Day Laborers. Center for Comparative Immigration Studies, Working Paper 165, San Diego, March 2008
Vaidya, A.K. (ed.) (2006): Globalization. Encyclopedia of Trade, Labor, and Politics. Vol. 1. Santa Barbara: ABC-CLIO
Vasconcelos, P. de (2005): Improving the Development of Remittances. United Nations Expert

Group Meeting on International Migration and Development, New York, 6-8 July 2005, UN/POP/MIG/2005/10
Vogel, D./Aßner, M. (2009): Menschen ohne Papiere - Stand der Forschung und daraus resultierende Erwartungen für Hamburg. Arbeitspapier 2 der Studie „Leben in der Schattenwelt - eine Studie zur Situation von Menschen ohne gültige Papiere in Hamburg“, Februar 2009, Internet: http://www.diakonie-hamburg.de/illegale
Voß, J. (2009): Irreguläre Migration - Zwischen Grenzüberschreitung und Ausgrenzung. Impulsreferat, gehalten bei der V. Jahrestagung Illegalität, Berlin, 4.-6.3.2009
Wallacher, J./Kiefer, M. (Hg.) (2006): Globalisierung und Armut. Wie realistisch sind die Millenniums-Entwicklungsziele der Vereinten Nationen?, Stuttgart: Kohlhammer
Wechselberg, C. (1996): Studie zum Thema "Illegale Migration in Deutschland", Studie im Auftrag der Bundesarbeitsgemeinschaft "Antirassismus" der PDS, Berlin
Westermann, S. (2009): Irreguläre Migration - Ist der Nationalstaat überfordert? Marburg: Tectum
Wilk, R. (1991): Household Ecology: Economic Change and Domestic Life among the Kekchi Maya in Belize, Tucson: University of Arizona
Wöhlke, M. (1992): Umweltflüchtlinge - Ursachen und Folgen, München: Beck
Woodward, B. (2004): Plan of Attack, London: Simon & Schuster
World Bank (2009): Revised Outlook for Remittance Flows 2009-2011. Migration and Development Brief 9, Washington, 23 March 2009
World Bank (2008a): Revisions to Remittance Trends 2007. Migration and Development Brief 5, Washington, July 2008
World Bank (2008b): Outlook for Remittance Flows 2008-2010. Migration and Development Brief 8, Washington, 11 November 2008
World Bank (2007a): Ukraine: Poverty Update. Human Development Sector Unit, Report No. 39887 - UA, Washington, 20 June 2007
World Bank (2007b): Remittance Trends 2007. Migration and Development Brief 3, Washington, November 2007
World Bank (2006): Global Economic Prospects 2006: Economic Implications of Remittances and Migration, Washington, November 2005
World Bank (2001): Ukraine Social Safety Nets and Poverty. Report No. 22677 UA, Vol. 2, Washington, 15 June 2001
World Bank (2000): Making Transition Work for Everyone. Poverty and Inequality in Europe and Central Asia, Washington, August 2000
World Bank (1996): Poverty in Ukraine. Report No. 15602-UA, Washington 27 June 1996
Worldwatch Institute (Hg.) (2004): Zur Lage der Welt 2004 - Die Welt des Konsums, Münster: Westfälisches Dampfboot
Zimmermann, K./Constant, A. (ed.) (2004): How Labor Migrants Fare, New York: Springer

Weiterführende Informationen im Internet

Aufgrund neuer Ereignisse, laufender Überprüfungen und Diskussion publizierter Daten ist vieles im Fluss. Nachfolgende Websites können helfen, mit den Entwicklungen Schritt zu halten:

Belize und der Toledo District

Belize, Regierung http://www.governmentofbelize.gov.bz/
Belize, Statistical Institute http://www.cso.gov.bz/
Toledo District http://www.southernbelize.com/

USA: Migrationspolitik/Reform der Einwanderungsgesetzgebung

Für die Regierung http://www.whitehouse.gov/issues/immigration/
Für NGOs http://www.justiceforimmigrants.org/
Kontrolle der Außengrenze und Grenzübertrittsstellen http://www.cbp.gov/
Inlandskontrolle http://www.ice.gov/

Gang der Globalisierung, Statistiken

Global Policy Forum http://www.globalpolicy.org/
International Monetary Fund http://www.imf.org/external/
United Nations Developmental Program http://www.undp.org/
United Nations Conference on Trade and Development http://www.unctad.org/
Wikipedia: Lists of Countries http://en.wikipedia.org/wiki/Lists_of_countries

Forschung zu legaler und illegaler Migration

Center for Comparative Immigration Studies (CCIS) http://www.ccis-ucsd.org/
Global Commission on International Migration http://www.gcim.org/en/
International Organization for Migration http://www.iom.int/
Institute for Studies in International Migration http://isim.georgetown.edu/
Migration Policy Institute (MPI) http://www.migrationpolicy.org/
Pew Research Center http://pewresearch.org/ und Pew Hispanic Center http://pewhispanic.org/

Armut, Remissen und Armutsbekämpfung

Leading Group on Solidarity Levies to Fund Development http://www.leadinggroup.org/
Dilip Ratha (Weltbankökonom, Experte zu Remissen) http://www.dilipratha.com/
Multilateral Investment Fund der Inter-American Development Bank http://www.iadb.org/mif/
Social Science Research Council http://programs.ssrc.org/intmigration/AnthologyOnRemittances/
World Bank http://www.worldbank.org/

Das Medienpaket enthält: den Bildband „displaced - Flüchtlinge an Europas Grenzen“ auf deutsch, englisch und französisch sowie eine DVD mit „Au clair de la lune“ (Dokumentarfilm, 40 Min.), „Le Heim“ (Dokumentarfilm, 16 Min.) und mit allen Bildern dieses Bandes zur Präsentation bei Veranstaltungen.

Leona Goldstein: displaced

Flüchtlinge an Europas Grenzen

Wer Europa kennen lernen will, dem sei eine Reise an seine Grenzen empfohlen. Leona Goldstein hat diese Reise gemacht, es ist die Reise von Flüchtlingen. Sie beginnt in drei westafrikanischen Ländern, wo korrupte Politiker ihre Wahlkampagnen von französischen Unternehmen führen lassen, wo gleichzeitig bittere Armut die Menschen in die Flucht zwingt. Auf der Suche nach den Meinungen von der anderen Seite der Grenze folgt Leona Goldstein der Ausbeutung der Rohstoffe und der Menschen, spricht mit Oppositionellen und verarmten Frauen, die in Flüchtlingslagern und Steinbrüchen arbeiten. Sie sucht die Menschen unmittelbar vor den kaum überwindbaren Mauern der „Festung Europa“ in Marokko und in der Ukraine auf. Schließlich geht sie hinein in ein isoliertes Flüchtlingslager in deutschen Wäldern, Exklave im Inneren Europas, in dem Flüchtlinge auf sechs Quadratmetern Niemandsland vegetieren, ohne Arbeit, ohne Zukunft, und in der Regel ohne Chance auf Asyl.
128 Seiten, Hardcover, vierfarbig, mit DVD, ISBN 978-3-86059-021-8

Vom Fliehen und Ankommen

Flüchtlinge erzählen

Herausgegeben von PRO ASYL

Die Beiträge, die den Zeitraum von 1933 bis zur Gegenwart umspannen, zeigen, dass Flüchtlinge das gesellschaftliche Leben in Deutschland mitgestalten. Sie schildern aber auch, wie traumatische Erfahrungen, Heimweh und die politisch gewollte Ausgrenzung das Leben von Flüchtlingen über viele Jahre hinweg bestimmen.
144 S., kart., Großformat mit vielen Fotos, ISBN 978-3-86059-331-8

Gabriele del Grande: Mamadous Fahrt in den Tod

Die Tragödie der irregulären Migranten im Mittelmeer

Die namenlosen Opfer der europäischen Abschottungspolitik sind meist allenfalls noch eine Randnotiz in unseren Zeitungen wert. Der mutige italienische Journalist Gabriele del Grande ist der Spur dieser „Namenlosen" gefolgt. In eindrucksvollen, äußerst präzisen und spannend zu lesenden Reportagen geht er ihrer Geschichte und ihren Geschichten nach. In detektivischer Kleinarbeit fügt er einen Puzzlestein an den anderen. Monatelang folgte er ihren Routen entlang des Mittelmeers, von der Türkei zum Maghreb und von dort bis zum Senegal. Wer waren diese Menschen, die Schiffbrüchen zum Opfer fielen, aber auch der Hitze der Sahara, Lastwagenunfällen, dem Schnee und der Kälte, den Minenfeldern und den Schüssen der Polizei? Aus welcher Situation kamen sie? Warum brachen sie nach Europa auf und ließen ihr bisheriges Leben hinter sich?
Gabriele del Grandes Buch ist ein Epitaph für die Opfer. Es ist aber gleichzeitig ein Appell an uns alle, endlich hinzusehen und die Tragödie der irregulären Migranten im Mittelmeer nicht weiter zu dulden. Denn die zahllosen Opfer und ihre Geschichte zu vergessen und sich mit dieser brutalen „Normalität" abzufinden, hieße, sie erneut sterben zu lassen. Das Buch hat in Italien bereits innerhalb kürzester Zeit für großes Aufsehen gesorgt.

Mehr Infos unter www.vonLoeper.de/Mamadou
216 S., kart., ISBN 978-3-86059-510-7

Wolfgang Benz u.a. (Hrg.): Von Evian nach Brüssel

Menschenrechte und Flüchtlingsschutz 70 Jahre nach der Konferenz von Evian

Im Juli 1938 trafen in Evian am Genfer See auf Initiative der US-Regierung Abgesandte von 32 Nationen sowie Vertreter von Hilfsorganisationen zusammen, um über das Problem der jüdischen Flüchtlinge aus Deutschland und Österreich zu beraten. Die Konferenz endete enttäuschend für Hunderttausende, die darauf gehofft hatten, dass die Regierungen sich auf humanitäre Lösungen einigen würden. Kein Land erklärte sich bereit, die Aufnahmebedingungen für die Flüchtlinge zu lockern. Mit der Erinnerung an die Konferenz von Evian werden in diesem Band Fragen an die gegenwärtige Praxis und die Zukunft des Schutzraumes Europa gestellt. Ein Schwerpunkt liegt dabei auf der Gruppe der unbegleiteten minderjährigen Flüchtlinge, die zu allen Zeiten die verletzlichsten und somit schutzbedürftigsten Flüchtlinge waren. 270 S., kart., ISBN 978 3 86059-523-7

nah & fern – das Kulturmagazin für Migration und Partizipation

Menschen sind unterwegs – weil sie fliehen müssen vor Gewalt und Unterdrückung, weil sie auf der Suche sind nach besseren Lebensbedingungen, weil sie aufbrechen wollen zu „neuen Ufern". Wer unterwegs ist, verlässt das Vertraute und muss sich auf Unbekanntes einstellen. Diesen spannungsvollen Gegensatz beleuchtet das Kulturmagazin „nah & fern" aus verschiedenen Perspektiven. Zentral ist dabei die Frage, ob und inwiefern Migrantinnen und Migranten gleichberechtigt am gesellschaftlichen Leben in Deutschland und anderen Ländern teilhaben können. „nah & fern" bietet Analysen, Interviews, Meinungsbeiträge und Erfahrungsberichte über wichtige Tendenzen in Politik, Wirtschaft, Recht und Kultur. Außerdem gibt es in jedem Heft einen Serviceteil mit nachahmenswerten Projekten, Ideen und Kampagnen. Hinweise zu aktuellen Büchern, CDs, Filmen und Veranstaltungen runden das Magazin ab.

Die Zeitschrift wendet sich an Leserinnen und Leser, die sich aus beruflichen oder privaten Gründen für Migration, Partizipation sowie benachbarte Themen in Politik, Gesellschaft und Kultur interessieren. Ihre Leser sind überwiegend in Kirchen, Wohlfahrtsverbänden, Gewerkschaften, Flüchtlingsberatungsstellen, Politik, Verwaltung, Schulen, Hochschulen und Medien tätig.

Lieferbar sind u. a.: „Ferne Nähe – nahe Ferne" (31), „Bilder in unseren Köpfen" (32), „Fußball global: Foul oder Fair Play?" (33), „Chancengleichheit" (35), „Menschenrechte im Film" (36), „Politik der Vielfalt" (38), „Migration literarisch" (39), „Urbane Jugendkulturen" (40), „Migration und Gesundheit" (41), „Schwarze Communitys" (42), „Theater der Migration" (43).
Pro Jahr erscheinen drei Ausgaben von „nah & fern".

Weitere Informationen über Themenschwerpunkte, Inhalte, Autoren, Bezug von Einzelheften und Abonnements sind im Internet unter **www.nahundfern.info** erhältlich.

VON LOEPER LITERATURVERLAG

Daimlerstr. 23 - 76185 Karlsruhe
Fon: 0721-464729-0, Fax: 0721-464729-099, Mail: Bestellservice@vonLoeper.de
Internet: www.vonLoeper.de